Ingrid Lehnert
Unternehmensübernahmen in den USA
in den 80er Jahren

Ingrid Lehnert

Unternehmensübernahmen in den USA in den 80er Jahren

Rahmenbedingungen und Auswirkungen

Mit einem Geleitwort von
Prof. Dr. Reinhard R. Doerries

Springer Fachmedien Wiesbaden GmbH

Die Deutsche Bibliothek – CIP-Einheitsaufnahme

Lehnert, Ingrid:
Unternehmensübernahmen in den USA in den 80er Jahren : Rahmenbedingungen und Auswirkungen / Ingrid Lehnert. Mit einem Geleitw. von Reinhard R. Doerries.

(DUV : Wirtschaftswissenschaft)
Zugl.: Erlangen, Nürnberg, Univ., Diss., 1996
ISBN 978-3-8244-0339-4   ISBN 978-3-663-11699-8 (eBook)
DOI 10.1007/978-3-663-11699-8

© Springer Fachmedien Wiesbaden 1997
Ursprünglich erschienen bei Deutscher Universitäts-Verlag GmbH, Wiesbaden 1997

Lektorat: Monika Mülhausen

Das Werk einschließlich aller seiner Teile ist urheberrechtlich geschützt. Jede Verwertung außerhalb der engen Grenzen des Urheberrechtsgesetzes ist ohne Zustimmung des Verlags unzulässig und strafbar. Das gilt insbesondere für Vervielfältigungen, Übersetzungen, Mikroverfilmungen und die Einspeicherung und Verarbeitung in elektronischen Systemen.

Druck und Buchbinder: Rosch-Buch, Scheßlitz
Gedruckt auf chlorarm gebleichtem und säurefreiem Papier

ISBN 978-3-8244-0339-4

Für Doris und Heidi

Geleitwort

Unternehmensübernahmen sind stets Bestandteil dynamischer Wirtschaftsentwicklung gewesen, und es gibt keinen Zweifel, daß sie häufig zweckmäßig und sogar notwendig sind. Die amerikanische Wirtschaft hat schon wiederholt neue Vorgehensweisen entwickelt, die erst mit einiger Verzögerung in Europa Anwendung gefunden haben. Mit der in den USA in den 80er Jahren erfahrenen sehr lebendigen Ausweitung von Übernahmeaktivitäten ist es nicht anders, denn bis heute haben europäische Unternehmer in ihrer ganz anderen Umwelt nicht die teilweise sehr aggressive Dynamik entwickeln können, die das amerikanische Übernahmegeschäft kennzeichnet. Die Auswirkungen der in den USA vollzogenen Unternehmensübernahmen sind in vieler Hinsicht weltweit zu registrieren, und es ist daher um so erstaunlicher, daß in der Bundesrepublik zu dieser inzwischen nicht mehr so neuartigen wirtschaftlichen Entwicklung noch keine grundlegenden Untersuchungen publiziert wurden.

Die nun von der Verfasserin vorgelegte Studie ist der erste Versuch auf deutscher Seite, das sehr vielseitige Phänomen der Unternehmensübernahme im Kontext der bemerkenswerten gesellschaftlichen Veränderungen der 80er Jahre in den USA wissenschaftlich zu erörtern. Das Resultat ist eine äußerst lehrreiche, detaillierte Darstellung der verschiedenen Formen der Übernahme unter besonderer Berücksichtigung auch des *hostile takeover*, das heißt der feindlichen Übernahme, die in dieser Form in der Bundesrepublik, nicht zuletzt auf Grund der direkten Involvierung der Großbanken in den Unternehmen, bisher kaum vorstellbar war. Zum Umfeld des Übernahmegeschäfts gehören die spezifisch amerikanische Steuergesetzgebung, eine relative Lockerung der *Antitrust*-Gesetze, die sehr lebendige Konkurrenz unter den großen *investment banks* auf dem amerikanischen Markt und die in den letzten Jahrzehnten gewachsenen Einflüsse der institutionellen Anleger. Sicherlich hat auch das politische Klima des Reagan-Jahrzehnts für die amerikanische Entwicklung eine nicht zu unterschätzende Bedeutung gehabt. Der wirtschaftliche Aufschwung, ein immer noch sehr amerikanischer Optimismus und die hohe Risikobereitschaft einer in den amerikanischen *business schools* hervorragend ausgebildeten Generation von Unternehmern haben das Klima, in dem die teilweise doch erstaunlichen Transaktionen stattfanden, maßgeblich mitbestimmt.

Ingrid Lehnert gehört zur ersten Generation deutscher Wissenschaftler und Unternehmer, die im Geist der neuen Internationalität ausgebildet wurde. Ihre fundierte Untersuchung der Unternehmensübernahmen in den USA in den 80er Jahren ist nicht nur eine bemerkenswerte wissenschaftliche Leistung, sondern auch ein wesentlicher Beitrag zum besseren Verständnis der immer noch innovativen, amerikanischen Wirtschaftskultur.

Prof. Dr. Reinhard R. Doerries

Vorwort

Die vorliegende Arbeit wurde im Herbst 1995 als Dissertation von der Wirtschafts- und Sozialwissenschaftlichen Fakultät der Friedrich-Alexander-Universität Erlangen Nürnberg angenommen. An dieser Stelle möchte ich all jenen danken, die das Entstehen dieser Arbeit in vielfältiger Weise unterstützt haben.

In allererster Linie gebührt mein großer Dank meinem akademischen Lehrer, Herrn Professor Dr. Reinhard R. Doerries, der meine Dissertation mit großem Interesse und sehr viel Geduld intensiv betreut hat. Seine wertvollen Anmerkungen, gezielten Hinweise und seine konstruktive Kritik haben das Gelingen dieser Arbeit in nicht zu überschätzendem Maße gefördert. Herrn Professor Dr. Wilfried Feldenkirchen danke ich herzlich für die freundliche Übernahme des Zweitgutachtens.

Finanziell unterstützt wurde diese Arbeit durch ein Stipendium des Freistaates Bayern zur Förderung des wissenschaftlichen Nachwuchses sowie durch ein Stipendium aus den Mitteln des Hochschulsonderprogramms II. Für die gewährte Förderung sei hier sehr herzlich gedankt. Die Bibliothek des John F. Kennedy Instituts der Freien Universität Berlin förderte meine Dissertation durch ein zweimonatiges Forschungsstipendium. Dafür und für die großzügige Unterstützung der Recherchen auch über den ursprünglich geplanten Zeitraum hinaus bedanke ich mich bei der Bibliotheksleitung, insbesondere bei Frau Schwalbe und Frau Repplinger, und den Mitarbeitern der Bibliothek sehr herzlich. Dem German Marshall Fund of the United States gebührt mein Dank für ein Stipendium, durch das ein mehrwöchiger Forschungsaufenthalt in den USA ermöglicht wurde. Ich konnte diesen Aufenthalt zu Nachforschungen an den Bibliotheken mehrerer Universitäten und zu zahlreichen Gesprächen mit einer Reihe von Persönlichkeiten nutzen. Besonders gedankt sei dem stellvertretenden Leiter der Foreign Commerce Section der Antitrust Division des Justizministeriums, Edward T. Hand, der mir als "Insider" wertvolle Einblicke in die von der amerikanischen Regierung in den 80er Jahren verfolgte Antitrust-Politik gab. Professor Annette B. Poulsen und Professor Jeffrey M. Netter gebührt mein Dank für ihre Diskussionsbereitschaft, ihre überaus hilfreichen Anregungen und ihre Gastfreundschaft. Herrn Professor Dr. Carl.-L. Holtfrerich danke ich für Gespräche, nützliche Anmerkungen und dafür, daß er mich in sein Doktorandenseminar aufgenommen hat.

Herr Professor Dr. Peter Uecker hat mich in meinem Entschluß zu promovieren nachhaltig bestärkt und war mir in vielen Fragen ein guter Ratgeber. Dafür möchte ich mich bei ihm sehr herzlich bedanken. Meiner Schwester, Frau Dipl.-Volkswirt Doris Lehnert, schulde ich Dank für die eingehende Durchsicht des Manuskripts, die zahlreichen Verbesserungsvorschläge und die weiterführende und anspornende Kritik. Frau Dipl.-Volkswirt Barbara Fritz, Frau Mag. art. Rita Grußler und Herrn Dipl.-Kfm. Carsten Hartkopf gebührt mein Dank dafür, daß sie sich den Mühen des Korrekturlesens mit so großer Sorgfalt unterzogen haben.

Schließlich gilt mein ganz persönlicher Dank meinen Schwestern Doris und Heidi für ihren steten Optimismus, ihr Verständnis und ihre Ermunterung über alle Phasen meiner Dissertation hinweg. Durch ihre fortwährende, unermüdliche Unterstützung haben sie erheblich zum Gelingen dieser Arbeit beigetragen.

Ingrid Lehnert

Inhaltsverzeichnis

Verzeichnis der Abbildungen und Übersichten XV

Einleitung 1

1. Kapitel: Begriffliche Einordnung, rechtliche Regelung und geschichtlicher
Hintergrund von Unternehmensübernahmen 3

   I. Begriffliche Einordnung von Unternehmensübernahmen 3
        1. Einordnung nach der rechtlichen Betrachtungsweise 4
        2. Einordnung nach der Struktur der Übernahme 7
        3. Einordnung nach dem äußeren Klima der Übernahme 8

   II. Der *leveraged buyout* als technische Vorgehensweise 10
        1. Begriff und Entwicklung von *leveraged buyouts* 10
        2. Charakteristika geeigneter *leveraged buyout*-Unternehmen 13
        3. Die Konzeption eines *leveraged buyout* 15
            A. Beteiligte Gruppen 15
            B. Die Rolle des LBO-Sponsors 16
            C. Der organisatorische Ablauf eines *leveraged buyout* 19
        4. Die Finanzierungsstruktur eines *leveraged buyout* 21
            A. Finanzierungsschichten 21
            B. Das Konzept des *strip financing* 24

   III. Gesetzgebung 25
        1. Relevante Regelungen des Kapitalmarktrechts 26
            A. Regelungen auf Bundesebene 26
                a) *Securities Act* und *Securities Exchange Act* 27
                b) *Williams Act* 28
            B. Einzelstaatliche Regelungen 32
                a) *Blue-sky laws* 32
                b) *Antitakeover Statutes* der Bundesstaaten 32
        2. Relevante Regelungen des Gesellschaftsrechts 36
        3. Relevante Regelungen des Wettbewerbsrechts 37
            A. *Sherman Act* 37
            B. *Clayton Act* 38
            C. *Celler-Kefauver Act* 39
            D. *Hart-Scott-Rodino Antitrust Improvement Act* 40
            E. *Merger Guidelines* 40

   IV. Rückblick auf die historische Entwicklung von Unternehmens-
übernahmen 41
        1. Übernahmen am Ende des 19. Jahrhunderts: Die klassische
Zeit der Konsolidierungen 42
        2. Die Übernahmewelle der 20er Jahre 46
        3. Die Übernahmewelle der 50er und 60er Jahre: Die Bildung
von Konglomeraten 51

2. Kapitel: Charakterisierung des Marktes für Unternehmensübernahmen in den USA 55

I. Die Entwicklung am Markt für Unternehmensübernahmen 56
    1. Entwicklungsphasen 56
        A. Die Übernahmen der Jahre 1980 bis 1983 57
        B. Die Übernahmen der Jahre 1984 bis 1988 60
        C. Die Entwicklung ab 1989 66
    2. Die Entwicklung grenzüberschreitender Transaktionen 69

II. Kennzeichnende Kriterien 74
    1. Feindliche Übernahmen 74
    2. Hoher Anteil von *Leveraged Buyouts* 79

III. Vergleich mit vorangegangenen Übernahmewellen 85
    1. Gemeinsamkeiten 85
    2. Unterschiede 88

IV. Abwehrmaßnahmen 89
    1. Die *business judgment rule* als Maßstab für die Rechtmäßigkeit gewählter Abwehrmechanismen 90
    2. Präventivmaßnahmen zur Abwendung eines feindlichen Übernahmeangebots 95
        A. Änderung von Satzungsbestimmungen 95
        B. Die Ausgabe von Optionsscheinen 98
        C. *Golden Parachutes* 101
    3. Maßnahmen zur Abwehr eines laufenden Übernahmeversuches 103
        A. Einleitung rechtlicher Schritte gegen den Angreifer 104
        B. Restrukturierung der Unternehmung 104
        C. Die Suche nach einem *white knight* 106
        D. *Greenmail* 107

3. Kapitel: Staatliches und betriebliches Umfeld 111

I. Makroökonomische Faktoren 111

II. Lockerung der *Antitrust*-Politik 116
    1. Ziele, Mittel und Institutionen der *Antitrust*-Politik 116
    2. Wandel in der *Antitrust*-Politik vor 1980: Grundvoraussetzung für die Übernahmewelle 119
    3. Die *Antitrust*-Politik in den 80er Jahren 124

III. Besteuerung 136
    1. Steuerliche Motive für Unternehmensübernahmen 136
    2. Änderung der für Unternehmensübernahmen relevanten steuerlichen Faktoren in den 80er Jahren 138

IV. Förderung der Übernahmetätigkeit durch die Entwicklung innovativer Finanzierungsinstrumente 145
   1. Überblick über die für Unternehmensübernahmen relevanten Finanzinnovationen..145
   2. Die Entwicklung von *junk bonds* und *bridge loans* zu besonders übernahmefördernden Innovationen 148
V. Entwicklungen an den Kapitalmärkten...160
   1. Veränderungen im wirtschaftlichen und regulatorischen Umfeld 160
   2. Geändertes Anlegerverhalten..165

4. Kapitel: Effekte von Unternehmensübernahmen 169

I. Auswirkungen auf Aktionäre 170
   1. Unterschiedliche Erträge für Aktionäre von Ziel- und Übernahmegesellschaft..170
   2. Ursachen der unterschiedlichen und abnehmenden Renditen 174
   3. Fairneß gegenüber den Altaktionären bei *leveraged buyouts*..........177
II. Auswirkungen auf Rentabilität und Effizienz...179
   1. Quellen möglicher Rentabilitäts- und Effizienzsteigerungen..........179
      A. Erzielung von Synergieeffekten 179
      B. Effizienzsteigernde Wirkung einer erhöhten Verschuldung 181
      C. Reorganisatorische Maßnahmen 184
   2. Effizienzsteigerungen durch den 'Markt für Unternehmenskontrolle' 189
      A. Funktionsweise des 'Marktes für Unternehmenskontrolle'..189
         a) Die Problematik der *agency costs* 189
         b) Das Versagen interner Kontrollmechanismen 192
         c) Der 'Markt für Unternehmenskontrolle' als externes Kontrollmedium 195
      B. Grenzen der Wirksamkeit des 'Marktes für Unternehmenskontrolle' 196
   3. Effizienzsteigerungen durch die Ausschüttung 'freien *cash flows*' 199
   4. Messung erzielbarer Effizienzsteigerungen...................................200
III. Wohlstandstransfers. 206
   1. Wohlstandstransfers von Fremdkapitalgebern 207
   2. Wohlstandstransfers von Steuerzahlern..209
   3. Wohlstandstransfers von anderen Interessengruppen.....................211

IV. Unerwünschte und effizienzhemmende Wirkungen von Unternehmensübernahmen ... 216
   1. Vernachlässigung strategischer Investitionen ... 216
   2. Führungs- und Integrationsprobleme ... 220
   3. Kontraproduktive Effekte durch nachteilige Wirkungen auf Arbeitnehmer ... 223

Zusammenfassung ... 227

Glossar ... 233

Literaturverzeichnis ... 241

Verzeichnis der Abbildungen und Übersichten

Abbildung 1:	Unternehmensübernahmen in den Jahren 1918-1934	S. 47
Abbildung 2:	Unternehmensübernahmen in den Jahren 1972-1991	S. 57
Abbildung 3:	Ausgaben für Akquisitionen von U. S. Unternehmen durch ausländische Investoren	S. 70
Abbildung 4:	Akquisitionen durch japanische, kanadische und britische Investoren in den Jahren 1987 bis 1991	S. 72
Abbildung 5:	Die Entwicklung der Inflationsrate in den Jahren 1970 bis 1991	S. 111
Abbildung 6:	Die Entwicklung des kurzfristigen Zinsniveaus in den Jahren 1974 bis 1991	S. 113
Abbildung 7:	Die Entwicklung am Aktienmarkt in den Jahren 1974 bis 1991	S 114
Abbildung 8:	Bekanntgegebene Unternehmensübernahmen in den Jahren 1986 und 1987	S. 142
Abbildung 9:	Das Volumen am Markt für "hochverzinsliche Anleihen"	S. 150

Übersicht 1:	Unternehmensübernahmen in den Jahren 1895 bis 1904	S. 43
Übersicht 2:	Transaktionen mit einem Volumen von mehr als $1 Milliarde	S. 62
Übersicht 3:	Die Entwicklung freundlicher und feindlicher *tender offer* in den Jahren 1981 bis 1991	S. 75
Übersicht 4:	Die Entwicklung von *leveraged buyouts* in den Jahren 1980 bis 1990	S. 80
Übersicht 5:	Die Entwicklung von *going private transactions* in den Jahren 1982 bis 1991	S. 81
Übersicht 6:	Fusionsmeldungen und eingeleitete Untersuchungsverfahren der *Antitrust Division* in den Jahren 1980 bis 1990	S. 132
Übersicht 7:	Das Übernahmevolumen in den Jahren 1976-1981	S. 139
Übersicht 8:	Die Entwicklung der Übernahmetätigkeit im Jahr 1981	S. 140
Übersicht 9:	*Junk bonds* als Finanzierungsmedium für *leveraged buyouts*	S. 152

Einleitung

Unternehmensübernahmen beeinflußten das wirtschaftliche Klima der USA in den 80er Jahren ganz entscheidend. Eine Fülle von Fusionen und Akquisitionen erstreckte sich über fast alle Branchen hinweg, und auch große Unternehmen waren nicht mehr vor Übernahmen oder Übernahmeversuchen anderer Firmen oder Investorengruppen gefeit. Dabei war diese Übernahmewelle, wirtschaftshistorisch gesehen, nicht die erste ihrer Art. Auch die Zeit um die Jahrhundertwende, die 20er Jahre sowie die 50er und 60er Jahre waren durch eine rege Übernahmetätigkeit gekennzeichnet. Jedoch unterschied sich die Übernahmewelle der 80er Jahre in vielerlei Hinsicht von den vorangegangenen. Es waren dabei vor allem zwei Transaktionsformen, die den Übernahmeaktivitäten des vergangenen Jahrzehnts ganz wesentlich ihren Stempel aufdrückten. So gab es in den 80er Jahren häufig feindliche Übernahmen oder Übernahmeversuche, bei denen sich unternehmensfremde Investoren anschickten, eine Unternehmung gegen den Willen ihres Managements aufzukaufen. Solche als *hostile tender offers* oder *hostile takeovers* bekannt gewordene Transaktionen betrafen vor allem große Gesellschaften und prägten dadurch, auch wenn sie zahlenmäßig nur eine Minderheit der getätigten Firmenkäufe darstellten, die amerikanische Wirtschaft im vergangenen Jahrzehnt sehr stark. Eine zweite neue und ebenfalls für die 80er Jahre typische Übernahmeform, waren *leveraged buyouts*. Darunter versteht man überwiegend mit Fremdkapital finanzierte Unternehmenskäufe, bei denen - und dies ist charakteristisch für *leveraged buyouts* - als Sicherheiten lediglich Vermögensgegenstände der Zielgesellschaft und deren zukünftiger *cash flow* dienen.

Der Thematik der Unternehmensübernahmen wurden aufgrund ihrer wirtschaftlichen Bedeutung bereits zahlreiche Veröffentlichungen gewidmet. Allerdings betrachten vor allem amerikanische Untersuchungen in der Regel lediglich die Auswirkungen von Übernahmen und auch hier nur sehr eng abgegrenzte Einzelaspekte. Mögliche ursächliche Faktoren werden allenfalls stichwortartig genannt, aber hinsichtlich ihrer Bedeutung und ihres tatsächlichen Beitrags zum Entstehen und zu der Entwicklung der Übernahmewelle keiner genauen und detaillierten Überprüfung unterzogen. Bei der Untersuchung der Auswirkungen richten sich bisherige Arbeiten entweder nur auf bestimmte Übernahmeformen oder auf einzelne betriebliche Größen. So konzentrieren sich Studien von Steven Kaplan und Abbie Smith auf verschiedene Aspekte von *leveraged buyouts*, und eine Arbeit von Martina Röhrich behandelt feindliche Übernahmen unter wettbewerbspolitischen Gesichtspunkten. Arbeiten von Michael C. Jensen konzentrieren sich auf das Vorhandensein von 'freiem *cash flow*' auf die Übernahmetätigkeit und die Wirkungsweise von *hostile takeovers* im Rahmen des *market for corporate control*. Ebenfalls Einzelaspekte feindlicher Übernahmen betrachten Louis Lowenstein, Andrei Shleifer und Lawrence Summers. Eine Vielzahl der amerikanischen Untersuchungen baut darüber hinaus auf einem gleichgerichteten, rein finanzwissenschaftlich orientierten und auf Börsendaten gestützten Ansatz auf. Es überrascht daher nicht, wenn solche Arbeiten hinsichtlich ihrer Ergebnisse zu ähnlichen Aussagen kommen. Die Schlußfolgerungen solcher Untersuchungen, die Übernahmen häufig als positiv und effizienzfördernd beurteilen, stehen dabei im Widerspruch zu Berichten der allgemeinen Wirtschaftspresse, deren Lektüre ein eher negatives Bild der Übernahmen der 80er Jahre entstehen läßt.

Die vorliegende Arbeit hat zwei Untersuchungsschwerpunkte. Ein erstes Ziel ist es, die Faktoren im staatlichen und betrieblichen Umfeld, die dazu geführt haben, daß es gerade in den

80er Jahren zu einer solchen Vielzahl von Übernahmen und insbesondere zu den beiden dominierenden Transaktionsformen gekommen ist, genau herauszuarbeiten. Eine zweite Zielsetzung liegt darin, die Auswirkungen der Übernahmetätigkeit auf betriebliche Größen und auf die von den Transaktionen betroffenen Interessengruppen zu analysieren. Im Mittelpunkt steht dabei die Frage, ob Übernahmen zu einer Steigerung der Produktivität und Effizienz in den beteiligten Unternehmen geführt haben und damit wirtschaftlich von Nutzen waren oder ob sie lediglich Wohlstandstransfers zwischen den verschiedenen betroffenen Interessengruppen, wie etwa Steuerzahlern, Fremdkapitalgebern und Arbeitnehmern einerseits und Aktionären der Ziel- und Übernahmegesellschaft andererseits, zur Folge hatten, ohne einen eigenständigen Ertrag hervorzubringen. Im Rahmen dieser Arbeit sollen dabei die Effekte von Übernahmen auf verschiedene betriebliche Größen und aus dem Blickwinkel unterschiedlicher Interessengruppen heraus, differenziert nach Übernahmetyp, untersucht werden, um so im Ergebnis ein Gesamtbild über die Auswirkungen der Übernahmetätigkeit geben zu können.

Die Arbeit gliedert sich in vier Abschnitte. In einem ersten, einleitenden Kapitel werden die grundlegenden Begriffe gegeneinander abgegrenzt, und die neuartige und in den 80er Jahren populär gewordene Vorgehensweise der *leveraged buyouts* wird erläutert. Das den Unternehmenshandel betreffende gesetzliche und regulatorische Umfeld wird dargelegt sowie ein kurzer Überblick über die vor 1980 stattgefundenen Übernahmewellen in der amerikanischen Wirtschaftsgeschichte gegeben.

Das zweite Kapitel widmet sich einer genauen und detaillierten Darstellung der Übernahmeaktivitäten, die in den frühen 80er Jahren begannen und sich Mitte des Jahrzehnts zu einer Übernahmewelle entwickelten. Nachdem in den Jahren 1988 und 1989 ein Höhepunkt erreicht wurde, kam es zu einem starken Einbruch und nachfolgend zu einer leichten Erholung. Im Anschluß an die Schilderung der Übernahmeaktivitäten werden im zweiten Kapitel die besonderen Kriterien der Übernahmen des letzten Jahrzehnts herausgearbeitet, und ein Vergleich mit früheren Übernahmewellen wird vorgenommen. Darüber hinaus wird noch ein Überblick über die Vielzahl der Abwehrmaßnahmen gegen feindliche Übernahmeversuche, die in diesem Jahrzehnt entwickelt wurden, gegeben.

Das dritte Kapitel beschäftigt sich dann ausführlich mit dem Umfeld, in dem die Übernahmen des letzten Jahrzehnts gedeihen konnten. Untersucht werden dabei der Wandel der *Antitrust*-Politik vor und während der 80er Jahre, Änderungen in der Steuergesetzgebung, das Aufkommen neuer Finanzierungsinstrumente, insbesondere der sogenannten *junk bonds*, und Veränderungen an den Kapitalmärkten und im Anlegerverhalten. Dabei soll nicht nur auf die Bedeutung dieser einzelnen Faktoren für die Entstehung und Entwicklung der Übernahmewelle eingegangen werden, sondern auch darauf, wie ihr Zusammentreffen und ihre Verknüpfung die Übernahmewelle begünstigte.

Das vierte und abschließende Kapitel konzentriert sich schließlich auf die Auswirkungen, die der Unternehmenshandel auf die Aktionäre der Ziel- und Übernahmegesellschaften, auf Produktivität und Effizienz in den Betrieben und auf einzelne Interessengruppen hatte. Ausgehend von den Aktionären der Zielgesellschaften, die in der überwiegenden Zahl der Fälle von den Übernahmen profitierten, wird untersucht, aus welchen der genannten Effekte - Effizienzsteigerung oder Wohlstandstransfers - diese Gewinne resultierten. Im Mittelpunkt stehen dabei wiederum die für die Dekade typischen Übernahmeformen *hostile takeovers* und *leveraged buyouts*.

1. Kapitel: Begriffliche Einordnung, rechtliche Regelung und geschichtlicher Hintergrund von Unternehmensübernahmen

Unternehmensübernahmen spielten für die Entwicklung der amerikanischen Wirtschaft stets eine sehr bedeutende Rolle. Auch die Übernahmewelle der 80er Jahre, die vierte in der amerikanischen Wirtschaftsgeschichte, sorgte für tiefgreifende Strukturveränderungen. In diesem ersten Kapitel sollen zunächst die verschiedenen Transaktionsformen der Übernahmen vorgestellt und der rechtliche Regelungsrahmen erläutert werden. Den Abschluß des Kapitels bildet ein kurzer Rückblick auf vorherige Übernahmewellen. Dabei kann es sich keineswegs um eine vollständige Darlegung der historischen Entwicklung von Unternehmensübernahmen in den USA handeln, doch soll ein kurzer geschichtlicher Abriß gegeben werden, da die Übernahmen der 80er Jahre zum Teil auf Zusammenschlüsse und Akquisitionen der vorangegangenen Übernahmewelle zurückzuführen sind.

I. Begriffliche Einordnung von Unternehmensübernahmen

In den 80er Jahren entwickelten sich neben den traditionellen Formen der Fusion und Akquisition auch zahlreiche neue Vorgehensweisen zum Kontrollwechsel über Unternehmensvermögen und damit einhergehend eine Vielfalt neuer Termini. Als Oberbegriff für die zahlreichen Möglichkeiten des Unternehmenszusammenschlusses, des Unternehmenserwerbs oder der sonstigen Kontrollerlangung über ein Unternehmen ist der Begriff *takeover* zu sehen. Er kann generell definiert werden als das Vorgehen einer außenstehenden Partei, die Kontrolle über eine Unternehmung zu erlangen, und umfaßt ein ganzes Spektrum von Akquisitionstypen, wie etwa *mergers, tender offers, sell offs, spin offs* oder *leveraged buyouts*[1]. Auch andere Formen des Wechsels der Kontrolle über Unternehmen, *proxy fights* zum Beispiel, werden darunter subsumiert[2].

---

[1] Zum Begriff *takeover* und den verschiedenen darunter fallenden Ausprägungsformen s. Bradley, Michael, "The Economic Consequences of Mergers and Tender-Offers", in: Stern, Joel M. und Donald H. Chew, Hrsg., The Revolution in Corporate Finance, Oxford, 1986, S. 372-373; Dodd, Peter, "The Market for Corporate Control: A Review of the Evidence", in: Stern, The Revolution in Corporate Finance, S. 347; Hite, Gailen L. und James E. Owers, "The Restructuring of Corporate America: An Overview", in: Stern, The Revolution in Corporate Finance, S. 421ff.; Schipper, Katherine und Abbie Smith, "The Corporate Spin-Off Phenomenon", in: Stern, The Revolution in Corporate Finance, S. 438.

[2] Cook, Richard E., What the Economics Literature has to say about Takeovers, Center for the Study of American Business, Washington University, Working Paper No. 106, April 1987, S. 1.

1. Einordnung nach der rechtlichen Betrachtungsweise

Hinsichtlich der rechtlichen Betrachtungsweise ist zwischen den traditionellen Formen der *mergers, consolidations* und *acquisitions,* den neuartigen Formen der *spin offs* und *sell offs* und den *proxy fights* zu unterscheiden. Bei einem *merger* fusionieren die beteiligten Unternehmen, wobei eines die vormalige Rechtspersönlichkeit verliert[3]. Im Falle der *consolidation* geben beide fusionierenden Firmen ihre bisherige rechtliche Existenz auf, und es entsteht durch den Zusammenschluß eine neue Unternehmung[4]. Bei einer *acquisition* hingegen wird die Rechtsform der beteiligten Parteien zunächst nicht berührt. Ein Unternehmen oder Unternehmensbereich wird unter Wahrung seiner rechtlichen Selbständigkeit erworben. Das aufgekaufte Unternehmen wird zur Tochtergesellschaft der erwerbenden Firma[5]. In den USA werden diese Begriffe jedoch selten streng getrennt, da die Zielsetzungen bei Unternehmensübernahmen in der Regel wirtschaftlicher und nicht rechtlicher Natur sind[6].

Eine Akquisition wird durch den Erwerb der Beteiligungen von den bisherigen Anteilseignern durchgeführt. Als Zahlungsmittel werden dabei Bargeld, Wertpapiere oder Aktien der Erwerbsgesellschaft verwendet[7]. Bei börsennotierten Unternehmen kann die Akquisition in Form eines *tender offer* durchgeführt werden. Dabei unterbreitet eine natürliche oder juristische Person den Aktionären der zu erwerbenden Gesellschaft, der Zielgesellschaft, außerhalb des normalen Börsenhandels ein öffentliches, zeitlich limitiertes Angebot zur Übernahme einer in der Regel zahlenmäßig auf eine Kontrollmehrheit begrenzten Anzahl von Aktien zu festgesetzten Bedingungen. Dieses Angebot zeichnet sich in der Regel dadurch aus, daß es den derzeitigen Marktwert der Anteile übersteigt[8].

Eine in den frühen 80er Jahren mit wachsender Beliebtheit angewandte Sonderform des *tender offer* sind die sogenannten *two-tier tender offers*[9]. In einem *two-tier tender offer* macht die Übernahmegesellschaft den Aktionären der Zielgesellschaft ein zweigeteiltes Angebot. Um rasch einen kontrollierenden Anteil an den Aktien der Zielgesellschaft zu erwerben, wird den Aktionären, die sich schnell dazu entschließen können, ihre Aktien an den Erwerber zu übergeben, eine höhere Prämie und Barzahlung eingeräumt, während die Aktionäre, die ihre Aktien später übergeben, sich mit einem niedrigeren Preis und nicht selten einer Bezahlung in Aktien der Übernahmegesellschaft zufrieden geben müssen[10]. Die Bezahlung in Aktien erfolgt

---

[3] Bradley, "The Economic Consequences of Mergers and Tender-Offers", S. 373.

[4] Smith, Len Young; Roberson, G. Gale; Mann, Richard A. und Barry S. Roberts, Smith and Roberson's Business Law, St. Paul, 1988, S. 841.

[5] Gilman, Richard und Peng S. Chang, "Mergers and Takeovers", Management Decision, vol. 28, no. 7, 1990, S. 26.

[6] Fox, Byron E. und Eleanor M. Fox, Hrsg., Business Organizations: Corporate Acquisitions and Mergers, vol. 13, New York, 1981, S. 1.3-1.4.

[7] Gilman; Chang, "Mergers and Takeovers", S. 26.

[8] Hazen, Thomas Lee, The Law of Securities Regulation, St. Paul, 1985, S. 348-351; Ratner, David L., Securities Regulation, St. Paul, 1988, S. 108-110.

[9] Mirvis, Theodore N., "Two-Tier Pricing: Some Appraisal and Entire Fairness Valuation Issues", Business Lawyer, vol. 38, no. 2, 1983, S. 485; Hudson, Richard, "SEC May Limit Merger Tactic, Upsetting Pros", The Wall Street Journal, 26. November 1982, S. 15.

[10] Zu Begriff und Ausgestaltung eines *two-tier tender offer* s. Greene, Edward F. und James J. Junewicz, "A Reappraisal of Current Regulation of Mergers and Acquisitions", University of Pennsylvania Law Review,

mit der Absicht, die eigene Liquidität zu schonen. Wird ein solches *tender offer* von einer kleinen Investorengruppe, im allgemeinen unter Mitwirkung des amtierenden Managements, mit dem Ziel durchgeführt, die Aktien einer vorher an der Börse notierten Unternehmung in wenige private Hände zu überführen, spricht man von einer *going private transaction*[11].

Unter einem *sell off* versteht man die Veräußerung eines Unternehmensteils oder einer Tochtergesellschaft an eine andere Unternehmung[12]. Von einem *spin off* oder *split up* spricht man dann, wenn das operative Geschäft einer Tochtergesellschaft oder eines Unternehmensteils aus dem der Muttergesellschaft ausgegliedert wird, ohne daß es dabei zu einer Änderung in den Eigentumsverhältnissen kommt[13]. Dies wird bewerkstelligt, indem zunächst eine neue Unternehmung gegründet wird, in die das Vermögen der auszugliedernden Einheit überführt wird. Die Aktien dieser neuen Gesellschaft werden anfänglich von der Mutterunternehmung gehalten, dann jedoch auf Pro-Rata-Basis an die Aktionäre in Form einer Sachdividende ausgeschüttet[14]. Das Wesenskriterium eines *spin off* liegt somit darin, daß die Muttergesellschaft die Kontrolle über die Operationen der Tochtergesellschaft aufgibt, die Aktionäre aber weiterhin das Eigentum an beiden Unternehmen behalten. Es handelt sich bei diesen Restrukturierungsmaßnahmen nicht um Fusionen oder Übernahmen im herkömmlichen Sinn. Dennoch werden diese Maßnahmen im angelsächsischen Bereich ebenfalls unter den Begriff *mergers & acquisitions* eingeordnet[15].

Bei einem *proxy contest* kommt es weder zu einer Veräußerung des Unternehmens noch wird die Eigentümerstruktur in irgendeiner Weise berührt. Vielmehr wird von den Aktionären der Gesellschaft versucht, eigene, von den Vorschlägen des Managements abweichende Kandidaten in das *board of directors*[16] einzubringen und somit die Zusammensetzung dieses Auf-

---

vol. 132, no. 4, 1984, S. 677; Note, "Protecting Shareholders Against Partial and Two-Tiered Takeovers: The 'Poison Pill' Preferred", Harvard Law Review, vol. 97, no. 12, 1984, S. 1966.

[11] DeAngelo, Harry; DeAngelo, Linda und Edward M. Rice, "Going Private: The Effects of a Change in Corporate Ownership Structure", in: Stern, Joel M. und Donald H. Chew, Hrsg., The Revolution in Corporate Finance, Oxford, 1986, S. 444.

[12] Linn, Scott C. und Michael S. Rozeff, "The Corporate Sell-Off", in: Stern, Joel M. und Donald H. Chew, Hrsg., The Revolution in Corporate Finance, Oxford, 1986, S. 428.

[13] Hite, Gailen L. und James E. Owers, "Security Price Reactions Around Corporate Spin-Off Announcements", Journal of Financial Economics, vol. 12, no. 4, 1983, S. 409-410.

[14] Schipper; Smith, "The Corporate Spin-Off Phenomenon", S. 438.

[15] Bisweilen werden all diese Transaktionen auch unter dem Begriff *corporate restructuring* zusammengefaßt. Weston, J. Fred; Chung, Kwang S. und Susan E. Hoag, Mergers, Restructuring and Corporate Control, Englewood Cliffs, 1990, S. 223.

[16] Das *board of directors* ist das zentrale Leitungs- und Verwaltungsorgan einer amerikanischen Kapitalgesellschaft. Im Gegensatz zum deutschen Recht gibt es keine strikte Trennung zwischen dem Geschäftsführungs- und dem Kontrollgremium der Gesellschaft. Für die Wahrung laufender Geschäftsführungsaufgaben ernennt das *board of directors* Manager, sogenannte *officers*. Dem *board of directors* obliegt dabei die rechtliche Weisungsgewalt für das Management, dessen Überwachung sowie die Richtungsvorgabe für die Unternehmenspolitik. Es legt darüber hinaus die Höhe der Dividende fest und bestimmt die Ausgabe neuer Aktien. Das *board of directors* einer amerikanischen Aktiengesellschaft setzt sich aus *inside directors* und *outside directors* zusammen. *Inside directors* sind die Mitglieder, die auch dem Management der Unternehmung als sogenannte *officers* angehören, *outside directors* jene Personen, die ansonsten keine Positionen in der Unternehmensleitung wahrnehmen. Dabei handelt es sich häufig um Führungskräfte anderer Unternehmen, Mitglieder von Banken oder Politiker. Zur Zusammensetzung und zu den Aufgaben des *board of directors* sowie zur Abgrenzung von *inside* und *outside directors* s. Hamilton, Robert, The Law of Corporations, St. Paul, 1987, S. 277-280; Knepper, William E., Liability of Corporate Officers and Directors, Indianapolis,

sichtsgremiums nach ihren Vorstellungen zu ändern[17]. Als Wechsel in der Unternehmenskontrolle und damit als eine Form der *takeovers* kann ein *proxy contest*[18] gesehen werden, weil der Neubesetzung des *board of directors* in der Regel eine Neubesetzung des Top-Managements folgt. Entscheidungen über den Einsatz und die Verwendung der Unternehmensressourcen werden nun von einem ganz neuen Personenkreis getroffen, obgleich sich in der Eigentümerstruktur keine Änderungen ergeben haben. Deswegen kann auch ein *proxy contest* als Kontrollwechsel betrachtet werden.

Eine Publikumsgesellschaft ist dazu verpflichtet, jedes Jahr von ihren Aktionären die Mitglieder des *board of directors* wählen zu lassen[19]. Mit der bisherigen Unternehmenspolitik unzufriedene Aktionäre können im Vorfeld der Hauptversammlung eigene Kandidaten für die Positionen des *board of directors* vorschlagen und versuchen, genügend Stimmrechtsvollmachten, sogenannte *proxies*[20], von den anderen Aktionären zu bekommen, um bei der Abstimmung auf der Hauptversammlung die zur Disposition stehenden Direktorenposten durch die eigenen Kandidaten zu besetzen. Bei einem *proxy contest* versucht ein Angreifer somit, eine Stimmenmehrheit zu erlangen, ohne dabei die stimmberechtigten Aktien selbst zu erwerben[21]. Der Hauptversammlung voraus geht in der Regel ein mehrwöchiger Wettstreit zwischen dem Management und den potentiellen Übernehmern um die Stimmrechte der Aktionäre. Der *Securities Exchange Act*[22] verlangt, daß bei einem *proxy contest* eine tatsächliche Versammlung aller Aktionäre so gut wie möglich nachgebildet wird. Deswegen müssen die Aktionäre einzeln abstimmen beziehungsweise ihre Stimme an einen Bevollmächtigten abtreten. Ferner verlangt der *Securities Exchange Act*, daß die Aktionäre über alle Aspekte, die für eine Entscheidung zugunsten einer Interessengruppe erforderlich sind, ausreichend informiert werden[23]. Während dieses Wahlkampfes werden daher von beiden Gruppen Wahlunterlagen, das sogenannte *proxy solicitation material*, an die Aktionäre verschickt, welche eine in diesen Unterlagen enthaltene Vollmacht unterzeichnen und an die von ihnen favorisierte Gruppe zurücksenden sollen. Diese kumulieren die zugesandten Stimmrechte und üben sie auf der Jahreshauptversammlung aus. Mit der Durchführung dieser zeitaufwendigen Maßnahmen beauftragen in der Regel beide Parteien darauf spezialisierte Unternehmen, sogenannte *proxy solicitation firms*. Die Herausforderer sind dabei in einer ungleich ungünstigeren

---

1978, S. 5-8 und 25-27; Cavitch, Zolman, Business Organizations With Tax Planning, vol. 6, New York, 1982, S. 124.2-124.13.

[17] Dodd, Peter und Jerold B. Warner, "On Corporate Governance: A Study of Proxy Contests", Journal of Financial Economics, vol. 11, nos. 1-4, 1983, S. 401-402.

[18] Zum genauen Ablauf eines *proxy contest* und den dabei zu beachtenden gesetzlichen Vorschriften s. Aranow, Edward Ross und Herbert A. Einhorn, Proxy Contests for Corporate Control, New York, 1968, S. 89ff; DeAngelo, Harry und Linda DeAngelo, "Proxy Contests and the Governance of Publicly Held Corporations", Journal of Financial Economics, vol. 23, no. 1, 1989, S. 32-39; Hamilton, The Law of Corporations, S. 280-295; Ratner, Securities Regulation, S. 97-101.

[19] Cavitch, Business Organizations With Tax Planning, vol. 6, S. 117.9-117.11.

[20] Der Begriff *proxy* hat mehrere Bedeutungen. Er bezieht sich auf die Abstimmungsvollmacht, die Vollmachtsurkunde, die Person des Bevollmächtigten wie auch auf die Ausübung der Vollmacht. Hamilton, The Law of Corporations, S. 190.

[21] Im allgemeinen wird jedoch von den Angreifern ein Aktienpaket erworben, um ihren Absichten bezüglich des angestrebten Kontrollwechsels Nachdruck zu verleihen. Hamilton, Robert W., Corporations, St. Paul, 1990, S. 835.

[22] Zu Begriff und Inhalt des *Securities Exchange Act* siehe Abschnitt III.1.A.a., Seite 27f.

[23] Hazen, The Law of Securities Regulation, S. 296-334.

Ausgangsposition, da sie auf Informationen des amtierenden Managements angewiesen sind, beispielsweise bei der Erstellung einer Aktionärsliste[24]. Die Nachteile eines *proxy contest* für die "Angreifer" liegen klar auf der Hand. Ein solcher Kontrollkampf, der einem politischen Wahlkampf nicht unähnlich ist, bedeutet für die Herausforderer eine extreme Kostenbelastung[25], wohingegen das amtierende Management seine Werbeaufwendungen durch Firmenmittel bestreiten kann[26]. Hinzu kommt, daß die potentiellen Gewinne eines *proxy contest*, die darin liegen, daß die Firma von den neuen Mitgliedern des *board of directors* besser kontrolliert und geführt wird, allen Aktionären zugute kommen, während die Kosten des Stimmrechtskampfes nur von der kleinen Gruppe der Angreifer getragen werden[27]. *Proxy contests* waren deswegen bisher als Mittel zur Kontrollerlangung über ein Unternehmen auch nicht besonders erfolgreich[28].

2. Einordnung nach der Struktur der Übernahme

Handelt es sich sowohl bei der Zielgesellschaft als auch beim Erwerber um Firmen, dann lassen sich nach der Struktur drei grundlegende Typen von Unternehmensübernahmen unterscheiden. Sind die beteiligten Parteien im gleichen Markt angesiedelt, das heißt, gehören sie demselben Industriezweig an und befinden sich auf der gleichen Produktionsebene, so spricht man von einem horizontalen Zusammenschluß[29]. Unternehmenszusammenschlüsse dieser Art werden aus dem Bestreben heraus getätigt, eine marktbeherrschende Stellung zu erlangen

---

[24] Der Zugang zu Aktionärslisten muß mitunter erst eingeklagt werden. Siehe dazu und zu weiteren Problemen im Zusammenhang mit der Ermittlung der Personen, die im Stimmrechtsbesitz sind: Pound, John, "Proxy Contests and the Efficiency of Shareholder Oversight", Journal of Financial Economics, vol. 20, no. 1/2, 1988, S. 239-41.

[25] Die Kosten setzen sich zusammen aus Rechts- und Beratungskosten, Kosten für die Zusammenstellung des *proxy solicitation material*, Portokosten für dessen Übersendung an die Aktionäre, Kosten für Werbespots in Fernsehen und Radio, Telefonkosten für Anrufe bei den einzelnen Aktionären nach der Übersendung des Werbematerials und der Wahlunterlagen sowie Kosten für die Besuche bei Großaktionären. Aranow; Einhorn, Proxy Contests for Corporate Control, S. 542-543.

[26] Nur für den Fall, daß sie den Stimmrechtskampf gewinnen, können auch die Herausforderer ihre Kosten aus Firmenmitteln decken. Manne, Henry G., "Mergers and the Market for Corporate Control", The Journal of Political Economy, vol. 73, no. 2, 1965, S. 115.

[27] Cook, What the Economics Literature has to say about Takeovers, S. 14.

[28] *Proxy contests* stellen zwar für das amtierende Management eine erhebliche Gefahr dar, da dieses nur in etwa einem Fünftel der Fälle seine Position behalten kann. Doch diese Bilanz ist für die Initiatoren von *proxy contests* keinesfalls befriedigend, da es ihnen ebenfalls nur in etwa einem Fünftel bis einem Viertel der Fälle gelingt, eine Mehrheit der Sitze im *board of directors* zu gewinnen und somit Kontrolle über die Unternehmung zu erlangen. In den verbleibenden Fällen folgen dem Stimmrechtskampf entweder eine Übernahme oder aber Rücktritte seitens des Managements. DeAngelo; DeAngelo, "Proxy Contests and the Governance of Publicly Held Corporations", S. 46-52; Dodd; Warner, "On Corporate Governance: A Study of Proxy Contests", S. 409.

[29] Levy, Haim und Marshall Sarnat, Capital Investments and Financial Decisions, New York, 1990, S. 617; Rosenthal, Douglas E. und William Blumenthal, "Antitrust Guidelines", in: Rock, Milton L., Hrsg., The Mergers and Acquisition Handbook, New York, 1987, S. 402.

beziehungsweise Synergien oder Größenvorteile in der Produktion zu erzielen. Solche Größenvorteile spiegeln sich in Kostenvorteilen durch höhere Bezugsmengen und einer verstärkten Einkaufsmacht wider, wie auch in einer gleichmäßigeren, kontinuierlicheren und höheren Auslastung von Fertigungsanlagen[30]. Wird eine Firma aufgekauft, die sich in einem vor- oder nachgelagerten Industriezweig befindet und die bisher der Beschaffung oder dem Absatz diente, so handelt es sich um einen vertikalen Unternehmenszusammenschluß[31]. Vertikale Übernahmen werden durchgeführt, um eine kontinuierliche Versorgung mit Rohstoffen zu gewährleisten, um Beschaffungspreise mit größerer Sicherheit kalkulieren zu können oder um den Anschluß an die Absatzmärkte zu sichern beziehungsweise die dortige Position auszubauen und Stabilität bei den Verkaufspreisen zu gewährleisten[32]. Weisen die den Zusammenschluß beabsichtigenden Firmen keine Gemeinsamkeiten in den Bereichen Beschaffung, Produktion oder Absatz auf, so spricht man von einem konglomeraten Zusammenschluß. Solche Übernahmen werden von Unternehmen getätigt, die aufgrund ihrer Angebotspalette mit zyklischen Nachfrageschwankungen konfrontiert sind oder deren Produkte sich in den Endphasen des Produktlebenszyklus befinden. Die Diversifikation in neue Branchen soll Schwankungen in der Nachfrage des ursprünglichen Gutes ausgleichen und dadurch Kontinuität in der Umsatz- und Gewinnentwicklung gewährleisten. Bei Firmen, deren Produkte am Markt an Attraktivität verlieren, soll sie den Fortbestand des Unternehmens sichern. Auch läßt sich durch konglomerate Zusammenschlüsse das allgemeine Unternehmensrisiko senken, indem Verluste, die etwa rezessionsbedingt in einem Unternehmenszweig entstehen, durch Gewinne in anderen Divisionen ausgeglichen werden können[33].

3. Einordnung nach dem äußeren Klima der Übernahme

Nach ihrem äußeren Klima lassen sich Unternehmensübernahmen in die beiden Kategorien freundlich und feindlich einteilen. Bei einer freundlichen Übernahme wird über die bevorstehende Transaktion in üblicherweise zunächst geheimen Verhandlungen des Erwerbers oder der Erwerbsgesellschaft mit der Geschäftsführung der Zielgesellschaft verhandelt. Sind sich die beiden Managementteams einig, so unterbreitet die Erwerbsgesellschaft den Anteilseignern der Zielgesellschaft ein Angebot. Das Management der Zielgesellschaft gibt dann dazu eine Stellungnahme ab, in welcher es die Übernahme befürwortet und die eigenen Anteilseig-

---

[30] Davidson, Daniel V.; Knowles, Brenda E.; Forsythe, Lynn M. und Robert Jespersen, Business Law, Boston, 1990, S. 750; Dutz, Mark A., "Horizontal Mergers in Declining Industries", International Journal of Industrial Organizations, vol. 7, 1989, S. 12-13.

[31] Brealey, Richard A. und Stewart C. Myers, Corporate Finance, New York, 1991, S. 820; Fox; Fox, Business Organizations: Corporate Acquisitions and Mergers, vol. 13, S. 9.2.

[32] Weston; Chung; Hoag, Mergers, Restructuring and Corporate Control, S. 83-84; Gilson, Ronald J., The Law and Finance of Corporate Acquisitions, Mineola, 1986, S. 408ff.

[33] Davidson et al., Business Law, S. 750-751.

ner auffordert, das unterbreitete Angebot anzunehmen. Dieser Empfehlung des Managements wird in der Regel von den Aktionären Folge geleistet[34].
Gelangen die Verhandlungen zwischen den beiden Unternehmensleitungen jedoch nicht zu dem gewünschten Ergebnis oder wird die Offerte von Anfang an nicht mit der Unternehmensverwaltung der Zielgesellschaft abgesprochen, kommt es zu einem feindlichen Übernahmekampf. Die erwerbende Gesellschaft oder der Erwerber als Einzelperson[35] wendet sich dann direkt an die Aktionäre der Zielgesellschaft und unterbreitet ihnen ein Angebot in Form eines *tender offer*, denn ausschlaggebend für den Verkauf der Unternehmung ist einzig das Votum der Eigentümer, das heißt der Aktionäre, und nicht das des Managements. An dieses Angebot schließt sich regelmäßig ein mitunter lange dauernder Übernahmekampf an, der sich für beide Parteien als sehr kostspielig entpuppen kann. Der Erwerber, bei feindlichen Übernahmeversuchen auch als *raider* bezeichnet, muß im allgemeinen damit rechnen, seinen Angebotspreis weit über das ursprüngliche Niveau hinaus erhöhen zu müssen, um die Aktionäre zum Verkauf ihrer Anteile zu bewegen. Er muß Mittel für Werbung und die Übersendung des Übernahmeangebots an die einzelnen Aktionäre aufbringen, und er muß bei feindlichen Übernahmen in der Regel in bar anstatt mit Wertpapieren oder Aktien der eigenen Unternehmung bezahlen[36]. In vielen Fällen gehen einem *hostile tender offer* daher Verhandlungen mit dem Management der Zielgesellschaft voraus, die auf eine freundliche Übernahme abzielen. Verlaufen diese erfolglos, wird eine feindliche Übernahme angestrebt. Gelingt es dem *raider*, die Kontrolle über die Zielgesellschaft zu erreichen, so wird in fast allen Fällen das bisherige Management seiner Position enthoben und vom Erwerber durch neue Führungskräfte ersetzt[37].
Eine weitere Möglichkeit, die Kontrolle über ein Unternehmen gegen den Willen der Geschäftsführung zu gewinnen, sind die bereits angesprochenen *proxy contests*, die ja definitionsgemäß feindlicher Natur sind. Diese wurden jedoch im Lauf der Zeit immer mehr durch

---

[34] Gilman; Chang, "Mergers and Takeovers", S. 27.

[35] Bekannt für die Durchführung feindlicher Übernahmen oder Versuche derselben wurden in den 80er Jahren beispielsweise der New Yorker Unternehmer Carl Icahn, der *hostile tender offers* für zahlreiche Firmen, unter anderen den Textilhersteller Dan River Inc. und die Ölfirma Phillips Petroleum, abgab und im Jahr 1985 die Fluggesellschaft TWA Inc. mittels eines *hostile takeover* übernahm, sowie der Texaner T. Boone Pickens, dessen Firma Mesa Petroleum zu Beginn der 80er Jahre *hostile tender offers*, vor allem für Ölgesellschaften, wie etwa Gulf Oil, Cities Service und Phillips Petroleum, anstrengte. Einen Ruf als *raider* erlangten auch die kanadischen Unternehmer Samuel, William und Hyman Belzberg, deren Holdinggesellschaften Far West Financial Corp. und First City Financial Corp. feindliche Übernahmeangebote, unter anderen für die Firmen Gulf Oil und Ashland Oil Inc., abgaben, und Saul Steinberg, dessen Versicherungsgesellschaft Reliance Group Holdings Inc., feindliche Übernahmeversuche, beispielsweise für die Walt Disney Productions, einleitete. Hawkins, Chuck; Miles, Gregory L.; Marcial, Gene; Hurlock, Jim und Zachary Schiller, "Carl Icahn: Raider or Manager?", International Business Week, 27. Oktober 1986, S. 54-59; Laderman, Jeffrey; Kerwin, Kathleen und Dean Foust, "The Belzbergs' Battered Empire", International Business Week, 28. Januar 1991, S. 54; Farrell, Christopher, "Tycoon for Sale: Saul Steinberg Is Going Public Again", International Business Week, 18. August 1986, S. 45-46.

[36] Herman, Edward S. und Louis Lowenstein, "The Efficiency Effects of Hostile Takeovers", in: Coffee, John C.; Lowenstein, Louis und Susan Rose-Ackerman, Hrsg., Knights, Raiders and Targets, New York, 1988, S. 221; Schnitzer, Monika, Takeovers and Tacit Collusion, Bonn, 1991, S. 51-52.

[37] Shleifer, Andrei und Robert W. Vishny, "Value Maximization and the Acquisition Process", Journal of Economic Perspectives, vol. 2, no. 1, 1988, S. 11.

hostile tender offers ersetzt und kommen heute aufgrund der dargelegten Nachteile kaum noch zum Einsatz[38].
Die gängige Form eines feindlichen Übernahmeversuches ist somit das *tender offer*. Allerdings kann auch ein *merger* feindliche Züge aufweisen, obwohl dazu die Zustimmung des Managements der Zielgesellschaft erforderlich ist. Die Tatsache, daß ein feindliches Übernahmeangebot folgen könnte, wenn die Fusionsverhandlungen fehlschlagen, kann die Führungskräfte der Zielgesellschaft zur Zustimmung zu einem *merger* bewegen, obwohl sie lieber verweigert worden wäre[39]. Es ist deshalb für einen Außenstehenden nicht immer möglich, eine klare Grenze zwischen freundlichen und feindlichen Unternehmensübernahmen zu ziehen.

II. Der *leveraged buyout* als technische Vorgehensweise

1. Begriff und Entwicklung von *leveraged buyouts*

Der Begriff *leveraged buyout*[40] umschreibt eine besondere Technik der Unternehmensakquisition, bei der eine kleine Anlegergruppe ein Unternehmen oder einen Unternehmensteil erwirbt. Das Wesenskriterium eines *leveraged buyout*[41] liegt in der primären Finanzierung durch Fremdkapital. Die Kreditgewährung ist dabei nicht an das bisherige Eigenkapital, die Reputation oder etwaige Sicherheiten des Erwerbers geknüpft. Allein das Vermögen und der prognostizierte *cash flow* der zu erwerbenden Unternehmung dienen als Sicherheit für die aufgenommenen Kredite[42]. Der Finanzierungsplan zur Bedienung der Akquisitionsschulden orientiert sich am erwarteten zukünftigen *cash flow*[43] und an den durch den Verkauf von

---

[38] Lamb, David, "Raiders of the Company Ark", Accountancy, vol. 105, no. 4, April 1990, S. 108.

[39] Browne, Lynn E. und Eric S. Rosengren, "Are Hostile Takeovers Different?", in: Browne, Lynn E. und Eric S. Rosengren, Hrsg., The Merger Boom, Proceedings of a Conference Held in October 1987, New Hampshire, 1987, S. 202.

[40] Zum Begriff des *leveraged buyout* s. Brancato, Carolyn K., Leveraged Buyouts and the Pot of Gold: 1989 Update, U. S. House of Representatives, Committee on Energy and Commerce, Subcommittee on Oversight and Investigations, Washington, D.C., 1989, S. 5; Doyle, Brian M. und Hoyt Ammidon, The Anatomy of a Leveraged Buyout, New York, 1989, S. 2; Easterwood, John C.; Seth, Anju und Ronald F. Singer, "The Impact of Leveraged Buyouts on Strategic Direction", California Management Review, vol. 32, no. 1, 1989, S. 30; Greve, J. Terrence, "Management Buy-outs and LBOs", in: Rock, Milton L., Hrsg., The Mergers and Acquisition Handbook, S. 345-346.

[41] Für diese Transaktionen wird häufig auch die Abkürzung LBO verwendet.

[42] Colman, Robert Douglas, "Leveraged Buyouts", in: Lee, Steven James und Robert Douglas Colman, Hrsg., Handbook of Mergers, Acquisitions and Buyouts, Englewood Cliffs, 1981, S. 530.

[43] Unter dem *cash flow* versteht man den Nettozugang an flüssigen Mitteln, der innerhalb einer gewissen Zeitperiode durch die Umsatztätigkeit und andere laufende Operationen erwirtschaftet wird. Es handelt sich um eine auf Einnahmen und Ausgaben bezogene Größe, die sich retrograd aus der Gewinn- und Verlustrechnung ermitteln läßt, indem der Jahresüberschuß vor Zinsen und Steuern um nicht zahlungswirksame Größen

Vermögensteilen freigesetzten Mitteln der Zielgesellschaft[44]. Die Investorengruppe besteht typischerweise aus einer Allianz von Mitgliedern des amtierenden Managements, eines auf diese Transaktionsform spezialisierten Investmenthauses, auch LBO-Spezialist oder LBO-Sponsor genannt, sowie einer in einem Fonds zusammengeschlossenen Gruppe von institutionellen und privaten Investoren[45]. Die Bezeichnung *leveraged buyout* ist auf die hohe Verschuldung und den aus der Finanztheorie bekannten Leverage-Effekt zurückzuführen[46]. Dieser beschreibt die Tatsache, daß die Rendite des Eigenkapitals bei gleichbleibender Gesamtkapitalrentabilität mit zunehmendem Verschuldungsgrad steigt, solange der Fremdkapitalzins unter der Gesamtkapitalrentabilität liegt[47]. Angelehnt an diesen Effekt wird ein Unternehmenskauf, dessen Finanzierung größtenteils durch Kreditaufnahme erfolgt, daher als *leveraged buyout* bezeichnet.

Leveraged buyouts finden in den USA Anwendung in drei Bereichen. Sie dienen einmal dazu, im Rahmen eines *sell off* Tochtergesellschaften oder Divisionen aus dem Unternehmen auszugliedern, weil diese beispielsweise nicht mehr länger in die Gesamtstrategie des Unternehmens passen[48]. Dabei kann die Inkompatibilität durchaus auf eine vorangegangene Akquisition oder einen vorangegangenen *leveraged buyout* der Muttergesellschaft zurückzuführen sein[49]. Ein zweites Anwendungsgebiet von *leveraged buyouts* ist die Überführung börsennotierter Gesellschaften in Privatunternehmen im Rahmen sogenannter *going private transactions*. Schließlich sind *leveraged buyouts* auch ein Medium, um Nachfolgeprobleme in Privatunternehmen zu lösen[50]. Die meiste Beachtung in der Öffentlichkeit finden jene *leveraged buyouts*, die die Überführung einer Aktiengesellschaft in ein Privatunternehmen zum Ziel haben[51]. Diese Transaktionen stellen zahlenmäßig jedoch nur einen kleinen, wenn auch den wertmäßig größten Teil an der Gesamtzahl der *leveraged buyouts* dar.

Differenziert nach der Käufergruppe ergeben sich verschiedene Erscheinungsformen des *leveraged buyout*. So wird von einem *institutional buyout* dann gesprochen, wenn die Käufer-

---

berichtigt wird. So wird der Gewinn beispielsweise um Abschreibungen erhöht und um Zuschreibungen vermindert. Der so ermittelte *cash flow*, bisweilen auch *operating cash flow* genannt, gibt Auskunft darüber, in welcher Höhe das Unternehmen Mittel erwirtschaftet hat, die für Erweiterungsinvestitionen und die Fremdkapitalbedienung zur Verfügung stehen. Weston; Chung; Hoag, Mergers, Restructuring and Corporate Control, S. 135-138; Rubin, Steven M., Junk Bonds, London, 1990, S. 72.

[44] Greve, "Management Buy-outs and LBOs", S. 345-346.

[45] Easterwood, "The Impact of Leveraged Buyouts on Strategic Direction", S. 30.

[46] Van Horne, James C., Financial Management and Policy, Englewood Cliffs, 1992, S. 674.

[47] Brealey; Myers, Corporate Finance, S. 404-406; Drukarczyk, Jochen, Finanzierung, Stuttgart, 1986, S. 50-52.

[48] Brancato, Leveraged Buyouts and the Pot of Gold: 1989 Update, S. 6. Insbesondere die *leveraged buyouts* der späten 70er und frühen 80er Jahre bezogen sich auf Divisionen und Tochtergesellschaften der in den 60er Jahren gebildeten Konglomerate. Rose, Irwin, "How the Champs Do Leveraged Buyouts", Fortune International, vol. 109, no. 2, 23. Januar 1984, S. 70-72.

[49] Braun, Leveraged Buyouts, S. 49-51.

[50] Lyons, John B., "Leveraged buyouts: some do's and don'ts", ABA Banking Journal, vol. 76, no. 3, 1984, S. 86.

[51] Siehe beispielsweise: Lowenstein, Louis, "No more cozy management buyouts", Harvard Business Review, vol. 64, no. 1, 1986, S. 147; Dalton, Dan R., "The Ubiquitous Leveraged Buyout (LBO): Management Buy-out or Management Sellout?", Business Horizons, vol. 32, no. 4, 1989, S. 36-42; Garfinkel, Michelle R., "The Causes and Consequences of Leveraged Buyouts", Federal Reserve Bank of St. Louis Review, vol. 71, no. 5, 1989, S. 23-24.

gruppe aus außenstehenden, vorwiegend institutionellen Investoren besteht, von einem *employee buyout* in den Fällen, in denen die bisherigen Arbeitnehmer im Rahmen eines *Employee Stock Ownership Plan* die Unternehmung übernehmen, und von einem *management buyout* dann, wenn das bisherige Management als Käufer auftritt[52]. Die Abgrenzung zwischen *leveraged buyout* und *management buyout* erfolgt nicht einheitlich. Während von einem *management buyout*[53] bisweilen nur dann gesprochen wird, wenn das gesamte Eigenkapital von den bisherigen Führungskräften aufgebracht wird[54], wird der Begriff im allgemeinen schon dann verwendet, wenn die Führungskräfte einen wesentlichen Anteil am Eigenkapital der neuen Unternehmung erwerben[55]. Für die in den USA in den 80er Jahren stattgefundenen Transaktionen ist die Abgrenzung zwischen den verschiedenen Erscheinungsformen, insbesondere dem *leveraged buyout* und *management buyout*, von nur untergeordneter Bedeutung. In fast allen Fällen war das Management in gewissem Umfange beteiligt, da seine Mitwirkung die Erfolgschancen der neuen Unternehmung deutlich erhöht[56], doch reichte die Kapitalbasis der Führungskräfte zum Alleinerwerb in der Regel nicht aus, so daß als Eigenkapitalgeber meist weitere Investoren hinzugezogen werden mußten[57]. Die Finanzierung zum größten Teil durch Fremdkapital war bei fast allen Transaktionen gegeben, so daß die *buyouts* der 80er Jahre eine Mischform darstellten.

Das Grundmuster des *leveraged buyout*-Konzepts, den Kauf eines Objektes überwiegend mit Fremdkapital zu finanzieren und die Rückzahlung des aufgenommenen Kapitals an der Ertragskraft des Kaufobjektes zu orientieren, ist aus der Immobilienbranche hinlänglich bekannt. Systematisch auf den Kauf von Unternehmen übertragen wurde es in den 60er Jahren durch Jerome Kohlberg, einem damaligen Mitarbeiter des Wertpapierhauses Bear, Stearns & Co. und späteren Mitbegründer der auf die Durchführung von *leveraged buyouts* spezialisierten Firma Kohlberg, Kravis & Roberts. Zu dieser Zeit wurden sie *"bootstrap deals"* genannt und waren auf kleinere Firmen beschränkt, da sich für die Durchführung bei größeren Unternehmen außer dem Management weder Eigenkapitalinvestoren noch Fremdkapitalgeber fanden[58]. Der Begriff *leveraged buyout* wurde erst ab Mitte der 70er Jahre verwendet[59]. Bis

---

[52] Brancato, Leveraged Buyouts and the Pot of Gold: 1989 Update, S. 6; Yago, Glenn, Junk Bonds, New York, 1991, S. 117-118.

[53] Generell ist anzumerken, daß für die Einstufung einer Transaktion als *management buyout* die Finanzierungsstruktur von nur untergeordneter Bedeutung ist. Ein *management buyout* kann also überwiegend sowohl mit Eigen- als auch mit Fremdmitteln finanziert sein.

[54] DeAngelo, Harry und Linda DeAngelo, "Management Buyouts of Publicly Traded Corporations", Financial Analysts Journal, vol. 43, no. 3, 1987, S. 39.

[55] Zur Abgrenzung der Begriffe *management buyout* und *leveraged buyout* s. Brancato, Leveraged Buyouts and the Pot of Gold: 1989 Update, S. 6; Birley, Sue, "Success and Failure in Management Buyouts", Long Range Planning, vol. 17, no. 3, 1984, S. 33; Wright, Mike; Thompson, Steve; Chiplin, Brian und Ken Robbie, Buy-Ins and Buy-Outs: New Strategies in Corporate Management, Boston, 1991, S. 8.

[56] Das bisherige Management ist mit den Stärken und Schwächen sowie Chancen und Risiken des zu erwerbenden Unternehmens beziehungsweise Unternehmensteils bestens vertraut. Es hat Detailkenntnisse über Kunden- und Lieferantenbeziehungen und kann die zukünftigen Erfolgschancen besser abschätzen als außenstehende Investoren. Hauschka, Christoph, "Wirtschaftliche, arbeits- und gesellschaftsrechtliche Aspekte des Management Buy-Out", Betriebsberater, Jg. 42, Nr. 32, 20. November 1987, S. 2171-2172.

[57] Lerbinger, Paul, "Unternehmensakquisition durch Leveraged Buyout", Die Bank, Heft 3, 1986, S. 134-135.

[58] Loomis, Carol J., "Buyout Kings", Fortune International, vol. 118, no. 14, 4. Juli 1988, S. 55.

[59] Anders, George, Merchants of Debt, New York, 1992, S. 8.

1978 fanden sich als Fremdkapitalgeber lediglich eine kleine Anzahl von Versicherungsgesellschaften. Geschäftsbanken mit traditionell konservativen Kreditvergabepolitiken spielten eine geringe Rolle bei den als besonders riskant angesehenen *leveraged buyouts*. Die Finanzierung mit Eigenkapital erfolgte durch das Management und eine kleine Anzahl privater Investoren[60]. Im Jahr 1978 gelang es der Firma Kohlberg, Kravis & Roberts, 23 institutionelle Anleger zu einem Investorenpool zusammenzuschließen und anschließend ein Jahr später mit Houdaille Industries die erste börsennotierte Gesellschaft im Rahmen eines *leveraged buyout* in eine private Unternehmung zu überführen[61]. Mit einem Umfang von $352,9 Millionen war dies auch gleichzeitig die bis dato größte Transaktion dieser Art[62]. Eine explosionsartige Entwicklung erfuhr das Konzept dann in den 80er Jahren und gipfelte im Jahre 1989 in dem ebenfalls von Kohlberg, Kravis & Roberts durchgeführten *leveraged buyout* der Publikumsgesellschaft RJR Nabisco mit einem Gesamtwert von $24,8 Milliarden[63].

2. Charakteristika geeigneter *leveraged buyout*-Unternehmen

Bei einem *leveraged buyout* handelt es sich der Definition nach um einen Unternehmenserwerb, der größtenteils durch Fremdkapital finanziert wird. Unternehmen, die sich dieser Restrukturierungsform unterziehen, unterwerfen sich einem hohen Finanzierungsrisiko. Es ist deswegen von Bedeutung, daß das allgemeine Geschäftsrisiko solcher Unternehmen gering ist[64]. Die enormen Zins- und Tilgungszahlungen, die sich an die hohe Fremdkapitalfinanzierung anschließen, sollen durch den erwarteten zukünftigen *cash flow* und die Veräußerung von Aktiva gedeckt werden. Weitere Grundvoraussetzung für die Durchführung eines *leveraged buyout* ist daher das Vorhandensein eines hohen und stabilen *cash flow*[65]. Das allgemeine Geschäftsrisiko und die Stabilität des *cash flow* wiederum hängen von verschiedenen Kriterien ab, die sich auf die Branche, in der das Unternehmen agiert, das Unternehmen selbst sowie das Management der Gesellschaft beziehen.
Ausschlaggebend für das allgemeine Geschäftsrisiko ist die Unternehmensbranche. Das Unternehmen sollte sich in einem Wirtschaftszweig mit mäßigem Wachstum, geringer Wettbewerbsintensität und geringer Kapitalintensität befinden. Schnell wachsende Branchen, wie beispielsweise der Bereich der Spitzentechnologie, verlangen beträchtliche Investitions-

---

[60] Greve, "Management Buy-outs and LBOs", S. 348.

[61] O. V., "Houdaille to Get Offer Totaling $347,7 Million", The Wall Street Journal, 26. Oktober 1978, S. 7; o. V., "Houdaille Agrees to Be Purchased", The Wall Street Journal, 07. März 1979, S. D4; o. V., "Houdaille Industries Elects New Directors, Kohlberg Chairman", The Wall Street Journal, 30. Mai 1979, S. 20.

[62] O. V., "Houdaille Purchase By Group of Investors Approved by Holders", The Wall Street Journal, 4. Mai 1979, S. 38.

[63] Zum Ablauf der Transaktion siehe Ausführungen im Kapitel 2, Abschnitt II.2 und die dort zum Fall genannten Quellen.

[64] Schipper, Katherine und Abbie Smith, "Restructuring in the Food Industry", in: Libecap, Gary, Hrsg., Corporate Reorganization through Mergers, Acquisitions, and Leveraged Buyouts, Suppl. 1, Greenwich, 1988, S. 160-161.

[65] Doyle; Ammidon, The Anatomy of a Leveraged Buyout, S. 2.

ausgaben. Darüber hinaus stellen die hohen Ertragspotentiale, die diese Branchen normalerweise offerieren, für viele Firmen einen Anreiz zum Markteintritt dar und bergen somit die Gefahr von Instabilität innerhalb der Branche[66]. Eine hohe Wettbewerbsintensität erfordert hohe Ausgaben für Absatz und Werbung. Eine hohe Kapitalintensität verlangt nach laufenden Ersatzinvestitionen, für die in den ersten Jahren nach einem *leveraged buyout* keine Mittel vorhanden sind[67]. Eine Vernachlässigung dieser Investitionen greift andererseits die Wettbewerbsposition der Unternehmung an und gefährdet ihre zukünftige Wettbewerbsfähigkeit. Schließlich sollte das Unternehmen nicht in einer saisonabhängigen Branche angesiedelt sein, da zyklisch schwankende Einzahlungs- und Auszahlungsströme einen grundsätzlich höheren Kapitalbedarf erfordern.

Das Unternehmen selbst sollte innerhalb der Branche eine gefestigte und starke Marktposition innehaben, über ausgereifte Produkte verfügen, einen geringen Verschuldungsgrad aufweisen und leicht veräußerbare Aktivposten besitzen. Eine starke und gefestigte Marktposition schützt es vor der Konkurrenz und ist gleichzeitig Garant für die Stabilität des *cash flow* in der Zukunft[68]. Produkte, die sich im Produktlebenszyklus in der Reifephase befinden, zeichnen sich durch eine hohe Rentabilität aus und sind *cash flow*-Lieferanten. Gleichzeitig bedürfen nur noch geringer Forschungs- und Entwicklungsaufwendungen[69]. Eines geringen Verschuldungsgrades bedarf es, um den nötigen Kreditspielraum für den *leveraged buyout* bereitzustellen, und leicht veräußerbare, nicht betriebsnotwendige Vermögensgegenstände oder Unternehmensteile werden benötigt, um die Schulden rasch abzubauen[70].

Das Management des *leveraged buyout*-Kandidaten sollte gute Branchenkenntnisse und mehrjährige Erfahrung im Unternehmen besitzen, bei den Mitarbeitern des Unternehmens auf breiter Basis akzeptiert sein und über gute Führungsqualitäten verfügen. Nach einem *leveraged buyout* sind in einer Gesellschaft einschneidende Sparmaßnahmen und umfassende strukturelle Veränderungen notwendig. In der Regel sind Personalentlassungen unvermeidbar[71]. Diese Maßnahmen müssen von der Unternehmensführung rasch umgesetzt und von den Mitarbeitern akzeptiert werden, so daß deren Motivation und Produktivität nicht darunter leidet. Das Management selbst steht in der ersten Zeit nach dem *leveraged buyout* unter enormem Erfolgsdruck. Kosten und Verschuldung müssen gesenkt, die Produktivität und Rentabilität erhöht werden. Dazu bedarf es einer großen physischen und psychischen Belastbarkeit[72]. Geeignete Kandidaten für einen *leveraged buyout* sind Unternehmen im Einzelhandel, im Bereich der Konsumgüter- oder Nahrungsmittelindustrie oder auch Versorgungsunternehmen. Ungeeignet hingegen sind Unternehmen in Branchen, die einem schnellen technologischen Wandel unterworfen sind, sowie Firmen mit geringem oder sehr unternehmensspezifischem

---

[66] Easterwood, "The Impact of Leveraged Buyouts on Strategic Direction", S. 37.
[67] Gargiulo, Albert F. und Steven J. Levine, The Leveraged Buyout, New York, 1982, S. 29-30.
[68] Doyle; Ammidon, The Anatomy of a Leveraged Buyout, S. 2.
[69] Newport, John Paul, "LBOs: Greed, Good Business - or Both?", Fortune International, vol. 119, no. 1, 2. Januar 1989, S. 46.
[70] Doyle; Ammidon, The Anatomy of a Leveraged Buyout, S. 2.
[71] Nach dem *leveraged buyout* des Lebensmittel- und Tabakkonzerns RJR Nabisco durch die LBO-Firma Kohlberg, Kravis & Roberts wurden 1.600 Arbeitnehmer von Nabisco innerhalb kurzer Zeit entlassen. O. V., "Centennial Journal: 100 Years in Business: RJR: A Lesson in Greed", The Wall Street Journal, 26. Dezember 1989, S. B1.
[72] Lyons, "Leveraged buyouts: some do's and don'ts", S. 86; Gargiulo; Levine, The Leveraged Buyout, S. 30-31.

Sachanlagevermögen und hohen immateriellen Vermögenswerten, wie etwa Unternehmen aus dem Bereich der Spitzentechnologie oder Software-Firmen[73].

3. Die Konzeption eines *leveraged buyout*

A. Beteiligte Gruppen

Im Vergleich zu anderen Übernahmeformen ist die Zahl der an einem *leveraged buyout* beteiligten Personengruppen relativ hoch. Sie läßt sich in Eigenkapitalgeber, Fremdkapitalgeber und Beteiligte mit Beratungsfunktion unterteilen.
Als Eigentümer der neuen Unternehmung traten in den 80er Jahren Pensionsfonds, Versicherungsgesellschaften, private Investoren, das bisherige Management, die Belegschaft in Form von *Employee Stock Ownership Plans*, Banken und Investmenthäuser auf. Die Motivationen dieser Gruppen war sehr unterschiedlich. Institutionelle und private Investoren sahen ihre Beteiligung in der Regel als reine Vermögensanlage, die eine hohe Rendite versprach, und waren an Führungsaufgaben nicht interessiert[74]. Dem Management eröffnete ein *leveraged buyout* den Weg in die Selbständigkeit, die Gelegenheit, unternehmerische Verantwortung zu übernehmen, und die Chance eines langfristig höheren Einkommens durch die überdurchschnittliche Partizipation am Unternehmensgewinn[75]. Teilweise sahen die Führungskräfte von börsennotierten Gesellschaften in einem *leveraged buyout* aber auch die einzige Möglichkeit, ihren Arbeitsplatz an der Unternehmensspitze zu behalten. Investmentbanken tauchten als Eigenkapitalgeber erst ab Mitte der 80er Jahre auf. Vorher beschränkten sich die Investmentbanken auf eine gut bezahlte, beratende Rolle bei der Finanzierung. Ab Mitte der 80er Jahre begannen sie jedoch zunehmend, die Rolle sogenannter *power investors* zu übernehmen und sich selbst mit Eigenkapitalpositionen an *leveraged buyouts* zu beteiligen[76].
Die Gruppe der Fremdkapitalgeber setzt sich im wesentlichen aus dem gleichen Personenkreis zusammen wie die Gruppe der Eigenkapitalgeber, eine *leveraged buyout* spezifische Besonderheit, die bei der Betrachtung der Finanzierungsstruktur noch genauer analysiert wird. Hinzu kommen als bedeutende Fremdkapitalgeber noch die *commercial banks*, eine Gruppe, die als Eigenkapitalgeber nicht in Erscheinung tritt[77].

---

[73] Caires, Bryan de, Management Buyouts, London, 1988, S. 12.
[74] Coleman, "Leveraged Buyouts", S. 530-532; Loomis, Carol, "The New J. P. Morgans", Fortune International, vol. 117, no. 5, 29. Februar 1988, S. 24.
[75] Stevenson, Galvin, "Small Leveraged Buyouts Are Big Business Now", International Business Week, 10. Dezember 1984, S. 67; o. V., "The LBO-Binge: Top Executives Ponder Leveraged Buy-Outs, But Many Have Doubts", Wall Street Journal, 27. Oktober 1988, S. 1.
[76] Bartlett, Sarah, "Power Investors", International Business Week, 20. Juni 1988, S. 40-45; Loomis, "The New J. P. Morgans", S. 24.
[77] Den *commercial banks* ist es aufgrund des *Glass-Steagall Act* untersagt, Eigenkapitalpositionen in Unternehmen zu halten. Caires, Management Buy-Outs, S. 11.

Neben den Eigen- und Fremdkapitalgebern wirken an einem *leveraged buyout* noch Anwälte, Wirtschaftsprüfer und Steuerberater bei den Vertragsverhandlungen, der Ausarbeitung und rechtlichen Betreuung der Verträge, bei der Unternehmensbewertung und Kaufpreisermittlung mit[78]. Eine besondere Rolle, die im folgenden näher ausgeführt werden soll, nehmen schließlich die sogenannten LBO-Sponsoren ein.

B. Die Rolle des LBO-Sponsors

LBO-Sponsoren, manchmal auch LBO-Boutiquen genannt, sind Firmen, die sich darauf spezialisiert haben, *leveraged buyouts* durchzuführen. Die größte und bekannteste dieser Firmen ist sicherlich Kohlberg, Kravis & Roberts, nicht zuletzt wegen der Durchführung des *leveraged buyout* von RJR Nabisco, der größten jemals durchgeführten Transaktion dieser Art[79]. Aber auch schon vorher hatte die 1976 gegründete Firma eine Schlüsselrolle bei der Entwicklung des *leveraged buyout*-Geschäfts eingenommen[80]. Weitere namhafte Firmen sind Forstmann Little & Co. und Clayton, Dubilier & Rice[81]. Neben diesen Firmen haben auch die Investmentbanken in den 80er Jahren zunehmend eigene *leveraged buyout*-Divisionen gegründet[82].

Die Tätigkeit eines LBO-Sponsors besteht zunächst darin, Fonds aufzulegen, um Eigenkapital für potentielle zukünftige Transaktionen zu sammeln. Bei einer Transaktion fungiert er dann in zwei Rollen, die sich auf die Planungs- und Entwicklungsphase einerseits und auf die Kontrollphase andererseits beziehen[83]. Daneben ist er in der Regel mit eigenen Finanzmitteln am

---

[78] Braun, Leveraged Buyouts, S. 13-19.

[79] Brancato, Leveraged Buyouts and the Pot of Gold: 1989 Update, S. 36.

[80] Ross, Irwin, "How the Champs Do Leveraged Buyouts", Fortune International, vol. 109, no. 2, 23. Januar 1984, S. 70-78.

[81] Forstmann Little & Co., das zweitgrößte Unternehmen der Branche, ist seit 1978 tätig. Diese LBO-Boutique ist in ihrer Vorgehensweise weitaus weniger aggressiv als Kohlberg, Kravis & Roberts. Der LBO-Sponsor Clayton, Dubilier & Rice, wie Kohlberg, Kravis & Roberts ebenfalls 1976 gegründet, hat sich hinsichtlich seiner Geschäftstätigkeit auf die Veräußerung von Unternehmensbereichen und Tochtergesellschaften in Form von *leveraged buyouts* spezialisiert. Bis 1992 hieß das Unternehmen nur Clayton & Dubilier. Dannen, Fredric, "LBOs: How long can this go on?", Institutional Investor, vol. 11, no. 11, 1986, S. 151-155; Kester, W. Carl und Timothy A. Luehrman, "Rehabilitating the Leveraged Buyout", Harvard Business Review, vol. 73, no. 3, 1995, S. 119ff.; o. V., "Why Forstmann Little's Clients have the Yachts", Institutional Investor, vol. 11, no. 11, 1986, S. 154-155; Spragins, Ellyn E., "Forstmann Little: Going Fast by Going Slow", International Business Week, 26. Januar 1987, S. 42-44.

[82] Burrough, Bryan und John Helyar, Barbarians at the Gate, New York, 1990, S. 150. Diese Tatsache und die Beteiligung von Investmentbanken als Eigenkapitalgeber bei *leveraged buyouts* sind nicht unproblematisch. Für die Investmentbanken können daraus nämlich Interessenkonflikte entstehen, wenn sie Eigenkapitalpositionen in Unternehmen eingehen und gleichzeitig deren Konkurrenten als Kunden betreuen. Es besteht dann die Gefahr, daß sie geneigt sind, vertrauliche Informationen des Kunden an die Unternehmung weiterzugeben, bei der sie Anteilseigner sind. Zwar wird von den Banken darauf hingewiesen, daß die jeweiligen Abteilungen streng voneinander getrennt sind, die Gefahr besteht jedoch trotzdem. Bartlett, "Power Investors", S. 44.

[83] Greve, "Management Buyouts and LBOs", S. 352.

Eigenkapital der Unternehmung, wenn auch nur geringfügig, beteiligt[84]. Anders als in Europa[85], wo die Initiative für einen *leveraged buyout* fast ausnahmslos vom Management ausgeht, sucht sich der LBO-Spezialist in den Vereinigten Staaten die potentielle Klientel häufig selbst aus. Er hält aktiv nach Unternehmen Ausschau, die für einen *leveraged buyout* geeignet sind, und unterbreitet dem Management dann seine Pläne[86]. Während des Planungszeitraumes obliegt es dem LBO-Spezialisten, die beteiligten Parteien, das heißt Management und Financiers, zusammenzubringen. Eine wichtige Aufgabe ist dabei die Führung der Verhandlungen, vor allem im Hinblick auf die Festsetzung des Kaufpreises. Das Management ist hinsichtlich dieses Punktes in einer sehr schwierigen Lage. Als Vertreter der Aktionäre sind sie diesen gegenüber treuhänderisch verpflichtet, einen möglichst hohen Preis auszuhandeln. Als neue Eigentümer jedoch sind sie daran interessiert, den Kaufpreis so gering wie möglich zu halten. Der LBO-Sponsor ist dafür verantwortlich, diesen Interessenkonflikt zu minimieren[87]. Eine ganz wesentliche Funktion des LBO-Sponsors in der Planungsphase besteht in der Finanzierung der Transaktion. Wesensmerkmal eines *leveraged buyout* ist die Finanzierung mit überwiegend Fremdkapital und die Bedienung der Schulden aus dem laufenden *cash flow*. Von ganz essentieller Bedeutung für die erfolgreiche Durchführung eines *leveraged buyout* ist daher die Projektion des zukünftigen *cash flow*. Darin liegt die eigentliche Herausforderung an den LBO-Sponsor[88]. Daneben obliegt es dem LBO-Sponsor in dieser ersten Phase, das Verhältnis von Eigen- zu Fremdkapital wie auch die Zusammensetzung und die Beschaffung des Fremdkapitals auszuarbeiten[89]. Nach Abschluß der *leveraged buyout*-Transaktion beginnt für den LBO-Sponsor die Kontrollphase. In dem jetzt folgenden Zeitabschnitt agiert er als Intermediär zwischen dem Management, den sonstigen Eigenkapitalinvestoren und den Fremdkapitalgebern. Die neuen Aktionäre übertragen dem LBO-Spezialisten die Aufgabe, das Management zu überwachen. Zur Wahrnehmung dieser Aufgabe erhält er einen Sitz, oftmals den Vorsitz, im *board of directors* der neuen Unternehmung. Der LBO-Spezialist hat gegenüber dem Management eine wesentlich stärkere Machtposition als die einzelnen Aktionäre vor dem *leveraged buyout*, da er geschlossen alle Aktionäre vertritt[90]. Wenn auch der LBO-Sponsor dem Management bei der Führung des Tagesgeschäfts freie Hand läßt, so wirkt er doch bei der Strategieentwicklung, der Erstellung der Finanzpläne und bei Entscheidungen über zukünftige Unternehmenskäufe und -verkäufe mit. Bei schlechter *performance* läuft das Management Gefahr, vom LBO-Sponsor durch neue Führungskräfte ersetzt zu werden. Es ist somit einer wesentlich wirksameren Kontrolle unterworfen als vor dem *buyout*[91]. Gegenüber den Fremdkapitalgebern hat der LBO-Sponsor dafür Sorge zu tragen, daß das Unternehmen seinen Zins- und Tilgungsverpflichtungen pünktlich nachkommt. Dazu ent-

---

[84] Loomis, "Buyout Kings", S. 54.
[85] Hier vor allem in Großbritannien.
[86] Caires, Management Buy-Outs, S. 8.
[87] Greve, "Management Buy-outs and LBOs", S. 352.
[88] Milde, Hellmuth, "Übernahmefinanzierung und LBO-Transaktionen", Zeitschrift für Betriebswirtschaft, Jg. 60, Heft 7, 1990, S. 663.
[89] DeAngelo; DeAngelo, "Management Buyouts of Publicly Traded Corporations", S. 43.
[90] Easterwood, "The Impact of Leveraged Buyouts on Strategic Direction", S. 35-36.
[91] McComas, Maggie, "After the Buyout, Life Isn't Easy", Fortune International, vol. 112, no. 13, 9. Dezember 1985, S. 52-53; o. V., "How the Conglomerate Called KKR Runs its Companies", Fortune International, vol. 118, no. 14, 4. Juli 1988, S. 58.

wickelt und implementiert er als erstes zusammen mit dem Management ein drastisches Kostensenkungsprogramm, dessen Einhaltung er überwacht[92]. Ferner hat er darauf zu achten, daß die vertraglichen Vereinbarungen aus den Kreditverträgen, die oft sehr weitreichend sind und Klauseln über zukünftige Investitionen und die zukünftige weitere Kreditaufnahme beinhalten, eingehalten werden[93].

Die Rolle des Sponsors ähnelt somit der eines herkömmlichen Mitglieds des *board of directors*. Im Unterschied zu diesem entspringt seine Motivation zu einer wirksamen Kontrolle allerdings nicht nur der vertraglichen Verpflichtung, sondern auch seiner Eigenkapitalbeteiligung[94]. Darüber hinaus hängt seine Reputation vom Erfolg der vergangenen Transaktionen ab, und diese wiederum ist ausschlaggebender Faktor, um in Zukunft neue Fonds auflegen zu können und Fremdkapitalgeber für die Finanzierung weiterer *buyouts* zu finden[95].

Als Ausgleich für seine Planungsaktivitäten, das Arrangement der Finanzierung und die Wahrnehmung der Kontrollfunktion erhält der LBO-Sponsor ein nicht unerhebliches Entgelt, das sich aus drei Komponenten, der *management fee*, der *transaction fee* und dem *carry*, zusammensetzt. Die *management fee* wird von den Investoren für die Aktivitäten des Sponsors bei der Suche nach potentiellen Zielgesellschaften, deren Eignungsprüfung für die geplante Transaktion und die letztendliche Anlageentscheidung gezahlt. Sie beträgt etwa ein bis eineinhalb Prozent des von den Investoren zur Verfügung gestellten Kapitals[96]. Die *transaction fee* wird für die Durchführung der eigentlichen Transaktion, das heißt die Erstellung der Finanzierungspläne, die Projektion des *cash flow* und das Arrangement der Verträge, gezahlt. Sie wird zwar eigentlich von der Zielgesellschaft entrichtet, da aber die Investoren Eigentümer derselben werden, sind sie es, die auch diese Gebühr bezahlen. Die *transaction fee*, die sich auf etwa ein Prozent des Transaktionsvolumens beläuft, geht nicht allein an die LBO-Sponsoren, sondern auch an die Banken, Investmenthäuser, Anwälte und die sonstigen Beteiligten mit beratender Funktion[97]. Schließlich erhält der LBO-Spezialist noch das sogenannte *carry*. LBO-Spezialisten wie auch Investoren sehen in ihrer Investition eine zeitlich begrenzte, sich auf etwa fünf bis sieben Jahre erstreckende Vermögensanlage. Anschließend sollen ihre Anteile wieder veräußert werden. Das *carry* beträgt etwa 20 Prozent des Gewinns, der bei dieser späteren Veräußerung der Eigenkapitalanteile realisiert wird. Die anderen 80 Prozent gehen an die Investoren[98]. *Transaction fee* und *management fee* sind erfolgsunabhängige Größen. Diese Tatsache und die Höhe der Gebühren - beim *leveraged buyout* der Beatrice Cos. betrugen die Gebühren für Kohlberg, Kravis & Roberts ohne das *carry* $45 Millionen[99] -, die unter Umständen sogar die Eigenkapitalinvestition der Sponsoren überstie-

---

[92] DeAngelo; DeAngelo, "Management Buyouts of Publicly Traded Corporations", S. 43.
[93] Hite; Owers, "The Restructuring of Corporate America: An Overview", S. 427.
[94] Caires, Management Buy-Outs, S. 11.
[95] Easterwood, "The Impact of Leveraged Buyouts on Strategic Direction", S. 36.
[96] Smith, Roy C., The Money Wars: The Rise and Fall of the Great Buyout Boom of the 1980s, New York, 1990, S. 190.
[97] Loomis, "Buyout Kings", S. 57.
[98] Easterwood, "The Impact of Leveraged Buyouts on Strategic Direction", S. 35-36.
[99] Williams, John D., "Kohlberg Kravis to Get $45 Million Fee If Its Purchase of Beatrice Is Completed", The Wall Street Journal, 19. März 1986, S. 5; Stewart, James B. und Daniel Hertzberg, "The Deal Makers", The Wall Street Journal, 2. April 1986, S. 1.

gen, waren oftmals Anlaß für Kritik[100]. Die Gefahr erfolgsunabhängiger Gebühren besteht darin, daß LBO-Sponsoren geneigt sein könnten, im Hinblick auf die Gebühren Transaktionen auch dann abzuschließen, wenn die Zielgesellschaft die geforderten Kriterien nicht erfüllt und das Risiko für die Investoren zu hoch ist[101]. Dieser Gefahr steht jedoch entgegen, daß die Durchführung einer *leveraged buyout*-Transaktion von den Finanzierungszusagen der Banken abhängig ist und diese wiederum auf sorgfältigen Kreditwürdigkeitsprüfungen beruhen. Ferner hängen, wie oben schon dargelegt, der Ruf und die zukünftige Geschäftstätigkeit des LBO-Sponsors von dem Gelingen bisheriger Geschäftsabschlüsse ab.

C. Der organisatorische Ablauf eines *leveraged buyout*

Der Ablauf eines *leveraged buyout* vollzieht sich in drei Entwicklungsstufen. Die erste Stufe erstreckt sich von den ersten Überlegungen bis zum formellen Vertragsabschluß, die zweite auf die Jahre nach Abwicklung der Transaktion. Daran schließt sich in der Regel eine erneute Restrukturierung der Unternehmung an, während der sich die Eigenkapitalinvestoren, bis auf das Management, wieder von ihren Anteilen trennen.

Die erste Entwicklungsstufe eines *leveraged buyout* erstreckt sich über einen Zeitraum von etwa 3 bis 4 Monaten, in Ausnahmefällen auch länger. Am Beginn dieser Phase stehen Gespräche des LBO-Sponsors mit dem Management der für den *buyout* vorgesehenen Unternehmung. Ist dieses an einem *leveraged buyout* interessiert, werden vertrauliche Gespräche mit weiteren potentiellen Investoren, das heißt Investoren, die sich bisher noch nicht an dem vom LBO-Sponsor aufgelegten Fonds beteiligt haben, und potentiellen Kreditgebern aufgenommen. Ferner werden eine Unternehmensbewertung sowie eine Projektion der zukünftigen *cash flows* durchgeführt, und ein Finanzierungsplan wird erstellt[102]. Erst danach wird das *board of directors* informiert und ihm ein Angebot unterbreitet, welches in der Regel deutlich über dem aktuellen Marktwert der Unternehmung liegt[103]. Zu diesem Zeitpunkt erfolgt bei börsennotierten Unternehmen auch die Mitteilung an die Aktionäre und die Öffentlichkeit. Dies hat zur Folge, daß die Unternehmung "ins Spiel" gebracht wird und sich somit auch andere außenstehende Investorengruppen als potentielle Käufer anbieten können[104]. Nicht selten ist so in den 80er Jahren aus einem potentiellen Übernahmekandidaten das Objekt eines Übernahmekampfes geworden. Die erste Entwicklungsstufe endet mit der Erstellung der notwendigen rechtlichen Dokumente und der Zustimmung des *board of directors*.

---

[100] Loomis, "Buyout Kings", S. 59.
[101] Graebner, Ulrich A. C., Die Auseinandersetzung um Leveraged Buyouts, Frankfurt, 1991, S. 96-97.
[102] Doyle; Ammidon, The Anatomy of a Leveraged Buyout, S. 3.
[103] Ibid.
[104] So geschehen beispielsweise beim *leveraged buyout* des Lebensmittel- und Tabakkonzerns RJR Nabisco. Nachdem das Management unter der Leitung von Ross Johnson dem *board of directors* den Vorschlag eines *management buyout* präsentiert hatte und diese Nachricht an die Öffentlichkeit kam, unterbreitete eine außenstehende Investorengruppe unter Leitung des auf *leveraged buyouts* spezialisierten Investmenthauses Kohlberg, Kravis & Roberts ebenfalls ein Übernahmeangebot und erhielt schließlich nach einem mehrwöchigen Bietungskampf den Zuschlag. Saporito, Bill, "How Ross Johnson Blew the Buyout", Fortune International, vol. 119, no. 9, 24. April 1989, S. 134-150; Burrough; Helyar, Barbarians at the Gate.

Zur eigentlichen Durchführung des *leveraged buyout* wird eine neue Gesellschaft gegründet, die vom Management, dem LBO-Sponsor und den restlichen Eigenkapitalgebern getragen wird. Diese erwirbt nun entweder die Anteile der Unternehmung von den bisherigen Aktionären bei der sogenannten *share acquisition* oder sie kauft direkt die einzelnen Vermögensgegenstände[105]. Unterschiede zwischen den beiden Formen liegen in der steuerlichen Betrachtungsweise und den haftungsrechtlichen Konsequenzen für Verkäufer und Käufer. Da der Kauf der einzelnen Vermögensgegenstände zwar für den Käufer äußerst lukrativ ist, für den Verkäufer aber nur Nachteile bringt, erfolgt in der Regel eine *share acquisition*[106].

Nach erfolgreichem Abschluß des *leveraged buyout* befindet sich die Unternehmung in den Händen neuer Eigentümer und ist als eine Privatgesellschaft auf Aktienbasis zu charakterisieren, deren Kapitalstruktur eine hohe Verschuldung aufweist und die sich deswegen mit einem immensen Finanzierungsrisiko konfrontiert sieht. Daher beginnt nach Durchführung der Übernahme eine für das Gelingen des *leveraged buyout* entscheidende, wenn auch von der Öffentlichkeit meist wenig beachtete Periode, während der die Kapitalstruktur wieder einem branchenüblichen Verhältnis angepaßt werden muß. In dieser Konsolidierungsphase kommt es zu organisatorischen Veränderungen, einem Abbau der Unternehmenshierarchie, einer Delegation der Entscheidungsverantwortung auf mittlere und untere Führungsebenen[107], einer drastischen Reduzierung der Personalkosten[108], vor allem im Bereich der Verwaltung[109], und zum Verkauf nicht betriebsnotwendiger Vermögens- oder Unternehmensteile und somit zu einer Konzentration auf das Kerngeschäft[110]. Auf diese Weise kann ein *leveraged buyout* weitere nach sich ziehen, wenn ganze Tochtergesellschaften veräußert werden und deren Management diese in Form eines *leveraged buyout* erwirbt. Dem *leveraged buyout* der Beatrice Cos. im April 1986 folgten innerhalb kürzester Zeit zahlreiche Veräußerungen von Tochtergesellschaften, meist ebenfalls in der Form von *leveraged buyouts*, die ihrerseits wiederum Verkäufe von Unternehmensteilen nach sich zogen[111].

Die durch den *leveraged buyout* entstandene Organisationsform ist nicht als Dauerzustand geplant. Vielmehr beabsichtigen sowohl der LBO-Sponsor als auch die nicht dem Management angehörenden Investoren, sich nach etwa fünf bis sieben Jahren von ihren Eigenkapi-

---

[105] Smith et al., Smith and Roberson's Business Law, S. 842; Murdoch, David A.; Sartin, Linda D. und Robert A. Zadek, "Fraudulent Conveyances and Leveraged Buyouts", Business Lawyer, vol. 43, no. 1, 1987, S. 3-4.

[106] Wright et al., Buy-Ins and Buy-Outs: New Strategies in Corporate Management, S. 165.

[107] Hill, G. Christian und John D. Williams, "Buyout Boom", The Wall Street Journal, 29. Dezember 1983, S. 1 und S. 6.

[108] Anders, George, "Another Round: Many Firms Go Public Within a Few Years of Leveraged Buyouts", The Wall Street Journal, 2. Januar 1987, S. 1.

[109] Smith, Randall, "Planned Offer of Some Beatrice Assets Gives Look at Success of Most Leveraged Buyouts", The Wall Street Journal, 5. Juni 1987, S. 51.

[110] Doyle; Ammidon, The Anatomy of a Leveraged Buyout, S. 5; Johnson, Robert und Daniel Hertzberg, "Kelly Is Seen Expanding Beatrice Cos.' Food Lines, Selling Up to 25 Other Units", The Wall Street Journal, 15. November 1985, S. 2.

[111] Dahl, Jonathan und John D. Williams, "Beatrice to Sell Avis to Group Led by Wesray", The Wall Street Journal, 30. April 1986, S. 4; Johnson, Robert und Ann Hacedorn, "Beatrice to Sell Playtex Division for $1.25 Billion", The Wall Street Journal, 8. August 1986, S. 3; Zaslow, Jeffrey, "Beatrice to Sell Americold Unit For $480 Million", The Wall Street Journal, 18. November 1986, S. 16.

talanteilen wieder zu trennen[112]. Das Unternehmen soll zu diesem Zeitpunkt einer zweiten bedeutenden Restrukturierung unterzogen werden, die verschiedene Formen annehmen kann. Eine Möglichkeit besteht darin, daß der LBO-Sponsor und die ihm in einem Fonds angegliederten Eigenkapitalinvestoren ihre Beteiligung an das amtierende Management oder die Belegschaft veräußern. Wird dies vom Management nicht gewünscht oder ist dieses nicht in der Lage, die nötigen Mittel aufzubringen, so ist die Veräußerung an eine außenstehende Investorengruppe oder ein anderes Unternehmen möglich. Nicht zuletzt besteht auch noch die Möglichkeit, das Unternehmen wieder an die Börse zu bringen[113]. In dem bis dahin gestiegenen Unternehmenswert liegt der Gewinn der Eigentümer, denn in den Jahren nach einem *leveraged buyout* wird typischerweise keine Dividende gezahlt. Eine letzte Möglichkeit liegt schließlich noch darin, das Unternehmen neu zu verschulden und das Geld in Form einer Dividende an die Eigentümer auszuzahlen[114].

4. Die Finanzierungsstruktur eines *leveraged buyout*

A. Finanzierungsschichten

Definitionsgemäß ist ein *leveraged buyout* dadurch gekennzeichnet, daß durch ihn die Finanzierungsstruktur eines Unternehmens vollständig neu geordnet wird. Das Eigenkapital sinkt auf einen Anteil von etwa zehn bis fünfzehn Prozent[115], der Anteil des Fremdkapitals steigt stark an. Dabei sind beim Fremdkapital zwei Schichten zu unterscheiden.
Den größten Teil der Fremdfinanzierung macht das vorrangige Fremdkapital mit einem Anteil von etwa 50-55 Prozent an der Gesamtfinanzierung aus[116]. Es wird substanzorientiert zur Verfügung gestellt, das heißt, es ist durch das Vermögen der Gesellschaft besichert[117]. Die Kreditvergabe von vorrangigem Fremdkapital war ursprünglich primär die Domäne amerikanischer Geschäftsbanken und Versicherungen. In der zweiten Hälfte der 80er Jahre stiegen in dieses Geschäftsfeld jedoch auch ausländische Banken, vor allem japanische Bankhäuser, ein[118]. Aufgrund ihres geringen Ausfallrisikos werden diese Kredite kostengünstig zur Verfügung

---

[112] Anders, "Another Round: Many Firms Go Public Within a Few Years of Leveraged Buyouts", S. 9; Johnson, Robert und Jeff Bailey, "Beatrice Owners Might Borrow For a Dividend", The Wall Street Journal, 31. August 1988, S. 4; Wayne, Leslie, "Reverse LBO's Bring Riches", New York Times, 23. April 1987, S. D7; Doyle; Ammidon, The Anatomy of a Leveraged Buyout, S. 2.

[113] DeAngelo; DeAngelo, "Management Buyouts of Publicly Traded Corporations", S. 43.

[114] Doyle; Ammidon, The Anatomy of a Leveraged Buyout, S. 2.

[115] Dannen, "LBOs: How long can this go on?", S. 152; Jensen, Michael C., "Agency Costs of Free Cash Flow, Corporate Finance and Takeover", The American Economic Review, vol. 76, no. 2, 1986, S. 323.

[116] Evans, Richard und Peter Lee, "Why junk is about to leverage Europe", Euromoney, no. 12, 1988, S. 55; Huemer, Friedrich, Mergers & Acquisitions, Frankfurt, 1991, S. 153.

[117] Doyle; Ammidon, The Anatomy of a Leveraged Buyout, S. 1.

[118] Brownstein, Vivian, "Where All the Money Comes from", Fortune International, vol. 119, no. 1, 2. Januar 1989, S. 56.

gestellt; die Verzinsung liegt bei etwa einem bis eineinhalb Prozent über der *prime rate*[119]. Die Laufzeit beträgt etwa fünf bis acht Jahre. Wegen der in den 80er Jahren gezahlten hohen Prämien über dem jeweiligen Marktpreis reichten das Eigenkapital und die vorrangigen Kredite zur Finanzierung der *leveraged buyouts* in der Regel nicht aus, und es mußte auf nachrangiges Fremdkapital zurückgegriffen werden.

Nachrangiges Fremdkapital ist nicht mehr durch das Vermögen, sondern nur durch die zukünftige Ertragskraft des Unternehmens besichert. Hinsichtlich seines Ausfallrisikos ähnelt es dem Eigenkapital, partizipiert allerdings im Gegensatz zu diesem nicht an einer Steigerung des Unternehmenswertes. Es ist vielmehr mit einer herkömmlichen kreditvertraglichen Verzinsung ausgestattet. Bezüglich seines Risikos und seiner Verzinsung nimmt nachrangiges Fremdkapital damit eine Stellung zwischen dem Eigenkapital und dem vorrangigem Fremdkapital ein. Deswegen hat sich für diese Finanzierungsschicht der Begriff Mezzanine Finanzierung eingebürgert[120]. Nach seiner Rangfolge im Konkursfall trennt sich der Bereich der Mezzanine Finanzierung nochmals in die beiden Schichten 'übergeordnete nachrangige Verbindlichkeiten' und 'untergeordnete nachrangige Verbindlichkeiten'. Insgesamt beläuft sich die Mezzanine Finanzierung auf etwa 30 bis 35 Prozent der Gesamtfinanzierung. Wegen des erhöhten Risikos sind die Kreditverträge des nachrangigen Fremdkapitals mit zahlreichen Nebenbedingungen ausgestattet, die die zukünftige Darlehensaufnahme einschränken, zukünftige Unternehmensakquisitionen, Investitionsausgaben oder auch Dividendenauszahlungen durch die *leveraged buyout*-Gesellschaft begrenzen und Restrukturierungsmaßnahmen anordnen. So mußte sich die Beatrice Cos. in ihren Darlehensverträgen dazu verpflichten, innerhalb von etwas mehr als einem Jahr Unternehmensvermögen in Höhe von mindestens $1,45 Milliarden zu veräußern[121]. Die Verzinsung dieser Finanzierungsschicht lag in den 80er Jahren zwischen 20 und 30 Prozent. Die Laufzeit liegt mit neun bis zwölf Jahren über der für vorrangiges Fremdkapital. Die klassische Mezzanine Finanzierung erfolgte durch Privatplazierungen bei Versicherungsgesellschaften. Da für diese Privatplazierungen jedoch kein Sekundärmarkt bestand und die Kreditgeber deswegen davon ausgehen mußten, die Anleihen bis zum Ende der Laufzeit halten zu müssen, waren die Versicherungen bei der Kreditgewährung sehr langsam, und ihre Beteiligung verzögerte die Durchführung der Transaktionen[122]. In den 80er Jahren ging man deswegen zunehmend zur Finanzierung durch öffentliche Anleihen, die sogenannten *junk bonds*, über[123], für welche sich Mitte der 80er Jahre ein Sekundärmarkt gebildet hatte. Mit zunehmend höheren Übernahmesummen wurden diese unterschiedlich ausgestattet und kamen neben normalen Schuldverschreibungen mit erhöhtem Zinssatz in verschiedenen Variationen als *payment-in-kind bonds*, *zero bonds* oder *discount bonds* auf den Markt. Bei *zero bonds* erfolgt während der gesamten Laufzeit, bei *discount bonds* in den ersten Jahren keine Zinszahlung. Die Verzinsung liegt in der Differenz zwischen Emissions- und Rückzahlungskurs. Bei *payment-in-kind bonds* hat der Kreditgeber

---

[119] Easterwood, "The Impact of Leveraged Buyouts on Strategic Direction", S. 36.

[120] Van Horne, Financial Management and Policy, S. 676.

[121] Smith, Timothy K. und Robert Johnson, "Coca-Cola to Buy Bottling Operations From Beatrice Cos. for About $1 Billion", The Wall Street Journal, 17. Juni 1986, S. 3.

[122] Dannen, "LBOs: How long can this go on?", S. 160.

[123] Eine Ausnahme bildete die LBO-Boutique Forstmann Little, die bei der Finanzierung ihrer *leveraged buyouts* auf die Ausgabe von *junk bonds* verzichtete und statt dessen auf Pensionsfonds als Kapitalgeber der Mezzanine Finanzierung zurückgriff. Spragins, "Forstmann Little: Going Fast by Going Slow", S. 42-43.

in den ersten Jahren die Wahl, die Zinszahlungen entweder in Form weiterer *bonds* oder in bar zu zahlen[124]. Diese beispielsweise bei den *leveraged buyouts* von Macy und Beatrice Cos. verwendeten Anleihen[125] waren nicht unumstritten, erlaubten sie es dem Investor doch, zusätzlich zu den Kosten des *buyout* auch noch die Zinszahlungen der ersten Jahre durch Kreditaufnahme zu finanzieren. Aufgrund dieser Finanzierungsarten war es beispielsweise nicht ungewöhnlich, daß das Betriebsergebnis vor Zinsen, Steuern, Abschreibung und Amortisation zwar über den zu leistenden Zinszahlungen lag, im Verhältnis zum Gesamtzinsaufwand jedoch geringer als eins war[126]. Die verschiedenen Schuldverschreibungen erhöhen zwar die Flexibilität der Unternehmung in den ersten Jahren nach dem *buyout*, jedoch steht die Gesellschaft gleichzeitig unter enormen Druck, nicht notwendiges Betriebsvermögen rasch zu verkaufen, um die Gesamtzinsaufwendungen durch Kreditrückzahlungen drastisch zu senken. Gelingt dies nicht, droht nach dem *leveraged buyout* der Vergleich oder Konkurs. Da eine Emission von *junk bonds* bis zum Abschluß der Kaufverträge oft nicht möglich war, wurden von den Investmentbanken zur kurzfristigen Überbrückung sogenannte *bridge loans* mit einer Laufzeit von etwa sechs Monaten zur Verfügung gestellt und anschließend durch die Emission von *junk bonds* refinanziert. Mit der Vergabe dieser *bridge loans* übernahmen die Investmentbanken das Plazierungsrisiko der für den *leveraged buyout* nötigen Anleihen.

Als dritte Komponente der Kapitalstruktur ist schließlich noch das Eigenkapital zu nennen. Es wird vom Management, dem LBO-Sponsor und einer Reihe außenstehender Risikoaktionäre aufgebracht[127]. In den 80er Jahren war es dabei üblich, daß die LBO-Sponsoren sogenannte *blind pools* auflegten, in die investitionswillige Anleger Kapital für die Durchführung von *leveraged buyouts* einzahlten. Diese Fonds wurden allerdings nicht für die Finanzierung einer bestimmten Transaktion ausgeschrieben. Vielmehr war die Reihenfolge umgekehrt: erst nachdem Kapital gesammelt worden war, hielt der LBO-Sponsor nach einer Zielgesellschaft Ausschau. Bei den Investoren waren die Fonds wegen der hohen Renditen sehr beliebt. Die LBO-Boutique Forstmann Little wies im Jahr 1986 darauf hin, daß ein von ihr im Jahr 1983 aufgelegter Fonds bis dahin eine durchschnittliche jährliche Rendite von 95,2% erzielt hatte[128]. Diese Zahl ist jedoch mit Vorsicht zu betrachten, kann sie doch durch eine fehlgeschlagene Transaktion zunichte gemacht werden. Im Durchschnitt beliefen sich die Renditen der Eigenkapitalgeber auf 30 bis 40 Prozent[129]. Realisiert wurden diese Renditen allerdings erst durch die Veräußerung der inzwischen im Wert gestiegenen Anteile nach etwa fünf Jahren. Das Risiko der Eigenkapitalgeber lag darin, daß diese Wertsteigerung nicht eintrat beziehungsweise sich kein geeigneter Erwerber fand, wie dies beispielsweise beim *leveraged*

---

[124] Bansal, Vipul K. und Robert Yuyuenyongwatana, "Corporate Restructuring and the LBO", in: Marshall, John F. und Vipul K. Bansal, Financial Engineering, New York, 1992, S. 559.

[125] Hertzberg, Daniel und James B. Stewart, "Some Big Buyouts Encounter Trouble", The Wall Street Journal, 16. Januar 1986, S. 6.

[126] Doyle; Ammidon, The Anatomy of a Leveraged Buyout, S. 5.

[127] Cieri, Richard M.; Heiman, David G.; Henze, William F.; Jenks, Carl M.; Kirschner, Marc S.; Riley, Shawn M. und Patrick F. Sullivan, "An Introduction to Legal and Practical Considerations in the Restructuring of Troubled Leveraged Buyouts", Business Lawyer, vol. 45, no. 1, 1989, S. 340.

[128] O. V., "Why Forstmann Little's Clients have the Yachts", S. 154. Zu den Renditen der von Forstmann Little durchgeführten *leveraged buyouts* siehe auch: Spragins, "Forstmann Little: Going Fast by Going Slow", S. 43.

[129] Loomis, "Buyout Kings", S. 57.

buyout der Beatrice Cos. der Fall war. Dort fand sich für das nach der Restrukturierung verbliebene Kernunternehmen lange Zeit kein Käufer[130].

B. Das Konzept des *strip financing*

Neben ihrer starken Fremdkapitallastigkeit weist die Finanzstruktur eines *leveraged buyout* noch eine weitere Besonderheit auf: das Konzept des *strip financing*. *Strip financing* bedeutet, daß die Kapitalgeber an allen Kapitalgruppen gleichzeitig partizipieren. Ein Investor kann sich an einer bestimmten Kapitalkomponente, zum Beispiel dem Eigenkapital, nur dann beteiligen, wenn er gleichzeitig Anteile an den verschiedenen Formen des Fremdkapitals erwirbt. In dieser strengen Form kann das *strip financing* bei *leveraged buyouts* jedoch nicht angewendet werden, da gesetzliche Bestimmungen den Eigenkapitalanteil von Banken an der *leveraged buyout*-Gesellschaft limitieren und auch die steuerliche Abzugsfähigkeit der Zinsen bei einer strikten Trennung eingeschränkt wäre[131]. Das Konzept wird auf *leveraged buyouts* dergestalt angewendet, daß die Eigenkapitalgeber immer auch an der Mezzanine Finanzierung beteiligt sind, und dies in einem vorher festgelegten Fixverhältnis[132]. Hinter dem Konzept des *strip financing* steht die Absicht, die Interessen von Eigenkapital- und Kreditgebern in Einklang zu bringen[133]. Führt das Management Maßnahmen durch, die im Interesse der Eigenkapitalgeber sind, aber auf Kosten der Fremdkapitalgeber gehen, dann wird der Verlust, den die Investoren als Fremdkapitalgeber erleiden, durch ihre Gewinne als Eigenkapitalgeber wieder ausgeglichen[134].

---

[130] Burrough, Bryan und Robert Johnson, "Tarnished Trophy: Beatrice, Once Hailed Deal of the Century, Proves Disappointing", The Wall Street Journal, 21. November 1988, S. 1 und A10.

[131] Jensen, "Agency Costs of Free Cash Flow, Corporate Finance and Takeover", S. 326.

[132] Angewandt wurde das Konzept des *strip financing* erstmals beim *leveraged buyout* der Congoleum Corp. im Jahr 1979. Initiator der Finanzierungsform war das Bankhaus First Boston. Die institutionellen Investoren wurden an allen Schichten des Kapitals - vorrangiges Fremdkapital, Mezzanine Finanzierung und Eigenkapital - beteiligt, um für gleichgerichtete Interessen bei den Kapitalgebern zu sorgen, sollte es zu Liquiditäts- oder Rückzahlungsproblemen kommen. Arzac, Enrique R., "On the Capital Structure of Leveraged Buyouts", Financial Management, vol. 21, no. 1, 1992, S. 19.

[133] DeAngelo; DeAngelo, "Management Buyouts of Publicly Traded Corporations", S. 42.

[134] Jensen, "Agency Costs of Free Cash Flow, Corporate Finance and Takeover", S. 326.

III. Gesetzgebung

Unternehmensübernahmen sind in den USA durch eine Vielzahl von Gesetzen reglementiert[135]. Generell zu beachten sind die gesellschaftsrechtlichen Statuten der jeweiligen Bundesstaaten, die die Rechte der Anteilseigner der an einer Fusion beteiligten Gesellschaft festlegen. Wird eine börsennotierte Unternehmung übernommen, müssen noch kapitalmarktrechtliche Vorschriften des Bundes und eventuell der betreffenden Bundesstaaten erfüllt werden. Ergeben sich aus der Übernahme oder dem Zusammenschluß potentielle Auswirkungen auf die Konzentration oder den Wettbewerb einer Branche, sind des weiteren wettbewerbsrechtliche Vorschriften zu prüfen und zu berücksichtigen. Abhängig vom Wirtschaftszweig der Ziel- oder Übernahmegesellschaft können schließlich noch branchenbezogene regulatorische Einzelgesetze des Bundes beziehungsweise der Einzelstaaten zur Anwendung kommen.

Gesetze zur Reglementierung von Unternehmenskäufen und Fusionen entstanden in den Vereinigten Staaten stets als Folge einer Übernahmewelle. Die erste, Ende des 19. Jahrhunderts stattfindende Übernahmewelle hatte die *Antitrust*-Gesetzgebung zur Folge. Diese sollte verhindern, daß zukünftige Übernahmen die gleichen gravierenden Auswirkungen auf die Konzentration und den Wettbewerb in den einzelnen Märkten haben könnten wie der vorausgegangene Übernahmeboom[136]. Die Übernahmen der 20er Jahre führten zu den ersten kapitalmarktrechtlichen Vorschriften, um Anteilseigner besser zu schützen und zu informieren. Die dritte, in den 50er und 60er Jahren stattfindende Welle von Übernahmen führte schließlich zur Reglementierung der nun häufiger vorzufindenden Form von öffentlichen Kaufangeboten, den sogenannten *tender offers*, wobei auch hier wieder der Aktionärsschutz und die bessere Information der Anleger im Vordergrund standen[137]. Auch die Übernahmen der 80er Jahre blieben auf das regulatorische Umfeld nicht ohne Auswirkungen. Diesmal jedoch war die Gesetzgebung weniger von der Intention geprägt, den Aktionären mehr Informationen zukommen zu lassen; vielmehr stand die Einschränkung der nun zahlreicher auftretenden feindlichen Übernahmeversuche im Vordergrund der regulatorischen Bemühungen[138]. Der Schwerpunkt dieser neuen gesetzgeberischen Anstrengungen lag dabei bei den einzelnen Bundesstaaten.

Die Übernahme von Kapitalgesellschaften nimmt eine Sonderstellung in der amerikanischen Rechtsordnung ein, da hier sowohl kapitalmarktrechtliche als auch gesellschaftsrechtliche Vorschriften zu beachten sind. Letztere fallen mangels besonderer Zuordnung unter die Gesetzgebungskompetenz der einzelnen Bundesstaaten, während erstere der Regelbefugnis des Bundes unterliegen. Nach Art. I Sec. 8 der amerikanischen Verfassung, der sogenannten *commerce clause*, ist die gesetzliche Regelung des zwischenstaatlichen Handels, wobei zu

---

[135] Ein kurzer Überblick über die relevanten Rechtsvorschriften des Wertpapierrechts, Wettbewerbsrechts und Gesellschaftsrechts findet sich bei: Gilson, The Law and Finance of Corporate Acquisitions, S. 934-1061; Fox; Fox, Business Organizations: Corporate Acquisitions and Mergers, vol. 13, S. 6.5-6.60; Hamilton, The Law of Corporations, S. 421-439.

[136] Zur Konzentrationswirkung der ersten Übernahmewelle siehe Seite 44ff.

[137] Cooke, Terence E., Mergers and Acquisitions, New York, 1986, S. 88-89.

[138] Browne; Rosengren, "Are Hostile Takeovers Different?", S. 200-201.

diesem auch der Handel mit Wertpapieren zählt, dem Bund zugeordnet[139]. Die zweigeteilte rechtliche Zuständigkeit bei der Übernahme von Kapitalgesellschaften zieht eine gewisse Problematik nach sich. Sie liegt in den hauptsächlich ab etwa Ende der 70er Jahre auftretenden Abstimmungsschwierigkeiten zwischen den Einzelstaaten und dem Bund. Diese ergaben sich immer dann, wenn der Bund versuchte, über die Kapitalmarktgesetze in den Bereich des Gesellschaftsrechts hineinzuwirken, vor allem aber dann, wenn einzelne Bundesstaaten trotz der verfassungsmäßigen Zuständigkeit des Bundes versuchten, durch eigene kapitalmarktrechtliche Regelungen die feindliche Übernahme von in ihren Staaten angesiedelten Unternehmen zu reglementieren[140].

1. Relevante Regelungen des Kapitalmarktrechts

Unternehmensübernahmen durch Aktienerwerb, das heißt Übernahmen von Kapitalgesellschaften, sind durch kapitalmarktrechtliche Vorschriften geregelt. Anwendung finden dabei schwerpunktmäßig Bundesgesetze, in den 80er Jahren jedoch auch zunehmend einzelstaatliche Regelungen.

A. Regelungen auf Bundesebene

Den Schwerpunkt der kapitalmarktrechtlichen Gesetzgebung auf Bundesebene bilden der *Securities Act* von 1933, der *Securities Exchange Act* von 1934 und der *Williams Act* von 1968. Daneben gibt es noch verschiedene branchenbezogene Gesetze, die beispielsweise den Bereich der Investmentgesellschaften und Wertpapierfirmen unter besondere Aufsicht stellen[141], für Unternehmensübernahmen jedoch kaum von Bedeutung sind.

---

[139] "The Congress shall have Power .... To regulate Commerce with foreign Nations, and among the several States, and with the Indian Tribes". Constitution of the United States, Art. I, Sec. 8, abgedruckt in: Office of the Federal Register, National Archives and Records Administration, The United States Government Manual 1994/1995, Washington, D.C., 1994, S. 7.

[140] Ab 1976 stieg die Zahl der Staaten, die Gesetze zur Reglementierung feindlicher Übernahmen erließen, stark an. Besondere Bedeutung erlangten dabei die Vorschriften der Bundesstaaten Illinois, Indiana und Delaware. Zu deren Inhalt und Verfassungsmäßigkeit siehe die Ausführungen in Abschnitt III.1.B.b.

[141] Diese Gesetze sind der *Public Utility Holding Company Act* von 1935, der *Trust Indenture Act* von 1939, der *Investment Company Act* von 1940, der *Investment Advisers Act* von 1940 und der *Securities Investor Protection Act* von 1970. Ein Überblick über den Inhalt dieser Gesetze findet sich bei Hazen, The Law of Securities Regulation, S. 534-626.

a) *Securities Act* und *Securities Exchange Act*

Sowohl der *Securities Act* als auch der *Securities Exchange Act* stellen Vorschriften dar, deren Ziel der Anlegerschutz am Kapitalmarkt ist. Der Erlaß beider Gesetze geht auf die wilden Spekulationen im Verlaufe der 20er Jahre zurück. Bei den hektischen Aktivitäten an den Kapitalmärkten, der Ausgabe immer mehr neuer Aktien und Schuldverschreibungen zur Gründung mehrstufiger, pyramidenhafter Unternehmensgebilde wurden von Firmen und Wertpapierhändlern immer wieder betrügerische Praktiken angewandt. Um die Anleger vor solchen Praktiken zu schützen, sah sich der Kongreß genötigt, die Regelung der Kapitalmärkte auf eine gesetzliche Grundlage zu stellen[142]. Bei Unternehmensübernahmen betrifft dieser Schutz die Anleger der Zielgesellschaft. Er soll durch umfangreiche Publizitätsvorschriften[143] und Betrugsverbote erreicht werden. Der *Securities Act* regelt dabei schwerpunktmäßig die Neuemission von Wertpapieren und deren Registrierung, der *Securities Exchange Act* hingegen den Sekundärhandel bereits emittierter Aktien und Wertpapiere[144]. Letztgenanntes Gesetz kommt bei Unternehmensübernahmen immer dann zur Anwendung, wenn diese durch Aktienaufkäufe an der Börse durchgeführt werden. Ersteres erfaßt Unternehmenszusammenschlüsse durch Fusion. Auch *tender offers* fallen unter den Anwendungsbereich des *Securities Act* beziehungsweise des *Securities Exchange Act*, wenn die Bezahlung durch Aktien der Erwerbsgesellschaft oder durch die Ausgabe neuer Aktien und nicht durch Bargeld erfolgt[145].

Die Einhaltung der beiden Vorschriften wird durch die *Securities and Exchange Commission* überwacht. Diese Bundesbehörde wurde durch den *Securities Exchange Act* im Jahr 1934 gegründet[146]. Ihr oberstes Gremium besteht aus fünf *commissioners*, die für eine Amtszeit von jeweils fünf Jahren vom Präsidenten ernannt werden, wobei ihre Amtszeiten derart gestaffelt sind, daß jedes Jahr eine Neubesetzung ansteht. Dabei dürfen niemals mehr als drei von ihnen der gleichen politischen Partei angehören[147]. Neben der Aufgabe, die Einhaltung der Kapitalmarktgesetze zu überwachen, obliegt es der *Securities and Exchange Commission* auch, die

---

[142] Sobel, Robert, Inside Wall Street, New York, 1977, S. 166-167.

[143] Jennings, Richard W. und Harold Marsh, Securities Regulation, Mineola, 1982, S. 24-25. Dahinter steht der Gedanke, daß ein gut informierter Investor in der Lage ist, rationale und sachverständige Anlageentscheidungen zu treffen. Dabei kommt es dem Gesetzgeber nicht darauf an, die Anleger vor der Investition in besonders risikoreiche Kapitalanlagen zu schützen; vielmehr sieht er den Anlegerschutz bereits dann als gegeben an, wenn sich der Investor über alle mit einer Anlage verbundenen Risiken umfassend informieren kann. Ibid. S. 24.

[144] Anderson, Ronald A.; Fox, Ivan und David P. Twomey, Business Law, Cincinnati, 1984, S. 677-678.

[145] Ratner, Securities Regulation, S. 15.

[146] Der *Securities Act* von 1933 sah noch keine eigene Behörde für die Überwachung der Kapitalmärkte vor. Die mit diesem ersten Gesetz zusammenhängenden Kontrollaufgaben wurden zunächst in den Zuständigkeitsbereich der *Federal Trade Commission*, das heißt der normalerweise mit kartellrechtlichen Aufgaben betrauten Behörde, gelegt. Nachdem die kapitalmarktrechtlichen Kontrollaufgaben durch den *Securities Exchange Act* des Jahres 1934 beträchtlich erweitert worden waren, sah der Kongreß es für notwendig an, dafür eine eigenständige Behörde einzurichten. Hazen, The Law of Securities Regulation, S. 7.

[147] Jennings; Marsh, Securities Regulation, S. 22.

Gesetze begleitende Richtlinien[148] zu erlassen und Untersuchungen[149] durchzuführen[150]. Ferner kann die Behörde Gesetzesvorschläge einbringen.

b) **Williams Act**

Bis 1968 waren Übernahmen in Form eines *tender offer* nur dann durch gesetzliche Vorschriften reglementiert und der Kontrolle durch die *Securities and Exchange Commission* unterworfen, wenn sie eine Bezahlung in Aktien vorsahen, es sich also um ein sogenanntes *exchange tender offer* handelte. Solche Transaktionen beinhalteten typischerweise die Ausgabe neuer Aktien, und demzufolge kam der *Securities Act* von 1933 als gesetzliche Vorschrift zur Anwendung[151]. Als *cash tender offer* bezeichnete Angebote, die eine Bezahlung der Aktionäre der Zielgesellschaft in bar vorsahen, unterlagen keinen gesetzlichen Bestimmungen. Dies hatte zur Folge, daß von den Bietern oft extrem kurze Angebotsdauern gewählt wurden, um Abwehrmaßnahmen seitens des Managements und eventuell höhere Angebote anderer außenstehender Investoren zu verhindern. Auf die Aktionäre wurde Druck ausgeübt, indem das Angebot nur für eine Kontrollmehrheit galt und nach der Regel *first come - first served* verfahren wurde[152]. Die Aktionäre mußten immer damit rechnen, ihre Aktien nicht mehr an den Bieter verkaufen zu können, wenn sie nicht schnell genug handelten. Eine fundierte, rationale Kaufentscheidung war unter diesen Umständen nicht immer möglich.

Der Gesetzgeber sah in dieser Situation eine Benachteiligung der Aktionäre der Zielgesellschaft gegenüber dem übernehmenden Unternehmen, die durch den *Williams Act* beseitigt werden sollte. Wie auch schon beim *Securities Act* und *Securities Exchange Act* lag das Ziel des Gesetzes im Schutz der Anteilseigner der Zielgesellschaft[153]. Durch umfangreiche Offenlegungspflichten und der Festlegung von Mindestangebotsfristen sollte sichergestellt werden, daß den Aktionären der Zielgesellschaft genügend Informationen und ausreichend Bedenkzeit zur Verfügung stehen, um eine rationale und sachverständige Verkaufsentscheidung in angemessener Zeit treffen zu können[154]. Dies sollte zu besseren Investitionsentscheidungen und

---

[148] Wird der *Securities and Exchange Commission* im Gesetz selbst Richtlinienkompetenz übertragen, dann haben die von ihr dazu erstellten Richtlinien, die sogenannten *rules*, Gesetzeskraft. Hazen, The Law of Securities Regulation, S. 12.

[149] Solche Nachforschungen und Untersuchungen werden von der *Securities and Exchange Commission* beispielsweise dann eingeleitet, wenn Verdacht auf Insider-Trading besteht.

[150] Jennings; Marsh, Securities Regulation, S. 29-30.

[151] Ratner, Securities Regulation, S. 106.

[152] DeMott, Deborah A., "Comparative Dimensions of Takeover Regulation", in: Coffee, John C.; Lowenstein, Louis und Susan Rose-Ackerman, Hrsg., Knights, Raiders, and Targets, New York, 1988, S. 404-405.

[153] Jarrell, Gregg A. und Michael Bradley, "The Economic Effects of Federal and State Regulation of Cash Tender Offers", The Journal of Law and Economics, vol. 23, no. 2, Oktober 1980, S. 372-374.

[154] Griffin, Patrick J. und J. Richard Tucker, "The Williams Act, Public Law 90-439 - Growing Pains? Some Interpretations with Respect to the Williams Act", Howard Law Journal, vol. 16, 1971, S. 657-658; Greene; Junewicz, "A Reappraisal of Current Regulation of Mergers and Acquisitions", S. 657-658. Siehe dazu auch die Urteilsbegründung des *Supreme Court* zum Fall Rondeau v. Mosinee Paper Corp.: "The purpose of the Williams Act is to insure that public shareholders who are confronted by a cash tender offer for their stock will not be required to respond without adequate information regarding the qualifications and intentions of the offering party". Rondeau v. Mosinee Paper Corp., United States Reports, vol. 422, 1974, S. 58. Im

damit einhergehend zu einer effizienteren Ressourcenverteilung an den Kapitalmärkten führen.
Der *Williams Act* beinhaltet keine Legaldefinition des Begriffes *tender offer*[155]. Diese Tatsache wird dahin gedeutet, daß der Gesetzgeber durch den unbestimmten Rechtsbegriff den Kontrollbehörden Flexibilität hinsichtlich der unter den Begriff zu subsumierenden Übernahmen einräumen wollte, um zu gewährleisten, daß die mit dem Gesetz beabsichtigten Ziele auch erreicht werden würden[156]. Flexible Kriterien[157] zur Beurteilung darüber, ob es sich bei einem Übernahmeangebot um ein *tender offer* handelt und somit der *Williams Act* zur Anwendung kommt, wurden erst im nachhinein durch die Rechtsprechung und die *Securities and Exchange Commission* entwickelt[158].
Der *Williams Act* stellt kein eigenständiges Gesetz dar, sondern erweitert den *Securities Exchange Act* um die *Section* 13(d), 13(e), 14(d) und 14(f)[159]. Bis zum Jahr 1970 wurden nur *cash tender offer* von diesen Zusätzen erfaßt, während Übernahmeangebote durch Aktientausch weiterhin durch den *Securities Act* von 1933 reglementiert wurden. Erst durch eine Novellierung des *Williams Act* im Jahre 1970 wurden die Vorschriften auch auf *exchange*

---

zugrundeliegenden Fall ging es um die Klage der Mosinee Paper Corp., einem Produzenten von Papier- und Plastikprodukten, gegen den Geschäftsmann Francis A. Rondeau, der mehr als fünf Prozent der Aktien von Mosinee Paper Corp. erworben hatte und den damit verbundenen Offenlegungspflichten nach dem *Williams Act* erst mit dreimonatiger Verspätung und dem zwischenzeitlichen Kauf weiterer Anteile nachkam.

[155] Ratner, Securities Regulation, S. 108.

[156] Aranow, Edward Ross; Einhorn, Herbert A. und George Berlstein, Developments in Tender Offers for Corporate Control, New York, 1977, S. 1.

[157] S. hierzu die Ausführungen zu Punkt I.1., Seite 4. Zum Begriff des *tender offer* siehe auch: Hamilton, The Law of Corporations, S. 295; Hazen, The Law of Securities Regulation, S. 348-351; Cavitch, Zolman, Business Organizations With Tax Planning, vol. 8, New York, 1982, S. 166A.6.

[158] Im Jahr 1979 schlug die *Securities and Exchange Commission* vor, in einer *rule* verbindlich festzulegen, unter welchen Voraussetzungen ein Übernahmeangebot als *tender offer* anzusehen wäre. Ihrem Vorschlag zufolge hätte es sich um ein *tender offer* immer dann gehandelt, wenn ein Bieter innerhalb von 45 Tagen an mehr als zehn Personen außerhalb des behördlichen Handels ein Angebot unterbreitet, mit der Absicht, mehr als fünf Prozent der Aktien einer Unternehmung zu erwerben, beziehungsweise dann, wenn ein Bieter einer Vielzahl von Aktionären ein bezüglich der Bedingungen weitgehend festes, vor allem hinsichtlich des Preises nicht mehr verhandelbares Angebot zum Kauf ihrer Aktien unterbreitet, zu einem Preis, der fünf Prozent oder $2 über dem jeweils gültigen Marktpreis liegt. Securities and Exchange Commission, Securities and Exchange Act Release No. 16385, 20. November 1979, abgedruckt in: Jennings; Marsh, Securities Regulation, S. 617-625. Dieser Vorschlag wurde jedoch als zu eng und starr kritisiert, so daß eine entsprechende *rule* niemals erlassen wurde. Ein Erlaß nur durch die *Securities and Exchange Commission* ohne Bestätigung durch den Gesetzgeber wäre auch nicht verbindlich gewesen, da der Behörde für diesen Bereich vom Gesetzgeber keine Richtlinienkompetenz zugeordnet worden war. Auch ein erneut eingereichter Vorschlag der *Securities and Exchange Commission*, eine gesetzliche Definition des Begriffes zu erlassen, wurde vom Kongreß nicht aufgegriffen. Ratner, Securities Regulation, S. 110-111; Hazen, The Law of Securities Regulation, S. 348-355.

[159] Dabei beziehen sich im wesentlichen nur die Zusätze *Section* 14(d) und 14(f) auf *tender offer*. Zusatz 13(d) gilt für alle Aktienkäufe durch Marktgeschäfte, während *Section* 13(e) *going private transactions* regelt. Zum *Williams Act* des Jahres 1968 s. Act of July 29, 1968, Public Law No. 90-439, in: United States, Office of the Federal Register, National Archives and Record Administration, Hrsg., United States Statutes at Large, vol. 82, Washington, D.C., 1968-1969, S. 454ff. Zu den im Jahr 1970 vorgenommenen Änderungen s. Act of December 22, 1970, Public Law No. 91-567, in: United States, Office of the Federal Register, National Archives and Record Administration, Hrsg., United States Statutes at Large, vol. 84, Washington, D.C., 1970-1971, S. 1497-1499.

tender offer ausgeweitet, so daß für diese Art der *tender offer* heute beide Gesetze zutreffen[160].

Section 13(d) des durch den *Williams Act* geänderten *Securities Exchange Act* ist nicht auf *tender offer* beschränkt, sondern betrifft alle Aktienkäufe an der Börse und macht jedem Erwerber eines Aktienpakets von mindestens fünf Prozent einer Gesellschaft bestimmte Offenlegungspflichten zur Auflage. Er hat Angaben zu machen über seine Identität, seine bereits vorhandene Beteiligung und über bisher mit der Zielgesellschaft getroffene Vereinbarungen, falls diese im Zusammenhang mit dem Aktienerwerb stehen[161]. Er hat seiner Publizitätspflicht innerhalb von zehn Tagen nach Beteiligungserwerb nachzukommen[162]. Diese Frist ist vor allem für feindliche Übernahmeversuche von Bedeutung. Sie soll verhindern, daß ein Erwerber, der eine Übernahme in Form eines *hostile tender offer* plant, vor Bekanntgabe des Übernahmeangebots ein zu großes Aktienpaket heimlich erwirbt, beziehungsweise daß eine Kontrollmehrheit ohne jegliche vorherige Identitätsangabe erfolgen kann. Die Frist von zehn Tagen, das sogenannte *ten day window*, erlaubt es dem Bieter allerdings, einen wesentlich höheren Anteil als fünf Prozent zu erwerben, bevor die Bekanntgabe erfolgt[163].

Unterbreitet ein Bieter den Aktionären der Zielgesellschaft ein Übernahmeangebot in Form eines *tender offer*, so werden ihm nach *Section* 14(d) des *Securities Exchange Act* Publizitätspflichten auferlegt, die über das in *Section* 13(d) geforderte Maß hinausgehen. Neben ausführlichen Informationen zu seiner Identität und seinem Hintergrund[164] muß der Erwerber hier auch detaillierte Informationen über seine bisherigen Beziehungen zur Zielgesellschaft und über die Herkunft der für das *tender offer* benötigten finanziellen Mittel preisgeben[165]. Bei einem Angebot für eine Kontrollmehrheit hat er darüber hinaus über geplante Veränderungen in der Zielgesellschaft, wie etwa beabsichtigte Liquidationen, Verkäufe von Unternehmenstei-

---

[160] Jarrell; Bradley, "The Economic Effects of Federal and State Regulation of Cash Tender Offers", S. 377; Dietrich, Hartmut, Die Tender Offer im Bundesrecht der Vereinigten Staaten, Frankfurt, 1975, S. 41-42.

[161] Griffin; Tucker, "The Williams Act, Public Law 90-439 - Growing Pains? Some Interpretations with Respect to the Williams Act", S. 665-674.

[162] DeMott, "Comparative Dimensions of Takeover Regulation", S. 405.

[163] Booth, Richard A., "The Problem With Federal Tender Offer Law", California Law Review, vol. 77, no. 4, 1989, S. 721. Deshalb brachte die *Securities and Exchange Commission* im Jahre 1987 einen Gesetzesentwurf zur Änderung des Rechts für *tender offer* ein. Dieser sah vor, die Frist für die Veröffentlichung des Kaufs eines mindestens fünfprozentigen Aktienpaketes von zehn Tagen auf zwei Tage zu verkürzen. Jedoch wurde der Vorschlag vom Kongreß niemals auch nur geprüft. Crossen, Cynthia, "Merger Activity Expected to Ease, not Halt", The Wall Street Journal, 2. Januar 1987, S. 8B.

[164] Hier müssen detailliertere Angaben zur Person gemacht werden, die über Name, Geschäftsadresse, Wohnadresse und gegenwärtige Haupttätigkeit hinausgehen und auch Angaben beispielsweise zu Verurteilungen in Strafverfahren innerhalb der letzten zehn Jahre erfordern. Falls das *tender offer* von einer Aktiengesellschaft abgegeben wird, müssen diese Daten für jeden *director* und leitenden Manager offengelegt werden. Für einen großen Konzern wird aufgrund dieser Vorschrift eine derart umfangreiche Dokumentation erforderlich, daß allein das Zusammentragen der benötigten Informationen und das Ausfüllen der Formulare ein *tender offer* verzögern beziehungsweise die daran Beteiligten unter enormen Termindruck bringen kann. Siehe dazu Ausführungen bei Madrick, Jeff, Taking America, Toronto, 1987, S. 40-47 zur feindlichen Übernahme der Electronic Storage Battery Co. durch die International Nickel Company of Canada.

[165] Cavitch, Business Organizations With Tax Planning, vol. 8, S. 166A.11-166A.14; Dietrich, Die Tender Offer im Bundesrecht der Vereinigten Staaten, S. 156-158.

len, Fusionen oder andere grundlegende Veränderungen in der Organisationsstruktur, zu berichten[166].

Neben den Publizitätspflichten enthält der *Williams Act* Vorschriften zum Verfahrensablauf. Auch diese Vorschriften dienen dem Schutz der Aktionäre der Zielgesellschaft. So schreibt der *Williams Act* zwar Mindestlaufzeiten für die Dauer eines Angebots generell nicht fest, verlangt aber von jedem Bieter, der nicht Emittent von Aktien ist, das Angebot für mindestens 20 Tage aufrecht zu halten, was de facto einer Mindestlaufzeit entspricht[167]. Darüber hinaus wird den Aktionären der Zielgesellschaft das Recht eingeräumt, bereits an den Erwerber übergebene Aktien innerhalb der ersten 15 Tage[168] beziehungsweise nach dem 60. Tag, zurückzufordern[169]. Der *Williams Act* verpflichtet einen Erwerber des weiteren zum sogenannten Pro-Rata-Kauf. Macht der potentielle Käufer sein Angebot für weniger als die Gesamtzahl der Aktien, dann muß er bei einer Überzeichnung des Angebots innerhalb der ersten zehn Tage alle Anbieter von Aktien auf einer Pro-Rata-Basis berücksichtigen. Damit soll eine Gleichbehandlung der Aktionäre erreicht und gleichzeitig verhindert werden, daß ein Bieter durch ein *first come - first served* Angebot die Aktionäre zu übereilten Verkaufsentscheidungen drängt[170]. Auch ist es dem Bieter verboten, während der Laufzeit des *tender offer* Aktien am Markt zu erwerben. Er kann innerhalb dieser Zeit nur im Rahmen des *tender offer* Aktien erwerben[171].

Der *Williams Act* macht jedoch keine Einschränkungen hinsichtlich der mit einem *tender offer* verbundenen Bedingungen, das heißt, dem potentiellen Käufer bleibt weitreichender Spielraum hinsichtlich der Strukturierung und Ausgestaltung seines Angebots[172]. Von diesem Recht wird in der amerikanischen Übernahmepraxis auch häufig Gebrauch gemacht. So werden *tender offers* beispielsweise davon abhängig gemacht, daß die Finanzierung in dem gewünschten Maße erhältlich ist, daß es seitens der Zielgesellschaft zu keinem gerichtlichen Vorgehen gegen das Angebot kommt oder daß die angestrebte Kontrollmehrheit auch wirklich erreicht wird[173].

Der *Williams Act* hat dazu geführt, daß einem *tender offer* häufig weitere Angebote folgen und es zu einem Konkurrenzkampf zwischen mehreren bietenden Parteien kommt. Dadurch wird die Chance des ersten Bieters, tatsächlich die Kontrolle über das Unternehmen zu erlangen, verringert. Für die Aktionäre der Zielgesellschaft hat ein solcher Bietungswettbewerb in

---

[166] Jarrell; Bradley, "The Economic Effects of Federal and State Regulation of Cash Tender Offers", S. 374-375; Hazen, The Law of Securities Regulation, S. 355-357.

[167] Nur für den Fall, daß die Gesellschaft selbst im Rahmen eines *self tender offer* eigene Aktien zurückkauft, gilt diese Frist nicht.

[168] Im Gesetz war diese Frist nur auf sieben Tage begrenzt. Sie wurde später durch eine *rule* der *Securities and Exchange Commission* auf 15 Tage ausgedehnt.

[169] Erstgenanntes Recht soll den Aktionären die Gelegenheit geben, übereilte Entscheidungen rückgängig zu machen. Die Möglichkeit, nach Ablauf von 60 Tagen übergebene Aktien zurückzufordern, erlaubt es den Anteilseignern der Zielgesellschaft, an inzwischen am Markt gestiegenen Kursen oder an einem höheren Angebot, eingereicht von einem weiteren Interessenten, zu partizipieren.

[170] Griffin; Tucker, "The Williams Act, Public Law 90-439 - Growing Pains? Some Interpretations with Respect to the Williams Act", S. 710-711; Greene; Junewicz, "A Reappraisal of Current Regulation of Mergers and Acquisitions", S. 684; Hazen, The Law of Securities Regulation, S. 359.

[171] DeMott, "Comparative Dimensions of Takeover Regulation", S. 418.

[172] Knoll, Heinz-Christian, Die Übernahme von Kapitalgesellschaften, Baden-Baden, 1992, S. 88.

[173] DeMott, "Comparative Dimensions of Takeover Regulation", S. 405.

der Regel positive Auswirkungen. Einer Studie von Gregg Jarrell und Michael Bradley zufolge erhöhte der *Williams Act* die an sie gezahlten Prämien um durchschnittlich 20 Prozentpunkte[174].

B. Einzelstaatliche Regelungen

a) *Blue-sky laws*

Neben den kapitalmarktrechtlichen Vorschriften auf Bundesebene haben so gut wie alle Staaten eigene Kapitalmarktgesetze auf einzelstaatlicher Ebene erlassen, die sogenannten *blue-sky laws*. Ein Teil dieser Gesetze ist älter als die Reglementierung auf Bundesebene[175]. Die einzelstaatlichen Gesetze regeln im wesentlichen die Registrierung von Emissionen und Wertpapierhändlern. Darüber hinaus enthalten sie Betrugsverbote[176]. Obwohl ein großer Teil von ihnen dem im Jahr 1956 erlassenen und im Jahr 1985 überarbeiteten *Uniform Securities Act* angepaßt wurde, differieren die einzelstaatlichen Regelungen hinsichtlich ihrer Formulierung und Auslegung sehr stark[177]. Für Unternehmensübernahmen sind diese *blue-sky laws* in der Regel nur von untergeordneter Bedeutung, da der mit diesen verbundene Wertpapierhandel meist zwischenstaatlicher Natur ist und somit aufgrund der *commerce clause* in die Gesetzgebungskompetenz des Bundes fällt. Ungeachtet dieser Tatsache haben Ende der 70er und im Verlauf der 80er Jahre Einzelstaaten zunehmend eigene Gesetze zur Regulierung von *tender offer* erlassen.

b) *Antitakeover Statutes* der Bundesstaaten

Die einzelstaatliche gesetzliche Regelung von *tender offer* geht einher mit dem stetigen Anstieg dieser Übernahmeform und mit ihrer in den 70er und 80er Jahren zunehmenden Verwendung zur Durchführung feindlicher Übernahmeversuche. Vor der Verabschiedung des *Williams Act* gab es nur im Bundesstaat Virginia ein Gesetz zur Regelung von *tender offer*. Auch bis Mitte der 70er Jahre war dem Beispiel Virginias nur eine Handvoll Staaten gefolgt. Danach jedoch kam es zu einer wahren Welle solcher einzelstaatlicher Gesetze[178]. Das

---

[174] Jarrell; Bradley, "The Economic Effects of Federal and State Regulation of Cash Tender Offers", S. 388-394.

[175] Der Bundesstaat Kansas erließ als erster Staat bereits im Jahr 1911 ein Gesetz, das den Handel mit Wertpapieren reglementierte. Hazen, The Law of Securities Regulation, S. 219.

[176] Smith et al., Smith and Roberson's Business Law, S. 1050; Cavitch, Zolman, Business Organizations With Tax Planning, vol. 4B, New York, 1982, S. 94C.5-94C.7.

[177] Ratner, Securities Regulation, S. 9.

[178] Allein in den Jahren 1976 und 1977 erließen 21 Staaten Gesetze dieser Art, und bis zum Jahr 1992 hatten 40 Staaten *Antitakeover Statutes* in irgendeiner Form erlassen. Jarrell; Bradley, "The Economic Effects of Federal and State Regulation of Cash Tender Offers", S. 377-405; o. V., "From the Hurstings", Mergers & Acquisitions, vol. 27, no. 2, 1992, S. 61-62.

erklärte Ziel war ein gegenüber dem *Williams Act* verstärkter Aktionärsschutz. Hinzu kamen, wenn auch nicht ausdrücklich so erklärt, wirtschaftspolitische Aspekte[179]. Dabei ging es einmal um den Schutz von Städten und Kommunen sowie der in dem jeweiligen Bundesstaat angesiedelten Unternehmen. Insbesondere feindliche Unternehmensübernahmen[180] zogen fast regelmäßig den Abbau des Personalbestandes und die Schließung von Produktionsstätten nach sich. Steuerausfälle in den betreffenden Gemeinden waren dann die Folge[181]. Auch hatten die Kommunen vielerorts in infrastrukturelle Maßnahmen investiert, um Gewerbebetriebe anzusiedeln, und sahen in den Begleiterscheinungen von feindlichen Übernahmen eine Bedrohung ihrer Investitionen[182]. Druck wurde auf den Gesetzgeber daneben von Managementteams potentieller oder tatsächlicher Zielgesellschaften ausgeübt. Sie bildeten zu diesem Zweck eine ansonsten kaum vorzufindende Allianz mit Gewerkschaften und wirkten so nicht selten erfolgreich auf den Gesetzgeber ein[183].

Einzelstaatliche Gesetze zur Regelung von *tender offer* befassen sich daher fast ausschließlich mit feindlichen Angeboten und werden deswegen auch *Antitakeover Statutes* genannt. *Tender offers*, die vom Management der Zielgesellschaft gebilligt werden, bleiben in der Regel von den Gesetzen unberührt. Generell beinhalten die *Antitakeover Statutes* der Bundesstaaten über den *Williams Act* hinausgehende Veröffentlichungsvorschriften. Außerdem verlangen die meisten von ihnen eine längere Laufzeit des Angebots und räumen dem Management der Zielgesellschaft mehr Möglichkeiten zur Ergreifung von Abwehrmaßnahmen ein[184].

Hinsichtlich ihrer einzelnen Vorschriften zur Eindämmung feindlicher Übernahmen lassen sich die einzelstaatlichen Gesetze in zwei Gruppen einteilen. Dies sind zum einen Gesetze, die den Kauf von Aktien ab einer bestimmten Höhe nicht mehr automatisch mit dem Erwerb von Stimmrechten verbinden, und zum anderen Regelungswerke, die den Handlungsspielraum des Erwerbers nach dem Kauf der Anteile erheblich einschränken[185]. Ein Beispiel für die erst-

---

[179] Gilson, The Law and Finance of Corporate Acquisitions, S. 1059-1060; Jarrell, Gregg A., "Financial Innovation and Corporate Mergers", in: Browne, Lynn E. und Eric S. Rosengren, Hrsg., The Merger Boom, Proceedings of a Conference Held in October 1987, New Hampshire, 1987, S. 56.

[180] Bei feindlichen Übernahmen liegen die Kaufpreise im Durchschnitt über denen freundlicher Übernahmen, da aufgrund der Bietungskämpfe den Aktionären höhere Prämien gezahlt werden müssen. Diese erhöhten Kaufpreise zwingen den Erwerber zu drastischeren und rascheren Kostensenkungsmaßnahmen.

[181] Neben den direkten Steuerausfällen, die Betriebsschließungen und Personalabbau mit sich bringen, wird das Steueraufkommen der betroffenen Städte und Gemeinden auch indirekt über Ertragsausfälle der Lieferanten und Umsatzeinbußen örtlicher Handelsbetriebe reduziert.

[182] Es ist allerdings sehr in Frage zu stellen, ob Gesetze gegen feindliche Unternehmensübernahmen das geeignete Mittel sind, solchen kommunalen Problemen wirksam und dauerhaft zu begegnen. Einerseits können Restrukturierungsmaßnahmen und Kostensenkungsprogramme auch im Rahmen freundlicher Unternehmensübernahmen oder ohne jeglichen Eigentümerwechsel durchgeführt werden, andererseits sind derartige Maßnahmen, auch wenn sie im Rahmen feindlicher Unternehmensübernahmen erfolgen, nicht unbedingt allein durch diese bedingt, sondern häufig das Ergebnis notwendiger Anpassungen an veränderte Wettbewerbssituationen, die früher oder später auch ohne eine Übernahme hätten vorgenommen werden müssen. Sie lassen sich durch *Antitakeover Statutes* keinesfalls auf Dauer verhindern, bestenfalls verzögern und können somit nicht die Gemeinden, sondern lediglich das amtierende Management potentieller Zielgesellschaften schützen. Rosengren, Eric S., "State Restrictions of Hostile Takeovers", Publius, vol. 18, no. 3, 1988, S. 77.

[183] Ibid., S. 70.

[184] Jarrell; Bradley, "The Economic Effects of Federal and State Regulation of Cash Tender Offers", S. 378.

[185] Rosengren, "State Restrictions of Hostile Takeovers", S. 71.

genannte Gruppe ist das Gesetz des Bundesstaates Indiana[186]. Danach erhält ein Investor, der mehr als 20 Prozent der stimmberechtigten Aktien erwirbt, nicht automatisch die damit verbundenen Stimmrechte. Nur wenn eine Mehrheit der Aktionäre, die selbst keine Kontrollmehrheiten innehaben und nicht dem Management oder dem *board of directors* angehören, einer Stimmrechtsübertragung zustimmt, werden dem Investor die Stimmrechte auch gewährt[187]. Ein Beispiel für die zweitgenannte Gruppe sind die *Antitakeover Statutes* des Bundesstaates Delaware. Dieses 1988 erlassene Gesetz[188] untersagt dem Erwerber von mehr als 15 Prozent, aber weniger als 85 Prozent der stimmberechtigten Aktien, bestimmte Transaktionen durchzuführen, sofern keine ausdrückliche Zustimmung des *board of directors* der Zielgesellschaft oder von mindestens zwei Dritteln der stimmberechtigten Aktien[189] vorliegt[190]. Darunter fällt beispielsweise ein Unternehmenszusammenschluß zwischen der Ziel- und Übernahmegesellschaft oder die Veräußerung wesentlicher Aktiva innerhalb eines Zeitraumes von drei Jahren.

Einzelstaatliche Gesetze zur Regelung und Einschränkung feindlicher Übernahmen waren seit jeher mit dem Risiko behaftet, verfassungsrechtlich nicht zulässig zu sein, weil sie die *commerce clause* oder die *supremacy clause*[191] verletzen. Letzteres trifft bei der Regelung von *tender offers* dann zu, wenn die einzelstaatlichen Gesetze mit den Vorschriften des *Williams Act* kollidieren. Das erste einzelstaatliche Gesetz, dessen Verfassungsmäßigkeit vom *Supreme Court* geprüft wurde, war das des Bundesstaates Illinois im Jahr 1982. Dieses Gesetz verlangte, daß ein *tender offer* 20 Tage vor Angebotseröffnung an die Aktionäre dem Innenminister und dem Management der Zielgesellschaft angezeigt würde. Während dieser Zeit war es dem Unterbreiter des Angebots nicht möglich, Aktien zu erwerben, dem Management der Zielgesellschaft jedoch erlaubt, seine Bedenken gegen die Übernahme gegenüber den Aktionären aufs nachdrücklichste zu äußern und auch Einfluß auf diese zu nehmen[192]. Auch konnte der Innenminister ein Übernahmeangebot insgesamt blockieren, wenn es den einzelstaatlichen Veröffentlichungsvorschriften nicht voll gerecht wurde oder er es als unfair einstufte. Die Fairneß eines Angebots konnte in *hearings* geprüft werden. Im Urteil zum Fall Edgar v. Mite[193] ordnete der *Supreme Court* das Gesetz als verfassungswidrig ein, mit der

---

[186] Ähnliche Gesetze wurden von den Staaten Arizona, Florida, Louisiana, Massachusetts, Minnesota und Nevada erlassen.

[187] Diese Zustimmung hat auf einer Aktionärsversammlung zu erfolgen, die auf Verlangen des Käufers innerhalb von 50 Tagen einzuberufen ist. Die Kosten der Versammlung sind von ihm zu tragen. Somit erschwert und verzögert das Gesetz die Erlangung einer Kontrollmehrheit nicht nur, es verteuert sie auch erheblich. Browne; Rosengren, "Are Hostile Takeovers Different?", S. 200-201.

[188] Das Gesetz findet Anwendung bei allen Unternehmen, die ihren Firmensitz in Delaware und mehr als 2.000 Aktionäre haben und deren Aktien an einer der nationalen Börsen oder im geregelten Freiverkehr gehandelt werden. Lamb, "Raiders of the Company Ark", S. 109.

[189] Dabei werden die Aktien, die sich in Händen des Erwerbers befinden, nicht mitgerechnet.

[190] Rosengren, "State Restrictions of Hostile Takeovers", S. 71-73.

[191] Nach der *supremacy clause* haben bundesrechtliche Vorschriften stets Vorrang vor einzelstaatlichen, wenn beide die gleichen Sachverhalte regeln.

[192] Rosengren, "State Restrictions of Hostile Takeovers", S. 72.

[193] Dem Urteil zugrunde lag das Übernahmeangebot der Mite Corp. mit Sitz in New Haven, Conn. für die Aktien der Rivet & Machine Corp., einem Werkzeughersteller aus Chicago. Edgar v. Mite Corp., United States Reports, vol. 457, 1982, S. 624ff.

Begründung, es verletze die *commerce clause*[194], da es bei einem *tender offer* für die Aktien einer Gesellschaft, deren Aktionäre außerhalb des Bundesstaates angesiedelt sind, den zwischenstaatlichen Handel stark beeinträchtige[195]. Dieses Urteil sorgte für Aufsehen und hatte Signalwirkung, denn es bedeutete, daß der größte Teil der bis dahin erlassenen einzelstaatlichen *Antitakeover Statutes*[196], von denen viele dem des Bundesstaates Illinois sehr ähnlich waren, einer gerichtlichen Überprüfung nicht weiter standhalten würde[197]. Deswegen novellierten viele Bundesstaaten in den folgenden Jahren ihre *Antitakeover Statutes* oder erließen gänzlich neue Gesetze, die man auch als *Antitakeover* Gesetze der zweiten Generation bezeichnet[198]. Exemplarisch für diese Vorschriften sind die oben schon dargestellten Gesetze der Bundesstaaten Indiana und Delaware. Das Gesetz von Indiana hielt im Jahr 1987 einer Überprüfung durch den *Supreme Court* stand[199].

---

[194] Eine Mehrheit der Richter war der Ansicht, daß das Gesetz darüber hinaus mit den Bestimmungen des *Williams Act* kollidiere und daher auch aufgrund der *supremacy clause* als verfassungswidrig einzustufen sei. Dennis, Roger J. und Patrick J. Ryan, "State Corporate and Federal Securities Law: Dual Regulation in a Federal System", Publius, vol. 22, no. 1, 1992, S. 31.

[195] Zur genaueren Begründung des Urteils s. Yoder, Lois J., "The Corporate Takeover Regulatory Arena", in: McKee, David L., Hrsg., Hostile Takeovers: Issues in Public and Corporate Policy, New York, 1989, S. 86-88.

[196] Zwischen 1968 und 1982 hatten 37 Bundesstaaten derartige Gesetze erlassen.

[197] Wermiel, Stephen, "Justices Void Illinois Law on Takeovers, Hurting States' Regulation of Tender Bids", The Wall Street Journal, 24. Juni 1982, S. 3.

[198] Ratner, Securities Regulation, S. 113.

[199] Dem Urteil zugrunde lag der Versuch der Dynamics Corp. aus Connecticut, die in Indiana ansässige CTS Corporation zu übernehmen. Dynamics versuchte zu verhindern, daß CTS die in Indiana geltenden Schutzbestimmungen in Anspruch nehmen konnte, und klagte gegen das Gesetz von Indiana mit der Begründung, daß es die *supremacy clause* verletzen und mit dem *Williams Act* kollidieren würde. Auch ein Verstoß gegen die *commerce clause* wurde von der Dynamics Corp. vorgebracht. Vom *Supreme Court* wurde die Klage, nachdem ihr in den Vorinstanzen stattgegeben worden war, jedoch zurückgewiesen und das Gesetz des Bundesstaates Indiana für verfassungskonform erklärt. Zum Fall und seiner gerichtlichen Würdigung s. CTS Corp. v. Dynamics Corporation of America, United States Reports, vol. 481, 1986, S. 69ff.; Roe, Mark J., "Takeover Politics", in: Blair, Margaret M., Hrsg., The Deal Decade, Washington, D.C., 1993, S. 336-337. Der *Supreme Court* sah in den gegenüber dem *Williams Act* verschärften Vorschriften der *Statutes* von Indiana keine Verletzung der *supremacy clause*, sondern beurteilte das Gesetz lediglich als eine Konkretisierung der auf Bundesebene verankerten Grundsätze des Investorenschutzes: "The Indiana Act operates on the assumption, implicit in the Williams Act, that independent shareholders faced with tender offers often are at a disadvantage. [...] The desire of the Indiana Legislature to protect shareholders of Indiana corporations from this type of coercive offer does not conflict with the Williams Act. Rather, it furthers the federal policy of investor protection". CTS Corp. v. Dynamics Corporation of America, S. 82-83.

2. Relevante Regelungen des Gesellschaftsrechts

Im Gegensatz zum Kapitalmarktrecht liegt die Gesetzgebungskompetenz im Gesellschaftsrecht bei den einzelnen Bundesstaaten[200]. Dies bedeutet, es gibt in den Vereinigten Staaten kein einheitliches Gesellschaftsrecht. Zwar stimmen die einzelstaatlichen Vorschriften hinsichtlich ihrer Grundprinzipien überein, und ein großer Teil ist an ein Mustergesetz, den sogenannten *Revised Model Business Corporation Act* des Jahres 1985 beziehungsweise dessen Vorgänger, den *Model Business Corporation Act* des Jahres 1950 der *American Bar Association* und dem *American Law Institute*, angelehnt, doch weichen die Regelungen in Einzelheiten häufig voneinander ab[201]. Nach der in den Vereinigten Staaten vorherrschenden Gründungstheorie ist stets das Gesellschaftsrecht des Staates anzuwenden, in dem die Unternehmung gegründet wurde[202]. Da dieser Gründungssitz nicht mit dem späteren Sitz oder der Geschäftsleitung übereinstimmen muß, wählen Unternehmen als Gründungssitz häufig Bundesstaaten, deren Gesellschaftsrecht den Interessen der Unternehmung am ehesten entspricht[203]. Eine Vormachtstellung nimmt auf diesem Gebiet der Bundesstaat Delaware ein[204], dessen Gesellschaftsrecht als ausgesprochen flexibel und unternehmensfreundlich gilt und der darüber hinaus den in ihm angesiedelten Firmen beim Steuer- und Abgaberecht sehr entgegenkommt[205]. Für Unternehmensübernahmen ist das Gesellschaftsrecht vor allem für die Zielgesellschaften feindlicher Übernahmeversuche von Bedeutung, da in den gesellschaftsrechtlichen Statuten verankert ist, nach welchem Verfahren das *board of directors* zu wählen ist, welcher Schutz Minderheitsaktionären gewährt wird und ob es dem Unternehmen erlaubt ist, verschiedene Klassen von Aktien mit unterschiedlich ausgestatteten Stimmrechtsbefugnissen zu bilden[206]. In den 80er Jahren versuchten Unternehmen immer wieder, durch Stimmrechtsbeschränkungen, Einführung von stimmrechtslosen Vorzugsaktien und gestaffelten Amtszeiten für die Mitglieder des *board of directors* Unternehmensübernahmen zu erschweren oder zu verhindern.

---

[200] Es obliegt den einzelnen Bundesstaaten, sogenannte *Corporation Statutes* zu erlassen. Die darin verankerten gesellschaftsrechtlichen Vorschriften betreffen jeweils die Unternehmen, die innerhalb der Grenzen des betreffenden Staates gegründet und von dessen Regierung ihre Gründungsurkunde, die sogenannte *charter*, erhalten haben. Hamilton, The Law of Corporations, S. 6-9.

[201] Einige Einzelstaaten, darunter auch der gesellschaftsrechtlich bedeutende Bundesstaat Delaware, haben ihre *Corporation Statutes* unabhängig vom *Model Business Corporation Act* entwickelt. Daher ergeben sich teilweise beachtliche Differenzen in den einzelnen Gesetzen. Hamilton, Corporations, 1990, S. 4.

[202] Hamilton, The Law of Corporations, S. 6.

[203] Hamilton, Corporations, S. 190-191.

[204] Der Bundesstaat Delaware ist Gründungsstaat für 45 Prozent der Unternehmen, deren Aktien an der *New York Stock Exchange* gehandelt werden, und für mehr als 50 Prozent der Unternehmen, die der Liste der Fortune 500 angehören. Lamb, "Raiders of the Company Ark", S. 109.

[205] Hamilton, The Law of Corporations, S. 6-8.

[206] Rosengren, "State Restrictions of Hostile Takeovers", S. 71.

3. Relevante Regelungen des Wettbewerbsrechts

Neben dem Kapitalmarktrecht und dem Gesellschaftsrecht findet als dritte Größe noch das Wettbewerbsrecht auf *takeovers* Anwendung. Ziel des auf *takeovers* anzuwendenden Teils des Kartellrechts ist es, zu verhindern, daß durch externes Wachstum, das heißt durch Unternehmensübernahmen und Fusionen, eine zu hohe Konzentrationsbildung auf den Märkten entsteht[207]. Zu beachten sind bei Übernahmen und Zusammenschlüssen die Vorschriften des *Sherman Act*, des *Clayton Act*, des *Celler-Kefauver Act* und des *Hart-Scott-Rodino Act*. Neben diesen Gesetzen finden noch Richtlinien, die sogenannten *Merger Guidelines*, Anwendung.

Die Regelung von Übernahmen und Fusionen ist nicht das einzige Anwendungsgebiet des amerikanischen Wettbewerbsrechts[208], sie ist nicht einmal dessen Schwerpunkt. Dennoch ist das *Antitrust*-Recht für *takeovers* von größter Bedeutung, da viele seiner Vorschriften sehr allgemein formuliert sind und die sich daraus ergebende Flexibilität den anwendenden Behörden und überprüfenden Gerichten großen Handlungsspielraum läßt. In den Vereinigten Staaten wechselten sich denn auch immer wieder Perioden übernahmefreundlicher und übernahmefeindlicher Anwendung der *Antitrust*-Gesetzgebung ab. Dieser fortwährende Wechsel in der *Antitrust*-Politik war ein maßgeblicher Faktor für die geschichtliche Entwicklung der Unternehmensübernahmen in den Vereinigten Staaten.

Für die Überwachung der *Antitrust*-Gesetze sind in den USA zwei Behörden verantwortlich, nämlich die *Federal Trade Commission* und die *Antitrust Division* des Justizministeriums[209]. Die *Federal Trade Commission* ist dem Kongreß unterstellt, die *Antitrust Division* dem Weißen Haus untergeordnet.

A. *Sherman Act*

Der im Jahr 1890 erlassene *Sherman Act* ist die älteste Rechtsvorschrift der amerikanischen *Antitrust*-Gesetzgebung auf nationaler Ebene[210]. Er wurde erlassen als Reaktion auf die

---

[207] Burns, Joseph, W., A Study of the Antitrust Laws, New York, 1958, S. 545.

[208] Neben Unternehmensübernahmen beschäftigt sich das *Antitrust*-Recht im wesentlichen mit Preisabsprachen und Preiskartellen, mit unerlaubter Marktaufteilung und unerlaubten Praktiken des Verdrängungswettbewerbs. Shepherd, William G., The Treatment of Market Power, New York/London, 1975, S. 142-143.

[209] Hay, George und Rod Nydam, "Merger Policy in the US", in: Fairburn, James und John Kay, Hrsg., Mergers and Merger Policy, Oxford, 1989, S. 232.

[210] Vor Erlaß des *Sherman Act* lag die *Antitrust*-Gesetzgebung in den Händen der einzelnen Bundesstaaten. In den 1880er und 1890er Jahren erließen einzelne Staaten eine Reihe von *Antitrust*-Gesetzen, um gegen die Bildung von *trusts* vorzugehen. Die meisten stellten ihre Initiativen auf dem Gebiet der *Antitrust*-Gesetzgebung jedoch bereits nach kurzer Zeit wieder ein, da sie sich aufgrund fehlender wirtschaftlicher Macht den national operierenden Unternehmen, die sehr leicht ihren Firmensitz und ihre Aktivitäten in Bundesstaaten mit einer weniger restriktiven Gesetzgebung verlegen konnten, relativ hilflos gegenübergestellt sahen. Lamoreaux, Naomi R., The Great Merger Movement in American Business, 1895 - 1904, Cambridge, 1985, S. 162-163. Die Einführung des *Sherman Act* wurde von Volkswirten zunächst scharf kritisiert. Erst ab den 20er Jahren wuchs unter ihnen die Zustimmung zu dem Gesetz. DiLorenzo, Thomas J. und Jack C. High,

trusts[211], die sich bis dahin in verschiedenen Branchen, vor allem im Bereich der Konsumgüterproduktion, gebildet hatten[212]. Die relevante Rechtsvorschrift für Unternehmensübernahmen ist *Section 2 des Sherman Act*. Diese Passage untersagt wettbewerbsbeschränkendes Verhalten und damit versuchte oder durchgeführte Monopolbildung[213]. Die Formulierung der *Section 2 des Sherman Act* ist sehr allgemein gehalten. Damit sollte den Gerichten die Möglichkeit gegeben werden, unfaire, wettbewerbsbeschränkende Methoden der großen *trusts* einzudämmen. Gleichzeitig sollten sie aber Zusammenschlüsse dort zulassen können, wo diese nötig waren, um Größenvorteile bei der Produktion und somit Effizienz zu erzielen oder um zerstörerischen Wettbewerb Einhalt zu gebieten[214]. Für die Einhaltung des *Sherman Act* ist die *Antitrust Division* zuständig.

B. Clayton Act

Als zweites kartellrechtliches Gesetz wurde im Jahr 1914 der *Clayton Act* erlassen. Der *Sherman Act* hatte sich als Instrument zur Eindämmung der *trusts* und neu entstehenden Holding-Unternehmen nicht zuletzt aufgrund seiner allgemeinen Formulierung als nicht besonders wirksam erwiesen[215]. *Section 7 des Clayton Act* verbietet Unternehmen den Kauf von Anteilen an anderen Firmen, wenn durch den Kauf der Aktien der Wettbewerb zwischen den beteiligten Gesellschaften eingeschränkt würde oder es dadurch zu einer Monopolbildung käme. In seiner ursprünglichen Fassung konnte das Gesetz aufgrund der unglücklichen und engen Formulierung kaum wirksam angewendet werden. *Section 7* verbot lediglich den Kauf von Anteilen, so daß Übernahmen durch den direkten Aufkauf von Vermögensteilen nicht

---

Antitrust and Competition, Historically Considered, Center of the Study of American Business, Washington University, Working Paper No. 112, 1987, S. 1-14.

[211] Bei einem *trust* handelte es sich um eine Organisationsform, bei der die Aktionäre der einzelnen Unternehmen ihre Aktien und somit auch ihre Stimmrechte einem *board of trustees* unterstellten. Sie erhielten dafür Anteilscheine am *trust*, sogenannte *trustees certificates*. Ziel der Bildung von *trusts* war stets, den Wettbewerb zu beschränken, Monopole zu errichten, beziehungsweise die Preise von Gütern stabil zu halten oder zu erhöhen. Ripley, William Z., Trusts, Pools and Corporations, Boston, 1916, S. XVI-XVII; Moody, John, The Truth about the Trusts, New York, 1968, S. XII-XIV; Cavitch, Zolman, Business Organizations With Tax Planning, vol. 5, New York, 1982, S. 105A.5-105A.6.

[212] Der Erlaß des *Sherman Act*, mit dem die Regulierung des Wettbewerbs auf nationaler Ebene begonnen hatte, war eine Folge der gescheiterten einzelstaatlichen Bemühungen gewesen, wettbewerbsfeindlichem Verhalten seitens der *trusts* wirksam zu begegnen. Diese arbeiteten eng mit den großen Eisenbahngesellschaften zusammen und versuchten, durch geheime Preisabsprachen kleinere Anbieter aus dem Markt zu drängen. Um diese Entwicklung zu stoppen, um Kleinunternehmer zu schützen und als Folge der öffentlichen Ablehnung der *trusts* und unpopulären Eisenbahngesellschaften wurde der *Sherman Act* erlassen. Neale, A. D., The Antitrust Laws of the United States of America, Cambridge, 1970, S. 12.

[213] Cavitch, Business Organizations With Tax Planning, vol. 5, S. 105A.109.

[214] Neale, The Antitrust Laws of the United States of America, S. 13-14.

[215] Scherer, F. M., "Mergers and Antitrust", in: Libecap, Gary, Hrsg., Corporate Reorganizations through Mergers, Acquisitions, and Leveraged Buyouts, Suppl. 1, Greenwich, 1988, S. 92.

davon berührt wurden[216]. Des weiteren verbot das Gesetz Übernahmen nur dann, wenn durch sie der Wettbewerb zwischen den beiden beteiligten Firmen eingeschränkt würde, das heißt, wenn es sich um horizontale Zusammenschlüsse handelte[217]. Diese beiden Gesetzeslücken wurden erst im Jahre 1950 durch den *Celler-Kefauver Act* geschlossen. Zuständig für die Überwachung der Einhaltung des *Clayton Act* sind sowohl die *Antitrust Division* des Justizministeriums als auch die *Federal Trade Commission*.

C.   *Celler-Kefauver Act*

Der *Celler-Kefauver Act* war ein weiterer Versuch, eine wirksame kartellrechtliche Regelung gegen konzentrationserhöhende Unternehmensübernahmen zu erlassen. Durch das Gesetz wurde *Section* 7 des *Clayton Act* neu formuliert und bezog sich dadurch auch auf den Aufkauf von Vermögensteilen. Ferner richtete sich *Section* 7 nun nicht mehr nur auf den Wettbewerb zwischen Erwerbs- und Zielgesellschaft, sondern betrachtete die Auswirkungen auf das allgemeine Wettbewerbsniveau. Es kam fortan darauf an, ob durch den Zusammenschluß der Wettbewerb in irgendeiner Branche in irgendeinem Landesteil beeinträchtigt wurde. Somit fielen auch vertikale Übernahmen unter den Anwendungsbereich des Gesetzes[218]. Die Gerichte legten die neue Regelung zunächst in einer Reihe von Entscheidungen sehr eng aus[219]. Dadurch wurden horizontale und vertikale Übernahmen durch große Firmen so gut wie unmöglich[220].

---

[216] Die Gerichte legten die enge Formulierung dahingehend aus, daß der Gesetzgeber den direkten Kauf von Vermögensteilen gar nicht beschränken wollte. Vielmehr sei es die Absicht des Gesetzgebers gewesen, zu verhindern, daß ein Unternehmen heimlich die Anteile eines Konkurrenten aufkaufe, die erworbene Gesellschaft nach außen hin jedoch als eigenständige Firma auftrete. Ein offener Zusammenschluß hingegen wäre nicht Gegenstand des Gesetzes gewesen. Neale, The Antitrust Laws of the United States of America, S. 181-182.

[217] Eis, Carl, The 1919-1930 Merger Movement in American Industry, New York, 1978, S. 137-139.

[218] Litka, Michael P. und James E. Iman, The Legal Environment of Business, New York, 1983, S. 365-366; Blair, Roger D. und David L. Kaserman, Law and Economics of Vertical Integration and Control, Orlando, 1983, S. 142.

[219] So entschied der *Supreme Court* im Falle der Brown Shoe Corporation, die Absicht des Kongresses sei es gewesen, mittels des Gesetzes der ansteigenden Konzentration in der amerikanischen Wirtschaft Einhalt zu gebieten, indem Zusammenschlüsse auch dort eingeschränkt würden, wo der Trend zu steigender Konzentration erst am Anfang stand. Sinn des Gesetzes sei es, eine potentiell ansteigende Konzentration einzudämmen und nicht erst dort einzugreifen, wo bereits die wirtschaftlichen Auswirkungen einer gestiegenen Konzentration vorliegen. Brown Shoe Co. v. United States, United States Reports, vol. 370, 1961, S. 343-346; Neale, The Antitrust Laws of the United States of America, S. 184-186.

[220] Steiner, Peter O., Mergers, Ann Arbor, 1975, S. 154-155.

D. Hart-Scott-Rodino Antitrust Improvement Act

Der *Hart-Scott-Rodino Antitrust Improvement Act* beinhaltet im wesentlichen Offenlegungspflichten und Wartefristen, die bei Unternehmenszusammenschlüssen ab einer bestimmten Größenordnung einzuhalten sind[221]. In diesem Fall ist der Zusammenschluß sowohl der *Antitrust Division* als auch der *Federal Trade Commission* anzuzeigen und anschließend eine Wartefrist von 30 Tagen[222] einzuhalten, um den beiden Behörden Zeit zu geben[223], die Rechtmäßigkeit des Zusammenschlusses zu überprüfen. Auch gibt das Gesetz den Behörden das Recht, Informationen von Dritten - Konkurrenten, Verbänden und Wirtschaftsvereinigungen - bereits im Vorfeld einzuholen, das heißt, bevor der Zusammenschluß offiziell beanstandet wird[224].

E. Merger Guidelines

Neben den verschiedenen Kartellgesetzen existieren noch die sogenannten *Merger Guidelines*, die 1968 erstmals von der *Antitrust Division* herausgegeben und seitdem mehrfach novelliert wurden[225]. Sie haben das Ziel, die Anwendung des Kartellrechts durch die Behörden zu konkretisieren, und sollen für die Unternehmen einen Leitfaden darstellen, aus dem diese ersehen können, welche Bedingungen erfüllt sein müssen, damit ein Zusammenschluß keine kartellrechtlichen Konsequenzen hat[226]. Inhalt der Richtlinien sind im wesentlichen Kriterien für die Definition des relevanten Marktes, sowohl produktbezogen als auch in geographischer Hinsicht, und die von den Behörden verwendeten Maßstäbe für die Ermittlung der Konzentrationswirkungen und Wettbewerbseffekte von Zusammenschlüssen[227]. Die Richtlinien haben zwar weder für die Kartellbehörden noch für die Gerichte eine bindende Wirkung, doch

---

[221] Von diesem Gesetz werden Zusammenschlüsse erfaßt, die eines der beiden folgenden Kriterien erfüllen:
 1. Eines der beteiligten Unternehmen hat ein weltweites Vermögen von mehr als $100 Millionen, und die andere beteiligte Gesellschaft weist ein Vermögen oder einen Umsatz von mindestens $10 Millionen auf.
 2. Eines der beteiligten Unternehmen hält an der anderen eine Beteiligung von mindestens 15 Prozent des stimmberechtigten Kapitals. Gilson, The Law and Finance of Corporate Acquisitions, S. 1084-1085; Jander, Klaus H. und McDermott, Richard T., "Neue Methoden bei Unternehmenskäufen in den USA", Recht der internationalen Wirtschaft, Jg. 36, Nr. 12, 1990, S. 960-961.

[222] Bei einem *tender offer* verringert sich die Frist auf 15 Tage.

[223] Diese Frist kann um zwanzig Tage - beziehungsweise bei einem *tender offer* um 15 Tage - verlängert werden, wenn eine der beiden Behörden zusätzliche Informationen benötigt.

[224] Eckbo, B. Espen und Peggy Wier, "Antimerger Policy Under the Hart-Scott-Rodino Act: A Reexamination of the Market Power Hypothesis", Journal of Law and Economics, vol. 28, no. 1, 1985, S. 122-123; Cavitch, Business Organizations With Tax Planning, vol. 8, S. 166A.51-166A.54.

[225] Novellierungen gab es in den Jahren 1982, 1984 und letztmals 1992. Die *merger guidelines* des Jahres 1992 wurden erstmals gemeinsam von der *Antitrust Division* und der *Federal Trade Commission* herausgegeben und zeigen somit die kartellrechtliche Anwendungspraxis beider Behörden auf.

[226] Cooke, Mergers and Acquisitions, S. 96ff.

[227] Hay; Nydam, "Merger Policy in the US", S. 236-245.

stellen sie für die Praxis eine wichtige Grundlage bei der Beurteilung von Zusammenschlüssen dar[228].

IV. Rückblick auf die historische Entwicklung von Unternehmensübernahmen

Die infrastrukturellen Voraussetzungen für Unternehmen, auf nationaler Ebene tätig zu werden, wurden in den USA in den 1870er und 1880er Jahren mit dem Ausbau des Eisenbahnnetzes und der damit einhergehenden Überwindung von Transportproblemen und der Ausbreitung des Telegraphensystems, welches eine zentrale Steuerung und Überwachung geographisch verteilter Betriebseinheiten ermöglichte, geschaffen. Erste Schritte in Richtung von Zusammenschlüssen zwischen amerikanischen Produzenten gab es dann ab den späten 1870er Jahren mit dem Ziel, dem Preisverfall während der ausgedehnten Wirtschaftskrise, die der Panik von 1873 folgte, Einhalt zu gebieten. Mittels Kartellen und Vereinigungen, sogenannten *trade associations*, wurde versucht, Produktion und Preise zu kontrollieren[229]. Da diese Mengen- und Preisvereinbarungen von den Mitgliedern jedoch immer wieder unterlaufen wurden, ging man dazu über, sogenannte *trusts* zu gründen. Diese neu geformten *trusts* stellten nur eine vorübergehende Notlösung dar, da gesellschaftsrechtliche Statuten der einzelnen Bundesstaaten das Tätigkeitsgebiet von Firmen auf einzelne Branchen beschränkten und den Zusammenschluß von Unternehmen oder auch die Beteiligung einer Unternehmung am Kapital einer anderen einengten[230]. Im Jahre 1889 jedoch eröffnete der Bundesstaat New Jersey den Wettbewerb der Staaten um die Ansiedlung von Unternehmen, indem er sein Gesellschaftsrecht dahingehend änderte, daß Unternehmen sich am Kapital anderer Firmen beteiligen konnten. New Jersey erlaubte damit die Gründung von Holding-Unternehmen[231]. Danach kam es zu einer gewissen Übernahmetätigkeit bis ins Jahr 1893 hinein, die dann aber während des Konjunkturrückganges in den beiden folgenden Jahren einen Einbruch erlitt. Erst ab 1895 stieg die Übernahmetätigkeit wieder an, und es kam zur ersten großen Übernahmewelle in der Wirtschaftsgeschichte der Vereinigten Staaten.

---

[228] Maurer, Virginia, <u>Business Law</u>, San Diego, 1987, S. 1203.
[229] Chandler, Alfred D., <u>The Visible Hand</u>, Cambridge, 1977, S. 316-319.
[230] Lamoreaux, <u>The Great Merger Movement in American Business, 1895 - 1904</u>, S. 162-163.
[231] Grandy, Christopher, "New Jersey Corporate Chartermongering, 1875-1929", <u>Journal of Economic History</u>, vol. 49, no. 3, 1989, S. 678-685.

1. Übernahmen am Ende des 19. Jahrhunderts: Die klassische Zeit der Konsolidierungen

Diese erste Übernahmewelle war gleichzeitig auch die bisher kürzeste. Ab dem Jahr 1895 begann die Zahl der Übernahmen anzusteigen, jedoch blieb das Ausmaß der Übernahmetätigkeit bis zum Jahr 1897 noch auf einem gemäßigten Niveau. Die meisten Transaktionen kamen in der Zeit zwischen 1898 und 1902 zustande, mit einem klarem Höhepunkt im Jahr 1899, in dem allein 1.208 Firmen durch Übernahmen vom Markt verschwanden[232]. Zwar existierte zu dieser Zeit bereits der *Sherman Act*, aber er wurde von den Gerichten zunächst sehr übernahmefreundlich ausgelegt[233]. Ein Ende fand diese Übernahmewelle im Jahr 1904, als der *Supreme Court* seine bisherige Praxis änderte und im Falle der Northern Securities Co.[234] die Anwendung des *Sherman Act* weit ausdehnte und anschließend allgemein befürchtet wurde, daß fortan jeder Zusammenschluß zweier Unternehmen als illegal deklariert werden würde.

Diese erste Übernahmewelle in den Vereinigten Staaten kann als Ära der Konsolidierungen bezeichnet werden. Die vorherrschende Form der Zusammenschlüsse war dabei die Fusion. Der Struktur nach handelte es sich weitestgehend um horizontale Unternehmensvereinigungen, um Zusammenschlüsse vieler oder aller Konkurrenten einer Branche in eine einzige Unternehmung[235].

---

[232] Nelson, Ralph L., Merger Movements in American Industry 1895 - 1956, Princeton, 1959, S. 37.

[233] In der Entscheidung im Falle der American Sugar Refining Company, dem sogenannten E. C. Knight Case, traf der *Supreme Court* eine klare Trennung zwischen Produktion und Handel und entschied, daß die Herstellung eines Gutes nicht unter den Begriff "zwischenstaatlicher Handel" zu subsumieren sei. Die Tatsache, daß die American Sugar Refining Company 95 Prozent der Zuckerproduktion kontrollierte, stellte deswegen nach Ansicht des *Supreme Court* keine Beeinträchtigung des Handels dar. Zum Fall und seiner gerichtlichen Würdigung s. United States v. E. C. Knight Co., United States Reports, vol. 156, 1894, S. 1ff; DuBoff, Richard B. und Edward S. Herman, "The Promotional-Financial Dynamic of Merger Movements: A Historical Perspective", Journal of Economic Issues, vol. 23, no. 1, 1989, S. 109-110. Zur Argumentation des *Supreme Court* bezüglich der Trennung von Produktion und Handel s. United States v. E. C. Knight Co., S. 12: "The argument is that the power to control the manufacture of refined sugar is a monopoly over a necessary of life, to the enjoyment of which by a large part of the Population of the United States interstate commerce is indispensable, and that, therefore, the general government in the exercise of the power to regulate commerce may repress such monopoly directly and set aside the instruments which have created it. [...] Doubtless the power to control the manufacture of a given thing involves in a certain sense the control of its disposition, but this is a secondary and not the primary sense; and although the exercise of that power may result in bringing the operation of commerce into play, it does not control it, and effects it only incidentally and indirectly".

[234] Die Northern Securities Company war ein im Jahr 1901 gegründetes Holding Unternehmen mit Sitz in New Jersey. Innerhalb kürzester Zeit erwarb das Unternehmen mehr als 90 Prozent der Aktien der Northern Pacific Railway und mehr als drei Viertel der Aktien der Great Northern Railway, zweier bis dahin konkurrierender Eisenbahnlinien im Nordwesten. Der Zusammenschluß der beiden Gesellschaften unter einem gemeinsamen Dach hätte den Wettbewerb zwischen den beiden Unternehmen beeinträchtigt. Die Regierung ging deswegen im März 1902 auf Grundlage des *Sherman Act* gerichtlich gegen den Zusammenschluß vor. Der *Supreme Court* sah in seiner Entscheidung vom 14. März 1904 in dem Zusammenschluß eine Beschränkung des Wettbewerbs und ordnete die Auflösung der Northern Securities Company an. Zum Fall und seiner gerichtlichen Würdigung s. Northern Securities Company v. United States, United States Reports, vol. 193, Oct. Term 1903, S. 197ff.; Jones, Eliot, The Trust Problem in the United States, New York, 1922, S. 399-403.

[235] Lamoreaux, The Great Merger Movement in American Business, 1895 - 1904, S. 1.

Übersicht 1:	Unternehmensübernahmen in den Jahren 1895 bis 1904
Jahr	Anzahl der Übernahmen
1895	43
1896	26
1897	69
1898	303
1899	1.208
1900	340
1901	423
1902	379
1903	142
1904	79
Quelle:	Nelson, Merger Movements in American Industry, 1895-1966, S. 37.

Während dieser Zeit bildeten sich Industrie-Giganten, wie die National Biscuit Company, die E. I. du Pont de Nemours and Company, die American Can Company, die Eastman Kodak Company, die International Harvester Company, die American Tobacco Company oder die United States Steel Corporation[236]. Der letztgenannte Konzern umschloß in elf *trusts* 170 ehemals unabhängige Unternehmen[237]. Im Jahr 1904 kontrollierten die entstandenen *trusts* etwa zwei Fünftel des industriellen Kapitals des Landes[238]. Von Stigler wird diese erste Welle daher auch als "merging for monopoly" bezeichnet[239]. Ein wesentliches Kriterium der Übernahmen war die gleichzeitige Konsolidierung in verschiedenen Industrien. Zu Beginn dieser ersten Übernahmewelle waren davon Unternehmen der Konsumgüterbranche, insbesondere Firmen in den Bereichen der Nahrungsmittelerzeugung und der Tabakindustrie, betroffen, nach 1897 dann auch Unternehmen der Produktionsgüterindustrie, und hier vor allem Firmen der Stahlindustrie und des Bergbaus[240].

Es waren im wesentlichen drei Faktoren, die die Entwicklung der ersten Übernahmewelle förderten. Die institutionellen Voraussetzungen wurden durch die schon erwähnten gesellschaftsrechtlichen Veränderungen in den einzelnen Bundesstaaten geschaffen. Hinzu kam eine starke Aufwärtsbewegung am Aktienmarkt. Schließlich handelte es sich noch um einen Zeitraum rapider wirtschaftlicher Expansion[241]. Allerdings wurden viele Übernahmen auch durch

---

[236] Chandler, Alfred, "The Beginnings of Big Business in American Industry", Business History Review, vol. 33, Spring 1959, S. 8-23.
[237] Sobel, Robert, Panic on Wall Street, New York, 1968, S. 279.
[238] Reid, Samuel Richardson, Mergers, Managers, and the Economy, New York, 1968, S. 38.
[239] Stigler, George, "Monopoly and Oligopoly by Merger", American Economic Review, vol. 40, no. 2, 1950, S. 27.
[240] Chandler, "The Beginnings of Big Business in American Industry", S. 6-25.
[241] Gilson, The Law and Finance of Corporate Acquisitions, S. 10-11.

aggressive Werbemaßnahmen von Banken oder Brokern, den sogenannten *professional promoters*, initiiert[242].
Diese erste Übernahmewelle war zwar die kürzeste in der amerikanischen Geschichte, aber sie veränderte die Marktstruktur beträchtlich[243]. Insgesamt verschwanden in den Jahren 1895 bis 1904 durch *mergers* 3.012 Unternehmen vom Markt[244]. Viele der neu entstandenen Konzerne kontrollierten einen großen Teil der Märkte, in denen sie operierten[245]. Eine Studie von Moody[246], die die Untersuchung von 92 Zusammenschlüssen zum Gegenstand hatte, kam zu dem Ergebnis, daß 78 der so neu entstandenen Unternehmen mehr als 50 Prozent der Ausbringungsmenge ihrer Branche kontrollierten, 57 mehr als 60 Prozent und 26 sogar mehr als 80 Prozent. Die Konzentration[247], sowohl auf gesamtwirtschaftlicher Ebene als auch in den einzelnen Märkten, hatte sich somit unzweifelhaft erhöht[248].

Betrachtet man die Auswirkungen der Übernahmewelle auf Unternehmensebene, so zeigt sich, daß die einzelnen Gesellschaften ihre gewonnene Marktmacht nicht zur Verbesserung der eigenen Gewinnsituation nutzen konnten. Eine Untersuchung von Dewing aus dem Jahre 1922, in welcher die Ergebnisse von 35 *trusts* aus verschiedenen Branchen über einen Zeitraum von zehn Jahren untersucht werden, kommt zu dem Ergebnis, daß die Initiatoren zwar vom Erfolg der Übernahmen so überzeugt gewesen waren, daß sie die Gewinne, die aus der Konsolidierung resultieren sollten, auf mehr als ein Drittel über den Gewinnen der einzelnen Unternehmen vor der Konsolidierung einschätzten, tatsächliche Ergebnisverbesserungen

---

[242] Sobel, Robert, The Great Bull Market, New York, 1968, S. 61.

[243] Bunting, David, The Rise of Large American Corporations, 1889-1919, New York, 1986, S. 57-66.

[244] Nelson, Merger Movement in American Industry 1895-1956, S. 37.

[245] Lamoreaux, The Great Merger Movement in American Business, 1895 - 1904, S. 2-5.

[246] Moody, The Truth about the Trusts.

[247] Hinsichtlich der Konzentration sind die beiden Größen Marktkonzentration und aggregierte Konzentration, auch Makrokonzentration oder gesamtwirtschaftliche Konzentration genannt, zu unterscheiden. Dabei versteht man unter letzterer den Anteil, den eine bestimmte Anzahl von Großunternehmen, in der Regel die größten 100 oder 200 Unternehmen, an bestimmten gesamtwirtschaftlich relevanten Größen, wie etwa dem volkswirtschaftlichen Vermögen oder der Wertschöpfung, hat. Die gesamtwirtschaftliche Konzentration gibt Auskunft darüber, inwieweit die Wirtschaft eines Landes von Großunternehmen beherrscht wird. Unter der Marktkonzentration hingegen versteht man den Anteil, den die größten Unternehmen einer Branche an bestimmten Kennzahlen dieses Wirtschaftszweiges, wie etwa dem Umsatz oder Kapital, haben. Zum Konzentrationsbegriff s. Adelman, M. A., "The Measurement of Industrial Concentration", The Review of Economics and Statistics, vol. 33, no. 4, 1951, S. 269-274; Reid, Samuel Richardson, The New Industrial Order, New York, 1976, S. 12.

[248] Moody, The Truth about the Trusts; Lamoreaux, The Great Merger Movement in American Business, 1895 - 1904, S. 2-5; Markham, Jesse, "Survey of the Evidence and Findings on Mergers", in: National Bureau of Economic Research, Hrsg., Business Concentration and Price Policy, Princeton, 1955, S. 156-158. Allerdings verweist Markham darauf, daß neben den Zusammenschlüssen noch andere Faktoren zur Konzentrationserhöhung in den einzelnen Märkten beitrugen. Bis zum Jahr 1870 bestand die amerikanische Wirtschaft im wesentlichen aus lokalen, kleinen Märkten. Die Ausdehnung des Eisenbahnnetzes und die damit verbundenen Transportmöglichkeiten führten dazu, daß sich die potentiellen Märkte der Hersteller vergrößerten. Die Vergrößerung der Märkte begünstigte die Spezialisierung und damit einhergehend die Entwicklung effizienter Produktionsmethoden und die Einführung der Massenproduktion. Ein Teil des Konzentrationsprozesses kann somit auch darauf zurückgeführt werden, daß es manchen Produzenten aufgrund oben genannter Maßnahmen gelang, die Produktionskosten zu senken, Konkurrenten aus dem Markt zu drängen und auf diese Weise die Konzentration in der Branche zu erhöhen.

jedoch zunächst nicht eintraten[249]. Vielmehr lagen die erzielten Gewinne nicht nur weit hinter den prognostizierten, sie fielen im ersten Jahr nach dem Zusammenschluß überdies um etwa ein Fünftel bis ein Sechstel hinter die Gewinne vor der Konsolidierung zurück. In den darauffolgenden Jahren trat dann eine Ergebnisverbesserung ein, ohne allerdings von dauerhafter Natur zu sein. Die Gewinne im zehnten Jahr nach der Konsolidierung traten sogar noch hinter die Gewinne im ersten Jahr nach dem Zusammenschluß zurück. Es war den Unternehmen somit, auch nachdem genügend Zeit vergangen war, um die Organisation zu perfektionieren, die Fabriken neu zu strukturieren und die antizipierten Größenvorteile zu realisieren, nicht gelungen, die Fusion gewinnsteigernd zu nutzen. Diese negative Schlußfolgerung ist nicht die Konsequenz einer reinen Durchschnittsbetrachtung; vielmehr treffen die Ergebnisse auf fast alle *trusts* gleichermaßen zu, denn nur in einem Siebtel der Fälle kam es tatsächlich zu den erwarteten Gewinnsteigerungen[250].

Eine weitere Studie wurde von Livermore im Jahre 1935 erstellt[251]. Er kam zu einem etwas positiveren Ergebnis als Dewing, gleichwohl kann auch seine Untersuchung nicht vom Erfolg der Unternehmenszusammenschlüsse überzeugen. Livermore untersuchte 328 Firmen, die sich in der Zeit zwischen 1890 und 1904 gebildet hatten. 156 dieser Firmen erreichten durch die Fusion einen hohen Grad an Marktkontrolle. Bei 172 Zusammenschlüssen war dies nicht der Fall. Bei den Firmen, die durch Fusionen ihre Marktmacht erhöhen konnten, wertete Livermore, gemessen an den erzielten Renditen auf das eingesetzte Kapital, 40,4 Prozent als klare Fehlschläge und 48,7 Prozent als Erfolge. 10,9 Prozent konnten keine klaren Ergebnisse vorweisen, sie schwankten zwischen Erfolg und Mißerfolg. Dies bedeutet, daß auch bei Betrachtung einer breiten Basis von Unternehmenszusammenschlüssen weniger als die Hälfte der Fusionen der ersten Übernahmewelle als Erfolg zu werten sind.

Die Auswirkungen auf die Aktionäre wurden von Nelson in einer auf nur dreizehn wenn auch sehr große Zusammenschlüsse begrenzten Studie untersucht[252]. Die betrachteten Zusammenschlüsse fanden in den Jahren 1899 oder 1901 statt. Untersucht wurden die Auswirkungen auf ein Portfolio, bestehend aus Anteilen an allen dreizehn Unternehmen. Die dabei erzielte Rendite lag bei einer Durchschnittsbetrachtung etwas über der Rendite von Industrieschuldverschreibungen und wesentlich über der Rendite der von Eisenbahngesellschaften ausgegebenen Schuldverschreibungen[253]. Allerdings ist anzumerken, daß die Aktionäre in etwa der Hälfte der Fälle Verluste hinnehmen mußten und daß das positive Durchschnittsergebnis auf die ausgesprochen hohen Renditen in wenigen Fällen zurückzuführen ist. Dies stellt den Erfolg der Fusionen für die Aktionäre in Frage[254].

Zusammenfassend läßt sich feststellen, daß die erste Übernahmewelle die Struktur der amerikanischen Wirtschaft stark und dauerhaft verändert hat, daß man, gemessen an den Unterneh-

---

[249] Die Gewinnsteigerung sollte allein durch die Zusammenschlüsse, das heißt ohne weitere flankierende Maßnahmen, eintreten.

[250] Dewing, A. S., "A Statistical Test of the Success of Consolidations", The Quarterly Journal of Economics, vol. 36, November 1921, S. 84-101.

[251] Livermore, Shaw, "The Success of Industrial Mergers", The Quarterly Journal of Economics, vol. 50, November 1935, S. 68-96.

[252] Nelson, Merger Movements in American Industry 1895 - 1956, S. 96-100.

[253] Von Eisenbahngesellschaften ausgegebene Schuldverschreibungen wurden als Vergleichskriterium herangezogen, weil nur für die von ihnen und von Industrieunternehmen ausgegebenen Anleihen Daten bezüglich der Verzinsung erhältlich waren.

[254] Nelson, Merger Movements in American Industry, 1895-1956, S. 98-99.

mensgewinnen und der Entwicklung der Aktienkurse, die Übernahmen dieser Zeit jedoch als nicht besonders erfolgreich einstufen muß.

2. Die Übernahmewelle der 20er Jahre

Nach dem Abklingen der ersten Übernahmewelle im Jahre 1903 und einer Baisse an den Finanzmärkten Ende 1903 bis Anfang 1904, deren Ursachen zum Teil auf die Unzufriedenheit der Banken und Investoren mit den Ergebnissen der neu geformten *trusts* zurückzuführen sind[255], folgten zwei Jahrzehnte relativer Ruhe in bezug auf die Übernahmeaktivität. Nur zwei nennenswerte Großunternehmen formierten sich in dieser Zeit, nämlich die International Business Machines Corp. und die General Motors Co. Die International Business Machines Corp. ging aus der ehemaligen Computing-Tabulating-Recording Co. hervor und erlangte ihre Größe hauptsächlich durch internes Wachstum, die Entwicklung neuer Produkte und die Übernahme kleiner Konkurrenten, wie etwa der Pierce Accounting Machine Co.[256]. Das Wachstum der General Motors Co. geht auf den Zusammenschluß und die Akquisition einer Vielzahl von Automobilherstellern, wie Chevrolet, Buick Motor Company oder Cadillac Automobil Company, sowie der Integration einer ganzen Reihe von Zuliefererfirmen zurück[257]. Das der Übernahmewelle folgende erste Jahrzehnt war geprägt von heftigen und umfangreichen Attacken gegen die neu entstandenen *trusts* und der engen Auslegung des *Sherman Act* durch die Gerichte. Letztere gipfelte im Jahr 1911 in den Entscheidungen des *Supreme Court*, die Standard Oil Company und die American Tobacco Company zu zerschlagen[258]. Nach diesen Entscheidungen wurde die Anwendung des *Sherman Act* jedoch wieder gelockert. Größe und das alleinige Innehaben nicht ausgeübter Macht wurden kaum mehr als Verstoß gegen das Gesetz gewertet; vielmehr wurde die Absicht, die hinter den

---

[255] Livermore, "The Success of Industrial Mergers", S. 68.

[256] Robinson, Richard, United States Business History, 1602-1988, New York, 1990, S. 203.

[257] Chandler, Alfred D., Giant Enterprise, New York, 1964, S. 49-59.

[258] Die Standard Oil Company of New Jersey war ein Holdingunternehmen, dessen Tochtergesellschaften zusammen im Bereich der Erdölraffinerie mehr als drei Viertel des Marktes kontrollierten. Aufgespalten nach einzelnen Produktgruppen, erreichte die Gesellschaft Marktanteile von bis zu 90 Prozent. Mit dem Urteil vom 15. Mai 1911 ordnete der *Supreme Court* die Auflösung des Holdingunternehmens in einzelne Gesellschaften an. Zum Fall und seiner gerichtlichen Würdigung s. The Standard Oil Company of New Jersey et al. v. The United States, United States Reports, vol. 221, Oct. Term 1910, S. 1ff; Walker, Albert H., History of the Sherman Law, Westport, 1980, S. 274-284; Letwin, William, Law and Economic Policy in America, Edinburgh, 1966, S. 253-265; Neale, The Antitrust Laws of the United States of America, S. 16-17. Die American Tobacco Company war ein Konzern aus mehr als 60 ehemals miteinander konkurrierender Einzelfirmen. Der Gesamtkonzern war durch den Zusammenschluß sowohl im Bereich der Herstellung von Tabakwaren als auch in deren Vertrieb tätig und hatte bei einzelnen Produkten Marktanteile von bis zu 95 Prozent. Auch in diesem Fall ordnete der *Supreme Court* eine Auflösung des Konzerns an. Zum Fall und seiner gerichtlichen Würdigung s. United States v. American Tobacco Co., United States Reports, vol. 221, Oct. Term 1910, S. 106ff.; Walker, History of the Sherman Act, S. 211-216.

Zusammenschlüssen stand, als ausschlaggebendes Element in den Vordergrund gerückt[259]. Zwar wurde im Jahr 1914 noch der *Clayton Act* erlassen, aber er stellte keine große Barriere für Unternehmenszusammenschlüsse dar, da er sich in seiner ursprünglichen Form nur auf den Kauf von Aktien und Kapitalanteilen bezog und den Erwerb einzelner Vermögensteile unreguliert ließ[260]. Zu Beginn der 20er Jahre kam es dann wieder zu einem zunächst leichten Anstieg der Übernahmetätigkeit, der sich nach 1925 beschleunigte und seinen Höhepunkt in den Jahren 1928 und 1929 fand[261]. Auch diese Übernahmewelle war von einem nachhaltigen wirtschaftlichen Aufschwung und einem starken Aufwärtstrend am Aktienmarkt begleitet[262]. Die lang anhaltende wirtschaftliche Boomphase mit den daraus resultierenden hohen Gewinnen führte bei den Unternehmen zu beträchtlichen Liquiditätsbeständen, so daß viel Kapital für die Durchführung von Übernahmen zur Verfügung stand. Die Hausse am Aktienmarkt, die vor allem gegen Ende der 20er Jahre durch eine schier unersättliche Nachfrage nach Aktien gekennzeichnet war, ermöglichte es den Unternehmen, sich an den Kapitalmärkten über ihre bereits vorhandenen Liquiditätsbestände hinaus Mittel für die Verfolgung von Akquisitionsstrategien zu beschaffen[263].

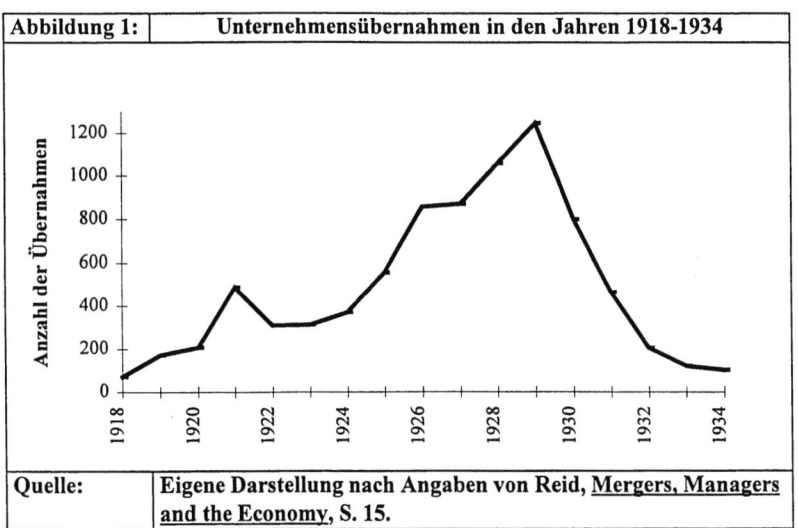

Abbildung 1:	Unternehmensübernahmen in den Jahren 1918-1934
Quelle:	Eigene Darstellung nach Angaben von Reid, <u>Mergers, Managers and the Economy</u>, S. 15.

---

[259] Thorp, Williard L., "The Persistence of the Merger Movement", <u>The American Economic Review</u>, vol. 21, no. 1, Supplement, März 1931, S. 80.

[260] Burns, <u>A Study of the Antitrust Laws</u>, S. 545; Neale, <u>The Antitrust Laws of the United States of America</u>, S. 181-182.

[261] Reid, <u>The New Industrial Order</u>, S. 148-149.

[262] Sobel, Robert, <u>The Age of the Giant Corporation</u>, Westport, 1984, S. 25-26; Sobel, <u>The Great Bull Market</u>, S. 97-112.

[263] Galbraith, John Kenneth, <u>The Great Crash</u>, Cambridge, 1961, S. 48-49.

Daneben wurde der Anstieg der Übernahmen durch weitere Veränderungen im regulatorischen Umfeld begünstigt. Nachdem sich die strenge Auslegungspraxis des *Sherman Act* durch die Gerichte bereits nach 1911 wieder zurückentwickelt hatte, sorgten zwei Urteile des *Supreme Court* in den Jahren 1918 und 1920 für eine weitere Einschränkung des Gesetzes. Im Jahre 1918 entschied der *Supreme Court* im Falle der United Shoe Machinery, daß das Justizministerium nachweisen müsse, daß es die grundlegende Intention des Zusammenschlusses sei, eine Monopolstellung zu schaffen und auszunutzen. Ein Zusammenschluß, dessen Intention in der Nutzung von Patentrechten oder der Erzielung effizienterer Produktionsmethoden lag, war nach dieser Auslegung nicht zu beanstanden, und zwar auch dann nicht, wenn er im Ergebnis ebenfalls zu einer Verringerung des Wettbewerbs führte. Lediglich der Nachweis, daß die Fusion zu einer Erhöhung der Konzentration und damit einem Rückgang des Wettbewerbs führe, reiche nicht länger aus[264]. Im Falle der United States Steel Corporation[265] verwarf der *Supreme Court* die vorherige Auslegung der *Section* 2 des *Sherman Act* vollends, indem er endgültig entschied, daß Größe allein keine Verletzung des Gesetzes darstelle[266]. Eine Verletzung liege erst bei einem unverhohlenen monopolistischen Verhalten vor[267]. Nach dieser Entscheidung strebte die Regierung für mehr als ein Jahrzehnt kein Gerichtsverfahren nach *Section* 2 des *Sherman Act* mehr an. Regulatorische Hindernisse stellten sich den Übernahmen der 20er Jahre damit nicht mehr in den Weg.

Die Übernahmewelle der 20er Jahre war weniger durch Konsolidierungen, sondern hauptsächlich durch Akquisitionen geprägt. Die horizontalen Übernahmen verloren an Bedeutung. Es kam häufiger zu vertikalen Zusammenschlüssen, zur Eingliederung vorgelagerter Produktionsstufen, um von Rohstofflieferanten unabhängig zu werden, und zur Integration vormals externer Absatzwege in das Unternehmen, um die Organisation des Verkaufs und Vertriebs zu

---

[264] Die United Shoe Machinery Company entstand durch den Zusammenschluß ehemalig unabhängiger Hersteller von Fertigungsanlagen für die Schuhproduktion. Zusammen beherrschten diese Unternehmen etwa 90 Prozent des Marktes für die in der Schuhherstellung benötigten Maschinen. Dennoch sprach sich der *Supreme Court* gegen eine Zerschlagung des Unternehmens aus, mit dem Argument, daß die Marktmacht der United Shoe Machinery Company nicht auf dem Zusammenschluß, sondern auf der Forschungs- und Entwicklungstätigkeit der Firma und den legalen Ausnutzung von Patentrechten beruhe. Zum Fall und seiner gerichtlichen Würdigung s. United States v. United Shoe Machinery Company of New Jersey et al., United States Reports, vol. 247, Oct. Term 1917, S. 32ff.; National Industrial Conference Board, Mergers and the Law, New York, 1929, S. 53-58. Das Gericht wies darauf hin, daß "... the company's power, if it has power, is not that of combination but the power of the superiority of its inventions - the effect and demonstrated supremacy of its mechanical instrumentalities. [...] The company, indeed, has magnitude, but it is at once the result and cause of efficiency, and the charge that it has been oppressively used is not sustained". United States v. United Shoe Machinery Company of New Jersey et al., S. 37 und S. 56.

[265] In seinem Urteil vom 1. März 1920 entschied sich der *Supreme Court* gegen eine Zerschlagung der U.S. Steel Corporation. Das Unternehmen hatte zwar versucht, ein Monopol in der Stahlindustrie herbeizuführen, war in seinen Bemühungen jedoch gescheitert und hatte dieses Ziel dann aufgegeben. Deswegen war nach Ansicht des *Supreme Court* eine Zerschlagung des Konzerns nicht notwendig. Zum Fall und seiner gerichtlichen Würdigung s. United States v. U. S. Steel Corporation et al., United States Reports, vol. 251, Oct. Term 1919, S. 417ff; Gellhorn, Ernest, Antitrust Law and Economics, St. Paul, 1986, S. 337-338; Sobel, The Great Bull Market, S. 37.

[266] United States v. U. S. Steel Corporation et al., S. 451: "The Corporation is undoubtedly of impressive size and it takes an effort of resolution not to be affected by it or to exaggerate its influence. But we must adhere to the law and the law does not make mere size an offence or the existence of unexerted power an offence".

[267] Ibid.: "It [the law] ... requires overt acts and trusts to its prohibition of them ...".

konsolidieren[268]. Die noch zustande kommenden horizontalen Zusammenschlüsse wurden - im Gegensatz zur vorangegangenen Fusionswelle - nicht mehr von der dominierenden Firma einer Branche mit der Absicht, eine Monopolstellung zu erlangen, durchgeführt, sondern von den zweit- und drittgrößten Unternehmen eines Wirtschaftszweiges, die mittels der Übernahmen ihre Stellung ausbauten und somit die monopolistische Marktstruktur in eine oligopolistische verwandelten. Stigler bezeichnet diese Übernahmewelle denn auch als "merging for oligopoly"[269]. Beispiele dafür sind die Zement-, Automobil-, Glas-, Erdöl- und Stahlindustrie. Betroffen von den Übernahmen der 20er Jahre waren auch die bis dahin noch unzusammenhängenden Bereiche der Nahrungsmittelverarbeitung[270], der Chemieindustrie und des Bergbaus. Während es im Bereich des Bergbaus mehr zu einer vertikalen Integration kam, wurde in der Nahrungsmittelindustrie und bei den Chemieunternehmen eine Strategie der Produkterweiterung verfolgt[271]. Darüber hinaus fand eine rege Übernahmetätigkeit bei den öffentlichen Versorgungsunternehmen statt. Hier kam es zu einem eindrucksvollen Aufstieg der großen Holding-Gesellschaften und zur Entwicklung pyramidenhafter Unternehmensgebilde bei Gas-, Wasser- und Elektrizitätsgesellschaften[272]. Schließlich entstand noch eine Übernahmebewegung im Bankensektor, die zunächst nur sehr langsam in Schwung kam, dann aber in den Jahren 1927 bis 1929 zu vielen Zusammenschlüssen bei den *commercial banks* führte[273].

Wie schon bei der ersten Übernahmewelle, wurden auch in den 20er Jahren viele Transaktionen durch außenstehende *professional promoters* initiiert. Die führende Rolle übernahmen hier die Investmentbanken. Das bisherige Tagesgeschäft, die Neuemission von Aktien durch bestehende Gesellschaften, war für die Banken als alleiniges Betätigungsgebiet nicht mehr einträglich genug. Sie sahen in der Reorganisation bestehender Unternehmen ein lukratives Geschäftsfeld. Daher engagierten einige Investmenthäuser während der Jahre 1928 und 1929 Angestellte auf Kommissionsbasis, deren Aufgabe in nichts anderem bestand, als nach potentiellen Zusammenschlüssen Ausschau zu halten. Auch die Geschäftswelt hatte sich in den spä-

---

[268] Reid, The New Industrial Order, S. 148.

[269] Stigler, "Monopoly and Oligopoly by Merger", S. 31.

[270] General Foods und National Dairy Products - heute Kraft - entstanden zu dieser Zeit. National Dairy Products erwarb während dieser Zeit 331 Unternehmen. Fuhrman, Peter, "Here we go again", Forbes, vol. 140, no. 1, 13. Juli 1987, S. 246.

[271] Gilson, The Law and Finance of Corporate Acquisitions, S. 1; Markham, "Survey of the Evidence and Findings on Mergers", S. 170-171.

[272] Im Jahr 1930 kontrollierten drei große Konglomerate mehr als 50 Prozent der Elektrizitätsversorgung des Landes. Den größten Marktanteil hatte dabei die United Corporation, der die Niagara Hudson Power Co., die Public Service Corporation of New Jersey und eine Vielzahl kleinerer Firmen angehörten. An zweiter und dritter Stelle standen die Electric Bond and Share Company und die Insull Utility Investments Inc., die sich beide wiederum aus vielen Einzelunternehmen zusammensetzten. So bestand die Insull Utility Investments Inc. selbst aus zwei Holdingunternehmen, denen zahlreiche Betriebsgesellschaften, wie etwa die Commonwealth Edison Company und die Middle West Utilities Company, untergeordnet waren. Die Betriebsgesellschaften kontrollierten ihrerseits jeweils eine Vielzahl von Tochterunternehmen. So gehörten beispielsweise der Middle West Utilities Company über 100 kleine Einzelfirmen an. Sobel, The Age of the Giant Corporation, S. 54; Sobel, The Great Bull Market, S. 77-81.

[273] In dieser Zeit fusionierte die National City Bank mit der Farmers' Loan & Trust Co., die Guaranty Trust Co. mit der Bank of Commerce, und die Chase National Bank erwarb die American Express Co.. Auch bei kleineren Banken gab es eine Vielzahl von Zusammenschlüssen. Die Central Union Trust Co. ging einen *merger* mit der Hanover National Bank ein, die Bank of Manhattan schloß sich mit der International Acceptance Bank zusammen, und die Bankers Trust Co. fusionierte mit der Empire Title & Trust Co. Laidler, Harry W., Concentration of Control in American Industry, New York, 1931, S. 331-339.

ten 20er Jahren voll auf die Übernahmebewegung eingestellt. Es wurde von Unternehmern beziehungsweise Führungskräften bisweilen als Ansehensverlust betrachtet, wenn ihnen nicht mindestens einmal wöchentlich ein Angebot für einen Zusammenschluß unterbreitet wurde. Insgesamt dürften in den letzten Jahren der Dekade etwa neun von zehn Übernahmen ihren Ursprung in den Aktivitäten der Investmentbanken gehabt haben[274].

Im Unterschied zur ersten Übernahmewelle brachte die Öffentlichkeit den Akquisitionen diesmal kein Ressentiment entgegen. In den Jahren 1890 bis 1914 hatte in der Bevölkerung die Meinung bestanden, daß die Konsolidierung den öffentlichen Interessen zuwiderlaufe. In den 20er Jahren kam diese Auffassung nur noch in den Personenkreisen zum Ausdruck, die direkt von Übernahmeaktivitäten betroffen waren.

Die Übernahmen der 20er Jahre, die zu mehrstufigen Holdinggesellschaften und pyramidenförmigen Unternehmenskonglomeraten führten, gingen mit einer wilden Spekulation am Aktienmarkt einher[275]. Das Ende der Übernahmewelle wurde mit dem Börsenkrach im Jahre 1929 eingeleitet. In den Jahren 1930 und 1931 ging die Anzahl der Fusionen und Übernahmen drastisch zurück (siehe Abbildung 1, Seite 47), um dann in den folgenden Jahrzehnten auf niedrigem Niveau zu verharren[276].

Obgleich die Übernahmewelle hinsichtlich der Zahl der übernommenen Firmen ihrer Vorgängerin keineswegs nachstand, so war ihr Einfluß auf die Marktstruktur doch weitaus geringer. Zwar hat sich die aggregierte Konzentration aufgrund der Übernahmen erhöht[277], doch wurde der Wettbewerb auf den einzelnen Märkten nicht empfindlich beeinträchtigt. Grund dafür war der leichtere Marktzugang in den Branchen mit hoher Übernahmetätigkeit[278] und die Tatsache, daß der Bereich der öffentlichen Versorgungsunternehmen bereits reguliert war[279], so daß die zunehmende Marktkonzentration dort die wirtschaftliche Macht der Unternehmen nicht wesentlich erhöhte.

In den einzelnen Unternehmen bestand bei den Zusammenschlüssen grundsätzlich Potential für Synergiegewinne. Die Unternehmen waren aufgrund der ersten Übernahmewelle sowie der Einführung von Fließbändern und anderer kapitalintensiver Fertigungsmethoden seit Beginn des Jahrhunderts gewachsen. Ab 1915 begannen sie, ihre Betriebsprozesse zu dezentralisieren, um Probleme bei der Materialbeschaffung, beim Absatz und beim Warentransport zu überwinden[280]. Darüber hinaus wurde die Werbung als absatzpolitisches Instrumentarium immer wichtiger. Unternehmen begannen, Werbekampagnen zu starten, um Produkt- und Markentreue herzustellen. Große Unternehmen hatten dabei den Vorteil, Komplementärgüter anbieten und Nutzen aus landesweiter Werbung ziehen zu können[281]. Insgesamt bestand daher das

---

[274] Thorp, "The Persistence of the Merger Movement", S. 85-86.

[275] Diese Spekulation wurde begünstigt durch die Entstehung von *investment trusts*, die es Kleinanlegern ermöglichten, von der Hausse am Aktienmarkt zu profitieren. Die *trusts* gaben mehr Aktien aus, als sie selbst Anteile an Unternehmen erwarben, und trugen so dazu bei, daß es zu einer fast vollständigen Trennung von Aktienkapital und Unternehmensvermögen kam. Galbraith, The Great Crash, S. 51-56.

[276] Reid, Mergers, Managers, and the Economy, S. 15.

[277] Adelman, "The Measurement of Industrial Concentration", S. 285-294; Markham, "Survey of the Evidence and Findings on Mergers", S. 171.

[278] Stigler, "Monopoly and Oligopoly by Merger", S. 32.

[279] Gilson, The Law and Finance of Corporate Acquisitions, S. 12.

[280] Livermore, "The Success of Industrial Mergers", S. 88-89.

[281] Thorp, "The Persistence of the Merger Movement", S. 87.

Potential, durch Integration vor- und nachgelagerter Produktions- und Absatzstufen Materialbeschaffungs- und Vertriebsprobleme zu lösen und durch horizontale Zusammenschlüsse die Marketingaktivitäten effizienter zu gestalten.
Man hätte daher erwarten können, daß die Übernahmen der 20er Jahre zu großen Profiten bei den Übernahmegesellschaften und demzufolge bei den Aktionären zu hohen Renditen geführt hätten. Dies war jedoch nicht der Fall. Die Aktionäre der Übernahmegesellschaften konnten von den Zusammenschlüssen kaum profitieren. Zwar machten sie hohe Gewinne in Form von Kurssteigerungen in den Jahren vor der Übernahme, mußten dann aber nach den Zusammenschlüssen negative Renditen hinnehmen[282].

3. Die Übernahmewelle der 50er und 60er Jahre: Die Bildung von Konglomeraten

Während der gesamten Jahre der Weltwirtschaftskrise und auch in der Zeit bis zum Ende des Zweiten Weltkrieges spielten Unternehmensübernahmen im wirtschaftlichen Geschehen eine nur untergeordnete Rolle. In den beiden Nachkriegsjahren 1946 und 1947 kam es zu einem leichten, jedoch nur kurze Zeit währenden Anstieg der Übernahmeaktivität. Erst 1955 setzte ein stetiger, gradueller Anstieg der Übernahmetätigkeit ein, so daß man ab diesem Zeitpunkt wieder von einer Übernahmewelle sprechen kann. Diese Übernahmewelle dauerte bis 1969, hatte jedoch kein so abruptes Ende wie die beiden vorausgegangenen, sondern ebbte zu Beginn der 70er Jahre durch einen kontinuierlichen Rückgang der Übernahmetätigkeit ab. Wie schon ihre beiden Vorgängerinnen, fand auch diese Übernahmewelle in einem Umfeld langanhaltenden wirtschaftlichen Aufschwungs statt, der die Kurse an der Börse beflügelte[283]. Dominierende Form dieser dritten Übernahmewelle war die Akquisition. Fusionen spielten nur noch eine sehr untergeordnete Rolle. Im Unterschied zu den Übernahmen der 20er Jahre wurden aber weniger vor- oder nachgelagerte Produktionsstufen integriert; vielmehr wurde branchenübergreifend akquiriert, und es kam zu konglomeraten Unternehmenszusammenschlüssen[284].
Ausdruck dieser Diversifizierungsstrategie war nach außen hin die Veränderung des Unternehmensnamens. So wurde aus der U.S. Rubber Company die Uniroyal, aus der American Brake Shoe Company die Abex Corporation, und die Pressed Steel Car Company nahm sogar den allumfassenden Namen U.S. Industries an. Aus dieser Übernahmewelle gingen Unternehmen wie Textron, LTV Industries oder IT&T hervor. Textron bestand Ende der 60er Jahre aus 28 völlig verschiedenen Unternehmen, die von Füllfederhaltern über Sonnenbrillen bis hin zu Helikoptern eine Vielzahl von Produkten herstellten. Die ursprünglich als Telefongesellschaft bekannte IT&T hatte neben dem anfänglichen Kerngeschäft noch ein ganzes Sortiment von Unternehmen, das von Finanz- und Lebensversicherungsgesellschaften über eine Autover-

---

[282] Borg, Rody J.; Borg, Mary O. und John D. Leeth, "The Success of Mergers in the 1920s", International Journal of Industrial Organization, vol. 7, 1989, S. 125-129.
[283] Reid, Mergers, Managers, and the Economy, S. 102-106.
[284] Steiner, Mergers, S. 2.

mietung bis zur Hochofenfabrikation reichte[285]. Reynolds Tobacco, ein Name, den man bis dahin nur mit Zigaretten in Verbindung brachte, diversifizierte in die Lebensmittelbranche[286]. Bisher bestandene Verbindungen von Firmennamen mit bestimmten Produkten verschwanden zusehends.

Die Gründe für den Wechsel von horizontalen und vertikalen Zusammenschlüssen zu konglomeraten Akquisitionen waren verschiedener Natur. Die horizontalen und vertikalen Übernahmen früherer Jahrzehnte hatten nicht zum gewünschten Ergebnis geführt[287]. Auch schränkte das regulatorische Umfeld horizontale Fusionen wie auch vertikale Zusammenschlüsse stark ein. Die 50er und 60er Jahre waren durch eine restriktive, sich auf vertikale und horizontale Zusammenschlüsse konzentrierende Fusionskontrolle geprägt[288]. Hinzu kam, daß sich inzwischen die Portfoliotheorie entwickelt und verbreitet hatte, und Manager versuchten, mittels Diversifikationen das Geschäftsrisiko zu verringern[289]. Dazu wurden branchenfremde Unternehmen akquiriert, wie auch Firmen, deren Produkte sich in einer anderen Phase des Produktlebenszyklus befanden, um so durch eine diversifizierte und antizyklische Produkt- und Unternehmenspalette die Firmenkontinuität zu wahren und den Ertragsstrom zu stabilisieren[290].

Initiatoren der Übernahmen waren diesmal daher auch weniger außenstehende Personengruppen, sondern vielmehr die Führungskräfte der Unternehmen selbst. In den Vordergrund gestellt wurde die Erzielung von Synergieeffekten[291], die jedoch nicht in der Produktion, sondern im Verwaltungs- und Finanzbereich angestrebt wurden. Zentrale Abrechnungs- und Berichtssysteme sowie ein zentrales Finanzmanagement sollten die Ertragslage verbessern. Es wurde beabsichtigt, Geld von sogenannten *cash cows* abzuziehen und denjenigen Unternehmen im Konzern zu überlassen, die für ihr Wachstum Finanzmittel benötigten[292]. In der Annahme, daß Manager bessere Investitionsentscheidungen treffen als die Aktionäre, wurde die Ressourcenverteilung zwischen den Unternehmen der Kontrolle der Kapitalmärkte entzogen und die Kapitalallokation wieder in die Hände von Konzernmanagern gelegt[293].

---

[285] So gehörte zu IT&T beispielsweise die Autovermietung Avis Rent a Car, die Hotelgruppe Sheraton und die Versicherungsgesellschaft Hartford Life Insurance. Brooks, John, The Go-Go Years, New York, 1973, S. 178-179; Hoffman, Paul, The Dealmakers, New York, 1984, S. 98-99. Textron umfaßte so unterschiedliche Firmen wie die Cleveland Pneumatic Tool Co., ein im Flugzeugbau tätiges Unternehmen, die Immobiliengesellschaft Pathé-Industries Inc. und die im Textilbereich tätige Firma American Woolen Corp. Sobel, Robert, The Money Manias, New York, 1973, S. 314-315.

[286] Reid, Mergers, Managers, and the Economy, S. 76-77.

[287] Nelson, Merger Movements in American Industry 1895 - 1956, S. 96-99; Dewing, "A Statistical Test of the Success of Consolidations", S. 90-97; Borg et al., "The Success of Mergers in the 1920s", S. 119-130.

[288] Graglia, Lino A., "One Hundred Years of Antitrust", The Public Interest, vol. 104, no. 2, 1991, S. 62-63; Hale, G. E., "The Case of Coal: Should All Horizontal Mergers Be Held Illegal?", The Journal of Law and Economics, vol. 13, no. 2, 1970, S. 421; Neale, The Antitrust Laws of the United States of America, S. 182ff.; Steiner, Mergers, S. 15-16.

[289] Cooke, Mergers and Acquisitions, S. 19-20. Zur Portfoliotheorie s. Lorie, James H.; Dodd, Peter und Mary Hamilton Kimpton, The Stock Market: Theories and Evidence, Homewood, 1985, S. 108ff.

[290] Huemer, Mergers & Acquisitions, S. 102-103.

[291] Smith, Roy C., "After the Ball", The Wilson Quarterly, vol. 16, no. 4, 1992, S. 37; Adams, Walter und James W. Brock, "1980s Gigantomania Follies", Challenge, vol. 35, no. 2, 1992, S. 6.

[292] Farrell, Christopher, "Learning to Live with Leverage", International Business Week, 7. November 1988, S. 48.

[293] Reid, Mergers, Managers, and the Economy, S. 89.

Hinsichtlich der Auswirkungen dieser dritten Übernahmewelle auf die Marktstruktur läßt sich zweierlei feststellen. Die Makrokonzentration ist in dieser Zeit angestiegen, jedoch hat sich die Konzentration innerhalb der einzelnen Branchen nur unwesentlich verändert[294]. Betrachtet man die Effekte der Übernahmewelle auf einzelne Unternehmen, so zeigt sich, daß die angestrebten Synergieeffekte nicht verwirklicht werden konnten. Die Diversifizierungsstrategie hatte zu Konglomeraten geführt, deren einzelne Unternehmensbereiche in keinem Zusammenhang mehr standen und deren Managementaufgaben zu vielfältig waren, als daß man sie auf wenige Personen hätte vereinigen können. Im Management der Muttergesellschaft gab es Wissenslücken darüber, wie man die spezifischen Probleme der neuen Einheiten angeht[295]. Die dem Kauf folgenden Integrationsprobleme wurden unterschätzt, und in den komplexen Organisationsstrukturen kam es zu häufig vor, daß einzelnen Geschäftsbereichen von der Konzernleitung nicht die nötige Aufmerksamkeit geschenkt wurde[296]. Dies führte zu geringen Profiten, in vielen Fällen auch zu negativen Betriebsergebnissen der entsprechenden Geschäftseinheiten. Deswegen gingen die Konzerne schon sehr bald dazu über, die erworbenen Geschäftseinheiten wieder abzustoßen[297]. Somit wurde mit der Übernahmewelle der 50er und 60er Jahre bereits der Grundstein für die Übernahmen, vor allem die *leveraged buyouts*, der 80er Jahre gelegt.

---

[294] Mueller, Dennis C., "The Effects of Conglomerate Mergers", Journal of Banking and Finance, vol. 1, 1977, S. 336-339; Shepherd, William G., "Trends of Concentration in American Manufacturing Industries, 1947-1958", The Review of Economics and Statistics, vol. 46, no. 2, 1964, S. 202-203.

[295] Scherer, F. M., "Corporate Takeovers: The Efficiency Arguments", Journal of Economic Perspectives, vol. 2, no. 1, 1988, S. 76-77.

[296] Smith, "After the Ball", S. 37.

[297] Scherer, "Corporate Takeovers: The Efficiency Arguments", S. 76.

2. Kapitel: Charakterisierung des Marktes für Unternehmensübernahmen in den USA

Nachdem die dritte Übernahmewelle in den Jahren 1968 und 1969 ihren Höchststand erreicht hatte, setzte ein Rückgang der Übernahmeaktivität ein, der sich zahlenmäßig während der gesamten 70er Jahre fortsetzte und im Jahr 1980 auf dem niedrigsten Niveau angelangt war. Gemessen am Kaufpreisvolumen, wurde der Tiefststand bereits im Jahr 1975 erreicht (Siehe Abbildung 2, Seite 57). In den 70er Jahren stellte sich zunehmend heraus, daß die Übernahmen der 50er und 60er Jahre nicht besonders erfolgreich waren. In einer Branche erworbene und erfolgreich angewandte Führungsqualitäten ließen sich nicht ohne weiteres auf Unternehmen aus anderen Wirtschaftszweigen übertragen. Die ursprünglich prognostizierten Synergieeffekte traten nicht im erhofften Maße ein, und viele der Akquisitionen waren nicht annähernd so rentierlich, wie man es erwartet hatte[1]. Jedoch war es inzwischen weitaus schwieriger geworden, erworbene Unternehmen wieder zu veräußern. Jeder Verkauf eines Unternehmens oder Unternehmensbereiches bedurfte einer Firma, die zum Kauf bereit war, und solche waren ab Beginn der 70er Jahre zunehmend schwieriger zu finden. Hinzu kam in den 70er Jahren eine steigende Inflationsrate[2], die die Planung und Finanzierung von Unternehmenskäufen zusätzlich erschwerte.

So gab es im Jahre 1980 noch viele diversifizierte Unternehmen, die mit Produktivitäts- und Rentabilitätsproblemen zu kämpfen hatten. An den Börsen wurden die Diversifizierungsbestrebungen der 60er Jahre als Fehler betrachtet und die Aktien konglomerater Unternehmen mit einem *conglomerate discount* gehandelt[3]. Diese Tatsache, ein expansives wirtschaftliches

---

[1] So untersuchten beispielsweise David J. Ravenscraft und F. M. Scherer die Rentabilität von Zielgesellschaften vor und nach der Übernahme. Sie zeigen, daß bei zwischen 1955 und 1977 übernommenen und vor der Akquisition sehr profitabel arbeitenden Firmen die Rentabilität nach der Übernahme zurückging, ein Ergebnis, das sich auch im Vergleich zu einer Kontrollgruppe, bestehend aus unabhängig gebliebenen Unternehmen, bestätigte. Eine Ausnahme stellten lediglich Fusionen von etwa gleich großen Unternehmen dar. Ravenscraft, David J. und F. M. Scherer, "The Profitability of Mergers", <u>International Journal of Industrial Organization</u>, vol. 7, 1989, S. 103-115. In einer weiteren Untersuchung stellten die beiden Autoren fest, daß konglomerate Unternehmen zunächst sehr erfolgreich waren und ihre Aktionäre höhere Renditen erzielten als der Durchschnitt. Ab 1968 jedoch änderte sich dies drastisch. Konglomerate Unternehmen fielen hinter den Marktdurchschnitt zurück, und ihre Aktionäre mußten Verluste hinnehmen. Ravenscraft, David J. und F. M. Scherer, "Mergers and Managerial Performance", in: Coffee, John C.; Lowenstein, Louis und Susan Rose-Ackerman, Hrsg., <u>Knights, Raiders, and Targets</u>, New York, 1988, S. 207. Dennis C. Mueller untersuchte für die Jahre 1950 und 1972 die Wirkung von *takeovers* auf Marktanteile und kam zu dem Schluß, daß die Zielgesellschaften von sowohl horizontalen als auch konglomeraten Übernahmen nach dem *takeover* Marktanteile einbüßten. Mueller, Dennis C., "Mergers and Market Share", <u>The Review of Economics and Statistics</u>, vol. 67, no. 2, 1985, S. 259-264. Eine Untersuchung der Übernahmen der 60er Jahre in bezug auf das Unternehmenswachstum zeigte, daß Übernahmegesellschaften nach dem *takeover* sowohl im Hinblick auf den Umsatz als auf auch das Vermögen geringere Zuwachsraten aufwiesen als eine Kontrollgruppe nicht akquirierender Unternehmen. Das Ergebnis galt dabei für brancheninterne und branchenübergreifende Gegenüberstellungen gleichermaßen. Mueller, Dennis, Hrsg., <u>The Determinants and Effects of Mergers</u>, Cambridge, 1980, S. 288-291.

[2] Die Inflationsrate stieg ab 1972 stark an und erreichte Mitte der 70er Jahre zweistellige Prozentwerte. Nach einem Rückgang im Jahr 1976 kam es zu einem abermaligen Anstieg auf ein Niveau von 13 Prozent im Jahr 1980. Zur Entwicklung der Inflationsrate siehe Kapitel 3, Abschnitt I, Abbildung 5.

[3] Clark, Lindley H., "The Outlook", <u>The Wall Street Journal</u>, 14. Mai 1990, S. 1.

Klima, ein gelockertes regulatorisches und kartellrechtliches Umfeld sowie der Zugang zu neuen, nahezu unerschöpflichen Finanzierungsquellen ließen die 80er Jahre zu einer Dekade immenser Übernahmeaktivität werden, zu einem Jahrzehnt, das die Struktur der amerikanischen Unternehmenswelt drastisch veränderte. 143 der Unternehmen, die im Jahre 1983 noch Bestandteil der Fortune 500 Liste waren, tauchten im Jahr 1989 darin nicht mehr auf. Bei über 100 von ihnen lag die Ursache dafür in einem Zusammenschluß, einer Fusion oder einer *going private transaction*[4]. Insgesamt belief sich das Transaktionsvolumen von 1980 bis 1990 auf über 1,3 Billionen Dollar[5].

I. Die Entwicklung am Markt für Unternehmensübernahmen

1. Entwicklungsphasen

Man kann die Übernahmewelle der 80er Jahre in drei Phasen unterteilen. In den ersten Jahren, etwa bis zum Jahr 1983, kam es zu einem gemäßigten Anstieg der Übernahmeaktivitäten, sowohl hinsichtlich der Zahl der Übernahmen als auch in bezug auf das Transaktionsvolumen. Ab dem Jahr 1984 nahm die Übernahmebewegung, insbesondere im Hinblick auf das Transaktionsvolumen und den Umfang der einzelnen Abschlüsse, eine sehr dynamische Entwicklung an. Es kam zu den sogenannten *megadeals* und zu Unternehmenskäufen, die sich strukturell stark von denen der frühen 80er Jahre unterschieden. Dieser Entwicklung folgte im Jahr 1989 ein Einbruch am Markt für Unternehmensübernahmen, der zu einem anhaltenden Rückgang des Übernahmegeschäfts und zu einer abermals geänderten Struktur der verbliebenen Transaktionen führte.

---

[4] Drei Unternehmen - Uniroyal, Household Manufacturing und American Bakeries - wurden liquidiert, 23 verloren an Größe, und 16 veränderten ihr Geschäftsfeld so stark, daß sie nicht mehr aufgenommen wurden. Newport, John Paul, "A New Era of Rapid Rise and Ruin", Fortune International, vol. 119, no. 9, 24. April 1989, S. 55-57.

[5] Oneal, Michael; Bremner, Brian; Levine, Jonathan B.; Vogel, Todd; Schiller, Zachary und David Woodruff, "The Best and Worst Deals of the 1980s", International Business Week, 15. Januar 1990, S. 40.

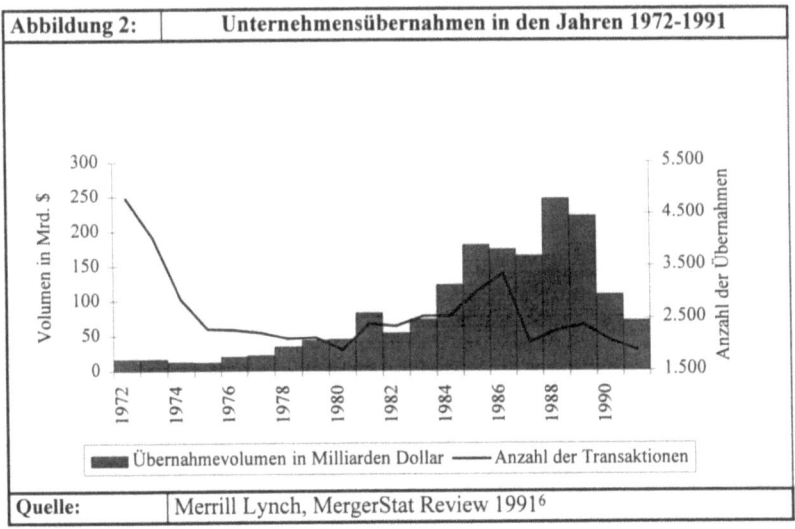

Abbildung 2:	Unternehmensübernahmen in den Jahren 1972-1991
Quelle:	Merrill Lynch, MergerStat Review 1991[6]

A. Die Übernahmen der Jahre 1980 bis 1983

In bezug auf die Zahl der Übernahmetransaktionen stellte das Jahr 1980 die Talsohle dar. Allerdings begann bereits im vierten Quartal dieses Jahres die Übernahmeaktivität anzusteigen und signalisierte mit 535 bekanntgegebenen Transaktionen - dem höchsten Wert in sieben Quartalen - einen deutlichen Aufwärtstrend. Begünstigt wurde diese Aufwärtsbewegung durch einen Rückgang der Zinsen in der zweiten Jahreshälfte[7]. Dieser Trend setzte sich während des gesamten Jahres 1981, in dem es sowohl zahlenmäßig als auch hinsichtlich des Transaktionsvolumens zu einem deutlichen Anstieg der Übernahmeaktivität kam, fort[8]. Dabei begannen auch die gezahlten Preise im Verhältnis zu den Gewinnen der Zielunternehmen kontinu-

---

[6] Merrill Lynch, Business Brokerage and Valuation, Hrsg., MergerStat Review 1991, Schaumburg, o. J., S. 1. MergerStat Review 1991 verzeichnet alle öffentlich bekanntgegebenen Transaktionen, die zu einem mindestens 10%igen Wechsel in der Eigentümerstruktur führen und deren Volumen mindestens eine Million Dollar beträgt. Die Statistik enthält alle Transaktionen, bei denen entweder Zielgesellschaft oder Käufer ein amerikanisches Unternehmen sind. Die Transaktionen werden in dem Jahr der Bekanntgabe, nicht des Abschlusses, erfaßt. Stornierte Transaktionen werden mit der Gesamtzahl der Bekanntgaben verrechnet. Da andere Statistiken, zum Beispiel die M&A (Mergers and Aquisitions) Database der Securities Data Co., Transaktionen im Zeitpunkt des endgültigen Abschlusses erfassen oder andere Mindestwerte zugrunde legen, können die Statistiken der Übernahmetätigkeit voneinander abweichen.

[7] O. V., "Announced Mergers and Acquisitions Fell 11% in '80, Report Says", The Wall Street Journal, 14. Januar 1981, S. 33.

[8] O. V., "Mergers Climbed 27%, Price Rose Nearly 20% In 1981, Survey Finds", The Wall Street Journal, 13. Januar 1982, S. 3.

ierlich zu steigen[9]. Nachdem zu Beginn des Jahres 1982 die Zahl der Übernahmen zwar weiter angestiegen[10], wertmäßig aber bereits ein Rückgang eingetreten war[11], kam es im dritten Quartal dieses Jahres auch zu einem zahlenmäßigen Einbruch, der bis in das Jahr 1983 hinein andauerte[12]. Diese Entwicklung wurde während des Jahres 1982 dem rezessiven Wirtschaftsklima und dem hohen Zinsniveau[13] und zu Beginn des Jahres 1983 den inzwischen gestiegenen Kursen am Aktienmarkt, die die Suche nach unterbewerteten Zielgesellschaften erschwerten, zugeschrieben. Schon im zweiten und dritten Quartal des Jahres 1983 belebte sich das Übernahmegeschäft jedoch wieder[14], und es setzte ein zahlen- und wertmäßiger Anstieg ein[15], der sich bis in das Jahr 1986 hinein fast ununterbrochen fortsetzen sollte.

Der Schwerpunkt des Übernahmegeschäfts lag zu Beginn der 80er Jahre im Bereich des Rohstoffsektors, und hier insbesondere in der Ölbranche[16]. Zwar gab es hier zahlenmäßig nur relativ wenige Transaktionen, ihr Volumen indes trat deutlich vor das anderer Branchen hervor[17]. Die Ölgesellschaften hatten während der 70er Jahre aufgrund der eskalierenden Ölpreise und ihrer damit verbundenen guten Gewinnlage hohe Reserven an liquiden Mitteln aufgebaut, denen allerdings nur eine beschränkte Anzahl attraktiver Reinvestitionsmöglichkeiten gegenüberstand[18]. Sie versuchten, sich durch Käufe innerhalb der Branche zusätzliche

---

[9] O. V., "Announced Mergers Jumped 46% to 599 During First Period", The Wall Street Journal, 15. April 1981, S. 22; o. V., "Mergers Multiplied in Second Quarter, Two Surveys Find", The Wall Street Journal, 15. Juli 1981, S. 38; o. V., "Merger Pace Showed Another Sharp Rise In the Third Quarter", The Wall Street Journal, 21. Oktober 1981, S. 10.

[10] Metz, Tim, "Another Wave of Takeovers Seems Likely, Prompted by Bendix Deal, Declining Rates", The Wall Street Journal, 5. Oktober 1982, S. 37.

[11] Metz, Tim, "Merger Mania Slows With the Economy As Buyers Seek a Toehold and then Wait", The Wall Street Journal, 7. Mai 1982, S. 29.

[12] O. V., "Takeovers, Divestitures Fell in 3rd Quarter, 1,9% for the 9 Month", The Wall Street Journal, 26. Oktober 1982, S. 18; o. V., "First Quarter Merger Activity Posted Drops For 3rd Period in Row", The Wall Street Journal, 24. Mai 1983, S. 12.

[13] Metz, "Merger Mania Slows With the Economy As Buyers Seek a Toehold and then Wait", S. 29.

[14] Insgesamt lag das Übernahmevolumen des Jahres 1983 trotz des Einbruchs zu Jahresbeginn sowohl zahlen- als auch wertmäßig über dem des Vorjahres. O. V., "Number of Mergers In 2nd Period Returned to '82 Level, Study Says", The Wall Street Journal, 2. August 1983, S. 14; o. V., "Mergers and Acquisition Rose 18% in 3rd Quarter", The Wall Street Journal, 25. Oktober 1983, S. 57.

[15] O. V., "Corporate Mergers Rose 8% Last Year to 2.533, The Most Since 1974", The Wall Street Journal, 13. Januar 1984, S. 46.

[16] Blustein, Paul und Steve Mufson, "Analysts Expect More Mergers Among Oil Companies", The Wall Street Journal, 7. August 1981, S. 21; Wiener, Daniel P., "U.S. Deals of the Year", Fortune International, vol. 109, no. 2, 23. Januar 1984, S. 54.

[17] In der Ölbranche kam es zu den ersten *megadeals*, das heißt Transaktionen mit einem Volumen von mehr als einer Milliarde Dollar. So erwarb DuPont im Jahr 1981 Conoco für $7,2 Milliarden, und Occidental Petroleum übernahm Cities Service für $4 Milliarden im Jahr 1982. Texaco erwarb Getty Oil im Jahr 1984 für $10,1 Milliarden, und im gleichen Jahr kaufte Standard Oil of California für $13,2 Milliarden Gulf Oil. Beazley, Ernest und Doron P. Levin, "Tempting Target: Gulf's Failure to Take Bold Defense Steps Set It Up for Takeover", The Wall Street Journal, 7. März 1984, S. 1 und 22; Meadows, Edward, "Deals of the Year", Fortune, vol. 105, no. 2, 25. Januar 1982, S. 38; o. V., "Why Texaco values Getty at $10 Billion", International Business Week, 23. Januar 1984, S. 18-20; o. V., "Why Gulf lost its fight for life", International Business Week, 19. März 1984, S. 70-74.

[18] Attraktive Reinvestitionsmöglichkeiten fehlten, da branchenintere Übernahmen aufgrund einer restriktiven *Antitrust*-Politik nur in sehr begrenztem Umfange möglich waren. Lediglich branchenübergreifende Akqui-

Ölreserven zu sichern[19] und darüber hinaus in angrenzende Bereiche des Rohstoffsektors, wie etwa in den des Bergbaus[20], zu differenzieren[21]. Auch in der Stahlbranche gab es Konsolidierungs- und Diversifizierungsbestrebungen, vor allem bei den großen Konzernen der Branche. Diesen vorausgegangen war ein sinkender Marktanteil der inländischen Produzenten zugunsten der mit niedrigen Kosten arbeitenden ausländischen Hersteller[22] und zunehmende Konkurrenz von kleineren, moderner ausgestatteten, effizienter arbeitenden Stahlwerken. Es kam einerseits zu einer Expansion in den Bereich der Ölindustrie, während andererseits angestrebt wurde, durch Zusammenschlüsse innerhalb der Branche die Kosten zu verringern, das nötige Investitionsvolumen zu reduzieren und die Ertragslage zu verbessern[23]. Da brancheninterne Fusionen zu Einwänden der Kartellbehörden führten[24], wurden sie durch strategische

---

sitionen waren zulässig, jedoch erwiesen sich Diversifizierungsprogramme in andere Industriezweige als nur wenig erfolgreich und wurden deswegen bald wieder eingestellt. Jensen, "Agency Costs of Free Cash Flow, Corporate Finance, and Takeovers", S. 326-327. Siehe dazu auch die Ausführungen in Kapitel 3, Abschnitt II.3.

[19] Im Jahr 1983 hatten die 20 größten Ölunternehmen der USA nur 60 Prozent soviel Erdöl in heimischen Gebieten gefunden, als von ihnen gefördert worden war. Hinzu kamen ständig steigende Kosten bei der Suche nach neuen Ölvorräten, so daß viele Gesellschaften es vorzogen, Ölreserven zu kaufen, als nach neuen Ölquellen zu suchen. Die Verfügungsgewalt über inländische Ölquellen wurde von amerikanischen Gesellschaften dabei dem Erwerb oder der Beteiligung an ausländischen Ölfeldern beziehungsweise dem Import von Rohöl, aufgrund der mit letzteren verbundenen Risiken und höheren Kosten und der Abhängigkeit vom Förderland, vorgezogen. Beazley, "Tempting Target", S. 1; Keller, George M., "Chevron and Gulf: The Biggest Merger - How it happened", Financial Executive, vol. 1, no. 5, 1985, S. 34-35; o. V., "Why Gulf lost its fight for life", S. 71; o. V., "How the Saudis are Fueling big Oil Mergers", International Business Week, 26. März 1984, S. 18; Schneider, Franz, "Arco und Mobil auf Freiersfüssen", Finanz und Wirtschaft, Jg. 57, Nr. 20, 10. März 1984, S. 17; Steinbreder, H. John, "Deals of the Year", Fortune International, vol. 111, no. 2, 21. Januar 1985, S. 96.

[20] Die Aktien der Bergbau-Unternehmen waren zu Beginn der 80er Jahre tief gefallen. Ursachen dafür waren der Preisverfall in den späten 70er Jahren, die Enteignung von ausländischen Minen und kostspielige Investitionen aufgrund notwendiger Maßnahmen gegen Umweltverschmutzung. Wegen der stark gesunkenen Kurse konnten die Ölgesellschaften bis zum Zweieinhalbfachen der Kurse der Zielgesellschaften zahlen und bestehende Minen immer noch zu einem Preis erwerben, der unter dem des Neuaufbaus einer Mine lag. Shad, Maria, "Are Takeovers Good for Mining", The Wall Street Journal, 13. Mai 1981, S. 26.

[21] Metz, Tim und Bill Paul, "High Borrowing Cost Fail to Stem Interest in Takeover Activity", The Wall Street Journal, 8. Juli 1981, S. 1; o. V., "Mines Over Matter", The Wall Street Journal, 17. März 1981, S. 32.

[22] Der Marktanteil ausländischer Stahlproduzenten war in einem insgesamt schrumpfenden Markt von 15,2 Prozent im Jahr 1979 auf 20,5 Prozent im Jahr 1983 angewachsen. O. V., "For Steelmakers, No Merger May Mean More Bankruptcies", International Business Week, 5. März 1984, S. 58-59.

[23] O. V., "How the new merger boom will benefit the economy", International Business Week, 6. Februar 1984, S. 34-37.

[24] Die Fusion der beiden Stahlkonzerne LTV und Republic Steel im Jahre 1984 stieß bei den *Antitrust*-Behörden auf erheblichen Widerstand. Obwohl dieser Zusammenschluß schließlich durchgeführt werden konnte, ließen andere Stahlkonzerne - so zum Beispiel U.S. Steel und National Steel - ihre Fusionspläne fallen. Zusammenschlüsse in der Ölindustrie hingegen wurden von den Kartellbehörden kaum beanstandet. Als Grund für diese unterschiedliche Behandlung der Fusionierungsbestrebungen wurde von den Behörden angeführt, daß der Wettbewerb in der Ölindustrie wesentlich intensiver sei und sich stärker auf den internationalen Märkten abspiele. Taylor, Robert E., "Justice Agency Opposes Republic Steel - LTV Merger; Industry Consolidation Strategy Is Dealt Major Blow", The Wall Street Journal, 16. Februar 1984, S. 3; Taylor, Robert E., "Trust Chief Drops Opposition", The Wall Street Journal, 22. März 1984, S. 33 und 53; o. V., "A Stunning Blow to Steel's Restructuring", International Business Week, 27. Februar 1984, S. 47; O'Boyle, Thomas F. und Robert E. Taylor, "U. S. Steel Corp., National Cancel Plan to Merge", The Wall Street Journal, 12. März 1984, S. 2; o. V., "There Could Still be Life in Steel Mergers", International Busi-

Allianzen und *joint ventures* ersetzt[25]. Daneben gab es noch zahlreiche Übernahmen in der Hard- und Softwarebranche, die aufgrund der geringen Größe der Zielgesellschaften weit weniger spektakulär waren als die Fusionen und Übernahmen auf dem Rohstoffsektor[26]. Auch im Bereich der Finanzdienstleistungen und des Versicherungswesens fanden Anfang der 80er Jahre bereits Übernahmen statt[27].

B. Die Übernahmen der Jahre 1984 bis 1988

In den Jahren 1984 und 1985 stieg die Übernahmetätigkeit sowohl zahlenmäßig als auch in bezug auf das Transaktionsvolumen rapide an[28]. Zahlenmäßig wurde der Höhepunkt der Übernahmewelle dann im Jahr 1986 erreicht, doch fiel das Transaktionsvolumen dieses und des folgenden Jahres leicht hinter den Wert des Jahres 1985 zurück.
Die hohe Zahl der Übernahmen im Jahr 1986 ging auf die rege Übernahmetätigkeit im dritten und vierten Quartal zurück[29], deren Ursache wiederum in einer Änderung des Steuerrechts, wirksam zum 1. Januar 1987, lag[30]. Durch diese Steueränderung wurden Gewinne aus Übernahmen einem höheren Steuersatz unterworfen und, bedingt durch den Wegfall verschiedener Vergünstigungen, die Kosten von *takeovers* erhöht. Nachdem daraufhin das Übernahmevolu-

---

ness Week, 26. März 1984, S. 22-23; o. V., "Mergers: Behind the 'Yes' for Oil and the 'No' for Steel", International Business Week, 26. März 1984, S. 8; o. V., "Business Bulletin", The Wall Street Journal, 6. August 1981, S. 1.

[25] Scheuerman, William E., "Joint Ventures in the U. S. Steel Industry", The American Journal of Economics and Sociology, vol. 49, no. 4, 1990, S. 417-429.

[26] So übernahm beispielsweise die Planning Research Corp., ein sowohl im Bereich der Hardware- als auch in der Softwareentwicklung tätiges Unternehmen, im Juni 1983 den Computerhersteller Sterling Systems Inc., und die International Business Machines Corp. beteiligte sich an der Firma Intel Corp., einem Produzenten von Mikroprozessoren für Computeranlagen. O. V., "Planning Research Says It Agreed To Acquire Sterling Systems Inc.", The Wall Street Journal, 23. Juni 1983, S. 6; o. V., "How the new merger boom will benefit the economy", S. 35-36; Cohen, Laurie P., "Failed Marriages", The Wall Street Journal, 10. September 1984, S. 1 und 8; o. V., "Business Bulletin", The Wall Street Journal, 14. März 1985, S. 1.

[27] In der Versicherungsbranche übernahm im Jahr 1981 die Prudential Insurance Co. die Bache Group, und im Bereich der Finanzdienstleistungen fusionierten die American Express Co. und das Investmenthaus Shearson Loeb Rhoades Inc.. Eine rege Akquisitionstätigkeit verfolgte das Bankhaus Citicorp, das zu Beginn der 80er Jahre landesweit kleine lokale Banken übernahm. O. V., "How the new merger boom will benefit the economy", S. 36; Rustin, Richard E., "Wall Street Mergers May Basically Change U. S. Financial System", The Wall Street Journal, 22. April 1981, S. 1 und S. 27.

[28] Metz, Tim und John D. Williams, "Debate Over Mergers Intensifies Amid Record Surge of Transactions", The Wall Street Journal, 2. Januar 1985, S. 6B; o. V., "Mergers' Value Grew 47% In 1985 Consultant Says", The Wall Street Journal, 17. März 1986, S. 11.

[29] O. V., "Corporate Mergers Climbed 12% for 1986, Grimm Says", The Wall Street Journal, 12. Februar 1987, S. 15; Wiener, Daniel P., "Deals of the Year", Fortune International, vol. 115, no. 3, 2. Februar 1987, S. 56.

[30] Hertzberg, Daniel und Michael W. Milles, "Merger Wave Hits Wall Street as Firms Rush to Beat Year-End Tax Changes", The Wall Street Journal, 31. Oktober 1986, S. 15; o. V., "Business Bulletin", The Wall Street Journal, 25. September 1986, S. 1; o. V., "Corporate Mergers Climbed 12% for 1986, Grimm Says", The Wall Street Journal, 12. Februar 1987, S. 15.

men zu Beginn des Jahres 1987 erwartungsgemäß stark zurückgegangen war[31], stieg es schon nach wenigen Monaten und dann vor allem im dritten Quartal des Jahres insbesondere wertmäßig wieder an[32], wenn auch insgesamt gesehen die Vorjahreswerte nicht wieder erreicht werden konnten.
Der Anstieg der Übernahmetätigkeit in den Jahren 1984 bis 1987 - mit einer kurzen Unterbrechung zu Beginn des Jahres 1987 - ging einher mit einer deutlichen Steigerung der Kurse am Aktienmarkt; das heißt, es wurden zunehmend mehr Unternehmenskäufe getätigt, obwohl die zu zahlenden Preise laufend stiegen. Ursächlich dafür war die günstige Finanzierung aufgrund der gesunkenen Zinsen[33] und das Aufkommen neuer Finanzierungsquellen. Dabei bedingten sich Übernahmewelle und Kursanstieg am Aktienmarkt gegenseitig. Einerseits wurde durch *leveraged buyouts* und *going private transactions* das umlaufende Aktienkapital verringert[34], andererseits stieg die Nachfrage nach Aktien in den Branchen, in denen Übernahmen stattfanden oder vermutet wurden, beständig an. Nachdem bereits in den beiden zurückliegenden Jahren vergeblich versucht worden war, mittels zahlreicher, doch stets gescheiterter Gesetzesinitiativen die Übernahmewelle einzudämmen[35], wurde im Oktober 1987 erneut ein Vorstoß unternommen, durch einschneidende Steueränderungen der Übernahmebewegung Einhalt zu gebieten[36]. Diese Gesetzesinitiative, die eine Reduzierung der Zinsabzugsfähigkeit für

---

[31] Dobrzynski, Judith, H. und Joan Berger, "For Better or for Worse?", International Business Week, 12. Januar 1987, S. 30-32; Sandler, Linda, "Acquiring Firms Are Finding Various Reasons to Pay Handsomely for Their Targets in 1987", The Wall Street Journal, 17. März 1987, S. 69; o. V., "Acquisitions Declined 58% In 2nd Period, Grimm Says", The Wall Street Journal, 14. Juli 1987, S. 36.

[32] O. V., "Business Bulletin", The Wall Street Journal, 8. Oktober 1987, S. 1; o. V., "Total Acquisitions in the Third Quarter Fell 37%, Survey Finds", The Wall Street Journal, 15. Oktober 1987, S. 36.

[33] Sandler, "Acquiring Firms Are Finding Various Reasons to Pay Handsomely for Their Targets in 1987", S. 69; Sheeline, William E. "Deals of the Year", Fortune International, vol. 117, no. 3, 1. Februar 1988, S. 34.

[34] O. V., "Business Bulletin", The Wall Street Journal, 6. November 1986, S. 1.

[35] Im Jahre 1985 wurden insgesamt 42 Gesetzesvorlagen im Kongreß eingebracht, um feindliche Übernahmen zu erschweren, von denen jedoch keine zum Erlaß eines Gesetzes führte. Auch eine Richtlinie des *Federal Reserve Board* mit der gleichen Zielsetzung brachte nicht den gewünschten Erfolg. Williams, John D., "Merger and Acquisition Frenzy to Subside After Record Activity in 1985, Experts Say", The Wall Street Journal, 2. Januar 1986, S. 68; Langley, Monica und John D. Williams, "Fed Board Votes 3-2 to Restrict the Use of 'Junk' Bonds in Corporate Takeovers", The Wall Street Journal, 9. Januar 1986, S. 2; Hertzberg, Daniel and James B. Stewart, "Some Big Buyouts Encounter Trouble", The Wall Street Journal, 16. Januar 1986, S. 6. Zu Beginn des Jahres 1987 wurde vom demokratischen Senator William Proxmire ein Gesetzesvorschlag eingereicht, der die Veröffentlichungsvorschriften beim Aktienkauf verschärft und somit Zielgesellschaften einen besseren Schutz vor feindlichen Übernahmen gegeben hätte. Auch dieser Vorschlag konnte sich nicht durchsetzen. Cahan, Vicky, "... And Proxmire Takes Aim at Takeover Abuses", International Business Week, 20. April 1987, S. 39; Sussman, Edward, "White House Opposes Takeover Bills, Sprinkel Tells Senate Banking Panel", The Wall Street Journal, 24. Juni 1987, S. 12.

[36] Von der demokratischen Partei wurde im Oktober 1987 ein Gesetzesvorschlag eingebracht, um vor allem feindlichen Übernahmen Einhalt zu gebieten. Das *House Ways and Means Committee* befürwortete die Gesetzesvorlage am 15. Oktober 1987, das *Senate Finance Committee* stimmte ihr mit gewissen Einschränkungen ebenfalls zu, doch wurde sie im Kongreß nicht als Gesetz verabschiedet. Langley, Monica, "Tax Boosts Aimed at Wall Street, Rich Agreed to by Democrats on House Panel", The Wall Street Journal, 14. Oktober 1987, S. 3 und S. 20; Yardeni, Edward, "That M&A Tax Scare Rattling the Markets", The Wall Street Journal, 28. Oktober 1987, S. 32; Birnbaum, Jeffrey H. und John E. Yang, "Tax Writers Scuttle Provisions on Debt Used in Takeovers and Some Buy-Backs", The Wall Street Journal, 17. Dezember 1987, S. 3 und 12.

Verbindlichkeiten im Zusammenhang mit Übernahmen auf fünf Millionen Dollar begrenzt hätte, wurde schließlich zum Auslöser des Börsenkraches im Oktober 1987[37].

Übersicht 2:	Transaktionen mit einem Volumen von mehr als $1 Milliarde
Jahr	Anzahl
1982	6
1983	11
1984	18
1985	36
1986	27
1987	36
1988	45
1989	35
1990	21
1991	13
Quelle:	Merrill, Lynch, MergerStat Review 1991, S. 8.

Im Anschluß daran kam es am Markt für Unternehmensübernahmen vorübergehend zu einem starken Einbruch[38]. Geplante Transaktionen wurden zunächst zurückgestellt oder gänzlich storniert[39], während bei denen, die durchgeführt wurden, die Käufer versuchten, schon vereinbarte Preise noch zu drücken[40]. Für die Zukunft wurde ein gemäßigterer Verlauf der Übernahmetätigkeit angenommen. Da jedoch der Kursverfall am Aktienmarkt zu wieder günstigeren Preisen bei potentiellen Zielgesellschaften führte[41] und vor allem die LBO-Sponsoren noch über genügend Mittel in vorher bereits aufgelegten Fonds verfügten[42], sollte die Ruhe am Markt für Unternehmensübernahmen nicht von langer Dauer sein.

---

[37] Mitchell, Mark L. und Jeffry M. Netter, "Triggering the 1987 stock market crash: Antitakeover Provisions in the proposed House Ways and Means tax bill", Journal of Financial Economics, vol. 24, no. 1, 1989, S. 37ff; Smith, Randall; Swartz, Steve und George Anders, "Black Monday: What Really Ignited the Market's Collapse after its Long Climb", The Wall Street Journal, 16. Dezember 1987, S. 1 und 20.

[38] Swartz, Steve and Bryan Burrough, "The Aftermath: Crash Could Weaken Wall Streets Grip on Corporate America", The Wall Street Journal, 29. Dezember 1987, S. 1 und 12.

[39] So nahm unter anderem Carl Icahn sein Angebot an die Aktionäre, Trans World Airlines einer *going private transaction* zu unterziehen, zurück. Hierzu und zu weiteren stornierten Übernahmen s. o. V., "Stock Market's Crash Continues to Jolt Takeovers as More Deals are Canceled", The Wall Street Journal, 28. Oktober 1987, S. 3 und 18.

[40] Cohen, Laurie P., "Leveraged Buy-Outs Are Facing Downturn After Crash", The Wall Street Journal, 6. November 1987, S. 6.

[41] Swartz; Burrough, "The Aftermath", S. 1 und 12.

[42] So hatte Kohlberg, Kravis & Roberts kurz vor dem Börsenkrach einen Fond in Höhe von fünf Milliarden Dollar aufgelegt. Cohen, "Leveraged Buyouts Are Facing Downturn After Crash", S. 6; o. V., "Kohlberg Seeking to Raise $5 Billion to Fund Buyouts", The Wall Street Journal, 10. Juli 1987, S. 8.

Schon zu Beginn des Jahres 1988 begann die Übernahmetätigkeit erneut zuzunehmen[43]. Entgegen aller Erwartungen[44] und trotz eines volumenmäßig leichten Rückgangs im dritten Quartal[45] sollte 1988 zum Rekordjahr der Übernahmewelle werden[46]. Im April des Jahres kam es zum bis dahin größten *merger* außerhalb der Ölbranche, als der kanadische Unternehmer Robert Campeau für $6,6 Milliarden die Warenhauskette Federated Department Stores übernahm. Dieses Transaktionsvolumen wurde dann im Rahmen der feindlichen Übernahme des Nahrungsmittelkonzerns Kraft durch Philip Morris für $13,44 Milliarden mehr als verdoppelt. Allerdings stellte auch dieser Abschluß nur einen vorläufigen Höhepunkt dar und wurde durch den *leveraged buyout* des Nahrungsmittel- und Zigarettenkonzerns RJR Nabisco durch den LBO-Sponsor Kohlberg, Kravis & Roberts im Wert von $24,8 Milliarden weit übertroffen[47]. Ursächlich für die schnelle Erholung und den enormen Anstieg des Übernahmegeschäfts war die Tatsache, daß die notwendigen Finanzierungsquellen, insbesondere die hochverzinslichen Risikoanleihen, nach einem kurzen Versiegen in der ersten Zeit nach dem Börsenkrach im Jahr 1988 wieder voll zur Verfügung standen[48] und daß nun auch verstärkt ausländische Anleger, insbesondere aus Großbritannien, Kanada und Japan, aufgrund der relativ günstigen Kurse Interesse am Aufkauf amerikanischer Unternehmen zeigten[49].

Die Übernahmen der Jahre 1984 bis 1988 unterschieden sich in vielfacher Hinsicht von denen, die zu Beginn der Dekade getätigt wurden. Das Transaktionsvolumen der einzelnen Übernahmen stieg, und es wurden zunehmend mehr *megadeals* getätigt (Siehe Übersicht 2), das heißt Unternehmenskäufe oder *leveraged buyouts*, deren jeweiliger Wert eine Milliarde Dollar überstieg[50]. Trotz der steigenden Größe wurden die einzelnen Transaktionen immer schneller abgewickelt, so daß bei Übernahmen mit mehreren potentiellen Käufern den beteiligten Parteien mitunter kaum Zeit blieb, die Zielgesellschaft zu bewerten[51]. Die Aktionäre der

---

[43] Clark, Lindley H. und Alfred Malabre, "Borrowing Binge: Takeover Trend Helps Push Corporate Debt And Defaults Upward", The Wall Street Journal, 15. März 1988, S. 1 und S. 29; Dobrzynski, Judith H., "A New Strain of Merger Mania", International Business Week, 21. März 1988, S. 56-57.

[44] Zu Beginn des Jahres 1988 hatte sich zwar bereits wieder verhaltender Optimismus in bezug auf das Übernahmegeschäft gezeigt, jedoch war nicht erwartet worden, daß das Transaktionsvolumen das des Jahres 1987 erreichen würde. Lee, Elliott D., "Takeover Pace Is Seen Pitching Up in 1988", The Wall Street Journal, 4. Januar 1988, S. 8B.

[45] O. V., "Mergers' Pace Eased In 3rd Quarter, but Fall Being Reversed Now", The Wall Street Journal, 1. November 1988, S. C14; Smith, Randall und Linda Sandler, "Slowdown in Merger Accords Puzzles Some But Increase in Interest Rates Is One Factor", The Wall Street Journal, 12. September 1988, S. 41.

[46] Henkoff, Ronald, "Deals of the Year", Fortune International, vol. 119, no. 3, 30. Januar 1989, S. 96.

[47] Smith, Randall, "Merger Boom Defies Expectations", The Wall Street Journal, 3. Januar 1989, S. R8.

[48] Rudolph, Barbara, "Food Fights on Wall Street", Time, vol. 132, no. 44, 31. Oktober 1988, S. 46 und S. 57; Henkoff, "Deals of the Year", S. 96.

[49] Merrill Lynch, MergerStat Review 1991, S. 49-50. Die größte Transaktion des Jahres 1987 war dabei der Erwerb von 45 Prozent der Aktien der Standard Oil Co. durch die British Petroleum für $7,8 Milliarden. Scott, Carlee, "Merger Activity Fell 38% in 1987, W. T. Grimm Says", The Wall Street Journal, 9. Februar 1988, S. 32.

[50] Aufgrund dieser Tatsache ging das Transaktionsvolumen im Jahr 1987 kaum zurück, obwohl die Zahl der getätigten Übernahmen auf den geringsten Wert seit 1980 gefallen war. Scott, "Merger Activity Fell 38% in 1987, W. T. Grimm Says", S. 32.

[51] Kohlberg, Kravis & Roberts gab im Jahr 1985 ein Angebot für den Kauf des Nahrungsmittelkonzerns Beatrice Cos. ab und setzte dem Management eine sehr kurze Frist. Das Management von Beatrice Cos. verschickte daraufhin ein umfassendes Informationspaket an 100 weitere potentielle Bieter, mit dem Ziel, in

Zielgesellschaft erhielten den Kaufpreis häufiger in Form von Barzahlungen statt in Aktien der übernehmenden Gesellschaft[52]. Schließlich kam es auch dazu, daß kleine, relativ unbedeutende Firmen versuchten, bekannte große Unternehmen zu übernehmen[53]. Auch wurden mehr Transaktionen spekulativen Charakters durchgeführt, da aufgrund der gestiegenen Nachfrage Zielgesellschaften, die den Idealvorstellungen eines potentiellen Käufers entsprachen, immer rarer wurden[54].

Der Schwerpunkt der Übernahmewelle verlagerte sich in dieser zweiten Entwicklungsphase auf neue Branchen. Zwar setzte sich in der Computerbranche, und hier insbesondere im Bereich der Softwareentwicklung, die bereits 1983 begonnene Konsolidierungswelle fort[55], wobei die Käufer zunehmend aus anderen Industriezweigen kamen[56], doch dehnte sich die Übernahmebewegung auf andere, vorher nicht betroffene Branchen aus. Ab 1985 kam es zu einer wesentlichen, über mehrere Jahre anhaltenden Reorganisierungsphase im Bereich der

---

einem Auktionsverkauf den Preis zu erhöhen. Jedoch erhielten die meisten der Adressaten das Datenmaterial erst zwei Tage vor Ablauf der von Kohlberg, Kravis & Roberts gesetzten Frist und hatten somit zu wenig Zeit, die darin enthaltenen Firmenwerte zu analysieren und Finanzierungsmöglichkeiten zu prüfen. Beatrice Cos. wurde schließlich von Kohlberg, Kravis & Roberts mittels eines *leveraged buyout* für $6,2 Milliarden erworben. Hertzberg, Daniel und John D. Williams, "Beatrice Accepts Kohlberg Kravis's Sweetened Offer of $50 a Share, or $6,2 Billion to Take Firm Private", The Wall Street Journal, 15. November 1985, S. 2.

[52] O. V., "Mergers' Value Grew 47% In 1985, Consultant Says", S. 11.

[53] So gab beispielsweise das im Bereich der Filmproduktion tätige Unternehmen Lorimar im April 1984 ein Übernahmeangebot für die weitaus größere Firma Multimedia Inc. ab. Unterstützt wurde Lorimar dabei vom Investmenthaus Drexel Burnham Lambert. Das Management von Multimedia wies das Angebot zurück und begann, eigene Aktien zurückzukaufen und den Fremdkapitalanteil zu erhöhen. Lorimar zog daraufhin sein *tender offer* zurück. Ebenfalls im April 1984 gab die Hotelgruppe Golden Nugget Inc. ein Angebot zum Kauf der - gemessen am Umsatz fast doppelt so großen - Hotelkette Hilton ab. Das Management von Hilton stand dem Angebot ablehnend gegenüber. Es ergriff eine Reihe von Abwehrmaßnahmen und konnte die Übernahme letztendlich verhindern. Rowe, Jeff, "Lorimar Offers to Purchase Multimedia Inc", The Wall Street Journal, 11. April 1985, S. 5; Montgomery, Jim, "Multimedia Inc. Rejects Second Takeover Bid", The Wall Street Journal, 12. April 1985, S. 4; o. V., "Lorimar Cancels Its Offer To Buy Multimedia Inc.", The Wall Street Journal, 30. April 1985, S. 36; Johnson, Bill, "Golden Nugget Offers to Buy Stake in Hilton", The Wall Street Journal, 4. April 1985, S. 2; Johnson, Bill, "Golden Nugget Chairman Wynn Takes His Biggest Dice Roll in Bid for Hilton", The Wall Street Journal, 11. April 1985, S. 38; Johnson, Bill, "Hilton to Sell Hotel-Casino to Developer", The Wall Street Journal, 29. April 1985, S. 2; o. V., "Business Briefs", The Wall Street Journal, 29. Oktober 1985, S. 43.

[54] Kelley, David und Jeff Scott, "Gekko Echo", Reason, vol. 24, no. 9, Februar 1993, S. 34. Transaktionen spekulativen Charakters betrafen vor allem *leveraged buyouts*. Im Jahr 1987 wurde beispielsweise die in der sehr konjunkturabhängigen Baubranche angesiedelte Jim Walter Corp. einem *leveraged buyout* unterzogen. Auch die Tracor Inc., ein Unternehmen der als unsicher und wenig vorhersehbar geltenden Rüstungsindustrie, entsprach nicht den Idealvorstellungen eines *leveraged buyout*-Kandidaten, als es im gleichen Jahr eine solche Transaktion durchführte. Spragins, Ellyn E.; Oneal, Michael; Phillips, Stephen und Wendy Zellner, "When Power Investors Call the Shots", International Business Week, 20. Juni 1988, S. 52; Farrell, Christopher; Schiller, Zachary; Zellner, Wendy; Hof, Robert und Michael Schröder, "LBOs: The Stars, the Strugglers, the Flops", International Business Week, 15. Januar 1990, S. 47-48.

[55] Allein im Jahr 1985 verschwanden 200 Softwarefirmen durch Fusionen oder Akquisitionen vom Markt, im Jahr 1986 stieg diese Zahl auf 305 Unternehmen und im Jahr 1987 auf 358. O. V., "Software Mergers and Acquisitions Hit Highs in 1985", The Wall Street Journal, 23. Januar 1986, S. 1; o. V., "Business Bulletin", The Wall Street Journal, 29. Januar 1987, S. 1; o. V., "Mergers, Acquisitions Rose In 1987 in Computer Sector", The Wall Street Journal, 22. Januar 1988, S. 38.

[56] O. V., "Business Bulletin", The Wall Street Journal, 4. August 1988, S. 1.

Nahrungsmittelindustrie[57], die im Jahr 1988 ihren Höhepunkt erreichte[58] und vor allem durch die Größe der einzelnen Transaktionen und durch die Tatsache, daß einzelne Firmen kurz hintereinander verschiedene Restrukturierungen erfuhren, Aufsehen erregte. Käufer waren hier häufig Firmen aus der Tabakindustrie, die in den Nahrungsmittelbereich diversifizierten, um ihre Aktienkurse nach oben zu treiben und ihre Abhängigkeit von einem schrumpfenden amerikanischen Zigarettenmarkt zu verringern[59]. So übernahm im Jahr 1985 Philip Morris die General Food Corp. für $5,7 Milliarden, und R. J. Reynolds Industries erwarb Nabisco Branch Inc. für $4,9 Milliarden[60]. Branchenintern fusionierten Beatrice Cos. und Esmark im Jahr 1984, und Nestle erwarb Carnation Co.[61]. Dem folgten schließlich die oben schon erwähnten *leveraged buyouts* von Beatrice Cos. und RJR Nabisco und die Übernahmen von Kraft durch Philip Morris.

Neben der Nahrungsmittelbranche kam es in der Luftfahrtindustrie zu einer bedeutenden Konsolidierungsbewegung. In den Jahren 1985 bis 1987 gab es dort 19 Zusammenschlüsse[62]. Begünstigt wurden die Fusionen und Übernahmen bei den Fluglinien durch das Faktum, daß die Zuständigkeit für deren Genehmigung nicht beim Justiz-, sondern beim Verkehrsministerium lag und dieses hinsichtlich der Zusammenschlüsse weniger restriktiv eingestellt war[63]. Ende 1985 wurde auch die Textilbranche von der Übernahmewelle erfaßt. Innerhalb nur weniger Monate waren die größten Textilunternehmen des Landes in Übernahmetrans-

---

[57] Kirkpatrick, David, "Deals of the Year", Fortune International, vol. 113, no. 2, 20. Januar 1986, S. 20; Wiener, "Deals of the Year", S. 56.

[58] Rudolph, "Food Fights on Wall Street", S. 40-41.

[59] Sherman, Stratford P., "How Philip Morris Diversified Right", Fortune International, vol. 120, no. 22, 23. Oktober 1989, S. 82-83. Der Zigarettenkonsum geht in den USA seit Mitte der 80er Jahre stetig um etwa drei Prozent pro Jahr zurück. U. S. Department of Commerce, Bureau of the Census, Statistical Abstracts fo the United States, Washington, D.C., 1993, S. 758.

[60] Hertzberg, "Beatrice Accepts Kohlberg Kravis's Sweetened Offer of $50 a Share, or $6,2 Billion to Take Firm Private", S. 2.

[61] Gibson, Richard, "Food Company Takeovers: Mixed Results", The Wall Street Journal, 21. Oktober 1988, S. A3.

[62] So übernahm beispielsweise die Fluglinie USAir Inc. Ende 1986 beziehungsweise Anfang 1987 die beiden Konkurrenten Pacific Southwest Airlines und Piedmont Aviation Inc. Letztere hatte im Oktober die kleinere Fluggesellschaft Empire Airlines aufgekauft. Texas Air Corp. erwarb im Frühjahr 1986 Eastern Airlines und im Juli des gleichen Jahres People Express. Northwestern Airlines übernahm Mitte des Jahres 1986 Republic Airlines und Delta Airlines Ende 1986 Western Airlines. Hawkins, Chuck und James E. Ellis, "You'll Buy Tickets, Airlines Will Buy Each Other", International Business Week, 12. Januar 1987, S. 70-71; o. V., "Merger Myopia", The Wall Street Journal, 19. Oktober 1987, S. 30; Han, Kim E. und Vijay Singal, "Mergers and Market Power: Evidence from the Airline Industry", American Economic Review, vol. 83, no. 3, 1993, S. 554; Dahl, Jonathan, "After the Mergers: Air Fares Rise, But Era of Bargain Rates Isn't Over", The Wall Street Journal, 2. Februar 1987, S. 25; Pasztor, Andy, "U.S. Move Signals More Airline Mergers", The Wall Street Journal, 21. Mai 1986, S. 6; McGinley, Laurie, "Northwest Air's Acquisition of Republic is Approved by Transportation Agency", The Wall Street Journal, 1. August 1986, S. 4; o. V., "NWA Names Three to New Jobs in Wake of Buying Republic", The Wall Street Journal, 13. August 1986, S. 10; o. V., "U.S. Agency Clears Delta's Acquisition of Western Airlines", The Wall Street Journal, 12. Dezember 1986, S. 15.

[63] Pasztor, Andy, "Justice Department Control of Mergers of Airlines Sought", The Wall Street Journal, 26. März 1987, S. 12.

aktionen verschiedenster Art involviert[64]. Daneben waren noch die Werbebranche und im Jahr 1988 Reiseagenturen- auch dort kam es innerhalb nur weniger Monate zu Übernahmeangeboten oder Zusammenschlüssen der größten 15 Unternehmen - das Ziel von Übernahmeaktivitäten[65].

C. Die Entwicklung ab 1989

Das Jahr 1989 brachte eine Wende in der Entwicklung der Unternehmensübernahmen. Zwar gab es rein zahlenmäßig mehr Fusionen und Akquisitionen[66] als im Jahr zuvor, und auch das Transaktionsvolumen blieb nur unwesentlich hinter dem des Vorjahres zurück[67], jedoch kam es gegen Ende des Jahres zu einem Einbruch am Markt für Unternehmensübernahmen, der sich in den folgenden Jahren fortsetzen sollte und zu einer abermaligen und sehr nachhaltigen

---

[64] Eingeleitet wurde die Übernahmewelle in der Textilbranche mit der im Oktober 1985 bekanntgegebenen Akquisition des Textilunternehmens M. Lowenstein Corp. durch die Firma Springs Industries Inc. Wenig später erwarb die West Point-Pepperell Inc. die Firma Gluett, Peabody & Co., und Fieldcrest Mills Inc. übernahm große Teile der Cannon Mills Co. Letztgenannte Zielgesellschaft war nur drei Jahre vorher von der Pacific Holding Corp., einer dem Financier David H. Murdock gehörenden Holdinggesellschaft, in einem *tender offer* erworben worden. Kilman, Scott und Michael Waldholz, "Springs to Buy M. Lowenstein For $265 Million", The Wall Street Journal, 9. Oktober 1985, S. 15; o. V., "Springs Industries Inc. Purchase", The Wall Street Journal, 12. November 1985, S. 4; o. V., "Business Briefs", The Wall Street Journal, 13. November 1985, S. 43; o. V., "Business Briefs", The Wall Street Journal, 29. November 1985, S. 10; Kilman, Scott, "Fieldcrest Agrees to Buy Cannon Mills From David Murdock for $250 Million", The Wall Street Journal, 5. Dezember 1985, S. 22; o. V., "Business Briefs", The Wall Street Journal, 16. Januar 1986, S. 12; Kilman, Scott, "Textile Companies Rapidly Stake Out Niches", The Wall Street Journal, 5. Februar 1986, S. 6; o. V., "Business Briefs", The Wall Street Journal, 17. März 1986, S. 27.

[65] In der Werbebranche schlossen sich im April 1986 die drei Agenturen BBDO International Inc., Doyle Dane Bernbach Group Inc. und Needham Harper Worldwide zusammen, um zur weltweit größten Werbeagentur zu werden. Als jedoch nur wenige Monate später die amerikanische Agentur Ted Bates Worldwide Inc. mit der Londoner Unternehmung Saatchi and Saatchi PLC fusionierte, ging ihnen dieser Status bereits wieder verloren. Im Tourismusbereich schloß sich die drittgrößte Agentur des Landes, Lifeco Services, mit der viertgrößten, Thomas Cook Travel USA, zusammen, und das zweitgrößte Unternehmen der Branche, Ask Mr. Foster, fusionierte mit der Gelco Travel Services. Lipman, Joanne, "Ad Agencies Feverishly Ride a Merger Wave", The Wall Street Journal, 9. Mai 1986, S. 6; Lipman, Joanne, "Young & Rubican, Others Picking Up Clients That Fled 'Mega-Merger'-Firms", The Wall Street Journal, 8. Oktober 1986, S. 16; Dahl, Jonathan, "Tracking Travel", The Wall Street Journal, 3. Oktober 1988, S. B1.

[66] Diese Tatsache ist im wesentlichen auf die rege Übernahmeaktivität in den ersten drei Quartalen zurückzuführen. Hyatt, James C., "Firms Acquisitions Rose 22% From '88 In the First Half", The Wall Street Journal, 30. August 1989, S. B5; o. V., "Mergers and Acquisitions Rose 13% in Third Period", The Wall Street Journal, 13. Oktober 1989, S. A2.

[67] Hinsichtlich des Volumens variieren die Statistiken, und bisweilen wird auch 1989 als das volumenmäßig stärkste Jahr bezeichnet. Dies liegt daran, daß einige umfangreiche Transaktionen, darunter der *leveraged buyout* von RJR Nabisco durch das Investmenthaus Kohlberg, Kravis & Roberts in Höhe von $24,8 Milliarden, im Jahr 1988 ausgehandelt, aber erst im Jahr 1989 abgeschlossen wurden. Je nachdem, welchem Jahr diese Transaktionen zugeordnet werden, ergibt sich ein anderer wertmäßiger Höhepunkt. Lang, Roland, "Entwicklung der M&A Aktivitäten in den USA 1980 bis 1990", Informationen über multinationale Konzerne, Nr. 3, 1991, S. 15; Smith, Randall, "Takeover Explosion of the Mid-1980s Is Being Overtaken by Junk-Bond Woes", The Wall Street Journal, 1. Dezember 1989, S. A2.

strukturellen Änderung der verbleibenden getätigten Transaktionen führte. Ende 1989 zeichnete sich am Markt für hochverzinsliche Risikoanleihen, dem sogenannten *junk bond* Markt, eine Krise ab, und es drohte die Finanzierungsquelle, die für *leveraged buyouts* und *hostile takeovers* von essentieller Bedeutung war, zu versiegen. Auch entstanden Rezessionsängste, und so wurde 1989 zu einem Jahr, das mehr wegen der gescheiterten[68] als der erfolgreichen Transaktionen in Erinnerung blieb[69]. 1990 schließlich kam es zum endgültigen Zusammenbruch des *junk bond* Marktes und damit einhergehend zu einem drastischen Rückgang am Markt für Unternehmensübernahmen, vor allem hinsichtlich des Übernahmevolumens[70]. Ein weiterer Faktor, der dazu beitrug, daß der Einbruch stärker als erwartet ausfiel, war der Ausbruch der Kuwait-Krise im August des Jahres, der steigende Ölpreise zur Folge hatte, damit prognostizierte Geschäftsdaten zunichte machte und zur vorübergehenden beziehungsweise endgültigen Einstellung geplanter Transaktionen führte[71]. Hinzu kam das wachsende Risikobewußtsein gegenüber neu auftauchenden Unsicherheitsfaktoren, insbesondere stark steigenden Kosten für die Entschädigung und Beseitigung von Umweltverschmutzungen[72]. Den stärksten Rückgang verzeichneten die Transaktionen mit einem Volumen von mehr als 100 Millionen und die *leveraged buyouts*[73]. Nach dem Versiegen der wichtigsten Quelle für die Mezzanine Finanzierung gelang es nur noch wenigen LBO-Sponsoren, Käufe zu tätigen. Die meisten von ihnen traten im Jahr 1990 auf der Verkäuferseite auf[74]. Diesem drastischen

---

[68] So nahm Paramount Communications ein Angebot, TIME Inc. für $12,7 Milliarden zu erwerben, zurück. Sir James Goldsmith stornierte seine Offerte in Höhe von $21 Milliarden für B.A.T. Industries und Donald Trump sein Angebot in Höhe von $7,1 Milliarden für die AMR Corp., die Muttergesellschaft von American Airlines. Hilder, David B., "Failed Deals Were Memorable in '89", The Wall Street Journal, 2. Januar 1990, S. R8.

[69] Es ist interessant zu vermerken, daß auch der 'Mini-Börsenkrach' des Jahres 1989 in einem sehr engen Zusammenhang mit dem Markt für Unternehmensübernahmen stand. Auslösendes Element war das Scheitern des geplanten *leveraged buyout* der Fluggesellschaft United Airlines. Die Transaktion konnte nicht finanziert werden, und dies bestärkte Arbitrageure und Spekulanten darin, daß die Fremdkapitalquellen für derartige Transaktionen nicht mehr länger in gewohntem Maße zur Verfügung standen. Viele von ihnen hatten stark fremdfinanziert in die Aktien potentieller Übernahmekandidaten investiert, um bei einer Übernahme gezahlten Prämien über den Börsenkurs zu profitieren. Sie befürchteten nun, daß es aufgrund eines Mangels an Fremdkapital nicht zu den erwarteten Transaktionen kommen würde, und begannen, panikartig ihre Aktien abzustoßen. Jarrell, Gregg, "Beware Crossing the Elephants Path", The Wall Street Journal, 17. Oktober 1989, S. A28.

[70] Fierman, Jaclyn, "Deals of the Year", Fortune International, vol. 123, no. 2, 28. Januar 1991, S. 58; o. V., "Merger Activity Fell 13% In 1st Quarter From 1989", The Wall Street Journal, 24. April 1990, S. A6; o. V., "Value of U. S. Acquisitions, Mergers Continues to Fall", The Wall Street Journal, 4. Oktober 1990, S. B5; o. V., "U. S. Mergers Drop Sharply In First 10 Month of 1990", The Wall Street Journal, 9. November 1990, S. A4; o. V., "Corporate Merger Activity Dropped 22% In November", The Wall Street Journal, 3. Dezember 1990, Sec. A, S. 7C.

[71] Smith, Randall, "Wall Street Dismantles Much of Its M&A Machinery", The Wall Street Journal, 2. Januar 1991, S. R4.

[72] Solomon, Caleb, "Poison Pills", The Wall Street Journal, 2. April 1992, S. 1 und A4.

[73] O. V., "Value of Mergers Fell 61% In 3rd Period, Grimm Says", The Wall Street Journal, 19. Oktober 1990, S. C11.

[74] Einer der wenigen LBO-Sponsoren, die noch Käufe tätigten, war das Investmenthaus Forstmann Little. Es erwarb im Jahr 1990 General Instruments für $1,5 Milliarden und die Gulfstream Aerospace Einheit von Chrysler. Kohlberg, Kravis & Roberts hingegen veräußerte sowohl Beatrice Cos. an Con Agra als auch Motor 6 an Accor S. A., eine französische Gesellschaft. Fierman, "Deals of the Year", S. 58; Smith, "Wall Street Dismantles Much of Its M&A Machinery", S. R4. Der LBO-Sponsor Forstmann Little war vom Ein-

Einbruch am Markt für Unternehmensübernahmen, der die Befürchtungen weit übertraf, folgte ein weiterer, wenn auch gemäßigterer Rückgang in den Jahren 1991[75] und 1992[76]. Auch hier waren die großen Abschlüsse, insbesondere die sogenannten *megadeals*, am stärksten betroffen[77]. Wurden *leveraged buyouts* getätigt, so bezogen sie sich auf kleinere Unternehmen mit einem Transaktionsvolumen zwischen $25 und $100 Millionen und wurden zum größten Teil mit Eigenkapital finanziert[78]. Erst im Jahr 1993 kam es wieder zu einer Belebung des Übernahmegeschäfts[79].

Einhergehend mit dem Einbruch am Markt für Unternehmensübernahmen veränderte sich ab 1989 auch die Struktur der noch verbliebenen Transaktionen. Rein finanzorientierte Käufer, das heißt solche, deren Erwerbsziel nicht in einer Fortführung oder Integration der Zielgesellschaft in ihr eigenes Unternehmen lag, sondern darin, durch eine Reduzierung derselben auf das absolut betriebsnotwendige Kerngeschäft und Veräußerung der restlichen Teilbereiche stille Reserven zu realisieren, um somit möglichst rasch eine hohe Rendite auf ihr eingesetztes Kapital zu erzielen, zogen sich fast vollständig vom Markt zurück[80]. Ihr Verschwinden machte Raum für Unternehmenskäufe durch strategisch orientierte Erwerber, das heißt Käufer, die in der Zielgesellschaft eine sinnvolle Ergänzung ihres eigenen Unternehmens sahen[81]. Diese hatten in den vorangegangenen Jahren Übernahmen oft nicht initiiert, aus Angst, daß eine Unternehmung, war sie erst einmal 'ins Spiel' gebracht, das Ziel finanzorientierter Käufer werden könnte und sie mit deren Angebot nicht würden mithalten können. Auch wurden die Kaufpreise weniger in bar, sondern mehr in Aktien der Erwerbsgesellschaft entrichtet[82]. Der Anteil von *leveraged buyouts*[83] und feindlichen Übernahmen ging zurück, die in den 80er Jah-

---

bruch des *junk bond* Marktes weniger betroffen, da er bei den von ihm durchgeführten *leveraged buyouts* nicht auf *junk bonds* als Finanzierungsquelle zurückgegriffen hatte. Siehe dazu Kapitel 1, Fußnote 123.

[75] Zahlenmäßig wurde 1990 das niedrigste Niveau seit 1963 erreicht, wertmäßig kam es zum niedrigsten Stand seit 1982. O. V., "Merger Activity Last Year At Lowest Level Since 1963", The Wall Street Journal, 15. Januar 1992, S. C1; o. V., "Value of 1990 Merger Fell, But Foreign Activity Rose", The Wall Street Journal, 25. Januar 1991, S. A2.

[76] O. V., "Merger, Acquisition Fell 18% In 1st Quarter, Hitting an 11-Year Low", The Wall Street Journal, 16. April 1991, S. A2; Graven, Kathryn, "Merger Acquisition Activity Picked Up In Quarter, Though Still Below '90 Level", The Wall Street Journal, 19. Juli 1991, Sec. B, S. 3A; Smith, Randall, "Merger Activity Fell For Third Year in a Row", The Wall Street Journal, 2. Januar 1992, S. R4.

[77] O. V., "In den Vereinigten Staaten hat die Zahl der Großtransaktionen weiter abgenommen", Handelsblatt, 4. Januar 1993, S. 14; o. V., "Merger Activity Last Year At Lowest Level Since 1963", S. C1.

[78] Gupta, Udayan, "Venture Capital Funds Are Expected to Rise Sharply", The Wall Street Journal, 27. November 1991, S. B2.

[79] Schifrin, Matthew, "The deal business wakes up", Forbes, vol. 152, no. 3, 2. August 1993, S. 41-42.

[80] Smith, "Takeover Explosion of the Mid-1980s Is Being Overtaken by Junk-Bond Woes", S. A2; Hilder, "Failed Deals Were Memorable in '89", S. R8.

[81] Fierman, "Deals of the Year", S. 58; Smith, "Wall Street Dismantles Much of Its M & A Machinery", S. R4; Schifrin, "The deal business wakes up", S. 41-42; Gupta, Udayan, "More Big Companies Set Sights on Small Acquisitions", The Wall Street Journal, 20. November 1990, S. B2.

[82] O. V., "Merger Rose 36% but Fell In Value in 3rd Quarter", The Wall Street Journal, 20. Oktober 1992, S. A6.

[83] Der Anteil der *leveraged buyouts* hatte Mitte der 80er Jahre bis zu 25% der Übernahmetätigkeit betragen. Zu Beginn der 90er Jahre machten diese Transaktionen weniger als 5% der Übernahmen aus. Anders, George, "Flurry of Takeovers Is Being Sparked By Increased Optimism Over Economy", The Wall Street Journal, 10. Juni 1992, S. C1 und C21.

ren populär gewordenen Auktionsverkäufe fanden kaum mehr statt, und es war ein deutlicher Trend zur Übernahme kleinerer Zielgesellschaften festzustellen[84]. Die einem Zusammenschluß vorangehenden Verhandlungen verlängerten sich, ein Zeichen dafür, daß das strategische Zusammenpassen von Erwerbs- und Zielgesellschaft intensiver geprüft wurde.
Branchen, in denen auch nach 1989 Übernahmen getätigt wurden, waren die Pharmaindustrie, die Medienbranche, das Gesundheitswesen und der Banken-, Finanz- und Consultingbereich[85]. Pharmaunternehmen versuchten, durch die Konsolidierung Einsparungen in ihren immer kostenintensiver werdenden Forschungs- und Entwicklungsabteilungen, bei der Produktion und im Verkauf zu erzielen und so auf den Weltmärkten konkurrenzfähig zu bleiben[86]. Hinter der Konsolidierung im Consultingbereich standen Wachstumsbestrebungen, um national und international expandierende Klienten auch weiterhin betreuen zu können, und das Bemühen, die Kosten, vor allem im Schulungsbereich, zu senken[87].

2. Die Entwicklung grenzüberschreitender Transaktionen

Bei den grenzüberschreitenden Transaktionen läßt sich ab 1981 eine zunächst rückläufige Tendenz feststellen. Erst ab 1984 stieg die Zahl der durchgeführten Transaktionen und das Transaktionsvolumen an. Ursächlich für den beträchtlichen Anstieg der Übernahmen durch ausländische, insbesondere europäische Investoren im Jahr 1984 war das starke Wachstum der

---

[84] Gupta, "Venture Capital Funds Are Expected to Rise Sharply", S. B2; o. V., "Merger Rose 36% but Fell In Value in 3rd Quarter", S. A6.

[85] Die bekanntesten Transaktionen im Medienbereich waren dabei die Mehrheitsbeteiligung der Time Inc. an der Warner Communications Inc. und die Übernahme von Columbia Pictures Entertainment durch die Sony Corp. Hilder, "Failed Deals Were Memorable in '89", S. R8; o. V., "Mergers Increased 44% in Second Period As Value Gained 33%", The Wall Street Journal, 21. Juli 1992, S. C2; Sandler, Linda, "Big Bids Spark Street, Ignite Price Run-Up", The Wall Street Journal, 8. Juni 1989, S. C1; Bremner, Brian und Zachary Schiller, "Three Who Bucked The Urge to Merge - and Prospered", International Business Week, 14. Oktober 1991, S. 50; Bennett, Amanda, "Wave of Mergers Hits Consulting Firms", The Wall Street Journal, 20. Februar 1991, S. B1 und B4.

[86] Mit diesem Ziel fusionierte beispielsweise im Jahr 1989 die Bristol Myers Co. mit der Squibb Corp. und die Smithkline Beckman Corp. mit der Beecham Group PLC. Ein Jahr später erwarb der schweizerische Konzern Roche Holding eine Mehrheitsbeteiligung am amerikanischen Unternehmen Genentech, und Dow Chemicals Co. übernahm Marion Laboratories. Die großen Unternehmen der Branche, Merck & Co., Johnson & Johnson und E. I. du Pont de Nemours and Company, gründeten ein *joint venture*, um gemeinsam neue Medikamente zu entwickeln. Fierman, "Deals of the Year", S. 59; Knowlton, Christopher, "Deals of the Year", Fortune International, vol. 121, no. 3, 29. Januar 1990, S. 82; Bremner, Brian; Rebello, Kathy; Schiller, Zachary und Joseph Weber, "The Age of Consolidation", International Business Week, 14. Oktober 1991, S. 41-49.

[87] Im Jahr 1989 fusionierten aus diesen Gründen beispielsweise Ernst & Whinney mit Arthur Young sowie Touche Ross mit Deloitte, Haskins & Sells, und McKinsey & Co. erwarb die Information Consulting Group. Die Boston Consulting Group akquirierte im Jahr 1990 das Beratungsunternehmen Pappas, Carter, Evans & Koep, und Sogeti übernahm United Research sowie ein Jahr später die MAC Group. Bennett, "Wave of Mergers Hits Consulting Firms", S. B1 und B4.

amerikanischen Wirtschaft[88], das zu diesem Zeitpunkt weit über dem europäischer Volkswirtschaften lag[89].

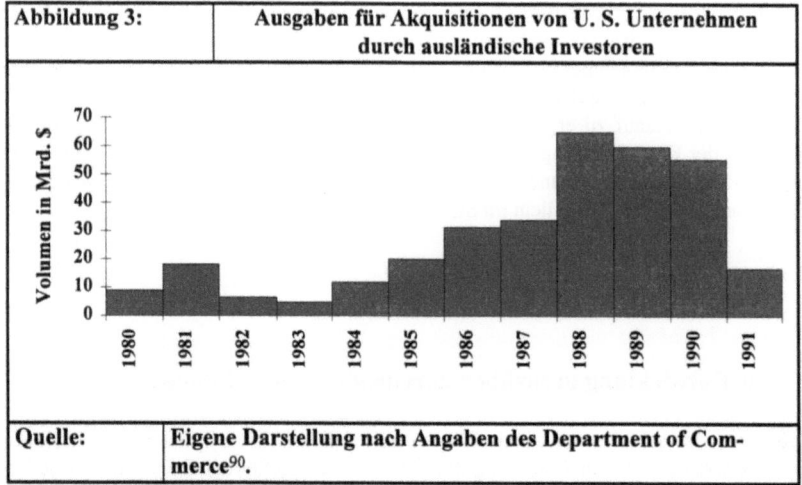

Abbildung 3:	Ausgaben für Akquisitionen von U. S. Unternehmen durch ausländische Investoren
Quelle:	Eigene Darstellung nach Angaben des Department of Commerce[90].

Dabei war der Anteil ausländischer Investitionen am Transaktionsvolumen höher als ihr Anteil an der Zahl der getätigten Fusionen und Akquisitionen. Dies ist darauf zurückzuführen, daß ausländische Investoren dazu neigten, größere Unternehmen zu erwerben, und bisweilen auch bereit waren, höhere Preise zu bezahlen[91]. Bis zum Jahr 1988 stieg das Übernahmevolumen durch ausländische Investoren an[92] und erreichte in diesem Jahr eine Rekordhöhe von annähernd $65 Milliarden[93].

---

[88] Inflationsbereinigt wuchs die amerikanische Wirtschaft im Jahr 1984 um 7,2 Prozent, die der Bundesrepublik Deutschlands, Großbritanniens beziehungsweise Frankreichs nur um 2,6 Prozent, 1,8 Prozent beziehungsweise 1,3 Prozent. U. S. Department of Commerce, Bureau of the Census, Statistical Abstracts of the United States: 1987, Washington, D.C., 1986, S. 420.

[89] Truell, Peter, "European Firms on Buying Spree in U.S.", The Wall Street Journal, 6. September 1984, S. 32.

[90] U. S. Department of Commerce, Economics and Statistics Administration, Office of the Chief Economist, Foreign Direct Investment in the United States: Review and Analysis of Current Developments, Washington, D.C., Juni 1993, S. 193.

[91] Curran, John J., "What Foreigners Will Buy Next", Fortune International, vol. 119, no. 4, 13. Februar 1989, S. 57; o. V., "The 100 Largest Foreign Investments in the U.S.", Forbes, vol. 142, no. 2, 25. Juli 1988, S. 240.

[92] Die zunehmende Übernahmetätigkeit durch ausländische Firmen in den USA erregte in der amerikanischen Öffentlichkeit und auch bei Politikern Besorgnis darüber, daß die amerikanische Wirtschaft zu sehr durch ausländische Unternehmen kontrolliert und beherrscht würde. In den Jahren 1987 bis 1989 kam es deswegen zu verschiedenen *hearings* vor dem Senat und dem Repräsentantenhaus, die sich mit den Folgen der Übernahmen durch ausländische Investoren befaßten. Mossberg, Walter S., "Most Americans Favor Law to Limit Foreign Investment in U. S., Poll Finds", The Wall Street Journal, 8. Mai 1988, S. 60; Shafner, Ronald G., "Washington Wire", The Wall Street Journal, 1. April 1988, S. 1. Zu den einzelnen *hearings* s. United States,

Ab 1989 gingen Volumen und Zahl der Übernahmen durch ausländische Investoren zurück, zunächst allerdings weniger drastisch als die Übernahmen durch amerikanische Unternehmen, wodurch sich der verhältnismäßige Anteil ausländischer Investoren an der gesamten Übernahmeaktivität erhöhte[94]. Der Rückzug ausländischer Investoren war im wesentlichen durch einen insgesamt rückläufigen Trend des internationalen Übernahmegeschäfts verursacht[95], der darin begründet lag, daß die aktivsten Länder, Großbritannien und Japan, mit einer heimischen Rezession zu kämpfen hatten, die sie an einer aktiven Übernahmepolitik hinderte[96]. Ab 1992 stieg die internationale Übernahmetätigkeit wieder an, ohne sich freilich zunächst auf den amerikanischen Markt auszuwirken. Vielmehr gingen hier die Übernahmen durch ausländische Käufer weiter zurück, da sich vor allem westeuropäische Firmen auf die sich entwickelnden Märkte Osteuropas konzentrierten[97].

Bei einer Betrachtung der Käufergruppe zeigt sich, daß bis in das Jahr 1988 hinein kanadische und britische Investoren eine vorherrschende Position einnahmen. Umgekehrt investierten amerikanische Investoren, wenn sie im Ausland tätig wurden, am häufigsten in Kanada und Großbritannien[98]. Ausschlaggebend dafür waren die historische Verbindung, die gleiche Sprache, ein einheitliches Rechtssystem und im Falle von Kanada auch die geographische Nähe[99].

Congress, Senate, Hearing before the Committee on Commerce, Science, and Transportation, Acquisition By Foreign Companies, Washington, D.C., 20. Juni 1987; United States, Congress, House, Hearing before the Committee on Banking, Finance and Urban Affairs, Subcommittee on Economic Stabilization, Mergers and Acquisitions - Foreign Investments in the United States, Washington, D.C., 21. Oktober 1987; United States, Congress, Senate, Hearing before the Committee on Commerce, Science, and Transportation, Subcommittee on Aviation, Foreign Investments in U. S. Airlines, Washington, D.C., 4. Oktober 1989; United States, House, Hearing before the Committee on Public Works and Transportation, Subcommittee on Aviation, Leveraged Buyouts and Foreign Ownership of United States Airlines, Washington, D.C., 3., 4. und 16. Oktober 1989. Gegen eine Beschränkung von Übernahmen durch ausländische Investoren sprach sich der Vorsitzende des *Federal Reserve Board*, Paul A. Volcker, aus. Er befürchtete negative Auswirkungen auf die amerikanische Wirtschaft, da ein Rückgang der Übernahmetätigkeit durch ausländische Investoren ein Absinken des Kapitalimports in die Vereinigten Staaten zur Folge haben könnte. Kapitalimporte wurden aufgrund des Handels- und Haushaltsdefizits von den USA jedoch dringend benötigt. Siehe dazu Brief Volckers an Ernest F. Holding, Vorsitzender des Committee on Commerce, Science, and Transportation, vom 9. Juni 1987, abgedruckt in: United States, Congress, Senate, Committee on Commerce, Science, and Transportation, Acquisition By Foreign Companies, S. 240.

[93] O. V., "Foreign Investment in '88 Rose to Record $65 Billion", The Wall Street Journal, 31. Mai 1989, S. B10.

[94] O. V., "Value of 1990 Merger Fell, But Foreign Activity Rose", S. A2.

[95] O. V., "Cross Border Deals Decline", The Wall Street Journal, 1. Juli 1991, S. A6.

[96] Graven, Kathryn, "Merger, Acquisition Activity Picked Up In Quarter, Though Still Below '90 Level", The Wall Street Journal, 19. Juli 1991, S. B3A.

[97] O. V., "Engagement in Osteuropa", Handelsblatt, 17. November 1992, S. 23; o. V., "Ein weiteres Engagement in Osteuropa", Handelsblatt, 8./9. Januar 1993, S. 21; o. V., "Nestlés Schritte nach Osteuropa", Neue Züricher Zeitung, 27. Oktober 1992, S. 12; o. V., "Erwerbung von Kraft Jacobs Suchard in Osteuropa", Neue Züricher Zeitung, 7. Oktober 1993, S. 12; o. V., "Computer 2000 expandiert in Osteuropa", Handelsblatt, 2. Juni 1993, S. 17; Holman, Richard, "World Wire", The Wall Street Journal, 20. Juli 1991, S. A11.

[98] Merrill Lynch, MergerStat Review 1991, S. 55-56.

[99] Cooke, Terence, Mergers and Acquisitions, New York, 1986, S. 20-25; Rosengren, Eric C., "Is the United States for Sale? Foreign Acquisitions of U. S. Companies", New England Economic Review, November/Dezember 1988, S. 47.

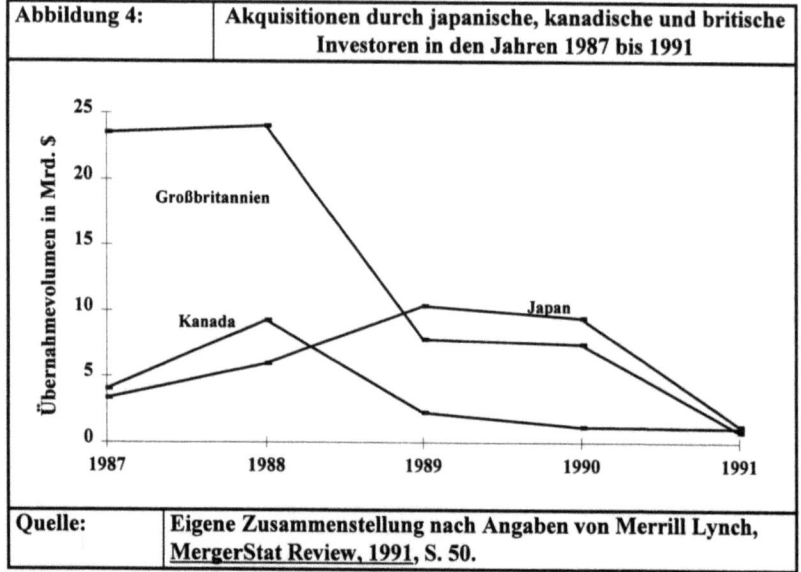

Abbildung 4:	Akquisitionen durch japanische, kanadische und britische Investoren in den Jahren 1987 bis 1991
Quelle:	Eigene Zusammenstellung nach Angaben von Merrill Lynch, MergerStat Review, 1991, S. 50.

Bis zum Jahr 1988 hatten sich dann auch japanische Investoren ins Feld der größten ausländischen Käufer vorgeschoben, nachdem sie zu Beginn der 80er Jahre nur eine untergeordnete Rolle gespielt hatten[100]. Japanische Unternehmen hatten sich zu Anfang der 80er Jahre auf den Export konzentriert. Ab Mitte des Jahrzehnts gingen sie dann dazu über, bestehende Unternehmen zu erwerben, um daraus multinationale Konzerne zu entwickeln, die auf verschiedenen nationalen Märkten nicht nur als Verkäufer, sondern auch als Hersteller auftraten. Dabei galt der amerikanische Markt für sie als sehr stabil und mit hohem Entwicklungspotential ausgestattet. Hinzu kam die Angst vor protektionistischen Maßnahmen, und so wurden Unternehmenskäufe als Möglichkeit gesehen, sich den Zutritt zum amerikanischen Markt zu sichern. Auch waren die Produktionskosten in Japan gestiegen, so daß es nicht mehr günstiger war, dort zu produzieren und anschließend zu exportieren. Schließlich verfügten japanische Firmen aufgrund guter Gewinne in der Vergangenheit über hohe Liquiditätsreserven[101]. So erhöhten sie ab dem Jahr 1987 ihre Unternehmenskäufe in den Vereinigten

---

[100] O. V., "Strong dollar doldrums", Forbes, vol. 134, no. 1, 2. Juli 1984, S. 117; o. V., "100 Largest foreign investments in the U. S.", Forbes, vol. 136, no. 3, 29. Juli 1985, S. 180.

[101] Sesit, Michael P., "Japanese Acquisitions in U. S. Jumped to $5.9 Billion in '87", The Wall Street Journal, 21. Januar 1988, S. 15; Swasy, Alecia und Jeremy Mark, "Japan Brings Its Packaged Goods to U. S.", The Wall Street Journal, 17. Januar 1989, S. B1; Sesit, Michael P., "Japanese Acquirers in U. S. Look Poised To Pass British, if 1989 Is Indication", The Wall Street Journal, 17. Januar 1990, S. A22.

Staaten enorm[102] und schoben sich im Jahr 1990 bei den ausländischen Käufern an die erste Stelle, noch vor Großbritannien und Kanada[103]. Japanische Investoren kauften dabei bevorzugt amerikanische Unternehmen der Medienbranche[104], des Finanzsektors oder der Computerbranche[105]. Im Jahr 1991 zogen sie sich dann jedoch fast schlagartig wieder vom amerikanischen Markt für Unternehmensübernahmen zurück. Steigende Zinsen, eine restriktive Kreditvergabe durch die Banken, ein Einbruch am heimischen Aktienmarkt und die dadurch gestiegenen Kapitalkosten erschwerten ihnen die Finanzierung von Investitionsvorhaben, insbesondere die Finanzierung umfangreicher Akquisitionsprogramme im Ausland[106].

Bei der Betrachtung der Übernahmetätigkeit durch ausländische Investoren ist zu erkennen, daß für diese rein finanzwirtschaftliche Interessen selten ausschlaggebend waren. Vielmehr standen hier fast immer strategische Gründe im Vordergrund[107]. Auch kann festgestellt werden, daß zwischen der Beziehung in der Wechselkursentwicklung und der Entwicklung der transnationalen Unternehmensübernahmen nur eine geringe Korrelation besteht. Dies zeigt sich einmal im Jahr 1984, als die Übernahmen durch ausländische, insbesondere europäische

---

[102] Sesit, Michael R., "Value of Japanese Acquisitions in U. S. More than Doubled in '88 to $12,7 Billion", The Wall Street Journal, 17. Januar 1989, S. C12; Sesit, Michael R., "Japanese Acquirers in U. S. Look Poised To Pass British, if 1989 Is Indication", S. A22; Sesit, Michael R., "Japan Firms Took Biggest Bite Of a Shrinking U. S. Pie in 1990", The Wall Street Journal, 16. Januar 1991, S. C1.

[103] Daß japanische Investoren sich sogar noch vor britische Käufer schieben konnten, lag zum einen an der Übernahme von MCA durch Matsushita- diese Transaktion mit einem Umfang von $6,1 Milliarden machte allein 53 Prozent des Übernahmevolumens durch japanische Investoren im Jahr 1989 aus - und an dem Rückzug britischer Käufer aus dem amerikanischen Markt für Unternehmensübernahmen. Sesit, "Japan Firms Took Biggest Bite Of a Shrinking U. S. Pie in 1990", S. C1 und C10.

[104] In die Jahre 1989 und 1990 fielen auch die *megadeals* japanischer Käufer im Medienbereich, im Rahmen derer Sony Columbia Pictures für $3,5 Milliarden und Matsushita Electric Industrial MCA Inc. für $6,1 Milliarden erwarb.

[105] So übernahm beispielsweise in der Computerbranche das japanische Unternehmen TDK Corp, ein Hersteller von Magnetbändern, den amerikanischen Halbleiterfabrikanten Silicon System. Im Banken- und Versicherungssektor akquirierte die der Bank of Tokyo angehörende California First Bank die Union Bank of California. Nippon Life erwarb eine Beteiligung an Shearson Lehman, die Sumitomo Bank kaufte Anteile an Goldman Sachs, und Yasuda Mutual Life beteiligte sich an Paine Webber. Hector, Gary, "Japan learns the Takeover Game", Fortune International, vol. 120, no. 3, 31. Juli 1989, S. 121-122; Nathans, Leah J. und William Glasgal, "Japan's Waiting Game on Wall Street", International Business Week, 19. Februar 1990, S. 80; Sesit, "Japanese Acquirers in U. S. Look Poised To Pass British, if 1989 is Indication", S. A22; Sesit, "Value of Japanese Acquisitions in U. S. More than Doubled in '88 to $12,7 Billion", S. C12.

[106] Lombo, Gustavo, "The deal flow dries up", Forbes, vol. 152, no. 2, 19. Juli 1993, S. 174; Smith, Randall, "Japanese Purchases of U. S. Firms Plunged in 1991 as Caution Grew", The Wall Street Journal, 22. Januar 1992, S. A2 und C5; o. V., "Japanese Merger Activity Slowed During First Half", The Wall Street Journal, 12. Juli 1991, Sec. B, S. 4D. Auch erwiesen sich viele der getätigten Investitionen im nachhinein als nicht besonders erfolgreich. O. V., "Japanischer Katzenjammer in den USA", Süddeutsche Zeitung, 19./20. November 1994, S. 22.

[107] So beabsichtigte Sony, durch den Kauf von CBS im Jahr 1988 und Columbia Pictures im Jahr 1989 die Neueinführung und den Absatz seiner Konsumgüter im Elektronikbereich zu verbessern. Die dazugehörige 'Software' in Form von Filmen und Videos sollte auch unter der Kontrolle des Konzerns erstellt und abgesetzt werden. Ziel war es, Hersteller von Hard- und Softwareprodukten im Unterhaltungsbereich zu sein. Williams, David, "Sony's Hollywood Gambit", Tokyo Business Today, vol. 57, no. 2, 1989, S. 14-19. In anderen Branchen standen hinter den Übernahmen das Streben nach Marktanteilen am U. S. Markt, der Zugang zu neuen Technologien beziehungsweise die Verfolgung globaler Absatzstrategien. Gibson, W. David, "The industry rejiggers its lineup", Chemical Week, vol. 140, no. 1, 1987, S. 51.

Käufer trotz eines starken Dollars beträchtlich anstiegen, und andererseits im Zeitablauf am Beispiel britischer und kanadischer Investoren, die unabhängig vom Stand ihrer Währungen gegenüber dem Dollar amerikanische Unternehmen kauften[108].

II. Kennzeichnende Kriterien

1. Feindliche Übernahmen

Proxy contests, jene in den 50er und 60er Jahren von der mit der Geschäftsführung unzufriedenen Aktionären verwendeten Instrumente zum Austausch des *board of directors*, hatten sich als nicht besonders erfolgreich erwiesen. Die Möglichkeit, mittels eines feindlichen Übernahmeangebots direkt an die Aktionäre heranzutreten, wäre auch damals schon vorhanden gewesen, sogar in sehr viel weitreichenderem Umfang, da *tender offers* bis zum Jahr 1968 keiner gesetzlichen Regelung unterlagen.
Allerdings wurden *hostile tender offers* als Übernahmeform in den USA bis in die 70er Jahre hinein nicht als gängige Geschäftspraxis akzeptiert, weder von den Unternehmen noch den Banken. Letztere weigerten sich häufig, sowohl eine beratende Funktion für den Angreifer auszuüben als auch die Finanzierung derartiger Transaktionen bereitzustellen[109]. Dies änderte sich erst, als das alteingesessene Investmenthaus Morgan Stanley im Jahr 1974 bei der feindlichen Übernahme der Electronic Storage Battery Co. durch die International Nickel Company[110] die angreifende Partei unterstützte[111]. Ab diesem Zeitpunkt verloren feindliche Übernahmen für Unternehmen und Investmentbanken gleichermaßen ihre Anrüchigkeit, wurden als Mittel zur Kontrollerlangung zunehmend eingesetzt und konnten sich anschließend zu einem der kennzeichnenden Kriterien der Übernahmewelle der 80er Jahre entwickeln.

---

[108] Curtis, Carol, "The year of living dangerously", Forbes, vol. 134, no. 1, 2. Juli 1984, S. 116; Neuhauser, Lenz und Nick Cowley, "Why Japanese Firms Have Pulled Back On Overseas Buying", Mergers & Acquisitions, vol. 27, no. 3, November/Dezember 1992, S. 13-14; Rosengren, "Is the United States for Sale", S. 50-51.

[109] Hector, Gary, "Is any company safe from takeover", Fortune International, vol. 109, no. 7, 2. April 1984, S. 74; Madrick, Taking America, S. 20-21.

[110] Die Electronic Storage Battery Co. wehrte sich gegen das Angebot, indem sie Klage erhob, mit der Begründung, daß eine Übernahme des Unternehmens durch die International Nickel Company, kurz Inco genannt, gegen *Antitrust*-Bestimmungen verstoßen würde. Sie suchte nach einem *white knight*, das heißt einer Gesellschaft, die dem Management freundlich gesonnen und ebenfalls bereit war, ein Kaufangebot abzugeben. In United Airlines fand sich schließlich eine solche Gesellschaft. Es kam zu einem Bietungskampf, den Inco zu seinen Gunsten entscheiden konnte, da United Airlines nach zweimaliger Erhöhung des Angebots nicht mehr bereit war, sein Gebot weiter zu erhöhen. O. V., "Inco Will Offer $157 Million Cash For Stock of ESB", The Wall Street Journal, 19. Juli 1974, S. 5; o. V., "United Aircraft $34 Bid for ESB Tops Inco Offer", The Wall Street Journal, 24. Juli 1974, S. 5; o. V., "ESB in Switch Decides to Back Inco's Tender Bid", The Wall Street Journal, 30. Juli 1974, S. 3.

[111] Hoffman, The Dealmakers, S. 142.

Übersicht 3:	Die Entwicklung freundlicher und feindlicher *tender offer* in den Jahren 1981 bis 1991				
Jahr	Gesamtzahl angekündigter Fusionen und Übernahmen	Übernahmeangebote in Form von *tender offer*		Davon *hostile tender offer*	
		Absolut	Prozent	Absolut	Prozent
1981	2.395	75	3,1	28	37,3
1982	2.346	68	2,9	29	42,6
1983	2.533	37	1,5	11	29,7
1984	2.543	79	3,1	18	22,8
1985	3.001	84	2,8	32	38,1
1986	3.336	150	4,5	40	26,7
1987	2.032	116	5,7	31	26,7
1988	2.258	217	9,6	46	21,2
1989	2.366	132	5,6	28	21,2
1990	2.074	56	2,7	8	14,3
1991	1.877	20	1,1	2	10,0
Quelle:	Eigene Zusammenstellung nach Angaben von Merrill Lynch, MergerStat Review 1991, S. 2 und 69.				

Dabei ist festzuhalten, daß *tender offers* und demzufolge auch *hostile takeovers* bezüglich der Zahl der Unternehmensübernahmen stets eine nur sehr untergeordnete Rolle gespielt haben. Jedoch nahmen diese Übernahmeformen eine wesentlich wichtigere Rolle ein, wenn man die Größe der Zielgesellschaften betrachtet. Der durchschnittliche Preis, der für ein börsennotiertes Unternehmen im Rahmen einer Übernahme gezahlt wird - und *tender offers* betreffen stets börsennotierte Unternehmen -, liegt weit über dem durchschnittlichen Preis der Akquisition eines Privatunternehmens. Die durchschnittliche Größe der Zielgesellschaften von *tender offers* übersteigt auch die von *mergers*, bei denen die Zielgesellschaft ein an der Börse notiertes Unternehmen ist. Die durchschnittliche Größe der Zielgesellschaften feindlicher Übernahmeangebote wiederum ist etwa zweimal so groß wie die freundlicher *tender offers*[112].

Die Ziele feindlicher Übernahmeversuche waren somit stets sehr große Unternehmen. Die Konsolidierungsbewegung in der Ölindustrie zu Beginn der 80er Jahre beispielsweise wurde durch feindliche Übernahmekämpfe geprägt. So startete im Jahr 1981 die Mobil Corp. einen Übernahmeversuch über die Conoco Corp., an den sich ein Übernahmekampf anschloß, der schließlich mit dem Aufkauf der Conoco Corp. durch E. I. du Pont de Nemours and Company endete[113]. Kurz darauf versuchte die Mobil Corp. dann, Marathon Oil zu übernehmen. Der sich daran anschließende Übernahmekampf endete mit dem Erwerb von Marathon Oil durch die United States Steel Corp. für $6,7 Milliarden. Zu einer weiteren Übernahmeschlacht in der

---

[112] Browne; Rosengren, "Are Hostile Takeovers Different?", S. 203-205.

[113] Metz, Tim und Cotten Timberlake, "DuPont Apparently Wins the Fight For Conoco as Mobil Appeal Denied", The Wall Street Journal, 5. August 1981, S. 3.

Ölbranche kam es im Jahr 1982, nachdem Mesa Petroleum, geführt von T. Boone Pickens, versuchte, mittels eines feindlichen Übernahmeangebots Kontrolle über die zwanzigmal größere Gesellschaft Cities Servies zu erlangen. Der Versuch schlug fehl und endete zunächst mit dem Erwerb von Cities Service durch Gulf, einer Akquisition im Wert von $5,04 Milliarden, die allerdings nach Einwänden seitens der Kartellbehörden scheiterte[114]. In Occidental Petroleum fand sich schließlich ein endgültiger Käufer für Cities Service. Als Übernahmepreis wurden $4,05 Milliarden gezahlt[115].

Hostile takeovers wurden zum prägenden Element der Übernahmebewegung der 80er Jahre auch durch die Vehemenz, mit der die einzelnen Übernahmekämpfe geführt wurden. Einer der wohl aufsehenerregendsten war der Versuch der Bendix Corporation, einem Unternehmen, das in der Zuliefererindustrie der Automobilbranche, der Elektronikbranche und der Luft- und Raumfahrtindustrie angesiedelt war, die Martin Marietta Corporation, ein in der Luft-, Raumfahrt- und Rüstungsindustrie tätiges Unternehmen, zu übernehmen[116]. Bendix gab im August des Jahres 1982 ein *two-tier tender offer*[117] für Martin Marietta ab. Die Zielgesellschaft, vom Übernahmeangebot nicht ganz unvorbereitet getroffen, gab im Gegenzug, zusammen mit der United Technologies Corporation, ein Kaufangebot für die Aktien der Bendix Corporation ab. Um diesen zu entgehen, suchte Bendix nach einer Gesellschaft, die im Falle des Scheiterns seines eigenen Angebots für die Aktien von Martin Marietta bereit wäre, Bendix zu erwerben. In Allied Corp., einem im Öl-, Gas-, Technologie- und Chemiebereich angesiedelten Unternehmen, fand Bendix den gewünschten Partner. Bendix und Martin Marietta, letztere unter-

---

[114] Die *Federal Trade Commission* hatte im Juli 1982 den Zusammenschluß zunächst mit der Begründung blockiert, daß der gemeinsame Marktanteil der beiden Firmen im Nordosten des Landes die in den *Merger Guidelines* des Jahres 1982 festgelegten Grenzwerte übersteigen würde. Verhandlungen von Gulf Oil mit der *Federal Trade Commission*, eine Genehmigung der Fusion durch die Veräußerung von Unternehmensteilen in den betreffenden Marktgebieten zu erhalten, scheiterten, und Gulf Oil zog sein Übernahmeangebot im August überraschend zurück. Taylor, Robert E., "Gulf's Offer for Cities Service Sets First Big Test of New Merger Rules", The Wall Street Journal, 8. Juli 1982, S. 21; o. V., "Gulf Bid to Buy Cities Service To Be Challenged", The Wall Street Journal, 29. Juli 1982, S. 2 und 10; Austin, Danforth W.; Levin, Doron P., "Warner, Margaret und Richard B. Schmitt, "Gulf Abruptly Ends $4,8 Billion Bid for Cities Service, Which Moves to Protect Shareholders and Stock Price", The Wall Street Journal, 9. August 1982, S. 3 und S. 6.

[115] Zum Ablauf der Übernahme s. Ruback, Richard S., "The Cities Service Takeover: A Case Study", Journal of Finance, vol. 38, no. 2, S. 321-327. Der Zusammenschluß von Cities Service mit Occidental Petroleum führte zu keinen, von den Kartellbehörden zu beanstandenden Konzentrationswirkungen und wurde deswegen ohne Einwände genehmigt. O. V., "Occidental Is Cleared For Second Phase Of Bid For Cities Service C.", The Wall Street Journal, 9. September 1982, S. 4.

[116] Zum Ablauf und seinen Hintergründen s. Block, Dennis J. und Yvette Miller, "The Responsibilities and Obligations of Corporate Directors in Takeover Contests", Securities Regulation Law Journal, vol. 11, no. 1, 1983/84, S. 64-65; o. v., "Justice Agency Says It Wouldn't Object To Any Merger Between Bendix, Marietta", The Wall Street Journal, 15. September 1982, S. 4; Metz, Tim und Ann Hughey, "Marietta, Bendix and Allied Corp. Appear Near Accord to End their Takeover Battle", The Wall Street Journal, 24. September 1982, S. 3 und S. 8; Blustein, Paul, "Marietta, Bendix 'Pac-Man' Tactics Cause Concern Among Merger Analysts", The Wall Street Journal, 24. September 1982, S. 8; o. V., "The 4 Horsemen: Did Main Characters In Big Takeover Saga Let Egos Sway Them", The Wall Street Journal, 24. September 1982, S. 1 und S. 24; o. V., "Allied, Bendix and Marietta Formally Untangle Holdings", The Wall Street Journal, 24. Dezember 1982, S. 17; o. V., "You're Going to Kill Us Both", Time, vol. 121, no. 17, 25. April 1983, S. 99.

[117] Die erste Stufe belief sich auf 45 Prozent der Aktien der Zielgesellschaft. Für die restlichen Aktien wurde zunächst nur Kaufabsicht geäußert; genaue Angaben zum Preis und der Zahlungsform erfolgten nicht.

stützt von United Technologies, begannen schließlich, Überkreuzbeteiligungen aufzubauen[118]. Beide Firmen hielten daraufhin kontrollierende Aktienpakete der jeweils anderen Gesellschaft, Martin Marietta 56 Prozent an Bendix und Bendix 70 Prozent an Martin Marietta. Martin Marietta hatte gleichwohl den Vorteil, die mit den Aktien zusammenhängenden Stimmrechte früher ausüben und somit das *board of directors* und anschließend das Management von Bendix austauschen zu können[119]. Noch bevor dies möglich war, griff Allied ein, erwarb von Bendix dessen Aktienpaket an Martin Marietta und gab ein *tender offer* für die Aktien von Bendix ab, das das von United Technologies überstieg. Bendix Aktien waren somit in den Händen von Martin Marietta und Allied, eine kontrollierende Mehrheit der Aktien von Martin Marietta ebenfalls im Besitz von Allied. Martin Marietta und Allied einigten sich schließlich auf einen Aktientausch, in dessen Rahmen Martin Marietta an Allied die erworbenen Bendix-Aktien zurückgab und dafür im Gegenzug einen Teil seiner eigenen Aktien zurückerhielt. Jedoch behielt Allied ein Aktienpaket von 38 Prozent der Aktien von Martin Marietta, ging aber ein Stillhalteabkommen ein, in dem es sich verpflichtete, keinen Übernahmeversuch zu unternehmen. Einen echten Kontrollwechsel gab es letztendlich nur bei Bendix, dessen Aktien zu einem Großteil von Allied gehalten wurden. Im Februar 1983 kam es zu einer Fusion zwischen beiden Firmen, und diese kostete dem Initiator des Bietungskampfes, William Agee, schließlich seine Managementposition[120].

Hostile tender offers hatten sich schon zu Beginn der 80er Jahre zu einem beliebten Mittel zur Kontrollerlangung über börsennotierte Gesellschaften entwickelt. Im Jahr 1983 kam es zu einem Rückgang der feindlichen Übernahmen, nachdem einige vehement geführte Kontrollerlangungskämpfe in den beiden vorangegangenen Jahren mit Niederlagen der angreifenden Partei geendet hatten. Auch die hohen Kosten dieser Kämpfe schreckten die Angreifer ab[121]. Bereits ab dem Jahr 1984 wurden sie allerdings wieder häufiger eingesetzt und gingen bis zum Jahr 1989 nicht zurück[122]. In diesem Jahr erfuhren sie dann einen starken Einbruch und

---

[118] Dieser Übernahmekampf war von vielen negativen Begleiterscheinungen gekennzeichnet, die das öffentliche Ansehen feindlicher Übernahmeangebote stark beeinträchtigten. So berief Bendix eine Aktionärsversammlung ein, um eine Satzungsänderung vorzunehmen, die eine Übernahme durch Martin Marietta oder United Technologies unmöglich gemacht hätte. United Technologies versuchte, mittels eines *proxy* Votums dies zu verhindern. Obwohl gesetzlich dazu verpflichtet, verweigerte Bendix zunächst den Zugang zu den Aktionärslisten. Schließlich wurden die Listen zur Verfügung gestellt, jedoch nur zur Kopie, und es handelte sich um ein 10.000 Seiten umfassendes Paket mit jeweils drei Namen pro Seite. O. V., "Dirty Tricks Abound in Takeover Business As Well As in Politics", The Wall Street Journal, 22. September 1982, S. 1.

[119] Zwar hatte Bendix die Aktienkäufe im Rahmen des *tender offer* früher getätigt, mußte aber aufgrund der Rechtslage im Bundesstaat Maryland, dem Gründungsstaat von Martin Marietta, eine längere Wartefrist bis zur Ausübung der Stimmrechte einhalten.

[120] O. V., "Martin Marietta: After the Bendix fiasco, it races to whittle debt and grow again", International Business Week, 21. März 1983, S. 64-66.

[121] O. V., "First Quarter Merger Activity Posted Drop For 3rd Period in Row", S. 12; o. V., "Number of Mergers In 2nd Period Returned to '82 Level, Study Says", S. 14.

[122] Dabei nahm die Suche nach geeigneten Zielgesellschaften teilweise sehr bizarre Formen an. Im Jahr 1987 setzte Asher Edelman, ein mit Übernahmen beschäftigter Unternehmer und im Nebenberuf Dozent an der Columbia Business School, dort eine Prämie in Höhe von $100.000 aus, die der Student erhalten sollte, der ihm eine geeignete Zielgesellschaft aufzeigen würde. Nachdem dies öffentlich bekannt geworden war, mußte er sein Angebot auf Druck des Dekans der Fakultät jedoch wieder zurückziehen. Perry, Nancy J., "Edelman's art of reward", Fortune International, vol. 116, no. 11, 9. November 1987, S. 102.

waren in den folgenden Jahren als Mittel zur Kontrollerlangung kaum mehr existent[123]. Der Rückgang der *hostile tender offers* im Jahr 1989 erklärt sich aus dem Einbruch am *junk bond* Markt, denn *junk bonds* waren als Finanzierungsmittel für feindliche Übernahmeangebote von großer Bedeutung[124], sowie der zunehmend restriktiveren *Antitakeover* Gesetzgebung der einzelnen Bundesstaaten[125].
Mit dem Rückgang der *hostile tender offers* wurden ab dem Jahr 1990 *proxy contests* wieder häufiger als Kontrollerlangungsinstrument eingesetzt[126]. Im Gegensatz zur Kontrollerlangung mittels eines *tender offer*, zielten die *proxy fights* nur in wenigen Fällen auf einen vollständigen Austausch des *board of directors* ab. Wesentlich häufiger wurde eine partielle Neubesetzung durch außenstehende, das heißt dem Management nicht angehörende oder von diesem ausgewählte Direktoren angestrebt, oder es wurde versucht, direkt Einfluß auf Einzelentscheidungen des Managements zu nehmen[127]. Zwar wurden die formalen Ziele häufig nicht erreicht, doch waren die Angreifer insofern erfolgreich, als das Management der Zielgesellschaft oft schon im Vorfeld, um eine tatsächliche Kampfabstimmung zu vermeiden, Zugeständnisse in Form von Direktorenpositionen machte oder auf die Vorschläge der angreifenden Partei einging[128]. Unterstützt wurden die Angreifer zunehmend von institutionellen Investoren[129] und konnten dadurch gegenüber dem Management eine wesentlich stärkere

---

[123] Im Jahr 1992 gab es nur einen Übernahmekampf in der Form, die bezeichnend für die 80er Jahre war. Smith, Randall, "Arbitragers' Bear Market Is Continuing", The Wall Street Journal, 23. November 1992, S. C1 und C3.

[124] *Hostile takeovers* bezogen sich in der Regel auf große Unternehmen, deren hoher Finanzierungsbedarf ohne die Ausgabe von *junk bonds* kaum gedeckt werden konnte. Auch beschleunigten *junk bonds* den Übernahmeprozeß, und ein zügiges Vorgehen war für das Gelingen feindlicher Übernahmen stets sehr wichtig. Zur Bedeutung von *junk bonds* für die Entwicklung von Unternehmensübernahmen, insbesondere solcher feindlicher Art, siehe Kapitel III, Abschnitt IV.2.

[125] Nach der Sanktionierung der *Antitakeover Statutes* des Bundesstaates Indiana durch den *Supreme Court* begannen zahlreiche Bundesstaaten, darunter Pennsylvania, Massachusetts, Ohio und Mississippi, ihre Gesetze dem von Indiana anzupassen beziehungsweise ähnlich restriktive Vorschriften zu erlassen. Smart, Tim; McGuire, Terese; Smith, Bill und Richard Anderson, "More States are telling raiders: Not here, you don't", International Business Week, 13. Mai 1989, S. 26; Zweig, Jason, "Socialism, Pennsylvania style", Forbes, vol. 145, no. 10, 14. Mai 1990, S. 42-43; Paefgen, Thomas Christian, "Alle Macht dem Management", Die Aktiengesellschaft, Jg. 36, Nr. 2, 1991, S. 41ff.

[126] Dobrzynski, Judith H., "Shareholders Unfurl their Banner: Don't tread on Us'", International Business Week, 11. Juni 1990, S. 48-49; Foust, Dean and Eric Schine, "Who's In Charge Here?", International Business Week, 19. März 1990, S. 26-27; Paefgen, Thomas Christian, "Kein Gift ohne Gegengift: Sortimentserweiterung in der Bereitschaftsapotheke gegen idiosynkratische Unternehmenskontrollwechsel", Die Aktiengesellschaft, Jg. 36, Nr. 6, 1991, S. 197.

[127] So zielten in den Jahren 1990 und 1991 *proxy contests* zunehmend darauf ab, vom Management eingesetzte prophylaktische Abwehrmaßnahmen gegen feindliche Übernahmeversuche wieder zu eliminieren. Bartlett, Sarah, "Proxy Fights an a Variety of Issues", New York Times, 12. März 1990, S. D9.

[128] White, James A., "Shareholder-Rights Movement Sways a Number of Big Companies", The Wall Street Journal, 4. April 1991, S. C1 und C16.

[129] In den Händen institutioneller Investoren befand sich zu Beginn der 90er Jahre Unternehmensvermögen in Höhe von etwa $1 Billion. Konfrontiert mit zunehmend restriktiveren *Antitakeover*-Gesetzen der einzelnen Bundesstaaten und dem drastischen Rückgang feindlicher Übernahmekämpfe, sahen sie in *proxy fights* das wirksamste Mittel, um ihre Interessen gegenüber dem Management durchzusetzen. Ein Verkauf der von ihnen gehaltenen Aktienpakete an den Börsen war nur noch schwer möglich, da aufgrund der Größe der Aktienpositionen jeder Verkauf nur mit Kursabschlägen durchführbar war. Norton, Rob, "Who Owns this Company Anyhow?", Fortune International, vol. 124, no. 3, 29. Juli 1991, S. 139-144.

Machtposition einnehmen als Angreifer in den *proxy fights* der 50er und 60er Jahre[130]. Bisweilen verfolgten die Angreifer auch eine zweigeteilte Strategie, die als *bid and proxy fight* bezeichnet wurde. Es wurde ein *proxy fight* angestrebt und zeitgleich ein Übernahmeangebot abgegeben. Ziel dieser Strategie war es, mittels des *proxy contest* einen Teil des *board of directors* neu zu besetzen, um mit Hilfe der neu gewählten Mitglieder die Zielgesellschaft zur Zustimmung zu bewegen, so daß das Übernahmeangebot nicht mehr als feindlich galt, Abwehrmaßnahmen und *Antitakeover Statutes* der Bundesstaaten nicht zum Zuge kamen und die hohen Kosten eines Übernahmekampfes vermieden wurden[131].

2. Hoher Anteil von *Leveraged Buyouts*

Leveraged buyouts als Übernahmeform waren bis zu Beginn der 80er Jahre ein eher seltenes Phänomen und betrafen, wenn überhaupt, nur kleinere Unternehmen. Zu Beginn der 80er Jahre wurden sie als Übernahmemedium zunehmend beliebter, bezogen sich aber noch immer sehr stark auf kleinere Gesellschaften. Nur selten überstiegen die einzelnen Transaktionen ein Volumen von $100 Millionen[132]. Dem Konzept der *leveraged buyouts* stand zu Beginn der 80er Jahre der Wunsch vieler Unternehmen gegenüber, sich von Unternehmensbereichen oder Tochtergesellschaften zu trennen, insbesondere von solchen, die während der letzten Übernahmewelle akquiriert worden waren, sich nicht optimal in die Unternehmen eingliedern ließen, aber aufgrund mangelnder Käufergruppen in den 70er Jahren auch nicht zu veräußern gewesen waren. Ab dem Jahr 1983 begannen *leveraged buyouts* daher eine bedeutendere Rolle bei den Unternehmensübernahmen zu spielen.

Dabei stieg ihr Anteil am Transaktionsvolumen wesentlich stärker als ihre rein zahlenmäßige Beteiligung am Übernahmegeschäft. Ursächlich dafür waren mehrere Faktoren. Die Zahl der *going private transactions*, das heißt die Überführung einer börsennotierten Gesellschaft in ein Unternehmen in privater Hand mittels eines *leveraged buyout*, stieg ab 1984 an. Hinzu kam, daß bei eben diesen Transaktionen häufiger ein Volumen von mehr als $100 Millionen erreicht wurde. Auch gab es erstmals im Jahr 1983, und in den Folgejahren dann häufiger, *leveraged buyouts* mit einem Umfang von mehr als $1 Milliarde. Gleichwohl ist zu vermerken, daß der Schwerpunkt der *leveraged buyouts* bei kleineren Transaktionen lag, häufig ausgelöst durch Veräußerungen von Tochtergesellschaften oder Unternehmensdivisionen[133].

---

[130] Ein Beispiel dafür ist der Fall der Firma Lockheed. Unterstützt von institutionellen Investoren, gelang es dem Angreifer Harold Simmons, drei Direktorenposten neu zu besetzen, obwohl er die vorangegangene Kampfabstimmung verloren hatte. Daneben ging das Management auf vier Forderungen des angreifenden Bündnisses ein. Fromson, Brett Duval, "The Big Owners Roar", Fortune International, vol. 122, no. 3, 30. Juli 1990, S. 122-126; Wartzman, Rick und Frederick Rose, "Lockheed's Management Claims Victory, Simmons Insist Battle 'Too Close to Call'", The Wall Street Journal, 30. März 1990, S. A2.

[131] Smith, Randall; "Storming the Barricades With a Proxy", The Wall Street Journal, 10. Mai 1990, S. C1 und C17; Smith Randall und David B. Hilder, "Raiders, Shorn of 'Junk', Gird for Proxy Fights", The Wall Street Journal, 7. März 1990, S. C1 und C2.

[132] Ferenbach, Carl, "In Praise of the Leveraged Buyout", Wall Street Journal, 31. Mai 1984, S. 30.

[133] Yago, Glenn, "LBOs, UFOs and Corporate Perestroika", The Wall Street Journal, 19. Juli 1989, S. A14; Braun, Leveraged Buyouts, S. 49-51.

Übersicht 4:	Die Entwicklung von *leveraged buyouts* in den Jahren 1980 bis 1990		
Jahr	Anzahl der Transaktionen	Wert der Transaktionen in Mrd. $	Wachstum gegenüber dem Vorjahr in Prozent
1980	11	0,236	
1981	100	3,870	1539,8%
1982	164	3,452	-10,8%
1983	231	4,519	30,9%
1984	254	18,718	314,2%
1985	255	19,670	5,1%
1986	337	45,160	129,6%
1987	279	36,228	-19,8%
1988	384	71,868	98,4%
1989	381	42,115	-41,4%
1990	254	16,022	-62,0%
Quelle:	M&A Database[134]		

Es waren verschiedene Faktoren, die die Entwicklung von *leveraged buyouts* begünstigten. Wie schon erwähnt, strebten konglomerate Konzerne danach, sich von Tochtergesellschaften und Unternehmensteilen zu trennen. Darüber hinaus wurde die Entwicklung von der Nachfrageseite dadurch angetrieben, daß LBO-Sponsoren aggressiv nach geeigneten *buyout*-Kandidaten suchten und mit diesem Anliegen direkt an die Konzerne herantraten[135]. Auch war das wirtschaftliche Umfeld für *leveraged buyouts* optimal. Es gab keine Rezession, die Kurse am Aktienmarkt stiegen[136], und die Zinsen waren stabil und relativ niedrig[137].

---

[134] MLR Publishing Company, M&A Database, abgedruckt in: U. S. Department of Commerce, Economics and Statistics Administration, Bureau of the Census, Statistical Abstracts of the United States, Washington, D.C., 1990, S. 534 und 1993, S. 543. Die Zahlen für die Jahre 1980 bis 1982 wurden dem Statistical Abstracts des Jahres 1990 entnommen, die der Jahre 1983 bis 1990 entstammen den Statistical Abstracts des Jahres 1993. Für einen besseren Vergleich wurde das Volumen des *leveraged buyout* von RJR Nabisco aus den Werten des Jahres 1989 heraus- und dem Jahr 1988 zugerechnet.

[135] Hill, G. Christian und John D. Williams, "Buyout Boom", Wall Street Journal, 29. Dezember 1983, S. 1 und S. 6.

[136] Die steigenden Kurse am Aktienmarkt erleichterten den Unternehmen Restrukturierungsmaßnahmen nach einem *leveraged buyout*. Für Unternehmensteile, die nach dem *leveraged buyout* zum Zwecke der Schuldentilgung veräußert werden mußten, ließen sich hohe Preise erzielen. Diese Tatsache trug erheblich zum anfänglichen Erfolg des *leveraged buyout* der Beatrice Cos. bei. Smith, Randall, "Planned Offer of Some Beatrice Assets Gives Look at Success of Most Leveraged Buyouts", The Wall Street Journal, 5. Juni 1987, S. 51; Johnson, Robert und Laurie P. Cohen, "Beatrice Buyout May Net Investors Fivefold Return", The Wall Street Journal, 4. September 1987, S. 5.

[137] Behof, Kathleen, "Rebirth of Leveraged Buyouts", Chicago Sun Times, 21. Februar 1989, S. 6.

Übersicht 5:	Die Entwicklung von *going privat transactions* in den Jahren 1982 bis 1991				
Jahr	Anzahl der *going private transactions*	Summe der gezahlten Kaufpreise in Millionen Dollar	Anzahl der Transaktionen mit einem Wert von mehr als $100 Millionen	Anzahl der Transaktionen mit einem Wert von mehr als $1 Milliarde	Durchschnittlich gezahlter Kaufpreis in Millionen Dollar
1982	31	2.836,7	11	0	91,5
1983	36	7.145,4	14	1	198,5
1984	57	10.805,9	26	0	415,6
1985	76	24.139,8	28	6	317,6
1986	76	20.232,4	29	4	281,0
1987	47	22.057,1	26	7	469,3
1988	125	60.209,6	57	10	487,4
1989	180	18.515,4	30	3	231,4
1990	20	3.539,9	8	1	177,0
1991	9	334,2	0	0	37,1
Quelle:	Merrill Lynch, MergerStat Review 1991, S. 75.				

Schließlich förderten die Investmentbanken ihre Entwicklung. Sie versuchten ab Mitte der 80er Jahre verstärkt, Fuß im Markt für hochverzinsliche Risikoanleihen zu fassen, ein Markt, der sich bis dahin zum größten Teil in den Händen von Drexel Burnham Lambert befand[138]. Um den Einstieg in das Emissionsgeschäft von *junk bonds* zu finden, waren Investmentbanken ab Mitte der 80er Jahre bereit, Überbrückungskredite bis zur Emission, sogenannte *bridge loans*, aus eigenen Mitteln zur Verfügung zu stellen[139]. Dieser Wettbewerb unter den Banken erleichterte und beschleunigte für Investoren die Durchführung von *leveraged buyouts*[140].
Die Jahre 1986 bis Anfang 1989 waren die intensivste Zeit in der Entwicklung der *leveraged buyouts*, sowohl zahlenmäßig als auch in bezug auf das Volumen der getätigten Abschlüsse. In dieser Zeit veränderte sich zunehmend die Struktur der durchgeführten Transaktionen. Die starke Nachfrage[141] nach *leveraged buyouts* seitens der Investoren und LBO-Sponsoren über-

---

[138] Welles, Chris und Christopher Farrell, "Now Drexel is Fighting On Two Fronts", International Business Week, 16. Februar 1987, S. 44-48.

[139] Bianco, Anthony, "Wall Street Is Solid - But Very Nervous", International Business Week, 12. Januar 1987, S. 78; Crossen, "Merger Activity Expected to Ease, Not Halt", S. 19B.

[140] Ein weiterer Grund für die Banken, aggressiv *bridge loans* zu vergeben, waren die hohen Renditen dieser Kredite, mit denen rückläufige Erlöse aus dem klassischen Geschäft, das heißt der Emission von Aktien und Schuldverschreibungen, kompensiert werden konnten. Zwischen Juni 1987 und Juni 1988 machten *bridge loans* dann bereits 12% der Übernahmefinanzierung aus. Innerhalb der Branche erregte dieser hohe Anteil aufgrund der damit verbundenen hohen Risiken Besorgnis. Ricks, Thomas E., "Bridge Loans Aid Major Takeovers, SEC Study Finds", The Wall Street Journal, 2. November 1988, S. C18.

[141] Die starke Nachfrage resultierte zum Teil aus den gut funktionierenden *leveraged buyouts* der frühen 80er Jahre. Als in den Jahren 1986 und 1987 viele dieser Firmen wieder an die Börse gingen, konnten deren Eigenkapitalgeber bisweilen Rekordgewinne realisieren. Anders, "Another Round: Many Firms Go Public Within a Few Years of Leveraged Buyouts", S. 1.

stieg die Zahl geeigneter Kandidaten, und so wurden gegen Ende dieses Zeitraumes auch Unternehmen einem *leveraged buyout* unterzogen, die die notwendigen Kriterien nicht mehr erfüllten, weil sie sich beispielsweise in einer kapitalintensiven, konjunkturabhängigen oder saisonalen Branche befanden[142]. *Cash flow*-Prognosen basierten auf der herrschenden guten wirtschaftlichen Lage und berücksichtigten Rezessionsgefahren zu wenig. Der Deckungsgrad der Zinsbelastung durch das Betriebsergebnis ging stark zurück[143], und die Erlöse aus dem Verkauf von Unternehmensteilen wurden von vornherein in die Schuldentilgung einbezogen[144]. Die Transaktionen wurden also zunehmend risikoreicher. Das Verhältnis des Kaufpreises zum prognostizierten *cash flow* stieg stark an, das heißt, es wurden zunehmend höhere Prämien für die Zielgesellschaften gezahlt[145]. Dabei zeigte sich, daß die Prämien dort, wo *junk bonds* als Finanzierungsmittel eingesetzt wurden, wesentlich höher ausfielen als bei Transaktionen, die auf diese Finanzierungsmittel verzichteten. Die Banken gingen dazu über, die Laufzeit der Tilgungspläne für den dinglich abgesicherten Teil der Kredite zu verkürzen. Dies führte zu einer Erhöhung des Risikos der Mezzanine Finanzierung, verringerten diese kürzeren Laufzeiten doch die Verhandlungsbereitschaft der Banken bei später auftretenden Schwierigkeiten, da sie einen Großteil ihrer Kredite dann schon zurückerhalten hatten. Auch wurde das Konzept des *strip financing*, das einen Interessenausgleich zwischen Eigenkapital- und Fremdkapitalgebern sichern sollte, zunehmend wieder aufgegeben[146]. Bisweilen nahmen *leveraged buyouts* sogar feindliche Züge an[147], das heißt, LBO-Sponsoren versuchten, die Transaktionen gegen den Willen des amtierenden Managements durchzuführen[148]. Die LBO-Boutique Kohlberg, Kravis & Roberts unternahm einen ersten Versuch dieser Art, als sie den Kauf von Kroger Co. für $4,6 Milliarden anstrebte, zog ihr Angebot jedoch später wieder

---

[142] Aufgrund der Vernachlässigung dieses Kriteriums schlug der *leveraged buyout* von Tracor, einem Unternehmen der investitionsintensiven Rüstungsindustrie, fehl. Der *leveraged buyout*, der im Jahr 1987 durchgeführt wurde, baute auf den Vorhersagen einer zu diesem Zeitpunkt boomenden Branche auf. Der prognostizierte *cash flow* stellte sich jedoch nicht ein, und das Unternehmen geriet 1989 in Schwierigkeiten, als sich abzeichnete, daß das Betriebsergebnis nicht zur Erfüllung der Zins- und Tilgungszahlungen ausreichen würde. Farrell u. a., "LBOs: The Stars, the Strugglers, the Flops", S. 46-48; Kelly, Kevin, "The Education of Bobby Inman", International Business Week, 18. Dezember 1989, S. 40; Spragins, Ellen; Oneal, Michael; Phillips, Steven und Wendy Zellner, "When Power Investors Call the Shots", International Business Week, 20. Juni 1988, S. 48-52.

[143] Dannen, Fredric, "LBOs: How Long can this go on?", Institutional Investor, vol. 11, no. 11, 1986, S. 155; Cohen, "Leveraged Buy-Outs Are Facing Downturn After Crash", S. 6; Farell u. a., "LBOs: The Stars, the Strugglers, the Flops", S. 48; Spragins u. a., "When Power Investors Call the Shots", S. 52.

[144] Diese Mittel wurden in der Regel zur Rückzahlung kurzfristiger Kredite eingeplant. Dadurch standen die Unternehmen unter dem Zwang, Unternehmensteile sehr schnell veräußern zu müssen, und liefen Gefahr, nicht die optimalen Preise erzielen zu können.

[145] Spragins, Ellyn E., "Leveraged Buyouts Aren't Just For Daredevils Anymore", International Business Week, 11. August 1986, S. 46.

[146] Stein, Jeremy, "What Went Wrong With the LBO Boom", The Wall Street Journal, 19. Juni 1991, S. A12.

[147] Feindliche *leveraged buyouts* sind besonders risikobehaftet. Es fehlt die Beteiligung des Managements, die bei traditionellen *leveraged buyouts* die Erfolgschancen deutlich erhöht, da die Detailkenntnisse der Führungskräfte eine genauere Prognose des für das Gelingen der Transaktion ausschlaggebenden *cash flow* zulassen.

[148] Salwen, Kevin G., "Investors Fret Over Possible LBO Curbs", The Wall Street Journal, 10. November 1988, S. C1.

zurück[149]. Zunehmend rückten vor allem bei den großen *leveraged buyouts* börsennotierter Unternehmen rein finanzwirtschaftliche Interessen in den Vordergrund. Unternehmen wurden im Rahmen eines *leveraged buyout* gekauft, die aufgenommene Verschuldung durch die Veräußerung von nicht betriebsnotwendigem Vermögen, Unternehmensteilen und Tochtergesellschaften so schnell wie möglich gesenkt und die so restrukturierte Gesellschaft innerhalb kurzer Zeit wieder veräußert oder an die Börse gebracht, um die Rendite für die Investoren, die ja erst bei einem Weiterverkauf der von ihnen gehaltenen Anteile realisiert wird, möglichst rasch zu erzielen[150]. Die hohen Renditen für die Eigenkapitalgeber und die immensen Gebühreneinnahmen der LBO-Sponsoren wiederum führten dazu, daß immer mehr neu gegründete LBO-Boutiquen und auch die großen Investmentbanken Morgan Stanley und Merrill Lynch in den Markt drängten und so die Nachfrage nach *leveraged buyout*-Kandidaten weiter verstärkten[151].

Der Börsenkrach des Jahres 1987 und der damit einhergehende kurzzeitige Einbruch am *junk bond* Markt konnten die expansive Entwicklung der *leveraged buyouts* nicht nachhaltig eindämmen[152], da die LBO-Sponsoren in den von ihnen aufgelegten Fonds noch ausreichend Mittel zur Verfügung hatten und somit den Markt von der Nachfrageseite her erneut belebten. Entgegen aller Erwartungen wurde das Jahr 1988 zu einem Rekordjahr für *leveraged buyouts*, zu dem Jahr mit den meisten und größten Transaktionen dieser Art überhaupt. Insgesamt kam es zu zehn *leveraged buyouts* mit einem Volumen von mehr als einer Milliarde Dollar, darunter auch dem des Nahrungsmittel- und Tabakkonzerns RJR Nabisco. Letztgenannte Transaktion erregte nicht nur wegen ihrer Größe, sondern auch wegen ihres feindlichen Charakters Aufsehen. Initiiert wurde der *leveraged buyout* vom Management der Gesellschaft unter Leitung von Ross Johnson. Nachdem dessen erstes überhastet abgegebenes Angebot[153] sehr niedrig war - es belief sich auf $75 pro Aktie oder umgerechnet $17 Milliarden - und sich das Managementteam weigerte, den Vorschlag von Kohlberg, Kravis & Roberts zur Zusammenarbeit anzunehmen, unterbreitete der LBO-Sponsor ein eigenes Angebot, dem sich ein mehrwöchiger Übernahmekampf anschloß. Nachdem der Übernahmepreis mehrmals deutlich erhöht worden war, entschloß sich das *board of directors*, dem Verkauf des Unternehmens an Kohlberg, Kravis & Roberts für $108 pro Aktie oder $24,8 Milliarden zuzu-

---

[149] Winter, Ralph E. und Gregory Strichhartchuk, "Kroger Rejects KKR Bid, Sticks to a Revamping", The Wall Street Journal, 10. Oktober 1988, S. A5; Strichhartchuk, Gregory, "KKR Ends Bid To Buy Kroger, Avoiding Fight", The Wall Street Journal, 12. Oktober 1988, S. A3; Smith, "Merger Boom Defies Expectations", S. R8.

[150] Die Firma Garden City wurde beispielsweise schon 14 Monate nach dem *leveraged buyout* an einen *employee stock ownership plan* weiter veräußert, das Unternehmen Budget Rent a Car sogar nach nur acht Monaten. Cohen, "Leveraged Buy-Outs Are Facing Downturns After Crash", S. 6.

[151] Bartlett, Sarah, "White Shoes and Blue Collars at Morgan Stanley", International Business Week, 20. Juni 1988, S. 44-45; Bartlett, "Power Investors", S. 40-45; Burrough; Helyar, Barbarians at the Gate, S. 150; Loomis, "Buyout King", S. 56.

[152] Behof, "Rebirth of Leveraged Buyouts", S. 6.

[153] Nachdem Ross Johnson dem *board of directors* den Vorschlag eines potentiellen *leveraged buyout* unterbreitet hatte, wollten die Direktoren noch am nächsten Tag eine Presseerklärung abgeben. Da in dieser ein Preis enthalten sein sollte, wurde noch in der Nacht von einigen wenigen Führungskräften und Investmentbankern eine Zahl festgelegt. Burrough; Helyar, Barbarians at the Gate, S. 4-9.

stimmen[154]. Der *leveraged buyout* verlief zunächst gut, ein großer Teil der Verschuldung konnte durch den Verkauf von Tochtergesellschaften und Unternehmensdivisionen aus dem Nahrungsmittelbereich rasch zurückgezahlt werden, und bis zum Jahr 1992 war es dem neuen Management unter der Leitung von Louis Gerstner schließlich gelungen, die ursprünglich aufgenommene Verschuldung von $24 Milliarden auf die Hälfte zu senken. Doch das bereits vor dem *leveraged buyout* bestandene grundsätzliche Problem, daß das Unternehmen im Zigarettenbereich laufend an Marktanteilen verlor, bestand 1993 noch immer[155].

Nach dem Boomjahr 1988 kam es im Jahr 1989 zu einem drastischen Rückgang der *leveraged buyout* Aktivitäten, insbesondere bei den großen Transaktionen. Dies hatte verschiedene Gründe. Die Mammuttransaktion von RJR Nabisco, deren Finanzierung zu Beginn des Jahres noch abgewickelt werden mußte, hatte so gut wie alle Mittel am *junk bond* Markt absorbiert. Das Investmenthaus Drexel Burnham Lambert, das sich zu diesem Zeitpunkt bereits mit Untersuchungen durch die Wertpapieraufsichtsbehörden konfrontiert sah[156], mußte noch weitere *junk bonds* in Höhe von $3 Milliarden aus der Transaktion am Markt plazieren. Zudem waren *leveraged buyouts* durch die riesigen Transaktionen des vergangenen Jahres zu einem politisch umstrittenen Thema geworden. Anfang des Jahres 1989 waren insgesamt neun *hearings* vor verschiedenen *committees* des Kongresses geplant[157]. Investoren verhielten sich aufgrund dieser Entwicklung und eventuell drohenden Einschränkungen erst einmal abwartend. Im weiteren Verlauf des Jahres wurden aufgrund des Einbruchs am *junk bond* Markt[158] und einer sich abzeichnenden Rezession kaum mehr umfangreiche *leveraged buyout* Transaktionen abgeschlossen[159], eine Entwicklung, die sich in den Folgejahren noch verstärkt fortsetzen sollte[160]. Auch zeichnete sich ab, daß sich unter den abgeschlossenen Transaktionen der

---

[154] Eine genaue Darstellung der Hintergründe und internen Abläufe des Übernahmekampfes findet sich bei Burrough; Helyar, Barbarians at the Gate; Anders, Merchants of Debt, S. 126-130; Saporito, "How Ross Johnson Blew the Buyout", S. 134-150.

[155] Zur Entwicklung nach dem *leveraged buyout* s. Dobrzynski, Judith H., "Running the Biggest LBO", International Business Week, 2. Oktober 1989, S. 54-59; Anders, George, "KKR, Basking in RJR Recovery, Is Back on the Buy-Out Offense", The Wall Street Journal, 29. April 1991, S. C1 und C19; Zinn, Laura; Wadekar-Bhargawa, Sunita und Maria Mallory, "The RJR Nabisco He's Leaving Behind", International Business Week, 5. April 1993, S. 34; Hammonds, Keith, "RJR Nabisco Splits Tobacco and Food", International Business Week, 15. März 1993, S. 32; Light, Larry; Zinn, Laura und Maria Mallory, "Secondhand Smoke at RJR Nabisco", International Business Week, 3. Mai 1993, S. 70-71.

[156] Diese Untersuchungen standen in keinem direkten Zusammenhang mit der Tätigkeit Drexel Burnham Lamberts als Emittent von *junk bonds* bei Unternehmenskäufen und *leveraged buyouts*. Vielmehr ging es um Anschuldigungen gegen einzelne Mitarbeiter des Unternehmens im Zusammenhang mit illegalen *insider trading* Geschäften. Levine, Dennis B., "The inside story of an inside trader", Fortune International, vol. 121, no. 11, 21. Mai 1990, S. 60-67.

[157] Anders, George, "LBO Backers Marshal Data To Fight Critics", The Wall Street Journal, 23. Januar 1989, S. C1; Smith, Randall, "Takeover Fever Cools As Hearings Begin", The Wall Street Journal, 25. Januar 1989, S. C1.

[158] Besonders betroffen vom Zusammenbruch des *junk bond* Marktes waren die *leveraged buyouts*, bei denen bestehende *bridge loans* durch die Emission von *junk bonds* refinanziert werden sollten, die Papiere jedoch aufgrund des Marktzusammenbruchs dort nicht mehr plaziert werden konnten. Christie, Rich und Robert Johnson, "West Point-Pepperell Winds Up in Limbo", The Wall Street Journal, 21. Februar 1990, S. A8; Smith, "After the Ball", S. 41.

[159] Smith, "Takeover Explosion of the Mid-1980s Is Being Overtaken by Junk-Bond Woes", S. A2.

[160] Bis zum Jahr 1991 war es für die LBO-Sponsoren so schwierig geworden, geeignete Zielunternehmen zu finden, daß eine dieser Firmen, Adler & Shaykin, sich genötigt sah, die Mittel eines von ihr aufgelegten

letzten Zeit mehr Problemfälle befanden. Von den Unternehmen, die zu Beginn und Mitte der 80er Jahre einen *leveraged buyout* durchgeführt hatten, mußten nur wenige Konkurs oder Vergleich anmelden[161]. Nach 1989 gerieten jedoch immer mehr Unternehmen nach einem *leveraged buyout* in Schwierigkeiten[162]. Daher stand Fremdkapital in großem Umfang für neue Transaktionen fast nicht mehr zur Verfügung, und rein finanzorientierte Anleger zogen sich zunehmend vom Markt zurück. *Buyouts* wurden auch zu Beginn der 90er Jahre noch durchgeführt, allerdings veränderte sich die Struktur der Transaktionen erheblich. Käufer waren strategisch orientierte Investoren, die sich auf den Kauf kleiner und mittlerer Unternehmen konzentrierten. Der Anteil der Mezzanine Finanzierung ging deutlich, zugunsten höherer Eigenkapitalbeträge und konventioneller Darlehensfinanzierung durch die Banken, zurück. Diese achteten darauf, daß Zins- und Tilgungszahlungen allein durch den *cash flow* abgedeckt und Vermögensverkäufe dazu nicht zwingend notwendig waren[163]. Auch änderten LBO-Sponsoren im Jahr 1991 ihre Strategie und gingen dazu über, sich mehr in Form von Aktienpaketen an Unternehmen zu beteiligen und seltener ganze Firmen zu kaufen[164]. Viele nutzten darüber hinaus die inzwischen wieder gestiegenen Kurse am Aktienmarkt, um Firmen, bei denen sie einen *leveraged buyout* durchgeführt hatten, wieder an die Börse zu bringen[165].

III. Vergleich mit vorangegangenen Übernahmewellen

1. Gemeinsamkeiten

Die Übernahmewelle der 80er Jahre weist verschiedene Gemeinsamkeiten zu den vorangegangenen Perioden gehäufter Übernahmetätigkeit auf, unterscheidet sich andererseits aber auch sehr stark von diesen. So wiesen alle Übernahmewellen Gemeinsamkeiten hinsichtlich des makroökonomischen Umfeldes auf. Sie waren stets begleitet von einem wirtschaftlichen Aufschwung und einem starken Kursanstieg an den Aktienmärkten. Ihr Verschwinden ging jedes-

---

Fonds wieder an die Investoren auszuschütten, nachdem das Unternehmen fast drei Jahre lang keinen *leveraged buyout* abgeschlossen hatte. Anders, George, "Buy-Out Fund Investors Want Money Back", The Wall Street Journal, 11. Dezember 1991, S. A3 und A8.

[161] Jensen, Michael C., "Is Leveraged an Invitation to Bankruptcy", The Wall Street Journal, 1. Februar 1989, S. A14.

[162] Smith, Randall, "Wall Street Take Tough Line on Leveraged Companies", The Wall Street Journal, 7. Februar 1990, S. C1; Stein, "What Went Wrong With the LBO Boom", S. A12.

[163] Anders, George, "KKR Boosts Takeover War Chest By an Additional $1,5 Billion", The Wall Street Journal, 21. Mai 1991, S. C1 und C16; Gupta, "Venture Capital Funds Are Expected to Rise Sharply", S. B2; o. V., "Are Leveraged Deals Ready to Rebound From the Doldrums?", Mergers & Acquisitions, vol. 27, no. 1, Juli/August 1992, S. 19-22.

[164] Anders, "Buy-Out Fund Investors Want Money Back", S. A8; Smith, Randall, "Leveraged Buy-Out Funds Settle For Minority Stakes These Days", The Wall Street Journal, 11. September 1991, S. C1 und C21.

[165] Smith, Randall, "LBO-Funds Offer Slices of Healthiest Firms to Public", The Wall Street Journal, 22. März 1991, S. C1.

mal einher mit einer Rezession. Sie wurden begünstigt durch Innovationen auf den Finanz- und Wertpapiermärkten[166] oder durch die Entwicklung neuer Theorien[167]. Mit den beiden ersten Übernahmewellen der amerikanischen Wirtschaftsgeschichte hat diejenige der 80er Jahre die ausgesprochen aggressive Rolle der Investmentbanken gemein[168]. Diese Aggressivität zeigt sich in den 80er Jahren in zweierlei Hinsicht. Die Banken waren zunehmend bereit, auch feindliche Übernahmen zu unterstützen, und sie gaben sich nicht länger mit der über einen langen Zeitraum hin eingenommenen Rolle eines Beraters zufrieden, der von einer Gesellschaft, die eine Übernahme plant oder sich gegen ein feindliches Übernahmeangebot zu wehren versucht, angerufen und dann tätig wird[169]. Vielmehr agierten sie, wie in den 20er Jahren, als Initiatoren, das heißt, sie suchten selbst nach potentiellen Zielgesellschaften. Anschließend boten sie diese Unternehmen dann ihren Kunden als mögliche Akquisitionsobjekte an[170], oder aber sie brachten die von ihnen evaluierten Zielgesellschaften 'ins Spiel', indem sie diese öffentlich als potentielle Übernahmekandidaten nannten[171].

Wie schon in den 20er Jahren waren Grund für diese Eigeninitiative und Aggressivität der Banken die Höhe[172] und Struktur der vereinnahmten Gebühren[173]. Zum einen waren die im

---

[166] In den 20er Jahren waren es die Investmentfonds, die eine breite Kapitalbasis erschlossen, in den 80er Jahren die *junk bonds*, die genügend Mittel für die Fremdkapitalfinanzierung aufbrachten.

[167] Die Entwicklung der Portfoliotheorie in den 50er und 60er Jahren trug nicht unwesentlich dazu bei, daß die Führungskräfte von Unternehmen ihre Diversifizierungsbestrebungen massiv vorantrieben. Cooke, Mergers and Acquisitions, S. 19-20.

[168] Wie bereits im ersten Kapitel dargelegt, gingen die Übernahmen der 50er und 60er Jahre in der Regel von den Führungskräften der betroffenen Unternehmen aus. Die Investmentbanken beschränkten sich dabei auf ihre Rolle als Berater und Financier. Bei den Übernahmewellen um die Jahrhundertwende und in den 20er Jahren hingegen betätigten sich die Investmentbanken, wie auch in den 80er Jahren, sehr stark als Initiatoren.

[169] Bis in die 70er Jahre hinein spielten die Investmentbanken eine größtenteils passive Rolle bei Übernahmen. Sie waren als Emissionsbank tätig und wurden engagiert, um Käufer für im Rahmen von Übernahmen neu ausgegebenen Aktien oder Schuldverschreibungen zu finden. Davidson, Kenneth M., Megamergers, Cambridge, 1985, S. 14.

[170] Hoffman, The Dealmakers, S. 93; Ehrbar, Aloysius, "Have U. S. Takeovers Gone to Far", Fortune International, vol. 111, no. 11, 27. Mai 1985, S. 16.

[171] So geschehen beispielsweise im Falle der Beatrice Cos. Diese wurde von Bruce Wasserstein, Co-Leiter der Abteilung für *mergers & acquisitions* von First Boston, als mögliche Zielgesellschaft publik gemacht. Als potentielle Zielgesellschaft auf den Markt gebracht, akzeptierte Beatrice Cos. schließlich ein Angebot von Kohlberg, Kravis & Roberts für einen *leveraged buyout*. Stewart, James B. und Daniel Hertzberg, "The Deal Makers: Investment Bankers Feed a Merger Boom and Pick Up Fat Fees", The Wall Street Journal, 2. April 1986, S. 1 und S. 16; Salwen, "Investors Fret Over Possible LBO Curbs", S. C1.

[172] Die Banken rechtfertigten die hohen Gebühren durch entgangene potentielle Gewinne aus Arbitragegeschäften. Normalerweise spekulieren die Arbitrageabteilungen der Investmentbanken mit den Aktien potentieller oder tatsächlicher Ziel- oder Übernahmegesellschaften. Wird eine Bank als Berater der Ziel- oder Übernahmegesellschaft tätig, dann ist ihre Arbitrageabteilung gemäß den Regeln der *Securities and Exchange Commission* verpflichtet, ihre Spekulationstätigkeit in den Aktien der beteiligten Unternehmen sofort einzustellen. Petre, Peter, "Merger Fees that Bend the Mind", Fortune International, vol. 113, no. 2, 20. Januar 1986, S. 19.

[173] Die Investmentbanken orientierten sich bei den Gebührenverhandlungen häufig an der von Morgan Stanley im Jahre 1984 eingeführten Gebührenstruktur. Diese band die in Rechnung gestellten Gebühren prozentual an das Übernahmevolumen und löste die bis dahin verwendete sogenannte Lehman-Formel, benannt nach dem Investmenthaus Lehman Brothers, ab. Die Lehman-Formel brachte den Banken gute Einnahmen bei kleineren Übernahmen, bis etwa $25 Millionen, erschien Morgan Stanley aber bei umfangreicheren Trans-

Übernahmegeschäft zu erzielenden Gebühren enorm[174], zum anderen bestand eine hohe Diskrepanz zwischen den Gebühreneinnahmen im Falle einer erfolgreichen Übernahme oder eines erfolgreichen Zusammenschlusses und den Einnahmen bei einer nicht geglückten Transaktion[175]. Dies wirkte sich besonders drastisch bei feindlichen Übernahmen mit mehreren Bietungsgesellschaften aus. Die beratende Bank der Gesellschaft, der letztendlich die Übernahme gelang, erhielt ein Vielfaches der Gebühreneinnahmen jener Bank, die eine nicht erfolgreiche Bietungsgesellschaft beriet[176]. Es ist daher nicht verwunderlich, daß Investmentbanken ein aggressives Marketing ihrer Dienstleistungen betrieben[177]. Dort, wo sie die Zielgesellschaft vertraten, versuchten sie, den Kaufpreis möglichst weit nach oben zu treiben, und im Falle einer feindlichen Übernahme wirkten sie vehement darauf hin, daß die von ihnen betreute Bietungsgesellschaft den Übernahmekampf gewann. Sie trugen, wie ihre Vorgänger um die Jahrhundertwende und in den 20er Jahren, nicht unwesentlich dazu bei, daß die Übernahmewelle der 80er Jahre eine gewisse Eigendynamik entwickelte und daß Transaktionen teilweise

---

aktionen als nicht mehr geeignet. Nach der von ihnen entwickelten Struktur wurde bei Transaktionen zwischen $100 Millionen und $500 Millionen ein Prozent des Übernahmevolumens berechnet, bei Übernahmen ab $500 Millionen ein halbes Prozent und bei Transaktionen ab einer Milliarde Dollar 0,4 Prozent. Bei Transaktionen unter $100 Millionen beliefen sich die Gebühren auf ein bis zwei Prozent, wobei der Gebührensatz mit abnehmender Größe stieg. Durch diese prozentuale Kopplung der Gebühreneinnahmen an das Übernahmevolumen brachten vor allem umfangreiche Fusionen und Übernahmen den Banken gute Erträge und machten Übernahmen zu einem ausgesprochen lukrativen Geschäftsfeld. Madrick, Taking America, S. 28; Petre, "Merger Fees that Bend the Mind", S. 19.

[174] Durch die prozentuale Anbindung der Gebühren an das Übernahmevolumen entstanden für die Banken bei einzelnen Transaktionen schnell Einnahmen in Millionenhöhe. So erhielten bei der Übernahme von Conoco durch DuPont die beiden beteiligten Investmenthäuser, First Boston und Morgan Stanley, zusammen Gebühren in Höhe von $29 Millionen. Bei der Übernahme von Marathon Oil durch die United States Steel Corp. bekamen Goldman Sachs und First Boston insgesamt $27,4 Millionen, und bei der Übernahme von Gulf durch Chevron teilten sich die beteiligten Banken, Morgan Stanley, Salomon Brothers und Merrill Lynch, Einnahmen in Höhe von etwa $63,1 Millionen. Im *leveraged buyout* von Beatrice Cos. erhielt Kohlberg, Kravis & Roberts allein $40 Millionen und die beteiligten Investmentbanken, Lazard Freres und Salomon Brothers, jeweils $8 Millionen. Diese Entgelte bezogen sich dabei nur auf die Beratungsleistung bei den Fusionen oder Übernahmen und beinhalteten noch nicht die Gebühren für die Leistung beim Arrangement der Finanzierung. Steyer, Robert, "U. S. Deals of the Year", Fortune International, vol. 107, no. 2, 24. Januar 1983, S. 49; Meadows, "Deals of the Year", S. 37; Steinbreder, "U. S. Deals of the Year", S. 97; Williams, John D., "Kohlberg Kravis to Get $45 Million in Fee if its Purchase of Beatrice is Completed", The Wall Street Journal, 19. März 1986, S. 5; Wiener, "Deals of the Year", S. 57.

[175] So bekam First Boston für seine Beratungs- und Finanzierungsleistung für Santa Fe International in deren *merger* mit Kuwait Petroleum Gebühren in Höhe von $2,5 Millionen. Wäre der Zusammenschluß nicht zustande gekommen, hätte First Boston nur $250.000 vereinnahmen können. Bei der Übernahme von Houston National Gas durch InterNorth erhielt Lazard Freres von der Zielgesellschaft $7 Millionen an Gebühren, im Falle eines Scheiterns der Transaktion wäre es nur eine Million gewesen. Meadows, "Deals of the Year", S. 36; Petre, "Merger Fees that Bend the Minds", S. 19.

[176] Beim Übernahmekampf um die Ölgesellschaft Conoco vertrat Merrill Lynch den erfolglosen *raider* Mobil und erhielt eine Gebühr in Höhe von einer Million Dollar. Die erfolgreiche Bietungsgesellschaft DuPont wurde von First Boston vertreten und zahlte an diese $14 Millionen. Hoffman, The Dealmakers, S. 146.

[177] So verfolgte beispielsweise die Abteilung für *mergers & acquisitions* des Investmenthauses First Boston die Strategie, bei jeder großen Transaktion beteiligt zu sein, auch wenn die Dienstleistungen des Investmenthauses von den ursprünglich beteiligten Unternehmen nicht nachgefragt worden waren. Petre, "Merger Fees that Bend the Minds", S. 17.

nur deshalb getätigt wurden, weil sie von außenstehenden *financial promoters* initiiert worden waren.

2. Unterschiede

Jedoch unterschied sich die Übernahmebewegung der 80er Jahre auch in mehrfacher Hinsicht von ihren Vorgängerinnen. Im Gegensatz zu den vorangegangenen Übernahmewellen, in denen als Hauptzahlungsmittel Aktien, Vorzugsaktien oder Wandelschuldverschreibungen verwendet worden waren[178], wurde der größte Teil der Übernahmen der 80er Jahre durch Barzahlungen getätigt[179]. Auch wurden neue Transaktionsformen verwendet. *Tender offers* wurden in den ersten beiden Übernahmewellen nicht, in den 60er Jahren kaum als Übernahmemechanismus angewandt, *leveraged buyouts* waren bis in die 60er Jahre gänzlich unbekannt und wurden auch dann nur bei kleinen Unternehmen, typischerweise um Nachfolgeprobleme zu lösen, durchgeführt. In den 80er Jahren hingegen hatten sich diese beiden Formen als Transaktionsmechanismus fest etabliert. Im Vergleich zu den Übernahmen der 60er Jahre zeigt sich, daß den Aktionären der Zielgesellschaft in den 80er Jahren wesentlich höhere Prämien gezahlt wurden. Während der konglomeraten Übernahmewelle der 60er Jahre lagen die gezahlten Preise durchschnittlich um 10-20 Prozent über den Börsenkursen[180]. Ende der 70er Jahre änderte sich dies, und die gezahlten Prämien stiegen während der 80er Jahre auf durchschnittlich 30 Prozent an, lagen teilweise aber auch weit darüber[181]. Ursächlich für die höheren Prämien war die Zunahme feindlicher Übernahmeversuche. Die sich an solche Versuche in der Regel anschließenden Bietungskämpfe mit mehreren potentiellen Käufern trieben die Preise für die betreffende Zielgesellschaft wie auch für folgende Übernahmen in der gleichen Branche nach oben.

Die verschiedenen Übernahmewellen unterschieden sich auch sehr stark hinsichtlich der zugrunde liegenden Strategien. Während die Übernahmen der früheren Wellen hauptsächlich aus produktions- und absatzpolitischen Bewegungen heraus getätigt wurden, das heißt, um eine Monopolstellung zu erreichen, eine vertikale Integrationsstruktur zu entwickeln oder um Größenvorteile, Rationalisierungs- oder Synergieeffekte zu verwirklichen, setzte sich in den 80er Jahren immer mehr die Übernahme als reine Finanztransaktion durch. Im direkten Vergleich der Übernahmen der 60er und 80er Jahre läßt sich zeigen, daß bei den Unternehmenskäufen der 80er Jahre häufig versucht wurde, die Ergebnisse der vorangegangenen Übernahmewelle wieder rückgängig zu machen, das heißt, es wurde eine genau entgegengesetzte

---

[178] Gilson, The Law and Finance of Corporate Acquisitions, S. 26-27.

[179] Ravenscraft, David J., "The 1980s Merger Wave: An Industrial Organization Perspective", in: Browne, Lynn E. und Eric Rosengren, Hrsg., The Merger Boom, Proceedings of a Conference Held in October 1987, New Hampshire, 1987, S. 28-29.

[180] Gilson, The Law and Finance of Corporate Acquisitions, S. 28; Meyerson, Adam, "Merger Mania and High Takeover Premiums", The Wall Street Journal, 20. Juli 1981, S. 16.

[181] Zur Entwicklung der über die Börsenkurse hinaus gezahlten Prämien s. Ausführungen in Kapitel 4, Abschnitt I.1 und 2.

Strategie verfolgt. Die *takeovers* der 60er Jahre waren geprägt von der Vorstellung, daß sich Synergieeffekte in so gut wie jedem Bereich und auch bei Unternehmen aus verschiedensten Branchen verwirklichen ließen. Die Übernahmen der 80er Jahre hingegen basierten häufig auf der These, daß die Summe der Einzelteile mehr wert sei als das konglomerate Ganze. So war die Übernahmewelle der 80er Jahre durch Käufer geprägt, die eine Unternehmung kauften, um verschiedene, nicht zum Kerngeschäft gehörende Unternehmensdivisionen und Tochtergesellschaften rasch zu verkaufen, da deren eigenständiger Marktwert und demzufolge der zu erzielende Verkaufserlös höher eingeschätzt wurde als ihr Wert im integrierten Ganzen.

IV. Abwehrmaßnahmen

Ein besonderes Charakteristikum der Übernahmen der 80er Jahre war die wachsende Beliebtheit feindlicher Übernahmeversuche, das heißt tatsächlicher oder versuchter Unternehmenskäufe gegen den Willen des amtierenden Managements. Gegen solche Übernahmeversuche sind in den Vereinigten Staaten, im Gegensatz zur Bundesrepublik Deutschland, kaum gesetzliche und historisch gewachsene Schutzmechanismen vorhanden[182]. Deswegen mußte diese Entwicklung zwangsläufig Defensivstrategien zur Folge haben[183]. Diese differieren zwar stark hinsichtlich Form und Ausprägung, ihre generelle Intention ist es jedoch, das eigene Unternehmen in eine unattraktive Zielgesellschaft zu verwandeln, um so den Angreifer von einer Übernahme abzuhalten. Abwehrmaßnahmen können einerseits darauf abzielen, die Übernahme ganz zu vereiteln, indem Vorschriften erlassen werden, die die Abwicklung stark verkomplizieren und extrem verteuern, andererseits aber auch nur eine Verzögerung zum Ziel haben, um dem Management Zeit zu geben, nach einem ihm freundlich gesonnenen Käufer zu suchen. Dabei lassen sich die gewählten Vorgehensweisen grob in zwei Gruppen einteilen. Dies sind zum einen prophylaktische Schritte, die ergriffen werden, ohne daß das Unternehmen bereits Ziel eines Übernahmeversuches ist, und die verhindern sollen, daß es zu einem solchen wird, und zum anderen Maßnahmen, die erst dann zum Zuge kommen, wenn bereits eine nicht gewollte Übernahmeofferte vorliegt. Eine scharfe Trennung zwischen den

---

[182] Weimar, Robert und Jürgen H. Breuer, "International verwendete Strategien der Abwehr feindlicher Übernahmeversuche im Spiegel des deutschen Aktienrechts", Betriebs-Berater, Jg. 46, Nr. 33, 30. November 1991, S. 2312-2321. Das deutsche Aktiengesetz bietet Aktiengesellschaften einen wesentlich besseren Schutz vor feindlichen Übernahmen als das amerikanische Rechtssystem den dort ansässigen Unternehmen. Auch stellen ein Interessenausgleich durch das gegenseitige Halten umfangreicher Aktienpakete innerhalb von Industrieunternehmen, Aufsichtsratmandate in Händen der Banken und das Depotstimmrecht und die damit einhergehende Interessenbündelung Rahmenbedingungen dar, die in der Bundesrepublik einen zusätzlichen Schutzmechanismus gegen feindliche Übernahmeofferten bilden, so daß es hier der Entwicklung eigener Abwehrmechanismen nicht in derart umfangreichem Maße bedarf. Winkeljohann, Norbert und Peter Brock, "Den besten Schutz vor ungebetenen Interessenten bietet nach wie vor die langfristige Loyalität der Aktionäre", Handelsblatt, 7. Dezember 1992, S. 18.

[183] Ehrlich, Elizabeth und James P. Norman, "Getting Rough With the Raiders", International Business Week, 27. Mai 1985, S. 24-26.

beiden Gruppen ist nicht immer möglich, da es Maßnahmen gibt, die sowohl im Vorfeld als auch während eines laufenden Übernahmekampfes ergriffen werden können. Allen Defensivstrategien ist gemein, daß sie mehr oder weniger stark umstritten sind. Befürworter von Abwehrstrategien sehen in *hostile takeovers* eine effizienzhemmende Entwicklung, die Führungskräften eine Fokussierung auf die kurzfristige Gewinn- und Kursentwicklung aufzwingt und somit die langfristige Unternehmensentwicklung gefährdet. Mechanismen zur Vereitelung feindlicher Übernahmen werden von ihnen daher begrüßt. Kritiker, dies sind selbstverständlich die Angreifer selbst, häufig aber auch Volkswirte, sehen in den Abwehrmechanismen eine Beeinträchtigung des Marktes für Unternehmenskontrolle und damit ein effizienzhemmendes Instrumentarium und plädieren für ihre Limitierung. Auch die Aktionäre der Zielgesellschaften, die sich bei durch Abwehrmaßnahmen vereitelten *takeovers* um ihre in diesen regelmäßig gezahlten Prämien betrogen sehen, wehrten sich bisweilen gegen die von ihren Unternehmen implementierten Defensivstrategien. Deswegen mußten sich in den 80er Jahren immer wieder Gerichte mit der Zulässigkeit von Abwehrmechanismen beschäftigen[184].

1. Die *business judgment rule* als Maßstab für die Rechtmäßigkeit gewählter Abwehrmechanismen

Form und Ablauf eines *tender offer* werden durch den *Williams Act* gesetzlich festgelegt. Für Abwehrmaßnahmen hingegen findet sich keine einheitliche gesetzliche Regelung auf Bundesebene. Vielmehr ist ihre Reglementierung den einzelstaatlichen gesellschaftsrechtlichen Bestimmungen unterworfen. Das Fehlen einer einheitlichen rechtlichen Grundlage für Abwehrmaßnahmen und die daraus resultierende Dichotomie der Zuständigkeiten für die Abgabe eines *tender offer* auf Bundesebene und Abwehr desselben auf einzelstaatlicher Basis führten dazu, daß die Zulässigkeit von Verteidigungsstrategien im wesentlichen durch die Gerichte festgelegt wurde. Diese orientieren sich bei der Überprüfung unternehmerischer Entscheidungen grundsätzlich an der sogenannten *business judgment rule*[185]. Nach dieser

---

[184] Die Gerichte wurden dabei von allen beteiligten Parteien angerufen. An der Realisierung von Übernahmeprämien interessierte Aktionäre klagten mit der Begründung, das Management würde Firmenmittel für die Implementierung teurer Abwehrmaßnahmen verschwenden. Minderheitsaktionäre klagten, weil sie ihre Interessen vom Management der Zielgesellschaft nicht ausreichend vertreten sahen. Angreifer klagten, weil sie die Abwehrmaßnahmen generell als nicht legitimes Mittel betrachteten.

[185] Zum Begriff und Inhalt der *business judgment rule* s. Ajemian, Robert Bruce, "Outside Directors and the Modified Business Judgment Rule in Hostile Takeovers: A New Test for Director Liability", <u>Southern California Law Review</u>, vol. 62, no. 2, 1989, S. 651-653; Block, Dennis J.; Barton, Nancy E. und Stephen A. Radin, <u>The Business Judgment Rule</u>, Englewood Cliffs, 1989, S. 8-23; Frank, William P. und Allen Moreland, "Unternehmerisches Ermessen des Vorstands bei feindlichen Übernahmeversuchen: die Time-Entscheidung", <u>Recht der internationalen Wirtschaft</u>, Jg. 35, Nr. 10, Oktober 1989, S. 762-763; Lowenstein, Mark J., "Toward an Auction Market for Corporate Control and the Demise of the Business Judgment Rule", <u>Southern California Law Review</u>, vol. 63, no. 1, 1989, S. 70-78; Schiessl, Maximilian, "Neue Erfahrungen mit Unternehmenskäufen und Unternehmensübernahmen in den USA", <u>Recht der internationalen Wirtschaft</u>, Jg. 34, Nr. 7, 1988, S. 523-524; Wander, Herbert S. und Alain G. LeCoque, "Boardroom Jitters: Corporate

Doktrin[186] werden vom Management getroffene Entscheidungen inhaltlich von den Gerichten nicht überprüft, wenn die Führungskräfte sie gut informiert[187], nach sorgfältiger Prüfung und in dem guten Glauben, im besten Interesse der Aktionäre zu handeln, treffen[188]. Solange von

---

Control Transactions and Today's Business Judgment Rule", The Business Lawyer, vol. 42, no. 1, 1986, S. 29-30.

[186] Die *business judgment rule* ist keine gesetzlich verankerte Regelung auf Bundesebene. Sie ist vielmehr eine aufgrund der *common law* entwickelte Doktrin zur Beurteilung der Rechtmäßigkeit von Entscheidungen des Managements. Dabei wurde sie von verschiedenen Gerichten der Einzelstaaten unterschiedlich entwickelt. Auf ihr basierende Entscheidungen können deshalb im Einzelfall variieren. Entscheidend geprägt wurde ihre Entwicklung von den Gerichten in den Bundesstaaten Delaware und New York. Seit einigen Jahren bemühen sich das Gesellschaftsrechtkomitee der Abteilung *Corporation, Banking and Business Law* der amerikanischen Anwaltskammer und das *American Law Institut* um eine Kodifizierung der *business judgment rule*. Zur Entwicklung und Auslegung der *business judgment rule* s. Balotti, R. Franklin und James J. Hanks, "Rejudging the Business Judgment Rule", The Business Lawyer, vol. 48, no. 4, 1993, S. 1337-1353; Block; Barton; Radin, The Business Judgment Rule, S. 4-26; Trockels, Friedrich, "'Business Judgment Rule' and 'Corporate Takeovers'", Die Aktiengesellschaft, Jg. 35, Nr. 4, 1. April 1990, S. 139-144.

[187] Ein sehr drastisches Fallbeispiel für die Nichterfüllung dieser Voraussetzung ist die Übernahme der Trans Union Corp., einem Hersteller von Eisenbahnwaggons, durch die Marmon Group Inc., einem diversifizierten Konzern mit Schwerpunkten im Bereich des Bergbaus und der Investitionsgüterindustrie, im Jahre 1980. Dabei handelte es sich um einen freundlichen *merger*, initiiert vom *chief executive officer* von Trans Union, Jerome W. Van Gorkom. Dem *merger* vorausgegangen waren Überlegungen des Managements für einen *leveraged buyout*, der jedoch von Van Gorkom abgelehnt wurde. Statt dessen bemühte sich dieser um einen *merger* mit der Marmon Group. Das *board of directors* stimmte auf einer hastig einberufenen Sitzung nach nur zweistündigen Beratungen ohne vorherige Konsultation einer Investmentbank zu. Einzige Informationsquelle war eine zwanzigminütige Präsentation des *chief executive officer*. Schriftliche Unterlagen über die geplante Fusion wurden den Direktoren, von denen einer der ehemalige Dekan der Graduate School of Business der University of Chicago, A. W. Wallis, war, nicht ausgehändigt, von diesen aber auch nicht eingefordert. Ob der um 44 Prozent über dem letzten Börsenkurs von Trans Union liegende Preis fair war und dem inneren Wert der Aktien entsprach, wurde von den Direktoren nicht geprüft. Der *Supreme Court* des Staates Delaware urteilte daher, daß das *board of directors* seine Treuepflicht gegenüber den Aktionären verletzt hatte und die Zustimmung zu dem *merger* nicht unter den Schutz der *business judgment rule* fiel. Wichtig ist zu vermerken, daß keine inhaltliche Würdigung vorgenommen wurde, es wurde vom Gericht nicht geprüft, ob der gezahlte Preis tatsächlich dem inneren Wert der Aktien entsprach und die Entscheidung des *board of directors* zum *merger*, wenn auch uninformiert und überhastet gefällt, im Interesse der Aktionäre lag. Zum Fall und seiner gerichtlichen Würdigung s. Smith v. Van Gorkom, Atlantic Reporter, 2d Series, vol. 488, 1985, S. 858ff; Burgman, Dierdre A. und Paul N. Cox, "Corporate Directors, Corporate Realities and Deliberative Process: An Analysis of the Trans Union Case", The Journal of Corporation Law, vol. 11, no. 3, 1986, S. 314ff; Hansen, Charles, "The Duty of Care, the Business Judgment Rule, and the American Law Institute Corporate Governance Project", The Business Lawyer, vol. 48, no. 4, 1993, S. 1357-1358; Kirk, Carey H., "The Trans Union Case: Is it Business Judgment Rule as Usual?", American Business Law Journal, vol. 24, no. 3, 1986, S. 467-481; Koenig, Richard, "Court Rules Trans Union's Directors Used Poor Judgment in Sale of Firm", The Wall Street Journal, 1. Februar 1985, S. 7; Rosenzweig, Victor M. und Morris Orens, "Tipping the Scales - the Business Judgment Rule in the Antitakeover Context", Securities Regulation Law Journal, vol. 14, no. 1, 1986, S. 27-30.

[188] Dahinter stehen zwei Begründungen. Zum einen sollen Führungskräfte nicht durch die Tatsache, daß Fehlentscheidungen zu persönlichen Sanktionen führen, davon abgeschreckt werden, Geschäftsleitungsverantwortung zu übernehmen; zum anderen soll verhindert werden, daß sich die Gerichte direkt mit der Beurteilung komplexer wirtschaftlicher Sachverhalte befassen müssen, zu deren Würdigung sie aufgrund mangelnder Fachkenntnisse nicht in der Lage sind. Balotti; Hanks, "Rejudging the Business Judgment Rule", S. 1341-1347; Flom, Joseph H. und Rodman Ward, Jr., "The Business Judgment Rule: Fiduciary Duties of Corporate Directors and Officers", The Business Lawyer, vol. 42, no. 3, 1987, S. 995-996; Gutman, Karolyn Sziklas, "Tender Offer Defense Tactics and the Business Judgment Rule", New York University Law Review, vol. 58, no. 3, 1983, S. 650-651.

der Entscheidung eigene Interessen des Managements nicht berührt sind, das heißt, solange kein Interessenkonflikt besteht, gehen die Gerichte immer davon aus, daß die Voraussetzungen erfüllt sind, die *business judgment rule* also zum Tragen kommt. Wird beabsichtigt, eine Entscheidung des Managements gerichtlich überprüfen zu lassen, obliegt es demzufolge dem Kläger, nachzuweisen, daß die oben genannten Prämissen nicht vorliegen[189].
Nun befindet sich im Falle eines *hostile tender offer* das Management der Zielgesellschaft stets in einem Interessenkonflikt. Einerseits hat es eine treuhänderische Verpflichtung gegenüber den Aktionären und muß deren Interessen[190] vertreten, andererseits wird es stets bestrebt sein, den eigenen Arbeitsplatz zu sichern, der im Falle einer feindlichen Übernahmeofferte akut gefährdet ist. Dennoch wurde in den frühen 80er Jahren die *business judgment rule* in der ursprünglichen Form von den Gerichten bei der Beurteilung der Rechtmäßigkeit von Abwehrmaßnahmen herangezogen[191]. Solange der Kläger nicht nachweisen konnte, daß das Management nur oder hauptsächlich im eigenen Interesse handelte und nicht zumindest teilweise durch eine andere Motivation als den Erhalt des eigenen Arbeitsplatzes geleitet wurde, wurde der Schutz der *business judgment rule* nicht versagt. Diese weite Auslegung ließ den Führungskräften bei der Wahl von Abwehrstrategien einen sehr großen Ermessensspielraum. Die damit verbundene weitgehende Freiheit des Managements der Zielgesellschaft, Abwehrmaßnahmen in weitgehend beliebiger Form implementieren zu können, führte in akademischen Kreisen zu tiefgreifender Kritik[192] und zu Vorschlägen für eine Modifizie-

---

[189] Bradbury, Steven G., "Corporate Auctions and Directors Fiduciary Duties: A Third-Generation Business Judgment Rule", <u>Michigan Law Review</u>, vol. 83, no. 1, 1988, S. 281.

[190] Die Interessen der Aktionäre liegen in einer möglichst hohen Bewertung der von ihnen gehaltenen Aktien. Im Falle einer Übernahme können sie aufgrund der gezahlten Prämien einen hohen Gegenwert für ihre Anteile realisieren. Die gezahlten Prämien spiegeln dabei den Barwert - oder zumindest einen Teil davon - der zukünftigen Wertsteigerungen wider, die der Käufer bei der Verfolgung seiner Unternehmenstrategie zu erzielen erwartet.

[191] DeMott, Deborah A., "Current Issues in Tender Offer Regulation: Lessons from the British", <u>New York University Law Review</u>, vol. 58, no. 5, 1983, S. 1007-1012; Gutman, "Tender Offer Defense Tactics and the Business Judgment Rule", S. 653-655.

[192] Bei den Kritikern von Abwehrmaßnahmen besteht weitgehende Einigkeit darüber, daß es dem Management grundsätzlich untersagt werden sollte, Übernahmen zu behindern. Umstritten ist jedoch, inwieweit der Handlungsspielraum des Managements eingeschränkt werden sollte. So argumentieren Easterbrook und Fischel beispielsweise, daß das Management der Zielgesellschaft im Falle eines *hostile tender offer* überhaupt keine aktive Rolle einnehmen sollte. Ein Eingreifen des Managements könnte zwar im Einzelfall den Preis erhöhen und eine positive Wirkung für die Aktionäre der betreffenden Unternehmung haben, vor allem dann, wenn es zu einem Bietungswettbewerb kommt. Abwehrmaßnahmen und Bietungskämpfe würden jedoch die Kosten für einen *raider* erhöhen und seine Gewinne einschränken. Dies wiederum könnte *raider* vor zukünftigen *hostile tender offers* abhalten. Für die Gesamtheit der Aktionäre wäre jedoch nach Meinung der Autoren eine Vielzahl feindlicher Übernahmen am gewinnbringendsten, und deswegen sollte nichts unternommen werden, um sie einzudämmen. Andere Autoren befürworten hingegen eine aktive Rolle des Managements. Sie sind der Ansicht, daß die Unternehmensführung zwar keine Maßnahmen ergreifen sollte, um eine Übernahme ganz zu verhindern, daß sie aber die Rolle eines Auktionators einnehmen sollte, um mittels eines Bietungswettbewerbs den Übernahmepreis so weit wie möglich zu erhöhen. Bebchuk, Lucian A., "The Case for Facilitating Competing Tender Offers", <u>Harvard Law Review</u>, vol. 95, no. 5, 1982, S. 1028-1056; Bebchuk, Lucian A., "The Case for Facilitating Competing Tender Offers: A Reply and Extension", <u>Stanford Law Review</u>, vol. 35, no. 1, 1982, S. 23-50; Easterbrook, Frank H. und Daniel R. Fischel, "The Proper Role of a Target's Management in Responding to a Tender Offer", <u>Harvard Law Review</u>, vol. 94, no. 6, 1981, S. 1174-1181; Easterbrook, Frank H. und Daniel R. Fischel, "Auctions and Sunk Costs in Tender Offer", <u>Stanford Law Review</u>, vol. 35, no. 1, 1982, S. 1-21; Gilson, Ronald J., "A

rung[193]. Diese Kritik und die Tatsache, daß die *business judgment rule* für Entscheidungen bezüglich des täglichen Geschäfts entwickelt worden war[194], bei denen Interessenkonflikte, wie sie einem *hostile tender offer* inhärent sind, selten auftreten, führte bei den Gerichten zunehmend zu der Erkenntnis, daß sie in ihrer ursprünglichen Form für die Beurteilung von Abwehrmaßnahmen ungeeignet sei. Im Jahr 1984 modifizierte der *Supreme Court* des Staates Delaware[195] die *business judgment rule* hinsichtlich der Anwendung auf Verteidigungsstrategien erheblich[196].

Um bei Entscheidungen bezüglich von Abwehrmaßnahmen in ihren Schutz zu kommen, mußte das Management der Zielgesellschaft[197] fortan darlegen, daß ein tatsächliches oder

---

Structural Approach to Corporations: The Case Against Defense Tactics in Tender Offers", Stanford Law Review, vol. 33, no. 5, 1981, S. 865-875; Gilson, Ronald J., "Seeking Competitive Bids Versus Pure Passivity in Tender Offer Defense", Stanford Law Review, vol. 35, no. 1, 1982, S. 51-67.

[193] Siehe beispielsweise Gilson, "A Structural Approach to Corporations: The Case Against Defense Tactics in Tender Offers", S. 875-881; Gutman, "Tender Offer Defense Tactics and the Business Judgment Rule", S. 655-657. Auch wurde im Jahr 1984 eine Gesetzesinitiative eingebracht, die unter anderem vorsah, bei Abwehrmaßnahmen die Beweislast, die Voraussetzungen der *business judgment rule* erfüllt zu haben, auf das Management zu übertragen. Dieser Punkt wurde jedoch schon frühzeitig wieder aus dem Gesetzesvorschlag herausgenommen. Aguilar, George C., "Business Judgment Rule Draws Criticism As More Firms Take Anti-Takeover Steps", The Wall Street Journal, 10. August 1984, S. 27.

[194] So zum Beispiel für Entscheidungen bezüglich des Kaufs neuer Investitionsgüter oder der Erweiterung der Produktionsanlagen. Ajemian, "Outside Directors and the Modified Business Judgment Rule in Hostile Takeovers: A New Test for Director Liability", S. 651; Bradbury, "Corporate Auctions and Directors Fiduciary Duties: A Third-Generation Business Judgment Rule", S. 281.

[195] In dem zugrundeliegenden Fall hatte die in der Ölbranche angesiedelte Firma Mesa Petroleum unter der Führung von T. Boone Pickens ein *hostile tender offer* für zunächst nur 37 Prozent der Aktien der Unocal Corp., einem Unternehmen der gleichen Branche, abgegeben. Bis zur Bekanntgabe des *tender offer* hatte Mesa Petroleum bereits 13 Prozent durch Marktkäufe erworben. Unocal reagierte mit einem sogenannten *self tender offer*, das heißt mit dem Angebot an die Aktionäre, 49 Prozent der eigenen Aktien zu einem deutlich über dem Marktwert liegenden Preis zurückzuerwerben. Von diesem Angebot wurde Pickens jedoch ausgeschlossen. Da der Aktienkurs der noch verbleibenden ausstehenden Unocal Aktien nach dem *self tender offer* deutlich sinken würde, bedeutete dieser Ausschluß für Pickens einen großen Verlust. Das Gericht sanktionierte die Verteidigungsstrategie von Unocal, weil es davon überzeugt war, daß das *board of directors* in dem *hostile tender offer* eine Gefahr für die Fortführung der Unternehmung sehen konnte, und es die von Unocal gewählten Abwehrmaßnahmen als verhältnismäßig ansah. Zu dem Fall und seiner Würdigung durch die Gerichte s. Ajemian, "Outside Directors and the Modified Business Judgment Rule in Hostile Takeovers: A New Test for Director Liability", S. 668-671; Jensen, Michael, "When Unocal Won over Pickens, Shareholders and Society Lost", Financier, vol. 9, no. 11, 1985, S. 50-53; Norman, James R., "Is Unocal's 'Boone Bomb' More than a Bluff", International Business Week, 29. April 1985, S. 21-22; Norman, James R., "Unocal 1, Pickens 1 - But Guess Who Looks Like the Winner", International Business Week, 27. Mai 1985, S. 25; Norman, James R., "At Unocal, A Victory Without the Champagne", International Business Week, 3. Juni 1985, S. 21; Rosenzweig; Orens, "Tipping the Scales - the Business Judgment Rule in the Antitakeover Context", S. 26-27.

[196] Zu dieser sogenannten modifizierten *business judgment rule* und ihrer Abgrenzung zur traditionellen *business judgment rule* s. Ajemian, "Outside Directors and the Modified Business Judgment Rule in Hostile Takeovers: A New Test for Director Liability", S. 647-678; Block; Barton; Radin, The Business Judgment Rule, S. 121ff; Bradbury, "Corporate Auctions and Directors Fiduciary Duties: A Third-Generation Business Judgment Rule", S. 280-289; Hansen, "The Duty of Care, the Business Judgment Rule, and the American Law Institute Corporate Governance Project", S. 1361-1362; Wander; LeCoque, "Boardroom Jitters: Corporate Control Transactions and Today's Business Judgment Rule", S. 29-44.

[197] Die ursprüngliche Beweislast wurde somit dem Management der Zielgesellschaft und nicht einem potentiellen Kläger zugeordnet.

potentielles *hostile tender offer* die von ihm gewählte und für gut befundene Unternehmenstrategie gefährden würde. Auch wurde festgelegt, daß die ergriffenen Verteidigungsstrategien in einem angemessenen Verhältnis zur Bedrohung durch den Übernahmeversuch stehen müssen. Schließlich wurde den *outside directors*[198] ausdrücklich eine besondere Sorgfaltspflicht hinsichtlich der Wahrung der Aktionärsinteressen auferlegt[199]. Ein Jahr später konkretisierte das gleiche Gericht die Pflichten des Managements der Zielgesellschaft weiter[200]. Das Management dürfe zwar Abwehrmaßnahmen ergreifen und dabei auch die Interessen anderer Gruppen als die der Aktionäre berücksichtigen, wenn es sich aber entscheide, die Unternehmung zum Verkauf freizugeben und dazu nach einem ihm freundlich gesonnenen Käufer, einem sogenannten *white knight*, suchte, dann änderten sich seine Pflichten entscheidend[201]. Es wird zum Auktionator und muß alle Bieter mit den gleichen Informationen versorgen und das Angebot annehmen, das den Aktionären den höchsten Verkaufserlös bringt. Der Ermessensspielraum des Managements bei der Wahl von Abwehrmaßnahmen wurde somit ab Mitte der 80er Jahre deutlich reduziert. Dabei waren die Abwehrmaßnahmen am anfälligsten dafür, einer gerichtlichen Überprüfung nicht standzuhalten, die erst sehr spät in einem Übernahmekampf ergriffen wurden und auch von einem Selbstinteresse der Führungskräfte geprägt waren[202].

---

[198] *Outside directors* sind die Mitglieder des *board of directors*, die nicht gleichzeitig auch dem Management angehören. Siehe dazu Ausführungen in Kapitel 1, Fußnote 16.

[199] *Outside directors* stehen bei einem *hostile takeover* in einem wesentlich geringeren Interessenkonflikt als Mitglieder des Managements. Sie gehen innerhalb des Unternehmens keiner weiteren Beschäftigung nach. So besteht zwar die Möglichkeit, daß sie ihre Direktorenposition verlieren, ihr Arbeitsplatz und ihre berufliche Zukunft werden durch die Übernahme jedoch nicht gefährdet.

[200] Im zugrundeliegenden Fall ging es um das *hostile tender offer* von Pantry Pride für die Aktien der Revlon Inc. Um die Übernahme durch Pantry Pride abzuwehren, suchten die Direktoren von Revlon, neben der Implementierung weiterer Abwehrmaßnahmen, nach einem ihnen genehmen Käufer für das Unternehmen. Diesem, es handelte sich dabei um den LBO-Sponsor Forstmann Little, wurde die Option eingeräumt, im Falle einer Übernahme durch Pantry Pride bestimmte Unternehmensteile zu einem äußerst günstigen Preis zu erwerben. Außerdem erhielt er Zugang zu Informationsmaterial, welches Pantry Pride vorenthalten wurde. Dieses Vorgehen des *board of directors* wurde vom Gericht kritisiert und als für nicht zulässig erachtet. Zum Fall und seiner gerichtlichen Würdigung s. Dunkin, Amy, "Like It or Not, Revlon Is Up for Graps", International Business Week, 2. September 1985, S. 20; Rosenzweig; Orens, "Tipping the Scales - the Business Judgment Rule in the Antitakeover Context", S. 40-41; Wander; LeCoque, "Boardroom Jitters: Corporate Control Transactions and Today's Business Judgment Rule", S. 34-38.

[201] Das Unternehmen befindet sich dann im sogenannten Revlon Mode, benannt nach dem zugrundeliegenden Fall, und hat besondere Pflichten zu erfüllen. Bradbury, "Corporate Auctions and Directors Fiduciary Duties: A Third-Generation Business Judgment Rule", S. 289-293; Frank; Moreland, "Unternehmerisches Ermessen des Vorstands bei feindlichen Übernahmeversuchen: die Time-Entscheidung", S. 766; Jander; McDermott, "Neue Methoden bei Unternehmenskäufen in den USA", S. 958-959; Wander; LeCoque, "Boardroom Jitters: Corporate Control Transactions and Today's Business Judgment Rule", S. 34-38; Schiessl, "Neue Erfahrungen mit Unternehmenskäufen und Unternehmensübernahmen in den USA", S. 524.

[202] DeMott, "Comparative Dimensions of Takeover Regulation", S. 407-408.

2. Präventivmaßnahmen zur Abwendung eines feindlichen Übernahmeangebots

Aufgrund der ständig latent vorhandenen Gefahr[203], innerhalb kürzester Zeit Ziel eines unerwünschten Übernahmeversuches zu werden, gingen immer mehr Unternehmen im Verlaufe der 80er Jahre dazu über, Abwehrstrategien zu entwickeln, die einen Angreifer von vornherein davor abschrecken sollten, eine Übernahmeofferte abzugeben. Die dazu ergriffenen Maßnahmen waren darauf ausgerichtet, die Übernahme erheblich zu verteuern oder aber zeitlich derart zu verzögern, daß Investoren an einem Kauf nicht mehr interessiert waren.

A. Änderung von Satzungsbestimmungen

Die älteste Möglichkeit, ungewollte Übernahmen zu erschweren, zu verzögern oder gänzlich abzuwenden, war die Aufnahme zusätzlicher Klauseln, sogenannter *shark repellents*, in die Satzung der Gesellschaft. Diese zielten regelmäßig darauf ab, die Rechte der Hauptversammlung gegenüber dem *board of directors* einzuschränken[204]. *Shark repellents* waren schon vor den 80er Jahren bekannt, besonders beliebt wurden sie jedoch erst im Jahre 1983. Nachdem im Vorjahr sehr viele feindliche Übernahmeversuche erfolgreich abgeschlossen werden konnten, waren die Jahreshauptversammlungen dieses Jahres von Versuchen der Unternehmen geprägt, Bestimmungen zur Abwehr feindlicher Übernahmen in ihre Satzungen aufzunehmen[205]. *Shark repellents* traten dabei in drei verschiedenen Ausprägungsformen auf. Dies waren erstens besondere Mehrheitsregelungen für die einer Übernahme folgende Verschmelzung oder Fusion, sogenannte *supermajority clauses*, zweitens zeitlich gestaffelte Wahlen für die Mitglieder des *board of directors*, auch *staggered director terms* genannt, und drittens noch *fair-price amendments*, die speziell auf die Abwehr von *two-tier tender offers* gerichtet waren[206].

Zumeist ist ein *tender offer* nur der erste Schritt einer Übernahme. Hat der Erwerber die erforderliche Kontrollmehrheit erlangt, so führt er in einem zweiten Schritt häufig eine Fusion der Zielgesellschaft in die Erwerbsgesellschaft hinein durch. Generell legen nun in den Vereinigten Staaten bundesstaatliche Gesetze fest, welche Geschäftsvorgänge, insbesondere Vermögensverkäufe und Fusionen, von der Hauptversammlung zu billigen sind und mit welcher

---

[203] Diese Gefahr bestand zumindest ab Mitte der 80er Jahre mit dem Eindringen rein finanziell orientierter Investoren in den Markt für Unternehmensübernahmen und äußerte sich beispielsweise darin, daß, kam es innerhalb einer Branche zu einem Übernahmeversuch, diesem sehr schnell weitere folgten.

[204] Peltzer, Martin, "Takeovers in den Vereinigten Staaten - Können ihre Spielregeln übertragen werden", in: Wirtschaft und Wissenschaft im Wandel, Festschrift für Carl Zimmerer, Frankfurt, 1986, S. 281.

[205] Blustein, Paul, "Measures to Discourage Takeovers Stir Controversy at annual Meetings", The Wall Street Journal, 18. April 1983, S. 29 und 41; Metz, Tim, "Merger Expected to Stay Plentiful in 1983 but Will Be Less Exciting", The Wall Street Journal, 3. Januar 1983, S. 5.

[206] *Supermajority clauses* und *fair-price amendments* wurden von den Gerichten regelmäßig sanktioniert. *Staggered director terms* wurden durch das bundesstaatliche Gesellschaftsrecht limitiert und konnten nicht in allen Bundesstaaten gleichermaßen angewandt werden.

Mehrheit dies zu geschehen hat[207]. Wird eine Zustimmung gesetzlich verlangt, so beläuft sich diese in der Regel auf die einfache Mehrheit des stimmberechtigten Aktienkapitals. Darüber hinaus können Gesellschaften durch individuelle Änderungen ihrer Satzungen, etwa durch die Einführung von *supermajority clauses*[208], für bestimmte Transaktionen, beispielsweise eine Fusion[209], höhere Mehrheiten festlegen. Die in den 80er Jahren aufgenommenen Klauseln erforderten häufig eine Mehrheit von zwei Drittel bis 95 Prozent[210] des Aktienkapitals[211]. Sie hatten dadurch eine doppelte Abwehrwirkung. Sie verteuerten *hostile takeovers*, da sie einen Angreifer zwangen, den größten Teil des ausstehenden Aktienkapitals zu erwerben, wenn er in einem zweiten Schritt eine Fusion durchführen wollte. Darüber hinaus gefährdeten sie das Gelingen dieser Fusion generell[212], wenn sich ein Teil der Aktien in den Händen der Unternehmensleitung freundlich gesonnener Investoren befand[213].

Mit der zweiten Form von *shark repellents*, den *staggered director terms*[214], soll erreicht werden, daß ein Angreifer auch nach einem Mehrheitserwerb nicht sofort die uneingeschränkte Geschäftsführungsbefugnis ausüben kann. Dies geschieht, indem die Amtszeiten der Mitglieder des *board of directors*[215] verlängert werden und ihre Neuwahlen zeitlich gestaffelt erfolgen. Dadurch wird der Zeitpunkt hinausgeschoben, bis zu dem der Angreifer nach einer Über-

---

[207] Gilson, Ronald J., "The Case Against Shark Repellent Amendments: Structural Limitations on the Enabling Concept", Stanford Law Review, vol. 34, no. 4, April 1982, S. 783.

[208] Zu Begriff und Inhalt von *supermajority clauses* s. Jarrell, Gregg A. und Annette B. Poulsen, "Shark Repellents and Stock Prices: The Effects of Antitakeover Amendments Since 1980", Journal of Financial Economics, vol. 19, no. 1, 1987, S. 129-132; Linn, Scott C. und John J. McConnell, "An Empirical Investigation of the Impact of 'Antitakeover' Amendments on Common Stock Prices", Journal of Financial Economics, vol. 11, nos. 1-4, 1983, S. 365; Trockels, Friedrich, "Verteidigungsmaßnahmen gegen "Corporate Takeovers" in den USA", Zeitschrift für vergleichende Rechtswissenschaft, Jg. 89, Nr. 1, 1990, S. 60-61.

[209] Eingeschränkt möglich waren auch *supermajority clauses* für die Neubesetzung von Direktorenposten. Diese wurden jedoch seltener angewandt. Linn; McConnell, "An Empirical Investigation of the Impact of 'Antitakeover' Amendments on Common Stock Prices", S. 365.

[210] Metz, Tim, "To Forestall Takeovers, Many Concerns Move to Shore Up Defenses", The Wall Street Journal, 18. März 1983, S. 1 und 7.

[211] Dabei sind zwei Arten von Mehrheiten zu unterscheiden. Teilweise beziehen sich die Bestimmungen auf die Mehrheit des ausstehenden Aktienkapitals, teilweise auf die 'Mehrheit der Minderheit'. Im letzteren Fall wird verlangt, daß eine genau festgelegte Mehrheit des Aktienkapitals, das sich nicht in Händen des Angreifers befindet, der Übernahme zustimmt. DeAngelo, Harry und Edward M. Rice, "Antitakeover Charter Amendments and Shareholder Wealth", Journal of Financial Economics, vol. 11, nos. 1-4, 1983, S. 331.

[212] *Supermajority provisions* verhindern die Erlangung einer Kontrollmehrheit nicht, sie zielen lediglich darauf ab, die sich daran in der Regel anschließende Fusion zu vereiteln. Diese wird von dem Erwerber häufig gewünscht, weil zum Beispiel angestrebte Synergieeffekte aus einer Zusammenlegung verschiedener Unternehmensbereiche - Verwaltung, Finanzierung etc. - sich nur so erreichen lassen. Darüber hinaus möchte ein Erwerber häufig durch eine Fusion Minderheitsaktionäre ausschließen, um die mit deren Anteilen zusammenhängenden Verwaltungskosten zu eliminieren. Auch bringt eine Fusion den Vorteil, Offenlegungspflichten für die Zielgesellschaft, die bestehenbleiben, solange diese rechtlich eigenständig ist, nicht mehr nachkommen zu müssen. Gilson, "The Case Against Shark Repellent Amendments: Structural Limitations on the Enabling Concept", S. 786.

[213] So zum Beispiel in den Händen eines *employee stock ownership plan* oder im Besitz der Führungskräfte oder des Unternehmens selbst.

[214] Zu Begriff und Inhalt von *staggered director terms* s. Jarrell; Poulsen, "Shark Repellents and Stock Prices", S. 133; DeAngelo; Rice, "Antitakeover Charter Amendments and Shareholder Wealth", S. 330-331.

[215] Der Besetzung des *board of directors* kommt in amerikanischen Unternehmen eine Schlüsselrolle zu, da dieses Organ sowohl Geschäftsführung als auch Kontrolle ausübt. Siehe dazu Kapitel 1, Fußnote 16.

nahme alle Direktorenposten mit von ihm ausgewählten Führungskräften besetzen kann und geplante Maßnahmen, zum Beispiel Veräußerungen von Unternehmensdivisionen, Betriebsschließungen oder Kündigungen, durchzuführen in der Lage ist[216]. *Staggered director terms* als Abwehrmaßnahmen sind jedoch nicht in allen amerikanischen Bundesstaaten zulässig[217]. Die dritte Form neu aufgenommener Satzungsbestimmungen waren schließlich die sogenannten *fair-price amendments*[218]. Grundsätzlich handelt es sich auch dabei um *supermajority clauses* für die sich an ein *hostile tender offer* anschließende Fusion. Gleichwohl kann die Klausel umgangen werden, wenn sich der Erwerber verpflichtet, den Minderheitsaktionären im Rahmen der Fusion einen fairen Preis[219] zu bezahlen. *Fair-price amendments* wurden als Reaktion auf *two-tier tender offers* entwickelt[220] und galten in den meisten Fällen auch nur für diesen Typus. Es wurde einem Erwerber somit verwehrt, für die Aktien, die er zur Kontrollerlangung benötigte, einen hohen Preis zu zahlen und verbleibende Minderheitsaktionäre in einem anschließenden *merger* zu einem niedrigeren Preis abzufinden. Dahinterstehende Intention war, von den Aktionären den Entscheidungsdruck im Falle eines *two-tier tender offer* zu nehmen und somit zu verhindern, daß sie ihre Aktien schnell übergeben. Die gewonnene Zeit konnte dann vom Management zu weiteren Abwehrmaßnahmen verwendet werden. Überdies wurde die Übernahme für den Angreifer auch verteuert, da er allen Aktionären den gleichen Preis zu bezahlen hatte. Auch diese Maßnahme wurde bevorzugt ab 1982 eingesetzt[221].

Shark repellents sind als Abwehrmaßnahme nicht besonders effektiv. *Fair-price amendments* zielen auf einen Zeitgewinn und eine Verteuerung, nicht jedoch auf eine gänzliche Verhinderung eines Übernahmeangebots ab. *Staggered director terms* verhindern zwar eine sofortige Neubesetzung des *board of directors*, doch garantiert dies keineswegs, daß sich die noch amtierenden Direktoren nicht im eigenen Interesse mit den neuen Eigentümern arrangieren[222]. *Supermajority clauses* verhindern zwar die Fusion, nicht jedoch die Kontrollerlangung an sich. Solange eine Fusion für den Erwerber nicht absolut zwingend ist[223], sind sie nur eingeschränkt wirksam. *Shark repellents* haben somit mehr eine Signalwirkung. Sie sollen einem Erwerber zeigen, daß die Unternehmung an einer Übernahme nicht interessiert ist und sich im Falle einer Offerte dagegen wehren wird. Mit der zunehmenden Zahl der Firmen, die in den

---

[216] Wirksam sind *staggered director terms* jedoch nur dann, wenn gleichzeitig eine Bestimmung in die Satzung aufgenommen wird, wonach die Zahl der Mitglieder des *board of directors* nicht erhöht werden darf.

[217] So verbietet beispielsweise der Bundesstaat Kalifornien ihre Anwendung völlig, und auch in Delaware sind nur drei Staffeln von Direktoren möglich. Trockels, "Verteidigungsmaßnahmen gegen "Corporate Takeovers" in den USA", S. 58.

[218] Zu Begriff und Ausgestaltung von *fair-price amendments* s. Gilman, "Mergers and Takeovers", S. 29; Jarrell; Poulsen, "Shark Repellents and Stock Prices", S. 122-167; Linn; McConnell, "An Empirical Investigation of the Impact of 'Antitakeover' Amendments on Common Stock Prices", S. 366.

[219] Typischerweise wurde als fairer Preis der höchste bis dahin im Akquisitionsprozeß gezahlte Preis angesehen.

[220] Metz, "Mergers Expected to Stay Plentiful in 1983 but Will Be Less Exciting", S. 5.

[221] Ingersoll, Bruce, "'Fair-Price' Clause Is Found Popular To Fight Takeovers", The Wall Street Journal, 11. Oktober 1985, S. 49.

[222] Ein Arrangement der Direktoren mit den neuen Eigentümern ist sogar wesentlich wahrscheinlicher als der Fall, daß sie nach einem ohnehin schon verlorenen Kampf noch an ihrer alten Strategie festhalten.

[223] Eine sich an die Kontrollerlangung anschließende Fusion wird zwar vom Erwerber häufig gewünscht (siehe dazu Ausführungen in Fußnote 212); sie ist jedoch in den seltensten Fällen absolut zwingend.

80er Jahren *shark repellents* in ihre Satzungen aufnahmen, ging allerdings auch diese Signalwirkung mehr und mehr zurück.

Die Aufnahme von *shark repellents* in die Statuten der Gesellschaft bedarf der Zustimmung der Aktionäre und wirkt sich für diese, wenn überhaupt, nachteilig aus. Ihre Einführung ging stets mit einem Rückgang des Aktienkurses einher[224]. Es stellt sich daher die Frage, wieso das Management dennoch in fast allen Fällen die Zustimmung der Hauptversammlung erhielt. Dies läßt sich wie folgt erklären: Nicht informierte Investoren - und bei Publikumsgesellschaften fällt der größte Teil der Anleger in diese Kategorie - stimmten fast immer den Vorschlägen des Managements zu. Informierte Investoren erkannten zwar die nachteilige Wirkung von *shark repellents*, begnügten sich aber in der Regel damit, gegen ihre Einführung zu stimmen. Schritte, um ihre Einführung zu verhindern, wurden von ihnen nur in den seltensten Fällen unternommen[225]. Ursache dafür dürfte die relative Wirkungslosigkeit der *shark repellents* gewesen sein.

B. Die Ausgabe von Optionsscheinen

Eine Innovation der 80er Jahre im Kampf gegen feindliche Übernahmen stellte die Ausgabe von mit bestimmten Rechten ausgestatteten Optionsscheinen, sogenannten *poison pills*[226], dar. Diese wurden im Jahr 1983 von Martin Lipton[227] entworfen und avancierten im Verlauf der 80er Jahre zu der am häufigsten eingesetzten Abwehrstrategie[228]. *Poison pills* werden im Rahmen einer Dividende an die Aktionäre ausgegeben und beinhalten zunächst nur das Recht, Aktien der eigenen Gesellschaft zu einem weit über dem Börsenkurs liegenden Preis zu

---

[224] Den größten Rückgang brachte die Einführung von *supermajority clauses*, den geringsten die von *fair-price amendments*. Deswegen wurden letztere im Verhältnis zu ersteren ab 1983 auch wesentlich häufiger eingesetzt. Jarrell; Poulsen, "Shark Repellents and Stock Prices", S. 138-154.

[225] Um *shark repellents* zu verhindern, hätten sie einen *proxy contest* gegen deren Einführung anstreben müssen. Um diesen zu gewinnen, wäre es erforderlich gewesen, die anderen Eigenkapitalgeber über die nachteilige Wirkung von *shark repellents* zu informieren. Den damit einhergehenden Aufwendungen sowie den mit einem *proxy contest* stets verbundenen Problemen und Kosten (s. dazu Ausführungen Kapitel 1, S. 12) stand als Gewinn nur gegenüber, daß bei einer Nichteinführung von *shark repellents* ein eventuell durchgeführter Übernahmeversuch leichter zum Erfolg führen könnte.

[226] Zum Begriff der *poison pills* und den verschiedenen Ausprägungsformen s. Block; Barton; Radin, The Business Judgment Rule, S. 297-299; Dawson, Suzanne S.; Pence, Robert J. und David S. Stone, "Poison Pill Defense Measures", The Business Lawyer, vol. 42, no. 2, Februar 1987, S. 423-431; Helman, Robert A. und James J. Junewicz, "A Fresh Look at Poison Pills", The Business Lawyer, vol. 42, no. 3, 1987, S. 772-774; Jarrell; Poulsen, "Shark Repellents and Stock Prices", S. 133-134.

[227] Martin Lipton ist Partner der Anwaltskanzlei Wachtell, Lipton, Rosen & Katz und war in den 80er Jahren der wohl bekannteste Anwalt auf der Seite der Gegner feindlicher Unternehmensübernahmen. Bis zum Jahr 1990 vertrat er nur die Zielgesellschaften, die sich gegen feindliche Übernahmen zu wehren versuchten. Wermiel, Stephen und Laurie P. Cohen, "Proposal on Corporate Sentencing Softened", The Wall Street Journal, 30. März 1990, S. B2.

[228] Dabei wurden sie nicht immer als Präventivmaßnahmen eingesetzt, sondern bisweilen von Unternehmen auch erst entwickelt, nachdem ein außenstehender Investor bereits ein Aktienpaket erworben hatte und einen Übernahmeversuch einleitete. Jedoch wurde diese späte Implementierung von den Gerichten seltener sanktioniert.

erwerben, sind also vorerst völlig wertlos und werden auch nicht gehandelt. Unter bestimmten Voraussetzungen jedoch - dies ist regelmäßig der Kauf eines Aktienpaketes in vorbestimmter Höhe durch einen außenstehenden Investor - geben sie je nach Ausprägung den Aktionären unterschiedlich wertvolle Rechte. Bei *poison pills* mit *flip-in* oder *flip-over* Bestimmungen beziehen sich diese Rechte auf eine anschließende Fusion und erlauben dem Inhaber, gegen Zahlung des Optionspreises den doppelten Wert an Aktien der aus der Fusion hervorgegangenen Unternehmung zu erwerben. Wird die Zielgesellschaft in die Erwerbsgesellschaft fusioniert, kommen *poison pills* mit *flip-over* Bestimmungen zum Zuge[229], im umgekehrten Fall *poison pills* mit *flip-in* Klauseln. Diese beiden Formen bezogen sich also zunächst nur auf den Fall, daß dem *tender offer* eine Fusion folgte. Dann bewirkten sie eine erhebliche Verwässerung des ausstehenden Eigenkapitals. Sie konnten aber umgangen werden, wenn sich der Angreifer mit dem Erwerb einer Aktienmehrheit begnügte und keinen anschließenden *merger* anstrebte[230]. Deswegen beinhalteten neuere Formen von *poison pills* mit *flip-in* Bestimmungen das Recht, gegen Zahlung des Optionspreises den doppelten Wert an Aktien der Zielgesellschaft einzutauschen, wenn ein außenstehender Investor ein Aktienpaket in bestimmter Höhe erworben hatte. Dadurch erhöhte sich die Anzahl an ausstehenden Aktien erheblich, und die Übernahme wurde exorbitant verteuert. Daneben wurden noch diverse weitere Ausprägungsformen entwickelt, so zum Beispiel sogenannte *back-end poison pills*, bei denen die Aktien der Zielgesellschaft gegen Schuldverschreibungen oder Bargeld einzutauschen waren, wobei hier jeder Aktie ein bestimmter, vom *board of directors* festgelegter Betrag an Schuldverschreibungen oder Bargeld zugeordnet wurde, der regelmäßig über dem Marktwert der Aktien lag[231]. Alle Formen waren in der Regel mit einem Rücknahmerecht für ein minimales Entgelt ausgestattet, um zu verhindern, daß sie auch bei einer freundlichen Übernahme greifen.

Ziel ursprünglicher Formen von *poison pills* war es, im Falle eines sich an die Kontrollerlangung anschließenden *mergers* die Minderheitsaktionäre zu schützen, indem sichergestellt wurde, daß diese nicht zu einem niedrigeren Preis abgefunden werden konnten als die Aktionäre, die ihre Aktien zu Beginn eines *tender offer* übergaben. Spätere Formen wurden eingeführt, um die Verhandlungsmacht des *board of directors* gegenüber dem *raider* zu verstärken, indem dieser durch die enorme Verteuerung der Übernahme dazu gezwungen werden sollte, mit dem Management eine freundliche Fusion auszuhandeln beziehungsweise seinen Übernahmeversuch fallenzulassen[232].

---

[229] Diese Variante greift nur dann, wenn es sich bei dem Erwerber um eine an der Börse notierte Aktiengesellschaft handelt. Eine Privatperson als Angreifer ist dagegen gefeit.

[230] So geschehen beispielsweise im Falle von Crown Zellerbach. Der Angreifer, Sir James Goldsmith, gab sich mit der Kontrollmehrheit von 52 Prozent zufrieden. Hertzberg, Daniel, "Poison Pill Defense No Longer Seen As a Sure Way to Repel Hostile Suitors", The Wall Street Journal, 31. Oktober 1985, S. 20; Worthy, Ford S., "What's Next For the Raiders", Fortune International, vol. 112, no. 11, 11. November 1985, S. 23.

[231] Zu Inhalt und Ausgestaltungsmöglichkeiten von *back-end poison pills* s. Clemens, Richard G., "Poison Debt: The New Takeover Defense", The Business Lawyer, vol. 42, no. 3, Mai 1987, S. 755-756.

[232] Zur Wirkung von *poison pills* s. Dawson; Pence; Stone, "Poison Pill Defense Measures", S. 425-432; Helman, "A Fresh Look at Poison Pills", S. 773; Kurth, Thomas, Aktionärsschutz und öffentliche Kaufangebote, Köln, 1987, S. 19-20; Lamb, "Raiders of the Company Ark", S. 113.

Im Gegensatz zur Aufnahme von *shark repellents* in die gesellschaftsrechtlichen Statuten können *poison pills* ohne die Zustimmung der Aktionäre erlassen werden[233]. Diese Tatsache sowie ihre relativ gute Wirkungskraft ließen sie zu einer sehr beliebten, aber auch heftig umstrittenen[234] Defensivstrategie gegen *hostile takeovers* werden. Nachdem *poison pills* mit *flip-over* Bestimmungen im Jahr 1985 durch den *Delaware Supreme Court*[235] sanktioniert worden waren[236], kam es in den folgenden Jahren zu einer fast explosionsartigen Anwendung[237] der

---

[233] Dies liegt in ihrer besonderen Gestaltungsform begründet. Da sie als Optionsrechte in Form einer Dividende ausgegeben werden, fallen sie allein in den Zuständigkeitsbereich des *board of directors*. Gilson, The Law and Finance of Corporate Acquisitions, S. 639-640.

[234] Von akademischer Seite wurde kritisiert, daß *poison pills* zu einer wesentlichen Veränderung der Unternehmenstruktur führen und ungeachtet dieser Tatsache dennoch allein vom Management implementiert werden können. Da elementare Änderungen der Unternehmenstruktur prinzipiell der Zustimmung der Aktionäre bedürfen, wurden *poison pills* als Eingriff in die Aktionärsrechte gesehen. Von institutionellen Investoren wurden sie mit der Begründung abgelehnt, daß sie die Aktionäre um potentielle Übernahmegewinne bringen würden. Diesem Argument schloß sich auch das Investmenthaus Drexel Burnham Lambert an, das bei der Finanzierung von Übernahmen eine wesentliche Rolle spielte und in *poison pills* eine Gefahr für dieses Geschäftsfeld sah. Lee, Elliott D., "Poison Pills' Benefit Shareholders by Forcing Raiders to Pay More for Targets, Study Says", The Wall Street Journal, 31. März 1988, S. 55; Stevenson, Gelvin und Aaron Bernstein, "A New Hurdle for Corporate Raiders", International Business Week, 11. Februar 1985, S. 19; Wander; LeCoque, "Boardroom Jitters: Corporate Control Transactions and Today's Business Judgment Rule", S. 46.

[235] Im zugrundeliegenden Fall hatte die Zielgesellschaft, Household International, im Jahr 1984 *poison pills* ausgegeben. Dagegen hatte ein ehemaliger Direktor, John A. Moran, mit der Begründung geklagt, daß diese Maßnahme die Aktionäre der Möglichkeit berauben würde, von einem *tender offer* zu profitieren, sollte das Management dem Angebot nicht zustimmen. Die Klage wurde von der *Securities and Exchange Commission* unterstützt. Da sich das Unternehmen in einer übernahmeintensiven Branche befand, war solch ein Angebot nicht unwahrscheinlich. Das Gericht billigte jedoch die Ausgabe der *poison pills* mit der Begründung, daß sie ein geeignetes und angemessenes Mittel seien, das Management vor eventuellen Fehlentscheidungen unter dem Druck eines ausstehenden feindlichen Übernahmeangebots zu schützen, und ebnete damit den Weg für eine breite Verwendung von *poison pills* als präventive Abwehrstrategie. Frank, "Unternehmerisches Ermessen des Vorstands bei feindlichen Übernahmeversuchen: die Time-Entscheidung", S. 764; Hertzberg, "Poison Pill Defense No Longer Seen As a Sure Way to Repel Hostile Suitors", S. 20; Johnston, Moira, Takeover, New York, 1986, S. 37-43; o. V., "A 'Poison Pill' That's Super-Lethal", International Business Week, 1. Oktober 1984, S. 63-64; Rosenzweig; Orens, "Tipping the Scales - the Business Judgment Rule in the Antitakeover Context", S. 23-26; Stevenson, Gelvin, "A Poison Pill that's Causing A Rush of Lawsuits", International Business Week, 1. April 1985, S. 45-46.

[236] Diese Sanktionierung kann jedoch nicht als Freibrief für *poison pills* angesehen werden, sondern galt nur für diesen einen Typus in der gewählten Ausprägung. Andere Formen und Ausgestaltungen wurden von den Gerichten teilweise auch abgelehnt, so zum Beispiel die *back-end flip-in poison pill*, die von der CTS Corporation zur Abwehr eines *hostile tender offer* der Dynamics Corporation of America angenommen wurde. Auch galt die Sanktionierung nur für die Implementierung von *poison pills*. Die eventuelle Entscheidung des Managements, die *poison pill* angesichts eines *tender offer* dann tatsächlich zur Wirkung kommen zu lassen, war damit noch nicht gebilligt. Zur gerichtlichen Würdigung von *poison pills* s. Block; Barton; Radin, The Business Judgment Rule, S. 377-380; Dawson; Pence; Stone, "Poison Pill Defense Measures", S. 435; Clemens, "Poison Debt: The New Takeover Defense", S. 755-756; Helman, "A Fresh Look at Poison Pills", S. 774-788.

[237] Zu Beginn des Jahres 1985 hatten nur sieben Unternehmen *poison pills* ausgegeben. Bis Mitte des Jahres war diese Zahl bereits auf 246 angestiegen, Ende 1989 hatten 1.200 Unternehmen solche Optionsscheine emittiert. O. V., "Centennial Journal: 100 Years in Business", The Wall Street Journal, 6. Dezember 1989, S. B1.

verschiedenen Varianten[238]. Zahlreiche Versuche institutioneller Investoren im Jahre 1987, durch *proxy fights* die Unternehmen zur Rücknahme ihrer Optionspläne zu zwingen, schlugen fehl[239]. Dennoch legte Martin Lipton im Juli des gleichen Jahres eine neue Form von *poison pills*, sogenannte *chewable pills*, auf, bei denen, unter bestimmten Voraussetzungen und im Hinblick auf ein konkretes Übernahmeangebot, erstmals die Aktionäre auf einer außerordentlichen Hauptversammlung über die Rücknahme entscheiden konnten[240].

C. Golden Parachutes

Unter *golden parachutes*[241] versteht man Abfindungszahlungen[242], die an die Mitglieder des Top-Management geleistet werden[243], wenn sie nach einer Übernahme beziehungsweise Kontrollerlangung durch einen außenstehenden Investor ihren Arbeitsplatz verlieren. *Golden parachutes* werden entweder als Geldleistung oder in Form von Optionen zum Erwerb genehmigter Aktien zu einem weit unter dem Börsenkurs liegenden Preis gewährt. Ihre Leistung hängt im allgemeinen nicht davon ab, ob die betreffenden Personen freiwillig kündigen oder aber vom neuen Eigentümer entlassen werden.

Hinter der Gewährung von *golden parachutes* steht die Absicht, Führungskräfte für den Fall eines eventuellen Arbeitsplatzverlustes nach einem Eigentümerwechsel abzusichern, um zu gewährleisten, daß sie eine Übernahmeofferte neutral und im Interesse der Aktionäre beurtei-

---

[238] Dabei wurde darauf geachtet, die Verträge so komplex, umfangreich und unverständlich wie möglich zu gestalten, um dadurch einen zusätzlichen Abschreckungseffekt zu erzielen. Verträge mit Klauseln, die sich über 100 Seiten erstreckten, waren keine Seltenheit. Mathewson, William, "Shop Talk", The Wall Street Journal, 21. April, 1988, S. 33.

[239] Anders, George, "Institutional Investors Irked by 'Poison Pill'", The Wall Street Journal, 10. März 1987, S. 6; o. V., "Many Firms Asked to Put Poison Pills to a Vote Soon", The Wall Street Journal, 10. März 1987, S. 6; Lee, "Poison Pills' Benefit Shareholders by Forcing Raiders to Pay More for Targets, Study Says", S. 55.

[240] Zu Form, Inhalt und Wirkungen dieser Art von *poison pills* s. Paefgen, "Kein Gift ohne Gegengift: Sortimentserweiterung in der Bereitschaftsapotheke gegen idiosynkratische Unternehmenskontrollwechsel", S. 192-196.

[241] Zu Begriff und Ausprägungsformen von *golden parachutes* s. Cochran, Philip L. und Steven L. Wartwick, "'Golden Parachutes': A Closer Look", California Management Review, vol. 26, no. 4, 1984, S. 112-113; Johnson, Kenneth C., "Golden Parachutes and the Business Judgment Rule: Toward a Proper Standard of Review, Yale Law Journal, vol. 94, no. 4, 1985, S. 909-912; Knoeber, Charles P., "Golden Parachutes, Shark Repellents and Hostile Tender Offers", American Economic Review, vol. 76, no. 1, 1986, S. 155-156; Note, "Golden Parachutes: Common Sense from the Common Law", Ohio State Law Journal, vol. 51, no. 1, 1990, S. 280-282; Scotese, Peter G., "Fold up those golden parachutes", Harvard Business Review, vol. 63, no. 2, 1985, S. 168-171; White, William L., "Pulling the Golden Parachute Ripcord", in: Rock, Milton L., Hrsg., The Mergers and Acquisition Handbook, New York, 1987, S. 335-340.

[242] Die Höhe der Abfindungszahlungen richtet sich dabei nach dem bisherigen Einkommen der Führungskräfte und beträgt in der Regel ein Mehrfaches des Jahreseinkommens.

[243] Teilweise, jedoch selten, wurden sie auch Mitarbeitern mittlerer und unterer Führungsebenen gezahlt. O. V., "Tin Parachutes For Little Folk", Time, vol. 129, no. 13, 30. März 1987, S. 42; o. V., "Labor Letter", The Wall Street Journal, 20. Februar 1990, S. 1.

len und sich nicht vom Eigeninteresse des Arbeitsplatzerhaltes leiten lassen[244]. Ihre ursprüngliche Intention war es somit nicht, Übernahmen zu verhindern. Dazu eigneten sie sich in der Regel auch nur wenig, waren die vereinbarten Summen im Verhältnis zum gezahlten Übernahmepreis doch meist von nur untergeordneter Bedeutung. Allerdings wurden sie in den Jahren nach ihrer Einführung teilweise in so exorbitantem Maße gewährleistet[245], daß sie auch eine abschreckende Wirkung hatten.

Sehr beliebt waren *golden parachutes* zu Beginn der 80er Jahre[246]. Scharfe öffentliche Kritik an den teilweise extrem hohen Zahlungen[247] und eine Steueränderung im *Tax Reform Act* von 1984[248] ließen ihre Anwendung in diesem Jahr zurückgehen[249]. Jedoch etablierten sie sich im Verlauf der 80er Jahre zu einem festen Bestandteil unternehmerischer Vorsorgemaßnahmen gegenüber feindlichen Übernahmen[250] und wurden auch in späteren Jahren in Einzelfällen noch in immenser Höhe geleistet[251].

---

[244] Booth, Richard A., "Is There Any Valid Reason Why Target Managers Oppose Tender Offers", Securities Regulation Law Journal, vol. 14, no. 1, 1986, S. 59-60; o. V., "Golden Parachutes may go the way of the Dodo", International Business Week, 9. Januar 1984, S. 22; Scotese, "Fold up those golden parachutes", S. 170; Wander; LeCoque, "Boardroom Jitters: Corporate Control Transactions and Today's Business Judgment Rule", S. 58; White, "Pulling the Golden Parachute Ripcord", S. 335-340.

[245] Das *golden parachute*-Paket der Beneficial Corp., einem im Bereich von Finanzdienstleistungen angesiedelten Unternehmen, umfaßte beispielsweise Abfindungszahlungen für 250 Führungskräfte in Höhe von jeweils drei Jahresgehältern. Klein, Frederick C., "A Golden Parachute Protects Executives, But Does It Hinder or Foster Takeovers?", The Wall Street Journal, 8. Dezember 1982, S. 56.

[246] In den Jahren 1981 bis 1984 stieg die Zahl der Unternehmen, die *golden parachute*-Pakete verabschiedeten, um 44 Prozent an. Allein im Jahr 1982 wurden solche Verträge von etwa 1.500 Unternehmen abgeschlossen. Ende 1982 waren von ungefähr 15 Prozent der 1.000 größten amerikanischen Unternehmen *golden parachute*-Pakete implementiert worden, und im Jahr 1983 hatte von den unteren 20 Prozent der Unternehmen der Fortune 500 Liste - zu diesem Zeitpunkt eine sehr beliebte Zielgruppe für Übernahmen - etwa jedes dritte *golden parachutes* eingeführt. Klein, "A Golden Parachute Protects Executives, But Does It Hinder or Foster Takeovers?", S. 56; Metz, "Mergers Expected to Stay Plentiful In 1983 but Will Be Less Exciting", S. 5; o. V., "Labor Letter", The Wall Street Journal, 31. Mai 1983, S. 1; o. V., "Golden Parachutes may go the way of the Dodo", S. 22; Scotese, "Fold up those golden parachutes", S. 169.

[247] So erhielt beispielsweise William Agee nach der Übernahme von Bendix durch Allied eine Abfindung in Höhe von vier Millionen Dollar. Ralph Bailey bekam von Conoco ebenfalls ungefähr vier Millionen Dollar und Robert Jensen von GK Technologies 7,8 Millionen Dollar. Cochran, "'Golden Parachutes': A Closer Look", S. 111; Scotese, "Fold up those golden parachutes", S. 169.

[248] Dieses Gesetz erhob eine Steuer in Höhe von zwanzig Prozent auf die Abfindungsleistungen, die als exzessiv eingestuft wurden. Dies war dann der Fall, wenn sie mindestens das Dreifache des durchschnittlichen Jahreseinkommens der letzten fünf Jahre betrugen. Die Steuer war vom Empfänger zu entrichten, und gleichzeitig wurden die Zahlungen auf Unternehmensseite als steuerlich nicht abzugsfähig eingestuft. Zu Inhalt und Auswirkungen der Gesetzesänderungen s. Byrne, John A., "The Agee Legacy", Forbes, vol. 136, no. 3, 11. Februar 1985, S. 136-140; Fleischer, Arthur, Tender Offers: Defenses, Responses and Planning, vol. 1, Clifton, 1987, S. 161-169; Tracy, Eleanor, "Parachutes A-Popping", Fortune International, vol. 113, no. 7, 31. März 1986, S. 46; Wander; LeCoque, "Boardroom Jitters: Corporate Control Transactions and Today's Business Judgment Rule", S. 59.

[249] O. V. "Golden Parachutes may go the way of the Dodo", S. 22.

[250] Auch 1990 sah noch fast jedes dritte Großunternehmen der Vereinigten Staaten *golden parachute*-Zahlungen für das Top-Management im Falle einer Übernahme vor. O. V., "Labor Letter", The Wall Street Journal, 20. Februar 1990, S. 1.

[251] So erhielt William G. Granger, der *chief executive officer* der Beatrice Cos., nach dem *leveraged buyout* durch Kohlberg, Kravis & Roberts eine Abfindung in Höhe von $6,4 Millionen, obwohl er nur drei Monate als *chief executive officer* im Amt war. Ross Johnson bekam nach dem *leveraged buyout* von Nabisco eine

Golden parachutes werden gewährt, um dafür zu sorgen, daß das Management im Falle einer Übernahmeofferte die Interessen der Aktionäre wahrnimmt. Diese Aufgabe obliegt den Führungskräften eigentlich schon aufgrund ihres regulären Arbeitsvertrages. Dennoch ist es einsichtig, Führungskräfte, die in einem extremen Interessenkonflikt stehen, wirtschaftlich abzusichern, um zu gewährleisten, daß sie zum Wohle der Gesellschaft handeln. Ob dieses Ziel durch *golden parachutes* wirklich erreicht wird, ist freilich mehr als fraglich. *Golden parachutes* können genauso als Belohnung für schlechtes Management betrachtet werden. Für eine mangelhafte Führungsleistung, die einen außenstehenden Investor zu einer Übernahme anreizt, wird das Management anschließend durch hohe Abfindungszahlungen auch noch besonders entschädigt. Dies, die teilweise extrem hohen Beträge, die Tatsache, daß manche *golden parachute*-Verträge Leistungen unabhängig davon gewährten, ob die Führungskräfte sofort wieder eine neue Anstellung eingingen oder nicht, sowie der Umstand, daß es die Manager selbst sind, die Art und Umfang ihrer eigenen Abfindungen festlegen, ohne dabei die Eigentümer der Gesellschaft konsultieren zu müssen, werfen ein eher negatives Licht auf *golden parachutes*.

3. Maßnahmen zur Abwehr eines laufenden Übernahmeversuches

Neben Vorkehrungen, die ohne akute Übernahmegefahr getroffen wurden, um potentielle *raider* bereits im Vorfeld abzuschrecken, entwickelten die Unternehmen, die sich direkt einem *hostile tender offer* gegenübergestellt sahen, in den 80er Jahren eine Vielzahl neuer Verteidigungsstrategien, um eine Übernahme doch noch zu verhindern. Die Fristen des *Williams Act* räumen dem Management der Zielgesellschaft für die Umsetzung solcher Strategien nicht allzuviel Zeit ein[252]. Deswegen begannen Unternehmen schon zu Beginn der 80er Jahre, Frühwarnsysteme einzuführen, mit denen der Handel in den eigenen Aktien überwacht wurde, um so jede Anhäufung von Aktienkäufen, die mit einem bevorstehenden Übernahmeversuch in Verbindung stehen könnten, möglichst bald zu erkennen[253].

Abfindung in Höhe von schätzungsweise $23 Millionen, und Michael C. Bergerac, der *chief executive officer* von Revlon, erhielt nach der Übernahme durch Pantry Pride und seinem Ausscheiden sogar eine Abfindungszahlung von $35 Millionen. Byrne, John A., "Executive Pay: How the Boss Did in '85", International Business Week, 5. Mai 1986, S. 57; Dunkin, Amy und Laurie Braun, "Bergerac's Golden Parachute: The Biggest Ever", International Business Week, 5. Mai 1986, S. 61; Saporito, "How Ross Johnson Blew the Buyout", S. 150.

[252] Zu den Fristen hinsichtlich der Publizitätspflicht und des Verfahrensablaufes eines *tender offer* siehe die Ausführungen im Kapitel 1, S. 28ff.

[253] Ein solches Frühwarnsystem wurde beispielsweise von Martin Marietta installiert. So war das Unternehmen schon sehr frühzeitig darüber informiert, daß die Bendix Corp. viele ihrer Aktien aufkaufte. Als Reaktion darauf verhandelte das Management von Martin Marietta schon im Vorfeld mit den Banken, um für möglicherweise notwendig werdende Abwehrstrategien genügend finanzielle Mittel zur Verfügung zu haben. Als Bendix dann ein *hostile tender offer* bekanntgab, hatte Martin Marietta die finanziellen Ressourcen schon bereitgestellt, um zur Abwehr ein *tender offer* für die Aktien von Bendix abzugeben. Metz, "To Forestall Takeovers, Many Concerns Move to Shore Up Defenses", S. 17; Hoffman, The Dealmakers, S. 150.

A. Einleitung rechtlicher Schritte gegen den Angreifer

In den 80er Jahren wurde kaum ein *hostile tender offer* abgegeben, ohne daß diesem nicht sofort zahlreiche Klagen seitens des Managements der Zielgesellschaft gefolgt wären Als Grundlage für diese Klagen wurden Verletzungen des *Williams Act*, der *Antitakeover Statutes* der Bundesstaaten oder aber der Kartellgesetze angeführt[254]. Diese Klagen richteten sich größtenteils gegen die *raider*[255] selbst, teilweise jedoch auch gegen die kreditgewährende Bank beziehungsweise das die Übernahme finanzierende Bankenkonsortium. Ein gerichtliches Vorgehen gegen die Finanzierungsinstitute war möglich, wenn eine der betreffenden Banken auch Kundenbeziehungen zur Zielgesellschaft oder eines ihrer Tochterunternehmen hatte. Die Klage konnte sich dann auf einen potentiellen Interessenkonflikt oder den Mißbrauch vertraulicher Informationen stützen. Ziel war es, die Banken dazu zu bewegen, sich aus der Finanzierung zurückzuziehen[256].

Mit der Einleitung von Rechtsstreitigkeiten gegen den *raider* verband man die Hoffnung, Zeit zu gewinnen[257], um zusätzliche Abwehrmaßnahmen ergreifen zu können. Weiteres Ziel war es, ein negatives Licht auf den Angreifer zu werfen, um Unterstützung von Gewerkschaften oder Politikern zu bekommen, beziehungsweise bei den Aktionären Skepsis über die Rechtmäßigkeit des Angebots zu wecken, um deren Verkaufsbereitschaft zu senken.

B. Restrukturierung der Unternehmung

Vor allem ab Mitte der 80er Jahre wurde die durch ein Gerichtsverfahren gewonnene Zeit häufig dazu genutzt, die Kapitalbasis und Vermögensstruktur des Unternehmens derart zu reorganisieren, daß eine Übernahme dem Bieter nicht mehr interessant erschien[258]. Ziel eines

---

[254] Klagen auf Basis des *Williams Act* bezogen sich in der Regel auf eine tatsächliche oder angebliche Verletzung von Offenlegungspflichten beziehungsweise auf die Nichteinhaltung von Fristen. Rechtliche Schritte auf Grundlage der Kartellgesetze wurden mit der Begründung eingeleitet, durch den Zusammenschluß würde das neue Unternehmen auf bestimmten Märkten eine beherrschende Stellung einnehmen. Zu den Grundlagen für die Einleitung rechtlicher Schritte s. Frank, "Unternehmerisches Ermessen des Vorstands bei feindlichen Übernahmeversuchen: die Time-Entscheidung", S. 762; Dietrich, Die Tender Offer im Bundesrecht der Vereinigten Staaten, S. 336-338; Trockels, "Verteidigungsmaßnahmen gegen "Corporate Takeovers" in den USA", S. 88-90.

[255] In der Regel wurde gegen das Unternehmen, teilweise jedoch auch direkt gegen das *board of directors*, beispielsweise wegen Verschwendung von Gesellschaftsmitteln, geklagt.

[256] Gilman; Chang, "Mergers and Takeovers", S. 32.

[257] Block; Miller, "The Responsibilities and Obligations of Corporate Directors in Takeover Contests", S. 63; Metz, "To Forestall Takeovers, Many Concerns Move to Shore Up Defenses", S. 17. Daß Zeitgewinn die einzige Motivation für die Einleitung juristischer Schritte darstellte, war bisweilen recht offensichtlich. So bezeichnete sogar ein Direktor von Crown Zellerbach die rechtlichen Maßnahmen seines Unternehmens gegen den *raider* Sir James Goldsmith als "window dressing". Dobrzynski, Judith H. und Jonathan B. Levine, "One Way or Another, Crown Is Going to Topple", International Business Week, 29. April 1985, S. 22.

[258] Henkhoff, "Deals of the Year", S. 96; Hertzberg, Daniel, "Takeover Targets Find Loading Up on Debt Can Fend Off Raiders", The Wall Street Journal, 10. September 1986, S. 1.

hostile tender offer waren oftmals Unternehmen mit niedrigem Verschuldungsgrad, hohem stabilen *cash flow* und leicht veräußerbarem Anlagevermögen. Raider suchten systematisch nach solchen Firmen, um sie mit viel Fremdkapital zu erwerben, nicht betriebsnotwendiges Vermögen zu veräußern und so stille Reserven gewinnbringend zu realisieren. Um eine solche Übernahme abwenden zu können, reagierten Unternehmen mit Reorganisierungsmaßnahmen. Dabei standen ihnen verschiedene Möglichkeiten zur Auswahl. Zur Restrukturierung der Kapitalbasis wurden *self tender offer*[259] abgegeben, das heißt, die Zielgesellschaft nahm Fremdmittel auf, um damit eigene Aktien zu einem Preis, der über dem Börsenkurs und auch über dem vom *raider* abgegebenen Angebotspreis lag, zurückzukaufen[260]. Eine Alternative dazu war, Fremdkapital aufzunehmen und die Mittel in Form einer Dividende an die Aktionäre auszuschütten[261]. Ziel solcher Maßnahmen war stets, den Verschuldungsgrad zu erhöhen, so daß dem Erwerber nach einer Übernahme kein Kreditspielraum mehr blieb und er deswegen von einer Übernahme absah. Restrukturierungen der Aktivseite zielten darauf ab, sogenannte *crown jewels*, das heißt Vermögensgegenstände, die für den Erwerber von besonderem Interesse waren, zu veräußern[262]. Durch einen solchen Vermögensverkauf und die anschließende Ausschüttung der Mittel an die Aktionäre wurde der Angreifer der Möglichkeit beraubt, Erlöse aus dem Verkauf dieser Güter zur Tilgung seiner Übernahmekredite zu verwenden. Restrukturierungen zielten also stets darauf ab, vom Angreifer geplante Maßnahmen selbst durchzuführen, um die Selbständigkeit des Unternehmens zu erhalten.

---

[259] Zum Begriff des *self tender offer* s. Wander; LeCoque, "Boardroom Jitters: Corporate Control Transactions and Today's Business Judgment Rule", S. 56; Kurth, Aktionärsschutz und öffentliche Kaufangebote, S. 18.

[260] Im Gegensatz zum deutschen Recht läßt das amerikanische Gesellschaftsrecht Aktienrückkäufe in großem Maße zu. Jedoch wird ihre Zulässigkeit als Verteidigungsmaßnahme in den einzelnen Bundesstaaten unterschiedlich gehandhabt. Zur Rechtmäßigkeit von *self tender offers* s. Knoll, Die Übernahme von Kapitalgesellschaften, S. 204-206. Erfolgreich angewandt wurde diese Methode von der Ölfirma Unocal Corp., die sich mit einem *hostile tender offer* von T. Boone Pickens konfrontiert sah. Unocal Corp. führte ein *self tender offer* durch, schloß jedoch das Aktienpaket von T. Boone Pickens vom Rückkauf aus. Dieser Abschluß wurde von vielen, unter anderem von Gregg Jarrell, dem damaligen Leiter der volkswirtschaftlichen Abteilung der *Securities and Exchange Commission*, als nicht konform mit dem *Williams Act* ausgelegt, hielt jedoch einer Überprüfung vor dem Delaware *Supreme Court* stand. Johnston, Takeover, S. 187 und S. 258-265; Worthy, "What's Next For Raiders", S. 24.

[261] Diese Strategie wurde in der zweiten Hälfte des Jahrzehnts von vielen Unternehmen erfolgreich eingesetzt. So erhöhte Phillips Petroleum seine Verschuldung um $4,5 Milliarden, um ein *hostile tender offer* von T. Boone Pickens im Jahr 1985 abzuwenden. Das in der Baubranche angesiedelte Unternehmen Owens-Corning Fiberglas erhöhte seine Verschuldung im Jahre 1986 um $1,6 Milliarden, um den Aktionären eine einmalige Dividende von $52 pro Aktie auszuschütten und so einem *hostile tender offer* zu entgehen. Auch die Supermarktkette Kroger wandte im Jahr 1988 ein Rekapitalisierungsprogramm erfolgreich an, um ein *hostile tender offer* der Haft Familie und gleichzeitig einen an sie herangetragenen, ebenfalls unerwünschten *leveraged buyout* durch das Investmenthaus Kohlberg, Kravis & Roberts abzuwenden. Curran, John J., "Companies that Rob the Future", Fortune International, vol. 118, no. 14, 4. Juli 1988, S. 82; Henkoff, "Deals of the Year", S. 96; Hertzberg, "Takeover Targets Find Loading Up on Debt Can Fend Off Raiders", S. 1 und 27; Schiller, Zachary, "Kroger's White Knight Puts on a Black Hat", International Business Week, 3. Oktober 1988, S. 31-32; Strichhartchuk, "KKR Ends Bid to Buy Kroger, Avoiding Fight", S. A3; Winter; Strichhartchuk, "Kroger Rejects Bid, Sticks to a Revamping", S. A5.

[262] Gilman; Chang, "Mergers and Takeovers", S. 29; Knoll, Die Übernahme von Kapitalgesellschaften, S. 215-216.

Eine weitere Möglichkeit war, selbst ein Unternehmen zu erwerben, mit dem sich Überschneidungen auf einzelnen Märkten und somit kartellrechtliche Probleme ergaben[263] oder das sich in einer staatlich regulierten Branche befand. Wenn der Zielgesellschaft beispielsweise ein Radiosender oder ein Versorgungsunternehmen als Tochtergesellschaft angehörte, dann wurde ein Zusammenschluß von den Aufsichtsbehörden für mehrere Monate ausgesetzt, um zu überprüfen, ob keine regulatorischen Schutzbestimmungen verletzt wurden. Dies brachte für die Zielgesellschaft einerseits einen Zeitgewinn, andererseits schreckte die Wartefrist Erwerber, die auf eine schnelle Durchführung der Übernahme bedacht waren, ab[264]. Nicht zuletzt wurden in den 80er Jahren auch *leveraged buyouts* durchgeführt, um sich gegen eine feindliche Übernahme zu schützen[265]. Beispiele dafür waren die *going private transactions* von Stores Communications und Safeway Stores[266].

C. Die Suche nach einem *white knight*

Eine Alternative zur eigenen Restrukturierung war der Verkauf der Unternehmung an einen dem Management freundlich gesonnenen Käufer, einen sogenannten *white knight*[267]. Die Selbständigkeit der Gesellschaft wurde dadurch zwar nicht gewahrt, jedoch hofften die Führungskräfte darauf, durch den Verkauf an einen *white knight* auch nach der Übernahme ihre Position innehalten zu können[268] und eine Zerschlagung des Unternehmens zu vermeiden. Fand die Zielgesellschaft einen interessierten Käufer, so mußte auch dieser ein *tender offer* an die Aktionäre abgeben[269], das, um Erfolgschancen zu haben, über dem des Angreifers zu liegen hatte. Häufig kam es dann zu einem Bietungswettkampf[270].
Im Gegensatz zu *golden parachutes* und *poison pills* wurde der Verkauf an einen *white knight* von den Aktionären kaum kritisiert. Für sie machte es prinzipiell auch keinen Unterschied, an

---

[263] Hazen, The Law of Securities Regulation, S. 382-383; Kurth, Aktionärsschutz und öffentliche Kaufangebote, S. 25-26.

[264] Regan, Arthur C. und Arie Reichel, "'Shark Repellents': How to Avoid Hostile Takeovers", Long Range Planning, vol. 18, no. 6, 1985, S. 64; Trockels, "Verteidigungsmaßnahmen gegen "Corporate Takeovers" in den USA", S. 64-65.

[265] Fogg, Blaine V., "Defense Recapitalization", in: Practising Law Institute, Hrsg., Corporate Restructurings, 1988, S. 133; Caires, Management Buy-Outs, S. 13; Easterwood; Singer, "The Impact of Leveraged Buyouts on the Strategic Direction", S. 31-32.

[266] Farrell u. a., "LBOs: The Stars, The Strugglers, The Flops", S. 46; Hertzberg, "Takeover Targets Find Loading Up on Debt Can Fend Off Raiders", S. 27.

[267] Zum Begriff *white knight* s. Gilman; Chang, "Mergers and Takeovers", S. 30; Regan; Reichel, "'Shark Repellents': How to Avoid Hostile Takeovers", S. 64; Trockels, "Verteidigungsmaßnahmen gegen "Corporate Takeovers" in den USA", S. 81-82.

[268] Diese Hoffnung erfüllte sich nicht immer. So konnte der *chief executive officer* der Bendix Corp., William Agee, nach der Fusion mit dem *white knight* Allied seine Führungsposition nicht lange behalten.

[269] Zum Prozeß der Erstellung eines *tender offer* durch einen *white knight* s. Jander; McDermott, "Neue Methoden bei Unternehmenskäufen in den USA", S. 958-960.

[270] Innerhalb dieses Bietungswettbewerbs kamen dem Management der Zielgesellschaft besondere Sorgfaltspflichten zu. S. dazu Ausführungen Seite 94 und die dort angegebene Literatur.

wen sie ihre Anteile veräußerten, und sobald ein *white knight* auftauchte, war ihnen die Realisierung einer höheren Prämie sicher[271]. Aus der Sicht des Managements betrachtet, ist der Verkauf an einen *white knight* zwar geeignet, ein *hostile takeover* zu vermeiden, jedoch kann eine Übernahme an sich dadurch nicht verhindert werden.

D. *Greenmail*

Eine weitere Möglichkeit, einen *raider* von einer Übernahme abzuhalten, waren sogenannte *greenmail*-Zahlungen[272]. Dabei versteht man unter *greenmail*[273] generell einen Rückkauf des Aktienpaketes eines Investors, der droht, andernfalls eine feindliche Übernahme durchzuführen - zu einem über dessen Kaufpreis und in der Regel auch über dem Marktwert der Aktien liegenden Betrag[274]. Von diesem Rückkaufsangebot werden die anderen Aktionäre grundsätzlich ausgeschlossen, das heißt, es erfolgt eine privilegierte Behandlung des *raider*. *Greenmail*-Zahlungen waren vor allem zu Beginn der 80er Jahre ein sehr beliebtes Abwehrmittel und wurden mehrfach erfolgreich eingesetzt[275]. Sie waren von Anfang an harscher Kritik

---

[271] Die Auswirkungen auf die Gesamtheit der Aktionäre waren in akademischen Kreisen jedoch stark umstritten. S. dazu Ausführungen und Literatur in Fußnote 192.

[272] Der Begriff *greenmail* ist ein Wortspiel. Er leitet sich ab aus der Farbe amerikanischer Geldnoten und dem Begriff *blackmail*, zu deutsch Erpressung.

[273] Zu Begriff und Inhalt von *greenmail* s. Block; Barton; Radin, The Business Judgment Rule, S. 414; Gilman; Chang, "Mergers and Takeovers", S. 30; Peltzer, Martin, "Von Räubern, weißen Rittern und Jungfrauen - die Taktiken der amerikanischen takeovers", Zeitschrift für das gesamte Kreditwesen, Jg. 39, Nr. 7, 1986, S. 292-293; Regan; Reichel, "'Shark Repellents': How to Avoid Hostile Takeovers", S. 64.

[274] Die *Securities and Exchange Commission* definiert den Begriff *greenmail* sehr genau und handhabt ihn enger. Sie versteht darunter Aktienrückkäufe von Investoren, die ihre Aktienpakete weniger als zwei Jahre gehalten haben, wenn diese Rückkäufe mit einer Prämienzahlung von mehr als drei Prozent verbunden sind. Note, "Greenmail: Targeted Stock Repurchases And The Management-Entrenchment Hypothesis", Harvard Law Review, vol. 98, no. 5, 1984, S. 1045.

[275] Schon früh als "*greenmailer*" bekannt wurden Carl Icahn und T. Boone Pickens. Letzterer erhielt für ein Aktienpaket an Philips Petroleum, dessen Kaufpreis $383 Millionen betragen hatte, vom Unternehmen $472 Millionen. Aber auch andere *raiders* waren durchaus erfolgreich. So erhielt Rupert Murdoch für sein Aktienpaket an Warner Communications vom Unternehmen eine Prämie in Höhe von 35 Prozent über dem Marktpreis der Aktien und Charles Hurwitz von Castle & Cook eine Prämie in Höhe von 23 Prozent. Texaco Inc. kaufte das Aktienpaket der Gebrüder Bass zu einem Preis, der 12 Prozent über dem Marktwert lag, zurück, und Saul Steinberg erhielt von Quaker State Oil Refining Corp. eine Prämie von 33 Prozent. Sir James Goldsmith erhielt für die Rückgabe seines Aktienpakets an St. Regis einen Aufschlag von 23 Prozent auf den von ihm gezahlten Kaufpreis. Blustein, Paul, "Let Us Now Consider Carl Icahn", The Wall Street Journal, 22. Dezember 1982, S. 14; Greene, Richard, "Greenmail - the Backlash", Forbes, vol. 136, no. 14, 2. Dezember 1985, S. 86; Leefeldt, Ed, "Rise in 'Greenmail' Payoffs Spurs Challenges in Courts and Congress", The Wall Street Journal, 2. Mai 1984, S. 33; o. V., "Centennial Journal: 100 Years in Business", The Wall Street Journal, 13. November 1989, S. B1; Peltzer, "Takeovers in den Vereinigten Staaten - Können die Spielregeln übertragen werden?", S. 279; Williams, John D., "'Companies' Stock Buybacks Soared in 1984 but Might Slow This Year", The Wall Street Journal, 2. Januar 1985, S. 6B.

ausgesetzt, da außer dem *raider* niemand in den Genuß des höheren Rückkaufpreises kam und nach solchen Zahlungen der Aktienpreis häufig fiel[276]. Gerichtliche Auseinandersetzungen[277], in denen Aktionäre die Rechtmäßigkeit von *greenmail*-Zahlungen anzweifelten und die gleichen Prämien auch für ihre Aktienpakete verlangten, wurden zu Beginn der 80er Jahre regelmäßig zugunsten des Managements entschieden[278]. Ab Mitte der 80er Jahre jedoch fielen die Entscheidungen wesentlich uneinheitlicher aus, da vor allem Gerichte in Kalifornien eine bedeutend kritischere Haltung einnahmen. Es kam zu Urteilen, die solche Zahlungen dem alleinigen Interesse des Managements am Erhalt ihrer Führungspositionen zuordneten[279]. Im Jahr 1984 wurden mehrere Gesetzesinitiativen eingebracht, um *greenmail* zu stoppen[280]. Auch zeigte sich, daß solche Zahlungen einen Anreiz für weitere *raider* darstellten, ebenfalls Aktienpakete zu kaufen und mit einer Übernahme zu drohen, falls kein Rückkauf erfolge[281]. Als schließlich noch die öffentliche Kritik wuchs[282], gingen *greenmail*-Zahlungen im Jahr 1985 zurück. Allerdings wurden sie bereits Ende 1986 wieder gezahlt[283], wenn auch so strukturiert, daß die *greenmail*-Beträge nicht so ersichtlich waren[284].

---

[276] Bradley, Michael und L. Macdonald Wakeman, "The Wealth Effect of Targeted Share Repurchases", Journal of Financial Economics, vol. 11, nos. 1-4, 1983, S. 307-313; Dann, Larry Y. und Harry DeAngelo, "Standstill Agreements, Privately Negotiated Stock Repurchases, and the Market for Corporate Control", Journal of Financial Economics, vol. 11, nos. 1-4, 1983, S. 294-295. Ein Überblick über die Ergebnisse weiterer Studien findet sich bei: Note, "Greenmail: Targeted Stock Repurchases and the Management-Entrenchment Hypothesis", S. 1051-1053.

[277] *Greenmail*-Zahlungen folgten fast immer Aktionärsklagen, von denen die meisten jedoch mit einem außergerichtlichen Vergleich endeten. Greene, "Greenmail-the Backlash", S. 86-90.

[278] Regan; Reichel, "'Shark Repellents': How to Avoid Hostile Takeovers", S. 64; Wander; LeCoque, "Boardroom Jitters: Corporate Control Transactions and Today's Business Judgment Rule", S. 59-60.

[279] Zu einzelnen Entscheidungen s. Block; Barton; Radin, The Business Judgment Rule, S. 419-426.

[280] Diese sahen vor, bei einem Aktienrückkauf die Zahlung einer Prämie von mehr als drei Prozent von der Zustimmung der Aktionäre abhängig zu machen. O. V., "An Assault on Golden Parachutes and 'Greenmail'", International Business Week, 13. August 1984, S. 48; Regan; Reichel, "'Shark Repellents': How to Avoid Hostile Takeovers", S. 64.

[281] So wurde beispielsweise Phillips Petroleum Ende 1984 und Anfang 1985 innerhalb kurzer Zeit zweimal mit einem *hostile tender offer* konfrontiert, einmal von T. Boone Pickens und das zweite Mal von Carl Icahn. Beide Male wurden *greenmail*-Zahlungen geleistet. Cole, Robert J., "Icahn Ends Offer for Phillips; All Shareholders to Get More", New York Times, 5. März 1985, S. A1 und D9.

[282] Hertzberg, "Takeover Targets Find Loading Up on Debt Can Fend Off Raiders", S. 27; Williams, Winston, "Business Say 'Stop' to the Raiders", New York Times, 14. April 1985, Sec. 3, S. 1 und 9.

[283] Innerhalb weniger Wochen kam es Ende 1986 in fünf *hostile tender offers* zu *greenmail*-Zahlungen. Nash, Nathaniel C., "Wall Street Bemoans a New 'Greenmail' Season", New York Times, 28. Dezember 1986, S. E4; Sandler, Linda, "'Pale Green Greenmail' Is Spreading as Firms Buy Out Raiders as Part of Broader Purchases", The Wall Street Journal, 25. November 1986, S. 59.

[284] So wurden die Aktien teilweise zum Marktpreis zurückgekauft und darüber hinaus ein "Auslagenersatz" gezahlt. Manche Unternehmen starteten auch breiter angelegte Rückkaufprogramme, wobei jedoch stets die Aktien des *raider* voll zurückerworben wurden, die der anderen Aktionäre hingegen nur auf Pro-Rata-Basis. Bianco, Anthony; Schiller, Zachary; Therrien, Lois und Matt Rothman, "A Flurry of Greenmail Has Stockholders Cursing", International Business Week, 8. Dezember 1986, S. 28-30; Sandler, "'Pale Green Greenmail' Is Spreading as Firms Buy Out Raiders as Part of Broader Purchases", S. 59. Zur Struktur des Rückkaufprogrammes von CPC International für das Aktienpaket, das von Revlon gehalten wurde s. Bleakley, Fred R., "Buying Back and Buying Off", New York Times, 13. November 1986, S. D2. Eine weitere Variante war, das Aktienpaket vom *raider* zum Marktwert zurückzukaufen und darüber hinaus andere

Manche Gesellschaften änderten allerdings ihre Satzungen, um gegenüber den *raiders* ein Signal zu setzen, daß *greenmail*-Zahlungen von vornherein ausgeschlossen sind[285]. Auch erließen einige Bundesstaaten Gesetze zum Verbot von *greenmail*[286].

Vermögensgegenstände des Angreifers zu einem inflationierten Preis zu erwerben. Diese Strategie wurde von Chesebrough Ponds angewandt, um einen Übernahmeversuch von Carl Icahn abzuwehren. Willens, Robert, "Taxes and Takeovers", Journal of Accountancy, vol. 162, no. 1, 1986, S. 94.

[285] Solche Satzungsänderungen beinhalteten das Verbot zum Aktienrückkauf zu einem Preis, der über dem Marktwert lag, es sei denn, der Rückkauf wurde von den Aktionären gebilligt.

[286] Das erste Gesetz dieser Art wurde vom Bundesstaat New York im Jahr 1985 erlassen. Es verbietet den Rückkauf von mehr als zehn Prozent der Aktien eines Aktionärs zu einem Preis, der über dem Kurswert liegt, es sei denn, der Kauf der Aktien liegt um mehr als zwei Jahre zurück oder aber die Transaktion wird von den anderen Aktionären gebilligt.

3. Kapitel: Staatliches und betriebliches Umfeld

I. Makroökonomische Faktoren

Bei einer Betrachtung der bisherigen Übernahmebewegungen in den USA zeigt sich ein Zusammenhang zwischen der Entwicklung der Unternehmensübernahmen und den jeweils herrschenden Konjunkturzyklen. Dabei ging ein Anstieg der Übernahmebewegung stets mit einem konjunkturellen Aufschwung einher, während ein Rückgang der Übernahmetätigkeit in der Regel von einer Rezession begleitet war[1]. Die wichtigsten makroökonomischen Variablen sind dabei Inflationsrate, Zinsniveau und die Entwicklung an den Aktienmärkten, wobei diese Faktoren in enger Verbindung miteinander stehen.

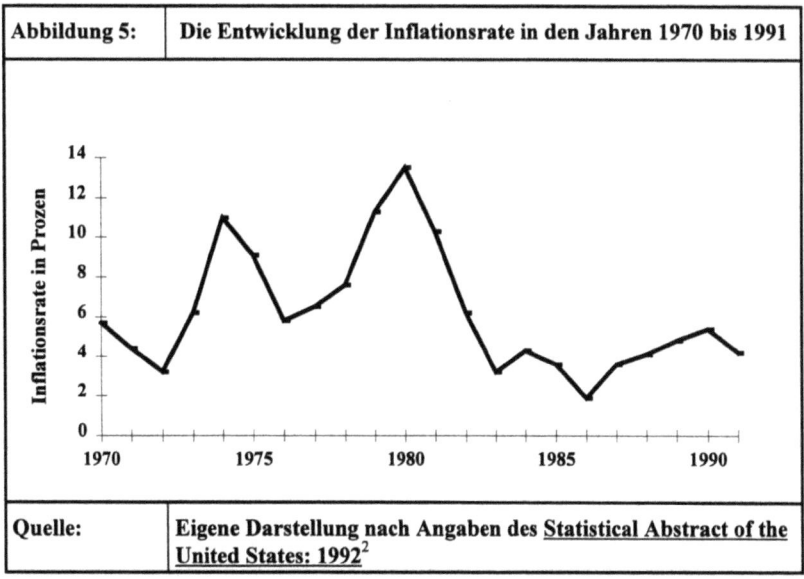

Abbildung 5:	Die Entwicklung der Inflationsrate in den Jahren 1970 bis 1991
Quelle:	Eigene Darstellung nach Angaben des <u>Statistical Abstract of the United States: 1992</u>[2]

Eine hohe Inflationsrate hat einen destabilisierenden Effekt auf das wirtschaftliche Wachstum und somit auch auf die Profite der Unternehmen. Anderseits wirkt sie sich negativ auf das

---

[1] Becketti, Sean, "Corporate Mergers and the Business Cycle", Economic Review, vol. 71, no. 5, 1986, S. 16-17. Siehe auch Ausführungen im Kapitel 1, Abschnitt IV und Kapitel 2, Abschnitt III.1. Becketti sieht in einem von ihm aufgestellten Modell die Fluktuationen in der Entwicklung der Unternehmensübernahmen zu etwa einem Drittel durch makroökonomische Variablen begründet. Ibid., S. 22.

[2] U. S. Department of Commerce, Bureau of the Census, Statistical Abstract of the United States: 1992, Washington, D.C., 1992, S. 469.

Sparverhalten der Haushalte aus[3]. Auch das Anlegerverhalten ändert sich, es wird weniger Kapital in Aktien und mehr in Schuldverschreibungen investiert. Schließlich hat eine hohe Inflationsrate stets ein hohes Zinsniveau zur Folge. Aufgrund der hohen Zinsen sinkt der Kapitalisierungsfaktor für die Abzinsung zukünftiger Unternehmenserträge und damit auch der Unternehmenswert[4]. Zusammengenommen führen ein hohes Zinsniveau, ein aufgrund der Inflation geändertes Anlegerverhalten und eine rückläufige Gewinnentwicklung bei den Unternehmen an den Aktienmärkten zu einer Unterbewertung des Eigenkapitals.

In den 70er Jahren stieg die Inflationsrate in den USA auf vorher nicht gekannte Höhen (siehe Abbildung 5, Seite 111). Diese hohe Inflationsrate führte im Verlauf der 70er Jahre dazu, daß der Wert des an der Börse notierten unternehmerischen Vermögens inflationsbereinigt abnahm[5]. Damit sank die sogenannte *q-ratio*, das heißt das Verhältnis von Aktienwert zu den Wiederbeschaffungskosten amerikanischer Gesellschaften[6]. Schließlich stieg der Buchwert der Unternehmen im Verhältnis zu den Aktienwerten stark an und lag Ende der 70er Jahre bei durchschnittlich 90 Prozent[7]. Zusammengenommen bedeuteten diese Variablen, daß der Unternehmenskauf gegenüber dem Neuaufbau zunehmend an Attraktivität gewann.

Um der steigenden Inflationsrate Einhalt zu gebieten, wurde das Zinsniveau bereits ab Mitte der 70er Jahre beständig angehoben (siehe zur Zinsentwicklung Abbildung 6, Seite 113). Ab Ende der 70er Jahre richtete sich die Aufmerksamkeit des *Federal Reserve Board* vorrangig auf die Bekämpfung der Inflation[8]. Dies hatte zur Folge, daß die Zinsen nochmals stark auf zweistellige Werte anstiegen und dieses Niveau bis zum Jahr 1982 beibehalten wurde. Die Erhöhung der Zinsen brachte zwar einen Rückgang der Inflationsrate, stürzte die amerikanische Wirtschaft jedoch in eine bis 1982 anhaltende und tiefe Rezession und wirkte sich ebenfalls nachteilig auf die Entwicklung der Aktienkurse aus. Die steigenden Zinsen erhöhten die Finanzierungskosten, wodurch die Gewinnerwartungen und demzufolge auch die Unternehmenswerte weiter zurückgingen[9]. Auf der anderen Seite verbesserten sich durch höhere Zin-

---

[3] O. V., "Pac-Man Economics", The Wall Street Journal, 27. September 1982, S. 22.

[4] Niedrige Kapitalisierungsfaktoren führen dazu, daß Ertragsströme, die weiter in der Zukunft liegen, sehr niedrig und im Verhältnis zu den gegenwärtig erzielten *cash flows* unterbewertet werden. Niedrige Unternehmenswerte entstehen vor allem bei den Unternehmen, die Investitionen tätigen, deren Ertragsströme nicht sofort, sondern erst zu einem späteren Zeitpunkt erwartet werden. Greenspan, Alan, "Takeovers Rooted in Fear", The Wall Street Journal, 27. September 1985, S. 28.

[5] Inflationsbereinigt war der Wert des *Standard & Poor's 500 Index* bereits nach dem ersten Höhepunkt der Inflationsentwicklung Mitte der 70er Jahre auf zwei Drittel seines Wertes von 1966 gefallen. Madrick, Taking America, S. 14.

[6] Die *q-ratio* setzt den Marktwert der Aktien und Schuldverschreibungen einer Unternehmung ins Verhältnis zu den Wiederbeschaffungskosten. Wenn der Quotient kleiner als eins wird, dann bedeutet dies, daß es billiger ist, eine Unternehmung am Aktienmarkt zu erwerben, als sie neu aufzubauen. Es handelt sich bei dieser Variablen zwar um einen sehr groben Maßstab, doch zeigt er die Entwicklung der 70er Jahre zumindest in der Tendenz an. Hasbrouck, Joel, "The Characteristics of Takeover Targets", Journal of Banking and Finance, vol. 9, no. 3, 1985, S. 353; Bansal; Yuyuenyongwatana, "Corporate Restructuring and the LBO", S. 557; Polonchek, John A. und Maire E. Sushka, "The Impact of Financial and Economic Conditions on Aggregate Merger Activity", Managerial and Decision Economics, vol. 8, 1987, S. 114.

[7] Madrick, Taking America, S. 15.

[8] Nowak, Laura S., Monetary Policy and Investment Opportunities, Westport, 1993, S. 16-17.

[9] Hinzu kam der schon erwähnte, aufgrund der gestiegenen Zinsen gesunkene Kapitalisierungsfaktor, der die rückläufigen Gewinnerwartungen stärker abzinste und somit den Unternehmenswert weiter drückte.

sen die Renditen alternativer Geldanlagen. Festverzinsliche Wertpapiere wurden attraktiver, während Aktien an Anziehungskraft verloren.

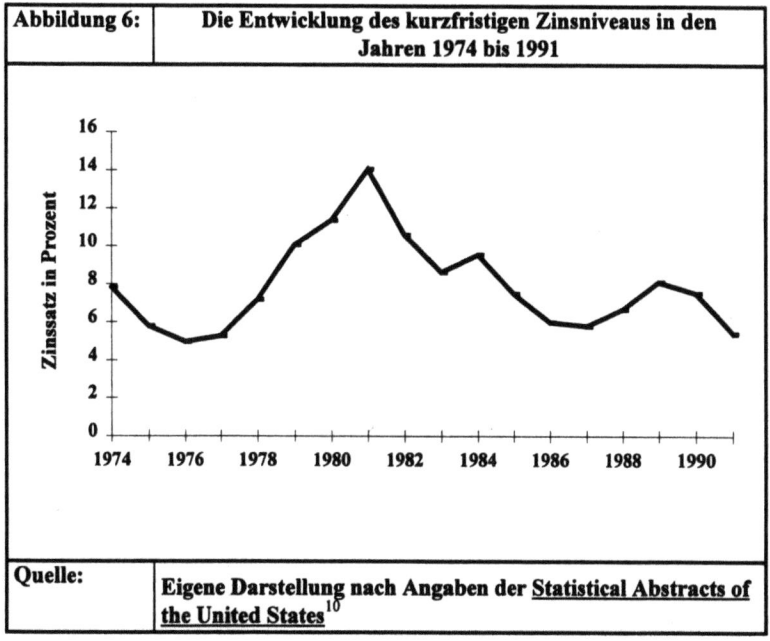

Der Anstieg von Zinsniveau und Inflationsrate bis in die 80er Jahre hinein hatte bei amerikanischen Unternehmen zu einer Unterbewertung des ausstehenden Eigenkapitals geführt. Diese Unterbewertung ging teilweise so weit, daß es gewinnbringend erschien, Unternehmen an der Börse aufzukaufen und die Vermögensteile - beziehungsweise zumindest einen Teil davon - einzeln zu veräußern. Es war eine Situation entstanden, in der die einzelnen Unternehmensteile mehr wert waren als die Gesellschaft als Ganzes. Somit war ein Anreiz für Unternehmenskäufe gegeben, und es entstand eine ganze Branche, die sich auf die Suche nach und den Aufkauf von solchen unterbewerteten Unternehmen spezialisierte[11].

---

[10] U. S. Department of Commerce, Bureau of the Census, Hrsg., Statistical Abstract of the United States, Washington D.C., 1981, S. 522 und 1992, S. 507. Die Zahlen für die Jahre 1974 bis 1979 wurden dem Statistical Abstract des Jahres 1981 entnommen, die der Jahre 1980 bis 1991 entstammen dem Statistical Abstract des Jahres 1992.

[11] Madrick, Taking America, S. 15-16.

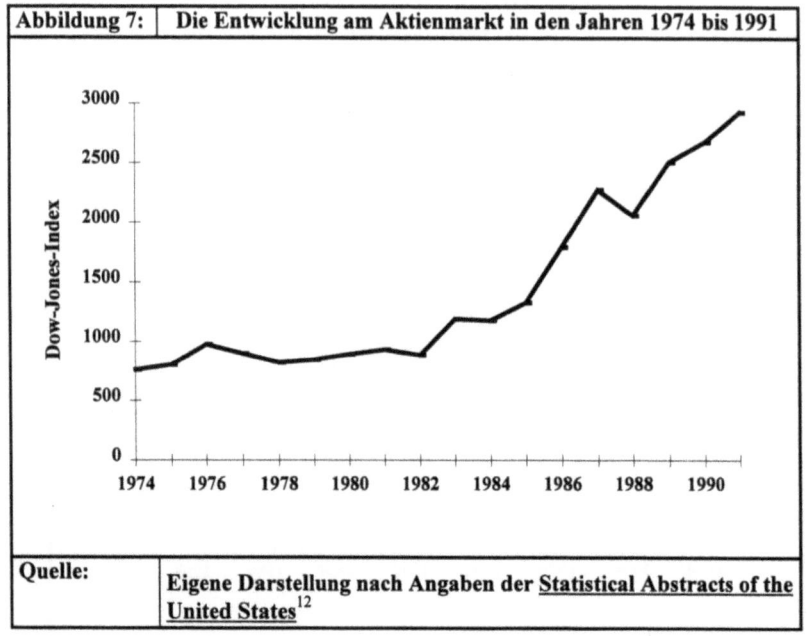

Abbildung 7:	Die Entwicklung am Aktienmarkt in den Jahren 1974 bis 1991
Quelle:	Eigene Darstellung nach Angaben der <u>Statistical Abstracts of the United States</u>[12]

Ende 1982 setzte ein Konjunkturaufschwung ein, der über die gesamten verbleibenden 80er Jahre andauern sollte[13]. Die Inflationsrate stabilisierte sich auf niedrigem Niveau und stieg erst ab 1989 wieder leicht an (siehe Abbildung 5, Seite 111). Das Zinsniveau ging zurück, und an den Aktienmärkten kam es zu einer anhaltenden Hausse (siehe Abbildung 7). Dieser konjunkturelle Aufschwung begünstigte die entstehende Übernahmewelle. Das zurückgegangene Zinsniveau führte zwar zu einer höheren Bewertung der Zielgesellschaften, aber es verringerte gleichzeitig die Finanzierungskosten der Übernahmegesellschaften[14]. Hinzu kam ein durch den Konjunkturaufschwung neu aufkeimender Optimismus, die mit den Übernahmen unvermeidbar verbundene Verschuldung, insbesondere bei *leveraged buyouts*, auch bewältigen zu können[15]. Schließlich stellten Akquisitionen eine wesentlich schnellere Mög-

---

[12] U. S. Department of Commerce, Bureau of the Census, Hrsg., Statistical Abstract of the United States, Washington, D.C., 1981, S. 524 und 1990, S. 509 sowie 1992, S. 508. Die Zahlen für die Jahre 1974 bis 1979 wurden dem Statistical Abstract des Jahres 1981 entnommen, die der Jahre 1980 bis 1982 entstammen dem Statistical Abstract des Jahres 1990 und die der Jahre 1983 bis 1991 dem Statistical Abstract des Jahres 1992.

[13] Es handelte sich dabei um eine der längsten und stärksten wirtschaftlichen Expansionsphasen der amerikanischen Wirtschaft in der Nachkriegszeit. United States, President, Economic Report of the President, Washington, D.C., 1989, S. 255-260.

[14] Becketti, "Corporate Mergers and the Business Cycle", S. 23.

[15] Easterwood; Seth; Singer, "The Impact of Leveraged Buyouts on Strategic Direction", S. 31; Newport, "A New Era of Rapid Rise And Ruin", S. 56-57.

lichkeit zur Kapazitätsausweitung dar als der Aufbau neuer Produktionsanlagen und ermöglichten es somit Unternehmen, die an der Kapazitätsgrenze produzierten, kurzfristig auf eine gestiegene Nachfrage zu reagieren[16].

Auch der Anstieg an den Aktienmärkten wirkte sich positiv auf die Übernahmebewegung aus[17]. Die ab 1985 teilweise rapide steigenden Aktienkurse begünstigten primär die Unternehmenskäufe, die eine Restrukturierung, das heißt den Verkauf von Unternehmensteilen bis auf einen kleinen Kernbereich, nach sich zogen. Aufgrund der gestiegenen Aktienkurse konnten bei den Verkäufen hohe Preise erzielt werden. Ein Beispiel dafür ist der *leveraged buyout* des Nahrungsmittelkonzerns Beatrice Cos. im Jahr 1986. Der anfängliche Erfolg dieses *leveraged buyout* war größtenteils auf die steigenden Aktienkurse und die fallenden Zinsen zurückzuführen. Bei der Durchführung der Transaktion im April 1986 lag der *Dow Jones Industrial Average* bei 1.790 Punkten, das Zinsniveau bei sieben Prozent; zu Beginn des Jahres 1987 war der *Dow Jones Industrial Average* bereits um 100 Punkte gestiegen, das Zinsniveau hingegen um mehr als ein Prozent gesunken. Ersteres führte zu hohen Erträgen bei den Verkäufen von Tochtergesellschaften, letzteres zu einem Rückgang der Zinsbelastung[18].

Das makroökonomische Umfeld der 70er Jahre führte zu einer Unterbewertung von Unternehmensvermögen an den Aktienmärkten und schaffte somit eine Grundvoraussetzung für die Übernahmen des folgenden Jahrzehnts. Der lang anhaltende wirtschaftliche Aufschwung der 80er Jahre mit niedrigem und stabilem Zins- und Inflationsniveau und einer Hausse an den Aktienmärkten förderte die Übernahmebewegung dieses Jahrzehnts weiter. Dennoch kann das wirtschaftliche Umfeld allein die Welle der *takeovers* nicht erklären. Wie schon dargelegt, war die Übernahmewelle der 80er Jahre nicht die erste ihrer Art. Auch zuvor gab es Perioden gehäufter Übernahmetätigkeit, die alle von einem wirtschaftlichem Aufschwung begleitet waren. Makroökonomische Variablen sind somit nicht geeignet, die besonderen Merkmale der Übernahmebewegung der 80er Jahre zu erklären. Auch waren die vorangegangenen Übernahmewellen bei weitem nicht immer so erfolgreich wie ursprünglich angenommen[19]. Vielmehr wurden Akquisitionen und Fusionen immer wieder aus Erwartungen heraus getätigt, die sich später nicht erfüllten. Es mußte daher, will man den Führungskräften der 80er Jahre nicht irrationales Verhalten unterstellen, neue Faktoren im Umfeld geben, die Manager und Investoren davon überzeugten, daß ihre Erwartungen auf einen Erfolg der von ihnen getätigten Unter-

---

[16] Becketti, "Corporate Mergers and the Business Cycle", S. 19-20.

[17] Dabei ist zwischen der Entwicklung an den Aktienmärkten und der auf dem Markt für Unternehmensübernahmen durchaus eine wechselseitige Beziehung möglich, das heißt, steigende Aktienkurse fördern einerseits die Übernahmebewegung, andererseits gehen von letzterer durchaus kurssteigernde Effekte aus. So resultieren Barkäufe von Unternehmen, wie in den 80er Jahren ja häufig geschehen, in einem Rückgang des Angebots an umlaufenden Aktien. Gleichzeitig führen die hohen Kurssteigerungen vor allem in von Übernahmen betroffenen Branchen zu einer erhöhten Nachfrage. Siehe dazu die Ausführungen im Kapitel 2, Abschnitt I.1.B. Becketti findet in einem von ihm entwickelten Modell jedoch keine statistisch signifikanten Hinweise auf eine Rückwirkung der Unternehmensübernahmen auf die Aktienkurse. Allerdings untersucht er nur die Auswirkungen auf den *Standard & Poor's 500 Index*, einen aus 500 Aktien zusammengesetzten Index, und nicht auf die Aktien von Übernahmebranchen. Becketti, "Corporate Mergers and the Business Cycle", S. 25-26.

[18] Anders, "Another Round: Many Firms Go Public Within a Few Years of Leveraged Buyout", S. 1 und 9; Johnson; Cohen, "Beatrice Buy-Out May Net Investors Fivefold Return", S. 5.

[19] Wie bereits im 2. Kapitel ausgeführt, war Anfang der Übernahmewelle der 80er Jahre ja zum Teil in den Mißerfolgen der Unternehmenskäufe der 60er Jahre begründet.

nehmenskäufe realistischer waren als die ihrer Vorgänger. Solche Faktoren lassen sich durchaus finden.

II. Lockerung der *Antitrust*-Politik

Die *Antitrust*-Gesetzgebung, ihre Anwendung durch die Behörden und ihre Auslegung durch die Gerichte haben die Entwicklung der Übernahmetätigkeit in der amerikanischen Wirtschaft stets wesentlich beeinflußt. Die weite Auslegung des *Sherman Act* nach Abklingen der ersten Übernahmewelle[20] ging einher mit einer Periode geringer Übernahmetätigkeit. Deren Ende wiederum wurde von Urteilen eingeleitet[21], die den Anwendungsbereich des Gesetzes erneut einschränkten. Auch die Übernahmewelle der 50er und 60er Jahre war deutlich durch den Einfluß der *Antitrust*-Politik geprägt. Aufgrund der äußerst kritischen Einstellung von Behörden und Gerichten gegenüber horizontalen und vertikalen Fusionen und Akquisitionen waren konglomerate Zusammenschlüsse die einzige Möglichkeit für Unternehmen, externe Expansionsstrategien zu verfolgen. Es liegt daher die Vermutung nahe, daß die Kartellgesetzgebung auch für die Entstehung und Entwicklung der Übernahmewelle der 80er Jahre eine wichtige Rolle gespielt hat.

1. Ziele, Mittel und Institutionen der *Antitrust*-Politik

Die grundlegenden Ziele der *Antitrust*-Politik sind die Wahrung von Verbraucherinteressen und der Schutz der Wettbewerbsbedingungen[22]. Der Wettbewerb wird dabei als Grundvoraus-

---

[20] Es wird häufig kritisiert, daß der *Sherman Act* des Jahres 1890 die große Übernahmewelle Ende des 19. Jahrhunderts nicht hatte verhindern können. Anfangs wurde das Gesetz von den Gerichten jedoch dahingehend ausgelegt, daß horizontale Preisabsprachen und Kartelle illegal seien, Fusionen aber durchaus eingegangen werden könnten, das heißt, es wurde gar nicht beabsichtigt, Fusionen zu verhindern. Diese Interpretation führte dazu, daß Unternehmen, die ehemals Preisabsprachen getroffen und Kartelle gebildet hatten, nun dazu übergingen, Zusammenschlüsse zu bilden. Bittlingmayer, George, "Did Antitrust Policy Cause the Great Merger Wave", Journal of Law and Economics, vol. 28, no. 1, 1985, S. 77-118.

[21] Dabei handelte es sich um die Urteile im Falle der United Shoe Machinery im Jahr 1918 und der United States Steel Corporation im Jahre 1920. Siehe dazu Ausführungen im Kapitel 1, Abschnitt IV.2.

[22] Zur Zielsetzung der *Antitrust*-Politik s. Bork, Robert H., The Antitrust Paradox, New York, 1978, S. 51-89; Bureau of National Affairs, "Report of the American Bar Association, Section of Antitrust Law, Task Force on the Antitrust Division of the U. S. Department of Justice", abgedruckt in: Antitrust & Trade Regulation Report, vol. 57, no. 1425 (Special Supplement), 20. Juli 1989, S. 5; Schmidt, Ingo und Jan B. Rittaler, The Chicago School of Antitrust Analysis, Baden-Baden, S. 41-44. Die einschlägigen Vorschriften der *Antitrust*-Gesetze beinhalten dabei keine genaue Zielformulierung. Bei den Anhängern verschiedener ökonomischer

setzung dafür angesehen, daß hinsichtlich des Preises, der Qualität, des Service und der Innovation die bestmögliche Versorgung besteht. Es soll daher verhindert werden, daß Unternehmen auf einzelnen Märkten Monopolstellungen errichten und Marktmacht ausüben können. Marktmacht wird dabei definiert als die Fähigkeit eines Unternehmens, den Preis für einen längeren Zeitraum oberhalb des Wettbewerbsniveaus zu halten[23].
Grundlage für den Schutz des Wettbewerbs sind die *Antitrust*-Gesetze[24]. Sie bestehen aus Vorschriften[25], mit denen wettbewerbsbeschränkendes Verhalten durch Preisabsprachen, vertikale Preisbindung, Kartelle oder Unternehmenszusammenschlüsse verhindert werden soll.

Richtungen bestehen daher differierende Ansichten darüber, ob das alleinige Ziel der *Antitrust*-Politik die Maximierung der Konsumentenwohlfahrt, das heißt der Verbraucherinteressen, sei oder ob eine Zielpluralität bestehe. Zuweilen wird auch die Ansicht vertreten, daß der Kongreß bei Verabschiedung der *Antitrust*-Gesetze auch die Berücksichtigung nicht ökonomischer Ziele im Sinne hatte, wie beispielsweise den Schutz und die Bevorzugung von Kleinunternehmern, und daß die Verfolgung dieser Ziele ebenfalls Eingang in die *Antitrust*-Politik finden sollte. Welche Ziele vom Kongreß bei Erlaß der verschiedenen *Antitrust*-Vorschriften verfolgt wurden, ist bis heute nicht abschließend geklärt. Auch die amerikanischen Bundesgerichte haben darüber noch keine absolute Klarheit geschaffen, doch sind in der neueren Rechtsprechung rein ökonomische Ziele, insbesondere die Wohlfahrtsmaximierung, in den Vordergrund gerückt. Zur Interpretation der Zielsetzung durch die Gerichte s. Schmidt; Rittaler, The Chicago School of Antitrust Analysis, S. 41-44. Zur Berücksichtigung nicht ökonomischer Ziele siehe s. Dreher, Meinrad, Konglomerate Zusammenschlüsse, Verbotsvermutungen und Widerlegungsgründe, Berlin, 1986, S. 84-86.

[23] Zum Begriff Marktmacht s. Salop, Steven C., "Symposium on Mergers and Antitrust", Journal of Economic Perspectives, vol. 1, no. 2, 1987, S. 6; Sayler, Richard H. und Axel Heck, "Die neuen Richtlinien zur Fusionskontrolle in den USA und ihre praktischen Auswirkungen", Recht der internationalen Wirtschaft, Jg. 29, Heft 2, 1983, S. 77; Schaerr, Gene C., "The Cellophane Fallacy and the Justice Department's Guidelines for Horizontal Mergers", Yale Law Journal, vol. 94, no. 3, 1985, S. 673.

[24] Dazu ist anzumerken, daß in den USA ein zweigliedriges System der Fusionskontrolle existiert, mit Vorschriften und Überwachungsbehörden sowohl auf Bundesebene als auch in den einzelnen Einzelstaaten. Dabei gingen die einzelstaatlichen Normen den Gesetzen auf Bundesebene voraus. Nach Einführung kartellrechtlicher Vorschriften auf Bundesebene ging die Fusionskontrolle zunehmend auf die Bundesbehörden über. Auch deckten sich die Auffassungen der Behörden des Bundes und der Einzelstaaten bezüglich der Fusionskontrolle lange Zeit. Erst mit der sich lockernden Haltung erstgenannter Ende der 70er Jahre kam es zu einem Auseinanderdriften der Auffassungen und zu Spannungen. Da jedoch heute ein Großteil der einzelstaatlichen *Antitrust*-Vorschriften den Bundesgesetzen nachgebildet ist, letztgenannte aufgrund der *supremacy clause* und *commerce clause* in den meisten Fällen Vorrang vor einzelstaatlichen Gesetzen haben, Handlungen der Bundesbehörden ebenfalls unter die *supremacy clause* fallen und somit ausschließende Wirkung besitzen und die Richter der Einzelstaaten bei ihren Urteilen in der Regel der Argumentation der Bundesgerichte bezüglich vergleichbarer Bundesvorschriften folgen, wird das *Antitrust*-Recht, seine Auslegung und Anwendung im wesentlichen auf Bundesebene geprägt. Daher wird im folgenden lediglich auf die Entwicklung auf Bundesebene eingegangen. Zum Verhältnis der Fusionskontrolle auf Bundesebene zu den Einzelstaaten s. Fox; Fox, Business Organizations: Corporate Acquisitions and Mergers, vol. 13, S. 18.31-18.32; Lampert, Thomas, "Das Verhältnis zwischen dem Fusionskontrollrecht des Bundes und demjenigen der Einzelstaaten in den USA", Recht der internationalen Wirtschaft, Jg. 40, Nr. 8, 1994, S. 633-641.

[25] Die wesentlichen Gesetze des amerikanischen Kartellrechts auf Bundesebene sind der *Sherman Act*, der *Clayton Act*, der *Celler-Kefauver Act* und der *Hart-Scott-Rodino Antitrust Improvement Act*. Daneben spielen die *Merger Guidelines* eine bedeutende Rolle. Zum Inhalt dieser Vorschriften s. die Ausführungen in Kapitel 1, Abschnitt III.3. Ebenfalls von Bedeutung für die Wettbewerbskontrolle ist der *Federal Trade Commission Act*. Obwohl dieses Gesetz vom Kongreß nicht als *Antitrust*-Gesetz bezeichnet wird, überlappen sich seine Vorschriften teilweise stark mit denen des *Sherman Act* und des *Clayton Act*, somit ebenfalls zur Wettbewerbskontrolle geeignet und werden zu dieser auch herangezogen.

Grundsätzlich sind für die Einhaltung der *Antitrust*-Gesetze die *Federal Trade Commission*[26] und die *Antitrust Division* des Justizministeriums[27] zuständig[28]. Für die Einhaltung des *Sherman Act* ist die *Antitrust Division* allein verantwortlich, hinsichtlich des *Clayton Act*[29] besteht konkurrierende Zuständigkeit zwischen den beiden Behörden[30]. Welche von ihnen eine Untersuchung durchführt, wird in einem *clearance*-Prozeß entschieden, der einsetzt, sobald eine der beiden Behörden Bedarf für ein Vorgehen entdeckt[31].

Da die einzelnen Vorschriften der *Antitrust*-Gesetze sehr weit gefaßt sind und viel Auslegungsspielraum lassen, hängen Umfang und Ausmaß ihrer Anwendung stark von der in den Behörden vorherrschenden Grundeinstellung gegenüber Unternehmenszusammenschlüssen ab[32]. Auch darüber hinaus üben die Behörden noch großen Einfluß auf das herrschende kar-

---

[26] Der Schwerpunkt der *Federal Trade Commission* ist der Verbraucherschutz. Sie gibt somit der Kontrolle solcher Zusammenschlüsse die höchste Priorität, bei denen sie eine Gefährdung des Verbraucherschutzes zu erkennen glaubt. O. V., "New England Conference Sets Barometer to Detect Changes in Antitrust Condition", Antitrust & Trade Regulation Report, vol. 57, no. 1440, 9. November 1989, S. 639-644.

[27] Allerdings fallen die Zuständigkeiten bezüglich der Fusionskontrolle in bestimmten staatlich regulierten Branchen auch in den Zuständigkeitsbereich anderer Behörden. So werden beispielsweise die Fusionen von Transportunternehmen größtenteils von der *Interstate Commerce Commission* überwacht. Zusammenschlüsse von im Rundfunk- und Fernsehbereich angesiedelten Unternehmen bedürfen in der Regel zusätzlich der Zustimmung der *Federal Communications Commission*. Auch im Banken- und Versicherungsbereich gibt es eigene Aufsichtsbehörden wie auch gesonderte gesetzliche Regelungen für die Fusionskontrolle. Brunner, Thomas W.; Krattenmaker, Thomas G.; Skitol, Robert A. und Ann Adams Webster, Mergers in the New Antitrust Era, Washington, D.C., 1985, S. 114-123; McDowell, Banks, Deregulation and Competition in the Insurance Industry, New York, 1989, S. 110-113.

[28] Daneben sind die kartellrechtlichen Vorschriften auch Basis für Privatklagen, mittels derer Konkurrenten, Aktionäre oder auch die Geschäftsleitung der Zielgesellschaft gegen einen Zusammenschluß vorgehen können. Ziel solcher Privatklagen ist es, den Zusammenschluß mittels einer einstweiliger Verfügung zu stoppen beziehungsweise Schadenersatzleistungen zu erhalten. Die Zahl gerichtlicher Entscheidungen im *Antitrust*-Recht, die durch Privatklagen initiiert werden, ist dabei weitaus höher als die Zahl derer, die von den Aufsichtsbehörden angestrebt werden. Jentz, Gaylord A. und Kenneth W. Clarkson, West's Business Law, St. Paul, 1984, S. 682-683; Elsner, "Risiken bei Unternehmensübernahmen in den USA", S. 319-320.

[29] Die Mehrheit der Klagen stützt sich auf den *Clayton Act*, da hier die Beweislast der Behörden geringer ist. Rosenthal, Douglas E. und William Blumenthal, "Antitrust Guidelines", in: Rock, Milton L., Hrsg., The Mergers and Acquisitions Handbook, New York, 1987, S. 402-403.

[30] Massel, Mark S., Competition and Monopoly, Washington, D.C., 1962, S. 53-54; Shepherd, The Treatment of Market Power, S. 141-142.

[31] Innerhalb dieses Prozesses ersucht die Behörde, die eine spezielle Ermittlung durchführen möchte, um Zustimmung bei der jeweils anderen. Welche der beiden Behörden einen Fall letztendlich bearbeitet, hängt von verschiedenen Faktoren - beispielsweise Produkt- oder Firmenkenntnis, Branchenerfahrung, Verfügbarkeit der notwendigen Personen - ab. Dabei hat sich mittlerweile weitgehend eine Trennung nach Branchen herausgebildet. Brunner et al, Mergers in the New Antitrust Era, S. 113; Hjelmfelt, David C., Antitrust and Regulated Industries, New York, 1985, S. 87; o. V., "Who Rules on Mergers Depends on the Industry", The Wall Street Journal, 17. Februar 1984, S. 4; United States, General Accounting Office, Justice Department: Changes in Antitrust Enforcement Policies and Activities, Report to the Chairman on the Judiciary, House of Representatives, Washington, D.C., 1990, S. 14.

[32] Da vor allem große Unternehmen immer stärker dazu übergehen, sich über das sie betreffende regulatorische und bürokratische Umfeld und seine - wenn auch nur marginalen - Änderungen zügig, umfassend und detailliert zu informieren, beziehungsweise diese zu beeinflussen, finden Änderungen in der Haltung der Behörden schnell Niederschlag in der Unternehmenspolitik. Yantek, Thom und Kenneth D. Gartrell, "The Political Climate and Corporate Mergers: When Politics Affects Economics", Western Political Quarterly, vol. 41, no. 2, 1988, S. 311-312.

tellrechtliche Klima aus. Sie erstellen die *Merger Guidelines*, die zwar nicht rechtsverbindlich sind, aber dennoch von den Gerichten anerkannt und beachtet werden[33] und regelmäßig auch Eingang in unternehmerische Entscheidungsprozesse bezüglich neuer Akquisitionsstrategien finden. Über Expertenaussagen bei *hearings* wirken sie bei der Entstehung und Änderung von *Antitrust*-Gesetzen mit. Neben den Behörden spielen schließlich die Gerichte eine wichtige Rolle bei der Auslegung der Kartellgesetze und der Entwicklung des herrschenden *Antitrust*-Klimas[34]. Mit der Besetzung wichtiger Positionen in den einzelnen Behörden und Gerichten durch Anhänger einer restriktiven beziehungsweise laisser-fairen *Antitrust*-Politik hat die jeweils amtierende Regierung die Möglichkeit, grundlegenden Einfluß auf die Anwendung des *Antitrust*-Rechts zu nehmen. Von dieser Möglichkeit haben die einzelnen Regierungen auch stets Gebrauch gemacht.

Nicht zu unterschätzen ist ferner der Einfluß, den neuere Entwicklungen in der Volkswirtschaftslehre auf die Meinungsbildung in den Behörden und bei den Mitgliedern der Gerichte, insbesondere des *Supreme Court*, nehmen[35].

2. Wandel in der *Antitrust*-Politik vor 1980: Grundvoraussetzung für die Übernahmewelle

Aufgrund oben genannter Faktoren war das kartellrechtliche Umfeld in den Vereinigten Staaten seit Entstehen des *Sherman Act* einem laufenden Wandel unterworfen[36]. Ein Höhepunkt an Restriktion hinsichtlich der Anwendung war in den 50er und besonders in den 60er Jahren erreicht. Die damalige Auslegung der *Antitrust*-Gesetze, sowohl durch die Behörden als auch bei den Gerichten, war vom volkswirtschaftlichen Rahmen des "Marktstruktur-Marktverhalten-Marktergebnis-Paradigmas"[37] geprägt[38]. Dieses Paradigma postuliert, daß die Struktur eines Marktes das Verhalten der Anbieter am Markt[39] bestimmt und daß dieses wiederum

---

[33] Hjelmfelt, Antitrust and Regulated Industries, S. 87 und dort genannte Gerichtsentscheidungen.

[34] Yantek; Gartrell, "The Political Climate and Corporate Mergers: When Politics Affects Economics", S. 314.

[35] Neuere Entwicklungen in der Volkswirtschaftslehre, wie etwa die Ansicht, daß der von Zusammenschlüssen ausgehenden Effizienzwirkung stärkere Beachtung geschenkt werden sollte, fanden Eingang in behördliche und gerichtliche Entscheidungen, nachdem Befürworter dieser Theorien Richterämter und Positionen bei den *Antitrust*-Behörden eingenommen hatten. Zu einer detaillierten Darstellung des Einflusses der Volkswirtschaftslehre auf die Entwicklung der *Antitrust*-Politik s. Ausführungen S. 122ff.

[36] S. Ausführungen dazu in Kapitel 1, Abschnitt IV.

[37] Die Entwicklung dieser Theorie geht auf Edward S. Mason zurück, der erste Ansätze dazu 1939 veröffentlichte. Entscheidend geprägt und weiterentwickelt wurde sie von Joe S. Bain. Bain, Joe S., Industrial Organization, New York, 1968.

[38] Bureau of National Affairs, "Report of the American Bar Association", S. 6.

[39] Darunter versteht man gewählte Preis- und Absatzstrategien, die Produktpolitik und auch Entscheidungen hinsichtlich eines offenen oder stillschweigenden Kollusionsverhaltens. Bain, Industrial Organization, S. 9-10.

ausschlaggebend für das Marktergebnis[40] sei. Die Struktur des Marktes wird dabei beeinflußt von Kriterien[41] wie der Beschaffenheit des Produktes, den geographischen Grenzen des Absatzgebietes, der Konzentration, den Markteintrittsbarrieren, der Elastizität der Nachfrage und der Möglichkeit, Größenvorteile in der Produktion zu erzielen. Diese Kriterien bestimmen, ob in dem betreffenden Markt ein kollusives Verhalten der Anbieter möglich ist, das zu Preiserhöhungen oder -diskriminierungen führt. Von den Anhängern der Theorie wurde es daher als notwendig erachtet, die Marktstruktur zu überwachen und so zu steuern, daß eine Einschränkung des Wettbewerbs vermieden werde. Als strukturprägendes und wettbewerbsbestimmendes Kriterium wurde dabei die Konzentration angesehen[42]. Diese galt es zu verhindern und statt dessen die Bildung dekonzentrierter Märkte zu fördern, in denen eine Koordination der Anbieter unmöglich und somit der Wettbewerb am geschütztesten war[43]. Horizontale Fusionsvorhaben wurden auch bei nur geringen Marktanteilen der beteiligten Unternehmen abgelehnt. Richtungsweisend für diese Haltung war das Urteil im Falle der Brown Shoe Co.[44], mit dem der *Supreme Court* den Zusammenschluß zweier Schuhhersteller und -händler

---

[40] Darunter fallen beispielsweise die von einem Produkt am Markt abgesetzte Menge und der verlangte Preis sowie die erzielten Gewinnspannen.

[41] Eine umfassende Auflistung und Diskussion der einzelnen strukturprägenden Kriterien findet sich bei Baldwin, William L., Market Power, Competition, and Antitrust Policy, Homewood, 1987, S. 121-146; Siehe auch: Bain, Industrial Organization, S. 6-9.

[42] Studien von Bain und Mann hatten zu dem Ergebnis geführt, daß in Märkten, in denen die acht größten Unternehmen mehr als 70 Prozent des Marktes kontrollierten, die durchschnittlichen Eigenkapitalrenditen höher waren als in Märkten, in denen ein geringerer Grad an Konzentration vorlag. Bain, Industrial Organization, S. 445-447; Bain, Joe S., "Relation on Profit Rate to Industry Concentration: American Manufacturing, 1936-1940", Quarterly Journal of Economics, vol. 85, no. 3, 1951, S. 320; Bain, Joe S., Barriers to New Competition, Cambridge, 1971, S. 195-199; Mann, H. Michael, "Seller Concentration, Barriers to Entry, And Rates of Return in Thirty Industries, 1950-1960", The Review of Economics and Statistics, vol. 48, no. 3, 1966, S. 298-299. Ein Überblick über weitere Studien, die sich neben dem Verhältnis von Konzentration zu Gewinnen beziehungsweise Renditen auch mit dem von Konzentration zu Preisniveau beschäftigen und die die Ergebnisse und Schlußfolgerungen von Bain bestätigen, findet sich bei Weiss, Leonard W., "The Structure-Conduct-Performance Paradigma and Antitrust", University of Pennsylvania Law Review, vol. 127, no. 4, 1979, S. 1106-1115.

[43] Bureau of National Affairs, "Report of the American Bar Association", S. 5.

[44] Dabei handelte es sich um den ersten Fall, der nach der Neufassung von *Section 7* des *Clayton Act* durch den *Celler-Kefauver Act* vor den *Supreme Court* kam. Es ging um die Fusion der beiden Schuhhersteller und -händler Brown Shoe Co. und G. R. Kinney Co. Obwohl es sich um einen weitestgehend fragmentierten Markt handelte - die Schuhproduktion in den Vereinigten Staaten war auf eine große Anzahl von Firmen aufgeteilt, von denen die größten 24 etwa 35 Prozent aller in den USA produzierten Schuhe herstellten, die größten vier Firmen (nach der Fusion von Brown und Kinney) 23 Prozent - und Brown und Kinney zusammen nur etwa einen Marktanteil von 4,5 Prozent - Brown vier Prozent, Kinney 0,5 Prozent - hatten, wurde die Zustimmung zum Fusionsvorhaben verweigert. Begründet wurde das Urteil damit, daß es bei den amerikanischen Schuhfabrikanten Bestrebungen gäbe, Schuheinzelhandelsketten zu gründen, aufzukaufen beziehungsweise sich ihnen anzuschließen, und somit in der Branche Konzentrationstendenzen vorhanden seien, wenn auch erst in einem Anfangsstadium. Die Absicht des Kongresses bei der Formulierung von Section 7 des *Clayton Act* sei aber gewesen, Konzentration bereits in diesem Anfangsstadium einzudämmen und nicht erst dort einzugreifen, wo Schaden durch steigende Konzentration bereits vorliege und offensichtlich sei. Zum Fall und seiner gerichtlichen Würdigung s. Brown Shoe Co. v. United States, United States Reports, S. 294-374; Bork, The Antitrust Paradox, S. 210-216; Kaufer, Erich, Die Bestimmung von Marktmacht, Bern, 1967, S. 93-100; Martin, David Dale, "The Brown Shoe Case and the New Antimerger Policy", American Economic Review, vol. 53, no. 3, 1963, S. 340-358; Neale, The Antitrust Laws of the United States of America, S. 184-186; Stelzer, Irwin M., Selected Antitrust Cases: Landmark Decisions, Home-

unterband, obwohl die Fusion zu einem konsolidierten Marktanteil von nur 4,5 Prozent geführt hätte. Zugrunde gelegt wurde dabei der sogenannte *incipiency standard*, nach dem es galt, Konzentrationstendenzen schon im Anfangsstadium einzudämmen und Zusammenschlüsse auch dort einzuschränken, wo sich erst Trends einer potentiellen Konzentration abzeichneten[45]. Der *Supreme Court* ließ erkennen, daß sowohl horizontale als auch vertikale Unternehmenszusammenschlüsse für illegal erklärt würden, solange die beteiligten Unternehmen nicht klar und eindeutig nachweisen könnten, daß die Fusion den Wettbewerb fördern[46] und daher im öffentlichen Interesse liegen würde[47]. Diesem Urteil folgten weitere, im Grundtenor gleichlautende Entscheidungen[48] und eine *Antitrust*-Politik durch die Behörden, die sowohl horizontale als auch zunehmend vertikale Zusammenschlüsse fast unmöglich machte, so daß nach Expansion strebende Unternehmen nur noch konglomerate Akquisitionen verfolgen konnten[49]. Gegen Ende der 60er Jahre jedoch wurden auch diese von den Behörden und

---

wood, 1966, S. 74-98; Waldman, Don E., Antitrust Action and Market Structure, Lexington, 1978, S. 118-119; Zerbe, Richard O., "Antitrust Cases as a Guide to Directors in Antitrust Research and Policy", in: Dalton, James A. und Stanford L. Levin, The Antitrust Dilemma, Lexington, 1973, S. 72-73.

[45] Brown Shoe Co. v. United States, S. 343-344: "If a merger achieving 5% control were now approved, we might be required to approve future merger efforts by Brown's competitors seeking similar shares. The oligopoly Congress sought to avoid would then be furthered and it would be difficult to dissolve the combination previously approved".

[46] Nach Meinung des Gerichts hatte der Kongreß bei Erlaß und Änderung von Section 7 des *Clayton Act* beabsichtigt, den Wettbewerb zu fördern, indem er die Lebensfähigkeit kleiner, lokaler Unternehmen schützte, auch wenn dies gelegentlich zu höheren Kosten und Preisen führen würde. Brown Shoe Co. v. United States, S. 344.

[47] Eine Fusion zweier kleinerer Unternehmen, mit denen diese ihre Wettbewerbsposition gegenüber größeren, dominierenden Firmen festigen könnten, wurde als Beispielfall genannt. Singer, Eugene M., Antitrust Economics: Selected Legal Cases and Economic Models, Englewood Cliffs, 1968, S. 244-245. Die Geltendmachung von Effizienzsteigerungen durch die Erzielung von Größenvorteilen hingegen wurde nicht als Anerkennungsgrund akzeptiert. Federal Trade Commission v. Procter & Gamble, United States Reports, vol. 386, 1967, S. 580: "Possible economies cannot be used as a defense to illegality. Congress was aware that some mergers which lessen competition may also result in economies but it struck the balance in favor of protecting competition". S. auch Dreher, Konglomerate Zusammenschlüsse, Verbotsvermutungen und Widerlegungsgründe, S. 91-92.

[48] So zum Beispiel im Jahr 1966 das Urteil im Von's Grocery Fall, mit dem der Zusammenschluß der beiden Supermarktketten Von's Grocery und Shopping Bag zu Fall gebracht wurde, obwohl der gemeinsame Marktanteil der beiden Unternehmen im relevanten Markt - dem Gebiet um Los Angeles - nur 7,5 Prozent betragen hätte. Bork, The Antitrust Paradox, S. 217-218; Salop, "Symposium on Mergers and Antitrust", S. 5. Dieses Urteil veranlaßte Richter Potter Stewart, in einer vom Mehrheitsvotum abweichenden Stellungnahme, zu dem Satz: "The sole consistency that I can find is that in litigation under §7, the Government always wins". Er kritisierte, daß das Mehrheitsvotum mögliche wettbewerbsfördernde Aspekte der Fusion nicht berücksichtige, sondern sich nur auf die sich verringernde Zahl der Anbieter am Markt in den vorangegangenen Jahren stütze und daraus einen Trend zur Konzentration ableite. United States v. Von's Grocery Co., United States Reports, vol. 384, 1965, S. 301. Im Urteil zum Fusionsvorhaben der Philadelphia National Bank mit der Girard Trust Corn Exchange Bank - der Fall selbst war klarer, da der kumulierte Marktanteil bei mindestens 30 Prozent lag - wies der *Supreme Court* ausdrücklich darauf hin, "... 'that competition is likely to be greatest when there are many sellers, none of which has any significant market share' is common ground among most economists, and was undoubtedly a premise of congressional reasoning about the antimerger statute". United States v. Philadelphia National Bank, United States Reports, vol. 374, 1962, S. 363. Zu weiteren Entscheidungen s. Toepke, Utz P., "100 Jahre Antitrustrecht in den USA", in: FIW-Schriftenreihe, Heft 140, Schwerpunkte des Kartellrechts 1989/1990, Köln, 1991, S. 8-12.

[49] S. dazu Ausführungen im Kapitel 1, Abschnitt IV.3.

Gerichten einer kritischeren Überprüfung unterzogen[50]. In den im Jahr 1968 veröffentlichten *Merger Guidelines*[51] wies das Justizministerium darauf hin, daß auch von konglomeraten Unternehmenszusammenschlüssen wettbewerbsschädliche Wirkungen ausgehen könnten. Die *Merger Guidelines* stellten für Unternehmen mit konglomeraten Akquisitionsstrategien somit einen gewissen Unsicherheitsfaktor dar. Verstärkt wurde diese Unsicherheit noch durch die Berufung von Richard McLaren an die Spitze der *Antitrust Division* im Justizministerium. Er machte von Anfang an deutlich, daß für ihn auch konglomerate Unternehmenskäufe problematisch seien und einer Überprüfung bedürften und daß seiner Ansicht nach Section 7 des *Clayton Act* weit genug gefaßt sei, um darauf angewandt werden zu können, auch wenn konglomerate Akquisitionen keine wettbewerbsbeschränkenden Konsequenzen im herkömmlichen volkswirtschaftlichen Sinne des Wettbewerbs nach sich zögen[52]. Seine Bemühungen[53], auch konglomerate Zusammenschlüsse unter die bis dahin existierende *Antitrust*-Gesetzgebung zu subsumieren, scheiterten zwar, und er verließ die *Antitrust Division* schon nach drei Jahren wieder; gleichwohl führte sein Wirken in den Unternehmen zu beträchtlicher Unsicherheit und trug somit auch zu dem Rückgang der konglomeraten Übernahmewelle im Jahr 1969 bei.

Der Einfluß des "Marktstruktur-Marktverhalten-Marktergebnis-Paradigmas" auf die *Antitrust*-Politik hatte in den späten 60er Jahren seinen Höhepunkt erreicht. Der daraus resultierenden restriktiven *Antitrust*-Politik setzte sich bereits zu diesem Zeitpunkt eine neue volkswirtschaftliche Sichtweise entgegen. Diese von Volkswirten der University of Chicago entwickelte Theorie besagt, daß Konzentration nicht die ausschlaggebende Determinante für Marktverhalten und Marktergebnis ist. Marktverhalten ist danach vielmehr determiniert von dem Profitstreben der einzelnen Teilnehmer, und gewinnmaximierende Unternehmen suchen stets nach kostengünstigen Produktionsmethoden und Absatztechniken. Unternehmenswachstum ist daher Ergebnis des Strebens nach Erzielung von Größenvorteilen und Effizienzverbesserungen[54]. Unternehmensgröße und Konzentration in einer Branche sind somit Ausdruck erhöhter Effizienz[55]. Effizientere Produktionsmethoden wiederum führen zu sinkenden Preisen und erhöhen somit die Wohlfahrt der Verbraucher. Diese als *New Economic Learning*

---

[50] Steiner, Mergers, S. 157-158; Bremner et al, "The Age of Consolidation", S. 40-41.

[51] Die *Merger Guidelines* des Jahres 1968 waren die ersten, die das Justizministerium herausgab.

[52] Steiner, Mergers, S. 161-163.

[53] Dazu gehörten beispielsweise Versuche, LTV und IT&T zur Abspaltung von Unternehmensteilen zu zwingen. Zu den Aktivitäten McLarens s. Sobel, Robert, The Money Manias, New York, 1973, S. 352-354.

[54] Unterstützt wurde diese These durch empirische Studien, die zu dem Ergebnis kamen, daß in konzentrierten Branchen große Anbieter effizienter arbeiteten als ihre kleineren Konkurrenten, da erstere im Verhältnis zu letzteren über mehrere Jahre hinweg überdurchschnittlich hohe Renditen aufweisen konnten. Wären hohe Renditen allein auf Kollusion und nicht auf effizientere Produktionsmethoden zu niedrigeren Kosten zurückzuführen, müßten die Renditen für alle Firmen gleich ausfallen. Carter, John R., "Collusion, Efficiency, and Antitrust", Journal of Law and Economics, vol. 21, no. 2, 1978, S. 438-441; Demsetz, Harold, "Industry Structure, Market Rivalry, and Public Policy", Journal of Law and Economics, vol. 16, no. 1, 1973, S. 6-8.

[55] Dieses Argument spiegelt den großen Gegensatz zwischen den Anhängern des *New Economic Learning* und denen des Marktstruktur-Marktverhalten-Marktergebnis-Paradigmas wider. Während letztere der Ansicht sind, daß Konzentration über kollusives Verhalten letztendlich zu Ineffizienz führt, sehen erstere Effizienz als wesentliche Ursache für Konzentrationserscheinungen.

oder auch *Chicago School of Thought* bekannt gewordene Sichtweise[56] sieht den Wettbewerb als sehr dauerhaften Mechanismus, der durch zunehmende Konzentration allein nicht gefährdet ist. Solange Substitutionsprodukte vorhanden sind und der Markteintritt nicht versperrt ist, kann die erhöhte Konzentration nicht längerfristig zu Preisen über dem Wettbewerbsniveau führen, da ein solch erhöhtes Preisniveau und die damit verbundenen Gewinnspannen neue Produzenten zum Markteintritt anregen und somit innerhalb kurzer Zeit die Preise wieder auf Wettbewerbsniveau drücken. Eine *Antitrust*-Politik, deren Ziel es ist, Konzentration per se zu vermeiden, und die externes Unternehmenswachstum innerhalb eines Industriezweiges verhindert, ist somit effizienzschädigend. Eine wirksame *Antitrust*-Politik muß vielmehr in die Analyse eines Zusammenschlusses nicht nur mögliche Konzentrationswirkungen, sondern weitere Faktoren, wie etwa vorhandene oder potentiell errichtbare Markteintrittsbarrieren, einbeziehen. Insbesondere ist zu prüfen, ob eine Fusion effizienzsteigernd - etwa durch die Verwirklichung von Größenvorteilen - ist[57]. Unternehmenszusammenschlüsse werden von den Vertretern des *New Economic Learning* mehr als Möglichkeit gesehen, Effizienzen zu realisieren, denn Marktmacht zu schaffen beziehungsweise auszudehnen. Da der Wettbewerb als weitgehend stabiler Prozeß betrachtet wird, soll es zu einem Eingreifen der *Antitrust*-Behörden erst bei einem sehr hohen Konzentrationsgrad[58] beziehungsweise dem Vorhandensein von Markteintrittsbarrieren kommen.

In den 70er und 80er Jahren fanden die Ansichten der Vertreter des *New Economic Learning*[59] Niederschlag in der angewandten *Antitrust*-Politik und veränderten diese drastisch[60]. Sie konnten sich durchsetzen, nachdem Anhänger der Theorie in Positionen bei den *Antitrust*-Behörden beziehungsweise Gerichten berufen wurden. Ein erstes Urteil, das die geänderte Haltung des *Supreme Court* gegenüber Unternehmenszusammenschlüssen widerspiegelte, war das im Falle der General Dynamics Corp. im Jahr 1974. Mit dem Hinweis, daß Konzentration

---

[56] Zum Inhalt dieser Theorie s. Baldwin, Market Power, Competition, and Antitrust Policy, S. 306-310; Bureau of National Affairs, "Report of the American Bar Association", S. 6-7; Dreher, Konglomerate Zusammenschlüsse, Verbotsvermutungen und Widerlegungsgründe, S. 78-79. Siehe zur Kritik daran: Chapman, Dudley H., Molting Time for Antitrust, New York, 1991, S. 147-152. Zur Entwicklung der *Chicago School* s. Posner, Richard A., "The Chicago School of Antitrust-Analysis", University of Pennsylvania Law Review, vol. 127, no. 4, 1979, S. 925-933.

[57] Die Anhänger der Chicago School sehen das wichtigste Ziel der *Antitrust*-Politik darin, wirtschaftliche Effizienz zu gewährleisten. Wiley, John Shephard, "A Capture Theory of Antitrust Federalism", Harvard Law Review, vol. 99, no. 4, 1986, S. 748-750.

[58] Daß vorhandene Markt- beziehungsweise Monopolmacht zu höheren Preisen führt, wird von den Vertretern des *New Economic Learning* keineswegs bestritten. Insofern besteht zwischen ihnen und den Anhängern des Marktstruktur-Marktverhalten-Marktergebnis-Paradigmas Einigkeit. Im Gegensatz zu letzteren gehen die Vertreter des *New Economic Learning* jedoch davon aus, daß ein Anstieg der Konzentration allein nicht zu Marktmacht führt und daß kollusives Verhalten erst bei extrem hohen Konzentrationsgraden möglich ist. Posner, "The Chicago School of Antitrust Analysis", S. 933.

[59] Namhafte Vertreter dieser Theorie sind Robert H. Bork, Harold Demsetz, Frank Easterbrook, John S. McGee, Richard A. Posner, George I. Stigler und Lester G. Telser.

[60] So wurden Fusionsvorhaben von den *Antitrust*-Behörden häufiger als effizienzsteigernd beurteilt und demzufolge seltener angefochten. Scherer, "Mergers and Antitrust", S. 106. Zu detaillierten Ausführungen bezüglich des Wandels der *Antitrust*-Politik in den 80er Jahren s. Ausführungen Seite 124ff.

und Marktanteile nicht allein ausschlaggebend seien[61], sondern darüber hinaus auch andere Faktoren Beachtung finden müßten, genehmigte das Gericht die angestrebte Fusion, obwohl sich dadurch die Konzentration am relevanten Markt stark erhöhte[62], und legte somit den Grundstein für eine umfassendere, nicht ausschließlich auf Konzentrationsdaten beruhende Analyse von Zusammenschlüssen.

Zu dieser neuen volkswirtschaftlichen Theorie kam die zunehmende Globalisierung der amerikanischen Wirtschaft. Die immer heftiger werdende internationale Konkurrenz führte zu einem kritischen Hinterfragen der bis dahin national orientierten *Antitrust*-Politik. Es wurde gefragt, ob durch eine solche nicht die Position amerikanischer Unternehmen in einem Weltmarkt, der vom internationalen Handel geprägt ist, geschwächt wird[63]. Es setzte sich zunehmend, auch bei ehemaligen *Antitrust*-Befürwortern, die Meinung durch, daß man den Unternehmen externes Wachstum durch Fusionen ermöglichen müßte, um damit die Basis für eine internationale Konkurrenzfähigkeit der amerikanischen Wirtschaft zu schaffen[64].

3. Die *Antitrust*-Politik in den 80er Jahren

Die genannten Faktoren führten zu einer gelockerten Anwendung der *Antitrust*-Gesetze. Diese wiederum war wesentliche Voraussetzung für das Entstehen der Übernahmewelle der 80er Jahre. Unter einer restriktiven *Antitrust*-Politik, wie sie in den 60er Jahren vorherrschte, wären die großen Übernahmen wie die in der Ölindustrie zu Beginn der 80er Jahre nicht denkbar gewesen.

---

[61] "... statistics concerning market share and concentration, while of great significance, [are] not conclusive indicators of anticompetitive effects". United States v. General Dynamics, United States Reports, vol. 415, 1974, S. 498.

[62] In dem zugrundeliegenden Fall ging es um das Fusionsvorhaben zweier Unternehmen des Kohlebergbaus. Die Fusion führte in bestimmten Gebieten zu einem konsolidierten Marktanteil der beiden Firmen von etwa 50 Prozent. Mit dem Hinweis, daß neben der Konzentrationswirkung andere Faktoren zu berücksichtigen seien, so zum Beispiel die Tatsache, daß die Zielgesellschaft nicht über ausreichende Reserven verfügen würde, um allein für langfristige Verträge konkurrieren zu können, wurde der Zusammenschluß gebilligt. Zum Fall und seiner gerichtlichen Würdigung s. Salop, "Symposium on Mergers and Antitrust", S. 5; United States v. General Dynamics, S. 486-527; United States, General Accounting Office, Justice Department: Changes in Antitrust Enforcement Policies and Activities, S. 16.

[63] Jarrell, Gregg A.; Brickley, James A. und Jeffrey M. Netter, "The Market for Corporate Control: Empirical Evidence Since 1980", Journal of Economic Perspectives, vol. 2, no. 1, 1988, S. 50; o. V., "Change in Mood: Wave of Mergers Stirs Only Mild Opposition, But Benefits Are Hazy", The Wall Street Journal, 23. Juli 1981, S. 1 und 21.

[64] Die *Merger Guidelines* des Jahres 1982 brachten erstmals zum Ausdruck, daß die Konkurrenz seitens ausländischer Anbieter eine wichtige Rolle bei der Analyse von Zusammenschlüssen durch die Behörden spielt. In den *Merger Guidelines* des Jahres 1984 wurde die Einbeziehung internationaler Konkurrenz dann durch Detailregelungen weiter spezifiziert. Auch die letztendliche Genehmigung des Zusammenschlusses der beiden Stahlkonzerne LTV und Republic Steel war durch die Berücksichtigung ausländischer Anbieter und der dadurch entstehenden Vergrößerung des relevanten Marktes bedingt. Organization for Economic Co-Operation and Development, International Mergers and Competition Policy, Paris, 1988, S. 26-30; Cooke, Terence E., International Mergers and Acquisitions, New York, 1988, S. 424-425.

Mit dem Amtsantritt Ronald Reagans im Jahr 1981 kam es zu einer weiteren Lockerung der *Antitrust*-Politik[65]. Mit ihm zog ein Befürworter freier Märkte in das Weiße Haus, der der Ansicht war, daß der Staat so wenig wie möglich regulierend in das Marktgeschehen eingreifen sollte[66]. Durch personalpolitische Entscheidungen sorgte er dafür, daß seine Ansichten auch in den richtungsweisenden Positionen der *Antitrust*-Institutionen vertreten wurden. An die Spitze der *Antitrust Division* im Justizministerium trat William Baxter[67], an die der *Federal Trade Commission* zunächst James C. Miller[68] und im Jahr 1986 Daniel Oliver. Letzterer war ein absoluter Anhänger der freien Marktwirtschaft, der sogar die grundsätzliche Notwendigkeit einer Kartellgesetzgebung in Frage stellte[69]. Auch wählte Reagan stets Bundesrichter[70] aus, die die Wirksamkeit und Effizienz staatlicher Eingriffe in die Wirtschaft bezweifelten und kartellrechtlichen Schritten gegen Fusionen eher abgeneigt waren[71].

Die Ernennung Baxters und Millers führte zu einer raschen und merklichen Änderung in der Haltung der Kartellbehörden. Am deutlichsten zeigte sich diese zunächst hinsichtlich der Fusionen in der Ölindustrie. Bereits im Juni des Jahres 1981 zog die *Federal Trade Commission* eine alte Klage, die einen sieben Jahre währenden *Antitrust*-Streit zur Folge gehabt hatte, zurück[72]. Bis zu diesem Zeitpunkt hatten Ölfirmen kaum horizontale Akquisitionsmöglichkeiten, da so gut wie jeder von ihnen getätigte Unternehmenskauf einer größeren anderen Ölfirma[73] zu Anfechtungen seitens der Behörden geführt hätte. Die Rücknahme der Klage jedoch

---

[65] Dem stand auch eine diesbezügliche Erwartungshaltung in der amerikanischen Wirtschaft gegenüber. Clark, Lindlay H., "For Merger Makers, Times Have Changed", The Wall Street Journal, 4. August 1981, S. 31.

[66] S. dazu beispielsweise die Ausführungen in: United States, President, Economic Report of the President, Washington, D.C., 1982, S. 134-135.

[67] Baxter war nicht immer Befürworter einer laisser-fairen *Antitrust*-Politik gewesen. Unter der Regierung Präsident Johnsons hatte er im Jahr 1968 als Mitglied einer Arbeitsgruppe für *Antitrust*-Politik, der sogenannten *Neal Commission*, eine Gesetzesinitiative zur Dekonzentration der amerikanischen Wirtschaft befürwortet. In den 70er Jahren änderte er seine Einstellung jedoch und entwickelte sich zu einem dezidierten Anhänger der *Chicago School of Thought*. Zur Biographie William Baxters s. Brownstein, Ronald und Nina Easton, Reagan's Ruling Class: Portraits of the President's Top 100 Officials, Washington, D.C., 1982, S. 390-391.

[68] Wie Baxter war auch Miller ein Befürworter freier Märkte. Bezüglich der Fusionskontrolle vertrat er die Ansicht, daß die *Federal Trade Commission* sich auf die Überprüfung horizontaler Fusionen konzentrieren und vertikalen und konglomeraten Zusammenschlüssen weniger Beachtung schenken sollte. In mehreren Statements machte er im Verlauf des Jahres 1981 deutlich, daß *mergers* seiner Ansicht nach eine wichtige und häufig wettbewerbsfördernde Rolle in der amerikanischen Wirtschaft übernehmen würden und daß die Gefahr drohender Übernahmen Manager zu einer effizienteren Ressourcenverwendung anreizen würde. Brownstein; Easton, Reagan's Ruling Class: Portraits of the President's Top 100 Officials, S. 419-420.

[69] Dwyer, Paula, "Thunder from the Right at the Federal Trade Commission", International Business Week, 12. Januar 1987, S. 103-104.

[70] So zum Beispiel Robert Bork, Frank Easterbrook, Richard Posner oder Ralph Winter.

[71] Dadurch konnte die Regierung erheblichen Einfluß nehmen, wurden doch in den acht Jahren der Amtszeit Reagans drei neue Richter an den *Supreme Court* berufen und knapp die Hälfte aller Bundesrichterpositionen neu besetzt. Kovacic, William E., "The Influence of Economics on Antitrust Law", Economic Inquiry, vol. 30, no. 2, 1992, S. 302.

[72] Metz, "High Borrowing Costs Fail to Stem Interest in Takeover Activity", S. 1; Taylor, Robert E., "Picking Targets: Antitrust Enforcement Will Be More Selective, Two Big Cases Indicate", The Wall Street Journal, 11. Januar 1982, S. 6.

[73] Die großen Ölfirmen hatten auch während der 70er Jahre Akquisitionen durchgeführt, allerdings waren diese im wesentlichen konglomerater Natur gewesen. Innerhalb der Branche kauften sie lediglich Ölfelder von

setzte in den Unternehmen ein Zeichen, daß sich das *Antitrust*-Klima zu ihren Gunsten verändert hatte und führte zu neuen brancheninternen Akquisitionsstrategien, denen seitens der Behörden denn auch kaum mehr Hindernisse in den Weg gelegt wurden[74]. Auch in anderen Branchen verhielt sich die *Federal Trade Commission* im Verlauf der 80er Jahre sehr milde[75]. Im Justizministerium führte Baxter ein schon Jahre währendes Verfahren einem relativ raschem Ende zu. Dies war das Gerichtsverfahren gegen IBM, das bereits zu Zeiten der Nixon Regierung im Jahr 1969 eingeleitet worden war und darauf abzielte, IBM in mehrere kleine Gesellschaften aufzuteilen[76]. Baxter stellte es schlichtweg ein[77].

---

anderen Unternehmen oder kleine Gesellschaften. Der Wert solcher Akquisitionen bewegte sich in der Regel im Bereich zwischen 50 und 200 Millionen Dollar. Davidson, Megamergers, S. 250-254.

[74] Bluestein; Mufson, "Analysts Expect More Mergers Among Oil Companies", S. 21; o. V., "Business Bulletin", The Wall Street Journal, 6. August 1981, S. 1; o. V., "Royal/Dutch is set to swallow Shell Oil", International Business Week, 6. Februar 1984, S. 20-21.

[75] Als die Übernahmewelle Ende 1985 die Textilindustrie erreicht hatte, griff die Behörde bei horizontalen Zusammenschlüssen innerhalb der Branche nicht ein, obwohl es die größten Unternehmen des Industriezweiges waren, die fusionierten beziehungsweise Akquisitionen tätigten. Bis zum Jahr 1979 hatte die *Federal Trade Commission* das größte Unternehmen der Branche, Burlington Industries, mit dem Argument der Marktkonzentration stets von Übernahmen abgehalten. Kilman, "Textile Companies Rapidly Stake Out Niches", S. 6.

[76] Das Verfahren war 1969 eingeleitet worden, da das Justizministerium IBM beschuldigte, den Computermarkt monopolisieren zu wollen. IBM wurde vorgeworfen, durch illegale Praktiken, wie unerlaubte Preissenkungen oder die vorzeitige Ankündigung neuer Modelle, Konkurrenten vom Markt zu vertreiben. Brown, Merrill und Caroline E. Mayer, "U.S. Ends Antitrust Suits Against AT&T, IBM", Washington Post, 9. Januar 1982, S. 1 und 10.

[77] Er nannte als Begründung, daß sich die Situation am Computermarkt seit Beginn des Verfahrens im Jahr 1969 wesentlich verändert hätte, die Zahl der Wettbewerber deutlich angestiegen sei und die Regierung keine Chancen hätte, den Fall langfristig, das heißt in einem sicherlich folgenden Revisionsverfahren, für sich entscheiden zu können. Die Chancen, den Fall gewinnen zu können, lagen nach Baxters Meinung bei etwa 1:10.000. Diese Entscheidung wurde vom Vorsitzenden Richter des Verfahrens am New Yorker Gericht, David L. Edelstein, vom früheren Justizminister Ramsey Clark, früheren Mitarbeitern der *Antitrust Division*, anderen Unternehmen der Branche wie auch von einigen Rechtsanwälten heftig kritisiert. Carley, William M., "Dismissal Of IBM Antitrust Case Assailed By Ex-Justice Aide Who Supervised Suit", The Wall Street Journal, 5. Februar 1982, S. 12; Carley, William M. und Robert E. Taylor, "Judge Questions Baxter's Link With IBM In Light of U. S. Dropping Its Antitrust Suit", The Wall Street Journal, 3. März 1982, S. 4; Feder, Barnaby J., "End of Action on I.B.M. Follows Erosion of Its Dominant Position", New York Times, 9. Januar 1982, S. 1 und 37; Graglia, "One hundred years of antitrust", S. 63-64; o. V., "IBM-Antitrust-Lawsuit Filed in '69 Is Dropped by U. S.; AT&T Settlement Begins Six-Year Revamping Process", The Wall Street Journal, 11. Januar 1982, S. 3; Taylor, "Picking Targets: Antitrust Enforcement Will Be More Selective, Two Big Cases Indicate", S. 1 und 6; Taylor, Robert E., "U. S. Aide Estimates Odds Favored IBM In Antitrust Actions", The Wall Street Journal, 22. Januar 1982, S. 22. Baxter geriet, kurz nachdem das Verfahren seitens der *Antitrust Division* eingestellt worden war, in den Verdacht, aus einem Interessenkonflikt heraus gehandelt zu haben. Er hatte im Jahr 1976 für eine Anwaltskanzlei, die IBM in einer privaten Kartellrechtsklage vertrat, bei der Auswahl von Zeugen für IBM geholfen. Darüber hinaus hatte IBM Ende der 60er Jahre, als Baxter an der juristischen Fakultät der Standford Universität lehrte, einen Teil seines Jahresgehaltes übernommen. Baxter hatte sich ein Jahr von seinen Lehrverpflichtungen befreien lassen, um eigene Studien zu betreiben und im Auftrag von IBM ein Papier zu verfassen, wie das Unternehmen seinen Absatz von Computern an Rechtsanwälte erhöhen könnte. Auch hatte IBM im Jahre 1978 dem Justizministerium den Vorschlag unterbreitet, eine außenstehende Kommission zu gründen, die den Fall überprüfen und eine verbindliche Empfehlung für seine Lösung abgeben sollte. IBM hatte angeregt, daß Baxter dieser Kommission, die jedoch nie zustande kam, angehören sollte. Nach Bekanntwerden dieser früheren Verknüpfungen, die von Baxter selbst als irrelevant bei seiner Entscheidung bezeichnet wurden, über-

Auch kam es in beiden Behörden zu einer Verstärkung sogenannter *fix-it-first*-Bemühungen, das heißt, Zusammenschlüsse wurden nicht mehr per se abgelehnt, sondern es wurde versucht, die wettbewerbsbeschränkenden Effekte einer Fusion zu eliminieren. Die beteiligten Unternehmen bekamen Auflagen erteilt, deren Erfüllung zur Genehmigung des Zusammenschlusses führte[78]. So genügte es bei der Übernahme von Gulf Oil durch Standard Oil of California, daß sich letztgenannte Unternehmung im Südosten der Vereinigten Staaten, einem sich überschneidenden Marktgebiet der beiden Gesellschaften, von einem Teil ihres Tankstellennetzes und ihrer Marketingoperationen trennte[79].

Nachdem im Dezember 1983 Paul McGrath die Nachfolge William Baxters an der Spitze der *Antitrust Division* angetreten hatte, schien es für kurze Zeit so, als würde die Behörde die kartellrechtliche Fusionskontrolle wieder verschärfen. Zu Beginn des Jahres 1984 blockierte sie den geplanten Zusammenschluß der beiden Stahlproduzenten Republic Steel Corp. und LTV Corp.[80]. Diese Haltung führte zu einem offenen Disput innerhalb der Reagan Regierung. Während sich der Justizminister, William French Smith, hinter die von McGrath getroffene Entscheidung stellte, wurde sie vom Wirtschaftsminister, Malcom Baldrige, als "a world class mistake" bezeichnet[81]. Auch Reagan selbst stimmte mit dieser Entscheidung nicht überein[82] und äußerte, er sei nicht der Ansicht, daß die Fusion "[would] reduce competition to the point that it would constitute monopoly at all"[83]. Die von der *Antitrust Division* geäußerten Bedenken wurden schließlich fallengelassen[84] und die Fusion gebilligt.

---

prüfte eine interne Kommission des Justizministeriums die Angelegenheit, kam aber zu dem Schluß, ein Interessenkonflikt hätte nicht bestanden. Der Fall wurde daher auch nicht wieder aufgenommen. Carley, William M., "Conduct of Both Antitrust Chief and Judge Questioned in Controversy Over IBM Case", The Wall Street Journal, 4. März 1982, S. 31; Carley, William M., "IBM Grant Helped Pay Baxter's Salary During Year's Leave From Teaching Post", The Wall Street Journal, 2. April 1982, S. 3; Carley; Taylor, "Judge Questions Baxter's Link With IBM In Light of U.S. Dropping Its Antitrust Suit", S. 4; Mayer, Caroline E., "Judge Hits Baxter's Failure To Disclose Early IBM-Work", Washington Post, 3. März 1982, S. C8 und C9; Mayer, Caroline E., "IBM Reportedly Urged Baxter for Panel", Washington Post, 29. April 1982, S. D17; o. V., "Baxter Yields Role in IBM Case; U. S. Asks Longer Probe", The Wall Street Journal, 6. April 1982, S. 3; o. V., "Justice Department Report Clears Baxter Of Conflict in His Dismissal of IBM Case", The Wall Street Journal, 18. Juni 1982, S. 6; Sherrill, Robert, "Mergermania Reigns: The Decline and Fall of Antitrust", The Nation, vol. 236, no. 11, 19. März 1983, S. 337.

[78] Bureau of National Affairs, "Report of the American Bar Association", S. 9; Davidson, Megamergers, S. 126; Taylor, Robert E. und Andy Pasztor, "Antitrust Officials Unlikely to Challenge Pending Mergers During Reagan's Term", The Wall Street Journal, 28. Juni 1985, S. 2.

[79] Keller, "Chevron and Gulf: The Biggest Merger - How it happened", S. 34; Schneider, "Arco und Mobil auf Freiersfüssen", S. 17. Zu weiteren Anwendungsfällen s. Fleischer, Tender Offers: Defenses, Responses, and Planning, S. 370-376.

[80] O. V., "A Stunning Blow to Steel's Restructuring", S. 27; Taylor, "Justice Agency Opposes Republic Steel - LTV Merger; Industry Consolidation Strategy is Dealt Major Blow", S. 3.

[81] O. V., "Merger Meddling", The Wall Street Journal, 19. März 1984, S. 32; Taylor, "Trust Chief Drops Opposition", S. 33.

[82] Vom Weißen Haus wurde gleichwohl darauf hingewiesen, daß der Präsident nicht beabsichtige, in den Entscheidungsprozeß der Behörde einzugreifen. O'Boyle; Taylor, "U. S. Steel Corp., National Cancel Plan to Merge", S. 2.

[83] Taylor, "Trust Chief Drops Opposition", S. 33.

[84] Von Republic Steel wurde lediglich gefordert, sich von zwei seiner Werke zu trennen, von denen eines mit großer Wahrscheinlichkeit ohnehin teilweise geschlossen worden wäre. Taylor, "Trust Chief Drops Opposition", S. 33.

Im Jahr 1982 und dann noch einmal im Jahr 1984 gab die *Antitrust Division* neue *Merger Guidelines* heraus, in denen die seit 1968 eingetretenen Veränderungen der Behörden[85] gegenüber Unternehmenszusammenschlüssen zum Ausdruck gebracht wurden[86]. Die neuen *Merger Guidelines* stellten ein mehrstufiges Verfahren[87] zur Überprüfung von Zusammenschlüssen auf[88], in das die Erkenntnisse des *New Economic Learning* deutlich sichtbar Eingang gefunden hatten. In einem ersten Schritt wird der relevante Markt festgelegt[89], in einem zweiten mittels des Herfindahl-Hirschmann-Index[90] der Konzentrationsgrad innerhalb dieses Marktes bestimmt[91]. Die dadurch ermittelten Ergebnisse bestimmen dann die weitere Vorgehensweise

---

[85] Alleinverantwortlicher Herausgeber der *Merger Guidelines* von 1982 und 1984 war das Justizministerium. Die *Federal Trade Commission* hatte in den 60er und 70er Jahren eigene *Merger Guidelines* für bestimmte Industriezweige veröffentlicht und im Jahr 1982 auch eine eigene Erklärung bezüglich ihrer Vorgehensweise bei der Überprüfung horizontaler Unternehmenszusammenschlüsse bekanntgegeben. Jedoch gab die Behörde zur Veröffentlichung der *Merger Guidelines* durch das Justizministerium eine Stellungnahme ab, in der sie mitteilte, daß sie auch diesen Richtlinien bei von ihr überwachten Fusionsvorhaben Bedeutung beimessen würde. Fleischer, Tender Offers: Defenses, Responses, and Planning, S. 379; Hjelmfelt, Antitrust and Regulated Industries, S. 86.

[86] Dabei nahmen die *Merger Guidelines* des Jahres 1984 eine tolerantere Haltung gegenüber Zusammenschlüssen ein als die des Jahres 1982. Die folgenden Ausführungen beziehen sich - wenn nicht ausdrücklich anders dargestellt - auf den Inhalt der *Merger Guidelines* von 1984.

[87] Kwoka, John E. und Larry J. White, Hrsg., The Antitrust Revolution, Glenview, 1989, S. 13-15; Salop, "Symposium on Mergers and Antitrust", S. 5-8.

[88] Zu Inhalt und Ablauf dieses Verfahrens s. Krattenmaker, Thomas G. und Robert Pitofsky, "Antitrust merger policy and the Reagan administration", Antitrust Bulletin, vol. 33, no. 2, 1988, S. 216-217; Salop, "Symposium on Mergers and Antitrust", S. 6-7.

[89] Der relevante Markt besteht aus zwei Dimensionen, einer geographischen und einer produktbezogenen. Er wird auf Basis der wirtschaftswissenschaftlichen Grundsätze der Gütersubstitution und der Kreuzpreiselastizität definiert. Zur Ermittlung des relevanten Marktes legen die *Merger Guidelines* einen hypothetischen Fünf-Prozent-Test zugrunde: Es werden die Substitutionsgüter ermittelt, für die bei einem Preisanstieg um fünf Prozent durch die fusionierenden Unternehmen die Preise ebenfalls angehoben werden müßten, um ein Ausweichen der Konsumenten auf diese anderen Produkte zu verhindern. Dieser Test wird - sowohl produktbezogen als auch auf das geographische Absatzgebiet ausgerichtet - durchgeführt. Das so ermittelte Absatzgebiet und die Palette der Substitutionsgüter werden als relevanter Markt definiert. Zur Festlegung des relevanten Marktes s. U. S. Department of Justice, Hrsg., Merger Guidelines, §§1-1.3; Blechman, M. D. und Alan Goott, "Neue Richtlinien zur Fusionskontrolle in USA", Recht der internationalen Wirtschaft, Jg. 28, Heft 9, 1982, S. 613-614; Gellhorn, Antitrust Law and Economics, S. 114; Rosenthal; Blumenthal, "Antitrust Guidelines", S. 402-403; Salop, "Symposium on Mergers and Antitrust", S. 7. Die Behörden gehen bei dem Fünf-Prozent-Test vom gegenwärtigen Marktpreis aus, nicht dem theoretischen Preis, der bei vollständigem Wettbewerb herrschen würde. Dieser Ansatz wird in der Literatur teilweise stark kritisiert. Fisher, Franklin M., "Horizontal Mergers: Triage and Treatment", Journal of Economic Perspectives, vol. 1, no. 2, 1987, S. 28-29; Schaerr, "The Cellophane Fallacy and the Justice Department's Guidelines for Horizontal Mergers", 676ff.; Schmalensee, Richard, "Horizontal Merger Policy: Problems and Changes", Journal of Economic Perspectives, vol. 1, no. 2, 1987, S. 47-48; White, Lawrence, "Antitrust and Merger Policy: A Review and Critique", Journal of Economic Perspectives, vol. 1, no. 2, 1987, S. 15.

[90] Der Herfindahl-Hirschmann-Index wird ermittelt, indem die in Prozent ausgedrückten Marktanteile der einzelnen Teilnehmer quadriert und anschließend addiert werden. Er kann somit zwischen 0 (vollständige Konkurrenz) und 10.000 (Monopol) liegen. Der Herfindahl-Hirschmann-Index als Maß für die Marktkonzentration wurde in den *Merger Guidelines* von 1982 eingeführt und löste die bis dahin angewandte Methode ab, die als Konzentrationsmaß den kumulierten Marktanteil der vier größten Unternehmen verwendete.

[91] Die *Merger Guidelines* unterteilen Märkte im Hinblick auf die Konzentration in drei Gruppen. Bei einem Herfindahl-Hirschmann-Index von weniger als 1.000 gehen sie davon aus, daß es sich um einen nicht kon-

- 129 -

der Behörde. Kommt sie zu dem Ergebnis, daß die fusionswilligen Unternehmen in einem nicht konzentrierten Markt operieren - der Herfindahl-Hirschmann-Index muß unter 1.000 liegen -, erfolgt kein weiteres Vorgehen. Sind die Unternehmen in einem bereits stark konzentrierten Markt tätig - der Herfindahl-Hirschmann-Index liegt über 1.800 -, ist ein Eingreifen der Behörde wahrscheinlich[92]. Bei Fusionsvorhaben auf Märkten mit mäßiger Konzentration - der Herfindahl-Hirschmann-Index liegt zwischen den genannten Grenzen - ist mit einer weitergehenden Analyse zu rechnen[93], im Rahmen derer zunächst Markteintrittsbarrieren[94], daran anschließend weitere Faktoren[95], wie die Finanzlage eines der Unternehmen, Konzentration auf der Käuferseite oder ausländische Konkurrenz[96] oder schließlich auch mögliche Effizienzsteigerungen[97], Berücksichtigung finden[98]. Effizienzsteigerungen können beispielsweise mit

---

zentrierten Markt handelt, bei einem Herfindahl-Hirschmann-Index zwischen 1.000 und 1.800 sprechen sie von einem mäßig konzentrierten Markt und bei einem Herfindahl-Hirschmann-Index von mehr als 1.800 von einem stark konzentrierten Markt. Zur Bestimmung des Konzentrationsgrades s. U. S. Department of Justice, Merger Guidelines, §1.51; Blechman; Goott, "Neue Richtlinien zur Fusionskontrolle in den USA", S. 614; Werden, Gregory I., "Challenges to Horizontal Mergers by Competitors under Section 7 of the Clayton Act", American Business Law Journal, vol. 24, no. 2, 1986, S. 227-228. Zur Diskussion und Kritik des Herfindahl-Hirschmann-Index als geeigneter Konzentrationsmaßstab s. Fisher, "Horizontal Mergers: Triage and Treatment", S. 31-32; Gigot, Paul, "Competing With Budweiser and Miller", The Wall Street Journal, 7. September 1982, S. 26; Schmalensee, "Horizontal Merger Policy: Problems and Changes", S. 49-50.

[92] Die Wahrscheinlichkeit des Eingreifens hängt davon ab, um wie viele Punkte der Herfindahl-Hirschmann-Index durch den Zusammenschluß ansteigt. Bei einem Anstieg von weniger als 50 Punkten ist sie noch relativ gering, bei einem Anstieg von über 100 Punkten dagegen sehr hoch. U. S. Department of Justice, Merger Guidelines, §1.5.

[93] Die Wahrscheinlichkeit für eine weitere Analyse hängt wiederum davon ab, um wieviel der Herfindahl-Hirschmann-Index bei der Fusion ansteigt. Ein Ansteigen von mehr als 100 Punkten macht eine weitergehende Untersuchung wahrscheinlich. U. S. Department of Justice, Merger Guidelines, §1.51; Kwoka; White, The Antitrust Revolution, S. 15.

[94] Markteintrittsbarrieren entstehen beispielsweise dann, wenn bei der Herstellung eines Produktes Größenvorteile - vor allem im Verhältnis zur Größe des Marktes - bestehen, wenn Produktdifferenzierungen möglich sind oder für den Absatz eines Produktes hohe Werbeaufwendungen getätigt werden müssen. Eine Darstellung und Diskussion verschiedener Markteintrittsbarrieren findet sich bei: Armentano, Dominick T., Antitrust Policy, Washington, D.C., 1986, S. 31-44; Baldwin, Market Power, Competition, and Antitrust Policy, S. 134-139; Fisher, "Horizontal Mergers: Triage and Treatment", S. 32-35.

[95] U. S. Department of Justice, Merger Guidelines, §§3-5; Gellhorn, Antitrust Law and Economics, S. 368.

[96] Bezüglich der Berücksichtigung ausländischer Konkurrenz gingen die *Merger Guidelines* des Jahres 1984 deutlich über die des Jahres 1982 hinaus. White, "Antitrust and Merger Policy: A Review and Critique", S. 20.

[97] Während die *Merger Guidelines* des Jahres 1982 solchen Effizienzprognosen noch recht skeptisch gegenüberstanden, da sie zwar leicht abzugeben, doch oft nur schwer umzusetzen waren, nahmen die *Merger Guidelines* des Jahres 1984 eine tolerantere Stellung gegenüber geltend gemachten Effizienzgewinnen ein. Allerdings - und darauf legt die *Antitrust Division* Wert - können potentielle Effizienzsteigerungen, auch wenn sie eine wesentliche Grundlage des *New Economic Learning* darstellen, einen aufgrund seiner Konzentrationswirkungen absolut unzulässigen Zusammenschluß nicht rechtfertigen. Ihnen wird Beachtung in ansonsten zweifelhaften Fällen geschenkt. Gespräch mit Edward Hand, Assistant Chief der *Foreign Commerce Section* der *Antitrust Division* in Washington, D.C., am 29. September 1993.

[98] Im Gegensatz zu Marktmacht und Grad der Konzentration wurden für die Berücksichtigung dieser weiteren Faktoren, insbesondere der Markteintrittsbarrieren und möglichen Effizienzsteigerungen, in den *Merger Guidelines* keine quantitativen Methoden angegeben, ein Faktum, das häufig kritisiert wurde. Krattenmaker; Pitofsky, "Antitrust merger policy and the Reagan Administration", S. 222; o. V., "Boston Seminar Features

Kostensenkungen aufgrund von Größen-, Integrations- oder Spezialisierungsvorteilen begründet werden[99]. Der Konzentration und den Markteintrittsbarrieren kommt innerhalb dieses Prozesses die stärkste Bedeutung zu[100]. Die neuen Richtlinien nahmen in weiten Bereichen eine andere Stellung gegenüber Zusammenschlüssen ein wie die des Jahres 1968[101]. Sie basierten auf der Einstellung, daß die meisten Unternehmenszusammenschlüsse den Wettbewerb nicht gefährden, ja viele von ihnen sogar wettbewerbsfördernd und von Vorteil für die Konsumenten sind und somit eine wichtige Rolle in der Wirtschaft einnehmen würden[102]. Demnach zeigten die Behörden bei vertikalen und konglomeraten Akquisitionen kaum mehr Interesse für eine weitergehende Analyse oder gar ein Eingreifen[103]. Nur noch horizontale Zusammenschlüsse wurden als problematisch betrachtet, doch auch hier nahmen die neuen *Merger Guidelines* eine erheblich tolerantere Stellung ein[104]. Die Berücksichtigung von Effizienzwirkungen und die explizite Einbeziehung von nicht auf Marktanteile bezogenen Variablen erhöhten den Ermessensspielraum der *Antitrust Division* deutlich.

Die *Merger Guidelines* von 1982 und 1984 spiegelten die bereits seit Mitte der 70er Jahre eingetretene Lockerung in der Haltung der Behörden gegenüber Unternehmenszusammenschlüssen, insbesondere solchen horizontaler Art, wider[105]. Bei ihrer Anwendung jedoch blieben die Behörden im Verlauf der 80er Jahre noch merklich hinter den in den Richtlinien genannten Standards zurück. So griff die *Antitrust Division* des Justizministeriums nur in wenigen Fällen ein, in denen der Herfindahl-Hirschmann-Index zwischen 1.000 und 1.800 Punkten lag und durch die Fusion um mehr als 100 Punkte anstieg, und nahm eine weiter-

---

Debate on Role of Economics in Antitrust", Antitrust & Trade Regulation Report, vol. 57, no. 1437, 19. Oktober 1989, S. 528-530. Ein Modell zur quantitativen Abwägung positiver Effizienzwirkungen aus einem *merger*, mit dem ebenfalls aus diesem resultierenden negativen Folgen aufgrund gestiegener Marktmacht findet sich bei: Williamson, Oliver, Antitrust Economics: Mergers, Contracting, and Strategic Behavior, Oxford, 1987, S. 3-16. In bezug auf Markteintrittsbarrieren wurde diese Lücke in den *Merger Guidelines* des Jahres 1992 geschlossen und Kriterien vorgegeben, anhand derer geprüft werden soll, ob Markteintrittsmöglichkeiten vorhanden sind, die ausreichen, um einem wettbewerbsbeschränkenden Zusammenschluß entgegenzuwirken. U.S. Department of Justice und Federal Trade Commission, Horizontal Merger Guidelines, Washington, D.C., 1992, Sec. 3.

[99] Voraussetzung ist, daß die beteiligten Unternehmen klar und deutlich nachweisen können, daß diese Effizienzwirkungen tatsächlich erreicht werden können und nicht auch durch andere Maßnahmen als einen Zusammenschluß - beispielsweise ein *joint venture* - erzielbar wären.

[100] Fleischer, Tender Offers: Defenses, Responses, and Planning, S. 383.

[101] Zu den Unterschieden s. Gellhorn, Antitrust Law and Economics, S. 368-369; Taylor, Robert E., "U. S. Eases Merger Guidelines, Allowing Somewhat More Concentrated Markets", The Wall Street Journal, 15. Juni 1982, S. 3 und S. 22. Eine Diskussion der 1982er und 1984er *Merger Guidelines* findet sich bei Krattenmaker; Pitofsky, "Antitrust merger policy and the Reagan administration", S. 216-225.

[102] Blechman; Goott, "Neue Richtlinien zur Fusionskontrolle in USA"; Cooke, Mergers and Acquisitions, S. 88-89.

[103] Cooke, Mergers and Acquisitions, S. 88-89; Dewey, Donald, The Antitrust Experiment in America, New York, 1990, S. 39; United States, President, Economic Report of the President, Washington, D.C., 1989, S. 199.

[104] Bureau of National Affairs, "Report of the American Bar Association", S. 9-10; Stillman, Robert, "Examining Antitrust Policy Towards Horizontal Mergers", Journal of Financial Economics, vol. 11, nos. 1-4, 1983, S. 225.

[105] Dazu dürfte auch beigetragen haben, daß innerhalb der *Antitrust Division* ab Mitte der 70er Jahre der Einfluß der Volkswirte deutlich zugenommen hat. United States, General Accounting Office, Justice Department: Changes in Antitrust Enforcement Policies and Activities, S. 20.

gehende Analyse vor[106]. Selbst bei einer Reihe von Zusammenschlüssen in Branchen, in denen der Index über 1.800 Punkten lag und durch den Zusammenschluß um mehr als 100 Punkte anstieg, wurde von den Behörden nicht eingeschritten[107]. Betrachtet man die Fälle, in denen die Behörden gegen geplante Zusammenschlüsse vorgingen, dann zeigt sich, daß die Konzentration in der Branche sowie die Konzentrationswirkung des Zusammenschlusses meist deutlich über den in den *Merger Guidelines* genannten Kriterien lag[108]. Hinzu kommt, und dies ist noch bedeutender, daß die Behörden auch bei der Definition des relevanten Marktes weit hinter den von den *Merger Guidelines* geforderten Standards zurückblieben[109] und somit ein sowohl räumlich als auch produktbezogen wesentlich größeres Absatzgebiet als den relevanten Markt betrachteten. Die Ausdehnung des relevanten Marktes, einhergehend mit einer hohen Toleranzschwelle hinsichtlich der Konzentrationswirkung, führte dazu, daß Fusionen immer seltener seitens der Behörden blockiert wurden.
Dies zeigt sich auch bei einer rein zahlenmäßigen Betrachtung (siehe Übersicht 6). Obwohl die Zahl der Fusionsmeldungen bei der *Antitrust Division* deutlich angestiegen ist, ist die Zahl der Fälle, in denen die Behörde eine weitergehende Analyse vornahm oder gerichtlich gegen den *merger* einschritt, so gut wie konstant geblieben und das Verhältnis der beanstandeten Zusammenschlüsse zu den ohne weiteres Vorgehen genehmigten somit stark zurückgegangen. Für diesen Rückgang dürften neben der geänderten Einstellung auch einschneidende organisatorische Veränderungen innerhalb der Behörden verantwortlich sein. Das der *Antitrust Division* zugeteilte Budget verringerte sich zwischen 1980 und 1989 um etwa 30 Prozent[110], der Personalbestand ging um annähernd die Hälfte zurück[111]. Ihre Vorsitzenden akzeptierten diese Mittelkürzungen. Von der *Antitrust Division* wurde darauf hingewiesen, daß aufgrund von

---

[106] Auch wurden Vorschläge von Abteilungsleitern der *Antitrust Division*, in gemeldeten Fällen Verfahren einzuleiten, von ihren Vorgesetzten bisweilen schlichtweg ablehnend beschieden. Krattenmaker; Pitofsky, "Antitrust merger policy and the Reagan administration", S. 227.

[107] Bureau of National Affairs, "Report of the American Bar Association", S. 10; Krattenmaker; Pitofsky, "Antitrust merger policy and the Reagan administration", S. 226-227.

[108] Eine Untersuchung von Krattenmaker und Pitofsky, die die von der *Antitrust Division* aufgegriffenen Fälle der Jahre 1982-1984 zum Inhalt hatte, zeigt, daß diese Fusionen in fast allen Fällen zu einem Herfindahl-Hirschmann-Index von über 2.800 Punkten geführt hätten und die durchschnittliche Erhöhung bei 679 Punkten lag. Krattenmaker; Pitofsky, "Antitrust merger policy and the Reagan administration", S. 226-227.

[109] Anstatt bei der Definition des relevanten Marktes nur die Anbieter mit Substitutionsprodukten einzubeziehen, die bei einer Preiserhöhung der fusionierenden Unternehmen um fünf Prozent ihre Preise ebenfalls anheben müßten, legten die Behörden regelmäßig eine hypothetische Preiserhöhung von zehn Prozent zugrunde. Dadurch vergrößerte sich der relevante Markt erheblich. Dabei ist anzumerken, daß die Volkswirte innerhalb der *Antitrust Division* schon bei der Erstellung der *Merger Guidelines* einen Zehn-Prozent-Test favorisiert hatten. Krattenmaker; Pitofsky, "Antitrust merger policy and the Reagan administration", S. 226; Salop, "Symposium on Mergers and Antitrust", S. 10; White, "Antitrust and Merger Policy: A Review and Critique", S. 15.

[110] Gemessen in auf das Jahr 1982 bezogenen Dollarbeträgen.

[111] Bureau of National Affairs, "Report of the American Bar Association", S. S-17; United States, General Accounting Office, <u>Justice Department: Changes in Antitrust Enforcement Policies and Activities</u>, S. 27 und 34. Die gleiche Entwicklung zeigte sich auch bei der *Federal Trade Commission*. Nelson, Philip B., "Reading their lips: changes in antitrust policy under the Bush administration", <u>Antitrust Bulletin</u>, vol. 36, no. 3, 1991, S. 689-690.

Effizienzverbesserungen bei der Bearbeitung[112] und des Abschlusses zweier langwieriger Fälle[113], die Effektivität der Behörde bezüglich der Überwachung der Kartellgesetze durch die Mittelkürzung nicht eingeschränkt würde[114].

Übersicht 6:	Fusionsmeldungen und eingeleitete Untersuchungsverfahren der *Antitrust Division* in den Jahren 1980 bis 1990		
Jahr	Anzahl der eingereichten Fusionsanträge	Anzahl der eingeleiteten Untersuchungen	Eingeleitete Untersuchungen in Prozent der Fusionsanträge
1980	824	56	6,8
1981	993	67	6,7
1982	1.204	55	4,6
1983	1.101	62	5,6
1984	1.339	79	5,9
1985	1.604	106	6,6
1986	1.949	85	4,4
1987	2.533	89	3,5
1988	2.747	56	2,0
1989	2.883	65	2,3
1990	2.262	59	2,6
Quelle:	Eigene Zusammenstellung nach Angaben der *Antitrust Division*, <u>Workload Statistics</u>[115]		

Jedoch führten die fortlaufenden Budgetbeschränkungen, zusammen mit der sich allgemein verbreitenden Meinung, daß die Überwachung der *Antitrust*-Gesetze an Bedeutung verliere, zu einem Ansehensverlust der Behörde und schließlich dazu, daß diese immer weniger in der Lage war, hochqualifizierten Nachwuchs anzuziehen[116] beziehungsweise längerfristig zu

---

[112] Genannt wurde beispielsweise die Einführung elektronischer Datenverarbeitung. United States, General Accounting Office, <u>Justice Department: Changes in Antitrust Enforcement Policies and Activities</u>, S. 32.

[113] Dies waren zum einen die Einstellung des Verfahrens gegen IBM und zum anderen ein Vergleich in einem von 1974 bis 1982 andauernden Verfahren gegen die Telefongesellschaft AT&T. Allein diese beiden Fälle hatten im März des Jahres 1981 - obgleich sie zu diesem Zeitpunkt nicht besonders personalintensiv waren - 33 Anwälte beschäftigt. United States, General Accounting Office, <u>Justice Department: Changes in Antitrust Enforcement Policies and Activities</u>, S. 33.

[114] Der Vorsitzende der *Federal Trade Commission,* Daniel Oliver, teilte diese Ansicht. Nelson, "Reading their lips: changes in antitrust policy under the Bush administration", S. 690, Fußnote 29.

[115] United States, Department of Justice, Antitrust Division, <u>Workload Statistics</u>, ohne Jahr, S. 1.

[116] In den Jahren strikter Anwendung der *Antitrust*-Gesetze hatte die *Antitrust Division* keine Nachwuchsprobleme, sondern konnte ihren Bedarf aus der Elite der Hochschulabgänger auswählen. In den 80er Jahren änderte sich dies. Sie verlor bei den Studienabgängern an Ansehen und war nicht mehr in der Lage, die

halten[117]. Auch kam es innerhalb der Behörden zu einer Schwerpunktverlagerung. Dieser verschob sich hin zur Überwachung unerlaubter Preisabsprachen und Kartellbildung, wohingegen die Fusionskontrolle an Bedeutung verlor[118]. So wirkten sich denn auch die Mittelkürzungen im letztgenannten Bereich am stärksten aus[119]. Es läßt sich ein Zusammenhang zwischen den Budgetbeschränkungen und den Aktivitäten der *Antitrust Division* erkennen, auch wenn dies von der Behörde anders dargelegt wird[120]. Die Mittelkürzungen führten zu einem Rückgang des Personalbestandes und minderten die Möglichkeiten der Behörde, neues juristisches Personal einzustellen. Mit dem Rückgang des Personalbestandes ging indes auch die Zahl der eingeleiteten Untersuchungen zurück.
Die Haltung der Reagan Regierung gegenüber Unternehmenszusammenschlüssen zeigt sich im *Economic Report of the President* des Jahres 1985:

"The available evidence, however, is that mergers and acquisitions increase national wealth. They improve efficiency, transfer scarce resources to higher valued uses, and stimulate effective corporate management. They also help recapitalize firms so that their financial structures are more in line with prevailing market conditions. In addition, there is no evidence that mergers and acquisitions have, on any systematic basis, caused anti competitive price increases. Public policy .... must be based on aggregate trends describing the consequences of takeovers as a whole. On this criterion, there is no economic basis for regulations that would further restrict the merger and acquisition process. Indeed, the economic evidence suggests that existing regulations impose restraints that may deter potentially beneficial transactions"[121].

Die Regierung beließ ihre Aktivitäten daher auch nicht bei personalpolitischen Entscheidungen in den Kartellbehörden. Vielmehr versuchte sie, ihre Haltung gegenüber Unternehmenszusammenschlüssen[122], die sich ja bereits in den *Merger Guidelines* widerspiegelten, dauer-

---

besten Nachwuchskräfte anzuziehen. Bureau of National Affairs, "Report of the American Bar Association", S. 15.

[117] United States, General Accounting Office, Justice Department: Changes in Antitrust Enforcement Policies and Activities, S. 38.

[118] Bureau of National Affairs, "Report of the American Bar Association", S. 8; Dewey, The Antitrust Experiment in America, S. 10 und 39; Taylor; Paszlor, "Antitrust Officials Unlikely to Challenge Pending Mergers During Reagan's Team", S. 2.

[119] Während bei der *Antitrust Division* die finanziellen Ressourcen für die Kartellüberwachung zwischen 1981 und 1989 nur um 2,5 Prozent zurückgingen, fielen sie im Bereich der Fusionskontrolle um 34,4 Prozent. United States, General Accounting Office, Justice Department: Changes in Antitrust Enforcement Policies and Activities, S. 35.

[120] Danach hätten Budgetbeschränkungen die Effektivität der Behörde nicht eingeschränkt, da die Mittelkürzungen durch Effizienzverbesserungen bei der Bearbeitung wieder aufgefangen worden wären. Gespräch mit Edward T. Hand, Assistant Chief der Foreign Commerce Section der Antitrust Division, in Washington, D.C., am 29. September 1993.

[121] United States, President, Economic Report of the President, Washington, D.C., 1985, S. 196.

[122] Dies zeigte sich auch darin, daß sich die Regierung gegen Gesetzesentwürfe zur Reglementierung von *hostile takeovers* aussprach. Sussman, "White House Opposes Takeover Bills, Sprinkel Tells Senate Banking Panel", S. 12.

haft in den *Antitrust*-Gesetzen zu verankern[123]. Ein Vorschlag des Wirtschaftsministers, Malcom Baldrige, im Februar des Jahres 1985, Section 7 des *Clayton Act* ersatzlos zu streichen[124], da die Gründe, die bei der Verabschiedung des Gesetzes zutreffend gewesen waren, nicht länger Gültigkeit hätten und der internationale Wettbewerb einen Abbau nationaler Fusionshemmnisse erforderlich mache, stieß jedoch weder im Kongreß noch bei den Behörden[125] auf positive Reaktionen, geschweige denn Zustimmung. Mit dem *Merger Modernization Act* wurde dann im Jahr 1986 versucht, Section 7 des *Clayton Act* zu ändern[126]. Die Berücksichtigung von über Konzentrationswirkungen hinausgehenden wirtschaftlichen Faktoren sollte darin genauso verankert werden wie die Betrachtung möglicher positiver Effizienzwirkungen und die Abschaffung des *incipiency standard*. Allerdings konnte sich der Vorschlag im Kongreß nicht durchsetzen. Noch weit darüber hinaus gegangen wäre der *Promoting Competition in Distressed Industries Act*[127]. Dieser sah eine Änderung von Section 202 des *Trade Act* von 1974 vor. Nach letztgenanntem Gesetz können Unternehmen in Branchen mit hohen Importen die Regierung um Unterstützung angehen, wenn sie darlegen können, daß sie durch die steigenden Importe in ihrer Existenz gefährdet sind. Der *Promoting Competition in Distressed Industries Act* hätte den Präsidenten befähigt, statt Unterstützung in Form von Zöllen oder quantitativen Einführungsbeschränkungen zu gewähren, horizontale Zusammenschlüsse in der Branche von einer Überprüfung durch kartellrechtliche Vorschriften zu befreien. Zu dieser Gesetzesinitiative wurden jedoch im Kongreß keinerlei *hearings* abgehalten, und sie wurde später auch nicht wieder eingereicht. Noch eine Stufe weiter wäre der ebenfalls von der Regierung eingebrachte *Omnibus Trade Act*[128] gegangen. Er sah eine Befreiung von den Kartellgesetzen nicht nur anstatt, sondern im Zusammenhang mit anderen Unterstützungsformen vor. Doch auch dieser Vorschlag fand keine Zustimmung.

Insgesamt betrachtet waren die Initiativen der Reagan Regierung, die kartellrechtlichen Fusionsvorschriften in ihrem Sinne zu ändern, nicht mit Erfolg beschieden, und so blieben die *Antitrust*-Gesetze selbst auch am Ende dieser Regierungsperiode weitgehendst intakt. Die Versuche der Reagan Regierung, die Akzeptanz gegenüber Unternehmenszusammenschlüssen auf gesetzlicher Basis zu verankern, sowie ihre tolerante Haltung bei Anwendung des *Antitrust*-Rechts basierten auf der Annahme, daß eben diese Gesetze amerikanische Unternehmen

---

[123] Schon zu Beginn der Amtszeit Reagans waren diese Gesetze einer kritischen Überprüfung unterzogen worden. United States. President, Economic Report of the President, 1982, S. 43.

[124] Pine, Art, "Baldrige Formally Proposes Relaxing of Antitrust Laws", The Wall Street Journal, 26. Februar 1985, S. 14.

[125] Sowohl Paul McGrath von der *Antitrust Division* als auch James C. Miller von der *Federal Trade Commission* sprachen sich vehement gegen den Vorschlag aus. Sie wiesen darauf hin, daß Fragen des internationalen Wettbewerbs und der ausländischen Konkurrenz ohnehin berücksichtigt würden und lediglich in solche Zusammenschlüsse eingegriffen würde, die den Wettbewerb essentiell beeinträchtigten. Cook, David T., "Commerce Secretary asks White House to loosen antitrust laws", The Christian Science Monitor, 26. Februar 1985, S. 1 und S. 6; Hölzer, H., "USA: Vorschlag zur Aufhebung von Sec. 7 Clayton Act", Wirtschaft und Wettbewerb, Jg. 35, Nr. 6, 1985, S. 466.

[126] Zum Inhalt des *Merger Modernization Act* und Diskussion desselben s. Correia, Eddie und Priscilla Budeiri, "Antitrust legislation in the Reagan era", Antitrust Bulletin, vol. 33, no. 2, 1988, S. 363-366; Krattenmaker; Pitofsky, "Antitrust merger policy and the Reagan administration", S. 228-231; Salop, "Symposium on Mergers and Antitrust", S. 6.

[127] Correia; Budeiri, "Antitrust legislation in the Reagan era", S. 367-369.

[128] Ibid., S. 371.

von einem Wachstum abhielten, das sie benötigten, um gegen ausländische Konkurrenz international zu bestehen[129]. Durch anhaltende Handelsbilanzdefizite sah sie sich in dieser Überlegung bestätigt und betrachtete Fusionen als Mittel, um die internationale Wettbewerbsfähigkeit amerikanischer Unternehmen zu festigen[130]. Vor diesem Hintergrund sind denn auch die Gesetzesinitiativen des *Promoting Competition in Distressed Industries Act* und des *Omnibus Trade Act* zu sehen.

Mit dem Amtsantritt Präsident Bushs im Jahre 1989 und der Neubesetzung leitender Positionen in der *Antitrust Division* trat ein erneuter Wandel zu einer wieder strikteren Anwendung der Kartellgesetze ein. Dieser spiegelte sich zunächst in den Äußerungen des neuen Vorsitzenden der *Antitrust Division*, James Rill, und auch denen des neuen Justizministers, Dick Thornburgh, und anschließend in der gestiegenen Zahl der Untersuchungen[131] von angemeldeten Fusionsvorhaben wider[132].

Die *Antitrust*-Politik der Kartellbehörden und Gerichte hat sich seit Mitte der 70er Jahre stark gewandelt. Die Durchsetzung neuer volkswirtschaftlicher Theorien führte zur Aufgabe des bisherigen Zieles, in der amerikanischen Wirtschaft soweit wie möglich eine Situation des vollständigen Wettbewerbs herbeizuführen. Vielmehr wurde zunehmend Konzentration durch Fusionen als unschädlich und Unternehmenswachstum durch *mergers* als effizienzfördernd betrachtet. So entstand ein Umfeld, in dem horizontale Unternehmenszusammenschlüsse auch großer Unternehmen - in den 60er Jahren undenkbar - wieder möglich waren. Der Grundstein für Unternehmensübernahmen der 80er Jahre wurde somit bereits in den 70er Jahren gelegt. Mit dem Einzug Präsident Reagans in das Weiße Haus im Jahr 1981 wurde diese Entwicklung weiter forciert. Seine Regierung hatte dabei besonders große Möglichkeiten, die *Antitrust*-Politik nach ihren Vorstellungen zu formen, war sie doch die erste Regierung seit 1961, die über zwei volle Amtsperioden tätig war. Hinzu kam, daß sie eine *Antitrust*-Politik übernahm, die im Umbruch befindlich und somit leichter formbar war. Die Reagan Regierung versuchte auf verschiedene Weise, das kartellrechtliche Umfeld nach ihren Vorstellungen zu prägen. Sie bemühte sich wiederholt, durch Änderung der kartellrechtlichen Vorschriften ihre Haltung zum *Antitrust*-Recht dauerhaft zu verankern. Diese Anstrengungen mißlangen, doch schaffte sie durch die *Merger Guidelines* zumindest auf Richtlinienebene Vorschriften, die ihre Einstellung verkörperten. Da die wahre *Antitrust*-Politik jedoch in der Handhabung der relativ

---

[129] O. V., "Change in Mood: Wave of Mergers Stirs Only Mild Opposition, But Benefits Are Hazy", S. 1 und 21.

[130] Taylor, Paszlor, "Antitrust Officials Unlikely to Challenge Pending Mergers During Reagan's Term", S. 2.

[131] Auch stieg der Personalstand in der *Antitrust Division* wieder an. Organization for Economic Co-Operation and Development, Directorate for Financial, Fiscal and Enterprise Affairs, Committee on Competition Law and Policy, Annual Report on Developments in the United States 1991, Paris, 1992, S. 7; Bureau of National Affairs, "Report of the American Bar Association", S. S-17.

[132] Dieser strikteren Anwendung der *Antitrust*-Gesetze seitens der Behörden stand jedoch eine offenere und gelockerte Haltung der Gerichte hinsichtlich von Unternehmenszusammenschlüssen gegenüber, so daß die Regierung in einigen von ihr aufgegriffenen Fällen Niederlagen vor Gericht erfuhr. Hier zeigten sich die Auswirkungen der Neubesetzung vieler Richterpositionen durch Präsident Reagan. Da aber jedes Gerichtsverfahren Kosten und Unsicherheit für die betroffenen Unternehmen mit sich brachte, überwog die restriktive Haltung der *Antitrust Division* die gelockerte Auffassung bei den Gerichten und führte zur Unterlassung potentieller Transaktionen beziehungsweise zu einer Neustrukturierung der gemeldeten Fusionsvorhaben nach den Vorstellungen der Behörden. Toepke, "100 Jahre Antitrustrecht in den USA", S. 16-22.

weit gefaßten Gesetze und der Richtlinien durch die Behörden und Gerichte liegt, beeinflußte sie das kartellrechtliche Umfeld am stärksten durch personalpolitische Entscheidungen hinsichtlich wichtiger Positionen in der *Antitrust Division* und der *Federal Trade Commission* sowie bei den Gerichten. An die Spitze der Behörden kamen mit William Baxter, James C. Miller und dessen Nachfolger Daniel Oliver Verfechter freier Märkte, in denen staatliche Eingriffe auf ein Minimum begrenzt werden sollten. Dadurch wurde in den 80er Jahren ein Umfeld geschaffen, in dem der Übernahmewelle von kartellrechtlicher Seite kaum mehr Hindernisse in den Weg gelegt wurden.

III. Besteuerung

1. Steuerliche Motive für Unternehmensübernahmen

Es lassen sich auch aus steuerlicher Sicht Motive für Unternehmensübernahmen finden. Auf diesem Gebiet gab es in den 80er Jahren gesetzliche Veränderungen, die zunächst übernahmefördernd, später dann aber übernahmehemmender Natur waren. Es bedarf daher einer Analyse, inwieweit die Änderung der Steuergesetze die Übernahmetätigkeit in den 80er Jahren beeinflußt hat.

Es lassen sich im wesentlichen drei steuerliche Motive[133] für Unternehmensübernahmen finden. Dies war einmal die aus der *General Utilities Doctrine*[134] heraus bestehende Möglichkeit, die Abschreibungsbasis des Vermögens der Zielgesellschaft auf den Verkehrswert zu erhöhen, ohne den Gewinn aus dem Wertzuwachs des Vermögens versteuern zu müssen. Nach der *General Utilities Doctrine* war es möglich, die Aktien der Zielgesellschaft zu erwerben und anschließend das Vermögen der Gesellschaft entsprechend dem Kaufpreis auf den Marktwert heraufzusetzen, um so Steuervorteile aus der Erhöhung der Abschreibungsbasis in Anspruch

---

[133] Auerbach, Alan J. und David Reishus, "The Effects of Taxation on the Merger Decision", in: Auerbach, Alan, Hrsg., Corporate Takeovers: Causes and Consequences, Chicago, 1988, S. 159-161. Weitere mögliche steuerliche Motive finden sich bei Davidson, Megamergers, S. 205-208; Scholes, Myron S. und Mark A. Wolfson, "The Effects of Changes in Tax Laws on Corporate Reorganization Activity", Journal of Business, vol. 63, no. 1, 1990, S. 141-142.

[134] Die *General Utilities Doctrine* geht auf ein Urteil des *Supreme Court* im Jahre 1935 zurück, in dem dieser entschied, daß eine Gesellschaft realisierte Wertsteigerungen von Vermögen, das direkt an die Aktionäre ausgeschüttet wird, nicht zu versteuern braucht. Diese Rechtsprechung setzte sich in einer Reihe weiterer Gerichtsurteile in den folgenden Jahren fort, und im Jahre 1954 wurde die Doktrin kodifiziert und mittels der Abschnitte 331, 333, 336 und 337 in den *Internal Revenue Code* aufgenommen. Zur General Utilities Doctrine s. DiBeradino, Louis A., "U. S. Tax Developments Affecting the Acquisition of U. S. Business", European Taxation, vol. 29, no. 1, 1989, S. 7-8; Willens, Robert, "General Utilities Is Dead: The TRA of '86 Ends an Era", Journal of Accountancy, vol. 162, no. 5, 1986, S. 102-104; Strauss, Robert P., "Federal Tax Policy and the Market for Corporate Control: Relationship and Consequences", in: McKee, David L., Hrsg., Hostile Takeovers: Issues in Public and Corporate Policy, New York, 1989, S. 122-123.

zu nehmen[135], ohne daß die daraus entstehenden Kapitalgewinne bei der Zielgesellschaft versteuert werden mußten[136]. Ein zweites steuerliches Motiv für Unternehmensübernahmen findet sich in der Übertragung von Verlusten. Nach der amerikanischen Steuergesetzgebung haben Unternehmen mit einem negativen zu versteuernden Einkommen die Möglichkeit, dieses in Form eines Verlustrücktrages mit dem Einkommen der drei zurückliegenden Jahre aufzurechnen. Darüber hinaus gehende Verluste können jedoch nur vorgetragen werden. Verlustvorträge[137] sind allerdings weit weniger lukrativ als Verlustrückträge, da der Nettokapitalwert der Verlustvorträge mit jedem Jahr, das die negativen Einkünfte weiter vorgetragen werden müssen, abnimmt. Darüber hinaus sind Verlustvorträge ebenfalls zeitlich begrenzt. Bei Akquisitionen besteht dagegen die Möglichkeit, unter Einhaltung bestimmter Fristen und einiger Beschränkungen Verluste und Gewinne von Ziel- und Übernahmegesellschaft miteinander zu verrechnen, so daß der steuerliche Wert von Verlusten entweder der Ziel- oder der Übernahmegesellschaft sich durch eine Übernahme erhöhen kann[138]. Ein letztes Motiv könnte schließlich in der erhöhten Zinsabzugsfähigkeit liegen, die sich wegen der mit der Akquisition verbundenen Erhöhung des Verschuldungsgrades regelmäßig ergibt. Eine Erhöhung des Fremdkapitalanteils kann natürlich generell auch ohne eine Unternehmensübernahme erreicht werden, doch sind Manager häufig risikoscheuer[139] als Aktionäre und wählen daher lieber einen gemäßigten Verschuldungsgrad. In einem solchen Fall kann dann der Erwerber den Wert des Unternehmens durch eine Erhöhung der Verschuldung steigern[140].

Die unterschiedlichen steuerlichen Motive betreffen nicht alle Übernahmeformen gleichermaßen. So sind die Erhöhung der Abschreibungsbasis, aber auch die steuermindernde Wirkung von Fremdkapitalzinsen bei *leveraged buyouts* wegen des dort zu findenden hohen Fremdka-

---

[135] Bisweilen war es sogar möglich, die Abschreibungsbasis über den Marktwert des Vermögens hinaus zu erhöhen. Hayn, Carla, "Tax Attributes as Determinants of Shareholder Gains in Corporate Acquisitions", Journal of Financial Economics, vol. 23, no. 1, 1989, S. 127.

[136] DiBeradino, "U. S. Tax Developments Affecting the Acquisition of U. S. Business", S. 7-8. Lediglich bei bestimmten Wirtschaftsgütern mußten auf die schon vorgenommene Abschreibung sogenannte *depreciation recapture taxes* entrichtet werden. Hayn, "Tax Attributes as Determinants of Shareholder Gains in Corporate Acquisitions", S. 124.

[137] Daneben gab es im amerikanischen Steuerrecht bis 1986 noch sogenannte Investitionssteuergutschriften, die Unternehmen bei bestimmten Investitionen mit einer Laufzeit von mehr als drei Jahren bekamen und mit ihrem steuerbaren Einkommen verrechnen konnten. Sie wirkten ähnlich wie Verlustvorträge und stellten daher ebenfalls einen Anreiz für Übernahmen dar. Auerbach; Reishus, "The Effects of Taxation on the Merger Decision", S. 159-160.

[138] Auerbach; Reishus, "The Effects of Taxation on the Merger Activity", S. 159-160. Textron zum Beispiel finanzierte in den 50er und 60er Jahren einen Teil seiner Expansionsbestrebungen durch solche Verlustausgleiche. In den Jahren 1952 bis 1959 reduzierte das Unternehmen so seinen effektiven Steuersatz auf 1,2 Prozent. Steiner, Mergers, S. 79-80. Das steuerliche Motiv von Verlustübertragen war auch bei der Suche von KMS Industries nach einem Fusionspartner im Jahre 1980 von großer Bedeutung. Das Unternehmen hatte kumulierte, zeitlich nur noch sehr begrenzt vortragsfähige Verluste in Höhe von $22,7 Millionen und suchte nach einem Fusionspartner mit positiven Einkünften, um die steuerlichen Vorteile dieser Verluste nicht verwirken zu lassen. O. V., "KMS's Stormy Return to Mergers", Business Week, 14. Juli 1980, S. 84.

[139] Diese höhere Risikoaversion liegt darin begründet, daß Führungskräfte im Gegensatz zu Aktionären, die ihr Vermögen oft in einem Portfolio von Unternehmensbeteiligungen diversifiziert haben, von den Folgen eines Konkurses stärker betroffen sind und daher zu einer eher vorsichtigen Fremdfinanzierungspolitik neigen.

[140] Auerbach; Reishus, "The Effects of Taxation on the Merger Decision", S. 161.

pitalniveaus von besonderer Bedeutung[141], wohingegen Verlustüberträge bei traditionellen Fusionen und Übernahmen eine größere Rolle spielen.

2. Änderung der für Unternehmensübernahmen relevanten steuerlichen Faktoren in den 80er Jahren

In den 80er Jahren gab es nun verschiedene Gesetzesänderungen, die diese steuerlichen Motive auf unterschiedliche Art und Weise beeinflußten. Die bedeutendsten Gesetze waren dabei der *Economic Recovery Tax Act* des Jahres 1981 und der *Tax Reform Act* des Jahres 1986[142]. Das Ziel des *Economic Recovery Tax Act* von 1981 war es, wirtschaftlichen Aufschwung herbeizuführen beziehungsweise zu beschleunigen. Geprägt von einer angebotsorientierten Wirtschaftspolitik, sollte das Gesetz eine spürbare Senkung der steuerlichen Belastung vor allem von Kapitaleinkünften herbeiführen, um dadurch Investitionen und private Ersparnisbildung anzuregen[143]. Erreicht werden sollte die beabsichtigte Reduzierung der Gesamtsteuerbelastung durch eine Senkung der Einkommen- und Körperschaftsteuersätze[144], durch beschleunigte Abschreibungsmodalitäten[145] für das Sachanlagevermögen[146] und durch

---

[141] Smith, Randall, "Big Tax Advantages Prompt Rise in Leveraged Buyouts", The Wall Street Journal, 12. Oktober 1983, S. 31.

[142] Daneben wirkten sich - jedoch weniger einschneidend und bedeutend - auch der *Installment Sales Revision Act* des Jahres 1980 und der *Deficit Reduction Act* des Jahres 1984 aus. Zu diesen beiden Gesetzen und ihren Auswirkungen auf die steuerlichen Beweggründe für Unternehmensübernahmen s. Scholes; Wolfson, "The Effects of Changes in Tax Laws on Corporate Reorganization Activity", S. 142. Gewisse Auswirkungen auf Unternehmensübernahmen hatte auch der *Revenue Act* des Jahres 1987. DiBeradino, "U. S. Tax Developments Affecting the Acquisition of U. S. Business", S. 11.

[143] United States. President, Economic Report of the President, 1982, S. 109.

[144] Zu Einzelheiten s. Economic Recovery Tax Act of 1981, Public Law No. 97-34, Sec. 101 und Sec. 231, in: United States, Office of the Federal Register, National Archives and Records Administration, Hrsg., United States Statutes at Large, vol. 95, Washington, D.C., 1982, S. 176-190 und S. 249-250; Fox, Lawrence H. und James K. Jackson, "Business Incentive Provisions Under the Economic Recovery Tax Act of 1981", Journal of Corporate Taxation, vol. 8, no. 4, 1982, S. 351.

[145] Das Gesetz ersetzte die bis dahin geltenden Abschreibungsmodalitäten durch ein neues System, das sogenannte *Accelerated Cost Recovery System*. Während das alte Abschreibungssystem von der betriebsgewöhnlichen Nutzungsdauer der Vermögensgegenstände ausging, verkürzte das *Accelerated Cost Recovery System* die Abschreibungszeiträume und bot die Möglichkeit höherer Abschreibungssätze in den Anfangsjahren. Zu Details des *Accelerated Cost Recovery System* s. Economic Recovery Tax Act of 1981, Sec. 201, S. 203-219; Fox; Jackson, "Business Incentive Provisions Under the Economic Recovery Tax Act of 1981", S. 338-347; Kau, Wolfgang M., "The U. S. Economic Recovery Tax Act of 1981", Recht der internationalen Wirtschaft, Jg. 28, Nr. 3, 1982, S. 181-183. Zur angestrebten Wirkung s. United States. President, Economic Report of the President, 1982, S. 122-125. Zu möglichen - auch nachteiligen - Wirkungen s. Steuerle, C. Eugene, The Tax Decade, Washington, D.C., 1991, S. 46-47.

[146] Zusammen mit der *General Utilities Doctrine* bot sich dadurch die Möglichkeit, durch eine Übernahme den Wert des Anlagevermögens steuerfrei auf den Marktwert heraufzusetzen und anschließend beschleunigt abzuschreiben.

neue Investitionssteuergutschriften[147]. Diese Steueränderungen führten dazu, daß die ausgewiesenen Gewinne zurückgingen, die steuerliche Belastung sank und der den Unternehmen zur Verfügung stehende *cash flow* anstieg. Dieser gestiegene *cash flow* spiegelte sich in den Gewinnen nicht wider und führte zunächst bis etwa Mitte 1982 zu keinem Anstieg der Unternehmenswerte an den Börsen, vergrößerte gleichwohl die Fähigkeiten der Unternehmen zur Schuldentilgung und wirkte somit potentiell übernahmefördernd. Hinzu kam, daß aufgrund der geänderten Abschreibungsmodalitäten die steuerlichen Gewinne nicht nur zurückgingen, sondern es häufig sogar zu einem Verlustausweis kam und somit ein Anreiz zu Verlustüberträgen durch Unternehmensübernahmen bestand.

Übersicht 7:	Das Übernahmevolumen in den Jahren 1976-1981
Jahr	Übernahmevolumen in Mrd. $
1976	20,03
1977	21,94
1978	34,18
1979	43,54
1980	44,35
1981	82,62
Quelle:	Merrill Lynch, <u>MergerStat Review 1991</u>, S. 7.

Der *Economic Recovery Tax Act* wurde am 13. August des Jahres 1981 verabschiedet[148], war aber zu diesem Zeitpunkt keine Neuheit mehr, sondern dem Inhalt nach bereits erwartet worden. Betrachtet man nun das Übernahmevolumen im Jahr 1981 und in den Jahren zuvor (siehe Übersicht 7), dann ergibt sich für das Jahr 1981 eine massive Steigerung gegenüber dem Vorjahr von über 86 Prozent. Auch liegt dieser Anstieg weit über dem der vorangegangenen Jahre.

Betrachtet man die Entwicklung der Übernahmetätigkeit im Jahr 1981 (siehe Übersicht 8), so zeigt sich, daß auch hier kein linearer Verlauf stattfand, sondern ein deutlicher Überhang des Transaktionsvolumens in der zweiten Jahreshälfte liegt. Insbesondere im dritten Quartal, das heißt dem Quartal, in dem das Gesetz verabschiedet und unterzeichnet wurde, kam es zu

---

[147] Economic Recovery Tax Act of 1981, Sec. 211-214; Kau; "The U. S. Economic Recovery Tax Act of 1981", S. 183-184. Investitionssteuergutschriften, die es Unternehmen ermöglichten, einen bestimmten Prozentsatz des Anschaffungswertes neuer Investitionen als Gutschrift von ihrer Steuerschuld abzuziehen, gab es in den USA schon seit 1962. Mit dem *Economic Recovery Tax Act* von 1981 wurden diese Möglichkeiten erweitert. So wurde zum Beispiel eine neue Investitionssteuergutschrift für Forschungs- und Entwicklungsausgaben eingeführt. Zu Einzelheiten dazu s. Economic Recovery Tax Act of 1981, Sec. 221, S. 241-247; Fox; Jackson, "Business Incentive Provisions Under the Economic Recovery Tax Act of 1981", S. 347-351; Pechman, Joseph A., <u>Federal Tax Policy</u>, Washington, D.C., 1987, S. 117; Trezevant, Robert, "How Did Firms Adjust Their Tax-Deductible Activities in Response to the Economic Recovery Tax Act of 1981", <u>National Tax Journal</u>, vol. 47, no. 2, 1994, S. 254.

[148] Hunt, Albert P., "Reagan Signs Tax, Spending Cuts, Taking Responsibility for Economy", <u>The Wall Street Journal</u>, 14. August 1991, S. 2.

einem gravierenden Anstieg der bekanntgegebenen Transaktionen und des Übernahmevolumens.

Übersicht 8:	Die Entwicklung der Übernahmetätigkeit im Jahr 1981	
Quartal	Anzahl der Transaktionen	Übernahmevolumen in Mrd. $
I/1981	599	17,5
II/1981	585	18,2
III/1981	623	25,1
IV/1981	588	21,8
Quelle:	Eigene Darstellung nach Angaben von Merrill Lynch, MergerStat Review 1991 und Wall Street Journal[149].	

Natürlich könnten für diesen Anstieg auch andere Faktoren, wie etwa die Lockerung in der *Antitrust*-Politik, verantwortlich sein - der Einfluß der einzelnen Faktoren läßt sich nicht gesondert messen -, jedoch gab es innerhalb der *Antitrust*-Politik im dritten Vierteljahr 1981 lediglich Indizien für eine Lockerung und kaum feste Entscheidungen, die auf eine tatsächliche Öffnung hinwiesen. Das erste deutliche Zeichen, die Einstellung des Verfahrens gegen IBM, wurde erst zu Beginn des Jahres 1982 gesetzt. Der Anstieg der Übernahmetätigkeit im Jahr 1981, insbesondere im dritten und vierten Quartal dieses Jahres, dürfte somit auf steuerliche Einflüsse zurückzuführen sein.

Der *Deficit Reduction Act* des Jahres 1984 nahm einige der Vorteile des Gesetzes von 1981, vor allem in bezug auf die Abschreibungsmodalitäten, wieder zurück, war jedoch ansonsten für die Übernahmeaktivität von absolut untergeordneter Bedeutung. Einschneidende Änderungen für die steuerliche Wirkung von Unternehmensübernahmen brachte der *Tax Reform Act* des Jahres 1986[150]. Zum einen wurde die Möglichkeit des Verlustübertrages zwischen Ziel- und Übernahmegesellschaft eingeschränkt[151], zum anderen die *General Utilities*

---

[149] O. V., "Announced Mergers Jumped 46% to 599 During First Period", S. 22; o. V., "Merger Multiplied in Second Quarter, Two Surveys Find", S. 38; o. V., "Merger Pace Showed Another Sharp Rise In the Third Quarter", S. 10.

[150] Ein Überblick über die für Unternehmensübernahmen relevantesten Wirkungen findet sich bei Scholes, Myron und Mark A. Wolfson, "The Role of Tax Rules in the Recent Restructuring of U. S. Corporations", in: Bradford, David, Hrsg., Tax Policy and the Economy, Cambridge, 1991, S. 9-10; Haueisen, Bernd und Wolfgang Haupt, "Das U. S.-Steueränderungsgesetz von 1986", Recht der internationalen Wirtschaft, Jg. 32, Nr. 11, 1986, S. 875-879; Gleckman, Howard und Stuart Weiss, "How Tax Reform Will Cool Takeover Fever", International Business Week, 22. September 1986, S. 49-50; Strauss, "Federal Tax Policy And the Market for Corporate Control: Relationship and Consequences", S. 132-135. Zu weiteren Änderungen und deren Wirkungen für Unternehmen s. Boskin, Michael J., "Tax Policy and Economic Growth: Lessons from the 1980s", Journal of Economic Perspectives, vol. 2, no. 4, 1988, S. 83-92; United States, President, Economic Report of the President, Washington, D.C., 1987, S. 86-90.

[151] Die Höhe des übertragbaren Verlustes von der Ziel- auf die Übernahmegesellschaft wurde auf den Wert der Zielgesellschaft, multipliziert mit einem von der Finanzverwaltung veröffentlichten Zinssatz, reduziert. Tax Reform Act of 1986, Public Law No. 99-514, Sec. 621, in: United States, Office of the Federal Register, National Archives and Records Administration, Hrsg., United States Statutes at Large, vol. 100, Washington,

- 141 -

Doctrine weitestgehend abgeschafft[152]. Wurde nun eine Akquisition durch Kauf der Kapitalanteile getätigt, so war es nicht mehr möglich, den Wert des Anlagevermögens steuerfrei auf den Marktwert heraufzusetzen. Vielmehr mußten die bei dieser Wertzuschreibung entstehenden Kapitalgewinne auf Unternehmensebene versteuert werden. Diese Besteuerung wiederum beseitigte die aus der Werterhöhung resultierenden Abschreibungsvorteile[153]. Hinzu kam die partielle Rücknahme des *Accelerated Cost Recovery System*. Die Abschreibungsdauern wurden verlängert[154], Investitionssteuergutschriften gestrichen[155] und der besondere Steuersatz für Veräußerungsgewinne abgeschafft. Letzterer wurde den mit dem gleichen Gesetz gesenkten Steuersätzen für das laufende Einkommen angepaßt[156]. Die Steueränderungen bewirkten, daß steuerliche Verluste aufgrund der geänderten Abschreibungsmodalitäten seltener entstanden, ein Anreiz zum Übertrag solcher Verluste wegen der gesunkenen Steuersätze für das laufende Einkommen vermindert, die Möglichkeiten eines solchen Verlustübertrages generell limitiert und die Alternativen, steuerliche Vorteile durch eine akquisitionsbedingte Erhöhung der Abschreibungsbasis zu erlangen, weitestgehend eliminiert wurden. Hinzu kam eine höhere steuerliche Belastung der Veräußerungsgewinne durch die Abschaffung des besonderen Steuersatzes für Kapitalgewinne, sowohl auf Unternehmensebene als auch bei den Aktionären. Steuerliche Anreize für Unternehmensübernahmen wurden beträchtlich reduziert, und dies wirkte sich auch auf die Übernahmeaktivität aus. Das Gesetz wurde im September des Jahres 1986 vom Kongreß verabschiedet und vom Präsidenten unterzeichnet, trat aber hinsichtlich der meisten Klauseln erst zum 1. Januar 1987 in Kraft[157]. Betrachtet man nun die Struktur der

---

D.C., 1989, S. 2254-2269; DiBeradino, "U. S. Tax Developments Affecting the Acquisition of U. S. Businesses", S. 9-10; McDowell, Larry T., "Don't Lose M&A benefits to tax surprises", ABA Banking Journal, vol. 84, no. 3, 1992, S. 48-49. Mit dem Revenue Act des Jahres 1987 wurde dann die Verlustübertragung von der Übernahme- auf die Zielgesellschaft eingeschränkt. DiBeradino, "U. S. Tax Developments Affecting the Acquisition of U. S. Businesses", S. 11.

[152] Tax Reform Act of 1986, Sec. 631, S. 2269-2271; DiBeradino, "U. S. Tax Developments Affecting the Acquisition of U. S. Business", S. 7-8; Willens, "General Utilities Is Dead: The TRA of ' 86 Ends an Era", S. 104-105. Zu den Ausnahmen davon s. Tax Reform Act of 1986, Sec. 631, S. 2271-2272; Terr, Leonard B. und Richard J. Safranek, "Section 367 and the General Utilities Repeal", Journal of Corporate Taxation, vol. 14, no. 4, 1988, S. 358-367; Willens, "General Utilities Is Dead: The TRA of ' 86 Ends an Era", S. 104-105.

[153] Einzige Möglichkeit für den Käufer, in den Genuß erhöhter Abschreibungswerte zu kommen, ohne eine ausgleichende Besteuerung der Kapitalgewinne hinnehmen zu müssen, war, die Übernahme durch direkten Vermögenskauf anstelle des Erwerbs der Kapitalanteile zu strukturieren. Eine solche Strukturierung jedoch war unvorteilhaft für die Anteilseigner der Zielgesellschaft, ging sie doch zunächst mit einer Besteuerung der aus dem Vermögensverkauf resultierenden Kapitalgewinne auf Unternehmensebene einher und bei einer anschließenden Liquidation der nun vermögenslosen Gesellschaft mit einer weiteren Besteuerung auf Ebene der Anteilseigner.

[154] Tax Reform Act of 1986, Sec. 201, S. 2121-2142.

[155] Tax Reform Act of 1986, Sec. 211, S. 2166-2170; o. V., "News Report", Journal of Accountancy, vol. 162, no. 4, 1986, S. 14.

[156] Zu den geänderten Steuersätzen für das laufende Einkommen und für Veräußerungsgewinne bei Privatpersonen und Unternehmen s. Tax Reform Act of 1986, Sec. 301, 302 und 311, S. 2216-2220; Haueisen; Haupt, "Das US-Steueränderungsgesetz von 1986", S. 874-878; Strassels, Paul, The 1986 Tax Reform Act, Homewood, 1987, S. 31-32 und S. 55-58.

[157] Manche Vorschriften, so zum Beispiel die Änderung der Steuersätze, wurden erst später wirksam. In einigen wenigen Fällen trat das Gesetz aber auch rückwirkend in Kraft, so zum Beispiel bei der Rücknahme von

Übernahmetätigkeit (siehe Abbildung 8), dann zeigt sich, daß es im dritten und vierten Quartal des Jahres 1986 zu einem Anstieg der bekanntgegebenen Übernahmen kam, dem zu Beginn des Jahres 1987 ein heftiger Einbruch folgte. Der starke Anstieg in der zweiten Jahreshälfte des Jahres 1986 und der anschließende Rückgang zu Beginn des Jahres 1987 dürften im wesentlichen auf die Bemühungen expansiver Unternehmen zurückzuführen sein, geplante Übernahmen und Fusionen noch unter den bedeutend liberaleren Bestimmungen des Steuergesetzes von 1981 durchzuführen[158], da im betrachteten Zeitraum bei anderen Einflußfaktoren keine signifikanten Änderungen eintraten.

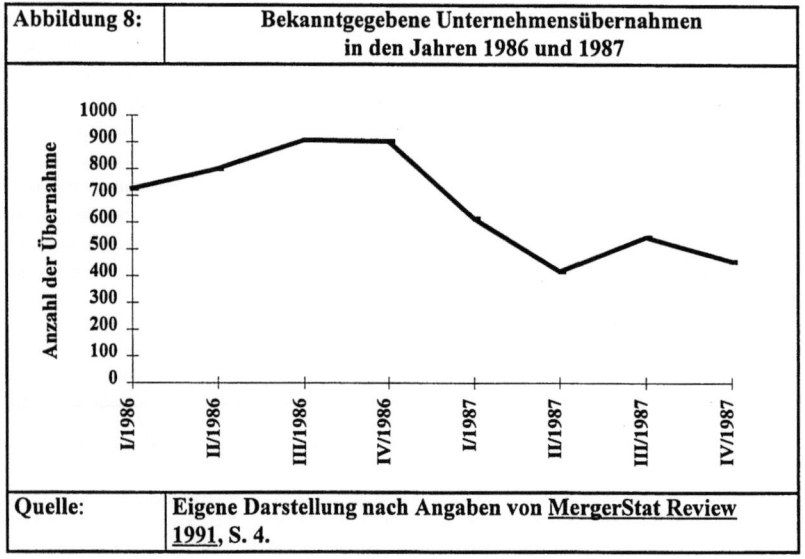

Abbildung 8:	Bekanntgegebene Unternehmensübernahmen in den Jahren 1986 und 1987
Quelle:	Eigene Darstellung nach Angaben von <u>MergerStat Review 1991</u>, S. 4.

Für den Einfluß steuerlicher Faktoren auf die Übernahmetätigkeit sprechen auch die Auswirkungen eines Gesetzesentwurfes, erstellt vom *House Ways and Means Committee* zur Senkung des Haushaltsdefizits im Jahr 1987. Dieser Gesetzesentwurf enthielt unter anderem eine Passage, die darauf abzielte, stark fremdfinanzierte Übernahmen einzudämmen, indem die Abzugsfähigkeit der Zinsen aus solchen Unternehmenskäufen auf jährlich fünf Millionen Dollar begrenzt wurde[159]. Der Gesetzesentwurf wurde am 15. Oktober 1987 verabschiedet[160], und obwohl die Chancen, daß er ohne Zustimmung der Republikaner und Präsident Reagans, der ja die Übernahmetätigkeit befürwortete, tatsächlich Gesetzeskraft erlangen würde, gering

---

Investitionssteuergutschriften. Die für Unternehmensübernahmen bedeutsamsten Klauseln wurden indes zum 1. Januar 1987 wirksam.

[158] Dazu auch: Hertzberg; Miller, "Merger Wave Hits Wall Street as Firms Rush to Beat Year-End Tax Changes", S. 15.
[159] Langley, "Tax Boosts Aimed at Wall Street, Rich Agreed to by Democrats on House Panel", S. 3.
[160] Yardeni, "That M&A Tax Scare Rattling the Markets", S. 32.

waren, zeigte schon allein der Entwurf Wirkung. Geplante Transaktionen wurden aufgeschoben oder gänzlich fallengelassen[161]. Da die Passage nach heftiger Kritik von der Reagan Regierung, der *Securities and Exchange Commission* und von an der Wall Street aktiven Interessengruppen[162] schließlich aus dem Gesetzesentwurf gestrichen wurde[163], können die Auswirkungen einer tatsächlichen Beschränkung der Zinsabzugsfähigkeit auf stark fremdkapitalfinanzierte Übernahmen nicht weiter analysiert werden.

Betrachtet man den Verlauf der bekanntgegebenen Unternehmensübernahmen nach 1986 (siehe Kapitel 2, Abbildung 2), dann zeigt sich, daß diese zahlenmäßig in den Jahren 1988 und 1989 wieder leicht anstiegen, ohne daß dabei allerdings das Niveau des Jahres 1986 noch einmal erreicht wurde. Allerdings wirkte sich der zahlenmäßige Rückgang im Jahr 1987 kaum auf das Übernahmevolumen aus. Die Summe der gezahlten Kaufpreise ging 1987 nur leicht zurück und stieg in den Jahren 1988 und 1989 bereits wieder stark an[164]. Dies spricht dafür, daß sich die Änderungen im *Tax Reform Act* hauptsächlich auf kleinere Übernahmen auswirkten und dort die Übernahmetätigkeit einschränkten[165]. Dafür gib es zwei Gründe. Einer liegt in der Eliminierung des günstigen Steuersatzes für Veräußerungsgewinne. Bei Einzelunternehmen in Form einer *corporation*, die durch die Reinvestition von Gewinnen durch den Gründer über einen langen Zeitraum beträchtlich gewachsen waren, brachten der Verkauf und die anschließende Besteuerung zu dem nach 1986 erhöhten Steuersatz für Kapitalgewinne eine erhebliche Mehrbelastung[166] und aus steuerlicher Sicht keinen Vorteil gegenüber der Einstellung eines Managers, dem Beibehalten des Gesellschafterstatus und laufenden jährlichen Entnahmen, die dann - entweder als Gehalt oder Dividende strukturiert - dem Steuersatz auf das laufende Einkommen unterlagen. Es bestand daher kein Anreiz, die Unternehmung zu veräußern, und viele Eigentümer kleiner Firmen verhielten sich erst einmal abwartend. Zum anderen wirkte sich dieser erhöhte Steuersatz für Kapitalgewinne zusammen mit der Rücknahme der *General Utilities Doctrine* ebenfalls besonders gravierend auf diese Einzelunternehmen in Form einer *corporation* aus, insbesondere wenn sie an eine natürliche Person als Erwerber veräußert werden sollten[167]. So waren die Verkäufer nach 1986 seltener bereit, den Verkauf ihres Unternehmens als Vermögensverkauf zu strukturieren, das heißt, nicht das Unternehmen als Ganzes, sondern nur das Vermögen zu veräußern und die *corporation*

---

[161] Ibid.

[162] Langley, Monica, "Rostenkowski Says He'll Compromise On Merger Measure", The Wall Street Journal, 30. Oktober 1987, S. 20; Langley, Monica und Jeffrey H. Birnbaum, "Conferees Agree to Curb Benefit of Equity Loans", The Wall Street Journal, 16. Dezember 1987, S. 60; o. V., "Rostenkowski Indicates Takeover-Tax Flexibility", The Wall Street Journal, 29. Oktober 1987, S. 2; o. V., "SEC Commissioner Attacks Antitakeover Provisions", The Wall Street Journal, 11. Dezember 1987, S. 10.

[163] Birnbaum; Yang, "Tax Writers Scuttle Provision on Debt Used in Takeovers and Some Buy-Backs", S. 3.

[164] S. Ausführungen im Kapitel 2, Abschnitt I.1, und dort Abbildung 2.

[165] Ravenscraft, "The 1980s Merger Wave: An Industrial Organization Perspective", S. 30-31.

[166] Prinzipiell bestand diese steuerliche Mehrbelastung auch für die Aktionäre großer Unternehmen, die ihre Anteile in einem *tender offer* gegen Bargeld veräußerten. Jedoch haben die Aktionäre von Publikumsgesellschaften weniger Mitspracherecht bei der Strukturierung der Transaktion. Darüber hinaus herrschen hier bei den einzelnen Anteilseignern sehr unterschiedliche steuerliche Verhältnisse, und auch die realisierten Kapitalgewinne fallen - je nach Zeitpunkt des ursprünglichen Anteilskaufes - sehr unterschiedlich aus.

[167] Für Unternehmen als Erwerber bestanden unter bestimmten Voraussetzungen noch Ausnahmeregelungen. DiBeradino, "U. S. Tax Developments Affecting the Acquisition of U. S. Business", S. 8; Willens, "General Utilities Is Dead: The TRA of '86 Ends an Era", S. 104.

anschließend zu liquidieren. Erwerber wiederum waren weniger zu einem Kauf der Kapitalanteile bereit[168].

Auerbach und Reishus untersuchten in mehreren Studien den Einfluß steuerlicher Aspekte auf die Übernahmetätigkeit[169]. Sie ordneten dabei Verlustüberträgen und Investitionssteuergutschriften die größte Wirkung zu, sahen Steuervorteile insgesamt jedoch nur in einer Minderheit der untersuchten Fälle als maßgebliches Kriterium bei der Fusionsentscheidung an. Ihre Ergebnisse lassen sich zwar nicht ohne weiteres auf die 80er Jahre übertragen - ihre letzte Studie bezog sich auf 318 Fusionen, die in den Jahren 1968 bis 1983, das heißt vor dem Anstieg von *junk bonds* als Finanzierungsmedium, stattfanden, und keine ihrer Studien beinhaltete *leveraged buyouts* -, doch scheinen sich ihre Ergebnisse auch in den 80er Jahren zu bestätigen. Der *Economic Recovery Tax Act* des Jahres 1981 brachte neue Investitionssteuergutschriften und eine größere Wahrscheinlichkeit für das Entstehen steuerlicher Verluste und wurde begleitet von einem Anstieg der Übernahmetätigkeit. Insgesamt gesehen dürften sich steuerliche Faktoren jedoch hauptsächlich auf Zeitpunkt und Struktur der Transaktionen auswirken. So konnten die einschneidenden Wirkungen des *Tax Reform Act* den drastischen Anstieg des Übernahmevolumens im Jahr 1988 nicht verhindern, obwohl die Bestimmungen des Gesetzes durch den *Revenue Act* des Jahres 1987 teilweise noch verstärkt wurden[170]. Vielmehr bewirkte das Gesetz einen Rückgang kleiner Transaktionen und eine Vorverlegung von Transaktionen in das letzte Quartal 1986, die ansonsten wohl eher für das Jahr 1987 geplant gewesen waren. Ursächlich für die Tatsache, daß steuerliche Faktoren mehr auf Zeitpunkt und Struktur wirken, dürfte sein, daß bei strategisch begründeten Übernahmen steuerliche Faktoren von nachrangiger Bedeutung sind und für die rein finanzorientierten Transaktionen auch im Jahr 1988 noch sehr günstige Bedingungen herrschten.

---

[168] S. Ausführungen in Fußnote 153 und DiBeradino, "U. S. Tax Developments Affecting the Acquisition of U. S. Business", S. 8.

[169] Auerbach, Alan J. und David Reishus, "Taxes and the Merger Decision", in: Coffee, John; Lowenstein, Louis und Susan Rose-Ackerman, Hrsg., Knights, Raiders and Targets, New York, 1988, S. 300-312; Auerbach, Alan J. und David Reishus, "The Impact of Taxation on Mergers and Acquisitions", in: Auerbach, Alan J., Hrsg., Mergers and Acquisitions, Chicago, 1988, S. 69-85; Auerbach; Reishus, "The Effects of Taxation on the Merger Decision", S. 157-183.

[170] So zum Beispiel durch die schon erwähnte Einschränkung des Verlustübertrages von der Übernahme- auf die Zielgesellschaft. Darüber hinaus wurde die sogenannte *mirror subsidiary technique* abgeschafft, ein Verfahren, das es Unternehmenskäufern unter bestimmten Voraussetzungen erlaubt hatte, Veräußerungsgewinne aus dem Verkauf von Vermögensgegenständen beziehungsweise Unternehmensdivisionen steuerfrei durchzuführen. Die *mirror subsidiary technique* hatte es ermöglicht, ähnliche Vorteile wie die der *General Utilities Doctrine* auch nach deren Abschaffung unter bestimmten Umständen doch noch in Anspruch zu nehmen. Zum Revenue Act und der *mirror subsidiary technique* s. DiBeradino, "U. S. Tax Developments Affecting the Acquisition of U. S. Business", S. 11-12; Yang, Catherine und David Zigas, "The New Tax Angle in the Merger Game", International Business Week, 21. März 1988, S. 59; Saunders, Laura, "The latest loophole", Forbes, vol. 137, no. 4, 24. Februar 1986, S. 76-77; Saunders, Laura, "The War on Takeovers", Forbes, vol. 140, no. 12, 30. November 1987, S. 116-117.

IV. Förderung der Übernahmetätigkeit durch die Entwicklung innovativer Finanzierungsinstrumente

Die dynamische Entwicklung am Markt für Unternehmensübernahmen wurde neben einer laisser-faire *Antitrust*-Politik und Änderungen in der Wirtschafts- und Steuergesetzgebung ganz wesentlich auch durch die Entwicklung innovativer Finanzierungsinstrumente begünstigt. Bis in die 70er Jahre hinein standen Unternehmen als langfristige Finanzierungsquellen nur eine kleine Anzahl alternativer Instrumentarien zur Verfügung[171]. In den 80er Jahren wurde dann jedoch eine ganze Palette neuartiger Finanzierungsinstrumente entwickelt, von denen ein Teil die Übernahmeaktivitäten in großem Stile erheblich förderte, ja teilweise sogar erst ermöglichte.

1. Überblick über die für Unternehmensübernahmen relevanten Finanzinnovationen

Die wichtigsten für Unternehmensübernahmen relevanten Finanzinnovationen der 80er Jahre sind *zero coupon bonds, pay-in-kind bonds, increasing interest rate securities, junk bonds* und *bridge loans*. Unter *zero coupon bonds*[172] versteht man Schuldverschreibungen, die keine laufenden Zinszahlungen beinhalten. Die Verzinsung ermittelt sich aus dem - sehr niedrigen - Ausgabekurs und dem Rückgabewert und wird in einer Summe am Ende der Laufzeit realisiert. *Zero coupon bonds* werden häufig bei *leveraged buyouts* eingesetzt, da sie die Erwerber im kritischen Anfangsstadium von der Last der Zinszahlungen befreien. *Zero coupon bonds* wurden das erste Mal im Jahr 1982 von der Pepsi & Co. Inc. ausgegeben. *Pay-in-kind bonds*[173] sind Schuldverschreibungen, die dem Emittenten über einen gewissen Zeitraum - dieser kann zwischen drei und zehn Jahren liegen - die Wahlmöglichkeit geben, die Zinszahlungen entweder in bar oder durch die Ausgabe weiterer Schuldverschreibungen zu leisten. Werden die Zinszahlungen in bar geleistet, besteht kein Unterschied zu gewöhnlichen Anleihen. Entscheidet sich der Emittent hingegen für die Zinszahlung in Form weiterer *bonds*, erreicht er eine aufschiebende Wirkung, das heißt eine Befreiung von der Zinslast in den

---

[171] Im wesentlichen waren dies Aktien, Anleihen, Wandelschuldverschreibungen sowie Kredite von Banken und Sparkassen. Huemer, Mergers & Acquisitions, S. 83.

[172] Zum Begriff *zero coupon bonds* und den verschiedenen Arten dieser Anleihen s. Downes, John und Jordan Elliot Goodman, Barron's Finance and Investment Handbook, New York, 1990, S. 564-565; Marshall, John F. und Vipul Bansal, Financial Engineering, New York, 1992, S. 424-425; Bettner, Jill, "New Wave of Zero-Coupon Bonds for IRAS Could Sink Investors if Interest Rates Rise", The Wall Street Journal, 22. März 1982, S. 50; o. V., "Zero-Coupon Treasuries Are Here to Stay", International Business Week, 15. Oktober 1984, S. 92-93.

[173] Zum Begriff *pay-in-kind bonds* s. Pogue, Michael, "Financing the MBO: A Complex Issue?", Management Decision, vol. 29, no. 2, 1991, S. 59; Rubin, Steven M., Junk Bonds, London, 1990, S. 41-42; Tufano, Peter, "Financing Acquisitions in the Late 1980s: Sources and Forms of Capital", in: Blair, Margaret M., Hrsg., The Deal Decade, Washington, D.C., 1993, S. 296.

Anfangsjahren. Wie *zero coupon bonds* fanden auch *pay-in-kind bonds* in der Regel bei *leveraged buyouts* oder anderweitig stark fremdkapitallastigen Übernahmen Anwendung. Ab Mitte 1989 wurden sie jedoch nicht mehr verwendet, da die steuerliche Abzugsfähigkeit der mit diesen Schuldverschreibungen zusammenhängenden Zinsen durch den *Revenue Reconciliation Act* stark eingeschränkt wurde[174]. Ebenfalls Anwendung bei *leveraged buyouts* fanden sogenannte *increasing interest rate securities*, das heißt Wertpapiere, bei denen die Zinssätze in den Anfangsjahren auf Null gesetzt oder gering gehalten wurden und anschließend anstiegen[175].

Zero coupon bonds, increasing interest rate securities und *pay-in-kind bonds* waren für die Finanzierung von *leveraged buyouts* in den 80er Jahren von wesentlicher Bedeutung, da aufgrund der in diesem Jahrzehnt gezahlten extrem hohen Aufschläge auf den Aktienkurs sich das Verhältnis von Betriebsergebnis zu Zinsaufwand erheblich verschlechterte. Lag dieses beim *leveraged buyout* von Houdaille Industries im Jahre 1979 noch bei 1,44, betrug es bei dem von Beatrice Cos. im Jahre 1986 nur noch 1,3 und bei dem *leveraged buyout* von RJR Nabisco im Jahr 1988 gar nur noch 1,07[176]. Bisweilen lag das Verhältnis von Gewinn vor Steuern, Zinszahlungen und Abschreibungen zu Gesamtzinsbelastung sogar unter eins[177], was eigentlich bedeutet, daß das Unternehmen nicht in der Lage ist, mit dem erwirtschafteten *cash flow* seinen Zinsverpflichtungen nachzukommen. Durch die Verwendung von *pay-in-kind bonds, increasing interest rate securities* und *zero coupon bonds* wurde jedoch ein Teil des Zinsaufwandes auf spätere Jahre verschoben, und das Unternehmen sollte so in die Lage versetzt werden, in den kritischen Anfangsjahren seinen Zinsverpflichtungen nachkommen und eventuell darüber hinaus noch dringend notwendige Investitionsausgaben tätigen zu können. Für die Rückzahlung von *pay-in-kind bonds, increasing interest rate securities* und *zero coupon bonds* wurden bei den *leveraged buyouts* der 80er Jahre in der Regel die Einnahmen aus Vermögensverkäufen eingeplant, für welche wiederum aufgrund der anfänglichen Zinsbefreiung genügend Zeit zur Verfügung stehen sollte.

Junk bonds, die im Hinblick auf die Übernahmen wohl bekanntesten Finanzierungsinstrumente der 80er Jahre, sind Obligationen von Unternehmen, die ein sehr niedriges *credit rating* aufweisen. In den USA gibt es verschiedene Institutionen - sogenannte *bond rating agencies*, die bekanntesten sind Standard & Poor's und Moody's -, die sich mit der Bewertung von Schuldverschreibungen befassen[178]. Die Bewertung hängt dabei einerseits von der Branche, der allgemeinen Unternehmenssituation und der finanziellen Stärke des emittierenden Unternehmens und andererseits von obligationsspezifischen Kriterien wie etwa der Besicherung ab.

---

[174] Schmedel, Scott P., "Tax Report", The Wall Street Journal, 19. Juli 1989, S. A1; Tufano, "Financing Acquisitions in the Late 1980s: Sources and Forms of Capital", S. 298. Auch hatten sich die in *leveraged buyouts* ausgegebenen *pay-in-kind bonds* für die Investoren teilweise als schlechte Anlage erwiesen. Erst im September 1991 wurden bei der Reorganisation der Fremdkapitalstruktur nach dem *leveraged buyout* von Del Monte wieder *pay-in-kind bonds* emittiert, jedoch ausschließlich an eine Gruppe europäischer Investoren veräußert, da eine Plazierung am amerikanischen Markt nicht möglich war. Anders, George, "Junk-Bond Issuance Soars to Hottest Pace Since '88", The Wall Street Journal, 2. Dezember 1991, S. C19; Norris, Floyd, "Market Place: Del Monte Sells Pay-In-Kind Issue", New York Times, 16. September 1991, S. D6.

[175] Tufano, "Financing Acquisitions in the Late 1980s: Sources and Forms of Capital", S. 296.

[176] Rubin, Junk Bonds, S. VII.

[177] Huemer, Mergers & Acquisitions, S. 158-159.

[178] Zu diesem Bewertungsprozeß und dem Begriff des *credit rating* s. Sobel, Robert, The New Game on Wall Street, New York, 1987, S. 151-152.

Ihr Ergebnis ist das sogenannte *credit rating*, das heißt die Einteilung der Obligationen in verschiedene Risikoklassen, die von *high grade* über *medium grade* zu *speculative* und *default* reichen[179]. Als *junk bonds*[180] werden nun solche Anleihen bezeichnet, deren *credit rating* den unteren beiden Risikogruppen zugeordnet wird. Dieses erhöhte Risiko wird durch einen höheren Zins kompensiert, weswegen *junk bonds* offiziell als *high yield bonds*[181] bezeichnet werden. Die Zinsdifferenz zwischen *investment grade bonds* - die Bezeichnung für Schuldverschreibungen der ersten beiden Risikoklassen - und *junk bonds* hängt neben der Abstufung letztgenannter innerhalb der beiden Risikogruppen von der Branchenzugehörigkeit des emittierenden Unternehmens und insbesondere auch von der konjunkturellen Lage ab[182].

Bridge loans[183] schließlich sind kurzfristige Überbrückungskredite[184] für hohe Summen, die von den Investmentbanken zur Verfügung gestellt werden, um den bei Übernahmen in der Regel schnell notwendigen Kapitalbedarf zu decken. Sie werden durch die Emission von Schuldverschreibungen, in der Regel *junk bonds*, refinanziert. Um Flexibilität zu gewährleisten, aber gleichzeitig den Kreditnehmer zu einer zügigen Refinanzierung anzuregen, sind sie in der Regel revolvierend, jedoch mit Klauseln versehen, die bei verlängerter Inanspruchnahme eine deutliche Erhöhung des Zinssatzes nach sich ziehen[185].

---

[179] Dabei unterscheiden sich die Risikoklassen der beiden Agenturen im wesentlichen nur hinsichtlich ihrer Bezeichnung. Standard & Poor's hat eine Einteilung, die von AAA und AA als *high grade* über A und BBB als *medium grade* zu BB und B als *speculative* und schließlich zu CCC, CC, C und D als *default* geht. Bei Moody's geht die Einteilung von Aaa über Aa, A ebenfalls bis D, mit der gleichen Klassifizierung. Den ersten beiden Klassen werden ausschließlich Obligationen mit guter bis sehr guter Qualität zugeordnet, die nur durch widrige bis extrem schlechte äußere Bedingungen gefährdet sein könnten. Als *speculative* werden solche *bonds* bezeichnet, bei denen nur mäßiger Schutz für Zinszahlung und Tilgung besteht oder bei denen diese bereits bezweifelt werden. Als *default* werden Obligationen klassifiziert, bei denen Ausfallrisiken bereits akut vorhanden sind beziehungsweise Zins- oder Tilgungszahlungen schon ausgesetzt wurden und nur noch geringe Aussichten auf Erholung bestehen. In den meisten Fällen stimmen die Ergebnisse beider Agenturen bezüglich der *ratings* überein. Sobel, The New Game on Wall Street, S. 151-152; Stahl, Markus, '"High-Yield' or 'Junk'? Der US-Markt für hochverzinsliche und risikoreiche Unternehmensanleihen" Bank-Archiv, Jg. 36, Nr. 10, 1988, S. 1068-1069.

[180] Zum Begriff *junk bond* s. Rubin, Junk Bonds, S. 25; Taggart, Robert A., "The Growth of the 'Junk' Bond Market and Its Role in Financing Takeovers", in: Auerbach, Alan J., Hrsg., Mergers and Acquisitions, Chicago, 1988, S. 5; Yago, Junk Bonds, S. 4-5; Marshall; Bansal, Financial Engineering, S. 446.

[181] In deutschsprachigen Publikationen findet sich für *junk bonds* häufig der Begriff Ramschanleihen; bisweilen werden sie auch als Abfallanleihen bezeichnet. Milde, "Übernahmefinanzierung und LBO-Transaktionen", S. 660.

[182] O. V., "Why Junk Bonds Are Suddenly Glittering", International Business Week, 5. September 1983, S. 47.

[183] Zum Begriff *bridge loan* s. Tufano, "Financing Acquisitions in the Late 1980s: Sources and Forms of Capital", S. 292-293; Glazer, Alan S., "Acquisition Bridge Financing by Investment Banks", Business Horizon, vol. 32, no. 5, 1989, S. 50.

[184] Ihre planmäßige Laufzeit beträgt zwischen drei und neun Monaten. Farrell, Christopher, "Investment Banking Takes a New - and Risky - Turn", International Business Week, 15. Juni 1987, S. 45.

[185] Tufano, "Financing Acquisitions in the Late 1980s: Sources and Forms of Capital", S. 292. Dennoch gelang eine solche Refinanzierung nicht immer, so daß Investmentbanken manchmal gezwungen waren, solche kurzfristigen Überbrückungskredite auch längerfristig zu halten.

2. Die Entwicklung von *junk bonds* und *bridge loans* zu besonders übernahmefördernden Innovationen

Die Entwicklung von *junk bonds* als Finanzierungsinstrument hängt eng mit der Person Michael Milkens[186], Mitarbeiter des Investmenthauses Drexel Burnham Lambert, zusammen. Bis in die 70er Jahre hinein existierten *junk bonds* als Finanzierungsmedium nicht. Die wenigen diesen beiden Risikoklassen zugeordneten Schuldverschreibungen - im Jahr 1970 betrug das Volumen an umlaufenden *junk bonds* sieben Milliarden Dollar[187] - waren ausnahmslos sogenannte *fallen angels*, das heißt ehemals als *investment grade* ausgegebene Obligationen von Firmen, die aufgrund verschlechterter Unternehmenssituation in ihrem *credit rating* gefallen waren[188]. Unternehmen, deren *credit rating* sie nicht zur Ausgabe von *investment grade bonds* befähigte, weil es sich beispielsweise um in ihrem *rating* zurückgestufte Firmen oder junge Unternehmen in Wachstumsbranchen handelte, bei denen Branchenkriterien und die allgemeine Unternehmenssituation für eine Bonitätsbeurteilung wenig ergiebig waren, war der Zugang zum Kapitalmarkt verschlossen[189]. Sie waren hinsichtlich der Fremdfinanzierung auf Privatplazierungen, im wesentlichen bei Versicherungsunternehmen, sowie auf kurzfristige revolvierende Bankkredite angewiesen und bei letzteren stark schwankenden, schwer kalku-

---

[186] Michael Milken trat dem Investmenthaus Drexel Firestone - erst im Jahre 1973 entstand Drexel Burnham Lambert durch die Übernahme von Drexel Firestone durch Burnham & Co. - im Jahre 1969 bei. Von Anfang an beschäftigte er sich dort mit *junk bonds*, zunächst nur mit deren Handel, später auch mit ihrer Emission. Die Ausgabe von *junk bonds* als Finanzierungsmedium und ihr Handel wurden bis in die 80er Jahre hinein fast nur von Drexel Burnham Lambert unter Federführung von Michael Milken durchgeführt. Auch nach Eintritt anderer Banken dominierte Milken den Markt für *junk bonds* noch für mehrere Jahre. Im Jahre 1986 wurde gegen ihn ein Verfahren wegen *insider trading*, Wertpapierbetrugs, der Manipulation des Wertpapierhandels und Beihilfe zur Steuerhinterziehung eingeleitet. Ende 1988 schied er deswegen als Mitarbeiter bei Drexel Burnham Lambert aus, bekannte sich im April 1990 in sechs von insgesamt 98 Anklagepunkten für schuldig und wurde im November desselben Jahres zu einer zehnjährigen Haftstrafe verurteilt. Nachdem er in anderen Verfahren von *insider trading* als Belastungszeuge agiert hatte, wurde dieses ursprüngliche Urteil im Sommer des Jahres 1992 auf eine zweijährige Strafe reduziert und Milken im Februar 1993 aus der Haft entlassen. Im September des Jahres 1993 endete schließlich auch die Fülle von Privatklagen von ehemaligen Kunden, Investoren sowie der Federal Deposit Insurance Corp. und der Resolution Trust Corp. gegen Milken mit einem Vergleich, im Rahmen dessen Milken eine Entschädigungszahlung von $900 Millionen leistete. Eine weitere Betätigung im Bereich des Wertpapiergeschäfts ist ihm untersagt. Bianco, Anthony, "Mike Milken's Days In Court Are Far From Being Over", International Business Week, 1. April 1991, S. 32-34; Cohen, Laurie P., "Milken's Stiff 10-Year Sentence Is Filled With Incentives to Cooperate With U. S.", The Wall Street Journal, 23. November 1991, S. A3; Jacobs, Margaret A. und Richard B. Schmitt, "Milken Deal Completed", The Wall Street Journal, 30. September 1993, S. B12; Lambert, Wade, "Milken Wins Early Release From Prison", The Wall Street Journal, 6. August 1992, S. A3 und A4; Moses, Jonathan M. und Amy Stevens, "Milken Is Released to Halfway House In Los Angeles Area", The Wall Street Journal, 5. Januar 1993, S. B6; O'Reilly, Brian, "Mike's Midas Touch", Fortune International, vol. 118, no. 8, 10. Oktober 1988, S. 53-54; Sloan, Allan, "A chat with Michael Milken", Forbes, vol. 140, no. 1, 13. Juli 1987, S. 248-256.

[187] Milde, "Übernahmefinanzierung und LBO-Transaktionen", S. 661.

[188] Die *rating*-Agenturen kontrollieren und evaluieren die Schuldverschreibungen von Unternehmen laufend und passen die *credit ratings* dementsprechend an.

[189] Dies war für die überwiegende Mehrheit der amerikanischen Unternehmen der Fall. Nur etwa vier bis fünf Prozent von ihnen konnten eine Kreditqualität aufweisen, die ihnen Zugang zum Kapitalmarkt verschaffte. Yago, Junk Bonds, S. 4.

lierbaren Zinssätzen ausgesetzt[190]. Frühere Untersuchungen von *junk bonds* hatten zwar ergeben, daß ein über mehrere Jahre gehaltenes Portfolio dieser Obligationen eine das mit ihnen verbundene erhöhte Risiko überkompensierende Rendite aufwies, das heißt, daß die Verzinsung solcher *bonds* über mehrere Jahre betrachtet auch nach Berücksichtigung von Ausfällen über der von anderen Schuldverschreibungen lag, dennoch wurden sie nicht als Finanzierungsinstrumentarium verwendet. Milken setzte diese Analysen bis in die 70er Jahre hinein fort und stellte dabei fest, daß die positive Renditedifferenz zwischen einem Portfolio bestehend aus *junk bonds* und einem aus *investment grade bonds* zusammengesetzten, weiter auseinanderdriftete[191]. Er erkannte das dahinter stehende Potential solcher *bonds* als hochrentierliche Anlage einerseits und als Finanzierungsinstrumentarium für Unternehmen, denen ohne dieses Medium der Zugang zum Kapitalmarkt versagt geblieben war, andererseits. Auch begann er, bei der Bewertung von Schuldverschreibungen und der Fähigkeit der Unternehmen, ihren Zins- und Tilgungsverpflichtungen nachzukommen, im Gegensatz zu den großen *rating agencies* weniger auf statische, substanz- und vergangenheitsorientierte Größen zu achten, sondern mehr Gewicht auf die prognostizierten zukünftigen Erträge zu legen[192]. Durch aggressives Marketing bei potentiellen Käufern, wie Managern von Geldmarktfonds, Pensionsfonds und Versicherungsgesellschaften, gelang es ihm, tatsächlich eine Nachfrage nach *junk bonds* als Anlageform zu schaffen. Anschließend stellte er sie dann Unternehmen ohne *investment grade rating* als alternatives Finanzierungsinstrumentarium zur Verfügung und begann im Jahr 1977 mit der Emission von *junk bonds*, das heißt der Emission von Schuldverschreibungen, die bereits im Zeitpunkt der Ausgabe kein *investment grade rating* aufwiesen[193]. In den folgenden Jahren war es vor allem das Investmenthaus Drexel Burnham Lambert und hier wiederum Michael Milken, der für diese hochverzinslichen Anleihen, die im Gegensatz zu Schuldverschreibungen mit *investment grade rating* nicht an den Kapitalmärkten gehandelt wurden, einen liquiden Markt schaffte[194]. Dadurch konnten sie sich dann sehr schnell durchsetzen und hatten im Jahr 1988 einen Anteil von 25 Prozent des Volumens an Rentenpapieren erreicht[195]. *Junk bonds* waren somit nicht als Finanzierungsinstrument für *takeovers* entwickelt worden, sondern dienten zunächst als Kapitalquelle für Unternehmen in Wachstumsbranchen[196] und des Mittelstandes[197].

---

[190] Rosengren, Eric, "The Case for Junk Bonds", New England Economic Review, Mai-Juni 1990, S. 40.

[191] Kelley; Scott, "Gekko Echo", S. 34.

[192] Sloan, "A chat with Michael Milken", S. 250.

[193] Kelley; Scott, "Gekko Echo", S. 34.

[194] Um diesen zu schaffen und dort eine Monopolstellung zu bilden, ging Milken dazu über, institutionellen Anlegern bei der Investition in von ihm ausgegebene *junk bonds* die Übernahme etwaiger Verluste zu garantieren, um so eine hohe Nachfrage entstehen zu lassen. Saul, Ralf S., "Drexel: Some Lessons for the Future", The Brookings Review, vol. 11, no. 2, 1993, S. 43.

[195] Yago, Junk Bonds, S. 199.

[196] Sie verhalfen beispielsweise mittlerweile zu Unternehmensgiganten gewachsenen Gesellschaften, wie MCI oder CNN, zum Wachstum. Kelley; Scott, "Gekko Echo", S. 34.

[197] Joseph, Frederick H., "High-Yield Bonds Aren't Junk", The Wall Street Journal, 31. Mai 1985, S. 22; Saul, "Drexel: Some Lessons for the Future", S. 45.

| Abbildung 9: | Das Volumen am Markt für "hochverzinsliche Anleihen" |

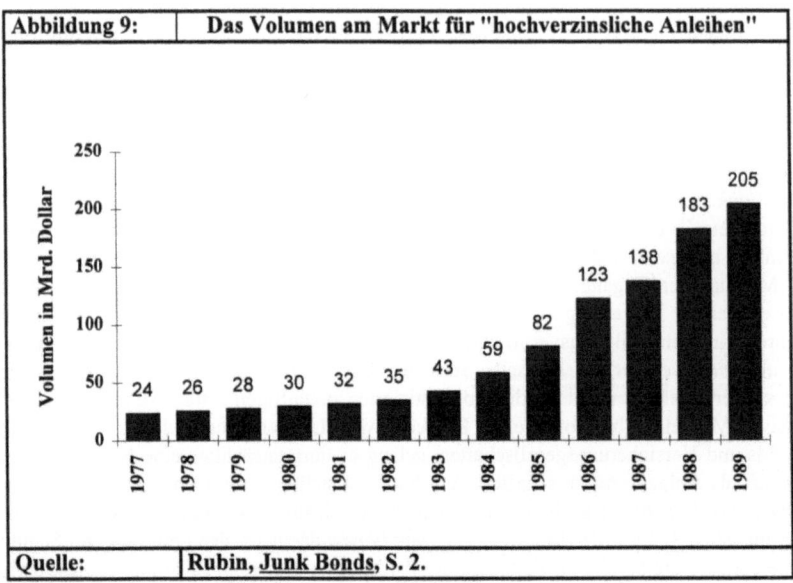

| Quelle: | Rubin, Junk Bonds, S. 2. |

Erst nach ihrer Etablierung für diese Zwecke[198] wurden sie dann auch für Übernahmetransaktionen herangezogen und entwickelten sich ab 1985 für deren Aufschwung zu einem bedeutsamen Faktor[199]. Zum einen erhöhten sie das für Übernahmen zur Verfügung stehende Kapital erheblich und somit auch die Größe potentieller Zielunternehmen, zum anderen ermöglichten sie auch weniger zahlungskräftigen und kreditwürdigen Unternehmen die Teilnahme an der Übernahmeaktivität[200]. Schließlich bekam auch die Palette der Abwehrmaßnahmen eine neue Qualität[201].

---

[198] In den Jahren 1982 und 1983 hatten *junk bonds* bereits einen Anteil von dreizehn Prozent des Rentenmarktes erreicht, der sich in den Folgejahren noch weiter erhöhte. Yago, Junk Bonds, S. 199.

[199] Bis zum Jahr 1985 spielten *junk bonds* bei der Finanzierung von Übernahmen nur eine sehr untergeordnete Rolle. Im Jahr 1984 machten sie nur etwa zwei Prozent der gesamten Übernahmefinanzierung aus. Bei der Finanzierung von *leveraged buyouts* lag ihr Anteil zwar höher, aber auch hier nur knapp über zehn Prozent. Joseph, "High-Yield Bond Aren't Junk", S. 22 und Übersicht 9.

[200] Die Kreditwürdigkeit des Emittenten spielte bei *junk bonds* zum Zwecke einer Unternehmensübernahme keine so große Rolle mehr, da in diesem Falle als Sicherheit in der Regel das Vermögen der Zielgesellschaft beziehungsweise der zukünftige *cash flow* der fusionierten Unternehmen diente. Hertzberg, "Takeover Targets Find Loading Up on Debt Can Fend Off Raiders", S. 1 und S. 27; Saul, "Drexel: Some Lessons for the Future", S. 45.

[201] *Junk bonds* ermöglichten es Unternehmen, die sich einem potentiellen oder tatsächlichem *hostile takeover* gegenüber gestellt sahen, durch die Ausgabe solcher Obligationen die Verschuldung deutlich zu erhöhen und die dadurch gewonnen Mittel zum Rückkauf von Eigenkapitalanteilen zu verwenden. Der gestiegene Verschuldungsgrad nahm einem Erwerber jeglichen Kreditspielraum nach der Übernahme und sollte so potentielle Aufkäufer abschrecken. S. dazu Ausführungen im Kapitel 2, Abschnitt IV.3.B sowie Bianco, Anthony,

Die Bedeutung von *junk bonds* für die Übernahmewelle betraf nicht alle Transaktionsformen gleichermaßen. Vielmehr konzentrierte sich ihre Wirkung im wesentlichen auf zwei Übernahmeformen: *hostile takeovers*[202] und *leveraged buyouts*. Für letztere Transaktionen wurden sie ab dem Jahr 1984 eingesetzt und entwickelten sich dort in den Folgejahren zur vorherrschenden Fremdkapitalquelle und zum dominierenden Element der Mezzanine Finanzierung[203].
Betrachtet man nun die Entwicklung am Markt für *junk bonds*, die von *leveraged buyouts* und den Anteil erstgenannter an der Finanzierung der *buyout*-Transaktionen, dann ergibt sich folgendes Bild. Das Volumen am *junk bond* Markt (siehe Abbildung 9, Seite 150) ist nach anfänglicher Stagnation ab dem Jahr 1983 kräftig angestiegen, mit den höchsten Zuwachsraten in den Jahren 1984 bis 1986 und dann noch einmal im Jahr 1988. Gleichzeitig verschob sich sein Verwendungszweck immer mehr in Richtung Übernahmefinanzierung. Von den im Jahr 1979 ausgegebenen *junk bonds* wurden nur etwa zehn Prozent für Übernahmetransaktionen verwendet, die überwiegende Mehrheit diente der Finanzierung anderer Geschäftszwecke. Im Jahre 1988 hatte sich dieser Trend fast umgekehrt. Mehr als drei Viertel des Wertes der in diesem Jahr neu ausgegebenen *junk bonds* dienten ausschließlich der Finanzierung von Übernahmeaktivitäten, nur knapp zehn Prozent wurden allein für anderweitige Unternehmenszwecke verwendet, der Rest diente gemischtgenutzt sowohl für Übernahmen als auch für andere Zwecke[204].
Die Entwicklung von *leveraged buyouts* verlief ähnlich. Auch hier gab es die größten Steigerungsraten in den Jahren 1984 bis 1986 und dann nach einem Einbruch im Jahr 1987 noch einmal im Jahr 1988[205] (siehe dazu Übersicht 4 im Kapitel 2). Betrachtet man schließlich noch Volumen und Struktur der *going private transactions* (siehe Übersicht 5 im Kapitel 2), das heißt der Transaktionen, die zur Überführung einer börsennotierten Gesellschaft in eine von privater Hand gehaltene Unternehmung führten und somit - da sie in den meisten Fällen als *leveraged buyout* durchgeführt wurden - wertmäßig die größten *leveraged buyout*-Transaktionen darstellten, wird dieses Bild erneut bestätigt. Der Wert dieser Transaktionen steigt ab 1984 stark an. Die höchsten Zuwachsraten wurden in den Jahren 1984 und 1985 und nach einem Rückgang im Jahr 1986 und anschließender Erholung im Jahr 1987 noch einmal im Jahr 1988 erreicht. Auch die Anzahl der Transaktionen mit einem Wert von über $100 Millionen erhöhte sich ab dem Jahr 1984.

"A Takeover Target Trying to be its Own White Knight", International Business Week, 14. April 1986, S. 36-37; Hertzberg, "Takeover Targets Find Loading Up on Debt Can Fend Off Raiders", S. 1 und S. 27.

[202] Im Januar des Jahres 1986 versuchte das *Federal Reserve Board*, durch den Erlaß einer neuen Richtlinie die Verwendung von *junk bonds* in feindlichen Unternehmensübernahmen - und somit diese selbst - einzuschränken. Die Richtlinie, die von Investmentbanken und auch der Reagan Regierung scharf kritisiert wurde, sah vor, bei sogenannten *shell corporations*, das heißt Unternehmen, die einzig und allein zum Zwecke einer Übernahme gegründet wurden, den Anteil der Fremdfinanzierung - und somit auch den der *junk bonds* - auf 50 Prozent zu begrenzen. Aufgrund vieler Ausnahmen und Umgehungsmöglichkeiten war sie in ihrer Wirksamkeit jedoch von Anfang an begrenzt. Langley; Williams, "Fed Board Votes 3-2 to Restrict the Use of 'Junk' Bonds in Corporate Takeovers", S. 2; Taggart, "The Growth of the 'Junk' Bond Market and Its Role in Financing Takeovers", S. 14.

[203] Stein, "What Went Wrong With the LBO Boom", S. A12.

[204] Rosengren, "The Case for Junk Bonds", S. 43.

[205] Von der exorbitanten Steigerungsrate des Jahres 1981 einmal abgesehen, die aber allein darauf zurückzuführen ist, daß *leveraged buyouts* als Übernahmetransaktion im Jahre 1980 so gut wie nicht existent waren.

Übersicht 9:	*Junk bonds* als Finanzierungsmedium für *leveraged buyouts*
Jahr	Prozentualer Anteil von *junk bonds* an der Finanzierung von *leveraged buyouts*
1984	12,2
1985	11,5
1986	18,0
1987	41,3
1988	44,1
1989	26,5
Quelle:	Yago, Junk Bonds, S. 210.

Blickt man nun auf die Finanzierung von *leveraged buyouts* (siehe Übersicht 9), dann erkennt man, daß ab dem Jahr 1984 *junk bonds* immer mehr als Fremdkapitalquelle herangezogen wurden[206]. Von 12,2 Prozent im Jahr 1984 erhöhte sich der Anteil der *junk bonds* bei *leveraged buyouts* auf 44,1 Prozent im Jahr 1988, machte damit praktisch fast die gesamte Mezzanine Finanzierung aus und deckte somit genau den Kapitalbedarf, der in einem *leveraged buyout* bis dahin am schwierigsten zu erhalten war. Es kristalliert sich eine wechselseitige Beziehung zwischen der Entwicklung der *leveraged buyout*-Transaktionen und der am Markt für *junk bonds* heraus. *Junk bonds* bildeten, nachdem ihr Anwendungsgebiet auf die Finanzierung von Unternehmensübernahmen übertragen worden war, die Grundlage für das Wachstum von *leveraged buyouts*, und zwar sowohl im Hinblick auf den Gesamtumfang dieses Geschäftsfeldes als auch in bezug auf die wachsende durchschnittliche Größe der einzelnen Transaktionen. Die dadurch in Gang gebrachte Welle von *leveraged buyouts* führte wiederum zu einem steigenden Emissionsbedarf an *junk bonds* und trug somit ihrerseits zur dynamischen Entwicklung auf diesem Markt in den Jahren 1986 und 1988 bei. Begünstigend wirkte sich aus, daß die Nachfrage nach diesen hochverzinslichen Anleihen in den 80er Jahren ungebrochen hoch war und sich stetig steigerte. Käufer von *junk bonds* waren überwiegend Banken und institutionelle Investoren[207] - vor allem Investmentfonds[208], Versicherungsunternehmen und Pensionsfonds[209] -, und diese unterlagen einem enormen Erfolgsdruck[210]. Sie sahen in der Diversifizierung in *junk bonds* eine Möglichkeit, die Rendite der von ihnen gehaltenen Port-

---

[206] Vor 1984 wurden *junk bonds* für die Finanzierung von *leveraged buyouts* praktisch nicht verwendet.

[207] Evans, Richard und Peter Lee, "Why Junk Is About to Leverage Europe", Euromoney, Dezember 1988, S. 55; Rubin, Junk Bonds, S. 18; Taggart, "The Growth of the 'Junk' Bond Market and Its Role in Financing Takeovers", S. 11; Weiss, Stuart und Christopher Farrell, "Junk Bonds Aren't About to Go Away", International Business Week, 8. Dezember 1986, S. 31.

[208] Manche der Investmentfonds hatten sich dabei ausschließlich auf die Anlage von *high yield securities* spezialisiert.

[209] Ende des Jahres 1988 hielten diese drei Investorengruppen allein 75 Prozent der ausstehenden *junk bonds*. Der Rest verteilte sich auf *savings and loan associations*, Unternehmen, Wertpapierhändler, ausländische Investoren und zu einem geringen Teil auch auf Privatpersonen. Rubin, Junk Bonds, S. 18.

[210] Dieser bestand vor allem aufgrund der vierteljährlichen Publikationspflicht, der diese institutionellen Investoren unterliegen.

folios zu erhöhen. Hinzu kam, daß aufgrund der guten wirtschaftlichen Rahmenbedingungen ab dem Jahr 1983 sich die Wahrscheinlichkeit, daß auch hochverschuldete Unternehmen ihren Zahlungsverpflichtungen würden nachkommen können, erhöhte und das mit *junk bonds* zusammenhängende Risiko vermeintlich zurückging.
Es besteht daneben noch eine weitere Beziehung zwischen *junk bonds* und *leveraged buyouts*. Das hohe Finanzierungspotential, das diese Finanzinnovation mitbrachte, führte auch zu einer Erhöhung der gezahlten Kaufpreise. Bei den *leveraged buyout*-Transaktionen, die *high yield bonds* als Finanzierungsmittel enthielten, fielen die gezahlten Prämien wesentlich höher aus als bei den Transaktionen, in denen auf dieses Fremdfinanzierungsinstrument verzichtet wurde[211]. Das Gleiche gilt für die *leveraged buyouts*, bei denen *pay-in-kind bonds*, *increasing interest rate bonds* und *zero coupon bonds* verwendet wurden[212].

Die zweite Übernahmeform, für die *junk bonds* eine wichtige Rolle spielten, waren *hostile takeovers*. Ab 1983 stellte Drexel Burnham Lambert den Initiatoren feindlicher Übernahmeversuche[213] *junk bonds* als Finanzierungsmedium zur Verfügung[214]. Dabei holte das Investmenthaus zunächst von potentiellen Investoren verbindliche Zusagen ein, sollte der Übernahmeversuch gelingen, einen bestimmten Anteil der neu ausgegebenen *junk bonds* zu erwerben[215]. In der Regel wurde zur organisatorischen Durchführung eine eigene Gesellschaft gegründet, die das Übernahmeangebot abgab und, sollte dieses erfolgreich sein, auch Emittentin der Finanzierungstitel sein würde[216]. Jedoch war bis 1985 keiner der von Drexel unterstützten Angreifer erfolgreich; vielmehr wurden ihre Aktienpakete stets von den Unternehmen zurückgekauft[217].
Junk Bonds waren für *hostile takeovers* in zweierlei Hinsicht von Bedeutung. Zum einen ermöglichten sie es Angreifern, auch große - bis dahin als vor Übernahmen als geschützt geltende - Unternehmen anzugehen, zum anderen führten sie zu einer Beschleunigung des Übernahmeprozesses. Letzteres basierte vor allem auf dem von Michael Milken aufgebauten Netz

---

[211] Stein, "What Went Wrong With the LBO-Boom", S. A12.

[212] Tufano, "Financing Acquisitions in the Late 1980s: Sources and Forms of Capital", S. 302.

[213] Darunter befanden sich die meisten der bekannten *corporate raiders*, wie etwa Carl Icahn, T. Boone Pickens, Saul Steinberg, die Belzberg Familie, Sir James M. Goldsmith und Carl Lindner.

[214] Dabei hatten zwischen den Angreifern und dem Investmenthaus Drexel Burnham Lambert schon vorher vielschichtige Beziehungen bestanden. Erstgenannte waren Investoren bei von Drexel Burnham Lambert ausgegebenen *junk bonds* und auch selbst Emittenten der hochverzinslichen Anleihen - für zunächst von Übernahmen abweichende Ziele - gewesen. Bianco, Anthony, "How Drexel's Wunderkind Bankrolls the Raiders", International Business Week, 4. März 1985, S. 80.

[215] Allein für diese Zusage erhielten die potentiellen Investoren eine sogenannte *commitment fee*, die zwischen 0,375 und einem Prozent der zugesagten Mittel lag. Bleakley, Fred R., "The Power and Perils of Junk Bonds", New York Times, 14. April 1985, Sec. III, S. 8.

[216] Zum organisatorischen Ablauf s. Bianco, "How Drexel's Wunderkind Bankrolls the Raiders", S. 80-81; Taggart, "The Growth of the 'Junk' Bond Market and Its Role in Financing Takeovers", S. 13.

[217] So organisierte Drexel Burnham Lambert beispielsweise Finanzierungszusagen in Höhe von $2 Milliarden für den feindlichen Übernahmeversuch von Mesa Petroleum - hinter dieser Firma stand T. Boone Pickens - für die Firma Gulf Oil sowie in Höhe von $1,2 Milliarden zur Finanzierung des *hostile tender offer* von Saul Steinberg für die Aktien der Walt Disney Productions. In beiden Fällen wurden die Aktien von den Zielgesellschaften zurückgekauft, was Drexel Burnham Lambert den Vorwurf einbrachte, *greenmailer* zu unterstützen. Bianco, "How Drexel's Wunderkind Bankrolls the Raiders", S. 81; Bleakley, "The Power and Perils of Junk Bonds", S. 8.

potentieller Investoren, das es ihm ermöglichte, sehr rasch Finanzierungszusagen auch für extrem hohe Summen zu machen. Als Zwischenfinanzierung bis zur Emission der *junk bonds* - und somit als weiterer Beschleunigungsfaktor - dienten die eingangs bereits erwähnten *bridge loans*, die nicht nur von Drexel Burnham Lambert, sondern auch von anderen Banken zur Verfügung gestellt wurden[218]. Dies versetzte Angreifer in die Lage, innerhalb weniger Tage Beträge in Milliardenhöhe aufbringen zu können.

Junk bonds und *bridge loans* wurden so zu den wichtigsten Finanzierungsinstrumenten der *megadeals* und spektakulären Übernahmekämpfe, die die Übernahmewelle der 80er Jahre entscheidend prägten. Dennoch sollte man ihre Bedeutung hinsichtlich von *hostile takeovers* nicht überschätzen. Einer Untersuchung von Eric Rosengren zufolge, machte der Anteil von *junk bonds* etwa 20 Prozent der Finanzierung feindlicher Übernahmen aus[219]. *Junk bonds* waren somit ein zwar wichtiges, aber nicht vorherrschendes Finanzierungsmedium feindlicher Unternehmensübernahmen.

Der Markt für *junk bonds* wurde bis zum Jahr 1986 weitestgehend vom Investmenthaus Drexel Burnham Lambert beherrscht[220]. Dann jedoch versuchten verstärkt auch andere große Investmentbanken, darin Fuß zu fassen[221]. Grund dafür waren die extrem hohen Zins- und Gebühreneinnahmen, die sich mit der Emission von *junk bonds* und der Vergabe von *bridge loans* erzielen ließen[222]. Es kam zum zunehmenden Wettbewerb zwischen den Investmentbanken um die Beratung und Finanzierung von *takeovers*, insbesondere um die Emission von

---

[218] Drexel hatte Mitte der 80er Jahre eine derartige Vormachtstellung am Mark für *junk bonds* erreicht, daß ein sogenannter *highly confident letter*, ein Schreiben, in dem das Investmenthaus mitteilte, daß es sehr zuversichtlich sei, die geplante Emission der *junk bonds* auch tatsächlich am Markt unterzubringen, ausreichte, um Banken zur Vergabe von *bridge loans* zu bewegen. Saul, "Drexel: Some Lessons for the Future", S. 42.

[219] In der zugrundeliegenden Studie untersuchte Rosengren die Finanzierung von 19 der 47 erfolgreichen feindlichen Übernahmeofferten der Jahre 1985 bis 1987. Ausschlaggebend war dabei das Verhältnis der von den Unternehmen ein Jahr nach der Übernahme umlaufenden *junk bonds* zum ursprünglichen Kaufpreis. Im Übernahmezeitpunkt selbst lag der Anteil der *junk bonds* noch darunter, was aber weitgehend darauf zurückzuführen ist, daß aufgrund des enormen Zeitdrucks zunächst in der Regel eine Finanzierung durch *bridge loans* und erst dann eine Refinanzierung durch *junk bonds* erfolgte. Rosengren, "The Case for Junk Bonds", S. 46-47.

[220] Welles; Farrell, "Now Drexel Burnham is Fighting on Two Fronts", S. 44-48. Grund für diese Vormachtstellung war das große Netz von Investoren - Milken hatte bereits 1984 eine Liste von etwa 400 Anlegern -, welches das Investmenthaus ab 1977 kontinuierlich aufgebaut hatte und das ihm einen Informationsvorteil und die Möglichkeit zur Herstellung eines liquiden Marktes gab. Drexel Burnham Lambert war auch das Investmenthaus, das die An- und Verkaufspreise für *junk bonds* bekanntgab. O. V., "Centennial Journal: 100 Years in Business", The Wall Street Journal, 8. Dezember 1989, S. B1; Saul, "Drexel: Some Lessons for the Future", S. 42.

[221] Noch wenige Jahre zuvor war das Geschäft mit *junk bonds* bei den großen Investmenthäusern verpönt gewesen. Weiss; Farrell, "Junk Bonds Aren't About to Go Away", S. 31. Begünstigt wurde der Versuch anderer Investmentbanken, Fuß am Markt für *junk bonds* zu fassen, dadurch, daß die Securities and Exchange Commission ab Ende 1986 Nachforschungen gegenüber Drexel Burnham Lambert anstellte, da das Investmenthaus verdächtigt wurde, in *insider trading*-Geschäfte verwickelt zu sein. Dies schwächte seine Position. Welles; Farrell, "Now Drexel Burnham is Fighting on Two Fronts", S. 44-45.

[222] Die Gebühren für die Emission von *junk bonds* lagen um das Drei- bis Vierfache über denen, die durch Emission von *investment grade bonds* zu erzielen waren. Rubin, Junk Bonds, S. 28; Winkler, Matthew, "Poor Results in '89 May Slow Profit, Erosion For Junk Bonds", The Wall Street Journal, 2. Januar 1990, S. R26; Weiss; Farrell, "Junk Bonds Aren't About to Go Away", S. 31.

junk bonds, im Rahmen dessen die Banken immer mehr dazu bereit waren, *bridge loans* zu vergeben, um dadurch Einfluß auf das Arrangement der Übernahme selbst und deren Finanzierung, einschließlich der Ausgabe von *junk bonds,* zu bekommen[223].
Einen gewissen, kurzfristigen Einbruch gab es am Markt für *junk bonds* Ende des Jahres 1986. Ursächlich dafür waren der *insider trading* Skandal um den Arbitrageur Ivan Boesky[224] und der Konkurs der LTV Corp.[225]. Allerdings kam es bereits im Januar 1987 zu einer Erholung, der in den nächsten beiden Jahren ein enormes Wachstum folgte. Einen heftigen und dauerhaften Einbruch erlitt der Markt dann im Jahr 1989. Eingeleitet wurde dieser durch Rezessionsängste zu Beginn des Jahres und die Befürchtung, daß *leveraged buyout*-Unternehmen ihren Zins- und Tilgungsverpflichtungen nicht würden nachkommen können[226]. Im April wurde dann eine Studie der Harvard Universität veröffentlicht[227], die die Ausfallrate[228] und somit auch das Risiko von *junk bonds* wesentlich höher einstufte als vorher angenommen[229]. Gleichzeitig zeigte sie, daß die im Laufe der 80er Jahre ausgegebenen *junk*

---

[223] Farrell, "Investment Banking Takes a New - and Risky - Turn", S. 45-46; Hilder, David, "Bridge Loans Now Span Troubled Waters", The Wall Street Journal, 21. September 1989, S. C1; Welles; Farrell, "Now Drexel Burnham is Fighting on Two Fronts", S. 48.

[224] Im Rahmen dieses *insider trading* Verfahrens kam es zu ersten Anschuldigungen von Mitarbeitern des Investmenthauses Drexel Burnham Lambert, die den Ruf der Firma schädigten und für Unsicherheit am gesamten Markt sorgten.

[225] Dieser war für etwa die Hälfte der *junk bonds*, für die im Jahr 1986 keine Zins- und Tilgungsleistungen erbracht wurden, verantwortlich und machte das mit *junk bonds* zusammenhängende Risiko deutlich. Weiss; Farrell, "Junk Bonds Aren't About to Go Away", S. 31-32.

[226] Graebner, Die Auseinandersetzung um Leveraged Buyouts, S. 59-61. Auch die Tatsache, daß diese Rezession zunächst nicht eintraf, führte zu keiner Besserung. Mitchell, Constance, "Junk Bonds Fail to Recover From Recession Scare", The Wall Street Journal, 11. September 1989, S. C1.

[227] Newport, John Paul, "Junk Bonds Face The Big Unknown", Fortune International, vol. 119, no. 11, 22. Mai 1989, S. 96; Winkler, Matthew, "Debate on Junk-Bond Defaults Escalates As Wharton Challenges Harvard Study", The Wall Street Journal, 11. September 1989, S. C17.

[228] Bei der Ermittlung der Ausfallrate werden sämtliche Formen der Leistungsstörung oder des Leistungsverzuges berücksichtigt. Dabei kann es sich um nicht geleistete Zinszahlungen ebenso handeln, wie um die Konkursanmeldung des emittierenden Unternehmens. Der Ausfall eines *junk bond* muß daher nicht immer einen 100prozentigen Verlust für den Investor darstellen - in der Regel ist dies auch nicht der Fall -, sondern es kann sich dabei auch lediglich um den Verlust oder Verzug einer Zinszahlung handeln. Asquith, Paul; Mullins, David W. und Eric D. Wolff, "Original Issue High Yield Bonds: Aging Analyses of Defaults, Exchanges, and Calls", The Journal of Finance, vol. 44, no. 4, 1989, S. 928; Rosengren, "The Case for Junk Bonds", S. 44.

[229] Frühere Studien hatten das Ausfallrisiko immer als das Verhältnis der in einem Jahr verlustig gegangenen *junk bonds* zu dem Gesamtvolumen der in diesem Jahr ausstehenden *junk bonds* gesetzt und somit geringe Ausfallraten von wenigen Prozenten erhalten, die aber zu einem guten Teil darauf zurückzuführen waren, daß das Volumen an ausstehenden *bonds* dank des enormen Wachstums am Markt stark anstieg. Somit stand den mit zunehmenden Alter der Anleihen steigenden Ausfällen ein immer größer werdender Basiswert an ausstehenden Schuldverschreibungen gegenüber. Die neu erstellte Studie ermittelte die Ausfallquote nun als das Verhältnis der *junk bonds* eines Emissionsjahres mit Leistungsstörungen zu dem Gesamtvolumen der in diesem Jahr emittierten *junk bonds* und kam so zu einer kumulierten Ausfallquote der Ende der 70er Jahre ausgegebenen *junk bonds* von über 30 Prozent. Zum Inhalt der Studie, der verwendeten Methode und den Ergebnissen s. Asquith; Mullins; Wolff, "Original Issue High Yield Bonds: Aging Analyses of Defaults, Exchanges, and Calls", S. 923-944. Jedoch beinhaltete die Studie keine Analysen zu den Renditeerwartungen und somit Kompensationsmöglichkeiten für dieses Risiko. Zu kritischen Anmerkungen s. Yago, Junk Bonds, S. 32-33. Eine Studie ähnlichen Inhalts war bereits ein halbes Jahr vorher von Edward L. Altman von

bonds im Emissionszeitpunkt ein zunehmend schlechteres *rating* aufwiesen[230]. Die Studie erhöhte die bereits bestehende Verunsicherung am Markt. Im Juli wurde dann im Kongreß ein Gesetz[231] verabschiedet, das es den in Schwierigkeiten geratenen *savings and loans associations*[232] - deren Anteil am *junk bond* Markt belief sich auf etwa sieben Prozent[233] - verbot, weiterhin in diese Schuldverschreibungen zu investieren. Gleichzeitig wurden sie verpflichtet, ihre Bestände an hochverzinslichen Anleihen innerhalb der nächsten fünf Jahre vollständig abzubauen[234]. Als dann Nachrichten von nach einem *leveraged buyout* oder der anderweitigen massiven Ausgabe von *junk bonds* in Zahlungsschwierigkeiten geratenen Unternehmen diese Ergebnisse zu bestätigen schienen[235] und die Investmentbanken kaum mehr Kaufangebote für mit ihrer Hilfe emittierte oder gehandelte *junk bonds* abgaben und somit dem Markt Liquidität entzogen[236], kam es im September des Jahres 1989 zu einem

---

der New York University erstellt worden. Allerdings wurde diese zunächst nicht veröffentlicht, sondern lediglich auf einer Konferenz Angehörigen der Investmentbanken und Wertpapierfirmen bekanntgegeben, und hatte daher zunächst keine Auswirkungen auf den Markt. Newport, "Junk Bonds Face The Big Unknown", S. 96; Winkler, "Debate on Junk-Bond Defaults Escalates As Wharton Challenges Harvard Study", S. C17. Zum Inhalt dieser Studie s. Altman, Edward I., "Measuring Corporate Bond Mortality and Performance", Journal of Finance, vol. 44, no. 4, 1989, S. 911-921.

[230] Während vor 1983 fast nur *junk bonds* mit einem *rating* von BB oder B emittiert wurden, stieg der Anteil bereits im Zeitpunkt der Ausgabe mit CCC bewerteten *junk bonds* danach stetig an. Insbesondere verschlechterte sich dabei das *rating* der *bonds*, die zur Finanzierung von *takeovers* emittiert wurden. Asquith; Mullins; Wolff, "Original Issue High Yield Bonds: Aging Analyses of Defaults, Exchanges, and Calls", S. 938-939; Rosengren, "The Case for Junk Bonds", S. 43.

[231] Es handelte sich dabei um ein Gesetz zur Sanierung der sich in einer Krise befindlichen *savings and loan associations*. Darunter versteht man Spezialinstitute für die Finanzierung des Wohnungsbaus, ähnlich den deutschen Bausparkassen.

[232] Bisweilen wird das Engagement von *savings and loan associations* in *junk bonds* für die Krise der Branche verantwortlich gemacht. Es ist aber darauf hinzuweisen, daß von den über 3.000 *savings and loan associations* nur fünf Prozent in *junk bonds* investiert hatten. Der größte Teil davon wiederum wurde von zehn Institutionen gehalten und beschränkte sich auch dort auf etwa zehn Prozent des Gesamtvermögens. Nur in sehr wenigen Fällen, wie etwa dem der Columbia Saving and Loan Institution - die Bank hatte bis Mitte 1986 $2,3 Milliarden beziehungsweise 28 Prozent des Gesamtvermögens in *junk bonds* investiert -, war dieses Engagement ein wesentlicher Insolvenzgrund. Als genereller Faktor für die Krise der *savings and loan associations* können sie demzufolge nicht gelten. Kelley, "Gekko Echo", S. 34; Taggart, "The Growth of the 'Junk' Bond Market and Its Role in Financing Takeovers", S. 17-18; Mitchell, Constance, "Junk Bond Market Bracing For Loss of Its S&L Clients", The Wall Street Journal, 27. Juli 1989, S. C1.

[233] Rubin, Junk Bonds, S. 18; Taggart, "The Growth of the 'Junk' Bond Market and Its Role in Financing Takeovers", S. 11.

[234] Mitchell, "Junk Bond Market Bracing For Loss of Its S&L Clients", S. C1 und C21; Thomas, Paulette, "Panel Adopts Step to Limit Thrifts Risky Investments", The Wall Street Journal, 27. Juli 1989, S. A2.

[235] Insbesondere waren dies Nachrichten darüber, daß die hochverschuldete Campeau Corp., welche die Kaufhausketten Federated Department Stores und Allied Stores erworben hatte, den Zinsverpflichtungen auf die von ihr zur Finanzierung der Transaktion ausgegebenen *junk bonds* nicht würde nachkommen können. Die Preise für diese *bonds* fielen massiv und führten darüber hinaus auch zu einem Rückgang bei den Preisen anderer *junk bonds*. Torres, Craig, "Junk Bond Prices Sag on Campeau Troubles", The Wall Street Journal, 14. September 1989, S. C1 und C21; Torres, Craig und Andrew Bary, "Sell-Offs Continue in Junk Bond Market as Panic Hits Issues of Campeau Unites Federated Allied", The Wall Street Journal, 15. September 1989, S. C17; Winkler, Matthew, "Junk Market's Worst - Ever Shakeout Continues With More Price Drops, Issue Liquidity Problems", The Wall Street Journal, 15. September 1989, S. C1 und C19.

[236] Winkler, "Junk Market's Worst - Ever Shakeout Continues With More Price Drops, Issue Liquidity Problems", S. C1.

vorläufigen Tiefpunkt am *junk bond* Markt. Die Preise umlaufender *bonds* fielen stark, es kam zu einem Angebotsüberhang, dem kaum noch Käuferinteresse gegenüber stand. Dieser Einbruch am Markt für *junk bonds* brachte nicht nur für Unternehmen, sondern auch für Investmentbanken Einbußen mit sich. Ausgegebene *bridge loans* konnten nicht mehr refinanziert werden[237], mußten von den Banken weitaus länger als beabsichtigt gehalten werden und banden deren Eigenmittel[238]. Im November schien es dann zunächst so, als sei der Tiefpunkt überschritten. Es kam zu einem leichten Aufschwung, der sich freilich auf die *junk bonds* mit dem besten *rating* und dem aktivsten Handel beschränkte[239]. Als dann jedoch das bei der Emission und dem Handel von *junk bonds* immer noch dominierende Investmenthaus Drexel Burnham Lambert[240] im Februar 1990 Vergleich anmeldete[241], ab März keine Kurse mehr für die von ihm bisher gehandelten 3.000 bis 4.000 *junk bonds* veröffentlichte[242], eine weitere Studie der *Bond Investors Association* die Ergebnisse der Harvard Studie bezüglich der Ausfallraten von *junk bonds* bestätigte[243], die bis dahin als stabil geltenden *bonds* von RJR Nabisco in ihrem *rating* herabgestuft wurden[244] und sich die Ausfälle von Zins- und Tilgungszahlungen und Nachrichten über finanzielle Schwierigkeiten von Unternehmen nach einem *leveraged buyout* häuften, kam es zu Beginn des Jahres 1990 zum endgültigen Zusammenbruch, von dem sich der Markt das ganze Jahr nicht mehr erholte. Es bestand hoher Ver-

---

[237] So hielt zum Beispiel die Investmentbank First Boston im September 1989 noch immer einen Teil eines bereits über ein Jahr vorher an Federated Department Stores vergebenen *bridge loan*. Auch Kunden des Hauses Salomon Brothers konnten vergebene *bridge loans* nicht refinanzieren, und so war die Bank gezwungen, diese Kredite über Jahre hinweg zu halten. Hilder, "Bridge Loans Now Span Troubled Waters", S. C1 und C9; Sandler, Linda, "Salomon, After Investing Millions of Dollars, Has Little to Show From Foray Into LBOs", The Wall Street Journal, 25. Februar 1991, S. C2.

[238] Zwar hatten die Investmentbanken versucht, sich gegen die mit *bridge loans* zusammenhängenden Risiken zu schützen, indem sie bei Verlängerung der Laufzeit eine Zinserhöhung vereinbarten oder einen Teil der vergebenen Kredite an institutionelle Investoren veräußerten, doch boten solche Maßnahmen bestenfalls einen teilweisen Schutz. Ein großer Teil des Risikos blieb den Banken selbst. Hilder, "Bridge Loans Now Span Troubled Waters", S. C9.

[239] Dies waren im wesentlichen die von RJR Nabisco, Kroger Co. und Duracell Inc. ausgegebenen *bonds*. Bei den innerhalb des *junk bond* Marktes niedriger eingestuften Schuldverschreibungen kam es bestenfalls zu einer Stabilisierung. Auch war dieser leichte Aufschwung mehr dadurch bedingt, daß auf dem Markt, an dem es inzwischen kaum mehr Emissionen gab, einige neue, bis dahin nicht aufgetretenen Käufer aktiv wurden. Mitchell, Constance, "Junk's Long Slide Seems Over at Last", The Wall Street Journal, 13. November 1989, S. C1.

[240] Der Marktanteil Drexels war zwar zurückgegangen, belief sich im Jahr 1989 jedoch noch immer auf knapp 40 Prozent, wohingegen keiner der Konkurrenten einen Marktanteil von mehr als auch nur zehn Prozent erreichen konnte. Winkler, "Poor Results In '89 May Show Profit Erosion for Junk Bonds", S. R26.

[241] Dorfman, John P., "If You're Holding Junk, Avoid Impuls to Ditch It, Advisers Say", The Wall Street Journal, 14. Februar 1990, S. C1; Fromson, Brett Duval, "The Last Days of Drexel Burnham Lambert", Fortune International, vol. 121, no. 11, 21. Mai 1990, S. 74.

[242] Auch wenn für manche dieser Anleihen andere Investmenthäuser weiterhin Preisangaben machen wollten, belastete es den Handel doch erheblich. White, James A. und Jonathan Clements, "Drexel Halts All Pricing of Junk Bonds", The Wall Street Journal, 16. März 1990, S. C1 und C19; Siconolfi, Michael, "Debt Load: Junk-Bond Funds Fall In Investor's Esteem As their Values Skid", The Wall Street Journal, 21. März 1990, S. A1.

[243] Winkler, Mathew, "Junk Bond Market Is Seen Showing 38% Default Rate", The Wall Street Journal, 25. Januar 1990, S. C10.

[244] Siconolfi, "Debt Load: Junk-Bond Funds Fall In Investor's Esteem As their Values Skid", S. A1 und A6.

kaufsdruck einerseits[245] und eine bedenklich zurückgehende Nachfrage andererseits. Die Zahl der *bonds*, bei denen die Unternehmen ihren Verpflichtungen nicht mehr nachkamen, stieg auf einen neuen Höchststand[246], und so konnten dann auch im Jahr 1990 kaum mehr neue *junk bonds* emittiert werden[247]. Statt dessen kam es zu einer ganzen Reihe weiterer Ausfälle[248]. Erst im April des Jahres 1991 zeichnete sich eine leichte Besserung ab[249], die dann im Herbst des gleichen Jahres zu einer tatsächlichen Erholung führte[250].

Betrachtet man nun die Übernahmetätigkeit in den Jahren 1989 und 1990, so zeigt sich, daß das Volumen der getätigten Übernahmen im Jahr 1989 bereits leicht zurückging und im Jahr 1990 stark einbrach (siehe Kapitel 2, Abbildung 2). Richtet man das Augenmerk auf die

---

[245] Verkaufsdruck entstand besonders auch durch sogenannte *junk bond funds*, das heißt Investmentfonds, die sich auf die Anlage in risikoreiche, hochverzinsliche Anleihen spezialisiert hatten. Diese Fonds hatten in den 80er Jahren wegen der hohen Renditen viele Investoren angezogen. Als diese aufgrund schlechter Nachrichten und gesunkenen Vertrauens ihre Anteile zurückgaben und Mittel abzogen, waren die Fonds ihrerseits zum Verkauf von *junk bonds* gezwungen. Siconolfi, "Debt Load: Junk-Bond Funds Fall In Investor's Esteem As their Values Skid", S. A1 und A6.

[246] Insgesamt kam es bei *junk bonds* im Wert von $24,8 Milliarden zu Leistungsstörungen beziehungsweise -versäumnissen. Im Vorjahr hatte es nur Ausfälle im Wert von etwa $12 Milliarden gegeben. Mitchell, Constance, "Junk-Bonds Defaults Expected to Multiply", The Wall Street Journal, 2. Januar 1991, S. R6; o. V., "Junk-Bond Defaults Soar", The Wall Street Journal, 9. Januar 1991, S. C17.

[247] Insgesamt konnten im Jahr 1990 nur *junk bonds* im Wert von $1,4 Milliarden ausgegeben werden, verglichen mit noch $25,3 Milliarden im Jahr zuvor und über $30 Milliarden im Jahr 1986. Unternehmen mußten Emissionen von *junk bonds* verschieben oder gänzlich aufgeben, und Firmen mit niedrigem *credit rating* waren zur Deckung ihres Kapitalbedarfs wieder auf Privatplazierungen bei Versicherungsunternehmen angewiesen. Probleme bereitete dies vor allem den Unternehmen, die kurz vorher einen *leveraged buyout* durchgeführt hatten und nun keine Refinanzierungsmöglichkeiten für aufgenommene *bridge loans* sahen. Anders, George, "Junk King's Legacy: Milken Sales Pitch On High-Yield Bonds Is Contradicted by Data", The Wall Street Journal, 20. November 1990, S. A1 und A15; Christie; "West Point-Pepperell Winds Up in Limbo", S. A8; Mitchell, "Junk-Bonds Defaults Expected to Multiply", S. R6. Allerdings nahm die Bedeutung von *fallen angels* ab Ende 1990 wieder zu, da aufgrund der eingetretenen Rezession wieder mehr Unternehmen in ihrem *credit rating* herabgestuft wurden. Anders, George, "Newly Downgraded Join 'Fallen Angels' of Junk", The Wall Street Journal, 22. Juni 1991, S. C1.

[248] Allein im ersten Quartal wurden Zinszahlungen für Schulden in Höhe von $5,7 Milliarden nicht geleistet. Im ersten Quartal des Vorjahres war dies nur bei *junk bonds* im Wert von $1,3 Milliarden der Fall gewesen. Anders, "Junk King's Legacy: Milken Sales Pitch On High-Yield Bonds Is Contradicted by Data", S. A1 und A15; Mitchell, Constance und Anita Raghavan, "Junk Bond Prices Hold Steady Despite Report that Defaults Hit a Record in Latest Period", The Wall Street Journal, 9. April 1991, S. C19.

[249] Anders, George, "RJR Nabisco Leads a Revival of Junk Issues", The Wall Street Journal, 17. April 1991, S. 1 und C21.

[250] Jedoch bezog sich diese Erholung hauptsächlich auf die obere Kategorie der *junk bonds*, insbesondere auf diejenigen, die ein sogenanntes *split rating* aufwiesen, das heißt von einer der beiden großen *rating agencies* noch in die Kategorie *investment grade* eingestuft wurden, von der anderen aber bereits als *non investment grade* klassifiziert wurden. Mitchell, Constance und Anita Raghavan, "Stone Container Corp. Plans Sale of Debt in Sign That the Junk Bond Market Is Slowly Reviving", The Wall Street Journal, 17. September 1991, S. C19. Auch verhielten sich sowohl Investoren als auch Firmen vorsichtiger. Das Verhältnis von prognostiziertem *cash flow* zur Zinslast wurde höher angesetzt - im Jahr 1988 hatte dieses bisweilen unter eins gelegen -, und *pay-in-kind bonds* wurden nicht mehr ausgegeben. Anders, "Junk-Bond Issuance Soars to Hottest Pace Since '88", S. C1 und C19. Lediglich Del Monte gab im September 1991 *pay-in-kind bonds* aus, doch wurden diese nicht am amerikanischen Markt plaziert. Norris, "Market Place: Del Monte Sells Pay-In-Kind Issue", S. D6.

Übernahmeform der *leveraged buyouts* (siehe Kapitel 2, Übersicht 4), dann ergibt sich auch hier ein zunächst gemäßigter, aber doch deutlich sichtbarer Rückgang des Wertes der getätigten Transaktionen im Jahr 1989[251], dem ein ausgesprochen heftiger Einbruch im Jahr 1990 folgte. Ein Blick auf die Zahl der durchgeführten *leveraged buyouts* ergibt dort allerdings einen weitaus geringeren Rückgang. Dies zeigt, daß es vor allem die größeren Transaktionen waren, die nicht mehr getätigt werden konnten. Zum gleichen Ergebnis führt auch eine Analyse der *going private transactions* (Siehe Kapitel 2, Übersicht 5). Diese meist als *leveraged buyout* strukturierten Transaktionen gingen in den Jahren 1989 und 1990 sowohl zahlen- als auch volumenmäßig sehr stark zurück. Dabei gab es im Jahr 1990 nur noch sehr wenige Transaktionen mit einem Wert von mehr als $100 Millionen, und auch der durchschnittlich gezahlte Kaufpreis verringerte sich signifikant. Der wertmäßige Rückgang bei *leveraged buyouts* und insbesondere *going private transactions* - von 1989 auf 1990 betrug er 62 Prozent beziehungsweise 81 Prozent - fiel dabei wesentlich größer aus als bei der Übernahmetätigkeit insgesamt (von 1989 auf 1990 51 Prozent). Auch die Aktivitäten in *hostile tender offers* (Siehe Kapitel 2, Übersicht 3), gingen in den Jahren 1989 und vor allem 1990 sowohl zahlenmäßig als auch anteilsmäßig an der Gesamtzahl der *tender offers* zurück.
Ausschlaggebend für die Abnahme der feindlichen Übernahmeofferten und den äußerst drastischen Rückgang der *leveraged buyouts* und *going private transactions* war der Zusammenbruch des *junk bond* Marktes und damit das Fehlen des für diese Transaktionen so bedeutenden Finanzierungsmediums. Daß sich der Verlust des *junk bond* Marktes als Finanzierungsquelle - im Jahr 1990 gab es faktisch keinen Markt mehr für die Neuemission hochverzinslicher Schuldverschreibungen - auf *leveraged buyouts* und *going private transactions* bei weitem stärker auswirkte als auf die feindlichen Übernahmeaktivitäten, erklärt sich daraus, daß er für erstgenannte - wie oben bereits dargelegt - eine stärkere Bedeutung als für letztgenannte hatte. Wie bereits beim Anstieg der Übernahmewelle und speziell beim Anstieg der sie prägenden Transaktionsformen *leveraged buyouts* und *hostile takeovers,* ergibt sich auch bei ihrem Abschwellen ein enger Zusammenhang zu den in den 80er Jahren entwickelten Finanzinnovationen.

Die bisherigen Ausführungen machen deutlich, daß Finanzinnovationen, hauptsächlich *junk bonds,* für die Entwicklung der Übernahmewelle der 80er Jahre eine zentrale Rolle gespielt haben. Natürlich läßt sich ihr Beitrag nicht genau quantifizieren, wäre dazu doch die hypothetische Frage zu beantworten, wie sich der Markt für Unternehmensübernahmen ohne ihre Existenz entwickelt hätte. Auch kann eingewendet werden, daß es schon vor der Existenz der dargestellten Finanzinnovationen Perioden gehäufter Übernahmeaktivitäten gab. Allerdings ist hierzu anzumerken, daß sich die Übernahmewelle der 80er Jahre deutlich von ihren Vorgängerinnen unterschied[252]. So stieg das Volumen einzelner Übernahmen in ungeahnte Höhen, mit der Folge, daß Größe allein für so gut wie keine Unternehmung mehr Schutz gegen einen Übernahmeversuch bot. Darüber hinaus waren die Transaktionsformen der *leveraged buyouts* und *hostile takeovers* vor den 80er Jahren so gut wie unbekannt. Gerade für diese Transaktionsformen und die großen Übernahmen waren die Finanzinnovationen dieses

---

[251] Rein zahlenmäßig gesehen geht das Transaktionsvolumen auch im Jahr 1989 schon sehr stark zurück, doch es muß berücksichtigt werden, daß im Transaktionswert des Jahres 1988 der *leveraged buyout* von RJR Nabisco mit $24,8 Milliarden enthalten ist.

[252] S. dazu die Ausführungen in Kapitel 2, Abschnitt III.2.

Jahrzehnts von essentieller Bedeutung. Einhergehend mit der zahlenmäßigen Beziehung, die zwischen dem Aufkommen der Finanzinnovationen und der Entwicklung der Übernahmen festzustellen ist, läßt sich somit schlußfolgern, daß die Entwicklung innovativer Finanzierungsinstrumente eine notwendige Voraussetzung für die Ausbreitung von *leveraged buyouts* und *hostile takeovers* und deren Anwendung auch auf große Unternehmen war und den äußerst dynamischen Verlauf der Übernahmewelle somit erst ermöglichte.

V. Entwicklungen an den Kapitalmärkten

Die amerikanischen Kapitalmärkte sowie die Finanzinstitute waren in den 70er und 80er Jahren gravierenden Veränderungen unterworfen. Die Ursachen dafür lassen sich zum einen im regulatorischen Bereich finden, lagen zum anderen aber auch in wirtschaftlichen Faktoren beziehungsweise in einem geänderten Anlegerverhalten begründet. Die Veränderungen im Finanzwesen wiederum begünstigten und forcierten sowohl die Entstehung wie auch die Dynamik der Übernahmewelle der 80er Jahre.

1. Veränderungen im wirtschaftlichen und regulatorischen Umfeld

Das amerikanische Bank- und Finanzwesen unterlag seit den 30er Jahren einer Fülle von Vorschriften[253]. Der gesamte Finanzbereich wurde in verschiedene Segmente unterteilt und einzelnen Institutionen nur die Betätigung innerhalb einzelner Bereiche erlaubt. Den *commercial banks*[254] wurde die Emission und der Handel in Wertpapieren untersagt, ihr Geschäftsgebiet

---

[253] Ursache für dieses Netz von Vorschriften waren der Börsenkrach des Jahres 1929 und der Zusammenbruch vieler Finanzinstitutionen in den folgenden Jahren gewesen. Für den Zusammenbruch an den Börsen und den Einbruch des Finanzsystems wurden diverse Praktiken der Banken während der gesamten 20er Jahre verantwortlich gemacht, die es von nun an zu verhindern galt.

[254] Mit dem *Glass-Steagall Act* des Jahres 1933 wurde in den USA ein Trennbankensystem eingeführt und der Bereich von Kredit- und Einlagengeschäft einerseits und Emissionsgeschäft und Wertpapierhandel andererseits innerhalb eines Institutes verboten. Den *commercial banks*, das heißt den Banken, die Einlagen annehmen und Kredite vergeben, wurde das Emissionsgeschäft untersagt und ihr Handel mit Wertpapieren im Eigengeschäft auf Bundesanleihen und Schuldverschreibungen der einzelnen Bundesstaaten begrenzt. Banken, deren Geschäftsbereich das Emissionsgeschäft und den Wertpapierhandel umfaßte, durften sich nicht mehr im Einlagengeschäft betätigen. Zum Inhalt des *Glass-Steagall Act* und seiner Entstehung s. Pitt, Harvey L. und Julie L. Williams, "The Glass-Steagall Act: Key Issues for the Financial Services Industry", Securities Regulation Law Journal, vol. 11, no. 3, 1983, S. 237-240; Kelly, Edward J., "Legislative History of the Glass-Steagall Act", in: Walter, Ingo, Hrsg., Deregulating Wall Street, New York, 1985, S. 41-54; DeLong, J. Bradford, "What Morgan Wrought", The Wilson Quarterly, vol. 16, no. 4, 1992, S. 21; Kroszner,

war fortan das Kredit-, Einlagen- und Kontokorrentgeschäft, mit gesetzlich festgelegten Zinsobergrenzen sowie einem geographisch eingeschränkten Tätigkeitsbereich. Das Emissionsgeschäft und der Wertpapierhandel blieb den Investmentbanken überlassen, mit festgelegten Gebühren für einzelne Aktivitäten. Diese durften sich wiederum nicht im Einlagen- und Kreditgeschäft betätigen. Darüber hinaus gab es noch eine Vielzahl von Vorschriften, mit denen auch die Bereiche der Sparbanken, *savings and loan associations* und anderer Finanzinstitutionen, wie Pensionsfonds oder Investmentfonds, reguliert wurden.

Die so geschaffene Struktur des Finanzbereichs blieb über die nächsten vier Jahrzehnte weitgehendst unangetastet und begann sich erst in den 70er Jahren erneut zu verändern. Für die Investmentbanken begannen sich erste Wirkungen eines einsetzenden Deregulierungsprozesses im Jahr 1975 zu zeigen. Bis dahin hatte ihnen der Wertpapierhandel aufgrund festgesetzter Gebühren ein gutes und stabiles Einkommen verschafft. Im Mai dieses Jahres wurden die bis dahin fixen Handelskommissionen dann jedoch abgeschafft[255], und institutionellen Investoren wurde die Möglichkeit gegeben, die Gebühren, die sie den Banken für Käufe und Verkäufe von Wertpapieren zahlten, frei zu verhandeln. Kleinkunden konnten ihre Aufträge sogenannten *discount brokers* übergeben, die geringere Gebühren als die etablierten Häuser in Rechnung stellten[256].

Im Jahr 1982 wurde dann von der *Securities and Exchange Commission* die sogenannte *Rule 415* eingeführt. Bis dahin waren amerikanische Unternehmen dazu verpflichtet, jede Neuemission von Aktien oder Schuldverschreibungen bei der *Securities and Exchange Commission* registrieren zu lassen. Die Anträge auf Registrierung wurden von den Unternehmen in Zusammenarbeit mit ihrer Investmentbank durchgeführt, und erst nach Überprüfung und Genehmigung durch die *Securities and Exchange Commission* konnten die Wertpapiere auch tatsächlich emittiert werden[257], wobei die Emission aufgrund des engen zeitlichen Zusammen-

---

Randall S. und Raghuram G. Rajan, "Is the Glass-Steagall Act Justified? A Study of the U.S. Experience with Universal Banking Before 1933", American Economic Review, vol. 84, no. 4, 1994, S. 810-814.

[255] Hoffman, The Dealmakers, S. 29-30; Madrick, Taking America, S. 26. Die Abschaffung der fixen Handelskommissionen kam auf Druck der institutionellen Investoren zustande. Deren Handelsvolumen hatte in den 60er Jahren stark zugenommen. Sie waren daraufhin nicht länger gewillt, festgelegte Mindestgebühren zu bezahlen, und verklagten zunächst die *New York Stock Exchange* auf Aufhebung dieser mit der Begründung, die festen Gebührensätze stellten eine Einschränkung des Handels dar. Der Prozeß ging zwar verloren, doch wurden die institutionellen Anleger in ihren weiteren Bemühungen von der *Antitrust Division* des Justizministeriums unterstützt, und im Jahr 1971 kam es zum Erlaß erster Ausnahmeregelungen durch die *Securities and Exchange Commission*. Diesen folgten in den nächsten Jahren weitere und im Jahr 1975 schließlich die endgültige Aufhebung festgelegter Gebührensätze. Smith, Roy C., Comeback, Boston, 1993, S. 99; Vietor, Richard H. K., "Regulation-Defined Financial Markets: Fragmentation and Integration in Financial Services", in: Hayes, Samuel L., Hrsg., Wall Street and Regulation, Boston, 1987, S. 41-45.

[256] Hoffman, The Dealmakers, S. 29-30.

[257] Grund für die Einführung von *Rule 415* war die Tatsache, daß immer mehr Unternehmen dazu übergingen, *eurobonds* zu emittieren. Dabei versteht man unter *eurobonds* grundsätzlich Anleihen in einer Währung, die nicht der des Plazierungslandes entspricht. In der Regel werden sie über ein internationales Bankenkonsortium emittiert. Auf die USA bezogen bedeutet dies auf Dollar lautende Schuldverschreibungen, die außerhalb der Vereinigten Staaten plaziert werden. *Eurobonds* unterlagen nun nicht der Registrierungspflicht durch die *Securities and Exchange Commission* und stellten somit für die Unternehmen eine wesentlich flexiblere und schneller zugängliche Kapitalquelle dar. Levich, Richard M., "A View from the International Capital Markets", in: Walter, Ingo, Hrsg., Deregulating Wall Street, New York, 1985, S. 260-262. Zu Begriff und Entwicklung von *eurobonds* s. Downes; Goodman, Barron's Finance and Investment Handbook, S. 264; Burns, Arthur F., The Ongoing Revolution in American Banking, Washington, D.C., 1988, S. 19-20.

hangs und der durch die Vorarbeiten bereits bestehenden Verbindung fast selbstverständlich federführend von der Investmentbank durchgeführt wurde, die auch bei der Registrierung mitgewirkt hatte. Die *Rule 415*[258] besagte nun, daß Unternehmen nicht weiterhin jede Neuemission gesondert registrieren lassen mußten, sondern all die Wertpapiere, die sie während der nächsten beiden Geschäftsjahre auszugeben planten, in einem Vorgang registrieren und dann je nach Bedarf an den Kapitalmärkten plazieren konnten[259]. Für die Unternehmen bedeutete dies eine gestiegene Flexibilität einerseits[260] und eine geringere Abhängigkeit von beziehungsweise größere Verhandlungsmacht gegenüber den Investmentbanken andererseits[261].

Die Folgen dieser regulatorischen Veränderungen waren für die Investmenthäuser gravierend. Bis in die 70er Jahre hinein beruhte deren Geschäft auf langfristigen stabilen Kundenbeziehungen, deren Erhalt den Banken aufgrund des regulatorischen Umfeldes ohne größeres eigenes Zutun gesichert war, und geringem Preiswettbewerb untereinander. Ab 1975 änderte sich dies. Die Banken mußten für die Käufe und Verkäufe von Wertpapieren, die sie als *broker* für institutionelle Kunden durchführten, Preiszugeständnisse machen. Dadurch verringerten sich die Gebühreneinnahmen aus diesen Aufträgen, und der gesamte Geschäftsbereich verlor an Bedeutung[262]. Mit Einführung der *Rule 415* verschärfte sich die Situation für die Banken weiter. Investmentbanking als Beziehungsgeschäft mit festem Kundenstamm für jede Bank und nur geringem Wettbewerb untereinander gehörte zunehmend der Vergangenheit an[263]. Neben den institutionellen Investoren, die ab 1975 ihre Handelsgeschäfte von der Bank mit den günstigsten Konditionen ausführen ließen, begannen nun auch die Unternehmen, bei der Emission von Aktien oder Schuldverschreibungen nicht mehr obligatorisch auf die traditionelle Haus-

---

[258] Zum Inhalt s. Auerbach, Joseph und Samuel L. Hayes, "Underwriting Regulation and the Shelf Registration Phenomenon", in: Hayes, Samuel L., Wall Street and Regulation, Boston, 1987, S. 139; Pugel, Thomas A. und Lawrence J. White, "An Analysis of the Competitive Effects of Allowing Commercial Bank Affiliates to Undermine Corporate Securities", in: Walter, Ingo, Hrsg., Deregulating Wall Street, New York, 1985, S. 98.

[259] Die Einführung der *Rule 415* erfolgte zunächst auf Basis einer neunmonatigen Testperiode. Trotz heftiger Kritik durch die Investmentbanken wurde sie anschließend beibehalten, überarbeitet und zum 31. Dezember 1983 permanent erlassen. Freeney, Francis J., "The Saga of Rule 415: Registration for the Shelf", The Corporation Law Review, vol. 9, no. 1, 1986, S. 44-47. Von den Banken wurde hauptsächlich kritisiert, daß ihnen bei der neuen Praxis nicht mehr genügend Zeit bliebe, vorgelegte Unternehmensdaten vorschriftsmäßig zu überprüfen, und somit der Anlegerschutz nicht mehr ausreichend gegeben sei. Zur Kritik s. Ehrbar, A. F., "Upheaval in Investment Banking", Fortune, vol. 106, 23. August 1982, S. 90-93; o. V., "Shelf Offerings Worry Wall Street", International Business Week, 5. März 1984, S. 67.

[260] Der Überprüfungs- und Registrierungsprozeß der *Securities and Exchange Commission* konnte bis zu einem Monat in Anspruch nehmen und hatte es den Unternehmen somit unmöglich gemacht, vorübergehende Zinstiefs zur Ausgabe neuer Obligationen zu verwenden. Auch liefen sie immer Gefahr, daß eine Verschlechterung der Marktbedingungen während der Registrierungszeit sich nachteilig auf die Emission auswirken könnte.

[261] Unternehmen führten die Registrierung oft ohne Hilfe der Investmentbanken durch. Wurde dann die Emission geplant und wurden Angebote mehrerer Investmentbanken eingeholt, so blieben diesen oftmals nur wenige Stunden, um ein Angebot abzugeben. Pugel; White, "An Analysis of the Competitive Effects of Allowing Commercial Bank Affiliates to Undermine Corporate Securities", S. 114.

[262] Vor 1975 hatten die Handelskommissionen etwa die Hälfte der nicht im Zinsgeschäft erzielten Einnahmen ausgemacht. Ende der 80er Jahre war dieser Anteil auf etwa 16 Prozent geschrumpft. Smith, Comeback, S. 99.

[263] Hoffman, The Dealmakers, S. 30-31; Smith, Comeback, S. 102-103.

bank zurückzugreifen, sondern die Bank mit dem günstigsten Angebot zu wählen[264]. Bei den Banken führte dies nun auch im Emissionsgeschäft zu geringeren Einnahmen[265]. Ihre Gewinnspannen verringerten sich, der Wettbewerb unter ihnen nahm zu[266]. Sie waren so gezwungen, größere Risiken auf sich zu nehmen[267], wurden dafür aber schlechter als vorher entschädigt. Darüber hinaus ermöglichten die sich auflösenden Kundenbeziehungen es immer mehr neuen Wertpapierhäusern, in Wettbewerb zu den alteingesessenen Firmen zu treten[268]. Die Investmentbanken sahen sich gezwungen, aus den sich ändernden Bedingungen Konsequenzen zu ziehen. Manche versuchten dies durch die Ausdehnung ihres vorher auf bestimmte Leistungen spezialisierten Angebots auf die gesamte Bandbreite des Investmentbanking. Dadurch erhöhten sich einerseits die Kosten, insbesondere die Personalkosten, andererseits wurde eine Aufstockung der Kapitalbasis unumgänglich[269]. Dies wiederum führte innerhalb der Branche zu einer Konsolidierungsbewegung, und es kam zu einer ganzen Reihe von Fusionen und Übernahmen. Eine weitere Möglichkeit, in dem veränderten Umfeld Bestand zu haben, sahen Banken darin, innovative Produkte und Dienstleistungen anzubieten. Hier wiederum bot sich einmal die Aufnahme von Finanzinnovationen in die Angebotspalette[270], besonders die Emission von und der Handel mit *junk bonds*[271], an und zum anderen der Geschäftsbereich *mergers and acquisitions*[272]. Die Gewinnpotentiale in diesem neuen Marktsegment waren ausgesprochen lukrativ und stellten für die Banken eine Möglichkeit dar, die

---

[264] In der Regel erhielten die Firmen nach der Registrierung von Zeit zu Zeit Angebote von Investmentbanken zur Durchführung der Emission. Auerbach; Hayes, "Underwriting Regulation and the Shelf Registration Phenomenon", S. 139.

[265] Ehrbar, "Upheaval in Investment Banking", S. 90-92.

[266] Madrick, Taking America, S. 26; Smith, Comeback, S. 104-105.

[267] In den USA war es stetige Praxis gewesen, für die Emission von Wertpapieren Konsortien zu bilden, die oftmals aus mehreren Dutzend Banken bestanden. Von diesen übernahm jede einen vorab bestimmten Teil der Ausgabe und verpflichtete sich, diese zu einem festgesetzten Preis weiterzuveräußern. Ab 1982 gingen Investmenthäuser auch dazu über, sogenannte *bought deals* durchzuführen, das heißt, allein oder zusammen mit einigen wenigen anderen Banken die gesamte Ausgabe der Unternehmen abzunehmen und anschließend selbst weiterzuveräußern beziehungsweise nach weiteren Partnern zu suchen. Grund für die Zunahme der *bought deals* war die geringe Zeit, die den Investmentbanken blieb, um auf die Anfrage der Unternehmen ein Angebot zur Emissionsdurchführung abzugeben. Auch hatten sie oftmals keine Gelegenheit, den Markt auf bestehendes Käuferinteresse hin zu prüfen. Das Plazierungsrisiko für die einzelne Bank erhöhte sich bei gleichzeitig sinkenden Einnahmen. Ehrbar, "Upheaval in Investment Banking", S. 90-91; Pugel; White, "An Analysis of the Competitive Effects of Allowing Commercial Bank Affiliates to Undermine Corporate Securities", S. 114.

[268] Madrick, Taking America, S. 26.

[269] Hoffman, The Dealmakers, S. 29-30.

[270] Taggart, "The Growth of the 'Junk' Bond Market and its Role in Financing Takeovers", S. 7.

[271] Diesen Weg ging beispielsweise das Investmenthaus Drexel Burnham Lambert. Nachdem die Bank in den 70er Jahren nur zur zweiten Klasse der New Yorker Investmenthäuser gehörte, erlebte sie ab 1978 einen rasanten Aufstieg, der allein auf die Emission von und den Handel mit *junk bonds* zurückzuführen war. Die Firma hatte als erste der Investmentbanken den Weg in dieses Marktsegment gewählt und konnte ihre darin aufgebaute Vormachtstellung lange Zeit halten. Ballen, Kate, "Drexel Today", Fortune International, vol. 114, no. 5, 11. März 1991, S. 10; Dobrzynski, Judith; Nathans, Leah J.; Meehan, John und Eric Schine, "After Drexel", International Business Week, 26. Februar 1990, S. 21-24; Fromson, Brett Duval, "The Last Days of Drexel Burnham", Fortune International, vol. 121, no. 11, 21. Mai 1990, S. 68-74.

[272] Taggart, "The Growth of the 'Junk' Bond Market and its Role in Financing Takeovers", S. 90-92; Sandler, "Salomon, After Investing Millions of Dollars, Has Little to Show From Foray Into LBOs", S. C2

zurückgehenden Margen in den traditionellen Geschäftsbereichen auszugleichen[273]. Sie verfolgten daher die sich bietenden neuen Geschäftsmöglichkeiten äußerst aggressiv, nahmen neben einer beratenden Tätigkeit und ihren Dienstleistungen beim Arrangement der Finanzierung oft auch eine initiierende Rolle ein[274] und trugen somit nicht unerheblich zur Dynamik der Übernahmewelle bei.

Auch die *commercial banks* bekamen die sich wandelnden Bedingungen zu spüren. Veränderungen im makroökonomischen Umfeld, im wesentlichen die hohen Inflationsraten und die damit einhergehenden hohen und vor allem ab 1979 auch volatilen Zinsen[275], führten bei den Unternehmen zu höheren und schwieriger kalkulierbaren Kapitalbeschaffungskosten. Um diese zu senken, suchten sie nach alternativen Wegen der Mittelbeschaffung. Dazu bot sich ihnen zum einen die Finanzierung durch *eurobonds*[276] an, die sie in der Folgezeit verstärkt emittierten. Zum anderen versuchten sie, die Dienstleistungen der Banken möglichst zu umgehen und Mittel direkt bei den Anlegern oder am Geldmarkt aufzunehmen[277]. Auch kam es zu einem zunehmenden Trend der Verbriefung von Krediten, der sogenannten *securitization*[278], mit dem Ziel, Kredite nach der Aufnahme wie Obligationen handelbar zu machen, um somit den Unternehmen mehr Flexibilität zu geben. Für die *commercial banks* bedeutete dies einen Rückgang des traditionellen Kreditgeschäfts sowie infolge der *securitization* eine Lockerung beziehungsweise Auflösung vorher langfristig bestandener enger Kundenbeziehungen.

Schließlich setzte auch bei den *commercial banks* ab 1978 ein Deregulierungsprozeß ein. Durch den Erlaß verschiedener Gesetze, insbesondere dem *Financial Institution Regulatory and Interest Control Act* von 1978, dem *Depository Institutions Deregulation and Monetary Control Act* von 1980 und dem *Depository Institutions Act* von 1982, wurde es zunehmend auch den *savings and loan associations* und *nonbanks* erlaubt, in Konkurrenz zu den *commercial banks* zu treten. Das Gesetz von 1980[279] genehmigte es den *savings and loan associations* und Sparbanken, sich im Zahlungsverkehr zu betätigen und in beschränktem Umfange Kredite an Unternehmen zu vergeben. Die Befugnis zu letzterem wurde durch den *Depository Institutions Act* noch ausgeweitet[280]. Im Jahr 1986 wurden dann schließlich noch die Höchstsätze für die Verzinsung von Bankeinlagen, die sogenannte *Regulation Q*, aufgehoben[281].

---

[273] Bress, Marcia, "Tough new kid on the block", Forbes, vol. 144, no. 7, 2. Oktober 1989, S. 42 43.

[274] Dazu die Ausführungen in Kapitel 2, Abschnitt III.1.

[275] Die hohe Zinsvolatilität war darauf zurückzuführen, daß das *Federal Reserve Board* ab 1979 der Zinsstabilität weniger und der Inflationsbekämpfung mehr Aufmerksamkeit schenkte. Taggart, "The Growth of the 'Junk' Bond Market and its Role in Financing Takeovers", S. 6.

[276] Zum Begriff *eurobond* s. Ausführungen in Fußnote 257.

[277] Taggart, "The Growth of the 'Junk' Bond Market and its Role in Financing Takeovers", S. 6.

[278] Zum Begriff *securitization* s. Dombret, Andreas A., "Securitization", Zeitschrift für das gesamte Kreditwesen, Jg. 40, Nr. 8, 15. April 1987, S. 326.

[279] Zum Inhalt des Gesetzes s. Burns, The Ongoing Revolution in American Banking, S. 15-16.

[280] Vietor, "Regulation Defined Financial Markets: Fragmentation and Integration in Financial Services", S. 46-47.

[281] Die Aufhebung der *Regulation Q* wurde bereits im *Depository Institutions Deregulation and Monetary Control Act* des Jahres 1980 festgeschrieben. Vietor, "Regulation Defined Financial Markets: Fragmentation and Integration in Financial Services", S. 46-57.

Der einsetzende Verbriefungstrend, die zunehmende Auflösung langfristiger enger Kundenbeziehungen und die Deregulierung konfrontierten die *commercial banks* einerseits mit einem Rückgang des traditionellen Kreditgeschäfts und setzten sie andererseits einem zunehmenden Wettbewerb mit anderen Finanzinstitutionen aus[282]. Für die *commercial banks* bedeutete dies, sich nach neuen Geschäftsbereichen umsehen zu müssen. Wie auch schon die Investmentbanken sahen sie im Bereich der Unternehmensübernahmen ein neues, lukratives Betätigungsfeld[283]. Für die *commercial banks* war dabei vor allem der Bereich der *leveraged buyouts* interessant, und so stellten sie in der Folgezeit einen großen Anteil der *leveraged buyout*-Kredite zur Verfügung[284].

Die Übernahmewelle der 80er Jahre wurde somit auch durch das Verhalten der Banken - sowohl *commercial banks* als auch Investmentbanken - begünstigt und gefördert, wobei letztere die wesentlich aggressivere und antreibendere Rolle spielten. Teilweise wurde ihr Verhalten durch die Deregulierung im Banken- und Finanzbereich und den dadurch entstandenen neuen Wettbewerbsdruck hervorgerufen, teilweise dürfte es aber auch allein dem Profitstreben der Institute und dem sich aus der Übernahmetätigkeit ergebenden lukrativen Gewinnchancen zuzuschreiben sein. Zwar war die Betätigung in diesem Geschäftsbereich, vor allem die Vergabe von *bridge loans* aus eigenen Mitteln, die von den Banken ja als notwendig angesehen wurde, um bei der Finanzierung von und Beratung bei Übernahmen Fuß zu fassen, mit hohem Risiko verbunden, aber die guten wirtschaftlichen Rahmenbedingungen, die fast während des gesamten Jahrzehnts anhielten, ließen das Risiko oftmals gering erscheinen. Erst die sich verschlechternde wirtschaftliche Lage und das Fehlschlagen einiger Transaktionen machten dieses Risiko dann auf eindringliche Weise sichtbar.

2. Geändertes Anlegerverhalten

Gefördert wurde die Übernahmeaktivität aber nicht nur durch die rege Betätigung der Banken in diesem Bereich, sondern auch durch einen Wandel des Anlegerverhaltens der Investoren. Dieser Wandel ging einher mit dem massiven Auftreten der institutionellen Investoren[285] an

---

[282] Miller, Richard B., American Banking in Crisis, Homewood, 1990, S. 66; Staff, Marcia J.; Davidson, Wallace N. und James R. McDonald, "Increases In Bank Merger Activity: Causes and Effects", American Business Law Journal, vol. 24, no. 1, 1986, S. 73.

[283] Bartlett, Sarah, "Another Great Year - For Defaults", International Business Week, 12. Januar 1987, S. 76-77.

[284] Kredite für *leveraged buyouts* stellten bei den Banken in den 80er Jahren den größten Wachstumsbereich dar. Miller, American Banking in Crisis, S. 153.

[285] Darunter fallen im wesentlichen Pensionsfonds, Investmentfonds und Versicherungsunternehmen.

den Börsen und Rentenmärkten, zu dem es ab den 60er Jahren kam[286]. Die größte Anlegergruppe unter den institutionellen Investoren wiederum waren die Pensionsfonds[287].

Die Strukturverschiebung innerhalb der Anleger zugunsten der institutionellen Investoren begünstigte die Entwicklung der Übernahmen in zweierlei Hinsicht. Zum einen unterliegen die meisten Fonds bezüglich ihrer Portfolios einer vierteljährlichen Berichtspflicht. Die hohen Prämien, die bei Übernahmen den Aktionären typischerweise gezahlt wurden, gaben diesen Fondsmanagern immer wieder Gelegenheit, überdurchschnittliche Leistungszuwächse zu erzielen. Zum anderen haben die Pensionsfonds eine rechtliche Verpflichtung, den höchstmöglichen Ertrag für die ihnen überlassenen Aktien zu realisieren. Auf Unternehmensübernahmen bezogen, bedeutete dies, daß sie dort, wo ihnen hohe Prämien für die von ihnen gehaltenen Aktien geboten wurden, so gut wie keine andere Wahl hatten, als das Angebot anzunehmen[288].

Die höchsten Prämien wurden bei feindlichen Übernahmen gezahlt. Diese betrafen oftmals große Unternehmen, das heißt Gesellschaften mit besonders hohem Anteil des Eigenkapitals in den Händen von institutionellen Anlegern. Deswegen wirkte sich das Anlegerverhalten von Fondsmanagern ausgesprochen begünstigend auf die Entwicklung der feindlichen Übernahmeofferten aus[289].

Die Entwicklung an den Kapitalmärkten - sowohl bei den Finanzinstitutionen als auch auf der Anlegerseite - stellte eine weitere, die Übernahmetätigkeit fördernde Rahmenbedingung dar. Die Deregulierung im Bankensektor führte dort zu einer Auflösung des Beziehungsgeschäftes

---

[286] Lag deren Anteil am Eigenkapital amerikanischer Unternehmen in den 60er Jahren unter 20 Prozent, belief er sich Mitte der 80er Jahre auf ein Drittel, bei großen Unternehmen sogar auf etwa die Hälfte. Drucker, Peter, "Taming the Corporate Takeover", The Wall Street Journal, 30. Oktober 1984, S. 30; Nussbaum, Bruce und Judith H. Dobrzynski, "The Battle for Corporate Control", International Business Week, 18. März 1987, S. 72; Vietor, "Regulation Defined Financial Markets: Fragmentation and Integration in Financial Services", S. 61. Auch waren die institutionellen Investoren für den größten Teil des Handelsvolumens an den Börsen verantwortlich. Melloan, George, "The Backlash Against Corporate Raiders", The Wall Street Journal, 12. November 1986, S. 32.

[287] Ihr Anteil am Eigenkapital amerikanischer Unternehmen stieg von sechs Prozent Mitte der 60er Jahre auf 25 Prozent Mitte der 80er Jahre. Insgesamt stieg das Vermögen in Händen von Pensionsfonds von $548 Milliarden im Jahr 1970 auf über $1,5 Billionen Ende der 80er Jahre. Brownstein, Vivian, "Where All the Money Comes From", Fortune International, vol. 119, no. 1, 1. Januar 1989, S. 57; Nussbaum; Dobrzynski, "The Battle for Corporate Control", S. 71. Beigetragen zur zunehmenden Bedeutung der Pensionsfonds hatte der *Employees Retirement Income Security Act* des Jahres 1974. Das Gesetz zwang Unternehmen, die Mittel für Pensionszusagen vollständig in die Fonds einzuzahlen. Die Pensionsfonds wiederum wurden dazu verpflichtet, die Gelder diversifiziert anzulegen, das heißt, nicht nur in die Aktien der eigenen Gesellschaft zu investieren. Smith, Comeback, S. 100.

[288] Lehnen sie beispielsweise in einem feindlichen *tender offer* das Angebot des *raider* ab, weil sie glauben, daß die Unternehmung in Händen des bisherigen Managements besser geführt wird, und schafft es dieses nicht, den Börsenkurs der Gesellschaft in der Folgezeit auch tatsächlich anzuheben, laufen sie Gefahr, von ihren Anlegern für die entgangene Gewinnmöglichkeit haftbar gemacht zu werden. Drucker, "Taming the Corporate Takeover", S. 30.

[289] Hier dürfte auch eine Rolle spielen, daß institutionelle Investoren kaum eine Kontrollfunktion im herkömmlichen Sinne ausüben. Sie sind in den *boards of directors*, den Kontrollgremien amerikanischer Gesellschaften, weit unterrepräsentiert. Zufriedenheit beziehungsweise Unzufriedenheit mit der Unternehmensführung drücken sie daher durch ihr Anlageverhalten aus.

und zu verstärktem Wettbewerb. Um in diesem standhalten zu können und aus Profitstreben, nutzten die Investmentbanken die Chancen, die sich im Geschäftsbereich *mergers and acquisitions* aufgrund der guten wirtschaftlichen Bedingungen und der gelockerten *Antitrust*-Bedingungen ergaben, und drangen vehement in diesen Bereich ein. Sie beließen es dort jedoch nicht nur beim bloßen Anbieten von Beratungs- und Finanzierungsdienstleistungen, sondern suchten aktiv nach potentiellen Zielgesellschaften, um diese von sich aus den Kunden anzubieten, das heißt, sie trugen aktiv zum Dynamisierungsprozeß der Übernahmebewegung bei. Der nötige Kapitalbedarf dazu wurde von den *commercial banks* und den institutionellen Anlegern zur Verfügung gestellt. Letztere begünstigten durch ihr Anlegerverhalten die feindliche Übernahmetätigkeit, erstere die *leveraged buyouts*.

Die Übernahmewelle der 80er Jahre wurde durch eine ganze Reihe von Rahmenbedingungen ermöglicht. Das wirtschaftliche Umfeld der 70er Jahre hatte zu Unterbewertungen amerikanischer Unternehmen geführt und somit eine Grundvoraussetzung für die Attraktivität von Unternehmenskäufen geschaffen. Eine Lockerung der *Antitrust*-Politik, die bereits in den 70er Jahren eingesetzt hatte, aber nach dem Amtsantritt Präsident Reagans durch verschiedenste Maßnahmen deutlich sichtbar wurde, schaffte, einhergehend mit Änderungen des Steuerrechts, in den Unternehmen Anreize, im ab 1983 einsetzenden konjunkturellen Aufschwung Expansionsbestrebungen durch Unternehmenskäufe zu verwirklichen. Finanzinnovationen, insbesondere *junk bonds* und *bridge loans*, und der Zwang der Investmentbanken und *commercial banks*, sich nach neuen Geschäftsfeldern umzusehen, bewirkten, daß diese Übernahmebewegung eine gewisse Eigendynamik entwickelte und sich erst wieder abschwächte, als die genannten Finanzierungsvehikel nicht mehr länger zur Verfügung standen.

4. Kapitel: Effekte von Unternehmensübernahmen

Zu der großen Anzahl von *takeovers* in den 80er Jahren haben viele Faktoren beigetragen. Ebenso vielschichtig sind auch die aus dieser Übernahmewelle resultierenden Auswirkungen. Zu den Gewinnern zählten sicherlich die als *raider* bekannt gewordenen Personen, die durch den Kauf und Verkauf von Unternehmen oder den Erhalt von *greenmail*-Zahlungen hohe Gewinne erzielten. Auch die Investmentbanken, die neu entstehenden LBO-Boutiquen sowie die auf das Übernahmegeschäft spezialisierten Rechtsanwaltskanzleien profitierten von den Gebühreneinnahmen, die in einzelnen Übernahmetransaktionen mehrere Millionen Dollar ausmachten.

Weit weniger eindeutig lassen sich jedoch die Auswirkungen auf andere beteiligte Personengruppen und auf wirtschaftliche Größen evaluieren. So ist umstritten, ob durch die Übernahmewelle die Produktivität und Effizienz in den betroffenen Unternehmen erhöht wurde oder ob es lediglich zu einem Wohlstandstransfer zwischen verschiedenen Interessengruppen, wie etwa den Aktionären, Arbeitnehmern, Kreditgebern und Steuerzahlern, kam. Diesbezüglich gehen die Meinungen von Befürwortern und Kritikern weit auseinander. Nach Meinung von Michael Jensen, Professor für Betriebswirtschaftslehre, insbesondere Unternehmensführung, an der Harvard Business School, der sich vorwiegend mit Organisationsformen von Unternehmen befaßt, sind *takeovers*

"... a unique, powerful, and impersonal mechanism to accomplish the major restructuring and redeployment of assets continually required by changes in technology and consumer preferences"[1].

Zwar könnten kurzfristig negative Effekte entstehen, aber "[...] innovations that increase standards of living in the long run initially produce changes that reduce the welfare of some individuals, at least in the short run"[2], und "[t]he adoption of new technologies following takeovers enhances the overall real standard of living [...]"[3]. *Leveraged buyouts* sind seiner Meinung nach eine hervorragende Innovation, da "[t]he genius of the new organizations is that they eliminate much of the loss created by conflicts between owners and managers, without eliminating the vital functions of risk diversification and liquidity once performed exclusively by the public equity markets"[4]. Kritiker hingegen sahen in der Vielzahl von *takeovers* eine Gefahr für die Finanzmärkte und den Unternehmenssektor. Die hohe Verschuldung, die viele der Transaktionen begleitete, würde zu instabilen Finanzstrukturen in den Unternehmen und Insolvenzgefahren in einer Rezession führen. Außerdem käme es durch die Übernahmewelle zu Spekulationen und einer Überbewertung des kurzfristigen Handels an den Finanzmärkten, und dies wiederum hätte auf jene einen destabilisierenden Effekt[5]. Auch könnte die rege

---

[1] Jensen, Michael, "Takeovers: Folklore and Science", <u>Harvard Business Review</u>, vol. 84, no. 6, 1984, S. 120.
[2] Ibid., S. 114.
[3] Ibid.
[4] Jensen, Michael C., "Eclipse of the Public Corporation", <u>Harvard Business Review</u>, vol. 67, no. 5, 1989, S. 64.
[5] Diesbezüglich äußerte sich beispielsweise Felix G. Rohatyn, Partner der Investmentbank Lazard Frères and Co. Rohatyn, Felix G., "Needed: Restraints on the Takeover Mania", <u>Challenge</u>, vol. 29, no. 2, 1986, S. 31-33.

Übernahmetätigkeit lediglich zu Transferleistungen zwischen verschiedenen Interessengruppen führen[6] und hätte somit keinen gesellschaftlichen Nutzen. Bedenken, daß die Übernahmewelle zu einer Fehlallokation von Ressourcen führen würde, äußerte beispielsweise der ehemalige Finanzminister, Nicholas Brady, in einem *hearing* im Jahr 1989: "... I feel we are headed in the wrong direction when so much of our talent and resources are aimed at financial engineering when the rest of the world is laying the foundation for future growth"[7]. Im folgenden sollen nun die Auswirkungen der Unternehmensübernahmen der 80er Jahre untersucht werden, wobei besonderes Augenmerk auf die Effekte der für diese Dekade kennzeichnenden Transaktionen der *leveraged buyouts* und *hostile takeovers* gelegt wird.

I. Auswirkungen auf Aktionäre

1. Unterschiedliche Erträge für Aktionäre von Ziel- und Übernahmegesellschaft

Für die Aktionäre der beteiligten Unternehmen ergaben sich bei Übernahmen sehr unterschiedliche Effekte, je nachdem, ob sie der Ziel- oder der Übernahmegesellschaft angehörten. Die Aktionäre der Zielgesellschaft profitierten von Übernahmen stets dergestalt, daß ihnen für ihre Anteile Preise geboten wurden, die weit über den jeweiligen Börsenkursen lagen[8], wobei für die Höhe der gezahlten Prämien die jeweilige Übernahmeform ausschlaggebend war. Auch führte die Bekanntgabe von Übernahmeabsichten beziehungsweise einem tatsächlichen *takeover* fast immer zu steigenden Kursen[9] der Aktien der betroffenen Zielgesellschaft[10],

---

[6] Siehe zu diesem Kritikpunkt: Shleifer, Andrei und Lawrence H. Summers, "Breach of Trust in Hostile Takeovers", in: Auerbach, Alan J., Hrsg., Corporate Takeovers: Causes and Consequences, Chicago, 1988, S. 33ff.

[7] United States, Congress, House, Hearings before the Committee on Ways and Means, Tax Policy Aspects of Mergers and Acquisitions, Part I, Washington, D.C., 1989, S. 10.

[8] Lynn E. Browne und Eric S. Rosengren fanden je nach Übernahmeform durchschnittliche Prämien zwischen 30 und 45 Prozent. Browne; Rosengren, "Are Hostile Takeovers Different?", S. 211. Zu weitaus höheren Prämien in Einzelfällen siehe beispielsweise: Meyerson, "Merger Mania and the High Takeover Premium", S. 16.

[9] Zur Ermittlung der Anteile der Kurssteigerungen, die auf die Bekanntgabe der Übernahme zurückzuführen waren, bauten die einzelnen Studien auf Modelle der Portfoliotheorie auf. Mit Hilfe solcher Modelle, zum Beispiel dem *capital asset pricing model*, lassen sich die aufgrund der normalen Marktentwicklung zu erwartenden Kursbewegungen ermitteln. Diese wurden dann mit den innerhalb eines bestimmten Zeitraumes vor und nach Bekanntgabe der Übernahme beziehungsweise Übernahmeerklärung tatsächlich eingetretenen Kursentwicklungen verglichen und die Differenz der Übernahmebekanntgabe zugerechnet.

[10] Bradley, Michael; Desai, Anand und E. Han Kim, "Synergistic Gains From Corporate Acquisitions and their Division Between the Stockholders of Target and Acquiring Firms", Journal of Financial Economics, vol. 21, no. 1, 1988, S. 13.

deren Ausmaß ebenfalls von der Transaktionsform abhängig war[11]. So erzielten die Aktionäre der Zielgesellschaften bei *mergers* und *leveraged buyouts* durchschnittliche Kursgewinne von etwa 20 Prozent[12] und bei *tender offers* von etwa 30 Prozent[13]. In Einzelfällen kam es auch zu weitaus stärkeren Höherbewertungen[14]. Auch kann angenommen werden, daß die in den Studien ermittelten Erträge die von den Aktionären der Zielgesellschaften tatsächlich erzielten Kursgewinne eher zu niedrig einschätzten, da sie sich auf Übernahmepreise im Verhältnis zu den Kursnotierungen am Tag der beziehungsweise wenige Tage vor und nach der Bekanntgabe der Übernahme konzentrierten. In Wirklichkeit aber gelangten Nachrichten über ein bevorstehendes *takeover* auch schon früher an die Öffentlichkeit und schlugen sich in Kurssteigerungen nieder[15]. Die höheren Erträge bei *tender offers* scheinen weniger auf diese Übernahmeform an sich zurückzuführen zu sein, als vielmehr auf die Zahlungsweise und die Tatsa-

---

[11] Die meisten Studien, die Auswirkungen von *takeovers* auf die Aktionäre von Ziel- und Übernahmegesellschaft zum Inhalt haben, befassen sich mit den frühen 80er Jahren oder mit Zeiträumen vor 1980. Da die Studien hinsichtlich ihrer Kernaussagen - hohe Gewinne für die Aktionäre der Zielgesellschaften, geringe Gewinne beziehungsweise leichte Verluste für die von Übernahmegesellschaften - tendenziell gleichbleibend sind und sich im wesentlichen nur durch die Höhe der ermittelten Ergebnisse unterscheiden, wurden Studien, die sich rein auf die Kursbewegungen bezogen, später kaum mehr durchgeführt. Einen Überblick über die Ergebnisse von Untersuchungen, die sich auf Perioden vor 1980 beziehen, gibt: Jensen, Michael C. und Richard S. Ruback, "The Market for Corporate Control: The Scientific Evidence", Journal of Financial Economics, vol. 11, nos. 1-4, 1983, S. 7-22.

[12] Zur Höhe der Kursgewinne bei *mergers* s. Huang, Yen-Sheng und Ralph A. Walkling, "Target Abnormal Returns Associated With Acquisition Announcements", Journal of Financial Economics, vol. 19, no. 2, 1987, S. 344; Bradley; Desai; Kim, "Synergistic Gains From Corporate Acquisitions and their Division Between the Stockholders of Target and Acquiring Firms", S. 11.

[13] Huang; Walkling, "Target Abnormal Returns Associated With Acquisition Announcements", S. 344. Dabei ist die Höhe der Gewinne bei *tender offers* abhängig von der Art des Angebots. So liegen die erzielten Erträge bei Angeboten, die sich nur auf einen Teil der Aktien beziehen, unter den Erträgen bei Angeboten für alle Unternehmensanteile. Bei letzteren macht es keinen Unterschied, ob das Angebot zweigeteilt in Form eines *two-tier tender offer* abgegeben wird oder sich gleichmäßig auf alle Aktien erstreckt. Cook, What the Economics Literature Has to Say About Takeovers, S. 16. Auch die Unterscheidung in *friendly* oder *hostile tender offers* spielte bei der Höhe der Gewinne keine allzu große Rolle, doch wurden von den Aktionären der Zielgesellschaft die höchsten Erträge dort erzielt, wo es zu Bietungswettkämpfen kam, die mit einer Übernahme durch einen *white knight* endeten. Browne; Rosengren, "Are Hostile Takeovers Different?", S. 208.

[14] Meyerson, Adam, "Shareholders Often Say No To Takeovers", The Wall Street Journal, 16. November 1981, S. 26. Bei der Übernahme der Ölgesellschaft Conoco Inc. durch E. J. du Pont de Nemours and Company - dieser Übernahme war ein mehrwöchiger Kampf mit mehreren Angeboten von den Firmen Seagram und Mobil Corp. vorausgegangen - erzielten die Aktionäre von Conoco Inc. Kursgewinne in Höhe von 71 Prozent. Zum Ablauf dieser Übernahme und den erzielten Kurssteigerungen s. Ruback, Richard S., "The Conoco Takeover and Stockholder Returns", Sloan Management Review, vol. 23, no. 2, 1982, S. 13-31.

[15] Zu dieser Kritik s. Jarrell; Brickley; Netter, "The Market for Corporate Control: The Empirical Evidence Since 1980", S. 52. Auch zeigt eine Studie von Mikkelson und Ruback aus dem Jahre 1985, daß dem Kauf von Aktienpaketen von mehr als fünf Prozent - bei Erreichen dieser Größe ist der Erwerber verpflichtet, der *Securities and Exchange Commission* die Höhe seines Anteils und das damit den Anteilserwerb beabsichtigte Ziel bekanntzugeben - bereits Kurssteigerungen folgen. Diese sind dann am größten, wenn der Investor erkennen läßt, daß er eventuell einen Wechsel der Unternehmenskontrolle anstrebt. Mikkelson, Wayne H. und Richard S. Ruback, "An Empirical Analysis of the Interfirm Equity Investment Process", Journal of Financial Economics, vol. 14, no. 4, 1985, S. 532-538. Auch Gerüchte über bevorstehende mögliche Übernahmen führen bereits zu positiven Kursreaktionen. Pound, John und Richard Zeckhauser, "Clearly Heard on the Street: The Effect of Takeover Rumors on Stock Prices", Journal of Business, vol. 63, no. 3, S. 298-302.

che, daß diese Angebote bisweilen feindlicher Natur waren. So herrschte bei *tender offers* Barzahlung vor, wohingegen *mergers* häufig durch einen Aktientausch der Anteile der Zielgesellschaft gegen solche der Übernahmegesellschaft bewerkstelligt wurden. Barzahlungen wiederum führten bei den Aktionären zu realisierten, steuerpflichtigen Kapitalgewinnen, während beim Aktientausch zu versteuernde Gewinne erst bei einer Veräußerung der erhaltenen Anteile erzielt werden. Für die zu leistenden Steuerzahlungen wurde von den Aktionären ein Ausgleich verlangt[16], ein Faktum, das sich bereits bei der Bekanntgabe in den Aktienkursen niederschlug. Weitere Ursache für die höheren Erträge bei *tender offers* waren die bei dieser Übernahmeform häufiger vorkommenden Bietungswettbewerbe zwischen mehreren potentiellen Übernahmegesellschaften, im Rahmen derer die angebotenen Kaufpreise und demzufolge auch die Aktienkurse stiegen.

Generell läßt sich somit feststellen, daß die Aktionäre der Zielgesellschaften bei Übernahmen aufgrund der gezahlten Prämien beziehungsweise der erzielten Kurssteigerungen profitierten. Blickt man hingegen auf die Auswirkungen von *takeovers* auf die Anteilseigner der Übernahmegesellschaften, dann entsteht ein weit weniger positives und auch uneinheitlicheres Bild. Bei einer Durchschnittsbetrachtung ergeben sich für sie nach der Bekanntgabe einer Übernahme oder Übernahmeabsicht leichte Verluste, das heißt, die Börsennotierungen ihrer Anteile gehen zurück[17]. Bei einer differenzierteren Betrachtung zeigt sich aber, daß sie in der Hälfte der Fälle von den Entscheidungen des Managements durch einen steigenden Aktienkurs profitieren, in der anderen Hälfte allerdings eine negative Bewertung des Akquisitionsvorhabens durch den Aktienmarkt hinnehmen müssen und daß diese Verluste dann eben die Gewinne überwiegen. Ob Gewinne oder Verluste erzielt werden, scheint vordergründig im Zusammenhang mit der Übernahmeform zu stehen. *Mergers* gehen für die Aktionäre der Übernahmegesellschaft mit Kursverlusten beziehungsweise nur geringen, statistisch nicht

---

[16] Wansley, Lane Yang, "Abnormal Returns to Acquired Firms by Type of Acquisition and Method of Payment", Financial Management, vol. 12, 1983, S. 123; Huang; Walkling, "Target Abnormal Returns Associated With Acquisition Announcements", S. 332; Plummer, Elizabeth und John R. Robinson, "Capital Market Evidence of Windfalls from the Acquisition of Tax Carryovers", National Tax Journal, vol. 43, no. 4, 1990, S. 482.

[17] Bradley; Desai; Kim, "Synergistic Gains From Corporate Acquisitions and their Division Between the Stockholders of Target and Acquiring Firms", S. 29. Zu Rückgängen in Einzelfällen siehe beispielsweise: Meyerson, "Shareholders Often Say No To Takeovers", S. 26. Eine Studie von Ellen B. Magenheim und Dennis C. Mueller, die einen längeren Betrachtungszeitraum vor und nach der Übernahme zum Inhalt hat, kommt für die Aktionäre der Übernahmegesellschaft zu einem weitaus negativerem Ergebnis. Sie stellen fest, daß die Anteilseigner der Bietungsgesellschaften in dem Zeitraum von zwei Jahren bis vier Monaten vor dem *takeover* hohe positive abnorme Renditen erzielten, ab diesem Zeitpunkt aber bis zur Übernahme bereits leichte Verluste hinnehmen mußten, die sich in den drei folgenden Jahren zunehmend verstärkten. Übernahmen wirken sich nach ihrer Studie demnach stark wohlfahrtsschädigend für die Anteilseigner der Bietungsgesellschaften aus. Magenheim, Ellen B. und Dennis C. Mueller, "Are Acquiring-Firm Shareholders Better Off after an Acquisition", in: Coffee, John C.; Lowenstein, Louis und Susan Rose-Ackerman, Hrsg., Knights, Raiders and Targets, New York, 1988, S. 177. Der gewählte lange Betrachtungszeitraum nach der Übernahme bietet zwar die Möglichkeit, auch solche Informationen und Erkenntnisse in die Untersuchung einzubeziehen, die erst nach der Übernahme bekannt werden, beziehungsweise erst später auftretende Schwierigkeiten und Probleme der Fusion oder Akquisition zu berücksichtigen, doch ist problematisch, da bekannt werdende Informationen und Kursreaktionen mit zunehmendem zeitlichen Abstand zur Transaktion kaum mehr dieser allein zugeordnet werden können, sondern immer auch mit anderen neu auftretenden Ereignissen in Zusammenhang stehen können.

relevanten Gewinnen einher, *tender offers* hingegen mit leichten statistisch relevanten Kurssteigerungen[18]. Dahinterstehender und ausschlaggebender Faktor für die Kursentwicklung der Übernahmegesellschaft dürfte allerdings mehr die Zahlungsmodalität und der damit verbundene Informationsgehalt sein, denn die gewählte Transaktionsform[19]. Übernahmeangebote in Form von Barzahlungen führen zu Kapitalgewinnen, Übernahmeangebote in Form eines Aktientausches hingegen zu Kapitalverlusten. Ursächlich dafür ist, daß das Management der Übernahmegesellschaft dann geneigt sein wird, eigene Anteile als Zahlungsmittel anzubieten, wenn es diese nach dem Stand der eigenen Informationen für überbewertet hält. Ein Barangebot hingegen wird dann abgegeben, wenn die eigenen Aktien als unterbewertet angesehen werden. Dementsprechend führt ein Übernahmeangebot mit Aktientausch zu einem Rückgang der Aktienkurse, während ein Barangebot am Markt als positive Nachricht betrachtet wird und eine Höherbewertung einleitet[20]. Betrachtet man die Auswirkungen auf die Aktionäre der Übernahmegesellschaft über eine längere Periode hinweg, dann zeigt sich, daß deren Erträge im Zeitablauf stetig abnahmen. So führten Akquisitionsentscheidungen der 60er und 70er Jahre für die Anteilseigner der Übernahmegesellschaften noch zu signifikanten positiven Erträgen[21]. Allerdings zeichnete sich bereits in den 70er Jahren ein abnehmender Trend ab[22].
Eine Besonderheit stellen *proxy contests* dar. Während frühere Studien zu dem Ergebnis kamen, daß die Einleitung eines solchen Kontrollwettkampfes mit einer Höherbewertung der Aktienkurse einherging und *proxy contests* somit die Wohlfahrt der Anteilseigner förderten[23], kommt eine Untersuchung von Ikenberry und Lakonishok aus dem Jahre 1993 zu einem ande-

---

[18] Asquith, Paul, "Merger Bids, Uncertainty, And Stockholder Returns", Journal of Financial Economics, vol. 11, nos. 1-4, 1983, S. 61-72.

[19] Neben der Zahlungsform scheint auch die Art des gekauften Unternehmens eine Rolle zu spielen. Sicherman und Pettway stellten in einer Studie, die sich allerdings auf *sell offs*, das heißt den Verkauf von Unternehmensteilen und Tochtergesellschaften, bezog, fest, daß die Aktionäre dort, wo sich die Käufe auf branchenverwandte Vermögensteile bezogen, Kapitalgewinne erzielten, bei Vermögenskäufen, die keinen Bezug zur erwerbenden Unternehmung aufwiesen, jedoch Verluste erlitten. Sicherman, Neil W. und Richard H. Pettway, "Acquisition of Divested Assets and Shareholders' Wealth", The Journal of Finance, vol. 42, no. 5, 1987, S. 1272.

[20] Travlos, Nickolaos G., "Corporate Takeover Bids, Methods of Payment, and Bidding Firms' Stock Returns", The Journal of Finance, vol. 42, no. 4, 1987, S. 944-945 und S. 951-954.

[21] Bradley, Michael, "Interfirm Tender Offers and the Market for Corporate Control", Journal of Business, vol. 53, no. 4, 1980, S. 367; Bradley; Desai; Kim, "Synergistic Gains From Corporate Acquisitions and their Division Between the Stockholders of Target and Acquiring Firms", S. 29; Asquith, Paul; Bruner, Robert F. und David W. Mullins, "The Gains to Bidding Firms from Merger", Journal of Financial Economics, vol. 11, nos. 1-4, 1983, S. 131.

[22] Bradley et. al. finden für die Übernahmegesellschaften der 70er Jahre noch leicht positive Kursbewegungen, andere Autoren hingegen ermitteln bereits negative Reaktionen der Aktienmärkte. Bradley; Desai; Kim, "Synergistic Gains From Corporate Acquisitions and their Division Between the Stockholders of Target and Acquiring Firms", S. 29; Larcker, David, "Managerial Incentives in Mergers and their Effect on Shareholder Wealth", Midland Corporate Finance Journal, vol. 1, 1983, S. 31.

[23] Dodd; Warner, "On Corporate Governance", S. 420; DeAngelo; DeAngelo, "Proxy Contests and the Governance of Publicly Held Corporations", S. 41. Allerdings gehen die Kurse in der Zeit zwischen der Bekanntgabe eines *proxy contest* und dessen endgültiger Entscheidung wieder etwas zurück. Bezüglich der Teilergebnisse, das heißt der Aufteilung in die Fälle, in denen die Angreifer keine, einige, oder die Mehrheit der Sitze im *board of directors* gewinnen, bestehen zwischen den beiden Studien gewisse Unterschiede.

ren und überraschenden Ergebnis[24]. Dort wo es dem amtierenden Management gelingt, seine Position erfolgreich zu verteidigen, ergeben sich in den Jahren danach keine abnormen Kursbewegungen[25]; der Stimmrechtswettkampf bleibt de facto ergebnislos. Dort jedoch, wo die Angreifer einen oder mehrere Direktorensitze gewinnen, kommt es langfristig zu einer deutlichen und negativen abnormen Kursentwicklung[26], vor allem in den ersten beiden Jahren[27]. Die stark voneinander abweichenden Ergebnisse lassen sich auf die unterschiedlichen Betrachtungszeiträume zurückführen. Die früheren Studien betrachteten jeweils nur kurze Zeitperioden vor und nach dem *proxy contest*[28], die von Ikenberry und Lakonishok einen wesentlich längeren Zeitraum[29]. Gewinnen die Angreifer einen oder mehrere Direktorenposten, so führt dies bei den Anlegern zu einer positiven Erwartungshaltung bezüglich eines effizienteren zukünftigen Ressourceneinsatzes. Diese scheint sich anschließend nicht zu erfüllen, und demzufolge sinken die Aktienkurse wieder.

2. Ursachen der unterschiedlichen und abnehmenden Renditen

Für diese Entwicklung abnehmender Erträge bei den Aktionären der Übernahmegesellschaft einerseits, die Zunahme der Erträge bei den Anteilseignern der Zielgesellschaft andererseits und die sich somit immer weiter auseinanderdivergierende Ertragssituation sind mehrere Faktoren verantwortlich. Nicht unerheblich wirkte sich die Regulierung von *tender offers* durch den *Williams Act* des Jahres 1968 aus[30]. Das Gesetz reglementierte den Prozeß eines *tender*

---

[24] Ikenberry, David und Josef Lakonishok, "Corporate Governance through the Proxy Contest: Evidence and Implications", Journal of Business, vol. 63, no. 3, 1993, S. 417-421.

[25] Dies bedeutet, daß es zu keinen Kursbewegungen kommt, die nicht auf allgemeine Marktbewegungen zurückgeführt werden könnten.

[26] Die Aktienkurse sinken dort stärker, als es sich durch die allgemeine Marktentwicklung rechtfertigen ließe.

[27] Ikenberry und Lakonishok fanden für den Fall, daß die Angreifer einen oder mehrere Direktorensitze erlangten, kumulierte abnorme Kursverluste von annähernd 30 Prozent. Erlangten die Angreifer eine Mehrheit im *board of directors*, stiegen diese abnormen Kursverluste sogar auf über 40 Prozent. Ikenberry; Lakonishok, "Corporate Governance through the Proxy Contest: Evidence and Implications", S. 420-421.

[28] DeAngelo und DeAngelo betrachteten drei verschiedene, aber jeweils recht kurze Zeiträume. Sie untersuchten Kursbewegungen am Tag vor und nach Einleitung des *proxy contest*, am Tag vor und nach Bekanntgabe von dessen Ausgang und als längsten Zeitraum 40 Tage vor Einleitung bis hin zur Bekanntgabe des Ergebnisses. Dodd und Warner untersuchten die Zeiträume von 60 Tagen vor der Bekanntgabe eines *proxy contest* bis zum Tag der Ankündigung, zwischen Bekanntgabe und endgültiger Abstimmung und die 20 Tage nach der Abstimmung.

[29] Ikenberry und Lakonishok untersuchten Kursbewegungen von fünf Jahren vor und nach dem *proxy contest*. Ikenberry; Lakonishok, "Corporate Governance through the Proxy Contest: Evidence and Implications", S. 406-407. Die Wahl eines solch langen Untersuchungszeitraumes ist jedoch nicht unproblematisch, da sich Kursbewegungen mit zunehmender zeitlicher Entfernung nicht mehr eindeutig dem Ergebnis des *proxy contest* zuordnen lassen, sondern auch auf andere Einflußfaktoren zurückzuführen sein könnten.

[30] Die durchschnittlichen abnormen Kursgewinne für Zielgesellschaften von *tender offers* stiegen nach Erlaß des *Williams Act* stark an. Einer Studie von Smiley zufolge stiegen diese Kursgewinne durch das Gesetz um 13 Prozent. Gregg Jarrell und Michael Bradley finden für die Aktionäre von Zielgesellschaften nach Erlaß

offer durch umfangreiche Veröffentlichungsvorschriften und Fristsetzungen[31]. Gleichzeitig wurde den Aktionären der Zielgesellschaft durch das Gesetz das Recht eingeräumt, einmal übergebene Aktien innerhalb bestimmter Fristen zurückzufordern. Diese Vorschriften ermöglichten es anderen Interessenten, nach Abgabe eines *tender offer* gleichfalls ein Angebot abzugeben. Die Zielgesellschaft wiederum wurde in die Lage versetzt, die miteinander konkurrierenden Angebote zu vergleichen oder selbst nach einem ihr genehmen Käufer, einem sogenannten *white knight*, zu suchen. Einem *tender offer* folgte daher ab 1968 immer häufiger eine offene Auktion um die Aktien der Zielgesellschaft, und in den 80er Jahren kam es zunehmend zu Bietungswettbewerben zwischen mehreren Übernahmeinteressenten um die Aktien einer Zielgesellschaft[32]. Die Zunahme des Wettbewerbs wiederum zwang die bietenden Firmen, ihre Angebote bis zu dem von ihnen ermittelten Maximalpreis zu erhöhen. Dadurch stieg auch die Wahrscheinlichkeit von Überschätzungen, die wiederum zu Kapitalverlusten bei den Aktionären der Übernahmegesellschaft führten[33]. Bei solchen sogenannten *multiple bidder contests* wurden die gebotenen Kaufpreise stets mehrfach angehoben[34] und in der Regel höhere Prämien gezahlt als bei *takeovers* mit nur einer Übernahmegesellschaft. Gefördert wurden Bietungswettbewerbe und höhere Prämien auch durch die Vielzahl neu entstehender Abwehrmaßnahmen[35], die Übernahmen erschwerten, verzögerten und verteuerten. Neben der Zahl der Bietungsunternehmen spielte schließlich auch die Zusammensetzung der Anteilseigner bei der Zielgesellschaft für die Prämienentwicklung eine Rolle. Eine Untersuchung von Rene M. Stulz, Ralph A. Walkling und Moon H. Song zeigt, daß die Größe der Renditeunterschiede zwischen Ziel- und Übernahmegesellschaft bei *multiple bidder contests* in engem Zusammenhang zur Eigentümerstruktur der Zielgesellschaft steht. Mit steigendem Anteil

---

des *Williams Act* fast doppelt so große abnorme Höherbewertungen ihrer Anteile als zuvor, für die Aktionäre der Übernahmegesellschaften jedoch einen deutlichen Rückgang der abnormen Kursgewinne. Letzteres wird auch durch eine Untersuchung von Paul Asquith, Robert F. Bruner und David W. Mullins bestätigt. Smiley, Robert, "Tender Offers, Transaction Costs and the Theory of the Firm", The Review of Economics and Statistics, vol. 58, no. 1, 1976, S. 22ff; Jarrell; Bradley, "The Economic Effects of Federal and State Regulations of Cash Tender Offers", S. 388-390; Asquith; Bruner; Mullins, "The Gains to Bidding Firms From Merger", S. 134.

[31] Zum Inhalt des *Williams Act* s. Ausführungen in Kapitel 1, Abschnitt III.1.A.b und die dort genannten Quellen.

[32] Während in den Jahren zwischen 1963 und 1968 nur in etwa 18 Prozent der Fälle einem abgegebenen *tender offer* weitere Angebote folgten, war dies in den Jahren 1968 bis 1980 bereits 30 Prozent der Fall. In den Jahren 1981 bis 1984 wurden in 46 Prozent der *tender offers* weitere Angebote abgegeben. Bradley; Desai; Kim, "Synergistic Gains From Corporate Acquisitions and their Division Between the Stockholders of Target and Acquiring Firms", S. 29.

[33] Ibid., S. 29. Die Autoren stellten in ihrer Untersuchung fest, daß die Kapitalverluste der Aktien von *white knights* deutlich höher ausfielen als die solcher Bietungsgesellschaften, die als erstes ein Kaufangebot für die Anteile der Zielgesellschaften abgaben und damit erfolgreich waren, daß also die abnehmenden Renditen der Aktionäre der akquirierenden Unternehmen mit dem Auftauchen von Bietungswettbewerben und *white knights* in Verbindung standen.

[34] Im Übernahmekampf um die Ölgesellschaft Conoco Inc. erhöhte die letztendlich erfolgreiche Bietungsgesellschaft E. J. du Pont de Nemours and Company ihr Angebot von anfänglich $ 87,50 für 40 Prozent der Aktien und einem Aktientausch im Verhältnis von 1,6 eigene Aktien für jeden Anteil an Conoco Inc. für den Rest der Anteile schrittweise auf $ 98 für 45 Prozent der Aktien und einem Aktientausch im Verhältnis von 1,7 zu eins für die verbleibenden 55 Prozent. Ruback, "The Conoco Takeover and Stockholder Returns", S. 25-28.

[35] Zu den verschiedenen Abwehrmaßnahmen und ihren Wirkungen s. Kapitel 2, Abschnitt IV.

institutioneller Investoren sinken die Kursgewinne der Aktionäre des Zielunternehmens, mit zunehmendem Eigenkapitalanteil des Managements steigen sie[36]. Institutionelle Investoren sind in der Regel niedrigeren Steuersätzen für Kapitalgewinne unterworfen und geben sich deswegen mit niedrigeren Prämien zufrieden[37]. Das Management hingegen sieht sich nach der Übernahme häufig mit dem Verlust seiner bisherigen Position konfrontiert und ist daher nur dann geneigt, seine Aktien zu übergeben, wenn die Übernahmeprämie hoch genug ist, um auch eine Kompensation für den Arbeitsplatzverlust zu umfassen. Da seine Anteile meist freilich nicht ausreichen, eine Übernahme mit Sicherheit blockieren zu können, läuft es bei einer abwehrenden Haltung Gefahr, nicht in den Genuß der Übernahmeprämie zu kommen und die Stellung dennoch zu verlieren. Je höher die Anteile der Führungskräfte am Eigenkapital der Unternehmung sind, desto größer sind ihre Chancen, sich einer Übernahme wirksam zu widersetzen. Ihre so gestiegene Verhandlungsmacht versetzt sie in eine Position, aus der heraus sie für ihre Zustimmung eine Anhebung des Übernahmepreises und damit der gezahlten Prämie einfordern können[38].

Eine weitere Erklärung für die im Durchschnitt negativen Kursbewegungen und bestenfalls geringen Kapitalgewinne seitens der Anteilseigner der Übernahmegesellschaft könnte darin liegen, daß bei diesen die Reaktion des Aktienmarktes nicht bei der einzelnen Übernahmeentscheidung erfolgt, sondern bereits dann, wenn die grundsätzliche Entscheidung des Unternehmens für ein zukünftiges Akquisitionsprogramm am Markt bekannt wird. Im Zeitpunkt des einzelnen Übernahmeangebots schlagen sich dann nur noch solche Informationen in den Kursen nieder, die speziell mit diesem Angebot zusammenhängen und bei Bekanntgabe der Akquisitionsstrategie noch nicht bekannt waren[39]. Eine Studie von Katherine Schipper und Rex Thompson, die sich auf Firmen bezog, die explizit Akquisitionsstrategien bekanntgaben, zeigt, daß diese Ankündigungen mit positiven Kursbewegungen einhergingen[40]. Allerdings kündigen Unternehmen ihre Akquisitionsstrategien normalerweise nicht ausdrücklich an. Vielmehr werden diesbezügliche Informationen in der Regel erst dann am Markt bekannt, wenn Gesellschaften wiederholt Übernahmen tätigen. Studien, die sich mit den Kursbewegungen von solchen Übernahmegesellschaften beschäftigten, die nacheinander mehrere Unternehmenskäufe durchführten, konnten bei den einzelnen Transaktionen bezüglich der Auswirkungen auf die Aktienkurse keine signifikanten Unterschiede finden, das heißt oben genannten Erklärungsansatz nicht weiter bestätigen[41]. Die Ergebnisse von Schipper und Thompson

---

[36] Stulz, Rene M.; Walkling, Ralph A. und Moon H. Song, "The Distribution of Target Ownership and the Division of Gains in Successful Takeovers", The Journal of Finance, vol. 45, no. 3, 1990, S. 828-829.

[37] Ibid. S. 821.

[38] Ibid, S. 820-821.

[39] Diese These wird von Katherine Schipper und Rex Thompson vertreten, die dazu die Auswirkungen von Akquisitionsstrategien von Firmen in den späten 50er und 60er Jahren auf die Aktienkurse untersuchten. Schipper, Katherine und Rex Thompson, "Evidence on the Capitalized Value of Merger Activity for Acquiring Firms", Journal of Financial Economics, vol. 11, nos. 1-4, 1983, S. 85ff.

[40] Ibid., S. 98-100. Allerdings konnten sie für einen Teil der Übernahmegesellschaften keinen eindeutigen Bekanntgabezeitpunkt feststellen, waren also auf die Untersuchung größerer Zeiträume festgelegt und unterlagen in ihrer Analyse deswegen einem Zurechnungsproblem der Kursbewegungen zu den Akquisitionsentscheidungen. Zur Kritik an der Untersuchung von Schipper und Thompson s. Jensen; Ruback, "The Market for Corporate Control: The Scientific Evidence", S. 19.

[41] Paul Asquith, Robert F. Bruner und David W. Mullins untersuchten die Auswirkungen auf Übernahmegesellschaften, die mehrere Akquisitionen in Folge getätigt hatten. Um die These von Schipper und

können also die großen Gewinnunterschiede zwischen Aktionären von Ziel- und Übernahmegesellschaften nicht schlüssig belegen. Sie können bestenfalls einen kleinen, jedoch nicht signifikanten Teil der Renditedifferenz erklären.

3. Fairneß gegenüber den Altaktionären bei *leveraged buyouts*

Leveraged buyouts bringen in bezug auf die Altaktionäre eine besondere Problematik mit sich, denn bei diesen Transaktionen stehen sich, im Gegensatz zu anderen Übernahmeformen, am Verhandlungstisch keine unterschiedlichen Parteien gegenüber. Vielmehr agiert das Management auf Verkäufer- und Käuferseite gleichermaßen: Es kommt zum Gewissenskonflikt[42]. Als Veräußerer und Vertreter der Aktionäre ist es verpflichtet, deren Interessen zu wahren und einen möglichst hohen Übernahmepreis zu erzielen. Als Käufer hingegen möchte es das Unternehmen so günstig wie möglich erwerben. Hinzu kommt eine asymmetrische Informationsverteilung zwischen Aktionären und Unternehmensführung zugunsten letzterer. *Leveraged buyouts* ist somit die Gefahr einer unfairen Behandlung der Alteigentümer inhärent, und zwar besonders auch dadurch, daß das amtierende Management durchaus die Möglichkeit hat, Informationen einzubehalten und das finanzielle Ergebnis des Unternehmens durch die Wahl vorsichtiger Rechnungslegungsmethoden so gering wie möglich und den Börsenkurs damit ebenfalls niedrig zu halten[43]. Auch gab es immer wieder Fälle, in denen das ursprüngliche Kaufangebot des Managements weit unter dem letztendlich erzielten Übernahmepreis lag und somit den Eindruck mangelnder Fairneß erweckte[44]. Hinzu kamen extrem

---

Thompson bestätigen zu können, müßten die ersten Übernahmen im Rahmen eines Akquisitionsprogrammes mit höheren Kursreaktionen verbunden sein als später folgende, da am Anfang eines solchen Programms die Unsicherheit bezüglich Umfang, zeitlichem Ablauf und Erfolg am größten ist und mit zunehmenden Verlauf abnehmen sollte. Ihre empirische Untersuchung ergab jedoch, daß die Kursbewegungen der Übernahmegesellschaft bei aufeinanderfolgenden Transaktionen etwa gleich groß ausfielen. Diese Ergebnisse wurden durch eine weitere Studie von Paul H. Malatesta und Rex Thompson bestätigt. Asquith; Bruner; Mullins, "The Gains to Bidding Firms from Merger", S. 127-131; Malatesta, Paul H. und Rex Thompson, "Partially Anticipated Events", Journal of Financial Economics, vol. 14, no. 2, 1985, S. 249-250.

[42] DeAngelo; DeAngelo, "Management Buyouts of Publicly Traded Corporations", S. 47.

[43] So kann das amtierende Management beispielsweise Dividendenkürzungen durchführen oder mit Dividendenzahlungen hinter den Erwartungen des Marktes zurückbleiben. Führungskräfte können Wertpapieranalytikern gegenüber Informationen zurückhalten beziehungsweise sich weigern, diesen Gesprächstermine zu geben. Die dadurch entstehende Unsicherheit bei den Wertpapieranalytikern kann dazu führen, daß diese die Aktien der Unternehmung vorsichtig bewerten. Vermögen und Bestände können durch die Wahl konservativer Bewertungsmethoden niedrig angesetzt werden. Selbst wenn man annimmt, daß Börsen in ihrer effizientesten Form funktionieren und diese Aktivitäten an den Märkten vollständig durchschaut werden, kommt es zu einer niedrigeren Bewertung der Aktien der betreffenden Unternehmung, solange es von einem Management geführt wird, dessen Interesse offensichtlich nicht die Maximierung des Börsenwertes ist. Lowenstein, Louis, "Management Buyouts", Columbia Law Review, vol. 85, no. 4, 1985, S. 740.

[44] So hatte zum Beispiel im Falle des Nahrungsmittelherstellers Stokely Van Camp Inc. eine Investorengruppe unter der Führung des Vorsitzenden des *board of directors*, William B. Stokely, und der Beteiligung weiterer Mitglieder des Managements für die Aktien zunächst $ 50 und nach einer Aktionärsklage, die das Angebot als zu niedrig und ungenügend ablehnte, $ 55 geboten. Nach einer Kaufofferte durch den Nahrungsmittel-

hohe Renditen, die von den Eigenkapitalinvestoren nach einem *leveraged buyout* erzielt wurden und die im Verhältnis zu den den Aktionären gezahlten Prämien unverhältnismäßig hoch erschienen. Allerdings stehen einem solchen Verhalten durch die Führungskräfte verschiedene Schutzmechanismen gegenüber. Die *Securities and Exchange Commission* hat im Jahr 1979 die sogenannte *rule* 13e-3 erlassen, die sicherstellen soll, daß das Management seine treuhänderische Pflicht gegenüber den Aktionären sorgfältig wahrnimmt und Informationsvorteile nicht pflichtverletzend nutzt[45]. So muß das Übernahmeangebot beispielsweise von einem außenstehenden Dritten hinsichtlich seiner Fairneß begutachtet werden[46]. Ferner muß eingewendet werden, daß das Management bei einem zu niedrigen Angebot stets Gefahr lief, außenstehende Interessenten auf das Unternehmen aufmerksam zu machen, einen Bietungswettkampf zu provozieren und letztendlich nicht nur mit dem *leveraged buyout*-Vorhaben zu scheitern, sondern die Kontrolle über das Unternehmen gänzlich zu verlieren. Schließlich läßt sich auch beobachten, daß die Führungskräfte, die sich selbst nicht am *leveraged buyout* beteiligten, ihre Anteile mit großer Regelmäßigkeit an die *leveraged buyout*-Parteien veräußerten[47]. Sie sind Insider und würden dies bei einem zu niedrigen, unfairen Angebot nicht tun. Die hohen Renditen der neuen Eigentümer resultieren zu einem großen Teil aus der niedrigen Eigenkapitalquote, dem hohen Verschuldungsgrad und dem so entstehenden Leverage-Effekt. Zugleich wohnt der neuen Kapitalstruktur natürlich auch ein höheres Risiko bei, das es für die Aktionäre vor der Übernahme so noch nicht gab. Die hohen Renditen stellen eine Entschädigung für dieses von den neuen Eigentümern zu tragendes Wagnis dar. Auch geht mit dem hohen Fremdkapitalniveau ein erhöhtes Konkursrisiko einher, welches für das Management speziell den Verlust des Arbeitsplatzes bedeuten kann[48].

---

und Restaurantkonzern Pillsbury Co. zog die ursprüngliche Investorengruppe ihr Angebot jedoch zurück. Statt dessen wurde nach einem Käufer gesucht, der das Angebot von Pillsbury noch zu überbieten bereit war. Ein solcher fand sich schließlich in dem Nahrungsmittel- und Spielzeugproduzenten Quaker Oats Co., der Stokely Van Camp Inc. letztendlich für $ 77 pro Aktie erwarb. O. V., "Stokely Weights $ 50-a-Share Bid To Go Private", The Wall Street Journal, 22. November 1982, S. 5; o. V., "Stokely Chairman, Group Offer Buyout Of $ 136,5 Million", The Wall Street Journal, 24. Dezember 1982, S. 6; o. V., "Stokely-Van Camp Investors Raise Bid By $ 5 to $ 55 a Share", Wall Street Journal, 3. Februar 1983, S. 25; o. V., "Stokely Reports It Got New Offer For $ 62 a Share", The Wall Street Journal, 22. Juni 1983, S. 58; Waterloo, Claudia, "Investor Group Withdraws Bid for Stokely", The Wall Street Journal, 5. Juli 1983, S. 6; o. V., "Quaker Oats Bid For Stokely Tops Pillsbury's Offer", The Wall Street Journal, 18. Juli 1983, S. 3; o. V., "Pillsbury to Drop Stokely Bid, Sees Profit From Stake", The Wall Street Journal, 20. Juli 1983, S. 36.

[45] Zu den einzelnen Pflichten, die für das Management aus der *rule* 13e-3 resultieren, s. DeAngelo; DeAngelo, "Management Buyouts of Publicly Traded Corporations", S. 47.

[46] Die Begutachtung wird in der Regel einem Investmenthaus - nicht dem, das die Finanzierung des Kaufpreises übernimmt - übertragen. Von diesem wird dann eine sogenannte *fairness opinion* erstellt, die die Transaktion - häufig wird dabei eine Aufbesserung des Kaufpreises verlangt - in finanzieller Hinsicht als fair kennzeichnet.

[47] Jensen, "Eclipse of the Public Corporation", S.71.

[48] Normalerweise können die Mitglieder des Managements ihr Privatvermögen in andere Anlagen als Aktien des Unternehmens, bei dem sie angestellt sind, investieren und somit ihr Einkommens- und Vermögensrisiko, bestehend aus Arbeitsplatzrisiko und dem Risiko eines Vermögensverlustes, minimieren. Bei einem *leveraged buyout* hingegen sind sie in der Regel gezwungen, das gesamte Privatvermögen zum Kauf von Firmenanteilen einzusetzen.

II. Auswirkungen auf Rentabilität und Effizienz

Unternehmensübernahmen hätten dann einen gesamtwirtschaftlichen Nutzen, wenn sie dazu beitrügen, innerhalb von Unternehmen Ineffizienzen zu vermeiden oder Effizienz- und Rentabilitätssteigerungen zu erzielen, indem sie dort, wo die von den amtierenden Führungskräften verfolgten Strategien den Marktwert der Unternehmung nicht steigern oder der interne Ertragssatz unter den Kapitalkosten liegt, zum Einsatz kämen. Ob sie dies tatsächlich tun, ist umstritten, doch es bestehen sehr wohl Möglichkeiten, durch *takeovers* eine effizientere Ressourcenallokation in Unternehmen herbeizuführen und die Rentabilität zu erhöhen.

1. Quellen möglicher Rentabilitäts- und Effizienzsteigerungen

A. Erzielung von Synergieeffekten

Generell kann man von Synergieeffekten immer dann sprechen, wenn durch die Kombination einzelner Faktoren ein neues System entsteht, das als einheitliches Ganzes mehr wert ist als die Summe der einzelnen Komponenten.[49] Dabei bestehen in Betrieben in verschiedenen Bereichen Möglichkeiten für potentielle Synergieeffekte. So können durch einen Zusammenschluß Größenvorteile, sogenannte *economies of scale*, erreicht werden, wenn die vorher bestehenden Einzelfirmen jeweils unter dem Betriebsoptimum arbeiten. Ein Faktor, der Größenvorteile beim Zusammenschluß determiniert, sind Unteilbarkeiten, die im Betriebsvermögen, aber auch im Personalbereich bestehen können[50]. Solche Unteilbarkeiten finden sich oft in Industrien mit hoher Kapitalintensität, wie etwa der Ölbranche[51] oder der Stahlindustrie[52]. Eine weitere Synergiequelle ist die gemeinsame und somit intensivere Nutzung eines bestehenden Vertriebsnetzes beziehungsweise Werbepotentials und die daraus folgende Senkung der Distributionskosten, wenn die sich zusammenschließenden Unternehmen den gleichen oder zumindest ähnlichen Absatzweg haben und darüber hinaus eine geographische Überlap-

---

[49] Zum Synergiebegriff s. Ansoff, H. Igor, Implanting Strategic Management, Englewood Cliffs., 1984, S. 80-84. Zum Synergiekonzept bei Übernahmen s. Ropella, Wolfgang, Synergie als strategisches Ziel der Unternehmung, Berlin, 1989, S. 183-184.

[50] Cooke, Mergers and Acquisitions, S. 26-27.

[51] Synergieeffekte dieser Art waren beispielsweise bei der Übernahme von Getty Oil durch Texaco Inc. im Jahr 1984 vorhanden. Texaco hatte vor der Übernahme Überkapazitäten in seinem Raffineriesystem, während Getty Oil einer der wenigen Ölkonzerne war, der mehr Öl förderte, als er raffinierte. O. V., "Why Texaco values Getty at $10 Billion", S. 18-20.

[52] Für eine weitere Branche, den Bankenbereich, kommt eine Untersuchung von Sherrill Shaffer zu dem Ergebnis, daß auch dort Kostensenkungen durch die Ausnutzung von Größenvorteilen, außer bei Zusammenschlüssen extrem großer Banken mit einem Vermögen von mehr als $10 Milliarden, möglich sind. Kostensenkungspotentiale ergeben sich aus der Zentralisierung des Verwaltungsbereiches und dem Abbau von Personal. Auch eine Diversifizierung des Risikos durch eine größere Zahl von Anlegern und Kreditnehmern stellt Potential für Kostensenkungen dar. Shaffer, Sherrill, Potential Merger Synergies Among Large Commercial Banks, Federal Reserve Bank of Philadelphia Working Paper No. 91-17, 1991, S. 4ff.

pung des Kundenstammes vorhanden ist[53]. Auch im Finanzbereich sind unter bestimmten Voraussetzungen Synergieeffekte möglich, die daraus resultieren, daß größere Kapitalmengen zu günstigeren Konditionen aufgenommen werden, aufgrund sich ausgleichender Einnahmen- und Gewinnströme das Konkursrisiko fällt und dadurch die Kreditkosten sinken oder durch interne Kreditaufnahme oder -vergabe der Kapitalmarkt umgangen wird[54]. Letzteres ist vor allem dann gegeben, wenn sich eine Firma mit reichlich einbehaltenen Gewinnen und wenig rentablen Investitionsmöglichkeiten mit einem Unternehmen verbindet, bei dem genau das Gegenteil der Fall ist[55].

Ob und welche Synergieeffekte erzielbar sind, hängt sehr stark von der Art des *takeover* ab. So können Größenvorteile, die in direktem Zusammenhang mit der Produktion stehen, nur durch horizontale oder vertikale Zusammenschlüsse erzielt werden[56]. Synergien aus dem Absatz- oder Finanzbereich hingegen sind sehr wohl auch bei konglomeraten Unternehmensübernahmen möglich[57]. Bei *hostile takeovers* ist die Nutzung von Synergiepotentialen nur bedingt möglich, zumindest aber vor der Übernahme kaum abschätz- oder quantifizierbar, da der Erwerber in der Regel keine Möglichkeit hat, sich über öffentlich verfügbare Daten hinausgehende Informationen zu verschaffen. Um Synergieeffekte indes auch nur halbwegs fundiert im Vorfeld evaluieren zu können, ist eine genaue Kenntnis der Organisationsstruktur, der

---

[53] Diese Synergiequelle bestand beispielsweise bei der Übernahme des Haushaltsgerätebereichs der General Electric Co. durch die Black & Decker Mfg. Co.. Synergiepotential bestand vor allem darin, daß die Black & Decker Mfg. Co. in Europa bereits ein umfangreiches Vertriebsnetz aufgebaut hatte, das für den Haushaltsgerätebereich der General Electric Co. noch nicht bestand. O. V., "Black & Decker Buys a Place on the Kitchen Counter", Business Week, 9. Januar 1984, S. 19-20. Darüber hinaus wurden solche Synergiepotentiale auch von Unternehmen aus dem Versicherungs- und Finanzsektor genannt. Siehe Rustin, "Wall Street Mergers May Basically Change U. S. Financial System", S. 1. Auch bei Unternehmen der Nahrungsmittelbranche spielten Synergieeffekte durch gemeinsame Absatzwege eine besondere Rolle. So war zum Beispiel der Verkauf des Teigwarenherstellers C. F. Mueller Co. durch die McKesson Corp. an den Lebensmittelkonzern CPC International Inc. durch absatzpolitische Gründe motiviert. Zur McKesson Corp. gehörte im wesentlichen nur noch ein anderes Unternehmen des Lebensmittelbereiches, Foremost Dairies, doch bestand zwischen diesem und der C. F. Mueller Co. lediglich eine geringe geographische Überlappung des Kundenstammes. Die Gemeinsamkeiten im Distributionssystem zwischen der C. F. Mueller Co. und der CPC International Inc. hingegen waren weitaus höher. O. V., "Conglomerate Managers Fall Into Step, Too", Business Week, 6. Februar 1984, S. 40.

[54] Steiner, Mergers, S. 60-65. Synergien im Finanzbereich bestehen beispielsweise auch dann, wenn eines der fusionierenden Unternehmen Gewinne in Ländern erwirtschaftet, die eine Kapitalausfuhr nur beschränkt gestatten, dort selbst aber keine geeigneten Investitionsobjekte hat. Dieser Punkt wurde, unter anderem, bei der Übernahme von Columbia Pictures Industries Inc. durch die Coca-Cola Co. genannt. Sanswet, Stephen J. und Eric Morgenthaler, "Coca-Cola and Columbia Pictures Report Few Problems After a Year", The Wall Street Journal, 15. März 1983, S. 29.

[55] Caves, Richard E., "Mergers, Takeovers and Economic Efficiency", International Journal of Industrial Organization, vol. 7, no. 1, 1989, S. 156. Als Beispiel für Synergiepotentiale dieser Art können die Zusammenschlüsse von Unternehmen der Ölindustrie mit solchen aus dem Bereich des Bergbaus zu Beginn der 80er Jahre gesehen werden. Unternehmen der Ölbranche hatten in dieser Zeit sehr viel Kapital aufgrund hoher Gewinne in den Jahren zuvor. Unternehmen des Bergbaus hingegen befanden sich in einer Strukturkrise und benötigten Kapitalinfusionen, um in technologische Verbesserungen zu investieren. O. V., "Mines Over Matter", S. 32.

[56] Wenn der Output einer Firma jedoch aus Dienstleistungen besteht, dann können auch durch konglomerate Übernahmen Größenvorteile erzielt werden. Das zur Erstellung von Dienstleistungen notwendige *know-how* kann oft relativ leicht auf andere Branchen übertragen werden. Steiner, Mergers, S. 60-65.

[57] Cooke, Mergers and Acquisitions, S. 26-27.

Produktionsabläufe, des Beschaffungs- und Vertriebssystems und des Rechnungs- und Finanzwesens notwendig. Hinzu kommt, daß Bietungsunternehmen vor allem in den späteren 80er Jahren bei der Abgabe eines Angebots oft unter enormem Zeitdruck standen. Innerhalb weniger Wochen, bei *white knights* oft auch innerhalb weniger Tage, mußte über die Abgabe eines Angebots entschieden werden. Die verbleibende Zeit reichte bestenfalls aus, um grundlegende Finanzanalysen durchzuführen[58]. Bei einer feindlichen Übernahme kann der *raider* daher, da es ihm an internen Informationsmaterial über die Zielgesellschaft mangelt, im Vorfeld nicht beziehungsweise nur sehr vage abschätzen, ob Synergiepotentiale vorhanden sind. Erst nach dem Kauf kann geprüft werden, inwieweit Synergieeffekte tatsächlich bestehen. Allerdings sind Effizienzsteigerungen durch die Ausnutzung von Synergiepotentialen generell nicht unproblematisch. So sind Synergieeffekte nur sehr schwer quantifizierbar und hängen von vielen auch bei freundlichen Übernahmen vorhandenen Unwägbarkeiten ab. Effizienzsteigerungen durch synergetische Effekte werden von fusionierenden Unternehmen zwar häufig als Grund für den Zusammenschluß gegenüber den *Antitrust*-Behörden vorgetragen[59], jedoch weitaus seltener tatsächlich erzielt[60]. Auch würden Synergieeffekte als Motivationsgrund eher für eine dynamische Übernahmetätigkeit in Zeiten rezessiver Wirtschaftsentwicklung sprechen als während eines wirtschaftlichen Aufschwungs, da dann ein größerer Bedarf für Kostensenkungen vorhanden ist[61]. Die tatsächliche Entwicklung von *takeovers* zeigt hingegen, daß gerade das Gegenteil der Fall ist.

B. Effizienzsteigernde Wirkung einer erhöhten Verschuldung

Eine weitere Möglichkeit, durch Übernahmen Effizienz- und Rentabilitätssteigerungen zu erzielen, lag in der mit diesen Transaktionen typischerweise einhergehenden Erhöhung des Verschuldungsgrades. Vor allem bei feindlichen Übernahmen und natürlich *leveraged buyouts* kam es zu einer deutlichen Verschiebung der Kapitalstruktur zugunsten von Fremdkapital. Diese Veränderung der Kapitalseite wiederum wirkte sich in verschiedener Hinsicht auf Rentabilität und Effizienz aus. So bewirkt eine Senkung des Eigenkapitalanteils über den schon dargelegten Leverage-Effekt[62] rein technisch eine Erhöhung der Eigenkapitalrentabilität[63]. Auch kann eine Erhöhung der Verschuldung in gewissen Grenzen zu einer Senkung der

---

[58] Madrick, Taking America, S. 48-49.
[59] White, "Antitrust and Merger Policy: A Review and Critique", S. 18.
[60] So wurden beispielsweise beim Zusammenschluß der beiden Stahlkonzerne Republic Steel Corp. und LTV Corp. Effizienzsteigerungen durch Kostensenkungen in Höhe von jährlich $300 Millionen geltend gemacht, nach der Übernahme aber, zum Teil aufgrund enormer Integrationsprobleme, nicht erzielt. Knapp zwei Jahre nach dem Zusammenschluß mußte das Unternehmen Vergleich anmelden. Miles, Gregory L., "If We Knew Everything We Know Now ... ", International Business Week, 15. Januar 1990, S. 42; O'Boyle, Thomas F. und Ralph E. Winter, "LTV, Republic Still Face Hurdles Despite U. S. Approval Of Merger", The Wall Street Journal, 22. März 1984, S. 33 und 53; Taylor, "Justice Agency Opposes Republic Steel - LTV Merger, Industry Consolidation Strategy Is Dealt Major Blow", S. 3.
[61] Eis, The 1919-1930 Merger Movement in American Industry, S. 4-5.
[62] Siehe dazu Ausführungen im Kapitel 1, Abschnitt II.1.
[63] Vorausgesetzt, der Fremdkapitalzins steigt nicht auf ein Niveau, das über der Gesamtkapitalrentabilität liegt.

Kapitalkosten führen. Im Gegensatz zu Dividenden[64] können Zinsen auf Unternehmensebene steuermindernd angesetzt werden. Eine erhöhte Kreditfinanzierung kann so die Gesamtkapitalkosten senken[65]. Geringere Kapitalkosten wiederum können zu wachstumserhöhenden, produktivitätssteigernden Investitionen führen. Insofern kann in der durch *takeovers* ausgelösten Verschuldung ein Beitrag zur Effizienzsteigerung gesehen werden. Auch wurde dadurch die Diskrepanz zwischen den Kapitalkosten amerikanischer Firmen und ihren ausländischen Konkurrenten verringert[66].

Wesentlich wichtiger, und vor allem bei *leveraged buyouts* von essentieller Bedeutung, ist die Disziplinierungswirkung einer erhöhten Verschuldung. Eigenkapital wird in Form von Wertsteigerungen an den Börsen und Dividendenzahlungen "verzinst". Ob eine Dividende gezahlt wird oder nicht, hängt von der Gewinnentwicklung des Unternehmens ab und liegt stets im Ermessen der Unternehmensführung. Von den Aktionären können solche Zahlungen nicht rechtlich eingefordert werden. Fremdkapital dagegen obliegt festen, in bestimmten, vorab vereinbarten Zeitabständen zu leistenden Zinszahlungen, auf deren Erfüllung die Gläubiger ein juristisch einklagbares Recht besitzen[67]. Verspätete beziehungsweise nicht geleistete Zinszahlungen können den Konkurs des Unternehmens, und für Manager damit einhergehend den Verlust ihrer Arbeitsplätze, zur Folge haben[68]. Bei *leveraged buyouts* kommt noch hinzu, daß das Management dort typischerweise einen Großteil seines privaten Vermögens als

---

[64] In den Vereinigten Staaten existiert im Steuerrecht für Dividendenzahlungen kein Anrechnungsverfahren. Der erzielte Gewinn wird auf Unternehmensebene versteuert, die Dividendenzahlung dann nochmals auf Ebene der Anteilseigner.

[65] Eine Senkung der Kapitalkosten durch eine Erhöhung des Verschuldungsgrades ist allerdings nur in gewissen Grenzen möglich. Dem kapitalkostenmindernden Effekt der steuerlichen Abzugsfähigkeit von Zinszahlungen steht ein mit zunehmender Verschuldung steigendes Konkursrisiko entgegen, welches wiederum, über einen vom Gläubiger eingeforderten Zinsaufschlag, zu einer Erhöhung der Kapitalkosten führt. Nur solange das Konkursrisiko erstgenannten Effekt nicht überwiegt, werden durch eine Erhöhung des Fremdkapitalanteils die Gesamtkapitalkosten gesenkt.

[66] Scherer, "Corporate Takeovers: The Efficiency Arguments", S. 78.

[67] Bezüglich der Disziplinierungswirkung der Verschuldung machte beispielsweise Michael D. Rose, Vorsitzender des *board of directors* der Holiday Corp., folgende Aussage: "When you get higher levels of debt, it really sharpens your focus. It makes for better managers, since there is less margin for error". S. bei Farrell, "Learning to live with leverage", S. 43. Die Hotelkette hatte, um einen Übernahmeversuch durch den hauptsächlich im Immobilienbereich tätigen Donald J. Trump abzuwehren, eine Sonderdividende an die Aktionäre ausgezahlt und das Unternehmen hoch verschuldet. Oneal, Michael; Foust, Dean und Robert D. Hof, "For these Companies, Debt was just what the Doctor ordered", <u>International Business Week</u>, 11. September 1989, S. 42.

[68] Auf einen anderen Aspekt hinsichtlich der Wirkung der Verschuldung weist Michael Jensen hin. So kann es durchaus sein, daß mit einer hohen Verschuldung die Wahrscheinlichkeit, daß eine Unternehmung tatsächlich in Konkurs geht, abnimmt. Der Grund dafür liegt darin, daß fehlgeschlagene Strategien des Managements schneller bekannt werden. Bei einem Unternehmen mit einem niedrigen Verschuldungsgrad ist es für rettende Maßnahmen meist zu spät, wenn das Unternehmen seinen Zins- und Tilgungsleistungen nicht mehr nachkommen kann. Der Wert der Unternehmung ist dann in der Regel unter seinem Liquidationswert gefallen, und die Kreditgeber sind nicht mehr bereit, das Unternehmen am Leben zu erhalten. Weist eine Unternehmung jedoch einen hohen Verschuldungsgrad auf, dann werden Fehler schnell erkannt. Kann das Unternehmen seinen Zins- und Tilgungsverpflichtungen nicht mehr nachkommen, muß dies noch lange nicht bedeuten, daß der Unternehmenswert unter den Liquidationswert gefallen ist. Meist liegt er noch weit darüber, so daß sowohl Kreditgeber als auch Eigenkapitalinvestoren an einem Erhalt der Firma interessiert sind. Es ist daher viel wahrscheinlicher, daß eine Problemlösung außerhalb eines gerichtlichen Konkursverfahrens gesucht und gefunden wird. Jensen, "Is Leverage an Invitation to Bankruptcy", S. A14.

Eigenkapital in die neue Unternehmung eingebracht hat, neben dem Arbeitsplatzrisiko also auch noch ein Vermögensrisiko besteht. Daraus resultiert eine Disziplinierungswirkung, die die Führungskräfte verstärkt nach Kostensenkungspotentialen, beispielsweise durch Personalabbau, die Verringerung von Hierarchien in der Verwaltung oder die Schließung unrentabel arbeitender Betriebsstätten, suchen läßt[69]. Der Druck der erhöhten Verschuldung schärft den Blick der Unternehmensführung für Einsparungsmöglichkeiten und läßt weniger Raum für Fehler[70].
Die Disziplinierungswirkung einer erhöhten Verschuldung gilt indes nicht für alle Unternehmen gleichermaßen. Sie gilt insbesondere für Unternehmen in reifen Branchen mit gefestigter Marktposition, deren erwirtschafteter *cash flow* höher ausfällt als zur Finanzierung von Ersatzinvestitionen nötig und denen anderweitig profitable Anlagemöglichkeiten fehlen[71]. Dort ist die Wahrscheinlichkeit groß, daß sich eine übermäßige Verwaltung oder Bürokratie entwickelt hat, unrentable Betriebsstätten nicht geschlossen werden oder Lager- und Produktionszeiten zu lang sind und dementsprechend Einsparungsmöglichkeiten bestehen[72]. Dort jedoch, wo sich Firmen in Wachstumsbranchen befinden, hoch profitable Investitionen verfolgen oder einen intensivem Wettbewerb und dessen Disziplinierung ausgesetzt sind, hat eine Erhöhung des Fremdkapitalanteils eher einen gegensätzlichen, effizienzhemmenden Effekt.

Der Effizienzwirkung einer hohen Verschuldung stehen jedoch auch mit ihr einhergehende, nicht zu unterschätzende Gefahren gegenüber. Mit zunehmender Verschuldung sinkt die Flexibilität von Unternehmen und wächst die Anfälligkeit gegenüber Veränderungen im ökonomischen Umfeld[73]. Insgesamt gesehen wird dadurch eine Volkswirtschaft instabiler. Wenn der *cash flow* rezessionsbedingt zurückgeht, werden Gesellschaften, die mit hohen Zins- und Tilgungszahlungen belastet sind, frühzeitig gezwungen sein, ihre Investitionen zurückzuschrauben. Über den normalen Investitionsmultiplikator wird dadurch das Ausmaß der Rezession verschärft, vor allem wenn, wie in den USA der Fall, die Regierung aufgrund eines hohen

---

[69] O. V., "Conglomerate Managers fall into Step too", S. 38. In dieser Hinsicht wurden immer wieder erstaunliche Ergebnisse erzielt. So gelang es beispielsweise der Firma O. M. Scott & Sons, einer ehemaligen Tochtergesellschaft von IT&T, dessen Management zusammen mit dem LBO-Sponsor Clayton, Dubilier & Rice im Dezember 1986 einen *leveraged buyout* durchführte, innerhalb von weniger als zwei Jahren, das monatlich benötigte *working capital*, durch zeitgerechtere Produktion, Verringerung der Lagerhaltung und härtere Verhandlungen mit Zulieferern und demzufolge geringeren Einkaufspreisen, um mehr als die Hälfte, von $75 Millionen auf $35 Millionen, zu senken. Fromson, Brett Duval, "Life After Debt: How LBOs Do It", Fortune International, vol. 119, no. 6, 13. März 1989, S. 50-51; Baker, George P. und Karen H. Wruck, "Organizational Changes and Value Creation in Leveraged Buyouts: The Case of The O. M. Scott & Sons Company", Journal of Financial Economics, vol. 25, no. 2, 1989, S. 184-186.

[70] Farrell, "Learning to Live with Leverage", S. 43.

[71] Allerdings kommen auch hier nicht alle Unternehmen in Betracht. So haben beispielsweise Firmen der Stahlindustrie, die sich bei Übernahmen zu Beginn der 80er Jahre hoch verschuldet hatten, sich bald darauf bemüht, diese Verschuldung zu senken, da ihre Geschäftstätigkeit zu stark zyklischen Schwankungen ausgesetzt war. Farell, "Learning to Live with Leverage", S. 48.

[72] Diese Unternehmen sind auch die typischen *leveraged buyout*-Kandidaten. Siehe dazu Ausführungen im Kapitel 1, Abschnitt II.2.

[73] Braun, Leveraged Buyouts, S. 10-11; Newport, "LBOs: Greed, Good Business - or Both?", S. 47-48. Einige der Unternehmen, die Mitte und Ende der 80er Jahre einem *leveraged buyout* unterzogen wurden, bekamen diese Gefahr deutlich zu spüren und mußten, wie etwa Revco Drug Stores Inc. oder Federated Department Stores, Vergleich anmelden oder hatten zumindest auch zu Beginn der 90er Jahre noch mit erheblichen Schwierigkeiten zu kämpfen. Smith, "After the Ball", S. 42.

Haushaltsdefizits zu antizyklischen Maßnahmen nur beschränkt in der Lage ist[74]. Weiterhin kann eine zu starke Fremdkapitallastigkeit dazu führen, daß ein kurzfristiges Effizienzdenken an Dominanz gewinnt, hinter dem strategische Überlegungen zurückbleiben, und Investitionen in die Marktposition nicht mehr getätigt werden[75], wie beispielsweise nach dem *leveraged buyout* der Revco Drug Stores Inc.[76] oder der Dart Drugs[77] geschehen.

C. Reorganisatorische Maßnahmen

Eine weitere Quelle für Effizienzsteigerungen und Rentabilitätserhöhungen sind reorganisatorische Maßnahmen, die einer Übernahme in der Regel folgen. Sie betreffen besonders einschneidend *leveraged buyouts*, sind in geringerem Umfange auch bei *hostile takeovers* zu finden und zu einem gewissen Maß auch bei freundlich ausgehandelten *mergers* möglich. *Leveraged buyouts, hostile takeovers* aber auch *mergers* führen die betroffenen Unternehmen stets in eine Phase des Umbruchs und der Neuorientierung, in der Veränderungen zum einen

---

[74] Scherer, "Corporate Takeovers: The Efficiency Arguments", S. 77-78. Allerdings muß hier eingewendet werden, daß die Verschuldung der amerikanischen Wirtschaft im internationalen Vergleich zu Beginn der 80er Jahre ausgesprochen niedrig war und auch durch die Übernahmetätigkeit und damit einhergehende Verschuldungszunahmen gegenüber europäischen Ländern oder Japan relativ niedrig geblieben ist. Farrell, "Learning to Live With Leverage", S. 43.

[75] Huemer, Mergers & Acquisitions, S. 119.

[76] Nach dem im Dezember 1986 durchgeführten *leveraged buyout* der Revco Drug Stores Inc. war die Schuldenlast so erdrückend hoch, daß kaum mehr Aufmerksamkeit auf die eigentliche Geschäftstätigkeit gelegt wurde, sondern nur noch darauf, wie diese hohe Fremdkapitalbelastung möglichst rasch wieder abgebaut werden konnte. Der gesamte erwirtschaftete *cash flow* mußte zum Schuldendienst verwendet werden, so daß keine Mittel für Instandhaltungsmaßnahmen verblieben und sich die Ausstattung der Geschäfte rapide verschlechterte. Um Kosten zu sparen, wurde das Personal in einzelnen Läden drastisch reduziert, mit der Folge, daß es zu mehr Ladendiebstählen und einer Verschlechterung des Service kam. Personalkürzungen im mittleren Management und die Einstellung eines vorher bestandenen Trainee-Programmes führten zu weniger Kontrolle über die Abläufe in einzelnen Geschäften und einer Qualitätsverschlechterung des Personals. Aufgrund von Liquiditätsproblemen konnten Zulieferer nicht bezahlt werden, und grundlegende Artikel fehlten in den Regalen. Weniger als zwei Jahre nach dem *leveraged buyout* mußte Revco Drug Stores Inc. im Sommer 1988 ein Vergleichsverfahren anmelden. Phillips, Stephen, "Revco: Anatomy of a LBO that failed", International Business Week, 3. Oktober 1988, S. 82-86; Curran, "Companies that rob the future", S. 80; Schiller, Zachary und Mary Pitzer, "Why Going Private didn't bring Sidney Dworkings Happiness", International Business Week, 12. Oktober 1987, S. 31-34; Phillips, Stephen und Christopher Farrell, "Revco's LBO ends with a whimper", International Business Week, 15. August 1988, S. 26.

[77] Die Handelskette Dart Drug Stores Inc. durchlief im Juni 1984 einen *leveraged buyout* durch die Arbeitnehmer. Der Eigenkapitalanteil war verschwindend gering. Die Zahlungsverpflichtungen aufgrund der hohen Fremdkapitalbelastung überstiegen schon bald den *cash flow*, und es verblieben keinerlei Mittel zur Instandhaltung. Die Ausstattung der einzelnen Filialen verlor an Niveau, auf Service wurde kaum Wert gelegt, die Regale waren nicht genügend gefüllt, es fehlte an Artikeln, die Umsätze gingen zurück und drückten den *cash flow* weiter. Der Konkurrent Giant Food Inc. startete einen Preiswettbewerb, auf den das Unternehmen nicht antworten konnte. Zu Beginn des Jahres 1987 kam es schließlich zu einem außergerichtlichen Vergleichsverfahren mit den Kreditgebern, im Rahmen dessen ein teilweiser Schuldenerlaß und niedrigere Zinsen ausgehandelt wurden. Berman, Phyllis, "Son of Dart Drug", Forbes, vol. 137, no. 6, 24. März 1986, S. 98; Curran, "Companies that Rob the Future", S. 80; Berman, Phyllis, "High yield, high risk", Forbes, vol. 140, no. 4, 24. August 1987, S. 38.

zwingend notwendig werden, zum anderen aber auch wesentlich leichter erzielbar sind. Einschneidende Maßnahmen, die im Geschäftsalltag aufgrund vieler Faktoren, wie etwa einer sich festgesetzten Bürokratie oder bestehenden Loyalitätsbeziehungen zwischen Vorgesetzten und Untergebenen, nur langsam, schwer oder gar nicht erzielbar sind, können im Rahmen einer Unternehmensübernahme oftmals rasch durchgesetzt werden.

Reorganisatorische Maßnahmen nach einem *takeover* oder *leveraged buyout* beziehen sich auf die Eigenkapital-, Vermögens- und Organisationsstruktur des neuen Unternehmens. Drastische Umwälzungen in der Vermögens- und Organisationsstruktur sind in der Regel Grundvoraussetzungen, um Effizienzsteigerungen zu erzielen, vor allem in Branchen, die sich einer Rezession oder rapiden Veränderungen gegenübergestellt sehen. Um solche Änderungen durchzuführen, bedarf es jedoch oftmals erst eines Eigentümer- und Führungswechsels, da das amtierende Management häufig nicht gewillt ist, diese von sich aus vorzunehmen. Das amtierende Management fühlt sich nicht selten anderen Interessengruppen, wie etwa den Arbeitnehmern, stärker verpflichtet als den Aktionären und sträubt sich deswegen gegen einschneidende organisatorische Veränderungen, vor allem wenn sie mit unliebsamen Entscheidungen und Entlassungen verbunden sind[78]. Einem *hostile takeover* folgt in der Regel ein kompletter Austausch des Top-Managements, aber auch bei einem *merger* werden strategisch wichtige Positionen oftmals neu besetzt. Diese neuen Führungskräfte wiederum haben ein geringeres Loyalitätsgefühl gegenüber ihren neuen Untergebenen und sind zu einschneidenden organisatorischen Änderungen wesentlich leichter bereit. Bei *leveraged buyouts* kommt es in der Regel zu keinem Austausch des amtierenden Managements, denn dessen Beteiligung ist für das Gelingen der Transaktion gerade von Bedeutung[79]. Doch tritt hier ein anderer Mechanismus in Kraft, der die notwendigen Änderungen der Vermögens- und Organisationsstruktur bewirkt. Führungskräfte amerikanischer Unternehmen sind in der Regel nur zu einem geringen Teil am Eigenkapital der von ihnen geleiteten Unternehmen beteiligt[80]. Durch einen *leveraged buyout* unter Managementbeteiligung wird dieser Anteil deutlich erhöht[81]. Eine effizientere Unternehmensführung, die sich in einer Wertsteigerung der Eigenkapitalanteile niederschlägt[82], wird somit für das Management in einer Erhöhung ihres persönlichen Einkommens beziehungsweise Vermögens deutlich spürbar. Entscheidungen bezüglich neuer Investitionen oder laufender Ausgaben müssen nun viel stärker als zuvor mit 'eigenen Mitteln' finanziert werden, ein großer Unterschied zu Maßnahmen der Führungskräfte von Publikums-

---

[78] Lichtenberg, Frank R., "Takeovers Slash Corporate Overhead", The Wall Street Journal, 7. Februar 1989, S. A24.

[79] Siehe dazu Ausführungen im Kapitel 1, Abschnitt II.1.

[80] Die *chief executive officers* der an der New York Stock Exchange notierten Unternehmen haben einen Eigenkapitalanteil von durchschnittlich 2,4 Prozent, jedoch sind 80 Prozent von ihnen mit weniger als 1,4 Prozent an den von ihnen geleiteten Firmen beteiligt. Jensen, Michael C. und Jerold B. Warner, "The Distribution of Power Among Corporate Managers, Shareholders, and Directors", Journal of Financial Economics, vol. 20, no. 1/2, 1988, S. 5-6.

[81] So stieg beispielsweise bei NI Industries Inc., vormals Norris Industries Inc., einem diversifizierten, in der Bau-, Automobil- und Rüstungsindustrie tätigen Unternehmen, der Eigenkapitalanteil des Managements von 0,28 Prozent vor dem *leveraged buyout* auf 7 Prozent danach. Sloan, Allan, "From $2.75 - $20 - the new math", Forbes, vol. 133, no. 8, 9. April 1984, S. 42.

[82] Bei *leveraged buyouts* wurden in der Regel in den Jahren nach der Durchführung keine Dividenden gezahlt. Die Gewinne für die Eigenkapitalgeber lagen vielmehr in der Wertsteigerung der Eigenkapitalanteile und wurden nach einigen Jahren durch den Verkauf dieser Anteile beziehungsweise einem erneuten Gang an die Börse realisiert. Siehe dazu Ausführungen im Kapitel 1, Abschnitt II.3.C.

gesellschaften, die eben nur das Kapital einer Vielzahl anonymer Eigentümer verwalten[83]. Dadurch kommt es zu Einstellungsveränderungen bei den Führungskräften, ihre Interessen gleichen sich denen der anderen Anteilseigner an, es kommt zu neuen Incentive-Strukturen und somit der Bereitschaft, Änderungen und eine Umstrukturierung des Vermögens vorzunehmen[84]. Gleichzeitig unterliegen die Führungskräfte nach der Übernahme einer wesentlich strengeren Kontrolle als vorher. Das Eigenkapital befindet sich nach einem *leveraged buyout* nämlich typischerweise in der Hand einer geringen Anzahl von Anteilseignern, die wiederum dem LBO-Sponsor die Aufgabe übertragen haben, das Management zu überwachen. Der LBO-Sponsor hat gegenüber der Unternehmensführung eine starke Machtstellung; die Manager sind ihm gegenüber berichtspflichtig, er kann sie entlassen, und ihm obliegt es auch, die strategische Richtung der Unternehmung festzulegen[85]. Er hat am Gelingen des *leveraged buyout* ein großes Interesse, hängt doch ein Teil seines Entgeltes und vor allem seine Reputation - für seine weitere Geschäftstätigkeit von großer Bedeutung - vom letztendlichen Erfolg der Transaktion ab. Wenn er auch in vielen Fällen der Unternehmensführung beim Tagesgeschäft relativ freie Hand läßt[86], so wird er seine Kontrollfunktion besser und intensiver wahrnehmen als die Einzelaktionäre vorher[87]. Hinzu kommt, daß nach einem *leveraged buyout* aufgrund des *strip financing*[88] die Eigenkapitalgeber gleichzeitig Fremdkapitalgeber sind, so daß zwischen diesen beiden Gruppen ein Interessenausgleich besteht. Die so entstehende Personeneinheit auf Kapitalgeberseite, die Neuordnung der Eigentümerstruktur zugunsten einer höheren Beteiligung des Managements und damit einer Neufocusierung dessen auf Eigentümerinteressen, einhergehend mit der neu geschaffenen Kontrollinstanz des LBO-Sponsors, der stellvertretend für Eigen- und Fremdkapitalgeber die Unternehmensleitung überwacht und dazu mit weitreichenden Kompetenzen ausgestattet ist, sind es, die zusammen mit der Disziplinierungswirkung der hohen Verschuldung, die Basis für grundlegende Umwälzungen der Vermögensstruktur und Änderungen im organisatorischen Ablauf bilden.

Auf der Vermögensseite folgen dem *leveraged buyout* relativ rasch Veräußerungen vom nicht zum Kerngeschäft gehörenden Unternehmensteilen. Auch Divisionen, die viel Aufmerksamkeit des Managements verlangen, weil sie beispielsweise nur schwer integrierbar sind, werden rasch veräußert. Der Verkauf solcher Unternehmenseinheiten erlaubt es der Unternehmensführung, sich den Aufgaben und Gebieten zu widmen, die für das Unternehmen produktiver sind[89]. So war beispielsweise eine der ersten Aktionen, die der LBO-Sponsor Forstmann-

---

[83] Spragins; Oneal; Phillips; Zellner, "When Power Investors Call the Shots", S. 49. Daß zwischen der Höhe des Eigenkapitalanteils des Managements und dessen Investitions- und Finanzscheidungen Zusammenhänge bestehen, zeigen beispielsweise Anup Agrawal und Gershon N. Mandelker in einer Untersuchung von mehr als 200 Unternehmen. Agrawal, Anup und Gershon N. Mandelker, "Managerial Incentives and Corporate Investment and Financing Decisions", Journal of Finance, vol. 42, no. 4, 1987, S. 823ff.

[84] DeAngelo; DeAngelo, "Management Buyouts of Publicly Traded Corporations", S. 44; Fromson, "Life After Debt: How LBOs Do It", S. 50; Easterwood; Seth; Singer, "The Impact of Leveraged Buyouts on Strategic Direction", S. 34-35.

[85] Siehe dazu die Ausführungen im Kapitel 1, Abschnitt II.3.B.

[86] Anders, Merchants of Debt, S. 173.

[87] Easterwood; Seth; Singer, "The Impact of Leveraged Buyouts on Strategic Direction", S. 35-36; DeAngelo, "Management Buyouts of Publicly Traded Corporations", S. 44.

[88] Siehe dazu Ausführungen im Kapitel 1, Abschnitt II.4.B.

[89] Easterwood; Seth; Singer, "The Impact of Leveraged Buyouts on Strategic Direction", S. 39.

Little nach dem *leveraged buyout* von Dr. Pepper durchführte, die Unternehmensdivision Canada Dry Corp. zu veräußern, da diese sich, nachdem sie im Februar 1982 von Dr. Pepper erworben worden war, nicht so gut wie geplant in das Unternehmen eingliedern ließ und Finanzmittel band, die für die Verfolgung anderweitiger Strategien gebraucht wurden[90]. Die Restrukturierung der Vermögensseite hat zur Folge, daß einerseits Kosten eingespart werden, da sich, beispielsweise durch die Verringerung der Unternehmenskomplexität, das Berichtswesen vereinfacht, und andererseits die verbliebenen Unternehmensteile von der Führung besser betreut werden können[91].

Die Organisationsstruktur wird geändert, um das Tagesgeschäft so effizient wie möglich zu gestalten. Es wird zur Schlüsselaufgabe für das Management, Kosten, wo immer möglich, zu senken. Dazu werden in der Regel Kommunikations- und Hierarchieebenen abgebaut, der Personalbestand, vor allem im Verwaltungsbereich, gekürzt, strategische Entscheidungen zentralisiert, operative Entscheidungen hingegen dezentralisiert und die Anreizsysteme modifiziert, um die Bezahlung mehr an die Gewinnentwicklung der Unternehmung anzubinden[92]. In der Regel folgen einem *leveraged buyout* eine Verringerung des Vorratsvermögens, eine Erhöhung der betrieblichen Durchlaufzeit[93] sowie ein Abbau der durchschnittlichen Debitorenbestände[94]. Nach Einsparungsmöglichkeiten wird auch bei solchen Kostenfaktoren gesucht, die vorher kaum zur Disposition standen, weil sie direkt mit Nebenleistungen und Annehmlichkeiten des Top-Managements in Verbindung standen[95].

Wird eine *going private transaction* in Form eines *leveraged buyout* durchgeführt, dann kommt noch eine weitere effizienzsteigernde Komponente hinzu. Nach der Überführung in eine private Gesellschaft obliegt die Unternehmung nicht mehr ihrer vierteljährlichen Berichtspflicht. Dadurch können Kosten eingespart werden, die mit der Erstellung dieser Berichte, aber auch mit der Pflege der umfangreichen Aktionärsbeziehungen allgemein

---

[90] Rudolph, Barbara, "Adding a dash of risk", Forbes, vol. 130, no. 4, 16. August 1982, S. 52; o. V., "Dr. Pepper tries a local cure", International Business Week, 13. Dezember 1982, S. 31; Sloan, Allan, "Luring Banks Overboard?", Forbes, vol. 133, no. 8, 9. April 1984, S. 43.

[91] Fromson, "Life After Debt: How LBOs Do It", S. 50-51.

[92] Easterwood; Seth; Singer, "The Impact of Leveraged Buyouts on Strategic Direction", S. 41-42.

[93] Abbie J. Smith kam in einer Untersuchung von 58 *leveraged buyouts* zu dem Ergebnis, daß sich die betriebliche Durchlaufzeit, das heißt die Zeit zwischen der Bezahlung der Lieferanten und dem Zahlungseingang der Kundenrechnungen, nach dem *buyout* im Vergleich zur Branche um mindestens eine Woche, oder 18,5 Prozent, verringerte. Smith, Abbie J., "Corporate ownership structure and performance", Journal of Financial Economics, vol. 27, no. 1, 1990, S. 152-153.

[94] So gelang es beispielsweise NI Industries Inc. nach dem *leveraged buyout*, die Umschlagshäufigkeit zu verdoppeln und die durchschnittliche Debitorenlaufzeit von vorher 55 Tagen auf 40 Tage zu verkürzen. Hill; Williams, "Buyout Boom", S. 6. Playtex Inc., ein im Bereich der Bekleidungsindustrie tätiges Unternehmen und eine ehemalige Unternehmensdivision von Beatrice Cos., schaffte es sogar, die durchschnittliche Lagerdauer von vorher einem Monat auf eine Woche zu verkürzen. Therrien, Louis, "How sweet it is to be out from under Beatrice thumb", International Business Week, 9. Mai 1988, S. 52.

[95] Darunter fallen beispielsweise die Verkäufe firmeneigener Flugzeuge, die für Geschäftsreisen der obersten Führungsschicht angeschafft wurden. Die LBO-Boutique Adler & Shaykin drängte nach dem *leveraged buyout* von Joy Manufacturing im Jahr 1987 beispielsweise auf den raschen Verkauf zweier Firmenjets. Zwei Flugzeuge waren angeschafft worden, da die Führungskräfte dazu übergegangen waren, eines für ihre Beförderung und die ihrer Gäste zu nutzen, das andere zum Transport des Gepäcks. Fromson, "Life After Debt: How LBOs Do It", S. 51.

bestanden haben[96]. Auch besteht nun nicht mehr länger die Gefahr, daß die Unternehmensführung sich zu sehr auf die quartalsmäßigen Erfolgsbilanzen konzentriert und dadurch eine kurzfristige Betrachtungsweise entwickelt, die längerfristige strategische Maßnahmen vernachlässigt[97]. Ein Grund für den *leveraged buyout* von Levi Strauss war, daß die mit diesen vierteljährlichen Berichten zusammenhängenden Gewinnerwartungen der Anleger es schwierig machten, sich auf das langfristige Ergebnis zu konzentrieren[98]. Auch richtet sich das Augenmerk nach dem *leveraged buyout* mehr auf den *cash flow* als auf den buchmäßigen Gewinn pro Aktie[99]. Ein weiterer Vorteil der Publizitätspflichtbefreiung liegt darin, daß Konkurrenten nun nicht mehr einfach und kostenlos detaillierte Informationen über das Unternehmen einholen können. Dadurch wird es leichter, Wettbewerbsvorteile aufzubauen oder zu nutzen[100].

Effizienzsteigerungen durch Reorganisationsmaßnahmen sind am besten bei *leveraged buyouts* aufgrund der dargelegten, bei dieser Transaktionsform einzigartigen Kombination der verschiedenen erfolgversprechenden Faktoren möglich. Während bei *hostile takeovers* nur zwei dieser Elemente - die hohe Verschuldung und der Eigentümerwechsel - vorzufinden sind, bei *mergers* häufig nur der Eigentümerwechsel, ist es gerade die verstärkte Einbindung des Managements in die Eigenkapitalstruktur, die die Anreize schafft, nach kostensenkenden und renditeerhöhenden Maßnahmen zu suchen. Viele dieser Änderungen, wie etwa der Abbau des Vorratsvermögens, wären theoretisch auch bei Publikumsgesellschaften möglich, doch fehlen dort die Anreize, sie tatsächlich auch durchzuführen[101]. Das enorme Gewinnpotential, das sich den neuen Eigentümer-Managern eröffnet, und die Tatsache, daß bei einem Scheitern der Transaktion ihr persönliches Vermögen auf dem Spiel steht, sind es, die diese Anreize schaffen.

---

[96] Dies sind zum Beispiel Kosten der internen Rechnungslegung, externer Wirtschaftsprüfer, Rechtsberatungskosten und Kosten für die Beziehungspflege zu Wertpapieranalytikern oder der Finanzpresse. DeAngelo; DeAngelo, "Management Buyouts of Publicly Traded Corporations", S. 44.

[97] Es wird oft kritisiert, daß diese quartalsmäßigen Einkommensberichte zu einer kurzfristigen Betrachtungsweise bei Managern führen, daß Maßnahmen getroffen werden, um diese Bilanzen optisch aufzubessern, und es dabei zu einer Fehlallokation von Firmenmitteln kommt. Zu dieser Kritik siehe beispielsweise: Dannen, "LBOs: How long can this go on?", S. 155; Spragins; Oneal; Phillips; Zellner, "When Power Investors Call the Shots", S. 49.

[98] Oneal; Foust; Hof, "For these Companies, Debt was just what the Doctor ordered", S. 43.

[99] Lowenstein, "Management Buyouts", S. 756; Sloan, "From $2.75 - $20 - the new math", S. 42.

[100] Milde, "Übernahmefinanzierung und LBO-Transaktionen", S. 655-656.

[101] So kommentierte beispielsweise John Kimes, der Controller von NI Industries Inc., die Verdoppelung der Umschlagshäufigkeit und Verkürzung der durchschnittlichen Debitorenlaufzeit mit den Worten: "You could do that as a public company, but the psychology of the thing cause you to pay more attention". Siehe bei Hill; Williams, "Buyout Boom", S. 6.

2. Effizienzsteigerungen durch den 'Markt für Unternehmenskontrolle'

Hostile takeovers stellten eines der besonderen Kennzeichen der Übernahmewelle der 80er Jahre dar[102]. Diesem Übernahmetypus wiederum wird nun eine besondere effizienzsteigernde Wirkung zugestanden, die mit dem Begriff 'Markt für Unternehmenskontrolle' oder *'market for corporate control'* überschrieben wird. Dabei kommen feindliche Übernahmen dann zum Zuge, wenn andere interne Mechanismen versagt haben.

A. Funktionsweise des 'Marktes für Unternehmenskontrolle'

Das Konzept des Marktes für Unternehmenskontrolle steht in engem Zusammenhang mit der Kapitalmarkttheorie, die besagt, daß durch funktionierende Kapitalmärkte die Kapitalkosten einzelner Firmen gesenkt werden. Existieren Aktienmärkte, so können Investoren ihre Mittel in ein Portfolio, bestehend aus den Anteilen vieler Unternehmen, investieren und somit firmen- oder branchenspezifische Risiken umgehen. Sie tragen nur noch ein sogenanntes allgemeines Marktrisiko, beispielsweise das einer Rezession, dem alle Unternehmen mehr oder weniger gleichermaßen unterliegen. Die Möglichkeit, firmen- oder brancheninterne Risiken durch Diversifikation zu eliminieren, führt dazu, daß diese Risiken nicht mehr entlohnt werden müssen und demzufolge die Kapitalkosten sinken[103]. Diesen sinkenden Kapitalkosten stehen nun allerdings neue, speziell mit der Form der Aktiengesellschaft zusammenhängende Kosten, die sogenannten *agency costs*, gegenüber.

a) Die Problematik der *agency costs*

Aktiengesellschaften zeichnen sich durch eine Trennung des Eigentums an und der Kontrolle über das Unternehmensvermögen aus. Die Aktionäre als Eigentümer, oder im Zusammenhang mit *agency costs* auch als *principal* bezeichnet, legen die Kontrolle über ihr Vermögen in die Hände von Managern, auch *agents* genannt, mit der Maßgabe, es in ihrem, das heißt dem Sinne der Aktionäre, zu verwalten. Diese Aufteilung stellt an sich eine sehr effiziente Form der Ressourcenverwendung dar, da diejenigen, die unternehmerische Fähigkeiten besitzen, oftmals nicht über das nötige Kapital verfügen, und umgekehrt. Beide Seiten stimmen der Rollenverteilung zu, weil sie darin die Möglichkeit sehen, ihre persönlichen Ziele zu realisieren, doch haben beide diesbezüglich nicht unbedingt die gleichen Vorstellungen. Daß diese Aufteilung von Eigentum und Kontrolle nicht unproblematisch ist und dem Management erheblichen Spielraum läßt, wurde schon sehr früh erkannt. So stellten die beiden Amerikaner,

---

[102] Siehe dazu die Ausführungen im Kapitel 2, Abschnitt II.1.
[103] Jensen, "Eclipse of the Public Corporation", S. 64.

Adolf A. Berle und Gardiner C. Means, in einer 1932 veröffentlichten, grundlegenden und richtungsweisenden Studie fest:

> "In examining the break up of the old concept that was property and the old unity that was private enterprise, it is therefore evident that we are dealing not only with distinct but often with opposing groups, ownership on the one side, control on the other - a control which tends to move further and further away from ownership and ultimately to lie in the hands of the management itself, a management capable of perpetuating its own position"[104].

Die Zielsetzung der Aktionäre liegt in einer höchstmöglichen Verzinsung ihrer Einlage, die der Führungskräfte in einer Maximierung ihres Arbeitseinkommens. Dieses wiederum setzt sich sowohl aus monetären Komponenten, zum Beispiel dem Gehalt, Wertsteigerungen und Dividendeneinkünften auf die von ihnen gehaltenen Firmenanteile oder Nebenleistungen, wie beispielsweise einem Chauffeur oder der privaten Nutzung eines Firmenwagens, und aus nicht-monetären Elementen, wie etwa Macht oder Ansehen innerhalb der gesellschaftlichen Bezugsgruppe zusammen[105]. Die Komponenten des Arbeitseinkommens sind, bis auf die mit den Unternehmensanteilen der Führungskräfte in Zusammenhang stehenden, nun wiederum nicht von der Gewinn- und Rentabilitätsentwicklung der Gesellschaft abhängig, sondern von der Unternehmensgröße und hier vor allem vom Größenwachstum[106]. Hinzu kommt, daß insbesondere bei Nebenleistungen, wie etwa der Lage, Größe und Ausstattung ihrer Büroräume, der Einstellung einer oder zweier eigener Sekretärinnen oder besonderem Luxus auf Geschäftsreisen, die Manager in ihren Entscheidungen weitgehend autonom sind, allein den vollen Nutzen daraus ziehen, die Kosten aber nur in Höhe ihrer Beteiligung tragen. Im Gegensatz zum Eigentümer-Unternehmer, der bei jeder dieser Nebenleistungen den zusätzlichen nicht-monetären Nutzen, den er aus einem angenehmeren Arbeitsumfeld, mehr Freizeit oder weniger anstrengenden Geschäftsreisen zieht, mit den daraus entstehenden Kosten und somit Gewinnschmälerungen vergleicht und sich nur dann, wenn er den Nutzengewinn höher einstuft als die Kostenbelastung, für die Nebenleistung entscheidet, wird beim Manager der Aktiengesellschaft fast immer ersteres überwiegen, da er die Kosten ja nur bruchstückhaft zu tragen hat[107]. Führungskräfte von Publikumsgesellschaften sind daher neben der Gewinnentwicklung auch stark am Größenwachstum der von ihnen geführten Unternehmen interessiert[108]. Um ihre eigene Position zu festigen, werden sie dabei insbesondere darauf achten, in

---

[104] Berle, Adolf A. und Gardiner C. Means, The Modern Corporation and Private Property, New York, 1939, S. 124 (Unveränderter Nachdruck der Erstausgabe von 1932).

[105] Monsen, R. Joseph und Anthony Downs, "A Theory of Large Managerial Firms", The Journal of Political Economy, vol. 73, no. 3, 1965, S. 227.

[106] Cooke, Mergers and Acquisitions, S. 28.

[107] Jensen, Michael und William H. Meckling, "Theory of the Firm: Managerial Behavior, Agency Costs and Ownership Structure", Journal of Financial Economics, vol. 3, no. 3, 1976, S. 312-313.

[108] Gefördert wird dieses Streben nach Unternehmenswachstum auch noch dadurch, daß eine Wachstumsstrategie für sie nicht mit persönlichen Belastungen verbunden ist. Während ein Eigentümer-Unternehmer auf gegenwärtigen Konsum verzichten muß, um durch Investitionen seine Unternehmung zu vergrößern, haben die Führungskräfte von Aktiengesellschaften diese Konsequenz nicht zu tragen. Vielmehr legen sie die Folgen solcher intertemporären Konsumentscheidungen allein den Aktionären auf. Marris, Robin, "A Model of 'Managerial' Enterprise", The Quarterly Journal of Economics, vol. 77, no. 2, 1963, S. 187-188.

solche Geschäftszweige zu investieren, für die sie sich besondere Erfahrungen angeeignet haben, auch wenn die dort erzielbaren Renditen im Verhältnis zu anderen Anlagealternativen nicht optimal sind. Ist eine derartige Investition aber erst einmal getätigt, dann ist der Manager aufgrund seines Wissens und seiner Erfahrung in der erreichten Position gefestigt, selbst wenn der gewählte Weg zu Lasten der Wohlfahrtsmaximierung der Aktionäre ging[109]. Diese unterschiedlichen Zielvorstellungen bezüglich der Maximierung des persönlichen Nutzens führen bei Aktiengesellschaften zu einem ersten Interessenkonflikt zwischen Aktionären und dem Management. Ein zweiter resultiert aus den unterschiedlichen Risikoeinstellungen der beiden Gruppen. Aktionäre nehmen in bezug auf das firmenspezifische Risiko eine weitgehend neutrale Haltung ein, da sie durch Diversifikation ihres Vermögens dessen eventuelle Konsequenzen relativ gering halten können. Manager hingegen, deren größte Einkommenskomponente im beschäftigungsabhängigen Gehalt liegt, sind vom firmenspezifischen Risiko wesentlich stärker betroffen. Fehlschläge des Unternehmens durch riskante Entscheidungen können für sie im äußersten Falle einen Arbeitsplatzverlust bedeuten, der neben den gravierenden monetären Folgen auch noch mit einem Ansehensverlust einhergeht. Sie werden daher eine risikoaverse Haltung[110] einnehmen und sehr unsichere Investitionen ebenso vermeiden wie besonders riskante Kapitalbeschaffungsmethoden. Sie werden deswegen die Verschuldung eher gering halten und möglichst viel des Gewinnes einbehalten, um auf eine Finanzierung von Investitionen durch den Kapitalmarkt verzichten zu können. Darüber hinaus wird ihnen daran gelegen sein, eine gewisse Liquiditätsreserve zu halten, um gegen kurzfristige finanzielle Engpässe abgesichert zu sein[111]. Hohe Liquiditätsreserven und eine geringe Verschuldung wiederum führen zu einer nicht optimalen Eigenkapitalrentabilität, und so entsteht aus diesem unterschiedlichen Risikobewußtsein ein zweiter Interessenkonflikt. Schließlich können Interessenkonflikte auch noch entstehen, wenn sich bei Managern, beispielsweise gegen Ende ihrer Karriere, eine gewisse Bequemlichkeit einschleicht und sie profitable Investitionsmöglichkeiten nicht mehr verfolgen, weil sie die damit verbundenen Mühen, wie etwa das Erlernen einer neuen Technologie, nicht mehr auf sich nehmen wollen, insbesondere dann, wenn die Erträge dieser Anstrengungen nicht mehr auf sie selbst zurückfallen[112].

So entstehende Interessenkonflikte wiederum verursachen Kosten, die sogenannten *agency costs*, die darin liegen, daß einmal der Unternehmenswert nicht so hoch ist, wie er bei einem gewinnoptimierenden Verhalten der *agents* sein könnte, und zum anderen kostenträchtige

---

[109] Shleifer, Andrei und Robert W. Vishny, "Management Entrenchment: The Case of Manager-Specific Investments", Journal of Financial Economics, vol. 25, no. 1, 1989, S. 134-136; Marris, "A Model of 'Managerial' Enterprise", S. 187-188.

[109] Shleifer; Vishny, "Management Entrenchment: The Case of Manager-Specific Investments", S. 134-136

[110] Der Grad der Risikoaversion hängt, unter anderem, auch davon ab, ob die Führungskräfte ihr Wissen leicht auf andere Unternehmen transferieren können oder sehr viel firmenspezifisches Humankapital gebildet haben.

[111] Marris, "A Model of 'Managerial' Enterprise", S. 188-189. Auch stehen Kompensation und Sanktionen riskanter Investitionen mit hohem Ertragswert, aber gleichzeitig hohem Risiko beim Management nicht in einem ausgeglichenen Verhältnis. Die eventuellen Gewinne solcher Entscheidungen fließen größtenteils den Aktionären zu, die eventuellen Konsequenzen eines Scheiterns treffen das Management hingegen sehr stark.

[112] Jensen; Meckling, "Theory of the Firm: Managerial Behavior, Agency Costs and Ownership Structure", S. 313.

Kontrollmechanismen notwendig sind, die ein zu weites Abweichen der Manager von einem gewinnmaximierenden Verhalten sicherstellen sollen[113].

b) Das Versagen interner Kontrollmechanismen

Um Interessenkonflikte zwischen dem Management und den Eigentümern möglichst gering zu halten, sind bei Aktiengesellschaften verschiedene Kontrollmechanismen vorgesehen. Allerdings bleibt deren praktische Wirksamkeit häufig weit hinter der theoretischen Konzeption zurück.
Das wesentliche interne Kontrollmedium, mit Hilfe dessen die Aktionäre versuchen können, die Entscheidungen des Managements in ihrem Interesse zu lenken, ist das *board of directors*. Dem *board of directors* obliegt es, die Unternehmensführung zu überwachen, eine Funktion, bei deren Ausübung es den Aktionären gegenüber verpflichtet ist. Es ist formal gesehen dem Management gegenüber unabhängig und hat die Aufgabe wie auch die Machtbefugnis den *chief executive officer* einzustellen beziehungsweise zu entlassen, wesentliche unternehmerische Projekte zu überwachen und auch einzustellen und die Gesamtstrategie der Gesellschaft festzulegen[114]. In der Praxis allerdings ist das *board of directors* selten effektiv bei der Wahrnehmung seiner Kontrollaufgaben und der Unterbindung von nicht-wertmaximierendem Verhalten seitens des Managements[115]. Zum einen haben die *outside directors*[116], denen diese Kontrollaufgaben ganz besonders zukommen, häufig selbst ein Interesse an der Kontinuität des Managements, weil sie beispielsweise als rechtliche oder wirtschaftliche Berater für das Unternehmen tätig sind, zum anderen sind sie in der Regel weit weniger aktiv, als von ihnen erwartet wird[117]. Selbst wenn das *board of directors* fest entschlossen ist, seiner Fürsorge-

---

[113] Genauer lassen sich die *agency costs* dabei in drei Komponenten aufteilen. Einmal sind dies *monitoring costs*, das heißt Kosten der Überwachung, um sicherzustellen, daß Manager nicht zu sehr von dem von ihnen erwarteten Verhalten abweichen. Daneben wird auch der *agent* selbst bisweilen Aufwendungen tätigen und Kosten, sogenannte *bonding costs*, verursachen, um von sich aus ein Abweichen vom gewinnmaximierenden Verhalten in Grenzen zu halten und dies auch dem *principal* zu signalisieren, beispielsweise mittels freiwilliger Prüfungen durch einen außenstehenden Wirtschaftsprüfer. Dennoch werden Manager von einer Gewinnmaximierung innerhalb der verbliebenen Bandbreite abweichen, und die so entstehenden Verluste bilden die dritte Komponente der *agency costs*, das sogenannte *residual loss*. Zum Begriff der *agency costs* und deren Zusammensetzung s. Jensen; Meckling, "Theory of the Firm: Managerial Behavior, Agency Costs and Ownership Structure", S. 308 und S. 312ff; Johnson, "Golden Parachutes and the Business Judgment Rule: Toward a Proper Standard of Review", S. 915. Zur Höhe der *agency costs* s. Note, "Greenmail Targeted Stock Repurchases and the Management-Entrenchment Hypothesis", S. 13.

[114] Fama, Eugene F. und Michael C. Jensen, "Separation of Ownership and Control", Journal of Law and Economics, vol. 26, no. 2, 1983, S. 313.

[115] Sitzungen des *board of directors* wurden im Laufe der Zeit immer mehr zu rein formalen Angelegenheiten, mit langen Präsentationen, geleitet und kontrolliert durch das Management. Die eigentlich bedeutenden Punkte der Unternehmensführung kamen kaum noch zur Sprache. Johnson, Elmer W., "An Insider's Call for Outside Direction", Harvard Business Review, vol. 68, no. 2, 1990, S. 47.

[116] *Outside directors* sind die Mitglieder des *board of directors*, bei denen keine Personalunion mit dem Management besteht. Zur Zusammensetzung des *board of directors* s. Ausführungen im Kapitel 1, Fußnote 16.

[117] Theoretisch gesehen sollten die *outside directors* zur Aktivität und intensiven Wahrnehmung ihrer Pflicht durch einen Arbeitsmarkt für ihre Positionen diszipliniert werden, auf dem sie mit anderen qualifizierten

pflicht gegenüber den Aktionären nachzukommen, so hat es gewöhnlich doch nicht die nötigen Informationen, zu entscheiden, ob ein Projekt nun unternehmenswertmaximierend ist, oder nicht. Die Beschaffung der notwendigen Informationen ist sehr kostspielig und zeitaufwendig[118] und dürfte sich für einen Direktor ohne größeren Aktienbesitz in der Firma kaum auszahlen, zumal das Management selbst kaum geneigt sein wird, über das notwendige Maß hinausgehende Informationen an das *board of directors* zu dessen Kontrollausübung weiterzuleiten[119]. Im Gegensatz zum theoretischen Konzept wird es in der Praxis auch weithin als Vorrecht des amtierenden *chief executive officer* angesehen, seinen Nachfolger bestimmen zu können und die Entscheidung dann vom *board of directors* formal bestätigen zu lassen[120]. Das *board of directors* scheidet somit als wirksamer Kontrollmechanismus zur Reduzierung von Interessenkonflikten weitgehend aus. Gleichwohl können die Aktionäre bei nicht gewinnmaximierendem Verhalten des Managements und Versagen des *board of directors* auch selbst Kontrolle ausüben. Dafür ist im amerikanischen Gesellschaftsrecht das *proxy*-System vorgesehen, mittels dessen einzelne Aktionäre zunächst den Austausch des *board of directors* und daran anschließend den des Managements erwirken können[121]. Doch sind *proxy contests* für die Angreifer ausgesprochen teuer[122], die Erfolgsaussichten nicht besonders ermutigend[123], und es besteht ein Trittbrettfahrerproblem, da nur die Gruppe, die den *proxy contest* anstrebt, mit seinen Kosten belastet wird, der potentielle Erfolg jedoch allen Anteilseignern gleichermaßen zukommt[124]. So weist das *proxy*-System zu viele Hürden auf, als daß es einen wirksamen Kontrollmechanismus darstellen könnte.

---

potentiellen Kandidaten um vakante Direktorenposten konkurrieren. Sie wollen sich demnach durch die intensive Wahrnehmung ihrer Aufgaben eine Reputation als Experten im innerbetrieblichen Kontroll- und Entscheidungsprozess erwerben. Fama, Eugene F., "Agency Problems and the Theory of the Firm", Journal of Political Economy, vol. 88, no. 2, 1980, S. 294; Fama; Jensen, "Separation of Ownership and Control", S. 315. Jedoch zeigt sich in der Praxis, daß sie, sobald sie einmal eine Direktorenposition innehaben, weit weniger aktiv sind, als sie es in den Positionen ihrer bisherigen Laufbahn waren, mit denen sie sich für ein Direktorenamt qualifiziert haben. Bawly, Dan, "What is The Board of Directors Good For?", Long Range Planning, vol. 19, no. 3, 1986, S. 22.

[118] *Outside directors* verwenden im Durchschnitt etwa acht bis zehn Stunden pro Monat auf ihre Tätigkeit als Mitglied des *board of directors*. Den größten Teil davon verbringen sie in Sitzungen und Komitees, denen sie aufgrund ihrer Direktorenposition angehören, so daß sie im allgemeinen kaum Zeit darauf verwenden, Informationen einzuholen, die über die vom Management zur Verfügung gestellten hinausgehen. Es ist deswegen ausgesprochen ungewöhnlich für das *board of directors*, über eigene unabhängige Informationsquellen zu verfügen. Bawly, "What is The Board of Directors Good For?", S. 23.

[119] Shleifer; Vishny, "Value Maximization and the Acquisition Process", S. 9.

[120] Ibid., S. 9. Dieses Procedere konnte sich fatal auswirken, zumal es bei amerikanischen Unternehmen zur gängigen Praxis geworden war, daß der aus seinem Amt ausscheidende *chief executive officer* einen Platz im *board of directors* einnahm. Es bestand somit eine enge Verbindung zwischen dem nunmehr als Kontrolleur Tätigen und dem Überwachten, die einerseits den neuen *chief executive officer* daran hinderte, sollte er gravierende Fehler seines Vorgängers entdecken, diese als solche aufzudecken und für radikale Reformen einzutreten. Andererseits erschwerte diese Konstellation aber auch eine wirksame Kontrolle des neuen *chief executive officer*, da sein Vorgänger und Förderer gezwungen war, ihn bei einem Fehlverhalten wieder zu entlassen.

[121] Zur Funktionsweise eines *proxy contest* siehe Ausführungen im Kapitel 1, Abschnitt I.1.

[122] Zu den Kosten eines *proxy contest* siehe Kapitel 1, Fußnote 25.

[123] Zu den Erfolgsaussichten für die Angreifer siehe Kapitel 1, Fußnote 28.

[124] Cook, What the Economics Literature Has to Say About Takeovers, S. 2.

Es ist die besondere Struktur amerikanischer Kapitalmärkte, die darauf ausgerichtet ist, eine hohe Zahl von Anlegern und eine rege Markttätigkeit zu fördern[125], die die Anonymität zwischen Aktionären und Unternehmensführung verstärkt, das Trittbrettfahrerproblem bei jeder Art der Überwachungstätigkeit der Anteilseigner auftreten läßt und somit eine wirksame Aktionärskontrolle verhindert[126].

Eine Möglichkeit, den Interessenkonflikt zwischen Unternehmensführung und Anteilseignern zu verringern, läge darin, das Entlohnungssystem für Manager zu ändern und deren Bezahlung und Nebenleistungen mehr an ein gewinnmaximierendes Verhalten anzupassen und weniger an die Unternehmensgröße, beispielsweise durch eine stärkere Bezahlung in Aktien[127]. Doch kann auch ein solches System nur bedingte Wirkung zeigen, da sich das Aktienpaket der Führungskräfte nur langsam erhöht und bei einem Konsum von Nebenleistungen innerhalb der Unternehmung noch immer der größte Teil der Kosten zu Lasten der anderen Aktionäre geht. Auch bedürfte es dann intensiverer und somit teurerer Überwachungssysteme, um sicherzustellen, daß die Unternehmensführung tatsächlich erhöhte Gewinne erwirtschaftet und nicht nur buchmäßig durch die Ausnutzung von Spielräumen ausgewiesen hat[128]. Weiterhin ist die

---

[125] Die Kapitalmärkte der USA zeichnen sich durch eine enorm hohe Zahl von Anlegern, häufig auch Kleinanlegern, aus. Viele amerikanische Unternehmen sind Publikumsgesellschaften mit Tausenden von Aktionären. Das amerikanische Kapitalmarktrecht ist darauf ausgelegt, dieses System zu schützen, um die Liquidität der Kapitalmärkte zu sichern und Aktienbestände in den Händen von Kleinanlegern zu gewährleisten. So werden etwa Aktionären mit einem Anteilsbesitz von mehr als zehn Prozent besondere Veröffentlichungs- und Treuepflichten auferlegt, die sie unter anderem verpflichten, Gewinne aus kurzfristigen Handelsgeschäften an das Unternehmen abzuführen. Dies hat zur Folge, daß es einmal weniger Großaktionäre gibt, deren Beteiligungshöhe die Kosten, die mit einer Kontrollfunktion einhergehen, rechtfertigen würden. Zum anderen tragen die regulatorischen Vorschriften dazu bei, daß auch die institutionellen Investoren, die insgesamt etwa 40 Prozent der Unternehmenswerte amerikanischer Unternehmen halten und somit dafür prädestiniert wären, Direktorenpositionen einzunehmen, kaum Interesse daran haben, Kontrolle auf diese Weise auszuüben. Stellen sie ein Mitglied des *board of directors*, so sind sie bei ihren Handelstätigkeiten einer äußerst strengen Überwachung ausgesetzt und ebenfalls dazu verpflichtet, kurzfristige Handelsgewinne an die Unternehmung weiterzuleiten. Bhide, Amar, "Efficient Markets, Deficient Governance", Harvard Business Review, vol. 72, no. 6, 1994, S. 130-132.

[126] Auch eine Kontrolle durch die Banken, wie sie beispielsweise in der Bundesrepublik Deutschland oder in Japan existiert, wenn Vertreter solcher Institute Positionen in Aufsichtsratsgremien einnehmen und bei der Überwachung der Unternehmensführung eine wichtige Rolle spielen, ist in den USA so nicht möglich. Der *Glass-Steagall Act* untersagt es sowohl Geschäfts- als auch Investmentbanken, einen Sitz in einem *board of directors* einzunehmen. Das starke Engagement der Kreditinstitute bei der Unternehmenskontrolle und Aufsichtsratmandate in den Händen von Banken sind in der Bundesrepublik Deutschland heftig umstritten. In den USA wird inzwischen aber eine verstärkte Kontrollfunktion durch Großaktionäre häufiger befürwortet. Bhide, "Efficient Markets, Deficient Governance", S. 131ff.; Grundfest, Joseph A., "Subordination of American capital", Journal of Financial Economics, vol. 27, no. 1, 1990, S. 89ff.; DeLong, "What Morgan Wrought", S. 21. Zur Kritik an der Kontrollfunktion der Banken in der Bundesrepublik Deutschland siehe beispielsweise: Herz, Wilfried, "Banken: Streit um die Macht der Kreditanstalten", Wirtschaftswoche, Jg. 44, Nr. 28, 1989, S. 14-15; o. V., "'Banken-Macht' wirkt negativ", Handelsblatt, 25. August 1994, S. 9; Neuber, Friedel, "Die Macht der Banken", Zeitschrift für das gesamte Kreditwesen, Jg. 43, Nr. 1, 1990, S. 18-23; o. V., "Die Last der zehn Aufsichtsratsposten", Süddeutsche Zeitung, 26. Januar 1995, S. 39.

[127] Möglich wäre auch, die Mitglieder des *board of directors* mit Aktienpaketen anstatt Barmitteln zu entlohnen, einhergehend mit dem Verbot, diese während ihrer Amtszeit zu veräußern, um somit dort den Anreiz zur Kontrolle und intensiven Betätigung zu vergrößern. Shleifer; Vishny, "Value Maximization and the Acquisition Process", S. 18-19.

[128] Walsh, James P. und James K. Seward, "On the Efficiency of Internal and External Corporate Control Mechanisms", Academy of Management Review, vol. 15, no. 3, 1990, S. 428.

Gewinnsituation auch von vielen Faktoren außerhalb des Einflußbereiches des Managements abhängig, so daß ein Anreizsystem, das auf die Gewinnentwicklung focusiert ist, auch motivationshemmend wirken kann.

c) Der 'Markt für Unternehmenskontrolle' als externes Kontrollmedium

Manager von Publikumsgesellschaften haben also die Möglichkeit, Strategien zu entwickeln, die zwar ihren eigenen Interessen entsprechen, nicht aber das Wohl der abwesenden Eigentümer maximieren. Dort wo dies geschieht, tritt nun bei versagenden traditionellen Überwachungsmechanismen der 'Markt für Unternehmenskontrolle' als externes Kontrollmedium in Kraft. Grundannahme für ein Funktionieren dieser Art der Unternehmenskontrolle ist jedoch, daß eine hohe Korrelation zwischen der Effizienz der Geschäftsführung und dem Marktpreis der Aktien besteht[129]. Ist diese vorhanden, dann wird die Wahl nicht gewinnmaximierender Strategien durch das Management zu einem Absinken des Börsenkurses im Vergleich zu dem anderer Unternehmen der gleichen Branche beziehungsweise dem Markt allgemein führen und außenstehenden Investoren, die dies erkennen und zu einer effizienteren Führung der Unternehmung bereit und in der Lage sind, die Möglichkeit eröffnen, einen Kapitalgewinn zu erzielen. Solche Investoren kaufen nun am Aktienmarkt genügend Anteile auf, um die Unternehmung kontrollieren zu können, ersetzen das bisherige Management, bringen neue, gewinnmaximierende Strategien ein und profitieren vom gestiegenen Wert ihrer Anteile[130]. Da die amtierenden Führungskräfte, wegen der für sie mit einem solchen Eigentümerwechsel stets verbundenen Konsequenzen, versuchen werden, sich dagegen zu wehren, werden Effizienzsteigerungen dieser Art eher durch *hostile takeovers* erreicht. Es muß sich gleichwohl nicht immer um ein reines *hostile takeover* handeln. Vielmehr kann das erste Angebot feindlicher Natur sein, der letztendliche Käufer jedoch ein *white knight*. Auch kann die Transaktion zwar feindlich eingeleitet werden, dem amtierenden Management durch Verhandlungen, begleitet von der Drohung des *hostile tender offer*, aber doch noch eine Zustimmung abgerungen werden, so daß die Transaktion letztendlich, zumindest nach außen hin, nicht mehr als *hostile takeover* abgeschlossen wird. Ausschlaggebend ist jedoch, daß der Käufer die zukünftige und neue Unternehmensstrategie bestimmt und implementiert[131]. Gefördert werden solche *tender offers* nun wiederum durch die Struktur des amerikanischen Kapitalmarktrechts, das eine anderweitige Aktionärskontrolle erschwert und mit der Unternehmensführung unzufriedenen Aktionären häufig keine andere Wahl läßt, als dies durch ein *voting with their feet* und einen Verkauf der Anteile - zumal meist für eine hohe Prämienzahlung - zum

---

[129] Manne, "Mergers and the Market for Corporate Control", S. 112.

[130] Zur Wirkungsweise des *market for corporate control* s. Manne, "Mergers and the Market for Corporate Control", S. 112-113; Scherer, "Corporate Takeovers: The Efficiency Arguments", S. 69-70.

[131] Nicht nur bei *hostile takeovers* kommt es nach der Übernahme zu einem Austausch des Managements. Eine Studie der Graduate School of Business der University of Denver ergab, daß bei 65 Prozent der untersuchten Übernahmen der Jahre 1984 bis 1988 der *chief executive officer* nach der Übernahme das Unternehmen verließ. Bei *hostile takeovers* geschah dies in fast allen Fällen (96 Prozent). O. V., "Business Bulletin", The Wall Street Journal, 19. März 1992, S. 1.

Ausdruck zu bringen[132]. *Tender Offers* können in diesem System als ein Mittel gesehen werden, ineffizientes Verhalten von Führungskräften zu eliminieren. Ein funktionierender Markt für Unternehmenskontrolle wirkt dabei in zweierlei Hinsicht. Einmal durch tatsächlich stattfindende Übernahmen und dem Austausch nicht wertmaximierender Managementteams und zum anderen durch eine abschreckende Wirkung. Die konstante Suche nach unterbewerteten Zielgesellschaften ist stetiger Anreiz für Führungskräfte, ihre Leistung zu verbessern beziehungsweise nachteilige Handlungen für die Aktionäre zu unterlassen, um das Unternehmen nicht zur potentiellen Zielgesellschaft eines feindlichen Übernahmeversuches werden zu lassen.

B. Grenzen der Wirksamkeit des 'Marktes für Unternehmenskontrolle'

Die Befürworter der Theorie eines funktionierenden *market for corporate control*[133] sehen darin einen Mechanismus zur Verringerung von Interessenkonflikten zwischen der Unternehmensführung und den Anteilseignern und somit zur Senkung der *agency costs*. So argumentieren Frank H. Easterbrook und Daniel R. Fischel:

> "Tender offers are a method of monitoring the work of management teams. Prospective bidders monitor the performance of managerial teams..... When the difference between the market price of a firm's shares and the price those shares might have under different circumstances becomes too great, an outsider can profit by buying the firm and improving its management ..... The source of the premium is the reduction in agency costs, which makes the firm's assets worth more in the hands of the acquirer than they are worth in the hands of the firm's managers"[134].

Nach Alfred Rappaport ist es "[...] impossible to overstate how deeply the market for corporate control has changed the attitudes and practices of U. S. managers"[135]. Seiner Ansicht nach bildet dieser Markt "[...] the most effective check on management autonomy ever devised"[136]. Bei einer genaueren Betrachtung zeigt sich indes, daß das Konzept des *market for corporate*

---

[132] Diese Haltung, bei Unzufriedenheit mit dem amtierenden Management die Aktien zu verkaufen, anstatt anderweitig tätig zu werden, hat sich auch bei den institutionellen Investoren mehr und mehr eingebürgert. Deren Portfolios bestehen meist aus Hunderten von Aktien, wobei die einzelnen Anteile kaum länger als ein Jahr gehalten werden. Bhide, "Efficient Markets, Deficient Governance", S. 132.

[133] Dazu zählen zum Beispiel Michael Jensen, der ehemalige Rechtsprofessor und heutige Bundesrichter Frank Easterbrook und Alfred Rappaport, Professor an der Kellogg Graduate School of Management der Northwestern University.

[134] Easterbrook; Fischel, "The Proper Role of a Targets Management in Responding to a Tender Offer", S. 1173.

[135] Rappaport, Alfred, "The Staying Power of the Public Corporation", Harvard Business Review, vol. 68, no. 1, 1990, S. 100.

[136] Ibid., S. 100.

control von seiner Konzeption her Schwächen aufweist und in seiner Wirkungsweise engen Grenzen unterliegt. Feindliche Übernahmen sind an sich keine besonders effiziente Form der Managementdisziplinierung. Sie sind für den Erwerber ausgesprochen teuer, da hohe Prämien über den aktuellen Börsenkurs zu zahlen sind[137] und darüber hinaus aufgrund der Vielzahl der Aktionäre enorme Transaktionskosten entstehen[138]. Auch ist Grundvoraussetzung für einen funktionierenden Markt ein Niederschlag managerialen Fehlverhaltens in den Aktienkursen der Unternehmung. Trotzdem wird sich auch bei gut funktionierenden Aktienmärkten nicht sofort jede Abweichung des Managements von einer gewinnmaximierenden Strategie in einem sinkenden Aktienkurs niederschlagen. Vielmehr bedarf es sehr grober Führungsmängel, damit der Aktienkurs tief genug fällt, um einen *raider* anzuziehen. Allerdings muß dieses Fehlverhalten gleichzeitig auch auf Entscheidungen beruhen, die rückgängig zu machen sind. Zumindest müssen deren unternehmenswertmindernde Folgen durch die Wahl neuer Strategien umkehrbar sein[139]. Feindliche Übernahmen können Führungskräfte daher nur in engen Bandbreiten disziplinieren, und zwar nur dann, wenn deren Fehlverhalten einerseits groß genug ist, sich in einem derart drastischen Kursrückgang auszuwirken, der die hohen Transaktionskosten rechtfertigt, andererseits aber noch nicht so schlimm ist, als daß die Unternehmung bereits schweren Schaden genommen hätte. Letzteres bestätigt sich auch empirisch dadurch, daß feindliche Übernahmeangebote nur für Unternehmen abgegeben werden, bei denen Insolvenzgefahr noch nicht besteht[140]. Hinzu kommt noch ein weiteres Problem. Die Theorie des *market for corporate control* geht stets davon aus, daß effiziente Manager nach ineffizienten oder nicht gewinnoptimal geführten Unternehmen suchen, um diese dann zu erwerben und durch die Wahl neuer Strategien einem höheren Unternehmenswert zuzuführen, das heißt, daß die Manager der Übernahmegesellschaften danach streben, den Wohlstand ihrer Aktionäre zu mehren, die der Zielgesellschaften dies dagegen nicht tun. Akquisitionen können von Führungskräften aber auch deswegen durchgeführt werden, weil sie dadurch 'ihr' Unternehmen vergrößern und somit ihren Macht- und Einflußbereich erweitern. Ziel eines Unternehmenskaufes kann es sein, das eigene Unternehmen zu diversifizieren, beispielsweise weil es in einem Industriezweig angesiedelt ist, dessen Produkte sich im Produktlebenszyklus schon in einem fortgeschrittenen Stadium befinden. Das Management will mit der Unternehmenserweiterung daher unter Umständen lediglich eine Diversifizierung des Unternehmensrisikos und eine Sicherung des eigenen Arbeitsplatzes erreichen[141]. Branchenspezifisches *know-how* ist freilich ein teures Gut, das von den neuen Managern in einem langwierigen und kostspieligen Prozeß erst erworben werden muß. Es müssen somit bei weitem nicht nur wertsteigernde Motivationen hinter Akquisitionen stehen, vielmehr können diese auch einem

---

[137] Siehe dazu Ausführungen im Abschnitt I.1.

[138] Es entstehen auf beiden Seiten Werbungskosten, um die Aktionäre zu überzeugen, ihre Anteile zu veräußern beziehungsweise dies nicht zu tun, sowie Gebühren für Investmentbanken. Auch folgen feindlichen Übernahmeangeboten fast routinemäßig gerichtliche Klagen der Zielgesellschaft als erste Abwehrmaßnahme, die für beide Seiten mit hohen Rechts- und Beratungskosten verbunden sind. Siehe dazu Äußerungen im Kapitel 2, Abschnitt IV.3.A. Diese hohen Transaktionskosten stellen dabei auch einen gesellschaftlich relevanten Effizienzverlust dar. Schnitzer, Monika, Takeovers and Tacit Collusion, Bonn, 1991, S. 51.

[139] Coffee, John C., "Regulating the Market for Corporate Control: A Critical Assessment of the Tender Offer's Role in Corporate Governance", Columbia Law Review, vol. 84, no. 5, 1984, S. 1200-1204.

[140] Ibid., S. 1200-1204.

[141] Shleifer; Vishny, "Value Maximization and the Acquisition Process", S. 13-14.

auf den eigenen Nutzen gerichteten Verhalten der Führungskräfte entspringen[142]. Selbst wenn die Käufer glauben, bessere Strategien für die Führung der Zielgesellschaft zu besitzen als dessen amtierendes Management, so muß sich dies bei weitem nicht immer als zutreffend herausstellen. Feindliche Übernahmen zeichnen sich dadurch aus, daß dem Erwerber nur öffentliche Informationen zugänglich sind, er somit Schwierigkeiten bei der Implementierung seiner Strategien nur schwer abschätzen kann und die alleinige Effizienzquelle in den Fähigkeiten des neuen Managements liegt[143]. Eine Ablehnung durch die Arbeitnehmer der Zielgesellschaft, Integrationsprobleme oder Schwierigkeiten, sich firmen- beziehungsweise branchenspezifisches *know-how* anzueignen, können dazu führen, daß die beabsichtigte Effizienzsteigerung nicht eintrifft.

Der Theorie des 'Marktes für Unternehmenskontrolle' zufolge müßten solche nicht durch Effizienzsteigerungen motivierte oder in dieser Hinsicht nicht erfolgreiche Übernahmen wiederum durch den Markt sanktioniert werden, das heißt, diese Unternehmen würden dadurch selbst zu einer potentiellen Zielgesellschaft werden. Tatsächlich scheint dies auch der Fall zu sein. Mark E. Mitchell und Kenneth Lehn zeigen, daß bei Firmen, deren Aktienkurs als Reaktion auf eine Übernahme stark fiel, nach einiger Zeit die Wahrscheinlichkeit, selbst Zielgesellschaft zu werden, stieg[144]. Wenn jedoch die abschreckende Wirkung allein nicht groß genug ist, effizientes Verhalten bei Führungskräften zu erreichen, und es unter Umständen mehrerer Übernahmen bedarf, bis sich die Unternehmensressourcen in den Händen des effizientesten Managementteams befinden, dann arbeitet der Markt mit hohen Reibungsverlusten, und es muß unter Berücksichtigung der enormen Transaktionskosten die Frage gestellt werden, ob nicht eine Verbesserung der internen Kontrollmechanismen oder der Anreizsysteme der geeignetere Weg wäre, manageriales Verhalten mehr in Einklang mit Aktionärsinteressen zu bringen.

---

[142] Herman; Lowenstein, "The Efficiency Effects of Hostile Takeovers", S. 213-214.

[143] Potentielle Synergiequellen lassen sich vor der Übernahme nur äußerst schwer evaluieren und sollten deswegen bei der Entscheidung zum Kauf keine Rolle spielen.

[144] Mitchell, Mark L. und Kenneth Lehn, "Do Bad Bidders Become Good Targets?", Journal of Political Economy, vol. 98, no. 2, 1990, S. 375-376. So versuchte beispielsweise die Goodyear Tire & Rubber Co. im Jahr 1983 mit dem Erwerb der Celeron Oil Corp., den Einstieg in das Ölgeschäft zu finden. Die Bekanntgabe der Transaktion ging mit einem sofortigen zehnprozentigem Kursrückgang der Aktien der Goodyear Tire & Rubber Co. einher, der sich innerhalb einer Woche auf einen Rückgang von fünfzehn Prozent erhöhte. Goodyear investierte in den folgenden Jahren über zwei Milliarden Dollar in das Ölgeschäft. Dies führte im Jahr 1986 zu einem feindlichen Übernahmeangebot durch Sir James Goldsmith, das die Firma zwar abweisen konnte, sie aber zwang, einen großen Teil ihrer konglomeraten Unternehmensdivisionen zu veräußern, darunter auch wesentliche Teile der Celeron Oil Corp. O. V., "Raiders Who Get Raided", The Wall Street Journal, 14. Dezember 1988, S. A12.

3. Effizienzsteigerungen durch die Ausschüttung 'freien cash flows'

Unternehmensübernahmen können ferner dazu beitragen, daß es zu Rentabilitätserhöhungen innerhalb von Unternehmen kommt und gleichzeitig Effizienzsteigerungen durch verbesserte Ressourcenallokation über einzelne Unternehmen hinweg erzielt werden. Effizienzsteigerungen dieser Art betreffen sowohl *hostile tender offers* als auch *leveraged buyouts*. Die oben bereits ausgeführten Interessenkonflikte treten nicht bei allen Unternehmen gleichermaßen auf. Dort wo Firmen einem intensiven Wettbewerb an Absatz- und Beschaffungsmärkten unterliegen oder sich in Wachstumsbranchen befinden und mehr hochprofitable Investitionsobjekte zur Auswahl haben, als sie mit dem erwirtschafteten *cash flow* finanzieren können, ist die Divergenz zwischen dem Verhalten des Managements und den Zielen der Aktionäre eher gering. Die marktlichen Gegebenheiten sorgen dafür, daß keine übermäßigen Liquiditätsreserven gehalten und profitable Investitionsobjekte verfolgt werden[145]. Bei reifen Unternehmen jedoch, die sogenannten 'freien *cash flow*' zur Verfügung haben, ist die Gefahr von Interessenkonflikten groß[146]. Dabei versteht man unter 'freiem *cash flow*' den Teil der erwirtschafteten Mittel, der dem Unternehmen nach Abzug der benötigten Finanzmittel für alle Investitionsprojekte mit positivem Barwert verbleibt[147]. Der sollte an die Aktionäre ausgeschüttet und von diesen in Unternehmen in Wachstumsbranchen neu investiert werden, doch weigern sich Manager häufig, auf diese Art und Weise die Kontrolle über 'freien *cash flow*' aufzugeben. Die Aktionäre haben keine rechtliche Möglichkeit, die Ausschüttung der Ressourcen einzufordern. Manager ziehen es aus den bereits dargelegten Motiven der Sicherheit, der Unabhängigkeit vom Kapitalmarkt, des mit wachsendem innerbetrieblichen Vermögen steigenden Einkommens, Prestige und Machtgefühls vor, solche Mittel nicht auszuschütten. Schließlich besteht auch die Gefahr, daß der 'freie *cash flow*' von Führungskräften im Rahmen einer Diversifikationsstrategie in Projekte mit nur niedriger Verzinsung oder gar negativem Barwert investiert wird. Dies stellt nicht nur eine Verletzung der Aktionärsinteressen, sondern auch eine gesamtwirtschaftlich ineffiziente Ressourcenallokation dar.
Solche Ineffizienzen und Interessenkonflikte können nun sowohl durch *leveraged buyouts* als auch *hostile tender offers* beseitigt werden. Bei einem *hostile tender offer* muß sich der außenstehende Investor, um den Kauf der Anteile von den bisherigen Aktionären finanzieren zu können, hoch verschulden. Zur Rückzahlung dieser Kredite wird nach der Übernahme der im Unternehmen befindliche 'freie *cash flow*' verwendet. Dessen Ausschüttung wiederum bewirkt einerseits eine Reduzierung von Interessenkonflikten und andererseits über die Neuinvestition bei den Aktionären eine effizientere Ressourcenallokation[148]. Gleichzeitig verpflichten sich die Unternehmen über einklagbare Zins- und Tilgungszahlungen auch zukünftig zur Ausschüttung dieser Mittel, die dann über die Kapitalmärkte an die Unternehmen in Wachstumsbranchen weitergeleitet werden. Auch dort, wo *hostile tender offers* nicht in dem Sinne erfolgreich verlaufen, daß die Übernahme tatsächlich gelingt, wird das Ziel der Ausschüttung des freien *cash flow* erreicht, da das Management in solchen Fällen gezwungen wird, zur Abwehr

---

[145] Jensen, "Eclipse of the Public Corporation", S. 64.
[146] Spragins et. al., "When Power Investors Call the Shots", S. 49.
[147] Jensen, "Agency Costs of Free Cash Flow, Corporate Finance and Takeovers", S. 323.
[148] O. V., "Abuses, Real and Imagined", <u>The Wall Street Journal</u>, 10. Juni 1985, S. 22. Unterstellt ist dabei, daß die Aktionäre die an sie ausgeschütteten Mittel wieder neu investieren.

der feindlichen Übernahme eine Restrukturierung, zum Beispiel durch die Ausschüttung einer Sonderdividende oder eines Aktienrückkaufes, vorzunehmen und die freien Mittel dem Markt zur Verfügung zu stellen. Das gleiche geschieht bei einem *leveraged buyout*. Auch hier erfolgt über die Neuverschuldung beim Kauf der Anteile eine Ausschüttung des 'freien *cash flow*', nur daß hier die Disziplinierungswirkung und Reduzierung der Interessenkonflikte freiwillig angestrebt wird[149]. In beiden Fällen ist es gleichwohl die Ausschüttung des 'freien *cash flow*', die einerseits im Unternehmen zum Interessenausgleich von Management und Aktionären beiträgt und andererseits Ressourcen dem Kapitalmarkt zuführt, von dem aus sie an Unternehmen in Wachstumsbranchen weitergeleitet werden[150].

4. Messung erzielbarer Effizienzsteigerungen

Mergers, tender offers und *leveraged buyouts* sind auf verschiedene Art und Weise geeignet, Effizienzsteigerungen zu erzielen. Synergieeffekte lassen sich am ehesten durch freundlich ausgehandelte *mergers* verwirklichen, da hier die notwendigen Voraussetzungen - Informationen über interne Abläufe und Strukturen der Zielgesellschaft - vorhanden sind. Die Disziplinierungswirkung einer erhöhten Verschuldung, einhergehend mit reorganisatorischen Maßnahmen, bildet die Grundlage für Effizienzsteigerungen bei *leveraged buyouts*, wobei hier vor allem die Kombination der beiden Faktoren ausschlaggebend ist. Eine weitere Effizienzquelle stellt schließlich der 'Markt für Unternehmenskontrolle' dar, der vor allem Effizienzsteigerungen durch *hostile takeovers* erklären soll. Daneben wirkt auch bei diesen stets eine hohe Verschuldung disziplinierend, weil diese Transaktionen typischerweise mit viel Fremdkapital finanziert werden.
Es gibt verschiedene Ansätze, um zu überprüfen, ob Zielgesellschaften tatsächlich ineffizient geführt sind und ob Effizienzsteigerungen durch Übernahmen wirklich wie erhofft eintreten. Eine Studie von Hasbrouck kam zu dem Ergebnis, daß Zielgesellschaften eine relativ niedrige *q-ratio*[151] aufweisen[152]. Lang, Stulz und Walkling stellten fest, daß die *q-ratios* der Zielgesellschaften von *tender offers* sich in den fünf Jahren vor der Übernahme rückläufig entwickelten[153]. Morck, Shleifer und Vishny zeigen schließlich, daß es nur die Zielgesellschaften feind-

---

[149] In den späteren 80er Jahren gab es auch Fälle, in denen sich die Grenzen zwischen *leveraged buyouts* und *hostile tender offers* verwischten, wie beispielsweise beim *leveraged buyout* von RJR Nabisco. Siehe dazu Ausführungen im Kapitel 2, Seite 83.

[150] Daß Manager weniger gut zu einer effizienten Ressourcenallokation als der Kapitalmarkt in der Lage sind, hat die Übernahmewelle der 60er Jahre gezeigt. Es kann daher unterstellt werden, daß der Kapitalmarkt das geeignetere Medium ist, eine effiziente Mittelverteilung zu bewerkstelligen.

[151] Unter der *q-ratio* versteht man das Verhältnis des Marktwertes von Eigen- und Fremdkapital zu den Wiederbeschaffungskosten der Unternehmung.

[152] Hasbrouck, Joel, "The Characteristics of Takeover Targets", <u>Journal of Banking and Finance</u>, vol. 9, no. 3, 1985, S. 359.

[153] Sie stellten daneben auch fest, daß dort, wo Bietungsgesellschaften mit einer hohen *q-ratio* Zielgesellschaften mit einer niedrigen *q-ratio* übernahmen, die höchsten Prämien gezahlt wurden. Lang, Larry H. P.; Stulz, Rene M. und Ralph A. Walkling, "Managerial Performance, Tobin's Q, and the Gains from successful

licher Übernahmen waren, die eine niedrige *q-ratio* aufwiesen, und daß sich die der Zielgesellschaften freundlicher Übernahmen hinsichtlich dieser Verhältniszahl nicht von denen der kaufenden Unternehmen unterschieden[154]. Sie zeigen ferner, daß es sich nicht um einzelne Unternehmen handelte, die im Verhältnis zum Branchendurchschnitt eine niedrige *q-ratio* aufwiesen, sondern um ganze Industriezweige, zum Beispiel die Ölindustrie, deren *q-ratios* im Verhältnis zum Marktdurchschnitt niedrig waren[155]. Diese Ergebnisse deuten darauf hin, daß das Management von Zielgesellschaften die ihm zur Verfügung gestellten Ressourcen nicht optimal einsetzte und dies von außenstehenden Investoren auch erkannt wurde. Doch ist die Verwendung von *q-ratios* zur Überprüfung von Effizienzsteigerungen nicht unproblematisch. Zum einen könnten niedrige Verhältniszahlen auch darauf zurückzuführen sein, daß bestimmte Branchen aufgrund äußerer Faktoren bei den Investoren vorübergehend an Gunst verloren und ihre Kurse deswegen zurückgingen[156]. Zum anderen gibt die *q-ratio* keine Auskunft darüber, ob durch die Übernahme Effizienzsteigerungen auch tatsächlich erzielt wurden. Eine weitere, vor allem in den 70er und 80er Jahren zunehmend an Beliebtheit gewonnene Möglichkeit, Unternehmensübernahmen auf ihre Effizienzwirkung zu überprüfen, ist die Verwendung von Kapitalmarktdaten. Dabei handelt es sich um Methoden, die auf der Entwicklung der Börsenkurse von Ziel- und Übernahmegesellschaften vor und nach der Übernahme aufbauen. Grundlegende Annahme bei der Verwendung von Kapitalmarktdaten ist, daß sich die durch die Übernahme bedingten Veränderungen in den Unternehmen in veränderten Kursen niederschlagen[157]. Die Untersuchung von Effizienzwirkungen anhand von Kapitalmarktdaten erfolgt dann durch sogenannte *event studies*[158]. Dabei handelt es sich um eine Methode, die auf dem *capital asset pricing model*[159] aufbaut und Kursbewegungen der Ziel-

---

Tender Offers", Journal of Financial Economics, vol. 24, no. 1, 1989, S. 143-144. Ihre Ergebnisse wurden auch durch eine Studie von Henri Servaes, die sich neben *tender offers* auch auf *mergers* bezog, bestätigt. Servaes, Henri, "Tobin's Q and the Gains from Takeovers", The Journal of Finance, vol. 46, no. 1, 1991, S. 413-418.

[154] Morck, Shleifer und Vishny untersuchten 82 Firmen, die sich 1980 unter denen der Fortune 500 befanden und von denen 40 in den Jahren zwischen 1981 und 1985 Ziel einer Übernahme, die zumindest feindlich begann, wurden. Die restlichen Akquisitionen waren freundlicher Natur. Die Autoren fanden, daß die durchschnittliche *q-ratio* der Zielgesellschaften feindlicher Übernahmen weit unter der der Gesamtgruppe lag, wohingegen die durchschnittliche *q-ratio* bei Zielgesellschaften freundlicher Übernahmen nur unwesentlich und statistisch nicht signifikant vom Gesamtdurchschnitt abwich. Morck, Randall; Shleifer, Andrei und Robert W. Vishny, "Characteristics of Targets of Hostile and Friendly Takeovers", in: Auerbach, Alan, Hrsg., Corporate Takeovers: Causes and Consequences, Chicago, 1988, S. 116.

[155] Ibid, S. 103.

[156] Ibid, S. 117.

[157] Mandelker, Gershon, "Risk and Return: The Case of Merging Firms", Journal of Financial Economics, vol. 1, 1974, S. 305; Gosh, Arabinda, Redefining Excellence, New York, 1989, S. 88-89.

[158] Zum Konzept der *event studies* und den verschiedenen methodischen Ausprägungsformen s. Brown, Stephen J. und Jerold B. Warner, "Measuring Security Price Performance", Journal of Financial Economics, vol. 8, no. 3, 1980, S. 205ff.; Brown, Stephen J. und Jerold B. Warner, "Using Daily Stock Returns", The Journal of Financial Economics, vol. 14, no. 1, 1985, S. 3ff.

[159] Das *capital asset pricing model* wurde in den 60er Jahren entwickelt, ist Bestandteil der Kapitalmarkttheorie und geht davon aus, daß Investoren bei der Anlage ihres Vermögens die Grundsätze der Portfoliotheorie berücksichtigen, das heißt ihr Vermögen diversifiziert anlegen. Ist dies der Fall, läßt sich mit Hilfe des *capital asset pricing model* die aufgrund der allgemeinen Marktentwicklung erwartete Rendite einer Anlage bestimmen. Diese setzt sich zusammen aus dem Marktzins für eine risikofreie Anlage - dazu verwendet man in den USA die Verzinsung von Schatzwechseln - plus einem Risikozuschlag, der sich aus der Differenz der

und Übernahmegesellschaft um den Übernahmezeitpunkt herum mit der aufgrund der normalen Marktentwicklung zu erwartenden Kursentwicklung vergleicht. Das *Center for Research on Security Prices* stellt maschinenlesbare Daten über die täglichen Aktienpreisbewegungen einer großen Anzahl von Unternehmen zur Verfügung und macht es dadurch möglich, das *event studies*-Konzept praktisch anzuwenden[160]. Die Konsequenz dieser beiden Faktoren, eines Modells, mit dem man die Auswirkungen bestimmter Ereignisse auf die Aktienpreisentwicklung von Unternehmen bestimmen kann, und der leichten Zugänglichkeit des dazu benötigten Datenmaterials, ließen *event studies* sehr beliebt werden[161].

Event studies kommen zu sehr beeindruckenden Ergebnissen, vor allem für die Aktionäre der Zielgesellschaften[162]. Zusammen mit den Auswirkungen auf die Aktionäre der Übernahmeunternehmen, für die zumeist weder besonders hohe positive noch besonders gravierende negative Renditeentwicklungen festgestellt werden, wird nun der Rückschluß gezogen, daß, wenn die Aktionäre der Zielgesellschaften beträchtliche Gewinne erzielen, die Aktionäre der Übernahmegesellschaften im allgemeinen mit einem Plus-minus-Null-Ergebnis abschließen, Unternehmensübernahmen effizienzsteigernd sind.

Allerdings sind *event studies* in bezug auf die Fragestellung, ob Übernahmen effizienzsteigernd sind, in vielerlei Hinsicht äußerst problematisch. So ist es beispielsweise nicht möglich, einzelne Effizienzquellen auszumachen, das heißt, es läßt sich nicht feststellen, ob Synergieeffekte, Reorganisationsmaßnahmen, eine erhöhte Verschuldung oder die Senkung von *agency costs* durch die Wirkung des *market for corporate control* den Ausschlag für die Renditeerhöhung gaben[163]. Zum zweiten, und dies ist eine besonders schwerwiegende Kritik, werden monokausale Rückschlüsse von den Kursbewegungen auf Effizienzsteigerungen gezogen[164]. Eine Erhöhung der Renditen für die Aktionäre wird gleichgesetzt mit einer effizienteren Ressourcenallokation. Andere Gewinnmöglichkeiten, beispielsweise die Schaffung und Ausnutzung von Marktmacht durch Übernahmen oder reine Wohlstandstransfers von anderen Interessengruppen des Unternehmens, werden nur indirekt durch Heranziehen anderer Studien

---

Renditeentwicklung des Marktes und der für die risikofreie Anlage, multipliziert mit einem Risikofaktor für das Unternehmen, das sogenannte *beta*, ergibt. Die Rendite des Marktes wird an der Entwicklung eines Marktindexes, wie beispielsweise dem *S&P 500*, gemessen. Das *beta* für das Unternehmen wiederum gibt an, wie sich die Rendite der Gesellschaft im Verhältnis zu der des Marktes entwickelt, wenn keine besonderen unternehmensspezifischen Ereignisse eintreten. *Beta*-Faktoren für einzelne Unternehmen werden von den *rating*-Agenturen Moody's und Standard & Poor's veröffentlicht. Das *capital asset pricing model* gibt somit die Möglichkeit, die Kursentwicklung einer Aktie zu bestimmen, solange keine besonderen, nur auf dieses Unternehmen zutreffende Ereignisse eintreten. Blume, Marshall E. und Irwin Friend, "A New Look at the Capital Asset Pricing Model", The Journal of Finance, vol. 28, no. 1, 1973, S. 19ff.

[160] Scherer, "Corporate Takeovers: The Efficiency Arguments", S. 70.

[161] Siehe beispielsweise bei Caves: "This technique was a genuine innovation - theoretically well grounded, cheap to execute, and able to evade the problem of holding constant other factors that plagues ex post studies of mergers' effects. A better product, available at a lower price naturally swept the intellectual marketplace". Caves, "Mergers, Takeovers and Economic Efficiency", S. 151.

[162] Siehe dazu die Ausführungen im Abschnitt I.

[163] Als Effizienzquelle geben beispielsweise Bradley et al. in der von ihnen durchgeführten Untersuchung an: "The value created by the combination may result from more efficient management, economies of scale, improved production techniques, the combination of complementary resources, the redeployment of assets to more profitable uses, the exploitation of market power, or any number of value-creating mechanisms...". S. Bradley; Desai; Kim, "Synergistic Gains From Corporate Acquisitions and their Division Between the Stockholders of Target and Acquiring Firms", S. 4.

[164] Scherer, "Corporate Takeovers: The Efficiency Arguments", S. 71.

ausgeschlossen. Ihr Aussagegehalt wird auch dadurch beschränkt, daß sie die Entwicklung der Zielgesellschaft nur mit dem allgemeinen Marktdurchschnitt vergleichen und somit nachteilige branchenspezifische Einflußfaktoren nicht berücksichtigen. Schließlich ist bei *event studies* auch der gewählte Betrachtungszeitraum nicht unproblematisch. Sie betrachten in den meisten Fällen nur einen Zeitraum von wenigen Tagen um die Übernahme herum, da das Konzept auf der Gültigkeit der Effizienzmarkthypothese beruht, das heißt davon ausgeht, daß Finanzmärkte effizient arbeiten und deswegen in den Aktienpreisen alle vorhandenen Informationen bezüglich der Unternehmung enthalten sind[165]. Wird nun eine Unternehmensübernahme bekanntgegeben, dann schlagen sich gemäß dieser Annahme alle damit verbundenen Informationen und auch Erwartungen bezüglich der zukünftig erzielbaren Erträge durch das Unternehmen innerhalb kürzester Zeit in den Aktienkursen nieder, und es ist deswegen ausreichend, einen kurzen Zeitraum zu betrachten[166]. *Event studies* sehen das Vorhandensein effizienter Aktienmärkte somit als Axiom an und nicht als noch zu testende Hypothese[167]. Dies ist nicht unproblematisch, sind doch an den Aktienmärkten durchaus Effekte und Einflüsse zu finden, die sich nur schwer mit der Effizienzmarkthypothese in Einklang bringen lassen[168]. Skepsis gegenüber *event studies* als Maß für Effizienzgewinne kommt auch auf,

---

[165] Dabei lassen sich drei Stufen von Effizienz unterscheiden. Im strengen Sinne effizient sind Kapitalmärkte dann, wenn die Kurse zu jedem Zeitpunkt alle verfügbaren Informationen, auch die von Insidern, widerspiegeln. Effizienz im mittelstrengen Sinne liegt vor, wenn zu jedem Zeitpunkt alle allgemein verfügbaren Informationen, zum Beispiel Rechnungslegungsdaten oder Unternehmensanalysen, in den Kursen Niederschlag finden. Im schwachen Sinne effizient sind Kapitalmärkte dann, wenn in den Aktienpreisen lediglich alle Informationen über vergangene Preisbewegungen zum Ausdruck kommen. Für das Konzept der *event studies* ist Voraussetzung, daß die Börsen zumindest im mittelstrengen Sinne effizient arbeiten. Gosh, Redefining Excellence, S. 88-89.

[166] Jedoch ist auch die Wahl des Zeitraumes äußerst problematisch. Selbst wenn man annimmt, daß Aktienmärkte effizient sind und die erzielbaren Effizienzgewinne aus der Übernahme korrekt widerspiegeln, so werden auch vor der offiziellen Abgabe eines Übernahmeangebotes schon Informationen oder Gerüchte über eine bevorstehende Akquisition am Markt kursieren. Es ist aber äußerst schwierig, genau zu bestimmen, wann erste Nachrichten bezüglich des Übernahmeangebotes am Markt bekannt werden, doch ist genau diese Zeitraumbestimmung für das Ergebnis der *event studies* von ausschlaggebender Bedeutung. Herman; Lowenstein, "The Efficiency Effects of Hostile Takeovers", S. 217; Browne; Rosengren, "Are Hostile Takeovers Different?", S. 212-213.

[167] Scherer, "Corporate Takeovers: The Efficiency Arguments", S. 72.

[168] Der Effizienzmarkthypothese zufolge spiegeln die Aktienkurse stets den Barwert der prognostizierten zukünftigen Dividendenerträge wider. Zukünftige Preisänderungen können deswegen nicht durch vergangenheitsorientierte Analysen vorhergesagt werden, sondern treten nur dann ein, wenn neue Informationen am Markt bekannt werden. Aktienkurse folgen daher einem Zufallsweg. Doch weisen Untersuchungen immer wieder darauf hin, daß an den Märkten Anomalitäten auftreten, die dieser These widersprechen. So zeigen beispielsweise DeBondt und Thaler, daß bei Firmen, deren Aktienkurse in fünf vorangegangenen Jahren extrem niedrige Renditen aufwiesen, in den fünf folgenden Jahren abnorm hohe Renditen erzielt werden, wobei der größte Teil dieser Erträge im Monat Januar eintritt. Auch steigen die Aktienwerte generell im Januar außergewöhnlich stark an, und sie sind es wiederum die Kurse kleiner Firmen, die vor allem in den ersten fünf Handelstagen abnorme Renditen aufweisen. Keim, Donald B., "Size Related Anomalies and Stock Return Seasonality", Journal of Financial Economics, vol. 12, no. 1, 1983, S. 20-29; Thaler, Richard H., "Anomalies: The January Effect", Journal of Economic Perspectives, vol. 1, no. 1, 1987, S. 198-201. Schließlich variieren Renditen auch über Wochentage hinweg, mit besonders hohen Erträgen an Freitagen, und fallen besonders häufig an Wochenenden, das heißt, eröffnen an Montagen unter den Schlußkursen des vorangegangenen Freitags. Thaler, Richard, "Seasonal Movements in Security Prices II: Weekend, Holiday, Turn of the Month, and Intraday Effects", Journal of Economic Perspectives, vol. 1, no. 2, 1987, S. 170-172. Robert J. Shiller zeigt in einer Studie, daß Aktienkurse im Zeitablauf sehr viel stärker schwanken als die

wenn man das Konzept auf die Übernahmen der 60er und 70er Jahre anwendet, denn auch dort kommen diese Studien zu positiven Ergebnissen[169], die sich durch ex-post Betrachtungen jedoch nicht bestätigen ließen. Messungen von Effizienzsteigerungen mittels *event studies* sind somit nur beschränkt aussagekräftig. Sie spiegeln die Erwartungen an den Aktienmärkten bezüglich erst zukünftig zu erzielender Unternehmenserfolge wider, die sich nicht unbedingt erfüllen müssen, und können in ihren Aussagen durch an den Märkten herrschende Informationsasymmetrien verzerrt sein[170].

Eine weitere Möglichkeit, Rentabilitäts- und Effizienzwirkungen von Unternehmensübernahmen zu untersuchen, ist die Analyse von Rechnungslegungsdaten. Die Autoren solcher Studien kommen je nach Übernahmeform zu unterschiedlichen Ergebnissen, die teilweise in krassem Gegensatz zu den auf Kapitalmarktdaten basierenden Untersuchungen stehen. Louis Lowenstein analysierte elf Industrieunternehmen, die im Jahr 1981 Ziel eines feindlichen Übernahmeversuches waren und von denen zehn letztendlich auch ihre Selbständigkeit verloren. Er errechnete aufgrund von Rechnungslegungsdaten die Eigenkapitalrenditen dieser Unternehmen und ermittelte bei fünf von ihnen Eigenkapitalrenditen, die höher waren als die der letztlich erfolgreichen Übernahmegesellschaft. Acht der Zielgesellschaften wiesen höhere Eigenkapitalrenditen auf als die zuerst an sie herangetretene Bietungsgesellschaft[171]. Eduard S. Hermann und Louis Lowenstein untersuchten 56 feindliche Übernahmen, die zwischen 1975 und 1983 stattfanden. Aus Rechnungslegungsdaten ermittelten sie Eigen- und Gesamtkapitalrenditen der Ziel- und Übernahmegesellschaften für einen Zeitraum von fünf Jahren vor und nach der Übernahme. Um zu untersuchen, ob sich *hostile takeovers* im Zeitablauf wandelten, verglichen sie dabei Transaktionen, die zwischen 1975 und 1978 stattfanden, mit solchen, die in den Jahren 1981 bis 1983 getätigt wurden. Sie kamen dabei zu erstaunlichen Ergebnissen. Während die Zielgesellschaften der ersten Gruppe in den Jahren vor der Übernahme nur durchschnittliche beziehungsweise leicht unterdurchschnittliche Eigenkapitalrenditen aufwiesen, erwirtschafteten die Zielgesellschaften der Jahre 1981 bis 1983 überdurchschnittliche Renditen, insbesondere in den letzten beiden Jahren vor der Übernahme. Bei den Bietungsgesellschaften war die Entwicklung hingegen eher umgekehrt. Die der Jahre 1975 bis 1978 wiesen vor der Akquisition gute Eigenkapitalrenditen auf und verbesserten diese in den Jahren nach der Übernahme noch weiter. Die Käufer der 80er Jahre hingegen konnten ihre Eigenkapitalrenditen nach dem Unternehmenserwerb nicht halten. Sie

---

abgezinsten Dividendenzahlungen, was wiederum bedeutet, daß die Kursschwankungen stärker ausfallen, als es sich durch Änderungen in den fundamentalen Unternehmensdaten rechtfertigen ließe. Shiller, Robert J., "Do Stock Prices Move Too Much to be Justified by Subsequent Changes in Dividends?", <u>American Economic Review</u>, vol. 71, no. 3, 1981, S. 421ff. Auch bilden sich an Aktienmärkten immer wieder spekulative Blasen, das heißt starke Überbewertungen, denen heftige Kursstürze folgen. Schließlich muß auch berücksichtigt werden, daß Anleger nicht immer nur rational handeln, sondern durch Gerüchte und psychologische Faktoren in ihren Entscheidungen für Aktienkäufe beziehungsweise -verkäufe beeinflußt werden. Shiller, Robert J., "Fashion, Fads, and Bubbles in Financial Markets", in: Coffee, John C.; Lowenstein, Louis und Susan Rose-Ackerman, Hrsg., <u>Knights, Raiders, and Targets</u>, New York, 1988, S. 56ff.

[169] Scherer, "Corporate Takeovers: The Efficiency Arguments", S. 71.

[170] Walsh; Seward, "On the Efficiency of Internal and External Corporate Control Mechanisms", S. 423; Herman; Lowenstein, "The Efficiency Effects of Hostile Takeovers", S. 218; DeBondt, Werner F. M. und Richard Thaler, "A Mean-Reverting Walk Down Wall Street", <u>Journal of Economic Perspectives</u>, vol. 3, no. 1, 1989, S. 200.

[171] Lowenstein, Louis, "Pruning Deadwood in Hostile Takeovers: A Proposal for Legislation", <u>Columbia Law Review</u>, vol. 83, no. 2, 1983, S. 289-290.

verzeichneten unterdurchschnittliche und abnehmende Renditen in den Jahren nach der Übernahme[172]. Auch waren insgesamt gesehen in den beiden Jahren vor dem *takeover* die durchschnittlichen Eigenkapitalrenditen der Zielgesellschaften höher als die der Übernahmefirmen, wobei dies insbesondere für die Fälle galt, in denen die Zielgesellschaften besonders groß waren[173]. Lynn E. Browne und Eric S. Rosengren verglichen verschiedene finanzwirtschaftliche Kennzahlen, wie beispielsweise die Eigenkapitalrentabilität, das Verhältnis von Forschungs- und Entwicklungsausgaben zum Umsatz oder die kurzfristige Liquidität, von Unternehmen, die im Jahr 1985 Ziel eines feindlichen Übernahmeversuches wurden, mit denen von Zielgesellschaften einer freundlichen Akquisition beziehungsweise eines *merger* und einer branchenübergreifenden Kontrollgruppe[174]. Dabei fanden sie bei fast allen Kennzahlen keinen nennenswerten Unterschied zwischen den einzelnen Unternehmensgruppen. Lediglich hinsichtlich der Unternehmensgröße stellten sie fest, daß die Zielgesellschaften feindlicher Übernahmen größer waren als die anderer Akquisitionen[175]. Diese Ergebnisse unterstützen die These einer disziplinierenden Wirkung von *hostile takeovers* für ineffiziente und nicht im Sinne der Aktionäre arbeitende Managementteams nicht. Sie deuten vielmehr darauf hin, daß es in den 80er Jahren mehr die Käufer waren, die nicht die Wohlfahrt der Aktionäre förderten, und daß *hostile takeovers* kein geeignetes Mittel zur Effizienzerhöhung darstellen.

Für *leveraged buyouts* ergibt sich ein wesentlich positiveres Bild. So kam Steven Kaplan in einer Untersuchung von Rechnungslegungsdaten von Firmen, die in den Jahren 1980 bis 1986 einen *management buyout*[176] durchführten, zu dem Ergebnis, daß sich das Betriebsergebnis vor Zinszahlungen, Abschreibungen und Steuern in den drei Jahren nach der Transaktion verbesserte. Im Vergleich zu anderen Unternehmen der gleichen Branche ergaben sich für die ersten beiden Jahre nach dem *buyout* keine besonderen Erfolge, im dritten Jahr lag das Betriebsergebnis der *buyout*-Unternehmen dann allerdings um 24,1 Prozent über dem durchschnittlichen Ergebnis der Kontrollgruppe[177].

Die Verwendung von Daten des Rechnungswesens zur Effizienzwirkung von Übernahmen wurde bisweilen kritisiert, da diese Größen statischer Natur und vergangenheitsorientiert sind[178] und die Auswirkungen von Übernahmen auf die Produktivität und Effizienz nur indirekt messen können[179], doch lassen sich die aus ihnen abgeleiteten positiven Ergebnisse für *leveraged buyouts* durch eine weitere Studie von Frank R. Lichtenberg und Donald Siegel

---

[172] Herman; Lowenstein, "The Efficiency Effects of Hostile Takeovers", S. 225-229.

[173] Ibid. S. 227.

[174] Verglichen wurden die Kennzahlen dabei für die beiden Jahre vor dem *hostile tender offer*, das heißt für die Jahre 1983 und 1984.

[175] Browne; Rosengren, "Are Hostile Takeovers Different?", S. 218-223.

[176] Kaplan untersuchte nur solche *leveraged buyouts*, bei denen das Management beteiligt war.

[177] Kaplan, Steven, "The Effects of Management Buyouts on Operating Performance and Value", Journal of Financial Economics, vol. 24, no. 1, 1989, S. 226-227. Die Ergebnisse von Steven Kaplan wurden durch eine Studie von Abbie Smith bestätigt, die sich auf 58 *management buyouts* - auch ihre Studie bezog sich nur auf Transaktionen mit Managementbeteiligung - der Jahre 1977 bis 1986 bezog und für die Zeit nach der Transaktion ebenfalls eine Verbesserung des betrieblichen Ergebnisses feststellt. Smith, "Corporate ownership structure and performance", S. 148-151.

[178] Browne; Rosengren, "Are Hostile Takeovers Different?", S. 217.

[179] Lichtenberg, Frank, "What Makes Plant Productivity Grow?", The Wall Street Journal, 24. Dezember 1987, S. 6.

bestätigen[180]. Diese Untersuchung ist besonders interessant, da die beiden Autoren Zugang zu Daten aus dem *bureau of the census*, dem Statistischen Bundesamt der Vereinigten Staaten, hatten, und diese Daten nicht allgemein öffentlich zugänglich sind. Damit konnten sie auch solche *leveraged buyouts* analysieren, bei denen nach der Transaktion keine Berichte veröffentlicht oder bei der *Securities and Exchange Commission* eingereicht wurden und die deswegen anderen Studien vorenthalten blieben. Daraus ergab sich eine wesentlich größere Grundgesamtheit[181]. Auch konnten Lichtenberg und Siegel Daten heranziehen, die sich direkt auf die Produktivität beziehen, wie etwa den Einsatz von Arbeit und Kapital oder die Ausbringungsmenge auf Ebene einzelner Betriebsstätten. Sie konnten somit die totale Faktorproduktivität direkt ermitteln und kamen zu dem Ergebnis, daß das Produktivitätswachstum in Betriebsstätten bei *leveraged buyout*-Unternehmen in den Jahren 1981 bis 1986 deutlich über dem von Betriebsstätten anderer Unternehmen der gleichen Branche lag[182]. Dabei stieg die Produktivität vor allem in den ersten beiden Jahren nach dem *leveraged buyout* stark an[183]. Ursächlich für das Produktivitätswachstum war nicht eine Erhöhung der Ausbringungsmenge, sondern ein Rückgang bei den Einsatzfaktoren Arbeit und Kapital. Eine differenzierte Betrachtung zeigte, daß es die Zahl der Beschäftigten und die Gehaltssummen im Bereich der Organisation und Verwaltung waren, die abnahmen. Im direkten Produktionsbereich hingegen stieg die Gehaltssumme nach dem *leveraged buyout* an und war auch im Vergleich zur Branche überdurchschnittlich hoch[184]. Diese Ergebnisse unterstützen die Annahme, daß bei *leveraged buyouts* Effizienzsteigerungen durch reorganisatorische Maßnahmen möglich sind. Sie deuten darauf hin, daß Produktivitätssteigerungen auf einen Abbau verwaltungstechnischer Hemmnisse und Änderungen im Anreizsystem, weg von bürokratischer Überwachung und hin zu finanziellen Leistungsanreizen, zurückzuführen sind.

III. Wohlstandstransfers

Unternehmensübernahmen können zu Produktivitätssteigerungen und Effizienzgewinnen führen und somit gesamtwirtschaftlich wünschenswert sein. Es sind vor allem *leveraged buyouts*, bei denen sich derartige Gewinne empirisch nachweisen lassen. Bei *hostile takeovers* als Übernahmemechanismus hingegen lassen sich die genannten Gewinnpotentiale empirisch weniger gut belegen. Aber auch bei *leveraged buyouts* sind die gezahlten Prämien oft extrem

---

[180] Lichtenberg, Frank R. und Donald Siegel, The Effects of Leveraged Buyouts on Productivity and Related Aspects of Firm Behavior, National Bureau of Economic Research, Working Paper No. 3022, Cambridge, 1989, S. 1ff.

[181] Die Untersuchung bezog sich auf 1108 *leveraged buyouts* der Jahre 1981 bis 1986.

[182] Das Produktivitätswachstum bei Betriebsstätten von *leveraged buyout*-Unternehmen lag um 2,8 Prozentpunkte über dem von Betriebsstätten anderer Unternehmen. Lichtenberg; Siegel, The Effects of Leveraged Buyouts on Productivity and Related Aspects of Firm Behavior, S. 13-14.

[183] Ibid., S. 19.

[184] Ibid., S. 21-24.

hoch, so daß sich zwangsläufig die Frage stellt, ob sie allein auf die Schaffung neuer Werte zurückgehen oder nicht doch auch, zumindest zu einem Teil, das Ergebnis einer Umverteilung sind. Quelle für Aktionärsgewinne könnten auch Transferleistungen anderer Interessengruppen der Unternehmung, beispielsweise der Arbeitnehmer, Zulieferer oder Fremdkapitalgeber, sein. Auch ein indirekter Wohlstandstransfer seitens der Steuerzahler könnte einen Teil der gezahlten hohen Prämien erklären. In diesen Fällen würden Übernahmen zwar die Wohlfahrt der Aktionäre mehren, gesellschaftlich aber nicht wünschenswert sein, da sie keine neuen Werte schaffen, sondern nur einen Umverteilungsmechanismus darstellen.

1. Wohlstandstransfers von Fremdkapitalgebern

Erhöht eine Unternehmung ihren Verschuldungsgrad, so steigt einhergehend damit das Risiko der bis dahin ausstehenden Schuldverschreibungen, da sich die Summe der festen, einklagbaren Zinsansprüche an das Unternehmen vergrößert und somit das Konkursrisiko und demzufolge auch das Ausfallrisiko der Obligationen zunimmt. Die Inhaber der Anleihen erleiden, da die Verzinsung sich am Risiko im Zeitpunkt der Ausgabe orientiert, einen Verlust. Dieser spiegelt sich in der sinkenden Verzinsung der Anleihen wider, deren Kurswerte solange fallen werden, bis die effektive Verzinsung dem neuen gestiegenen Risiko entspricht. Für die Eigenkapitalgeber kann eine Erhöhung des Verschuldungsgrades von Vorteil sein, da durch den eintretenden Leverage-Effekt eine höhere Eigenkapitalrendite erzielt werden kann, wohingegen ein großer Teil des Verlustrisikos auf die Kreditgeber übergeht[185]. Demzufolge können stark kreditfinanzierte Übernahmen zu einem Wohlstandstransfer von den Kreditgebern hin zu den Eigenkapitalinvestoren führen.

Vor allem *leveraged buyouts* zeichnen sich durch eine hohe Fremdkapitallastigkeit, die bei diesen Transaktionen ja ein kennzeichnendes Kriterium darstellt, aus. Hier ist die Gefahr von Transferleistungen somit besonders groß[186]. Kursrückgänge und Herabstufungen im *rating*[187] der Schuldverschreibungen wurden im Zusammenhang mit *leveraged buyouts* oder anderen stark fremdkapitallastigen Übernahmetransaktionen immer wieder festgestellt[188]. Jedoch

---

[185] Coffee, "Regulating the Market for Corporate Control: A Critical Assessment of the Tender Offer's Role in Corporate Governance", S. 1244.

[186] Kennzeichnendes Kriterium von *leveraged buyouts* ist auch das Konzept des *strip financing*, mit dem eine Personalunion von Eigen- und Fremdkapitalgebern hergestellt werden soll, um derartige Transferleistungen zu vermeiden. Das *strip financing* bezieht sich jedoch nur auf die Finanzierung der *leveraged buyout*-Transaktion an sich. Ein Wohlstandstransfer von den Altgläubigern ist also durchaus möglich.

[187] Das von den beiden Agenturen Moody's und Standard & Poor's herausgegebene *rating* ist Ausdruck der Risikoposition einer Schuldverschreibung. Siehe dazu die Ausführungen im Kapitel 3, Abschnitt IV.1.

[188] Den Kauf von Norton Simon im Jahr 1982 finanzierte Esmark zum größten Teil durch Fremdkapital. Die Verschuldung der Unternehmung erhöhte sich von vorher $355 Millionen auf $1,5 Milliarden, der Aktienkurs stieg von $68,25 auf $83,50, doch beide *rating*-Agenturen setzten die ausstehenden Verbindlichkeiten in ihrer Wertung signifikant herab. Allein die Ankündigung der geplanten *leveraged buyout*-Transaktion von RJR Nabisco durch das Management führte am Tag der Bekanntgabe zu einem 20prozentigen Kursrückgang der ausstehenden Schuldverschreibungen. Newport, "LBOs: Greed, Good Business or Both?", S. 47. Das mit

haben die Kreditgeber durchaus Möglichkeiten, ihre Interessen zu wahren und das genannte Verlustrisiko gering zu halten. Sie können über Vertragsklauseln vereinbaren, daß eine weitere Verschuldung nur bis zu einem gewissen Grad möglich ist, Dividendenauszahlungen oder Aktienrückkäufe nicht oder nur in begrenztem Umfange möglich sind oder daß eine gravierende Umstrukturierung der Unternehmung, beispielsweise durch einen *leveraged buyout*, zur sofortigen Fälligkeit ihrer Anleihen führt[189]. Wohlstandstransfers von Fremdkapitalgebern werden daher längerfristig nicht möglich sein.

Empirische Untersuchungen der Auswirkungen von stark fremdkapitallastigen Übernahmetransaktionen, insbesondere *leveraged buyouts*, kommen zu dem Ergebnis, daß die Kreditgeber Verluste, wenn auch im Durchschnitt nicht besonders hohe, hinnehmen müssen. So untersuchten Laurentius Marais, Katherine Schipper und Abbie Smith die Auswirkungen von 290 als *leveraged buyout* strukturierte *going private transactions* der Jahre 1974 bis 1985 und stellten Herabstufungen im *rating* durch die Agentur Moody's über teilweise mehrere Kategorien fest[190]. Allerdings ermittelten sie nur geringe und statistisch nicht relevante Verluste durch Kursrückgänge der ausstehenden Anleihen[191]. Eine Studie von Kenneth Lehn und Annette Poulsen, die sich auf 93 *leveraged buyouts* in den Jahren 1980 bis 1984 bezog, zeigt, daß die Ankündigung derartiger Transaktionen zu einem Kursverlust der Anleihen von durchschnittlich 2,46 Prozent führte. Eine Untersuchung von 65 *leveraged buyouts* in den Jahren 1980 bis 1988 von Paul Asquith und Thierry Wizman bestätigt dieses Ergebnis. Auch diese Autoren ermitteln, daß die Anleihekurse infolge eines *leveraged buyout* zurückgehen, das heißt, daß die Fremdkapitalgeber verlieren[192], doch weisen sie darauf hin, daß es nur die Inhaber ungeschützter Schuldverschreibungen sind, die höhere Kursrückgänge verbuchen, die von

---

Fremdkapital finanzierte *self tender offer* von Unocal als Abwehrmaßnahme gegen das feindliche Übernahmeangebot durch T. Boone Pickens führte auch bei dieser Unternehmung zu einer Herabstufung des *credit rating*. Generell standen Rückstufungen durch die beiden *rating*-Agenturen häufig in Verbindung mit Übernahmetransaktionen. Law, Warren A., "A corporation is more than its stock", Harvard Business Review, vol. 64, no. 3, 1986, S. 80-81.

[189] Asquith, Paul und Thierry A. Wizman, "Event risk, covenants, and bondholder returns in leveraged buyouts", Journal of Financial Economics, vol. 27, no. 1, 1990, S. 195. Allerdings muß darauf hingewiesen werden, daß bezüglich dieser Schutzmechanismen nicht alle Fremdkapitalgeber gleichgestellt sind. Während die wesentlichen Kreditgeber schnell reagieren und auf schützende Vertragsklauseln drängen können, haben kleinere Gläubiger, die beispielsweise Anleihen in kleiner Stückelung am Markt aufkaufen, weniger Möglichkeiten, sich adäquat zu schützen. Sie können deswegen länger einem Risiko ausgesetzt sein, für das sie nicht entsprechend kompensiert werden, bevor auch in diese Verträge striktere Klauseln beziehungsweise eine höhere Verzinsung Eingang finden. Coffee, "Regulating the Market for Corporate Control: A Critical Assessment of the Tender Offer's Role in Corporate Governance", S. 1247.

[190] Marais, Laurentius; Schipper, Katherine und Abbie Smith, "Wealth Effects of Going Private for Senior Securities", Journal of Financial Economics, vol. 23, no. 1, 1989, S. 182-186.

[191] Jedoch waren die Abweichungen vom Durchschnittswert teilweise sehr hoch, das heißt, es gab durchaus Firmen, deren Fremdkapitalgeber hohe Verluste durch Kursrückgänge hinnehmen mußten. Marais; Schipper; Smith, "Wealth Effects of Going Private for Senior Securities", S. 177.

[192] Die Autoren untersuchten die Kursentwicklung der Anleihen über einen Monat, vier Monate beziehungsweise den gesamten *leveraged buyout*-Zeitraum hinweg und ermittelten durchschnittliche Kursverluste von respektive 1,7 Prozent, 3,7 Prozent und 2,8 Prozent. Asquith; Wizman, "Event risk, covenants, and bondholder returns in leveraged buyouts", S. 202.

mit Schutzklauseln ausgestatteten Anleihen dagegen nur geringfügige beziehungsweise gar keine Vermögenseinbußen hinnehmen müssen[193]. Es zeigt sich, daß Anleiheinhaber in stark fremdkapitalfinanzierten Übernahmetransaktionen verlieren, wobei sich im Verlauf der 80er Jahre ein leicht steigender Trend abzeichnet[194]. Allerdings sind diese Verluste nicht besonders hoch und machen nur einen kleinen Teil der Gewinne der Aktionäre aus, das heißt, sie können die hohen in diesen Transaktionen gezahlten Prämien nur zu einem geringen Teil erklären[195].

2. Wohlstandstransfers von Steuerzahlern

Die hohen Prämien für die Aktionäre der Zielgesellschaft könnten anstatt durch Produktivitäts- und Effizienzsteigerungen auch durch Transferleistungen seitens der Steuerzahler begründet sein. Dies wäre der Fall, wenn Unternehmensübernahmen dazu beitrügen, das Steueraufkommen des Staates zu verringern. Tatsächlich ergeben sich bei *takeovers* auch zahlreiche Möglichkeiten, die Steuerschuld auf Unternehmensebene drastisch zu verringern. So besteht die Möglichkeit, durch Übernahmen die Abschreibungsbasis von Teilen des Anlagevermögens heraufzusetzen und durch demzufolge erhöhte Abschreibungen die Steuerzahlungen in den folgenden Jahren zu verringern[196]. Das *Accelerated Cost Recovery System*[197] und die daraus resultierenden beschleunigten Abschreibungsmodalitäten waren zu Beginn der 80er Jahre eine weitere Quelle für Steuerersparnisse[198]. Schließlich stellt die Behandlung von Fremdkapitalzinsen als steuerlich abzugsfähige Betriebsausgaben eine wesentliche Kom-

---

[193] Je nach Schutzausstattung und Untersuchungszeitraum ermittelten Asquith und Wizman nur geringfügige Verluste beziehungsweise sogar leichte Gewinne. Asquith; Wizman, "Event risk, covenants, and bondholder returns in leveraged buyouts", S. 203-204.

[194] Während die Untersuchung von Marais, Schipper und Smith, die ja auch Transaktionen der 70er Jahre umfaßte, im Durchschnitt keine statistisch signifikanten Verluste ermitteln konnte, kamen die Studien, deren Zeitraum sich rein auf die 80er Jahre bezog, zu im Durchschnitt höheren Verlusten. Im Vergleich dazu ermittelten Debra Dennis und John McConnell für Fusionen der 60er und 70er Jahre ebenfalls keine durchschnittlichen negativen Auswirkungen für die Fremdkapitalgeber. Dennis, Debra K. und John J. McConnell, "Corporate Mergers and Security Returns", Journal of Financial Economics, vol. 16, no. 2, 1986, S. 161 und 172.

[195] Asquith; Wizman, "Event risk, covenants, and bondholder returns in leveraged buyouts", S. 211; Walsh; Seward, "On the Efficiency of Internal and External Corporate Control Mechanisms", S. 436. Selbst beim *leveraged buyout* von RJR Nabisco konnten die Kursverluste der Anleihebesitzer nur 2,48 Prozent der Gewinne der Aktionäre erklären.

[196] Diese Quelle für Steuereinsparungen war vor allem zu Beginn der 80er Jahre besonders lukrativ, da nach der bis 1986 gültigen *General Utilities Doctrine* die durch die Übertragung entstehenden Kapitalgewinne bei der Zielgesellschaft nicht versteuert werden mußten. Zu Steuervorteilen aus der Erhöhung der Abschreibungsbasis und der *General Utilities Doctrine* s. Kapitel 3, Abschnitt III.1.

[197] Zum *Accelerated Cost Recovery System* siehe Ausführungen im Kapitel 3, Abschnitt III.2.

[198] Mit dem *Tax Reform Act* des Jahres 1986 wurden die Vorteile des *Accelerated Cost Recovery System* zum Teil wieder zurückgenommen. Siehe dazu Ausführungen im Kapitel 3, Abschnitt III.2.

ponente bei der Reduzierung der steuerlichen Belastung nach einer Übernahme dar[199]. Deswegen sind es auch die stark fremdkapitallastig finanzierten Transaktionen der *leveraged buyouts* und *hostile takeovers*, bei denen die Möglichkeit von Transferleistungen seitens der Steuerzahler am deutlichsten gegeben ist. Typischerweise fallen in den ersten Jahren nach einem *leveraged buyout* auch keine Steuerzahlungen auf Unternehmensebene an[200]. Allerdings stehen auf gesamtwirtschaftlicher Ebene den sich so bildenden Steuerausfällen auch übernahmebedingte Steuereinnahmen gegenüber. Dies sind die Kapitalgewinnsteuern der Aktionäre auf die gezahlten Prämien sowie die Einkommens- beziehungsweise Körperschaftssteuern der Fremdkapitalgeber auf die vereinnahmten Zinseinkünfte. Auch folgen stark fremdkapitallastigen Übernahmen in der Regel Vermögensverkäufe, die ebenfalls zu Steuereinnahmen des Staates führen[201]. Wohlstandstransfers durch Steuerzahler können somit nur insoweit entstehen, als die Steuerersparnis auf Unternehmensebene höher ist als die individuelle Steuerbelastung bei den Anteilseignern beziehungsweise Fremdkapitalgebern[202]. Empirische Studien ergaben auch, daß Steuerersparnisse bei *leveraged buyouts* einen signifikanten Teil der gezahlten Prämie erklären können[203] und daß auch ein enger Zusammenhang zwischen der Höhe der gezahlten Prämien und den möglichen Steuerersparnissen besteht[204]. Aus Sicht der Käufer stellen Steuerersparnisse somit eine wesentliche Gewinnquelle dar. Gleichwohl bedeutet dies noch nicht, daß tatsächlich Wohlstandstransfers vorliegen müssen. Um zu einer abschließenden Betrachtung zu kommen, bedürfte es vielmehr noch der Untersuchung der Steuermehreinnahmen durch die Zahlungen der Altaktionäre und der Fremdkapitalgeber sowie durch die erhöhten Steuerzahlungen der Unternehmen aufgrund von durch Effizienzverbesserungen gesteigerten Gewinnen. Vom Finanzministerium wurde eine derartige Untersuchung aufgrund der Komplexität der Materie und des damit verbundenen Aufwandes nicht durchgeführt, dennoch darauf hingewiesen, daß die durch solche Transaktionen bedingten Steuerausfälle und -einnahmen sich im Durchschnitt wohl ausgleichen

---

[199] Palepu, Krishna G., "Consequences of leveraged buyouts", Journal of Financial Economics, vol. 27, no. 1, 1990, S. 253-254; Lowenstein, "Management Buyouts", S. 759-760.

[200] Steven Kaplan ermittelte in einer Untersuchung von *leveraged buyouts* der Jahre 1980 bis 1986 so gut wie keine Steuerzahlungen in den ersten beiden Jahren nach dem *leveraged buyout*. Das Verhältnis von gezahlten Steuern zum Betriebsergebnis lag unter einem Prozent im Vergleich zu etwas mehr als 20 Prozent vor dem *buyout*. Erst ab dem dritten Jahr stieg diese Verhältniszahl wieder an. Kaplan, Steven, "Management Buyouts: Evidence on Taxes as a Source of Value", Journal of Finance, vol. 44, no. 3, 1989, S. 628-629.

[201] United States, Congress, House, Hearings before the Committee on Ways and Means, Tax Policy Aspects of Mergers and Acquisitions, Part II, Washington, D.C., 1989, S. 34. Kommt es durch den *leveraged buyout* zu Produktivitäts- und Effizienzsteigerungen in den Unternehmen, so entstehen auch dadurch später erhöhte Steuerleistungen durch die betroffenen Firmen. Jensen, "Eclipse of the Public Corporation", S. 71.

[202] Da manche der als Fremdkapitalgeber fungierenden institutionellen Investoren steuerbefreit waren und bis zum Erlaß des *Tax Reform Act* im Jahr 1986 Kapitalgewinne einem besonderen, niedrigeren Steuersatz als laufende Einkünfte unterlagen, bestand durchaus Potential für derartige Wohlstandstransfers. Lowenstein, "Management Buyouts", S. 759-760. Zur Anpassung der Steuersätze siehe auch die Ausführungen im Kapitel 3, Abschnitt III.2.

[203] So kommt Steven Kaplan in seiner Studie der *leveraged buyouts* der Jahre 1980 bis 1986 zu dem Ergebnis, daß die Steuerersparnisse durch Zinsabzugsfähigkeit und Erhöhung der Abschreibungsbasis zwischen 21 Prozent und 143 Prozent der gezahlten Prämien erklären können. Kaplan, "Management Buyouts: Evidence on Taxes as a Source of Value", S. 623. Allerdings berücksichtigte seine Untersuchung die restriktiven Änderungen des *Tax Reform Act* von 1986 noch nicht.

[204] Kaplan, "Management Buyouts: Evidence on Taxes as a Source of Value", S. 627; Hayn, "Tax Attributes as Determinants of the Shareholder Gains in Corporate Acquisitions", S. 141-142.

würden[205]. Michael Jensen, Robert Kaplan und Laura Stiglin kamen in einer Untersuchung, in der sie, basierend auf dem Steuerrecht des Jahres 1988, Steuerersparnisse und Steuerzahlungen in *leveraged buyouts* einander gegenüberstellten, zu dem Ergebnis, daß die Mehreinnahmen die Steuerausfälle weit übersteigen[206]. Steuerlich bedingte Transferleistungen scheinen in *leveraged buyouts* durchaus vorzuliegen, doch betreffen diese die beteiligten Parteien. Ein Wohlstandstransfer von den an den Transaktionen nicht direkt teilnehmenden Steuerzahlern scheint nicht gegeben.

3. Wohlstandstransfers von anderen Interessengruppen

Unternehmensübernahmen betreffen neben den Aktionären und Fremdkapitalgebern noch weitere Interessengruppen der betroffenen Unternehmen, insbesondere die Arbeitnehmer, aber auch die Zulieferer oder Kunden. Übernahmen können sich nun auf diese Gruppen dergestalt negativ auswirken, daß von ihnen Zugeständnisse erzwungen werden, um bei den Aktionären Wohlfahrtssteigerungen zu erzielen. Ein Teil der Gewinne der Anteilseigner könnte also durch Transferleistungen seitens der Arbeitnehmer, Zulieferer oder Abnehmer begründet sein. Eine Möglichkeit, solche Zugeständnisse zu erzielen, ist der Bruch impliziter Verträge. Man kann eine Unternehmung als ein Netz von Verträgen zwischen den Aktionären, dem Management, den Arbeitnehmern, Zulieferern, Abnehmern und anderen Interessenten sehen. In den Verträgen werden dabei die Ansprüche der einzelnen Parteien an die jeweils anderen geregelt. Nachdem es aber ausgesprochen schwierig und kostenintensiv ist, alle Eventualitäten vertraglich zu regeln, existiert ein Teil der Abmachungen stillschweigend[207]. Besteht Vertrauen in die Unternehmung, daß solche in der Regel langfristigen impliziten Verträge seitens der Aktionäre auch eingehalten werden, tätigen die anderen Vertragspartner darauf aufbauend firmenspezifische Investitionen, ohne daß es dazu einer expliziten Regelung bedarf. So wird ein Arbeitnehmer sich beispielsweise dann firmenspezifisches *know-how* in seiner Freizeit aneignen, wenn er sich darauf verlassen kann, daß sich dies zu einem späteren Zeitpunkt durch ein höheres Gehalt oder Nebenleistungen auszahlt. Auch ein Zulieferer wird sich zu einer auf einen bestimmten Abnehmer bezogenen und langfristig seine Kosten senkenden Investition

---

[205] Siehe dazu die Aussage von John G. Wilkins, Staatssekretär im Finanzministerium, in einem *hearing* bezüglich der steuerpolitischen Wirkungen von *mergers* und *acquisitions*: "On balance, it is unlikely that the increase in LBO activity during the 1980s has had a significant impact on revenues". United States, Congress, House, Hearings before the Committee on Ways and Means, Tax Policy Aspects of Mergers and Acquisitions, Part II, S. 33. Auch Finanzminister Nicholas Brady wies darauf hin, daß den durch die erhöhte Zinsabzugsfähigkeit entstehenden Steuerausfällen ausgleichende Steuereinnahmen gegenüberstehen würden. United States, Congress, House, Hearings before the Committee on Ways and Means, Tax Policy Aspects of Mergers and Acquisitions, Part I, S. 18.

[206] Sie kommen zu dem Fazit, daß die mit *leveraged buyouts* verbundenen Steuereinnahmen die mit diesen Transaktionen einhergehenden Steuerausfälle um 61 Prozent übersteigen. Zu den Ergebnissen dieser Studie s. Jensen, Michael C.; Kaplan, Steven und Laura Stiglin, "Effects of LBOs on Tax Revenues of the U.S. Treasury", Tax Notes, 6. Februar 1989, S. 727-733.

[207] Shleifer; Summers, "Breach of Trust in Hostile Takeovers", S. 37.

nur dann entschließen, wenn er es als gewährleistet ansieht, daß vom Abnehmer eine Weitergabe dieser Kostensenkungen nicht erzwungen wird. Solche stillschweigenden Verträge werden nun nicht direkt von den Anteilseignern mit den anderen Interessengruppen abgeschlossen, sondern vom amtierenden Management. Dieses Management ist es, das sich durch Integrität und Verantwortungsbewußtsein in der Vergangenheit das Vertrauen geschaffen hat, auf dem die stillschweigenden Verträge basieren[208]. Aktionäre profitieren zunächst von solchen impliziten Abmachungen, doch kann es zu Situationen kommen, in denen die Einhaltung für sie zu einer Verbindlichkeit wird. Dann wäre es für sie besser, wenn die stillschweigenden Verträge gebrochen würden[209]. Da das amtierende Management als direkter Vertragspartner sich den anderen Interessengruppen gegenüber jedoch häufig stärker verpflichtet fühlt als den Anteilseignern[210], wird es einen Bruch der Verträge nicht vornehmen. In diesen Fällen ist es notwendig, die amtierenden Führungskräfte abzusetzen, bevor die Verträge gebrochen werden können. Genau dies geschieht durch feindliche Unternehmensübernahmen. Die bisherigen Manager werden ihrer Ämter enthoben und durch neue Führungskräfte ersetzt, die sich nicht verpflichtet fühlen, sich an stillschweigend abgeschlossene Verträge zu halten. *Hostile takeovers* stellen somit eine Quelle für Wohlstandstransfers von Arbeitnehmern und anderen Interessengruppen zu den Aktionären dar[211]. Allerdings kommt es auch bei freundlichen Übernahmen häufig zumindest zu einem partiellen Wechsel in der Unternehmensführung[212], so daß auch hier die Einhaltung stillschweigend abgeschlossener Verträge nicht gewährleistet ist.

Tatsächlich kommt es nach Übernahmen, insbesondere solchen feindlicher Art, häufig zu Entlassungen[213] beziehungsweise Lohnkürzungen. Der Übernahme von Esmark Inc. durch Beatrice Cos. folgte beispielsweise ein Personalabbau von 20.000 Stellen[214]. Als Paradebeispiel für Wohlstandstransfers führen Andrei Shleifer und Lawrence Summers die feindliche Übernahme der Fluggesellschaft Trans World Airlines Inc. durch Carl Icahn an. Die Übernahme ging einher mit Gehaltskürzungen von 30 Prozent bei den Piloten und 15 Prozent bei den Mechanikern. Dafür erhielten diese Arbeitnehmer Anteile an der neuen Unternehmung[215]. Von den Flugbegleitern, mit denen keine einheitliche Regelung bezüglich Lohnkürzungen erzielt werden konnte, wurde ein Teil sofort entlassen und durch neue, weniger gut ausgebil-

---

[208] Shleifer; Vishny, "Management Entrenchment: The Case of Manager-Specific Investments", S. 132-133.
[209] Shleifer; Summers, "Breach of Trust in Hostile Takeovers", S. 38.
[210] Siehe dazu beispielsweise die Aussage von Hicks B. Waldron, dem *chairman* der Avon Products Inc.: "We have 40.000 employees and 1,3 million representatives around the world. We have a number of suppliers, institutions, customers, communities. None of them have the democratic freedom as shareholders do to buy or sell their shares. They have much deeper and much more important stakes in our company than our shareholders". S. bei Nussbaum; Dobrzynski, "The Battle for Corporate Control", S. 71.
[211] Shleifer; Summers, "Breach of Trust in Hostile Takeovers", S. 41.
[212] Siehe dazu die Ausführungen in Fußnote 131.
[213] Entlassungen von Arbeitnehmern nach Übernahmetransaktionen sind in den USA schnell und leicht möglich, da es nur wenige gesetzliche Regelungen hinsichtlich der Beendigung von Beschäftigungsverhältnissen gibt. Auch ist nur ein geringer Teil der Arbeitnehmer gewerkschaftlich organisiert, so daß tarifvertragliche Regelungen in vielen Fällen nicht greifen. Schließlich ist es für Mitarbeiter, bis in die Ebene des mittleren Managements reichend, eher ungewöhnlich, einen Arbeitsvertrag zu besitzen, so daß auch einzelvertragliche Regelungen kaum schützend zur Anwendung kommen.
[214] Gibson, "Food Company Takeovers: Mixed Results", S. A3.
[215] Allerdings fiel der Wert dieser Anteile unmittelbar nach der Übernahme.

dete und daher niedriger entlohnte Arbeitskräfte ersetzt. Ein Teil von ihnen war daraufhin zu Gehaltskürzungen bereit; dem Rest wurde später ebenfalls gekündigt. Shleifer und Summers errechneten nun, daß die Lohnkürzungen bei den Arbeitnehmern, auch unter Berücksichtigung ihrer Anteile an dem neuen Unternehmen, etwa das ein- bis eineinhalbfache der an die Aktionäre gezahlten Prämien ausmachten, das heißt, daß diese allein durch einen Wohlstandstransfer finanziert werden konnten[216].

Bei *leveraged buyouts* ist ein Wohlstandstransfer durch den Bruch impliziter Verträge nicht möglich, da es bei diesen Transaktionen in den meisten Fällen zu keinem Wechsel des Managements kommt. Allerdings zwingen hier die reorganisatorischen Maßnahmen und die extrem hohe Verschuldung die Unternehmensführung, in Verhandlungen das Äußerste an Zugeständnissen einzufordern, so daß auch hier ein Teil der Erträge der Anteilseigner zu Lasten anderer Interessengruppen gehen können. So ging ein Teil der Verbesserungen im Betriebsergebnis nach dem *leveraged buyout* der O. M. Scott & Sons Co. auf Zugeständnisse der Lieferanten, erzielt durch härtere Verhandlungen, zurück[217]. Dort, wo diese nicht zu Preisnachlässen, längeren Zahlungszielen oder anderen Vergünstigungen bereit waren, wurden die bisherigen Geschäftsbeziehungen, wenn es möglich war, kurzerhand abgebrochen[218]. Im Jahr 1986 führte Safeway Stores Inc. einen *leveraged buyout* durch, um einem feindlichen Übernahmeversuch durch die Dart Group Corp. zu entgehen. Ein bedeutender Teil der Verbesserungen im Betriebsergebnis und der Rentabilitätssteigerungen war nach Auskunft des *chief executive officer*, Peter A. Magowan, auf Konzessionen seitens der Gewerkschaften zurückzuführen, die mit der Drohung von durch den *leveraged buyout* begründeten Geschäftsschließungen beziehungsweise -veräußerungen erzielt wurden[219]. Auch bei anderen *leveraged buyouts* kam es im Anschluß an die Transaktion zu wesentlich härteren Lohnverhandlungen[220] beziehungsweise Lohnkürzungen und Entlassungen[221].

Studien, die auf einer breiteren Grundgesamtheit basieren, kommen hinsichtlich dieser Transferleistungen, die in einigen Fällen offensichtlich bestehen, zu unterschiedlichen Ergebnissen. Eine Untersuchung von Charles Brown und James Medoff, die sich auf Fusionen und Übernahmen zu Beginn der 80er Jahre bezog, fand nur wenig Unterstützung für Wohlstandstransfers seitens der Arbeitnehmer. Die Autoren stellten fest, daß die Löhne und Gehälter nach

---

[216] Shleifer; Summers, "Breach of Trust in Hostile Takeovers", S. 48-50.

[217] Fromson, "Life After Debt: How LBOs Do It", S. 50.

[218] Dazu die Aussage eines Managers: "Within two month of the LBO, the director of manufacturing and I went out to every one of our contract suppliers and went through what a leveraged buyout is, and what it means. We explained how we were going to have to manage our business. [....] We talked about things like just-in-time inventory, talked terms, talked about scheduling. Some suppliers were more ready to work with us than others. Some said, 'OK, what can we do to help?' In some cases, a vendor said, 'I can't help you on price, I can't help you on terms, I can't help you on scheduling.' We said: 'Fine. Good-bye.' We were very serious about it. In some cases we didn't have options, but usually we did. Siehe bei Baker; Wruck, "Organizational Changes and Value Creation in Leveraged Buyouts: The Case of The O. M. Scott & Sons Company", S. 186.

[219] Farrell et. al., "LBOs: The Stars, The Strugglers, The Flops", S. 47.

[220] So streikten beispielsweise die Arbeitnehmer der Handelskette Stop & Shop Cos. nach dem *leveraged buyout* durch Kohlberg, Kravis & Roberts zweimal, um die vorher üblichen Gehaltserhöhungen zu bekommen. O.V., "Labor Letter", The Wall Street Journal, 2. August 1988, S. 1.

[221] Dem *leveraged buyout* von Borg-Warner folgte beispielsweise ein Personalabbau in der Unternehmenszentrale von 280 der vorher 400 Mitarbeiter. Fromson, "Life After Debt: How LBOs Do It", S. 50.

der Transaktion leicht fielen[222], die Beschäftigung jedoch etwas anstieg[223]. Zu einem gewissen Teil bestätigt dies die These, daß durch Übernahmen Zugeständnisse seitens der Arbeitnehmer erzwungen werden, da die Lohnhöhe ja etwa zurückgeht, vor allem dort, wo der Vorsitzende der Zielgesellschaft das Unternehmen verläßt[224]. Allerdings bezieht sich die Untersuchung im wesentlichen auf *takeovers* kleiner Firmen und trennt nicht zwischen freundlichen und feindlichen Übernahmen, wodurch ihr Aussagegehalt etwas eingeschränkt wird[225]. Joshua Rosett stellt in einer Studie über die Auswirkungen von Übernahmen auf gewerkschaftlich organisierte Arbeitnehmer fest, daß Lohnzugeständnisse seitens der Gewerkschaften nur einen sehr geringen Teil der Prämie - etwa ein bis zwei Prozent - erklären können[226]. Besonders interessant in bezug auf Wohlstandstransfers seitens der Arbeitnehmer sind die Ergebnisse einer Untersuchung von Sanjai Bhagat, Andrei Shleifer und Robert Vishny, da sich diese allein auf *hostile takeovers* bezog[227]. Die Autoren stellten fest, daß bei den von ihnen untersuchten Übernahmen Lohnkostensenkungen durch Entlassungen einen nicht unerheblichen Teil der Prämie, im Durchschnitt etwa 11 bis 26 Prozent, darstellten[228]. Dennoch kann man von diesem Faktum allein noch nicht auf Wohlstandstransfers von den Arbeitnehmern hin zu den Aktionären schließen. Die Reduzierung des Personalbestandes könnte auch auf Effizienzverbesserungen, beispielsweise durch den Abbau einer übermäßigen Bürokratie und Verwaltung zurückzuführen sein. Dafür spricht, daß der Arbeitsplatzabbau bei den Angestellten in der Verwaltung, insbesondere der Unternehmenszentrale, wesentlich gravierender ausfiel als bei den Arbeitern in den Produktionsstätten[229]. Jedoch war der Teil der Prämien, der sich durch Kostensenkungen aufgrund von Entlassungen erklären ließ, bei erfolgreichen feindlichen Übernahmen wesentlich höher als bei solchen Unternehmen, die letztendlich an einen *white knight* veräußert wurden[230]. Auch war die Zahl der Entlassungen nach einem *hostile*

---

[222] Für einen Teil der Übernahmen stellten sie jedoch auch positive Gehaltsentwicklungen, dann allerdings einhergehend mit einem Rückgang der Beschäftigung, fest.

[223] Brown, Charles und James L. Medoff, "The Impact of Firm Acquisitions on Labor", in: Auerbach, Alan J., Hrsg., Corporate Takeovers: Causes and Consequences, Chicago, 1988, S. 20-23.

[224] Ibid., S. 23.

[225] Eine weitere Beschränkung der Aussagefähigkeit liegt darin, daß nur Firmen im Bundesstaat Michigan Eingang in die Untersuchung fanden. Brown; Medoff, "The Impact of Firm Acquisitions on Labor", S. 11.

[226] Rosett, Joshua G., "Do union wealth concessions explain takeover premium?", Journal of Financial Economics, vol. 27, no. 1, 1990, S. 277-278.

[227] Untersucht wurden 62 feindliche Übernahmen der Jahre 1984 bis 1986, wobei eine Übernahme dann als feindlich eingestuft wurde, wenn die Unternehmensführung dem ersten *tender offer* ablehnend gegenüberstand. Ein Teil der angegriffenen Firmen blieb selbständig bestehen, ein Teil wurde an einen *white knight* veräußert, und in etwas weniger als der Hälfte der Fälle war der feindliche Übernahmeversuch erfolgreich. Bhagat, Sanjai; Shleifer, Andrei und Robert W. Vishny, "Hostile Takeovers in the 1980s: The Return to Corporate Specialization", Brookings Papers on Economic Activity: Microeconomics, 1990, S. 12ff.

[228] Ibid., S. 55.

[229] Ibid., S. 26-29. Dabei beziehen sich Entlassungen im Verwaltungsbereich im wesentlichen auf die Ebenen des mittleren Managements. In diesem Bereich sind viele Positionen nach der Übernahme doppelt, das heißt sowohl bei der Ziel- als auch der Übernahmegesellschaft, vorhanden und werden zum Teil eliminiert. Ingrassia, Lawrence, "Employees at Acquired Firms Find White Knights Often Unfriendly", The Wall Street Journal, 7. Juli 1982, S. 23; Reibstein, Larry, "After a Takeover: More Managers Run, or are Pushed, Out The Door", The Wall Street Journal, 15. November 1985, S. 33.

[230] Bhagat; Shleifer; Vishny, "Hostile Takeovers in the 1980s: The Return to Corporate Specialization", S. 29.

takeover höher als vorher und höher als bei anderen Firmen in den jeweiligen Branchen[231]. Dies wiederum ist ein Hinweis dafür, daß es durch feindliche Übernahmen zu einem Bruch impliziter Verträge kommt. Steven Kaplan untersuchte die Auswirkungen von *leveraged buyouts* auf die Beschäftigten in den betroffenen Unternehmen. Er konnte dort keinen Rückgang der absoluten Beschäftigung feststellen, bei 50 Prozent der untersuchten Firmen stieg diese sogar an, allerdings doch wesentlich weniger stark als in anderen Unternehmen des gleichen Industriezweiges. Das heißt, im Vergleich zur Branche kam es sehr wohl zu einem Rückgang[232]. Ob dieser nun allerdings auf Effizienzsteigerungen zurückzuführen oder durch Wohlstandstransfers begründet war, läßt sich nicht differenzieren. Auch konnte Kaplan aufgrund mangelnden Datenmaterials weder Auswirkungen auf die Lohnhöhe noch auf die Zusammensetzung der Beschäftigten untersuchen, das heißt, es ist durchaus möglich, daß Zugeständnisse von Arbeitnehmern durch Kürzungen erzielt wurden oder bisherige Mitarbeiter durch neue, billigere ersetzt wurden.

Berichte über die Auswirkungen einzelner Übernahmen auf verschiedene Interessengruppen der Zielgesellschaft, insbesondere der Arbeitnehmer, zeigen, daß diese Gruppen Verluste erleiden und dadurch ein Wohlstandstransfer entsteht. Untersuchungen, die sich auf eine größere Grundgesamtheit beziehen, können dies nicht uneingeschränkt bestätigen, doch zeigt sich auch hier, daß Entlassungen und Lohnkostensenkungen einen nicht unerheblichen Teil der an die Aktionäre gezahlten Prämien erklären können. Ob die festgestellten Beschäftigungsrückgänge nun auf Effizienzsteigerungen oder aber Wohlstandstransfers zurückzuführen sind, läßt sich nicht abschließend klären, doch gibt es Hinweise dafür, daß zumindest ein Teil der Lohnkostenersparnisse durch den Bruch impliziter Verträge und somit Transferleistungen bedingt ist, vor allem bei *hostile takeovers*. Gewinne in feindlichen Übernahmen sind deswegen zumindest zum Teil nur das Ergebnis einer Umverteilung und nicht das Ergebnis einer Werterhöhung. Für das Argument, daß ein Teil der Gewinne, die Aktionäre in feindlichen Übernahmen erzielen, auf Transferleistungen anderer Gruppen zurückzuführen ist, spricht auch, daß eine nur geringe Anzahl sogenannter *corporate raider* einen beachtlichen Teil der feindlichen Übernahmen initiiert hat. Es ist indes schwer vorstellbar, daß ein und dieselbe Person besonders gut geeignet ist, so unterschiedliche Unternehmen, wie eine Fluggesellschaft oder eine Textilfabrik, zu führen. Einleuchtender ist vielmehr, daß solche Personen besondere Fähigkeiten darin haben, hart zu verhandeln und Zugeständnisse zu erzwingen[233]. Kurzfristig können Aktionäre von solchen Wohlstandstransfers profitieren, vor allem wenn die feindlichen Übernahmen für die Arbeitnehmer überraschend kommen. Langfristig jedoch kann eine feindliche Übernahme zu durch den Vertrauensbruch verursachten Effizienzverlusten führen, da die Interessengruppen bei Verhandlungen mit dem neuen Management sehr viel mehr nur noch durch explizite und demnach auch kostenintensivere Verträge zu regeln bereit sein werden[234]. Feindliche Übernahmen können ferner ganz allgemein dazu führen, daß langfristige implizite Verträge weniger häufig abgeschlossen werden, da sich die grundlegende Vertrau-

---

[231] Ibid., S. 33.
[232] Kaplan, "The Effects of Management Buyouts on Operating Performance and Value", S. 240-241. Dieses Ergebnis wird auch durch eine Studie von Abbie Smith bestätigt. Smith, "Corporate ownership structure and performance", S. 160-161.
[233] Shleifer; Summers, "Breach of Trust in Hostile Takeovers", S. 47.
[234] Ibid., S. 43.

ensbasis in die Einhaltung dieser Verträge zurückbildet. Dafür spricht beispielsweise, daß Führungskräfte im Verlauf der 80er Jahre zunehmend umfangreiche Arbeitsverträge mit Detailregelungen, insbesondere hinsichtlich der Beendigung des Arbeitsverhältnisses, einforderten[235]. Auch die Vielzahl der *golden parachutes* kann als Beleg für diesen Vertrauensverlust angesehen werden.

IV. Unerwünschte und effizienzhemmende Wirkungen von Unternehmensübernahmen

Unternehmensübernahmen können unabhängig davon, ob sie mit dem Ziel der Produktivitätssteigerung oder der Erlangung von Wohlstandstransfers durchgeführt werden, unerwünschte und effizienzhemmende Nebenwirkungen mit sich bringen. Diese Nebenwirkungen können dabei durch getätigte Akquisitionen wie auch allein durch die Gefahr potentieller Übernahmen entstehen. Sie beinhalten im wesentlichen die Entwicklung einer kurzfristigen Betrachtungsweise seitens des Managements und demzufolge die Vernachlässigung langfristiger Investitionsprojekte sowie die Kosten und nachteiligen Effekte, die durch Führungs- und Integrationsprobleme nach der Übernahme und einer Verunsicherung, Demotivierung und Demoralisierung der betroffenen Arbeitnehmer entstehen.

1. Vernachlässigung strategischer Investitionen

Takeovers können sich auf strategische Entscheidungen in Unternehmen in zweierlei Hinsicht nachteilig auswirken. Zum einen kann ein ökonomisches Klima, das geprägt ist von der Gefahr feindlicher Übernahmen, dazu führen, daß das kurzfristige Ergebnis gegenüber dem langfristigen Planungshorizont überbewertet wird und folglich zu viele Ressourcen für kurzfristige Investitionsprojekte verwendet werden[236]. Dahinter steht die Annahme, daß langfristige Investitionen zu einer Unterbewertung am Aktienmarkt führen, weil sich die Marktteilnehmer, und hier insbesondere die institutionellen Anleger, zu sehr auf das kurzfristige Ergebnis konzentrieren[237]. Es wird vor allem den institutionellen Investoren zur Last gelegt,

---

[235] Rose, Robert L., "Employment Contracts: Difficult To Get, But They're Great To Have", The Wall Street Journal, 2. August 1985, S. 15; Reibstein, "After a Takeover: More Managers Run, or Are Pushed, Out the Door", S. 32.
[236] Gilman; Chang, "Mergers and Takeovers", S. 31.
[237] Jarrell; Brickley; Netter, "The Market for Corporate Control: The Empirical Evidence Since 1980", S. 55; Jarrell, Gregg A. und Kenneth Lehn, "Takeover Threats Don't Crimp Long Term Planning", The Wall Street Journal, 1. Mai 1985, S. 32.

daß sie sich, da sie selbst unter dem Druck stehen, ihren Anlegern fortlaufend eine gute Entwicklung des gehaltenen Portfolios zu präsentieren[238], auch zu sehr auf die kurzfristigen Ergebnisse der Unternehmen in ihren Portfolios konzentrieren und Aktienpakete veräußern, wenn die vierteljährlichen Berichte erste Schwächen aufweisen. Mit den wachsenden Anteilen der institutionellen Investoren steigt somit der Druck, die kurzfristige Ertragslage des Unternehmens zu focusieren. Bedenken dieser Art werden von Führungskräften und der Wirtschaftspresse[239] häufig vorgebracht, von den institutionellen Anlegern jedoch bestritten[240].
Das Argument, daß eine Übernahmewelle und der Druck seitens der institutionellen Investoren dazu führen, strategische Planungen bereits im Vorfeld, das heißt, ohne daß eine Akquisition tatsächlich stattfindet, zurückzustellen, betrifft vor allem *hostile takeovers*. Doch kann sich auch ein Übernahmeprozeß selbst negativ auf langfristige Investitionsentscheidungen, insbesondere im Hinblick auf Forschungs- und Entwicklungsausgaben, auswirken[241]. Die Mittel, die für einen Unternehmenskauf verwendet werden, fehlen im Unternehmen für anderweitige Investitionszwecke[242]. Dies betrifft vor allem *leveraged buyouts*, die zu einer sehr angespannten Finanzlage führen und bei denen die Kreditverträge die Handlungsfreiheit des Managements unter Umständen stark einschränken[243].
Die Konsequenz einer kurzfristigen Betrachtungsweise, sei es nun zur Abwehr oder als Folge von Übernahmen, ist die Gefährdung der langfristigen Wettbewerbskraft und Konkurrenzfähigkeit[244]. Dabei waren es vor allem die Aufwendungen für Forschungs- und Entwicklungszwecke, für die Kürzungen vermutet wurden[245]. Tatsächlich gingen die Wachstumsraten der von Unternehmen in Forschungs- und Entwicklungsausgaben investierten Mittel ab 1985 zurück[246]. Ein Teil dieses Rückgangs wurde der sich Mitte der 80er Jahre intensivierenden

---

[238] Jedoch ist darauf hinzuweisen, daß beispielsweise die Manager der Pensionsfonds, die ja über den größten Anteil des Vermögens in den Händen der institutionellen Investoren verfügen, von den Managern der Unternehmen überwacht werden, deren Pensionsgelder sie verwalten. Wenn also Pensionsfonds eine kurzfristige Orientierung aufweisen, dann vor allem deswegen, weil sie selbst den Unternehmensleitungen quartalsmäßig gute Ergebnisse vorweisen müssen. Dobrzynski, Judith H. und Bruce Nussbaum, "Some Commonsense Tinkering Might Be All That's Needed", International Business Week, 18. Mai 1987, S. 77.

[239] Siehe dazu beispielsweise: Drucker, Peter F., "Curbing Unfriendly Takeovers", The Wall Street Journal, 5. Januar 1983, S. 20; Shad, "Are Takeovers Good for Mining", S. 26; Drucker, "Taming the Corporate Takeover", S. 30; Curran, "Companies that Rob the Future", S. 80-83; o. V., "The LBO Binge: Top Executives Ponder Leveraged Buyouts, But Many Have Doubts", The Wall Street Journal, 27. Oktober 1988, S. 1.

[240] Nussbaum; Dobrzynski, "The Battle for Corporate Control", S. 71.

[241] Bedenken dieser Art wurden vor allem in bezug auf *leveraged buyouts* häufig geäußert. Siehe dazu beispielsweise bei Skrzycki, Cindy, "Impact on R&D Is Newest Worry About LBOs", Washington Post, 18. Dezember 1988, S. H1 und H5; o. V., "The LBO Binge: Top Executives Ponder Leveraged Buyouts, But Many Have Doubts", S. 1.

[242] Ibrahim, Youssef M., "OPEC Expected to Benefit From Oil Mergers", The Wall Street Journal, 7. März 1984, S. 24.

[243] DeAngelo; DeAngelo, "Management Buyouts of Publicly Traded Corporations", S. 41.

[244] Gilman; Chang, "Mergers and Takeovers", S. 31; Scherer, "Corporate Takeovers: The Efficiency Arguments", S. 78; Braun, Leveraged Buyouts, S. 11.

[245] Bedenken dieser Art wurden beispielsweise von Margaret Blair, Volkswirtin an der Brookings Institution, geäußert. Siehe bei Ramirez, Anthony, "What LBOs Really Do To R&D Spending", Fortune International, vol. 119, no. 6, 13. März 1989, S. 52.

[246] Einem Nullwachstum in den Jahren 1985 bis 1987 folgten dann zwar wieder leichte Zuwachsraten, doch blieben auch diese weit hinter denen der Jahre 1980 bis 1985 zurück. National Science Foundation, Science

Übernahmewelle zugeschrieben[247]. Empirische Untersuchungen, die sich mit den potentiellen nachteiligen Wirkungen der Übernahmewelle auf langfristige Investitionen, insbesondere auf Forschungs- und Entwicklungsausgaben, befaßten, kamen zu stark voneinander abweichenden, aber doch mehrheitlich die geäußerten Bedenken nur eingeschränkt unterstützenden Ergebnissen. So führen Ankündigungen über eine Erhöhung der zukünftigen langfristigen Investitionsausgaben zu positiven Reaktionen an den Aktienmärkten[248]. Auch führt eine Zunahme des Aktienanteils in den Händen institutioneller Investoren zu keinem Rückgang der langfristigen Investitionsausgaben, im Gegenteil, er geht mit einer Erhöhung dieser Ausgaben einher[249]. Schließlich gaben die Zielgesellschaften von Übernahmen eher weniger für den Bereich Forschung und Entwicklung aus als der Branchendurchschnitt und befanden sich in Industriezweigen mit nur geringer Forschungs- und Entwicklungsintensität[250]. Eine Erhöhung der langfristigen Investitionsausgaben bringt also nicht die Gefahr mit sich, Ziel eines feindlichen Übernahmeversuches zu werden. Das Argument, daß der zunehmende Anteilsbesitz in den Händen von institutionellen Anlegern und das von feindlichen Übernahmen geprägte Klima, Führungskräfte dazu zwang, eine kurzfristige Betrachtungsweise zu Lasten strategischer Planungen zu entwickeln, läßt sich somit nicht aufrechterhalten[251]. Die positiven Kurs-

---

Resources Studies Highlights, Washington, D.C., 30. Juni 1989, S. 1-2; o. V., "Restructurings, Buyouts Cut R&D, Survey Shows", The Wall Street Journal, 3. Februar 1989, S. A6. Dabei kam es bei der Grundlagenforschung im Jahr 1988 sogar zu einem absoluten Rückgang, wohingegen bei der anwendungsorientierten Forschung und bei der Entwicklung leichte Zuwachsraten verzeichnet werden konnten. National Science Foundation, Science and Technology Data Book 1990, Washington, D.C., 1990, S. 13.

[247] Siehe dazu: National Science Foundation, Science Resources Studies Highlights, Washington, D.C., 11. März 1988, S. 1: "[...] there is evidence that an increase in the number of corporate mergers has contributed to slower growth rates [in R&D expenditures]". Auch eine Studie des Battelle Memorial Institute sah einen Zusammenhang zwischen der regen Übernahmetätigkeit und dem Rückgang der Wachstumsraten für Forschungs- und Entwicklungsaufwendungen. Siehe dazu: Siwolop, Sana, "The Sun May Be Setting on R&D's Glory Days", International Business Week, 19. Januar 1987, S. 63. Ähnlich äußerte sich schließlich auch Nigel Gault, Volkswirt bei Data Resources Inc., einer Tochtergesellschaft der McGraw Hill Inc., die wirtschaftsbezogene Statistiken erstellt. Siehe bei Koretz, Gene, "Corporations Are Putting Less Into Research", International Business Week, 10. August 1987, S. 10. Forschungs- und Entwicklungsausgaben können dabei stärker als andere Investitionsentscheidungen unter übernahmebedingten Engpässen in der Finanzierung zu leiden haben. Für sie ist eine Außenfinanzierung oft nicht möglich, da die von einem potentiellen Kreditgeber geforderten Informationen wegen der Vertraulichkeit der Projekte in der Regel nicht weitergegeben werden dürfen. Palepu, "Consequences of leveraged buyouts", S. 257.

[248] Securities and Exchange Commission, Office of the Chief Economist, Institutional Ownership, Tender Offers and Long-Term Investments, Washington, D.C., 1985, S. 11; McConnell, John J. und Chris J. Muscarella, "Corporate Capital Expenditure Decisions and the Market Value of the Firm", Journal of Financial Economics, vol. 14, no. 3, 1985, S. 411-416.

[249] Securities and Exchange Commission, Institutional Ownership, Tender Offers and Long-Term Investments, S. 5-6.

[250] Hall, Bronwyn H., "The Effect of Takeover Activity on Corporate Research and Development", in: Auerbach, Alan, Hrsg., Corporate Takeovers: Causes and Consequences, Chicago, 1988, S. 93; Securities and Exchange Commission, Institutional Ownership, Tender Offers and Long-Term Investments, S. 8-9.

[251] Eine kurzfristige Orientierung und die Vernachlässigung zukunftsbezogener Ausgaben können dabei in Unternehmen durchaus bestehen, allerdings auf andere Ursachen zurückzuführen sein. So hat sich die durchschnittliche Verweildauer eines *chief executive officer* in einem Unternehmen von zehn Jahren in den 50er Jahren auf fünf Jahre in den 80er Jahren reduziert. Diese Abnahme der durchschnittlichen Amtszeiten kann dazu führen, daß Manager ihre Planungshorizonte verkürzen, da sie die Erträge eines langfristigen Engagements nicht mehr für sich verbuchen können. Scotese, "From the Boardroom", S. 170.

reaktionen auf Ankündigungen der Erhöhung langfristiger Investitionsausgaben deuten eher darauf hin, daß derartige Aufwendungen nicht zu Unterbewertungen an den Kapitalmärkten führen. Im Gegenteil, eine Vernachlässigung strategischer Investitionen erhöht vielmehr die Gefahr, Ziel eines feindlichen Übernahmeversuches zu werden. Bezüglich der Auswirkungen getätigter Übernahmen auf langfristige Investitionen treten widersprüchliche Ergebnisse auf. Eine Untersuchung von Bronwyn Hall kommt zu der Schlußfolgerung, daß Übernahmen zu keinem Rückgang der Forschungs- und Entwicklungsausgaben führen[252]. Nach einer 1988 veröffentlichten Studie der National Science Foundation hingegen folgten einer Übernahme eine Kürzung des Forschungs- und Entwicklungsetats[253]. Eine 1989 veröffentlichte Untersuchung bestätigt dieses Ergebnis[254]. Differenziert nach Übernahmeformen, fielen die Kürzungen bei *leveraged buyouts* dabei wesentlich tiefgreifender aus als bei *mergers*[255]. Für *leveraged buyouts* wird dieses Ergebnis durch eine Studie von Steven Kaplan weiter belegt. Er ermittelt für Unternehmen nach einem *leveraged buyout* ein Zurückbleiben der Investitionsausgaben hinter dem Branchendurchschnitt von mehr als 30 Prozent in den ersten beiden Jahren nach der Transaktion. Im dritten Jahr fielen die langfristigen Ausgaben bei den von ihm untersuchten Unternehmen sogar um über 60 Prozent hinter das Branchenmittel zurück[256]. Allerdings befinden sich Unternehmen, die sich einem *leveraged buyout* unterziehen, in der Regel nicht in Branchen mit besonders intensiver Forschungs- und Entwicklungstätigkeit[257], so daß diese Aufwendungen im Verhältnis zu anderen Kosten beziehungsweise dem Umsatz nur eine geringfügige Rolle spielen[258]. Auch kann ein Rückgang dieser Investitionsausgaben sehr unterschiedlich bewertet werden. Er muß nicht zwangsläufig zu einer Gefährdung der langfristigen Wettbewerbsfähigkeit führen, weil dazu notwendige Aufwendungen plötzlich nicht mehr getätigt werden, sondern kann auch bedeuten, daß lediglich Duplizitäten und unrentable Projekte abgebaut werden[259].

---

[252] Hall, "The Effect of Takeover Activity on Corporate Research and Development", S. 83-84.

[253] Untersucht wurden dabei 18 Übernahmen der Jahre 1984 bis 1986. National Science Foundation, Science Resources Studies Highlights, 11. März 1988, S. 2.

[254] Dieser Untersuchung lagen die Forschungs- und Entwicklungsausgaben von 200 Unternehmen zugrunde, die zusammen etwa 90 Prozent der gesamten industriellen Forschungs- und Entwicklungsausgaben ausmachten. 24 dieser Unternehmen waren einer Übernahmetransaktion unterzogen worden. Zu den Ergebnissen dieser Studie siehe: Ramirez, "What LBOs Really Do To R&D Spending", S. 52.

[255] Bei den 16 der 24 Unternehmen, die einem *merger* unterzogen wurden, gingen die Forschungs- und Entwicklungsausgaben anschließend um durchschnittlich 4,7 Prozent zurück; bei den acht Firmen, die einen *leveraged buyout* durchgeführt hatten, sanken diese Aufwendungen durchschnittlich jedoch um 12,8 Prozent. Ramirez, "What LBOs Really Do To R&D Spending", S. 52.

[256] Kaplan, "The Effects of Management Buyouts on Operating Performance and Value", S. 244. Zu in diese Richtung gehenden, wenn auch weniger drastisch ausfallenden Ergebnissen kommt ebenfalls Abbie Smith. Siehe Smith, "Corporate ownership structure and performance", S. 154-156.

[257] Opler, Tim und Sheridan Titman, "The Determinants of Leveraged Buyout Activity: Free Cash Flow vs. Financial Distress Costs", The Journal of Finance, vol. 48, no. 5, 1993, S. 1996; Anders; Hill, "LBO Backers Marshal Data To Fight Critics", S. C1 und C9; Ramirez, "What LBOs Really Do To R&D Spending", S. 52. So wird in der Lebensmittelindustrie, der Branche, in der die größten *leveraged buyout*-Transaktionen stattfanden, durchschnittlich nur etwa ein Prozent des Umsatzes für Forschung und Entwicklung ausgegeben. Skrzycki, "Impact on R&D Is Newest Worry About LBOs", S. H5.

[258] Smith, "Corporate ownership structure and performance", S. 154.

[259] Farrell et. al., "LBOs: The Stars, The Strugglers, The Flops", S. 47. So wies beispielsweise die Firma Reliance Electric, ein Hersteller von Elektromotoren und eine ehemalige Tochtergesellschaft von Exxon, die

Insgesamt gesehen läßt sich die These, daß allein die Gefahr von *hostile takeovers* die Vernachlässigung der strategischen Investitionstätigkeit fördert, kaum halten. Bei den tatsächlich durchgeführten Transaktionen scheinen *leveraged buyouts* die größte Auswirkung auf langfristige Investitionen, insbesondere Forschungs- und Entwicklungsbudgets, zu haben, doch läßt sich auch hier nur schwer trennen, ob es sich wirklich um einschneidende Kürzungen oder lediglich den Abbau unnötiger, da bisher doppelt getätigter Aufwendungen handelt. Da *leveraged buyout*-Unternehmen ohnehin nur geringfügige Forschungs- und Entwicklungsaktivitäten betreiben, dürften selbst drastische Einschnitte nach solchen Transaktionen sich nur geringfügig auf die Forschungs- und Entwicklungstätigkeit des gesamten Unternehmenssektors auswirken.

2. Führungs- und Integrationsprobleme

Eine Gefahr von *takeovers*, die weniger *leveraged buyouts*, sondern mehr Fusionen und ganz besonders *hostile takeovers* betrifft, sind Führungs- und Integrationsprobleme, die nach der Übernahme auftreten und zu unerwünschten Nebeneffekten, das heißt Produktivitäts- und Effizienzsenkungen, führen können. Führungsprobleme beziehungsweise die mangelnde Fähigkeit, in einer Branche vorhandene Führungsqualitäten auf die Zielgesellschaft zu übertragen, einhergehend mit Problemen, die nun komplexer gewordenen Organisationen effizient zu leiten, waren ein Grund für die Renditerückgänge nach konglomeraten Unternehmenszusammenschlüssen der 50er und 60er Jahre gewesen[260]. Damit eine Übernahme gelingt, müssen einige Voraussetzungen gegeben sein. So ist es, um eine erfolgreiche Integration zu gewährleisten, beispielsweise notwendig, daß die Arbeitnehmer der beteiligten Firmen Produkt, Markt und Kundenstamm der jeweils anderen Gesellschaft respektieren[261]. Auch müssen in der Übernahmegesellschaft zum Zeitpunkt der Akquisition Führungskräfte vorhanden sein, um gegebenenfalls die Leitung der Zielgesellschaft zu übernehmen, denn es ist ein zeitraubendes und äußerst schwieriges Unterfangen, eine neue Unternehmensführung erst am Arbeitsmarkt zu akquirieren. Dabei muß sich der Käufer darüber im klaren sein, daß er das bisherige Management der Zielgesellschaft nicht unbedingt nicht halten kann. Top-Manager, die es gewohnt sind, an erster Stelle zu stehen, lassen sich nur ungern zu Divisionsleitern

---

im Jahr 1986 einen *leveraged buyout* durchführte, ausdrücklich darauf hin, daß zwar der Etat für Forschungs- und Entwicklungsausgaben nach der Transaktion um 17 Prozent gesenkt wurde, Kürzungen jedoch nur dort stattfanden, wo mehrere Mitarbeiter in verschiedenen Abteilungen gleichen Forschungstätigkeiten nachgegangen waren. Ramirez, "What LBOs Really Do To R&D Spending", S. 52.

[260] Ravenscraft; Scherer, "The Profitability of Mergers", S. 115.

[261] Akquisitionen von Kosmetikfirmen durch Pharmaunternehmen in den 60er und 70er Jahren war selten großer Erfolg beschieden, was nicht zuletzt auch daran lag, daß die Mitarbeiter letztgenannter Firmen ihre die Gesundheit von Menschen betreffenden Produkte denen von Kosmetikunternehmen übergeordnet befanden und Markt und Kundenstamm der Zielgesellschaften eher abfällig betrachteten. Drucker, Peter F., "The Five Rules of Successful Acquisition", The Wall Street Journal, 15. Oktober 1981, S. 28.

degradieren[262]. Dieser wichtige Punkt, Führungsqualitäten für die Zielgesellschaft zu besitzen, dessen Fehlen bereits in der vorangegangenen Übernahmewelle zu Problemen geführt hatte, wurde in den 80er Jahren ebenfalls immer wieder mißachtet. Viele Führungskräfte verstanden wenig von den Kerngeschäften der Unternehmen, die sie erwarben, sondern konzentrierten sich zu stark auf die Finanzergebnisse dieser Firmen[263]. Gewachsene Unternehmenskulturen, Organisationsstrukturen und Hierarchieebenen führen fast zwangsläufig zu Überschneidungen. Dabei treten Integrationsprobleme besonders dort auf, wo stark voneinander abweichende Unternehmenskulturen und -philosophien und nach unterschiedlichen Konzepten - produktorientiert, funktional oder regional - ausgerichtete Organisationsformen aufeinander treffen. Obwohl diese Fakten sowie die Bedeutung eines aktiven Integrationsmanagements für das Gelingen einer Transaktion hinlänglich bekannt sind, wurden sie häufig unterschätzt oder mißachtet[264], und es kam in vielen Fällen zu erheblichen Integrationsproblemen. So hatten beispielsweise große Konzerne, die zu Beginn der 80er Jahre versuchten, in Bereiche der Spitzentechnologie zu diversifizieren, und zu diesem Zwecke kleine Softwarefirmen kauften, teilweise mit erheblichen Problemen zu kämpfen. Die Zielgesellschaften wiesen in den meisten Fällen nur wenige Hierarchieebenen auf und hatten aufgrund der besonderen Eigenschaften ihrer Produkte, die schon nach wenigen Jahren als veraltet gelten, kurze Informations- und Entscheidungswege und einen engen Kontakt zwischen den Entwicklungs- und Verkaufsabteilungen. Wenn nun die größeren Übernahmegesellschaften ihre gewachsenen umfangreichen Organisationsstrukturen auf die Zielunternehmen zu übertragen versuchten, kam es häufig zu Spannungen, Verzögerungen und Ertragseinbußen[265]. Auch dort, wo hinsichtlich der Größe keine so gravierenden Divergenzen vorhanden sind, können aufgrund verschiedener Führungsstile erhebliche Schwierigkeiten entstehen. Nach der Fusion der beiden Rechtsanwaltskanzleien Isham, Lincoln & Beale und Reuben & Procter kam es zu Integrationsproblemen, die auch ein Jahr nach dem Zusammenschluß noch nicht gelöst waren. Ursache für diese Probleme war der große Unterschied in den Unternehmenskulturen. Reuben & Procter war ein junges, 1978 gegründetes Unternehmen, dessen Mitarbeiter einen aggressiven Arbeitsstil aufwiesen. Isham, Lincoln & Beale hingegen war ein alteingesessenes Unternehmen mit wesentlich gesetzterem Vorgehen. Da keine der beiden Firmen als dominierendes Unternehmen aus der Fusion hervorging, mußte alles neu verhandelt werden, von der Gehaltsstruktur über die Auswahl der Sekretärinnen und Mitarbeiter, die entlassen werden sollten, bis hin zu den Partnern, die man um ein

---

[262] Bennett, Amanda, "After The Merger, More CEOs Left In Uneasy Spot: Looking For Work", The Wall Street Journal, 27. August 1986, S. 19.

[263] Morris, Betsy und Robert Johnson, "Case of Indigestion", The Wall Street Journal, 5. Dezember 1985, S. 5 und 24.

[264] Auf diese Gefahr wurde von auf Fusionen spezialisierten Mitarbeitern von Beratungsunternehmen häufig hingewiesen. Siehe beispielsweise bei Oneal et. al., "The Best and Worst Deals of the 1980s", S. 41.

[265] So zum Beispiel bei der Übernahme des kleinen, auf die Herstellung von Textverarbeitungsprogrammen spezialisierten Softwarehauses Lexitron Corp. durch die Raytheon Co. Das Management von Raytheon war nach Ansicht der Ingenieure von Lexitron langsam und schwerfällig. Verkäufer, die es gewohnt waren, bei Kundenanfragen direkt in der Zentrale anzurufen und Minuten später eine Auskunft zu bekommen, mußten schriftliche Anfragen einreichen, deren Beantwortung lange dauern konnte. Solange wollten die Kunden jedoch häufig nicht warten, und es kam zu Ertragseinbußen. Auch dauerte es zu lange, bis Projekte in Angriff genommen, und vor allem viel zu lange, bis fehlgeschlagene Vorhaben eingestellt wurden. Cohen, "Failed Marriages", S. 1 und 18.

Ausscheiden ersuchen würde. Die unterschiedlichen Kulturen führten zu Spannungen, die durch das Verhalten der Führungskräfte, die beispielsweise Sitzungen nur mit Partnern ihrer ehemaligen Gesellschaften einberiefen, noch zusätzlich angeheizt wurden. Dies führte dazu, daß Teilhaber das Unternehmen verließen und große Teile der Mandantenschaft mit sich nahmen[266]. Zwei völlig verschiedene Unternehmenskulturen führten auch bei der Übernahme der Bendix Corp. durch die Allied Corp. zu großen Integrationsproblemen[267]. Auch den Fusionen der großen Wirtschaftsprüfungsgesellschaften folgten immer wieder erhebliche Anpassungsschwierigkeiten. In der Luftfahrtindustrie führten Eingliederungsschwierigkeiten nach Fusionen zu Serviceproblemen und Unzufriedenheit bei den Kunden[268].

Führungs- und Integrationsschwierigkeiten sind im wesentlichen ein Problem von Fusionen und feindlichen Akquisitionen. Bei *leveraged buyouts* unter der Mitwirkung des bisherigen Managements treten sie, wegen der Kontinuität in der Unternehmensführung, weniger auf. Allerdings kann sich dort die hohe Verschuldung nachteilig auf die Wahrung der Führungsaufgaben auswirken. Der Zwang, die Fremdkapitalaufnahme, beispielsweise durch die Veräußerung von nicht zum Kerngeschäft gehörenden Unternehmensdivisionen, rasch wieder zu senken, und die Suche nach potentiellen Käufern können das Management von den eigentlichen Führungsaufgaben ablenken[269]. Auch *hostile takeovers* wurden in der Regel mit sehr viel Fremdkapital finanziert, so daß dort zu den Führungs- und Integrationsschwierigkeiten, mit denen sich eine in der Regel vollkommen neu besetzte Führungsgruppe auseinandersetzen muß, auch noch das Problem kommt, sich stark auf den Schuldenabbau konzentrieren zu müssen[270].

Führungs- und Integrationsprobleme können somit, vor allem wenn sie nicht adäquat adressiert werden, den positiven Effekten von Übernahmen entgegenwirken und den Erfolg solcher Transaktionen beeinträchtigen beziehungsweise zunichte machen. Obwohl hinlänglich bekannt, wurden sie auch bei Fusionen und Übernahmen der 80er Jahre immer wieder vernachlässigt und führten so zu unerwünschten, effizienzhemmenden Nebenwirkungen.

---

[266] Bailey, Jeff, "A Bad Marriage? Chicago Law Firm Tries To Overcome Merger Troubles", The Wall Street Journal, 24. September 1987, S. 29.

[267] Die Unternehmensphilosophie von Bendix wurde als sehr formal eingestuft, die von Allied hingegen als ausgesprochen leger. Führungskräfte mit sehr unterschiedlichen Charakteren und Führungsstilen mußten sich einander anpassen. Dies ging soweit, daß über sehr grundlegende Dinge, wie die üblichen Uhrzeiten für *meetings*, verhandelt werden mußte. Hughey, Ann, "Purple's Prose", The Wall Street Journal, 22. August 1983, S. 1 und 10.

[268] O.V., "Merger Myopia", S. 30.

[269] Gibson, "Food Company Takeovers: Mixed Results", S. 3.

[270] Im Jahr 1986 übernahm der kanadische Immobilienunternehmer Robert Campeau die amerikanische Einzelhandelskette Allied Stores. Er hatte ehrgeizige Pläne für das erworbene Unternehmen, doch brachte die hohe Verschuldung und der daraus resultierende Druck, innerhalb weniger als eines Jahres Unternehmensvermögen im Wert von über 800 Millionen Dollar veräußern zu müssen, ihn unter enorme zeitliche Bedrängnis und forderte viel Aufmerksamkeit. Hinzu kam mangelnde Erfahrung in der Einzelhandelsbranche. Auf die Kenntnisse und Führungsqualitäten des ehemaligen Managements konnte nicht zurückgegriffen werden, da dieses das Unternehmen nach dem *takeover* verlassen hatte. Die Kombination der Probleme führte dazu, daß das Unternehmen Vergleich anmelden mußte. Cook, Dan; Terry, Edith und Amy Dunkin, "Is Campeau in Over his Head at Allied Stores?", International Business Week, 9. Februar 1987, S. 48-49.

3. Kontraproduktive Effekte durch nachteilige Wirkungen auf Arbeitnehmer

Die teilweise nur mangelhafte Aufmerksamkeit, die der Anpassung unterschiedlicher Führungsstile, Organisationsstrukturen, Hierarchieebenen und Unternehmenskulturen gewidmet wurde, führte oft zu Reibungsverlusten und dazu, daß Führungskräfte freiwillig aus dem Unternehmen ausschieden. Darüber hinaus hatten insbesondere feindliche Übernahmen immer wieder Entlassungen, vor allem im Bereich des mittleren Managements, zur Folge[271]. Bei den Arbeitnehmern führte die Ankündigung einer Übernahme oder auch nur in diese Richtung gehende Gerüchte deswegen oft zu einer starken Verunsicherung[272]. Obwohl häufig darauf hingewiesen wurde, daß vertrauensbildende Maßnahmen, ein ehrlicher und fairer Umgang mit den Arbeitnehmern und eine regelmäßige und umfassende Information über den Fortgang des Integrationsprozesses für das Gelingen einer Transaktion von großer Bedeutung sind[273], wurden diese Regeln immer wieder mißachtet, Arbeitnehmer im unklaren über ihre berufliche Zukunft im Unternehmen belassen oder teilweise schlichtweg falsch informiert[274]. Mangelnde beziehungsweise falsche Informationen führen neben Verunsicherung auch zu einem Rückgang der Arbeitszufriedenheit und zur Frustration bei den Mitarbeitern und dies wiederum zu einem Loyalitätsverlust, zu mangelnder Identifikation mit dem neuen Unternehmen, zu inneren Kündigungen und zur Demoralisierung[275]. Unpünktlichkeiten, Überziehen von Pausen, eine Erhöhung der Krankheitstage, zunehmende Diebstähle sowie Überziehungen bei Spesenabrechnungen sind die Folge[276]. Eine weitere Konsequenz ist, daß besonders hochqualifizierte Mitarbeiter und Führungskräfte, die die Übernahmegesellschaft oft gerne behalten

---

[271] Siehe dazu die Ausführungen im Abschnitt III.3 und auch die dort genannten Beispielfälle.

[272] Hymowitz, Carol, "Merged Firms Often Fire Workers The Easy Way - Not The Best Way", <u>The Wall Street Journal</u>, 24. Februar 1986, S. 37; o. V., "Odds and Ends", <u>The Wall Street Journal</u>, 22. September 1988, S. BI. Während des Übernahmeprozesses von Esmark Inc. durch Beatrice Cos. richtete sich die Aufmerksamkeit der Mitarbeiter beispielsweise mehr auf die neuesten Nachrichten und Informationen, denn auf ihre eigentliche Tätigkeit. Negativ erscheinende Meldungen wurden lange diskutiert und Pausen verlängert. Der sukzessive Arbeitsplatzabbau nach der Übernahme führte zu Verunsicherung, Ängsten bei und Feindseligkeiten zwischen den Arbeitnehmern. Morris; Johnson, "Case of Indigestion", S. 5 und 24.

[273] Siehe beispielsweise bei Oneal et al., "The Best and Worst Deals of the 1980s", S. 42; Hymowitz, "Merged Firms Often Fire Workers The Easy Way - Not The Best Way", S. 37.

[274] So teilte der Vorsitzende des *board of directors* von Beatrice Cos., James L. Dutt, den Führungskräften von Esmark mit, daß "there's room for everyone", doch wurde kurz darauf mit umfangreichen Entlassungen begonnen. Nach der Übernahme von Gulf Oil durch Chevron wurden die Mitarbeiter von Gulf über ein Jahr lang im unklaren über die zukünftige Unternehmensstruktur und darüber, welche Arbeitnehmer im Unternehmen verbleiben würden, gelassen. Zwar wies die Leitung von Chevron stets darauf hin, daß sie eine Bestenauswahl verfolgen würde, doch waren anschließend fast immer die Arbeitnehmer von Chevron, die in diese Kategorie eingeordnet wurden. Hymowitz, "Merged Firms Often Fire Workers The Easy Way - Not The Best Way", S. 37. Während der Verhandlungen hinsichtlich der Übernahme der Gray Drug Stores Inc. durch die Sherman-Williams Co. wies die Unternehmensleitung von Sherman-Williams darauf hin, daß es nur wenige Veränderungen geben würde, doch wurde bereits am Tag nach Abschluß der Transaktion mit dem Personalabbau bei der Zielgesellschaft begonnen. Ingrassia, "Employees at Acquired Firms Find White Knights Often Unfriendly", S. 23.

[275] Hughey, "Purple's Prose", S. 1 und 10; o. V., "Labor Letter", <u>The Wall Street Journal</u>, 9. September 1986, S. 1; Christie; Johnson, "West Point-Pepperell Winds Up in Limbo", S. A8.

[276] Schellhardt, Timothy D., "Merger Fallout: Beware Employee Dishonesty", <u>The Wall Street Journal</u>, 19. Oktober 1989, S. B1.

würde, nach einer Akquisition oder schon während der Transaktion von sich aus kündigen[277]. Zusammengenommen führt dies zu einem Verlust von wichtigem Humankapital einerseits und zu kontraproduktivem und effizienzhemmendem Verhalten der im Unternehmen verbleibenden Mitarbeiter andererseits.

Doch nicht nur getätigte Übernahmen, sondern auch allein ein wirtschaftliches Umfeld, das durch eine Vielzahl von übernahmebedingten Entlassungen geprägt ist, hat Auswirkungen auf Arbeitnehmer und daraus folgend Rückwirkungen auf die Unternehmen. Für Führungskräfte bedeutet dieses Umfeld eine erhöhte Gefahr, ihren Arbeitsplatz zu verlieren, da vor allem bei *hostile takeovers* die Tendenz besteht, das gesamte Führungsteam auszuwechseln[278]. Sie werden aufgrund dieses Risikos eine höhere Entlohnung verlangen. Dies wiederum bedeutet für die Aktionäre, aufgrund der steigenden Kosten, sinkende Gewinne. Für viele Unternehmen mag die Verringerung der Gewinne durch die erhöhten Gehaltszahlungen nicht bedeutend sein. Bei einer differenzierten Betrachtung zeigt sich jedoch, daß diese Kosten für Unternehmen, die sich besonders stark der Gefahr einer feindlichen Übernahme ausgesetzt sehen, sehr hoch sind. Selbst wenn man unterstellt, daß der 'Markt für Unternehmenskontrolle' weitgehendst reibungslos funktioniert, würde dies für Unternehmen, die ein nur mittelmäßiges Management besitzen und sich durch die Einstellung neuer Führungskräfte selbst retten wollen, eine erhebliche finanzielle Belastung bedeuten. Es ist sogar möglich, daß es keine Risikoprämie gibt, die hoch genug ist, risikoscheue Manager dazu zu bringen, für solche Firmen noch zu arbeiten, weil sie den Statusverlust, den eine Entlassung nach einer feindlichen Übernahme bringen könnte, zu hoch einschätzen, als daß es dafür eine ausreichende materielle Entschädigung gäbe[279]. Darüber hinaus droht noch eine wesentlich größere Gefahr. Es mag für solche Unternehmen nicht nur wesentlich schwieriger sein, neue Führungskräfte anzuziehen, es wird für sie auch extrem problematisch, einzelne gute Manager zu halten. Die Besten von ihnen werden danach streben, in sicherere Positionen in anderen Unternehmen zu wechseln.

Takeovers, insbesondere solche feindlicher Art, wirken sich somit nicht nur ex post nachteilig auf Arbeitnehmer, deren Motivation, Arbeitszufriedenheit und demzufolge auch Produktivität aus, sondern können auch bereits ex ante negative Wirkungen haben, vor allem für Firmen und Branchen, bei denen eine besondere Übernahmegefahr besteht. Diese Effekte sind kostenintensiv und effizienzmindernd und stehen den positiven Wirkungen von *takeovers* kontraproduktiv gegenüber.

Zusammenfassend läßt sich feststellen, daß die Aktionäre der Zielgesellschaften von den *takeovers* klar profitierten, die Anteilseigner der Übernahmegesellschaften hingegen bestenfalls geringe Gewinne erzielen konnten und bisweilen auch Verluste hinnehmen mußten. Für die Gewinne der Aktionäre der Zielgesellschaften gibt es verschiedene potentielle Quellen. Sie könnten durch Effizienz- und Produktivitätssteigerungen begründet sein oder auch nur auf

---

[277] Reibstein, "After a Takeover: More Managers Run, or Are Pushed, Out The Door", S. 33; Pearl, Daniel, "Georgia-Pacific's Nekoosa Purchase Posing a Logjam", The Wall Street Journal, 26. März 1991, S. A4; Hughey, "Purple's Prose", S. 10.

[278] Diese Tendenz ist deswegen vorhanden, da es für den Erwerber als außenstehenden Investor schwierig ist, den Beitrag einzelner Manager zu beurteilen.

[279] Coffee, "Regulating the Market for Corporate Control: A Critical Assessment of the Tender Offer's Role in Corporate Governance", S. 1236-1237.

reinen Wohlstandstransfers basieren. Die vorangegangene Analyse zeigt, daß es bei *leveraged buyouts* sehr wohl zu Effizienzsteigerungen kam, die Gewinne der Altaktionäre und neuen Eigentümer also durchaus auf eine verbesserte Ressourcenallokation zurückgeführt werden können. Allerdings trifft dies im wesentlichen auf die *leveraged buyouts* der frühen 80er Jahre zu, die der zweiten Hälfte des Jahrzehnts kamen zu weniger positiven Resultaten, ein Ergebnis davon, daß bei der Auswahl von *leveraged buyout*-Kandidaten mit Fortschreiten der Übernahmewelle die erforderlichen Kriterien nicht mehr ausreichend beachtet wurden. Bei *hostile takeovers* ist das Gewinnpotential durch Effizienzverbesserungen begrenzt und die Wirkungsweise des *market for corporate control* eher fraglich. Vielmehr zeigte sich, daß ein Teil der Aktionärsgewinne wohl auf Transferleistungen anderer Interessengruppen zurückzuführen ist. Auch sind *hostile takeovers* die Transaktionen, bei denen Führungs- und Integrationsprobleme sowie kontraproduktive Effekte durch nachteilige Wirkungen auf die Arbeitnehmer am wahrscheinlichsten sind, so daß insgesamt gesehen der Erfolg solcher Transaktionen in Frage zu stellen ist.

Zusammenfassung

Unternehmensübernahmen haben die Struktur der amerikanischen Wirtschaft in den 80er Jahren nachhaltig beeinflußt. Ziel der vorliegenden Arbeit war es, die Faktoren im staatlichen und betrieblichen Umfeld herauszuarbeiten, die das Entstehen und die Entwicklung dieser Übernahmewelle ermöglicht und gefördert haben, und die Auswirkungen der Übernahmen auf betriebliche Größen und Interessengruppen zu untersuchen.

In einem einleitenden ersten Kapitel wurden die verschiedenen Formen von *takeovers* vorgestellt, der rechtliche Regelungsrahmen dargelegt und ein Überblick über die drei vorangegangenen Übernahmewellen der amerikanischen Wirtschaftsgeschichte gegeben. Das zweite Kapitel widmete sich dann ausführlich der Übernahmetätigkeit in den 80er Jahren. Dabei zeigte sich, daß die Übernahmewelle in drei Phasen unterteilt werden kann. In einer ersten Periode bis etwa 1983 kam es zu einem zunächst eher gemäßigten Anstieg der Übernahmeaktivitäten, dem in den nächsten Jahren eine ausgesprochen dynamische Entwicklung folgte. Das Jahr 1989 brachte einen Rückgang der Unternehmensübernahmen, und im Jahr 1990 kam es dann zu einem drastischen Einbruch. Darin kann auch gleichzeitig das Ende der Übernahmewelle gesehen werden. Zwar stieg die Übernahmetätigkeit in den letzten Jahren wieder an, doch sind die *takeovers* der 90er Jahre von grundlegend anderer Struktur.

Prägend für die Übernahmewelle der 80er Jahre waren zwei Transaktionsformen - *leveraged buyouts* und *hostile takeovers*. Nachdem eine feindliche Übernahme im Jahr 1974 erstmals von einer großen Investmentbank unterstützt worden war, konnte sich diese Übernahmeform etablieren und wurde in den 80er Jahren zur Kontrollerlangung zunehmend eingesetzt. Auch *leveraged buyouts* gab es schon vor 1980 - die ersten Transaktionen dieser Art wurden in den 60er Jahren getätigt -, doch erst in den 80er Jahren spielten sie bei der Übernahmetätigkeit eine tragende Rolle. Besondere Bedeutung für die Entwicklung der Übernahmewelle erlangten die Jahre 1985 bis 1988. In dieser Zeit stieg das Übernahmevolumen stark an, und es wurden zunehmend mehr *megadeals*, das heißt Transaktionen mit einem Volumen von mehr als einer Milliarde Dollar, getätigt. *Hostile takeovers* für große Unternehmen prägten das wirtschaftliche Klima und nahmen bisweilen bizarre Formen an. *Leveraged buyouts* kamen 'in Mode', und kaum eine Unternehmensleitung kam mehr umhin, eine Restrukturierung der eigenen Gesellschaft oder eine Akquisition zumindest in Erwägung zu ziehen.

Es war das Zusammentreffen einer ganzen Reihe von Faktoren, die zu dieser Entwicklung der Übernahmetätigkeit führten. Die 80er Jahre waren von einem langen, nachhaltigen wirtschaftlichen Aufschwung mit niedrigen Inflationsraten und stabilem Zinsniveau geprägt. Dadurch konnte der Optimismus entstehen, der Investoren und Führungskräfte große und risikoreich finanzierte Transaktionen durchführen ließ. Grundlegende Voraussetzung für das Entstehen der Übernahmewelle war eine Lockerung der *Antitrust*-Politik. In dem restriktiven kartellrechtlichen Umfeld der 50er und 60er Jahre mit der engen Auslegung der *Antitrust*-Gesetze sowohl durch die Behörden als auch bei den Gerichten wären die Unternehmensübernahmen der 80er Jahre nicht möglich gewesen. Es war die Entwicklung des *New Economic Learning*, einer Theorie, die in Konzentration allein noch keine große Gefahr für den Wettbewerb sah und Fusionen als Mittel zur Erzielung von Größenvorteilen und Effizienzsteigerungen betrachtete, die den Grundstein für eine Lockerung der *Antitrust*-Politik legte. Mit dem Amtsantritt der Regierung Präsident Reagans änderte sich das politische Umfeld zugunsten einer

gelockerten *Antitrust*-Politik. Freie Märkte und weniger staatliche Regulierung traten in den Vordergrund wirtschaftspolitischen Handelns. Mit der Berufung der Anhänger des *New Economic Learning* in bedeutende Positionen bei Behörden und Gerichten fand diese Theorie durch politisches Handeln und richterliche Entscheidungen Umsetzung in praktische *Antitrust*-Politik. Eine Grundvoraussetzung für die großen horizontalen Zusammenschlüsse war somit gegeben. Als zweiter staatlicher Faktor, der die Übernahmetätigkeit begünstigte, wenn auch nicht in dem Maße wie die *Antitrust*-Politik, ist die Steuergesetzgebung zu Beginn der 80er Jahre zu sehen. Der *Economic Recovery Tax Act* des Jahres 1981 war mit dem Ziel erlassen worden, den wirtschaftlichen Aufschwung zu forcieren. Seine Vorschriften - niedrige Steuersätze, erhöhte Abschreibungen auf Sachanlagevermögen und Investitionssteuergutschriften - bewirkten bei den Unternehmen Liquiditätsverbesserungen einerseits und steuerliche Verluste andererseits. Steuerliche Verluste bei der Zielgesellschaft wiederum stellten einen Anreiz zum Unternehmenskauf dar, da ihre Verrechnung dem Käufer die Möglichkeit bietet, die eigene Steuerlast zu senken. Im Jahr 1981 stieg denn auch das Übernahmevolumen drastisch an. Zwar wurden Übernahmen nicht rein aus steuerlichen Motiven heraus getätigt, doch wirkten steuerliche Faktoren fördernd und forcierend. Ein zweites wichtiges Steuergesetz der 80er Jahre, der *Tax Reform Act* des Jahres 1986, hätte sich aufgrund seiner Vorschriften - Eliminierung der Investitionssteuergutschriften und partielle Rücknahme der Abschreibungsvorteile - hemmend auf die Entwicklung von Übernahmen auswirken müssen. Es spricht für die Eigendynamik der Übernahmewelle in der zweiten Hälfte der 80er Jahre, daß das Gesetz nur eine Vorverlegung geplanter Transaktionen in die zweite Hälfte des Jahres 1986 bewirkte, die Übernahmebewegung insgesamt jedoch nicht mehr eindämmen konnte.
Eine gelockerte *Antitrust*-Politik, unterstützt durch zunächst steuerliche Anreizfaktoren, hätte für die Entstehung und den Verlauf einer Übernahmewelle wie die der 80er Jahre jedoch nicht ausgereicht. Von ganz besonderer Bedeutung für die Entwicklung der prägenden Transaktionsformen, *leveraged buyouts* und *hostile takeovers*, war vielmehr die Entwicklung innovativer Finanzierungsinstrumente, insbesondere die der sogenannten *junk bonds*, und die Schaffung eines liquiden Marktes für solche Anleihen. *Junk bonds* waren handelbar und damit sehr flexibel. Zusammen mit ihrer hohen Verzinsung wurden sie so zu einem sehr attraktivem Anlageinstrument und zogen Investoren an. Erst dadurch wurde das Kapital auch für die großen Transaktionen und die Vielzahl von *leveraged buyouts* zur Verfügung gestellt.
Nicht zu unterschätzen ist auch der Einfluß der Investmentbanken und institutionellen Anleger auf die Entwicklung der Übernahmetätigkeit der 80er Jahre. Die Investmentbanken sahen in den Übernahmen ein lukratives Geschäftsfeld, mit dessen Einnahmen sie Gewinnrückgänge aus dem traditionellen Emissionsgeschäft und Wertpapierhandel ausgleichen konnten. Sie nahmen eine aktive Rolle ein, suchten selbst nach potentiellen Zielgesellschaften, brachten Unternehmen als mögliche Übernahmekandidaten 'ins Spiel' und forcierten so die Übernahmetätigkeit. Vor allem an der ab etwa 1985 einsetzenden dynamischen Entwicklung waren die Investmentbanken nicht unmaßgeblich beteiligt. Die Übernahmetätigkeit zu Beginn der 80er Jahre hatte dazu geführt, daß die Banken den Personalbestand der für Übernahmen zuständigen Abteilungen deutlich erhöhten. Rekrutiert wurden dabei oft junge Betriebs- und Volkswirte direkt von den Universitäten, die zwar mit der Funktionsweise neuer Finanzierungsinstrumente vertraut waren, die möglichen Wirkungen einer Rezession aber noch nicht persönlich erfahren hatten. Beeinflußt durch das ausgesprochen gute ökonomische Klima der 80er Jahre wurden von ihnen auch solche Transaktionen gefördert beziehungsweise initiiert, die bei einem vorsichtigen Handeln nicht hätten getätigt werden dürfen. Unterstützt wurde das

aggressive Vorgehen der Banken durch das Verhalten der institutionellen Investoren, den wichtigsten Kapitalgebern für umfangreiche Übernahmetransaktionen. Diese unterlagen großem Erfolgsdruck, wollten sie doch ihren Anlegern vierteljährlich eine gute Verzinsung der in den Portfolios gehaltenen Mittel vorlegen. *Junk bonds* und der Verkauf von Aktien an einen *raider* zu einem Preis weit über dem jeweiligen Börsenkurs brachten überdurchschnittliche Renditen, und so waren institutionelle Anleger bereit, in hochverzinsliche Anleihen zu investieren und die von ihnen gehaltenen Aktien an den meistbietenden Interessenten zu veräußern. Letzteres wirkte sich sehr begünstigend auf die Entwicklung von *hostile takeovers* aus.

Zusammenfassend läßt sich feststellen, daß die Übernahmebewegung der 80er Jahre auf das Zusammentreffen verschiedener Faktoren sowohl aus dem staatlichen als auch betrieblichen Umfeld der beteiligten Unternehmen zurückzuführen ist. Die Grundvoraussetzung lieferte eine gelockerte *Antitrust*-Politik, und ein neues Steuergesetz stellte einen ökonomischen Anreiz dar. In dem Umfeld eines nachhaltigen wirtschaftlichen Aufschwungs forcierte die Entwicklung neuer Finanzinnovationen, einhergehend mit aggressivem Verhalten der Investmentbanken einerseits und der als Hauptkapitalgeber fungierenden institutionellen Investoren andererseits, die Übernahmebewegung und führte dazu, daß diese zunehmend ein Eigenleben entwickelte.

Eine Analyse der Auswirkungen im vierten Kapitel zeigte, daß die Aktionäre der Zielgesellschaften fast durchwegs von der Übernahmewelle profitierten. Ihnen wurden für ihre Anteile Preise geboten, die in der Regel weit über den jeweiligen Börsenkursen lagen. Für die Anteilseigner der Übernahmegesellschaften hingegen hatte die Bekanntgabe eines Akquisitionsvorhabens ihrer Unternehmung weniger günstige Auswirkungen. Die Auswertung verschiedener empirischer Untersuchungen zeigt, daß sich ihre Anteilswerte im Durchschnitt kaum veränderten, doch erzielte die Hälfte von ihnen geringfügige Gewinne, während die andere Hälfte leichte Verluste erlitt. Im weiteren Verlauf des vierten Kapitels wurde der Frage nachgegangen, wodurch die hohen Gewinne der Aktionäre der Zielgesellschaften zu erklären sind. Im Mittelpunkt stand dabei die Frage, ob die Aktionärsgewinne Ausdruck einer besseren Ressourcenallokation und erhöhter betrieblicher Effizienz und die Übernahmen demzufolge ökonomisch sinnvoll waren oder ob die Gewinne der Anteilseigner lediglich auf Transferleistungen anderer Interessengruppen beruhten, ohne daß die Übernahmen einen gesamtwirtschaftlichen Nutzen hervorbrachten. Die Ausführungen des vierten Kapitels konzentrierten sich dabei besonders auf *leveraged buyouts* und *hostile takeovers*, da diese beiden Transaktionsformen die Übernahmewelle prägten. Die Untersuchung ergab, daß hinsichtlich der Auswirkungen sowohl zwischen den beiden Formen als auch nach dem Übernahmezeitpunkt zu differenzieren ist. Die Befürworter von *hostile takeovers* sprechen dieser Übernahmeform eine disziplinierende und effizienzsteigernde Wirkung zu. Demnach konkurrieren in einem Markt für Unternehmenskontrolle verschiedene Managementteams um das Gut 'Unternehmensführung'. Eine Unternehmensleitung, welche die ihr zur Verfügung stehenden Ressourcen nicht gewinnoptimal verwendet, riskiert ein Absinken des Börsenkurses und zieht dadurch außenstehende Investoren an, die erkennen, daß durch eine effizientere Ressourcenallokation der Unternehmenswert gesteigert werden kann. Sie bieten den Aktionären einen Preis, der über dem Börsenkurs liegt, erwerben das Unternehmen, führen die so in ihren Besitz gelangten Ressourcen effizienteren Verwendungsmöglichkeiten zu und profitieren an dem steigenden Unternehmenswert. Eine genaue Betrachtung von *hostile takeovers* ergab jedoch, daß das feindlichen Übernahmen zugrundeliegende Konzept theoretische Schwächen aufweist und sich auch empirisch nicht überzeugend belegen läßt. So greift die Disziplinierungswirkung des Marktes für Unternehmenskontrolle nur in sehr engen Grenzen. Einerseits muß das Fehlverhalten der Führungskräfte groß genug sein, einen Rückgang des Aktienkurses nach sich zu ziehen, denn entgegen der Grundannahme der Theorie des *market for corporate control* schlägt sich nicht sofort jede nicht gewinnoptimale Ressourcenverwendung in einem sinkenden Börsenkurs nieder, andererseits dürfen die Führungsmängel nicht zu schädigend oder irreversibel sein. Eine Disziplinierungswirkung ist somit nur in engen Bandbreiten möglich. Doch auch innerhalb dieser engen Grenzen kann sie durch empirische Studien nicht schlüssig belegt werden. Lediglich *event studies* unterstützen die These eines funktionierenden Marktes für Unternehmenskontrolle, doch ist diese Untersuchungsmethode selbst nicht unproblematisch. Analysen anhand von Rechnungslegungsdaten bestätigen effizienzsteigernde Wirkungen nur bei frühen *hostile takeovers*, für die in späteren Jahren getätigten feindlichen Übernahmen jedoch nicht mehr. Andere Studien zeigen, daß sich zumindest ein Teil der an die Aktionäre gezahlten Prämien durch Lohnkostensenkungen erklären läßt, wobei dieser Anteil bei feindlichen Übernahmen höher ist als bei freundlich initiierten Transaktionen. Feindliche Übernahmen sind somit sehr kritisch zu sehen. Ihre Effizienzwirkung erscheint begrenzt, die in solchen Transaktionen gezahlten Prämien sind zumindest teilweise das Ergebnis von Transferleistungen, und ihr gesamtwirtschaftlicher Nutzen ist eher zweifelhaft. Für *leveraged buyouts* ergibt sich ein positiveres Bild. Effizienzquellen bei diesen Transaktionen sind umfangreiche Reorganisationsmaßnahmen und die Disziplinierungswirkung der hohen Verschuldung. Die hohe Fremdkapitalbelastung nach einem *leveraged buyout* und der Zwang, diese so schnell wie möglich wieder einem branchenüblichem Verhältnis zuzuführen, zwingen das Management zu gewinnoptimalem Ressourceneinsatz, da jede Mittelverschwendung den Fortbestand des Unternehmens gefährden kann. Hinzu kommt, daß ein *leveraged buyout* in der Regel mit einer Erhöhung des Eigenkapitalanteils des Managements einhergeht und somit für die Führungskräfte ein größerer Anreiz besteht, das Unternehmen gewinnmaximierend und unternehmenswertsteigernd zu leiten. Diese Kombination eines verbesserten Anreizsystems einerseits und verstärkten Druckes zur Leistungssteigerung durch die hohe Verschuldung andererseits ist es, die das Potential für Produktivitäts- und Effizienzverbesserungen bei einem *leveraged buyout* bildet. Empirische Untersuchungen, die sich auf Rechnungslegungsdaten und Produktivitätskennzahlen in den Jahren nach dem *leveraged buyout* beziehen, kommen für den Zeitraum bis 1986 und damit für die Periode, in der bei *leveraged buyouts* darauf geachtet wurde, daß die Zielunternehmen idealtypischen Kriterien eines geeigneten *leveraged buyout*-Kandidaten soweit wie möglich entsprachen, übereinstimmend zu der Aussage, daß sich das betriebliche Ergebnis verbessert und die Produktivität erhöht. Wohlstandstransfers seitens der Steuerzahler bestätigen sich nicht, und auch Transferleistungen von Fremdkapitalgebern können nur einen sehr geringen Teil der gezahlten Prämien erklären. Dies bedeutet, daß das Konzept von *leveraged buyouts*, wenn adäquat angewandt, produktivitäts- und effizienzsteigernd ist. Bei nach 1985 getätigten Transaktionen wurden diese Kriterien häufig nicht mehr beachtet und auch solche Unternehmen einem *leveraged buyout* unterzogen, die sich in zyklischen, investitionsintensiven und hinsichtlich ihrer zukünftigen Entwicklung nur schwer prognostizierbaren Branchen befanden. Daß diese Transaktionen zunächst dennoch erfolgversprechend erschienen, war zu einem großen Teil auf das ausgesprochen gute ökonomische Umfeld zurückzuführen. Nach dem Rückgang der guten wirtschaftlichen Rahmenbedingungen blieb der Erfolg von *leveraged buyouts* ungeeigneter Zielgesellschaften jedoch aus, und etliche der Unternehmen gerieten in ernsthafte Schwierigkeiten beziehungsweise mußten Vergleich oder Konkurs anmelden. Es zeigt sich somit, daß *leveraged buyouts*, wenn sie bei Unternehmen durchgeführt werden, die dazu geeignet sind, durchaus ökonomisch sinnvoll sind. Die Transaktionen in der zweiten Hälfte der 80er Jahre waren dagegen weniger strategisch orientiert, sondern sind vielmehr als reine Finanztransaktionen zu bewerten, die sich teilweise nur noch mit der inzwischen eingetretenen Eigendynamik erklären lassen, ohne gesamtwirtschaftlich besonders nutzvoll zu sein.

Abschließend kann festgestellt werden, daß *hostile takeovers* kaum effizienz- und produktivitätssteigernd sind. Die Wirkungsweise des *market for corporate control* ist sehr in Frage zu stellen, und die kontraproduktiven Effekte durch nachteilige Wirkungen auf die Arbeitnehmer und Führungs- und Integrationsprobleme dürfen bei diesen Transaktionen nicht unterschätzt werden. Bei *leveraged buyouts* hingegen sind Produktivitäts- und Effizienzsteigerungen sehr wohl möglich, vorausgesetzt, die Zielgesellschaften sind für eine derartige Transaktion geeignet.

Glossar

Accelerated Cost Recovery System	Durch den → *Economic Recovery Tax Act* eingeführtes Abschreibungssystem, mit dem Abschreibungszeiträume verkürzt und die Abschreibungssätze in den Anfangsjahren erhöht wurden.
Agency costs	Bezeichnung für die Kosten, die durch den Interessenkonflikt zwischen den Aktionären und dem Management von Aktiengesellschaften entstehen.
Antitakeover Statutes	Sammelbegriff für von einzelnen Bundesstaaten erlassene Gesetze zur Regelung von → *tender offers*. Der Begriff *Antitakeover Statutes* resultiert daraus, daß diese Gesetze fast ausschließlich Vorschriften zur Eindämmung feindlicher Übernahmen enthalten.
Antitrust Division	Abteilung des Justizministeriums, die neben der → *Federal Trade Commission* für die Überwachung und Einhaltung der *Antitrust*-Gesetze verantwortlich ist.
Blind pool	Fond, der aufgelegt wird, um Eigenkapital für → *leveraged buyouts* zu sammeln. Die Anleger wissen dabei im vornherein nicht, welches Unternehmen mit dem eingezahlten Eigenkapital erworben werden soll.
Blue-sky laws	Begriff für von einzelnen Bundesstaaten erlassene Gesetze zur Reglementierung der Kapitalmärkte.
Board of directors	Zentrales Leitungs- und Verwaltungsorgan einer amerikanischen Kapitalgesellschaft. Dem *board of directors* gehören dabei sowohl Mitglieder des Managements an als auch Personen, die ansonsten keine Positionen in der Unternehmensleitung wahrnehmen.
Bridge loan	Kurzfristiger Kredit, der im Rahmen eines → *leveraged buyout* aufgenommen wird, um die Zeit bis zur Emission von → *junk bonds* zur eigentlichen Finanzierung zu überbrücken.
Business judgement rule	Von den Gerichten entwickelte Doktrin zur Beurteilung der Rechtmäßigkeit von Entscheidungen des Managements. Der *business judgement rule* zufolge werden vom Management getroffene Entscheidungen inhaltlich von den Gerichten dann nicht überprüft, wenn die Führungskräfte sie gut informiert treffen, nach sorgfältiger Prüfung und in dem guten Glauben, im besten Interesse der Aktionäre zu handeln.

Capital asset pricing model	Ein auf der Portfoliotheorie aufbauendes Model, mit dem die aufgrund der allgemeinen Marktentwicklung erwartete Rendite einer Anlage bestimmt werden kann.
Carry	Komponente des Entgelts, das einem → LBO-Sponsor neben der → *management fee* und der → *transaction fee* gezahlt wird. Das *carry* ist eine erfolgsabhängige Komponente, die der LBO-Sponsor nur dann erhält, wenn das LBO-Unternehmen nach etwa fünf bis sieben Jahren mit Gewinn wieder veräußert wird.
Celler-Kefauver Act	Kartellrechtliche Regelung des Jahres 1950, mit dem der Anwendungsbereich des → *Clayton Act* erweitert wurde.
Clayton Act	Im Jahr 1914 auf Bundesebene erlassenes Gesetz des Kartellrechts, mit dem eine Monopolbildung verhindert werden sollte. In der ursprünglichen Formulierung war der Anwendungsbereich des Gesetzes ausgesprochen gering. Durch den → *Celler-Kefauver Act* wurde der *Clayton Act* neu formuliert und sein Anwendungsbereich wesentlich erweitert.
Credit rating	Ergebnis der Einteilung von Obligationen amerikanischer Unternehmen nach dem mit der Anleihe verbundenen Risiko. Je höher das mit der Anleihe verbundene Risiko, desto geringer ist ihr *credit rating*. Die Bewertung wird durch sogenannte *bond rating agencies* - die bekanntesten sind Standard & Poor's und Moody's - durchgeführt.
Crown jewels	Bezeichnung für Vermögensgegenstände einer Zielgesellschaft, die für den Erwerber von besonderem Interesse sind. Eine Abwehrstrategie bedrohter Gesellschaften war es, diese *crown jewels* zu veräußern, um dadurch gegenüber dem Angreifer an Attraktivität zu verlieren.
Discount bond	Anleiheform, bei der in den ersten Jahren keine Zinszahlungen erfolgen.
Economic Recovery Tax Act	Im Jahr 1981 erlassenes Gesetz, mit der Zielsetzung, wirtschaftlichen Aufschwung herbeizuführen beziehungsweise zu beschleunigen. Durch die Vorschrift sollte eine spürbare Senkung der steuerlichen Belastung vor allem von Kapitaleinkünften erreicht werden, um dadurch Investitionen und private Ersparnisbildung anzuregen.

Eurobonds	Grundsätzlich versteht man darunter Anleihen in einer Währung, die nicht der des Plazierungslandes entspricht. Auf die USA bezogen bedeutet der Begriff jedoch auf Dollar lautende Schuldverschreibungen, die außerhalb der Vereinigten Staaten plaziert werden.
Event study	Eine auf der Kapitalmarkttheorie aufbauende Methode, mit der aus der Veränderung von Kursbewegungen Rückschlüsse auf die Effekte von Unternehmensübernahmen, zum Beispiel auf deren Effizienzwirkung, gezogen werden können. Die Anwendung von *event studies* zur Effizienzmessung von Unternehmensübernahmen ist allerdings umstritten.
Fair-price amendments	Abwandlung einer → *supermajority clause*, bei der die durch diese Satzungsbestimmung grundsätzlich notwendige Mehrheit dann nicht notwendig ist, wenn der Erwerber sich verpflichtet, den Minderheitsaktionären im Rahmen der Fusion einen fairen Preis zu bezahlen. *Fair-price amendments* wurden als Reaktion auf → *two-tier tender offers* entwickelt.
Fallen angels	Schuldverschreibungen, die nach ihrer Ausgabe in ihrem → *credit rating* sehr stark gesunken sind.
Federal Trade Commission	Dem Kongreß unterstellte, mit kartellrechtlichen Aufgaben betraute Bundesbehörde.
General Utilities Doctrine	Durch die Rechtsprechung, insbesondere den *Supreme Court* entwickelte und später gesetzlich verankerte Doktrin, nach der eine Kapitalgesellschaft realisierte Wertsteigerungen von Vermögen, das direkt an die Aktionäre ausgeschüttet wird, nicht zu versteuern braucht.
Glass-Steagall Act	Gesetz des Jahres 1933, mit dem in den USA das Trennbankensystem eingeführt wurde. Mit diesem Gesetz wurde das Kredit- und Einlagengeschäft den *commercial banks* überlassen und das Emissionsgeschäft und der Wertpapierhandel den Investmentbanken zugeordnet. Eine Überschneidung der beiden Geschäftsbereiche innerhalb eines Institutes wurde untersagt.
Going private transaction	Überführung eines vorher an der Börse notierten Unternehmens in die Hände einiger weniger Aktionäre.
Golden parachutes	Abfindungszahlungen, die den Mitgliedern des Top-Managements gezahlt werden, falls diese nach einer Übernahme beziehungsweise nach einem → *proxy contest* ihren Arbeitsplatz verlieren.

Greenmail	Rückkauf des Aktienpaketes eines Investors, der für den Fall, daß sein Aktienpaket nicht zurückgekauft wird, mit einer feindlichen Übernahme droht. Der Rückkauf erfolgt dabei in der Regel zu einem über dem Marktwert der Aktien liegenden Betrag.
Hart-Scott-Rodino Antitrust Improvement Act	Kartellrechtliches Gesetz, das im wesentlichen Offenlegungspflichten und Wartefristen für Unternehmenszusammenschlüsse ab einer bestimmten Größenordnung enthält.
Herfindahl-Hirschmann-Index	Index, mit dem der Konzentrationsgrad innerhalb eines Marktes gemessen wird. Der Herfindahl-Hirschmann-Index wird ermittelt, indem die in Prozent ausgedrückten Marktanteile der einzelnen Teilnehmer quadriert und anschließend addiert werden.
Incipiency standard	Vom *Supreme Court* zeitweise vertretene Doktrin, nach der es galt, Konzentrationstendenzen in einem Markt schon im Anfangsstadium einzudämmen und demzufolge Unternehmenszusammenschlüsse bereits dort einzuschränken, wo sich erste Trends einer potentiellen Konzentration abzeichneten.
Increasing interest rate securities	Wertpapiere, bei denen die Zinssätze in den Anfangsjahren sehr gering oder null sind und mit zunehmender Laufzeit ansteigen.
Inside director	Mitglied des → *board of directors*, das gleichzeitig auch dem Management der Unternehmung angehört.
Investment grade bonds	Bezeichnung für Schuldverschreibungen mit einem hohen → *credit rating*, das heißt für Schuldverschreibungen, die nur mit einem sehr geringen Ausfallrisiko behaftet sind.
Junk bond	Anleihe, die ein sehr niedriges → *credit rating* und damit hohes Ausfallrisiko aufweist. Dabei unterscheidet man zwischen sogenannten *fallen angels*, das heißt Anleihen, deren *credit rating* erst nach der Ausgabe fällt, und solchen Obligationen, die bereits im Zeitpunkt der Ausgabe ein sehr niedriges *credit rating* aufweisen. Letztere waren ein wesentlichen Finanzierungsinstrument für die Übernahmen, insbesondere *leveraged buyouts,* der 80er Jahre.
LBO Leveraged buyout	Form der Unternehmensakquisition, bei der eine kleine Anlegergruppe ein Unternehmen oder einen Unternehmensteil im wesentlichen mit fremdfinanzierten Mitteln erwirbt und als Kreditsicherheit allein das Vermögen und der prognostizierte *cash flow* des erworbe-

nen Unternehmens dienen. Je nach Käufergruppe unterscheidet man zwischen *institutional buyout, employee buyout* oder *management buyout*.

LBO-Sponsor LBO-Boutique	Bezeichnung für Firmen, die sich darauf spezialisiert haben, → *leveraged buyouts* durchzuführen. Die bekanntesten dieser Firmen waren in den 80er Jahren Kohlberg, Kravis & Roberts, Forstman Little & Co. und Clayton, Dubilier & Rice.
Management fee	Komponente des Entgelts, das ein → LBO-Sponsor neben der → *transaction fee* und dem → *carry* für seine Tätigkeit erhält. Die *management fee* wird dem LBO-Sponsor von den Investoren für die Suche nach potentiellen Zielgesellschaften, deren Eignungsprüfung und die letztendliche Anlageentscheidung gezahlt.
Megadeals	Bezeichnung für Übernahmetransaktionen mit einem Volumen von mehr als einer Milliarde Dollar.
Merger Guidelines	Ursprünglich allein von der → *Antitrust Division*, später in Zusammenarbeit mit der → *Federal Trade Commission* herausgegebene Richtlinien, in denen die Anwendung des Kartellrechts durch die beiden Behörden konkretisiert wird.
Mezzanine Finanzierung	Bezeichnung für die Finanzierungsschicht, die bei einem → *leveraged buyout* zwischen dem erstrangig besicherten Fremdkapital und dem Eigenkapitel liegt und Charakteristika von sowohl Eigenkapital als auch Fremdkapital aufweist.
Multiple bidder contest	Bietungswettbewerb zwischen mehreren Übernahmeinteressenten um die Aktien einer Zielgesellschaft.
Outside director	Mitglied des → *board of directors*, das keine weitere Position in der Unternehmensleitung einnimmt.
Pay-in-kind bond	Anleihe, bei der der Kreditnehmer in den ersten Jahren die Wahl hat, die Zinszahlungen entweder in Form weiterer Anleihen oder in bar zu zahlen.
Poison pills	Mit bestimmten, bei Übernahmeangeboten wirksam werdenden Rechten ausgestattete Optionsscheine, mit denen feindliche Übernahmen verhindert werden sollen. Solche Optionsscheine gestatten es den Aktionären der Zielgesellschaft beispielsweise, im Falle eines Übernahmeangebotes Aktien der Zielgesellschaft zu einem weit unter dem Börsenkurs liegenden Preis zu erwerben. Dadurch

wird die Anzahl der ausstehenden Aktien erheblich erhöht, der Anteilsbesitz des Erwerbers stark verwässert und die Übernahme der Mehrheit der Aktien wesentlich verteuert. *Poison pills* wurden zu Beginn der 80er Jahre entwickelt und ab Mitte der 80er Jahre in verschiedenen Ausprägungsformen verstärkt als Abwehrmaßnahme eingesetzt.

Proxy contest
Proxy fight

Versuch einer kleinen Gruppe von Aktionären, das → *board of directors* bei Neuwahlen mit eigenen, von den Vorschlägen des Managements abweichenden Kandidaten zu besetzen.

Q-Ratio

Verhältnis des Marktwertes von Aktien und Schuldverschreibungen zu den Wiederbeschaffungskosten einer Unternehmung. Ein Quotient kleiner als eins bedeutet, daß es billiger ist, eine Unternehmung am Aktienmarkt zu erwerben, als sie neu aufzubauen.

Securities Act

Im Jahr 1933 erlassenes Bundesgesetz zur Regelung der Kapitalmärkte, das sich schwerpunktmäßig auf die Neuemission von Wertpapieren und deren Registrierung bezieht.

Securities and Exchange Commission

Bundesbehörde, die neben weiteren Aufgaben die Emission von Aktien und Wertpapieren, den Handel mit diesen Papieren und die Einhaltung der Vorschriften des → *Securities Act* und des → *Securities Exchange Act* überwacht.

Securities Exchange Act

Im Jahr 1934 erlassenes Bundesgesetz zur Regelung des Sekundärhandels mit Aktien und Wertpapieren.

Securitization

Verbriefung von Krediten, mit dem Ziel, Kredite wie Obligationen handelbar zu machen.

Sell off

Veräußerung eines Unternehmensteils oder einer Tochtergesellschaft an eine andere Unternehmung.

Shark repellents

In die Satzung einer Kapitalgesellschaft aufgenommene Klauseln, mit der die Rechte der Hauptversammlung gegenüber dem → *board of directors* eingeschränkt und feindliche Übernahmeversuche abgewehrt werden sollen.

Sherman Act

Ältestes auf Bundesebene erlassenes Gesetz des amerikanischen Wettbewerbsrechts. Für Unternehmensübernahmen ist die *Section 2* des *Sherman Act* relevant, die wettbewerbsbeschränkendes Verhalten und damit Monopolbildung untersagt.

Spin off Split up	Ausgliederung des operativen Geschäfts einer Tochtergesellschaft oder eines Unternehmensteils ohne Änderung der Eigentumsverhältnisse. Der auszugliedernde Geschäftsbereich wird dabei von der Muttergesellschaft in eine neugegründete Gesellschaft eingebracht, und die Anteile an dieser Gesellschaft werden dann an die Aktionäre der Muttergesellschaft in Form einer Sachdividende ausgeschüttet.
Staggered director terms	Satzungsbestimmung, nach der die Amtszeiten und somit Neuwahlen von Mitgliedern des → *board of directors* zeitlich gestaffelt werden. Dadurch soll erreicht werden, daß ein Angreifer nach einem Erwerb der Mehrheit der Aktien das *board of directors* nicht sofort mit von ihm ausgewählten Führungskräften neu besetzen kann.
Strip financing	Finanzierungsform, bei der die Kapitalgeber eines → *leveraged buyout* sowohl am Eigenkapital als auch Fremdkapital partizipieren müssen. Ziel des *strip financing* ist es, für gleichgerichtete Interessen bei den Kapitalgebern zu sorgen, sollte es zu Liquiditäts- oder Rückzahlungsproblemen kommen.
Supermajority clause	Satzungsbestimmung, nach der eine Übernahme oder Fusion von der Zustimmung einer besonders hohen Mehrheit der Aktionäre abhängig gemacht wird. Die in den 80er Jahren aufgenommenen Klauseln erforderten häufig eine Mehrheit von zwei Dritteln bis 95 Prozent des Aktienkapitals.
Tax Reform Act	Steuergesetz des Jahres 1986, mit dem eine Reihe von Unternehmensübernahmen begünstigende Vorschriften, wie beispielsweise das → *Accelerated Cost Recovery System*, zurückgenommen wurden.
Tender offer	Ein den Aktionären einer Zielgesellschaft außerhalb des normalen Börsenhandels öffentlich unterbreitetes Angebot zur Übernahme ihrer Aktien zu vorab festgelegten Bedingungen. Das Angebot ist dabei zeitlich limitiert und bezieht sich in der Regel nur auf eine für die Kontrollmehrheit ausreichende Anzahl von Aktien.
Transaction fee	Komponente des Entgelts, das ein → LBO-Sponsor neben der → *management fee* und dem → *carry* erhält. Die *transaction fee* wird dem LBO-Sponsor für die Erstellung der Finanzierungspläne, die Projektion des *cash flow* und das Arrangement der Verträge im Zusammenhang mit einem → *leveraged buyout* gezahlt.

Two-tier tender offer	Zweigeteiltes Übernahmeangebot, bei dem den Aktionären der Zielgesellschaft, die sich innerhalb einer ersten, in der Regel sehr kurz bemessenen Frist zum Verkauf entscheiden, ein höher dotiertes und mit besseren Konditionen ausgestattetes Angebot für ihre Aktien unterbreitet wird, als den Aktionären, die sich mit ihrer Verkaufsentscheidung mehr Zeit lassen.
White knight	Ein dem Management der von einer feindlichen Übernahmeofferte betroffenen Gesellschaft freundlich gesonnenes Unternehmen, das im Falle eines *hostile tender offer* ebenfalls ein Übernahmeangebot an die Aktionäre abgibt. Durch den Verkauf an einen *white knight* sollen die mit einer feindlichen Übernahme verbundenen Konsequenzen - Verlust der Positionen des bisherigen Managements, Zerschlagung der Zielgesellschaft - vermieden werden.
Williams Act	Im Jahr 1968 erlassenes Bundesgesetz, mit dem der → *Securities Exchange Act* um zahlreiche Vorschriften zur Reglementierung von → *tender offers* erweitert wurde. Die zusätzlichen Vorschriften sehen für *tender offers* umfangreiche Offenlegungspflichten und Mindestangebotsfristen vor.

Literaturverzeichnis

Adams, Walter und James W. Brock, "1980s Gigantomania Follies", Challenge, vol. 35, no. 2, 1992, S. 4-8.

Adelman, M. A., "The Measurement of Industrial Concentration", The Review of Economics and Statistics, vol. 33, no. 4, 1951, S. 269-296.

Agrawal, Anup und Gershon N. Mandelker, "Managerial Incentives and Corporate Investment and Financing Decisions", Journal of Finance, vol. 42, no. 4, 1983, S. 823-837.

Aguilar, George C., "Business Judgment Rule Draws Criticism As More Firms Take Anti-Takeover Steps", The Wall Street Journal, 10. August 1984, S. 27.

Ajemian, Robert Bruce, "Outside Directors and the Modified Business Judgment Rule in Hostile Takeovers: A New Test for Director Liability", Southern California Law Review, vol. 62, no. 2, 1989, S. 647-684.

Altman, Edward I., "Measuring Corporate Bond Mortality and Performance", Journal of Finance, vol. 44, no. 4, 1989, S. 909-922.

Anders, George, "Another Round: Many Firms Go Public Within a Few Years of Leveraged Buyouts", The Wall Street Journal, 2. Januar 1987, S. 1 und S. 9.

Anders, George, "Buy-Out Fund Investors Want Money Back", The Wall Street Journal, 11. Dezember 1991, S. A3 und S. A8.

Anders, George, "Institutional Investors Irked by 'Poison Pill'", The Wall Street Journal, 10. März 1987, S. 6.

Anders, George, "Junk-Bond Issuance Soars to Hottest Pace Since '88", The Wall Street Journal, 2. Dezember 1991, S. C1 und C19.

Anders, George, "Junk King's Legacy: Milken Sales Pitch On High-Yield Bonds Is Contradicted by Data", The Wall Street Journal, 20. November 1990, S. A1 und S. A15.

Anders, George, "KKR, Basking in RJR Recovery, Is Back on the Buy-Out Offense", The Wall Street Journal, 29. April 1991, S. C1 und S. C19.

Anders, George, "KKR Boosts Takeover War Chest By an Additional $1,5 Billion", The Wall Street Journal, 21. Mai 1991, S. C1 und S. C16.

Anders, George, "LBO Backers Marshal Data To Fight Critics", The Wall Street Journal, 23. Januar 1989, S. C1 und C9.

Anders, George, Merchants of Debt, New York, 1992.

Anders, George, "Newly Downgraded Join 'Fallen Angels' of Junk", The Wall Street Journal, 22. Juni 1991, S. C1.

Anders, George, "RJR Nabisco Leads a Revival of Junk Issues", The Wall Street Journal, 17. April 1991, S. 1 und C21.

Anderson, Ronald A.; Fox, Ivan und David P. Twomey, Business Law, Cincinnati, 1984.

Ansoff, H. Igor, Implanting Strategic Management, Englewood Cliffs., 1984.

Aranow, Edward Ross; Einhorn, Herbert A. und George Berlstein, Developments in Tender Offers for Corporate Control, New York, 1977.

Aranow, Edward Ross und Herbert A. Einhorn, Proxy Contests for Corporate Control, New York, 1968.

Armentano, Dominick T., Antitrust Policy, Washington, D.C., 1986.

Arzac, Enrique R., "On the Capital Structure of Leveraged Buyouts", Financial Management, vol. 21, no. 1, 1992, S. 16-26.

Asquith, Paul, "Merger Bids, Uncertainty, And Stockholder Returns", Journal of Financial Economics, vol. 11, nos. 1-4, 1983, S. 51-83.

Asquith, Paul; Bruner, Robert F. und David W. Mullins, "The Gains to Bidding Firms from Merger", Journal of Financial Economics, vol. 11, nos. 1-4, 1983, S. 121-139.

Asquith, Paul; Mullins, David W. und Eric D. Wolff, "Original Issue High Yield Bonds: Aging Analyses of Defaults, Exchanges, and Calls", The Journal of Finance, vol. 44, no. 4, 1989, S. 923-952.

Asquith, Paul und Thierry A. Wizman, "Event risk, covenants, and bondholder returns in leveraged buyouts", Journal of Financial Economics, vol. 27, no. 1, 1990, S. 195-213.

Auerbach, Alan J. und David Reishus, "The Effects of Taxation on the Merger Decision", in: Auerbach, Alan, Hrsg., Corporate Takeovers: Causes and Consequences, Chicago, 1988, S. 157-183.

Auerbach, Alan J. und David Reishus, "The Impact of Taxation on Mergers and Acquisitions", in: Auerbach, Alan J., Hrsg., Mergers and Acquisitions, Chicago, 1988, S. 69-85.

Auerbach, Alan J. und David Reishus, "Taxes and the Merger Decision", in: Coffee, John C.; Lowenstein, Louis und Susan Rose-Ackerman, Hrsg., Knights, Raiders, and Targets, New York, 1988, S. 300-313.

Auberbach, Joseph und Samuel L. Hayes, "Underwriting Regulation and the Shelf Registration Phenomenon", in: Hayes, Samuel L., Wall Street and Regulation, Boston, 1987, S. 127-155.

Austin, Danforth W.; Levin, Doron P., "Warner, Margaret und Richard B. Schmitt, "Gulf Abruptly Ends $4,8 Billion bid for Cities Service, Which Moves to Protect Shareholders and Stock Price", The Wall Street Journal, 9. August 1982, S. 3 und S. 6.

Bailey, Jeff, "A Bad Marriage? Chicago Law Firm Tries To Overcome Merger Troubles", The Wall Street Journal, 24. September 1987, S. 29.

Bain, Joe S., Barriers to New Competition, Cambridge, 1971.

Bain, Joe S., Industrial Organization, New York, 1968.

Bain, Joe S., "Relation on Profit Rate to Industry Concentration: American Manufacturing, 1936-1940", Quarterly Journal of Economics, vol. 85, no. 3, 1951, S. 293-324.

Baker, George P. und Karen H. Wruck, "Organizational Changes and Value Creation in Leveraged Buyouts: The Case of The O. M. Scott & Sons Company", Journal of Financial Economics, vol. 25, no. 2, 1989, S. 163-190.

Baldwin, William L., Market Power, Competition, and Antitrust Policy, Homewood, 1987.

Ballen, Kate, "Drexel Today", Fortune International, vol. 114, 11. März 1991, S. 10.

Balotti, R. Franklin und James J. Hanks, "Rejudging the Business Judgment Rule", The Business Lawyer, vol. 48, no. 4, 1993, S. 1337-1353.

Bansal, Vipul K. und Robert Yuyuenyongwatana, "Corporate Restructuring and the LBO", in: Marshall, John F. und Vipul K. Bansal, Financial Engineering, New York, 1992, S. 549-572.

Bartlett, Sarah, "Another Great Year - For Defaults", International Business Week, 12. Januar 1987, S. 76-77.

Bartlett, Sarah, "Power Investors", International Business Week, 20. Juni 1988, S. 40-45.

Bartlett, Sarah, "Proxy Fights Loom an a Variety of Issues", New York Times, 12. März 1990, S. D9.

Bartlett, Sarah, "White Shoes and Blue Collars at Morgan Stanley", International Business Week, 20. Juni 1988, S. 44-45.

Bawly, Dan, "What is The Board of Directors Good For?", Long Range Planning, vol. 19, no. 3, 1986, S. 20-26.

Beazley, Ernest und Doron P. Levin, "Tempting Target: Gulf's Failure to Take Bold Defense Steps Set It Up for Takeover", The Wall Street Journal, 7. März 1984, S. 1 und S. 22.

Bebchuk, Lucian A., "The Case for Facilitating Competing Tender Offers", Harvard Law Review, vol. 95, no. 5, 1982, S. 1028-1056.

Bebchuk, Lucian A., "The Case for Facilitating Competing Tender Offers: A Reply and Extension", Stanford Law Review, vol. 35, no. 1, 1982, S. 23-50.

Becker, Helmut; Fink, Eli und Jacob Friedhelm, Unternehmerische Tätigkeit in den Vereinigten Staaten von Amerika, Berlin, 1988.

Becketti, Sean, "Corporate Mergers and the Business Cycle", Economic Review, vol. 71, no. 5, 1986, S. 13-26.

Behof, Kathleen, "Rebirth of Leveraged Buyouts", Chicago Sun Times, 21. Februar 1989.

Bennett, Amanda, "After The Merger, More CEOs Left In Uneasy Spot: Looking For Work", The Wall Street Journal, 27. August 1986, S. 19.

Bennett, Amanda, "Wave of Mergers Hits Consulting Firms", The Wall Street Journal, 20. Februar 1991, S. B1 und S. B4.

Berle, Adolf A. und Gardiner C. Means, The Modern Corporation and Private Property, New York, 1939.

Berman, Phyllis, "High yield, high risk", Forbes, vol. 140, no. 4, 24. August 1987, S. 38.

Berman, Phyllis, "Son of Dart Drug", Forbes, vol. 137, no. 6, 24. März 1986, S. 98.

Bettner, Jill, "New Wave of Zero-Coupon Bonds for IRAS Could Sink Investors if Interest Rates Rise", The Wall Street Journal, 22. März 1982, S. 50.

Bhagat, Sanjai; Shleifer, Andrei und Robert W. Vishny, "Hostile Takeovers in the 1980s: The Return to Corporate Specialization", Brookings Papers on Economic Activity: Microeconomics, 1990, S. 1-84.

Bhide, Amar, "Efficient Markets, Deficient Governance", Harvard Business Review, vol. 72, no. 6, 1994, S. 129-139.

Bianco, Anthony, "A Takeover Target Trying to be its Own White Knight", International Business Week, 14. April 1986, S. 36-37.

Bianco, Anthony, "How Drexel's Wunderkind Bankrolls the Raiders", International Business Week, 4. März 1985, S. 80-81.

Bianco, Anthony, "Mike Milken's Days In Court Are Far From Being Over", International Business Week, 1. April 1991, S. 32-34.

Bianco, Anthony, "Wall Street Is Solid - But Very Nervous", International Business Week, 12. Januar 1987, S. 78.

Bianco, Anthony; Schiller, Zachary; Therrien, Lois und Matt Rothman, "A Flurry of Greenmail Has Stockholders Cursing", International Business Week, 8. Dezember 1986, S. 28-30.

Birley, Sue, "Success and Failure in Management Buyouts", Longe Range Planning, vol. 17, no. 3, 1984, S. 32-40.

Birnbaum, Jeffrey H. und John E. Yang, "Tax Writers Scuttle Provisions on Debt Used in Takeovers and Some Buy-Backs", The Wall Street Journal, 17. Dezember 1987, S. 3 und S. 12.

Bittlingmayer, George, "Did Antitrust Policy Cause the Great Merger Wave", Journal of Law and Economics, vol. 28, no. 1, 1985, S. 77-118.

Blair, Roger D. und David L. Kaserman, Law and Economics of Vertical Integration and Control, Orlando, 1983.

Bleakley, Fred R., "Buying Back and Buying Off", New York Times, 13. November 1986, S. D2.

Bleakley, Fred R., "The Power and Perils of Junk Bonds", New York Times, 14. April 1985, Sec. III, S. 8.

Blechman, M. D. und Alan Goott, "Neue Richtlinien zur Fusionskontrolle in USA", Recht der Internationalen Wirtschaft, Jg. 28, Heft 9, 1982, S. 613-615.

Block, Dennis J.; Barton, Nancy E. und Stephen A. Radin, The Business Judgment Rule, Englewood Cliffs, 1989.

Block, Dennis J. und Yvette Miller, "The Responsibilities and Obligations of Corporate Directors in Takeover Contests", Securities Regulation Law Journal, vol. 11, no. 1, 1983/84, S. 44-72.

Blume, Marshall E. und Irwin Friend, "A New Look at the Capital Asset Pricing Model", The Journal of Finance, vol. 28, no. 1, 1973, S. 19-33.

Blustein, Paul, "Let Us Now Consider Carl Icahn", The Wall Street Journal, 22. Dezember 1982, S. 14.

Blustein, Paul, "Marietta, Bendix 'Pac-Man' Tactics Cause Concern Among Merger Analysts", The Wall Street Journal, 24. September 1982, S. 8.

Blustein, Paul, "Measures to Discourage Takeovers Stir Controversy at annual Meetings", The Wall Street Journal, 18. April 1983, S. 29 und S. 41.

Blustein, Paul und Steve Mufson, "Analysts Expect More Mergers Among Oil Companies", The Wall Street Journal, 7. August 1981, S. 21.

Booth, Richard A., "The Problem With Federal Tender Offer Law", California Law Review, vol. 77, no. 4, 1989, S. 707-776.

Booth, Richard A., "Is There Any Valid Reason Why Target Managers Oppose Tender Offers", Securities Regulation Law Journal, vol. 14, no. 1, 1986, S. 43-61.

Borg, Rody, J.; Borg, Mary O. und John D. Leeth, "The Success of Mergers in the 1920s", International Journal of Industrial Organization, vol. 7, 1989, S. 117-131.

Bork, Robert H., The Antitrust Paradox, New York, 1978.

Boskin, Michael J., "Tax Policy and Economic Growth: Lessons from the 1980s", Journal of Economic Perspectives, vol. 2, no. 4, 1988, S. 71-97.

Boxberg, Florestan von, Das Management Buyout-Konzept, Hamburg, 1991.

Bradbury, Steven G., "Corporate Auctions and Directors' Fiduciary Duties: A Third-Generation Business Judgment Rule", Michigan Law Review, vol. 87, no. 1, 1988, S. 276-313.

Bradley, Michael, "Interfirm Tender Offers and the Market for Corporate Control", Journal of Business, vol. 53, no. 4, 1990, S. 345-376.

Bradley, Michael, "The Economic Consequences of Mergers and Tender-Offers", in: Stern, Joel M. und Donald H. Chew, Hrsg., The Revolution in Corporate Finance, Oxford, 1986, S. 372ff.

Bradley, Michael und L. Macdonald Wakeman, "The Wealth Effect of Targeted Share Repurchases", Journal of Financial Economics, vol. 11, no. 1-4, 1983, S. 301-328.

Bradley, Michael; Desai, A. und E. H. Kim, "Synergistic Gains from Corporate Acquisitions and their Division between the Stockholders of Target and Acquiring Firms", Journal of Financial Economics, vol. 21, no. 1, 1988, S. 3-40.

Brancato, Carolyn K., Leveraged Buyouts and the Pot of Gold: 1989 Update, U. S. House of Representatives, Committee on Energy and Commerce, Subcommittee on Oversight and Investigations, Washington, D.C., 1989.

Braun, Christoph, Leveraged Buyouts, Unterföhring, 1989.

Brealey, Richard A. und Stewart C. Myers, Corporate Finance, New York, 1991.

Bremner, Brian; Rebello, Kathy; Schiller, Zachary und Joseph Weber, "The Age of Consolidation", International Business Week, 14. Oktober 1991, S. 40-50.

Bremner, Brian und Zachary Schiller, "Three Who Bucked the Urge to Merge", International Business Week, 14. Oktober 1991, S. 50.

Bress, Marcia, "Though New Kid on the Block", Forbes, vol. 144, no. 7, 2. Oktober 1989, S. 42-43.

Brooks, John, The Go-Go Years, New York, 1973.

Brown, Merrill und Caroline E. Mayer, "U.S. Ends Antitrust Suits Against AT&T, IBM", Washington Post, 9. Januar 1982, S. 1 und S. 10.

Brown Shoe Co. v. United States, United States Reports, vol. 370, 1961, S. 294-374.

Brown, Stephen J. und Jerold B. Warner, "Measuring Security Price Performance", Journal of Financial Economics, vol. 8, no. 3, 1980, S. 205-258.

Brown, Stephen J. und Jerold B. Warner, "Using Daily Stock Returns", Journal of Financial Economics, vol. 14, no. 1, 1985, S. 3-31.

Browne, Charles und James L. Medoff, "The Impact of Firm Acquisitions on Labor", in: Auerbach, Alan, Hrsg., Corporate Takeovers: Causes and Consequences, Chicago, 1988, S. 9-25.

Browne, Lynn E. und Eric Rosengren, "Are Hostile Takeovers Different", in: Browne, Lynn E. und Eric S. Rosengren, Hrsg., The Merger Boom, Proceedings of a Conference Held in October 1987, New Hampshire, 1987, S. 199-229.

Brownstein, Ronald und Nina Easton, Reagan's Ruling Class: Portraits of the President's Top 100 Officials, Washington, D.C., 1982.

Brownstein, Vivian, "Where All the Money Comes from", Fortune International, vol. 119, no. 1, 2. Januar 1989, S. 55-57.

Brunner, Thomas W.; Krattenmaker, Thomas G.; Skitol, Robert A. und Ann Adams Webster, Mergers in the New Antitrust Era, Washington, D.C., 1985.

Bunting, David, The Rise of Large American Corporations, 1889-1919, New York, 1986.

Bureau of National Affairs, "Report of the American Bar Association, Section of Antitrust Law, Task Force on the Antitrust Division of the U. S. Department of Justice", abgedruckt in: Antitrust & Trade Regulation Report, vol. 57, no. 1425 (Special Supplement), 20. Juli 1989, S. 1-24.

Burgman, Dierde A. und Paul N. Cox, "Corporate Directors, Corporate Realities and Deliberative Process: an Analysis of the Trans Union Case", The Journal of Corporation Law, vol. 11, no. 3, 1986, S. 314-369.

Burns, Arthur F., The Ongoing Revolution in American Banking, Washington, D.C., 1988.

Burns, Joseph W., A Study of the Antitrust Laws, New York, 1958.

Burrough, Bryan, "KKR Makes an Unsolicited Offer For Kroger Totaling $4,64 Billion", The Wall Street Journal, 21. September 1988, S. 3.

Burrough, Bryan und Laurie P. Cohen, "Poison Pill Inventor, Conceding Snags in Defense Plan, Prescribes New Remedy", The Wall Street Journal, 20. Juli 1987, S. 22.

Burrough, Bryan und John Helyar, Barbarians at the Gate, New York, 1990.

Burrough, Bryan und Robert Johnson, "Tarnished Trophy: Beatrice, Once Hailed Deal of the Century, Proves Disappointing", The Wall Street Journal, 21. November 1988, S. 1 und A10.

Byrne, John A., "The Agee Leagacy", Forbes, vol. 136, no. 3, 11. Februar 1985, S. 136-140.

Byrne, John A., "Executive Pay: How The Boss Did in '85", International Business Week, 5. Mai 1986, S. 56-62.

Cahan, Vicky, "... And Proxmire Takes Aim At Takeover Abuses", International Business Week, 20. April 1987, S. 39.

Caires, Bryan de, Management Buyouts, London, 1988.

Carley, William M., "Conduct of Both Antitrust Chief and Judge Questioned in Controversy Over IBM Case", The Wall Street Journal, 4. März 1982, S. 31.

Carley, William M., "Dismissal of IBM Antitrust Case Assailed By Ex-Justice Aide Who Supervised Suit", The Wall Street Journal, 5. Februar 1982, S. 12.

Carley, William M., "IBM Grant Helped Pay Baxter's Salary During Year's Leave From Teaching Post", The Wall Street Journal, 2. April 1982, S. 3.

Carley, William M. und Robert E. Taylor, "Judge Questions Baxter's Link With IBM in Light of U.S. Dropping Its Antitrust Suit", The Wall Street Journal, 3. März 1982, S. 4.

Carlson, Eugene, "Fatal Attraction", The Wall Street Journal, 22. November 1991, S. R19.

Carter, John R., "Collusion, Efficiency, and Antitrust", Journal of Law and Economics, vol. 21, no. 2, 1978, S. 435-444.

Caves, Richard E., "Mergers, Takeovers and Economic Efficiency", International Journal of Industrial Organization, vol. 7, no. 1, 1989, S. 151-174.

Cavitch, Zolman, Business Organizations With Tax Planning, vol. 4B, New York, 1982.

Cavitch, Zolman, Business Organizations With Tax Planning, vol. 5, New York, 1982.

Cavitch, Zolman, Business Organizations With Tax Planning, vol. 6, New York, 1982.

Cavitch, Zolman, Business Organizations With Tax Planning, vol. 8, New York, 1982.

Chandler, Alfred D., "The Beginnings of Big Business in American Industry", Business History Review, vol. 33, 1959, S. 1-31.

Chandler, Alfred D., Giant Enterprise, New York, 1964.

Chandler, Alfred D., The Visible Hand, Cambridge, 1977.

Chapman, Dudley H., Molting Time for Antitrust, New York, 1991.

Christie, Rick und Robert Johnson, "West Point-Pepperell Winds Up in Limbo", The Wall Street Journal, 21. Februar 1990, S. A8.

Cieri, Richard M.; Heiman, David G.; Henze, William F.; Jenks Carl M.; Kirschner, Marc S.; Riley, Shawn M. und Patrick F. Sullivan, "An Introduction to Legal and Practical Considerations in the Restructuring of Troubled Leveraged Buyouts", The Business Lawyer, vol. 45, no. 1, 1989, S. 333-395.

Clark, Lindley H., "For Merger Makers, Times Have Changed", The Wall Street Journal, 4. August 1981, S. 31.

Clark, Lindley H., "The Outlook", The Wall Street Journal, 14. Mai 1990, S. 1.

Clark, Lindley H. und Alfred L. Malabre, "Borrowing Binge: Takeover Trend Helps Push Corporate Debt And Defaults Upward", The Wall Street Journal, 15. März 1988, S. 1 und S. 29.

Clemens, Richard G., "Poison Debt: The New Takeover Defense", The Business Lawyer, vol. 42, no. 3, 1987, S. 747-760.

Cochran, Philip L., "Golden Parachutes: A Closer Look", California Management Review, vol. 26, no. 4, 1984, S. 111-125.

Coffee, John C., "Regulating the Market for Corporate Control: A Critical Assessment of the Tender Offer's Role in Corporate Governance", Columbia Law Review, vol. 84, no. 5, 1984, S. 1145-1296.

Cohen, Laurie P., "Failed Marriages", The Wall Street Journal, 10. September 1984, S. 1 und S. 18.

Cohen, Laurie P., "Leveraged Buy-Outs Are Facing Downturn After Crash", The Wall Street Journal, 6. November 1987, S. 6.

Cohen, Laurie P., "Milken's Stiff 10-Year Sentence Is Filled With Incentives To Cooperate With U.S.", The Wall Street Journal, 23. November 1991, S. A3.

Cole, Robert J., "Icahn Ends Offer for Phillips; All Shareholders to Get More", New York Times, 5. März 1985, S. A1 und D9.

Colman, Robert Douglas, "Leveraged Buyouts", in: Lee, Steven James und Robert Douglas Colman, Hrsg., Handbook of Mergers, Acquisitions and Buyouts, Englewood Cliffs, 1981, S. 530-539.

Cook, Dan; Therry, Edith und Amy Dunkin, "Is Campeau in Over his Head at Allied Stores?", International Business Week, 9. Februar 1987, S. 48-49.

Cook, David T., "Commerce Secretary asks White House to loosen antitrust laws", The Christian Science Monitor, 26. Februar 1985, S. 1 und S. 6.

Cook, Richard E., What the Economics Literature has to say about Takeovers, Center for the Study of American Business, Washington University, Working Paper No. 106, April 1987.

Cooke, Terence E., Mergers & Acquisitions, New York, 1986.

Cooke, Terence E., International Mergers and Acquisitions, New York, 1988.

Correia, Eddie und Priscilla Budeiri, "Antitrust legislation in the Reagan era", Antitrust Bulletin, vol. 33, no. 2, 1988, S. 361-393.

Crossen, Cynthia, "Merger Activity Expected to Ease, not Halt", The Wall Street Journal, 2. Januar 1987, S. 8B und 19B.

CTS Corp. v. Dynamics Corporation of America, United States Reports, vol. 481, 1986, S. 69-101.

Curran, John C., "Companies that Rob the Future", Fortune International, vol. 118, no. 14, 4. Juli 1988, S. 80-83.

Curran, John, "What Foreigners Will Buy Next", Fortune International, vol. 119, no. 4, 13. Februar 1989, S. 56-60.

Curtis, Carol E., "The year of living dangerously", Forbes, vol. 134, no. 1, 2. Juli 1984, S. 116.

Dahl, Jonathan, "After the Mergers: Air Fares Rise, But Era of Bargain Rates Isn't Over", The Wall Street Journal, 2. Februar 1987, S. 25.

Dahl, Jonathan und John D. Williams, "Beatrice to Sell Avis to Group Led by Wesray", The Wall Street Journal, 30. April 1986, S. 4.

Dahl, Jonathan, "Tracking Travel", The Wall Street Journal, 3. Oktober 1988, S. B1.

Dalton, Dan R., "The Ubiquitous Leveraged Buyout (LBO): Management Buyout or Management Sellout?", Business Horizons, vol. 32, no. 4, 1989, S. 36-42.

Dann, Larry Y. und Harry DeAngelo, "Standstill Agreements, Privately Negotiated Stock Repurchases, and the Market for Corporate Control", Journal of Financial Economics, vol. 11, nos. 1-4, 1983, S. 275-300.

Dannen, Fredric, "LBOs: How long can this go on?", Institutional Investor, vol. 11, no. 11, 1986, S. 151-160.

Davidson, Daniel V.; Knowles, Brenda E.; Forsythe, Lynn M. und Robert Jespersen, Business Law, Boston, 1990.

Dawson, Suzanne S.; Pence, Robert J. und David S. Stone, "Poison Pill Defense Measures", The Business Lawyer, vol. 42, no. 2, 1987, S. 423-439.

DeAngelo, Harry; DeAngelo, Linda und Edward M. Rice, "Going Private: The Effects of a Change in Corporate Ownership Structure", in: Stern, Joel M. und Donald H. Chew, Hrsg., The Revolution in Corporate Finance, Oxford, 1986, S. 444-452.

DeAngelo, Harry und Linda DeAngelo, "Management Buyout of Publicly Traded Corporations", Financial Analysts Journal, vol. 43, no. 3, 1987, S. 38-49.

DeAngelo, Harry und Linda DeAngelo, "Proxy Contests and the Governance of Publicly Held Corporations", Journal of Financial Economics, vol. 23, no. 1, 1989, S. 29-59.

DeAngelo, Harry und Edward M. Rice, "Antitakeover Charter Amendments and Stockholder Wealth", Journal of Financial Economics, vol. 11, nos. 1-4, 1983, S. 329-360.

DeBondth, Werner F.M. und Richard H. Thaler, "A Mean-Reverting Walk Down Wall Street", Journal of Economic Perspectives, vol. 3, no. 1, 1989, S. 189-202.

DeLong, J. Bradford, "What Morgan Wrought", The Wilson Quarterly, vol. 16, no. 4, 1992, S. 17-30.

DeMott, Deborah A., "Comparative Dimensions of Takeover Regulation", in: Coffee, John C.; Lowenstein, Louis und Susan Rose-Ackerman, Knights, Raiders, and Targets, New York, 1988, S. 398-435.

DeMott, Deborah A., "Current Issues in Tender Offer Regulation: Lessons from the British", New York University Law Review, vol. 58, no. 5, 1983, S. 945-1029.

Demsetz, Harold, "Industry Structure, Market Rivalry, and Public Policy", Journal of Law and Economics, vol. 16, no. 1, 1973, S. 1-9.

Dennis, Debra K. und John J. McConnell, "Corporate Mergers and Securities Returns", Journal of Financial Economics, vol. 16, no. 2, 1986, S. 143-187.

Dennis, Roger J. und Patrick J. Ryan, "State Corporate and Federal Securities Law: Dual Regulation in a Federal System", Publius, vol. 22, no. 1, 1992, S. 21-37.

Dewey, Donald, The Antitrust Experiment in America, New York, 1990.

Dewing, A. S., "A Statistical Test of the Success of Consolidations", Quarterly Journal of Economics, vol. 36, 1922, S. 84-101.

DiBeradino, Louis A., "U.S. Tax Developments Affecting the Acquisition of U. S. Business", European Taxation, vol. 29, no. 1, 1989, S. 7-16.

Dickie, Robert; Michel, Allen und Israel Shaked, "The winner's curse in the merger game", Journal of General Management, vol. 12, no. 3, 1987, S. 32-51.

Dietrich, Hartmut, Die Tender Offer im Bundesrecht der Vereinigten Staaten, Frankfurt, 1975.

DiLorenzo, Thomas J. und Jack E. High, Antitrust and Competition, Historically Considered, Center of the Study of American Business, Washington University, Working Paper No. 112, 1987.

Dreher, Meinrad, Konglomerate Zusammenschlüsse, Verbotsvermutungen und Widerlegungsgründe, Berlin, 1986.

Dobrzynski, Judith H., "A New Strain of Merger Mania", International Business Week, 21. März 1988, S. 56-60.

Dobrzynski, Judith H., "Running the Biggest LBO", International Business Week, 2. Oktober 1989, S. 54-59.

Dobrzynski, Judith H., "Shareholders Unfurl their Banner: 'Don't Tread on Us'", International Business Week, 11. Juni 1990, S. 48-49.

Dobrzynski, Judith H. und Joan Berger, "For Better or for Worse?", International Business Week, 12. Januar 1987, S. 30-32.

Dobrzynski, Judith H. und Jonathan B. Levine, "One Way or Another, Crown Is Going to Topple", International Business Week, 29. April 1985, S. 22.

Dobrzynski, Judith H.; Nathans, Leah J., Meehan, John und Eric Schine, "After Drexel", International Business Week, 26. Februar 1990, S. 21-24.

Dobrzynski, Judith H. und Bruce Nussbaum, "Some Commonsense Tinkering Might Be All That's Needed", International Business Week, 18. Mai 1987, S. 76-77.

Dodd, Peter, "The Market for Corporate Control: A Review of the Evidence", in: Stern, Joel M. und Donald H. Chew, Hrsg., The Revolution in Corporate Finance, Oxford, 1986, S. 343-356.

Dodd, Peter und Jerold B. Warner, "On Corporate Governance", Journal of Financial Economics, vol. 11, nos. 1-4, 1983, S. 401-438.

Dombret, Andreas R., "Securitization", Zeitschrift für das gesamte Kreditwesen, Jg. 40, Nr. 8, 15. April 1987, S. 326-330.

Dorfman, John P., "If You're Holding Junk, Avoid Impuls to Ditch It, Advisers Say", The Wall Street Journal, 14. Februar 1990, S. C1.

Downes, John und Jordan Elliot Goodman, Barron's Finance and Investment Handbook, New York, 1990.

Doyle, Brian M. und Hoyt Ammidon, The Anatomy of a Leveraged Buyout, New York, 1989.

Drucker, Peter F., "Curbing Unfriendly Takeovers", The Wall Street Journal, 5. Januar 1983, S. 20.

Drucker, Peter F., "The Five Rules of Successful Acquisition", The Wall Street Journal, 15. Oktober 1981, S. 28.

Drucker, Peter, "Taming the Corporate Takeover", The Wall Street Journal, 30. Oktober 1984, S. 30.

Drukarczyk, Jochen, Finanzierung, Stuttgart, 1986.

Dunkin, Amy, "Like It or Not, Revlon Is Up for Graps", International Business Week, 2. September 1985, S. 20.

Dunkin, Amy und Laurie Braun, "Bergerac's Golden Parachute: The Biggest Ever", International Business Week, 5. Mai 1986, S. 61.

Dutz, Mark A., "Horizontal Mergers in Declining Industries", International Journal of Industrial Organizations, vol. 7, 1989, S. 11-33.

Dwyer, Paula, "Thunder from the Right at the Federal Trade Commission", International Business Week, 12. Januar 1987, S. 103-104.

Easterbrook, Frank H. und Daniel R. Fischel, "Auctions and Sunk Costs in Tender Offer", Stanford Law Review, vol. 35, no. 1, 1982, S. 1-21.

Easterbrook, Frank H. und Daniel R. Fischel, "The Proper Role of a Target's Management in Responding to a Tender Offer", Harvard Law Review, vol. 94, no. 6, 1981, S. 1161-1204.

Easterwood, John C.; Seth, Anju und Ronald F. Singer, "The Impact of Leveraged Buyouts on Strategic Direction", California Management Review, vol. 32, no. 1, 1989, S. 30-43.

Eckbo, B. Espen und Peggy Wier, "Antimerger Policy Under the Hart-Scott-Rodino Act: A Reexamination of the Market Power Hypothesis", Journal of Law and Economics, vol. 28, no. 1, 1985, S. 119-149.

Economic Recovery Tax Act of 1981, Public Law 97-34, in: United States, Office of the Federal Register, National Archives and Records Administration, United States Statutes at Large, vol. 95, Washington, D.C., 1982, S. 172-356.

Edgar v. Mite Corp. United States Reports, vol. 457, 1982, S. 624-686.

Ehrbar, Aloysius, "Have U. S. Takeovers Gone to Far", Fortune International, vol. 111, no. 11, 27. Mai 1985, S. 14-18.

Ehrbar, A. F., "Upheaval in Investment Banking", Fortune, vol. 106, 23. August 1982, S. 90-95.

Ehrlich, Elizabeth und James P. Norman, "Getting Rough With the Raiders", International Business Week, 27. Mai 1985, S. 24-26.

Eis, Carl, The 1919-1930 Merger Movement in American Industry, New York, 1978.

Evans, Richard und Peter Lee, "Why junk is about to leverage Europe", Euromoney, no. 12, 1988, S. 52-64.

Fama, Eugene F., "Agency Problems and the Theory of the Firm", Journal of Political Economy, vol. 88, no. 2, 1980, S. 288-307.

Fama, Eugene F. und Michael C. Jensen, "Separation of Ownership and Control", Journal of Law and Economics, vol. 26, no. 2, 1983, S. 301-349.

Farrell, Christopher, "Investment Banking Takes a New - and Risky - Turn", International Business Week, 15. Juni 1987, S. 45-46.

Farrell, Christopher, "Learning to Live with Leverage", International Business Week, 7. November 1988, S. 42-49.

Farrell, Christopher, "Tycoon for Sale: Saul Steinberg Is Going Public Again", International Business Week, 18. August 1986, S. 45-46.

Farrell, Christopher; Schiller, Zachary; Zellner, Wendy; Hof, Robert und Michael Schröder, "LBOs: The Stars, the Strugglers, the Flops", International Business Week, 15. Januar 1990, S. 46-48.

Feder, Barnaby J., "End of Action on I.B.M. Follows Erosion of Its Dominant Position", New York Times, 9. Januar 1982, S. 1 und 37.

Federal Trade Commission v. Procter & Gamble, United States Reports, vol. 386, 1967, S. 580ff.

Ferenbach, Carl, "In Praise of the Leveraged Buyout", Wall Street Journal, 31. Mai 1984, S. 30.

Fierman, Jaclyn, "Deals of the Year", Fortune International, vol. 123, no. 2, 28. Januar 1991, S. 58-65.

Fisher, Franklin M., "Horizontal Mergers: Triage and Treatment", Journal of Economic Perspectives, vol. 1, no. 2, 1987, S. 23-40.

Fleischer, Arthur, Tender Offers: Defenses, Responses and Planning, vol. 1, Clifton, 1987.

Flom, Joseph H. und Rodman Ward, Jr., "The Business Judgment Rule: Fiduciary Duties of Corporate Directors and Officers", The Business Lawyer, vol. 42, no. 3, 1987, S. 995-997.

Fogg, Blaine V., "Defense Recapitalization", in: Practising Law Institute, Hrsg., Corporate Restructuring, 1988, S. 131-152.

Foust, Dean and Eric Schine, "Who's In Charge Here?", International Business Week, 19. März 1990, S. 26-27.

Fox, Byron E. und Eleanor M. Fox, Hrsg., Business Organizations: Corporate Acquisitions and Mergers, vol. 13, New York, 1981.

Fox, Lawrence H. und James K. Jackson, "Business Incentive Provisions Under the Economic Recovery Tax Act of 1981", Journal of Corporate Taxation, vol. 8, no. 4, 1982, S. 338-356.

Frank, William P. und Allen Moreland, "Unternehmerisches Ermessen des Vorstands bei feindlichen Übernahmeversuchen: die Time-Entscheidung", Recht der internationalen Wirtschaft, 35. Jg., Heft 10, Oktober 1989, S. 761-769.

Freeney, Francis J., "The Saga of Rule 415: Registration for the Shelf", The Corporation Law Review, vol. 9, no. 1, 1986, S. 41-69.

Fromson, Brett Duval, "The Big Owners Roar", Fortune International, vol. 122, no. 3, 30. Juli 1990, S. 122-126.

Fromson, Brett Duval, "The Last Days of Drexel Burnham", Fortune International, vol. 121, no. 11, 21. Mai 1990, S. 68-74.

Fromson, Brett Duval, "Life After Debt: How LBOs Do It", Fortune International, vol. 119, no. 6, 13. März 1989, S. 49-52.

Fuhrman, Peter, "Here we go again", Forbes, vol. 140, no. 1, 13. Juli 1987, S. 242-246.

Galbraith, John Kenneth, The Great Crash, Cambridge, 1961.

Garfinkel, Michelle R., "The Causes and Consequences of Leveraged Buyouts", Federal Reserve Bank of St. Louis Review, vol. 71, no. 5, 1989, S. 23-34.

Gargiulo, Albert F. und Steven J. Levine, The Leveraged Buyout, New York, 1982.

Gellhorn, Ernest, Antitrust Law and Economics, St. Paul, 1986.

Gibson, Richard, "Food Company Takeovers: Mixed Results", The Wall Street Journal, 21. Oktober 1988, S. A3.

Gibson, W. David, "The industry rejiggers its lineup", Chemical Week, vol. 140, no. 1, 1987, S. 51-53.

Gigot, Paul, "Competing With Budweiser and Miller", The Wall Street Journal, 7. September 1982, S. 26.

Gilman, Richard und Peng S. Chang, "Mergers and Takeovers", Management Decision, vol. 28, no. 7, 1990, S. 26-37.

Gilson, Ronald J., "The Case Against Shark Repellent Amendments: Structural Limitations on the Enabling Concept", Stanford Law Review, vol. 34, no. 4, April 1982, S. 775-836.

Gilson, Ronald J., The Law and Finance of Corporate Acquisitions, Mineola, 1986.

Gilson, Ronald J., "Seeking Competitive Bids Versus Pure Passivity in Tender Offer Defense", Stanford Law Review, vol. 35, no. 1, 1982, S. 51-67.

Gilson, Ronald J., "A Structural Approach to Corporations: The Case Against Defense Tactics in Tender Offers", Stanford Law Review, vol. 33, no. 5, 1981, S. 819-891.

Gleckman, Howard und Stuart Weiss, "How Tax Reform Will Cool Takeover Fever", International Business Week, 22. September 1986, S. 49-50.

Glazer, Alan S., "Acquisition Bridge Financing by Investment Banks", Business Horizon, vol. 32, no. 5, 1989, S. 49-53.

Gosh, Arabinda, Redefining Excellence, New York, 1989.

Graebner, Ulrich A. C., Die Auseinandersetzung um Leveraged Buyouts, Franfurt, 1991.

Graglia, Lino A., "One Hundred Years of Antitrust", The Public Interest, vol. 104, no. 2, 1991, S. 50-66.

Grandy, Christopher, "New Jersey Corporate Chartermongering, 1875-1929", Journal of Economic History, vol. 49, no. 3, 1989, S. 677-692.

Graven, Kathryn, "Merger Acquisition Activity Picked Up In Quarter, Though Still Below '90 Level", The Wall Street Journal, 19. Juli 1991, Sec. B, S. 3A.

Greene, Edward F. und James J. Junewicz, "A Reappraisal of Current Regulation of Mergers and Acquisitions", University of Pennsylvania Law Review, vol. 132, no. 4, 1984, S. 647-739.

Greene, Richard, "Greenmail - the Backlash", Forbes, vol. 136, no. 14, 2. Dezember 1985, S. 86-90.

Greenspan, Alan, "Takeovers Rooted in Fear", The Wall Street Journal, 27. September 1985, S. 28.

Greve, J. Terrence, "Management Buy-outs and LBOs", in: Rock, Milton L., Hrsg., The Mergers and Acquisition Handbook, S. 345-356.

Griffin, Patrick J. und J. Richard Tucker, "The Williams Act, Public Law 90-439 - Growing Pains? Some Interpretations with Respect to the Williams Act", Howard Law Journal, vol. 16, 1971, S. 654-718.

Grundfest, Joseph A., "Subordination of American capital", Journal of Financial Economics, vol. 27, no. 1, 1990, S. 89-116.

Gupta, Udayan, "More Big Companies Set Sights on Small Acquisitions", The Wall Street Journal, 20. November 1990, S. B2.

Gupta, Udayan, "Venture Capital Funds Are Expected to Rise Sharply", The Wall Street Journal, 27. November 1991, S. B2.

Gutman, Karolyn Sziklas, "Tender Offer Defense Tactics and the Business Judgment Rule", New York University Law Review, vol. 58, no. 3, 1983, S. 621-660.

Hale, G. E., "The Case of Coal: Should All Horizontal Mergers Be Held Illegal?", The Journal of Law and Economics, vol. 13, no. 2, 1970, S. 421-437.

Hall, Bronwyn H., "The Effect of Takeover Activity on Corporate Research and Development", in: Auerbach, Alan, Hrsg., Corporate Takeovers: Causes and Consequences, Chicago, 1988, S. 69-96.

Hamilton, Robert W., Corporations, St. Paul, 1990.

Hamilton, Robert, The Law of Corporations, St. Paul, 1987.

Hammonds, Keith, "RJR Nabisco Splits Tobacco and Food", International Business Week, 15. März 1993, S. 32.

Han, Kim E. und Vijay Singal, "Mergers and Market Power: Evidence from the Airline Industry", American Economic Review, vol. 83, no. 3, 1993, S. 549-569.

Hansen, Charles, "The Duty of Care, the Business Judgment Rule, and the American Law Institute Corporate Governance Project", The Business Lawyer, vol. 48, no. 4, 1993, S. 1355-1376.

Hasbrouck, Joel, "The Characteristics of Takeover Targets", Journal of Banking and Finance, vol. 9, no. 3, 1985, S. 351-362.

Haueisen, Bernd und Wolfgang Haupt, "Das U. S.-Steueränderungsgesetz von 1986", Recht der internationalen Wirtschaft, Jg. 32, Nr. 11, 1986, S. 874-882.

Hauschka, Christoph, "Wirtschaftliche, arbeits- und gesellschaftsrechtliche Aspekte des Management Buy-Out", Betriebsberater, Jg. 42, Nr. 32, 20. November 1987, S. 2169-2178.

Hawkins, Chuck und James E. Ellis, "You'll Buy Tickets, Airlines Will Buy Each Other", International Business Week, 12. Januar 1987, S. 70-71.

Hawkins, Chuck; Miles, Gregory L.; Marcial, Gene; Hurlock, Jim und Zachary Schiller, "Carl Icahn: Raider or Manager?", International Business Week, 27. Oktober 1986, S. 54-59.

Hay, George und Rod Nydam, "Merger Policy in the US", in: Fairburn, James und John Kay, Hrsg., Mergers and Merger Policy, Oxford, 1989, S. 231-245.

Hayn, Carla, "Tax Attributes as Determinants of Shareholder Gains in Corporate Acquisitions", Journal of Financial Economics, vol. 23, no. 1, 1989, S. 121-153.

Hazen, Thomas Lee, The Law of Securities Regulation, St. Paul, 1985.

Hector, Gary, "Is any company safe from takeover", Fortune International, vol. 109, no. 7, 2. April 1984, S. 74-76.

Hector, Gary, "Japan learns the Takeover Game", Fortune International, vol. 120, no. 3, 31. Juli 1989, S. 121-123.

Helman, Robert A. und James J. Junewicz, "A Fresh Look at Poison Pills", The Business Lawyer, vol. 42, no. 3, 1987, S. 771-788.

Henkoff, Ronald, "Deals of the Year", Fortune International, vol. 119, no. 3, 30. Januar 1989, S. 96-102.

Herman, Edward S. und Louis Lowenstein, "The Efficiency Effects of Hostile Takeovers", in: Coffee, John C.; Lowenstein, Louis und Susan Rose-Ackerman, Knights, Raiders, and Targets, New York, 1988, S. 211-240.

Hertzberg, Daniel, "Poison Pill Defense No Longer Seen As a Sure Way to Repel Hostile Suitors", The Wall Street Journal, 31. Oktober 1985, S. 20.

Hertzberg, Daniel, "Takeover Targets Find Loading Up on Debt Can Fend Off Raiders", The Wall Street Journal, 10. September 1986, S. 1 und S. 27.

Hertzberg, Daniel und Michael W. Milles, "Merger Wave Hits Wall Street as Firms Rush to Beat Year-End Tax Changes", The Wall Street Journal, 31. Oktober 1986.

Hertzberg, Daniel and James B. Stewart, "Some Big Buyouts Encounter Trouble", The Wall Street Journal, 16. Januar 1986, S. 6.

Hertzberg, Daniel und John D. Williams, "Beatrice Accepts Kohlberg Kravis's Sweetened Offer of $50 a Share, or $6,2 Billion to Take Firm Private", The Wall Street Journal, 15. November 1985, S. 2.

Herz, Wilfried, "Banken: Streit um die Macht der Kreditanstalten", Wirtschaftswoche, Jg. 44, Nr. 28, 1989, S. 14-15.

Hilder, David, "Bridge Loans Now Span Troubled Waters", The Wall Street Journal, 21. September 1989, S. C1 und S. C9.

Hilder, David B., "Failed Deals Were Memorable in '89", The Wall Street Journal, 2. Januar 1990, S. R8.

Hill, G. Christian und John D. Williams, "Buyout Boom", Wall Street Journal, 29. Dezember 1983, S. 1 und S. 6.

Hite, Gailen L. und James E. Owers, "The Restructuring of Corporate America: An Overview", in: Stern, Joel M. und Donald H. Chew, Hrsg., The Revolution in Corporate Finance, Oxford, 1986, S. 418-427.

Hite, Gailen L. und James E. Owers, "Security Price Reactions Around Corporate Spin-Off Announcements", Journal of Financial Economics, vol. 12, no. 4, 1983, S. 409-436.

Hjelmfelt, David C., Antitrust and Regulated Industries, New York, 1985.

Hoffman, Paul, The Dealmakers, New York, 1984.

Holman, Richard, "World Wire", The Wall Street Journal, 20. Juli 1991, S. A11.

Hölzer, H., "USA: Vorschlag zur Aufhebung von Sec. 7 Clayton Act", Wirtschaft und Wettbewerb, Jg. 35, Nr. 6, 1985, S. 466.

Huang, Yen-Sheng und Ralph A. Walkling, "Target Abnormal Returns Associated With Acquisition Announcements", Journal of Financial Economics, vol. 19, no. 2, 1987, S. 329-349.

Hudson, Richard, "SEC May Limit Merger Tactic, Upsetting Pros", The Wall Street Journal, 26. November 1982, S. 15 und S. 18.

Huemer, Friedrich, Mergers & Acquisitions, Frankfurt, 1991.

Hughey, Ann, "Purple's Prose", The Wall Street Journal, 22. August 1983, S. 1 und S. 10.

Hunt, Albert P., "Reagan Signs Tax, Spending Cuts, Taking Responsibility for Economy", The Wall Street Journal, 14. August 1991, S. 2.

Hyatt, James C., "Firms Acquisitions Rose 22% From '88 In the First Half", The Wall Street Journal, 30. August 1989, S. B5.

Hymowitz, Carol, "Merged Firms Often Fire Workers The Easy Way - Not The Best Way", The Wall Street Journal, 24. Februar 1986, S. 37.

Ibrahim, Youseff M., "OPEC Expected to Benefit From Oil Mergers", The Wall Street Journal, 7. März 1984, S. 24.

Ikenberry, David und Josef Lakonishok, "Corporate Governance through the Proxy Contest: Evidence and Implications", Journal of Business, vol. 63, no. 3, 1993, S. 405-435.

Ingersoll, Bruce, "'Fair-Price' Clause Is Found Popular To Fight Takeovers", The Wall Street Journal, 11. Oktober 1985, S. 49.

Ingrassia, Lawrence, "Employees at Acquired Firms Find White Knights Often Unfriendly", The Wall Street Journal, 7. Juli 1982, S. 23.

Jacobs, Margaret A. und Richard B. Schmitt, "Milken Deal Completed", The Wall Street Journal, 30. September 1993, S. B12.

Jander, Klaus H. und McDermott, Richard T., "Neue Methoden bei Unternehmenskäufen in den USA", Recht der internationalen Wirtschaft, Jg. 36, Nr. 12, 1990, S. 957-962.

Jarrell, Gregg, "Beware Crossing the Elephants Path", The Wall Street Journal, 17. Oktober 1989, S. A28.

Jarrell, Gregg A., "Financial Innovation and Corporate Mergers", in: Browne, Lynn E. und Eric S. Rosengren, Hrsg., The Merger Boom, Proceedings of a Conference Held in October 1987, New Hampshire, 1987, S. 52-77.

Jarrell, Gregg A. und Michael Bradley, "The Economic Effect of Federal and State Regulation of Cash Tender Offers", The Journal of Law and Economics, vol. 23, no. 2, Oktober 1980, S. 371-407.

Jarrell, Gregg A.; Brickley, James A. und Jeffrey M. Netter, "The Market for Corporate Control: Empirical Evidence Since 1980", Journal of Economic Perspectives, vol. 2, no. 1, 1988, S. 49-68.

Jarrell, Gregg A. und Kenneth Lehn, "Takeover Threats Don't Crimp Long Term Planning", The Wall Street Journal, 1. Mai 1985, S. 32.

Jarrell, Gregg A. und Annette B. Poulsen, "Shark Repellents and Stock Prices: The Effects of Antitakeover Amendments Since 1980", Journal of Financial Economics, vol. 19, no. 1, 1987, S. 127-168.

Jennings, Richard W. und Harold Marsh, Securities Regulation, Mineola, 1982.

Jensen, Michael C., "Agency Costs of Free Cash Flow, Corporate Finance and Takeover", The American Economic Review, vol. 76, no. 2, 1986, S. 323-329.

Jensen, Michael C., "Eclipse of the Public Corporation", Harvard Business Review, vol. 67, no. 5, 1989, S. 61-74.

Jensen, Michael C., "Is Leveraged an Invitation to Bankruptcy", The Wall Street Journal, 1. Februar 1989, S. A14.

Jensen, Michael, "Takeovers: Folklore and Science", Harvard Business Review, vol. 84, no. 6, 1984, S. 109-121.

Jensen, Michael, "When Unocal Won over Pickens, Shareholders and Society Lost", Financier, vol. 9, no. 11, S. 50-53.

Jensen, Michael und William H. Meckling, "Theory of the Firm: Managerial Behavior, Agency Costs and Ownership Structure", Journal of Financial Economics, vol. 3, no. 3, 1976, S. 305-360.

Jensen, Michael; Kaplan, Steven und Laura Stiglin, "Effects of LBOs on Tax Revenues of the U.S. Treasury, Tax Notes, 6. Februar 1989, S. 727-733.

Jensen, Michael C. und Richard S. Ruback, "The Market for Corporate Control: The Scientific Evidence", Journal of Financial Economics, vol. 11, nos. 1-4, 1983, S. 5-50.

Jensen, Michael C. und Jerold B. Warner, "The Distribution of Power Among Corporate Managers, Shareholders, and Directors", Journal of Financial Economics, vol. 20, no. 1/2, 1988, S. 3-24.

Jentz, Gaylord A. und Kenneth W. Clarkson, West's Business Law, St. Paul, 1984.

Johnson, Bill, "Golden Nugget Offers to Buy Stake in Hilton", The Wall Street Journal, 4. April 1985, S. 2.

Johnson, Bill, "Golden Nugget Chairman Wynn Takes His Biggest Dice Roll in Bid for Hilton", The Wall Street Journal, 11. April 1985, S. 38.

Johnson, Bill, "Hilton to Sell Hotel-Casino to Developer", The Wall Street Journal, 29. April 1985, S. 2.

Johnson, Elmer W., "An Insider's Call for Outside Direction", Harvard Business Review, vol. 68, no. 2, 1990, S. 46-55.

Johnson, Kenneth C., "Goldon Parachutes and the Business Judgment Rule: Toward a Proper Standard of Review, Yale Law Journal, vol. 94, no. 4, 1985, S. 909-928.

Johnson, Robert und Jeff Bailey, "Beatrice Owners Might Borrow For a Dividend", The Wall Street Journal, 31. August 1988, S. 4.

Johnson, Robert und Laurie P. Cohen, "Beatrice Buyout May Net Investors Fivefold Return", The Wall Street Journal, 4. September 1987, S. 5.

Johnson, Robert und Ann Hacedorn, "Beatrice to Sell Playtex Division for $1.25 Billion", The Wall Street Journal, 8. August 1986, S. 3.

Johnson, Robert und Daniel Hertzberg, "Kelly Is Seen Expanding Beatrice Cos.' Food Lines, Selling Up to 25 Other Units", The Wall Street Journal, 15. November 1985, S. 2.

Jones, Eliot, The Trust Problem in the United States, New York, 1922.

Joseph, Frederick H., "High-Yield Bonds Aren't Junk", The Wall Street Journal, 31. Mai 1985, S. 22.

Kaplan, Steven, "The Effects of Management Buyouts on Operating Performance and Value", Journal of Financial Economics, vol. 24, no. 1, 1989, S. 217-254.

Kaplan, Steven, "Management Buyouts: Evidence on Taxes as a Source of Value", Journal of Finance, vol. 44, no. 3, 1989, S. 611-632.

Kau, Wolfgang M., "The U. S. Economic Recovery Tax Act of 1981", Recht der internationalen Wirtschaft, Jg. 28, Nr. 3, 1982, S. 181-184.

Kaufer, Erich, Die Bestimmung von Marktmacht, Bern, 1967.

Keim, Donald B., "Size Related Anomalies and Stock Return Seasonality", Journal of Financial Economics, vol. 12, no. 1, 1983, S. 13-22.

Keller, George M., "Chevron and Gulf: The Biggest Merger - How it happened", Financial Executive, vol. 1, no. 5, 1985, S. 32-37.

Kelley, David und Jeff Scott, "Gekko Echo", Reason, vol. 24, no. 9, Februar 1993, S. 30-37.

Kelly, Edward J., "Legislative History of the Glass-Steagall Act", in: Walter, Ingo, Hrsg., Deregulating Wall Street, New York, 1985, S. 41-66.

Kelly, Kevin, "The Education of Bobby Inman", International Business Week, 18. Dezember 1989, S. 40.

Kester, W. Carl und Timothy A. Luehrman, "Rehabilitating the Leveraged Buyout" Harvard Business Review, vol. 73, no. 3, 1995, S. 119-130.

Kilman, Scott, "Fieldcrest Agrees to Buy Cannon Mills From David Murdock for $250 Million", The Wall Street Journal, 5. Dezember 1985, S. 22.

Kilman, Scott, "Textile Companies Rapidly Stake Out Niches", The Wall Street Journal, 5. Februar 1986, S. 6.

Kirk, Carey H., "The Trans Union Case: Is it Business Judgment Rule as Usual?", American Business Law Journal, vol. 24, no. 3, 1986, S. 467-481.

Kirkpatrick, David, "Deals of the Year", Fortune International, vol. 113, no. 2, 20-25.

Klein, Frederick C., "A Golden Parachute Protects Executives, But Does It Hinder or Foster Takeovers?", The Wall Street Journal, 8. Dezember 1982, S. 56.

Knepper, William E., Liability of Corporate Officers and Directors, Indianapolis, 1978.

Knoeber, Charles P., "Golden Parachutes, Shark Repellents and Hostile Tender Offers", American Economic Review, vol. 76, no. 1, 1986, S. 155-167.

Knoll, Heinz-Christian, Die Übernahme von Kapitalgesellschaften, Baden-Baden, 1992.

Knowlton, Christopher, "Deals of the Year", Fortune International, vol. 121, no. 3, 29. Januar 1990, S. 82-88.

Koenig, Richard, "Court Rules Trans Union's Directors Used Poor Judgment in Sale of Firm", The Wall Street Journal, 1. Februar 1985, S. 7.

Koretz, Gene, "Corporations Are Putting Less Into Research", International Business Week, 10. August 1987, S. 10.

Kovacic, William E., "The Influence of Economics on Antitrust Law", Economic Inquiry, vol. 30, no. 2, 1992, S. 294-306.

Krattenmaker, Thomas G. und Robert Pitofsky, "Antitrust merger policy and the Reagan administation", Antitrust Bulletin, vol. 33, no. 2, 1988, S. 211-232.

Kroszner, Randall S. und Raghuram G. Rajan, "Is the Glass-Steagall Act Justified? A Study of the U.S. Experience with Universal Banking Before 1933", American Economic Review, vol. 84, no. 4, 1994, S. 810-832.

Kurth, Thomas, Aktionärsschutz und öffentliche Kaufangebote, Köln, 1987.

Kwoka, John E. und Larry J. White, Hrsg., The Antitrust Revolution, Glenview, 1989.

Laderman, Jeffrey; Kerwin, Kathleen und Dean Foust, "The Belzbergs' Battered Empire", International Business Week, 28. Januar 1991, S. 54.

Laidler, Harry W., Concentration of Control in American Industry, New York, 1931.

Lamb, David, "Raiders of the Company Ark", Accountancy, vol. 105, no. 4, April 1990, S. 108.

Lambert, Wade, "Milken Wins Early Release From Prison", The Wall Street Journal, 6. August 1992, S. A3 und S. A4.

Lamoreaux, Naomi R., The Great Merger Movement in American Business, 1895 - 1904, Cambridge, 1985.

Lampert, Thomas, "Das Verhältnis zwischen dem Fusionskontrollrecht des Bundes und demjenigen der Einzelstaaten in den USA", Recht der intenationalen Wirtschaft, Jg. 40, Nr. 8, 1994, S. 633-641.

Lang, Larry H. P.; Stulz, Rene M. und Ralph A. Walkling, "Managerial Performance, Tobin's Q, and the Gains from successful Tender Offers", Journal of Financial Economics, vol. 24, no. 1, 1989, S. 137-154.

Lang, Roland, "Entwicklung der M&A Aktivitäten in den USA 1980 bis 1990", Informationen über multinationale Konzerne, Nr. 3, 1991, S. 15-19.

Langley, Monica, "Rostenkowski Says He'll Compromise On Merger Measure", The Wall Street Journal, 30. Oktober 1987, S. 20.

Langley, Monica, "Tax Boosts Aimed at Wall Street, Rich Agreed to by Democrats on House Panel", The Wall Street Journal, 14. Oktober 1987, S. 3 und S. 20.

Langley, Monica und Jeffrey H. Birnbaum, "Conferees Agree to Curb Benefit of Equity Loans", The Wall Street Journal, 16. Dezember 1987, S. 60.

Langley, Monica und John D. Williams, "Fed Board Votes 3-2 to Restrict the Use of 'Junk' Bonds in Corporate Takeovers", The Wall Street Journal, 9. Januar 1986, S. 2.

Law, Warren A., "A corporation is more than its stock", Harvard Business Review, vol. 64, no. 3, 1986, S. 80-83.

Lee, Elliott D., "Poison Pills' Benefit Shareholders by Forcing Raiders to Pay More for Targets, Study Says", The Wall Street Journal, 31. März 1988, S. 55.

Lee, Elliott D., "Takeover Pace Is Seen Pitching Up in 1988", The Wall Street Journal, 4. Januar 1988, S. 8B und S. 19B.

Leefeldt, Ed, "Rise in 'Greenmail' Payoffs Spurs Challenges in Courts and Congress", The Wall Street Journal, 2. Mai 1984, S. 33.

Lerbinger, Paul, "Unternehmensakquisition durch Leveraged Buyout", Die Bank, Heft 3, 1986, S. 133-142.

Letwin, William, Law and Economic Policy in America, Edinburgh, 1966.

Levich, Richard M., "A View from the International Capital Markets", in: Walter, Ingo, Hrsg., Deregulating Wall Street, New York, 1985, S. 255-292.

Levine, Dennis B., "The inside story of an inside trader", Fortune International, vol. 121, no. 11, 21. Mai 1990, S. 60-67.

Levy, Haim und Marshall Sarnat, Capital Investments and Financial Decisions, New York, 1990.

Lichtenberg, Frank R., "Takeovers Slash Corporate Overhead", The Wall Street Journal, 7. Februar 1989, S. A24.

Lichtenberg, Frank, "What Makes Plant Productivity Grow?", The Wall Street Journal, 24. Dezember 1987, S. 6.

Lichtenberg, Frank R. und Donald Siegel, The Effects of Leveraged Buyouts on Productivity and Related Aspects of Firm Behavior, National Bureau of Economic Research, Working Paper No. 3022, Cambridge, 1989.

Light, Larry; Zinn, Laura und Maria Mallory, "Secondhand Smoke at RJR Nabisco", International Business Week, 3. Mai 1993, S. 70-71.

Linn, Scott C. und John J. McConnell, "An Empirical Investigation of the Impact of 'Antitakeover' Amendments on Common Stock Prices", Journal of Financial Economics, vol. 11, no. 1-4, 1983, S. 361-399.

Linn, Scott C. und Michael S. Rozeff, "The Corporate Sell-Off", in: Stern, Joel M. und Donald H. Chew, Hrsg., The Revolution in Corporate Finance, Oxford, 1986, S. 428-436.

Lipman, Joanne, "Ad Agencies Feverishly Ride a Merger Wave", The Wall Street Journal, 9. Mai 1986, S. 6.

Lipman, Joanne, "Young & Rubican, Others Picking Up Clients That Fled 'Mega-Merger'-Firms", The Wall Street Journal, 8. Oktober 1986, S. 16.

Litka, Michael P. und James E. Iman, The Legal Environment of Business, New York.

Livermore, Shaw, "The Success of Industrial Mergers", The Quarterly Journal of Economics, vol. 50, November 1935, S. 68-96.

Lombo, Gustavo, "The deal flow dries up", Forbes, vol. 152, no. 2, 19. Juli 1993, S. 174-176.

Loomis, Carol J., "Buyout Kings", Fortune International, vol. 118, no. 14, 4. Juli 1988, S. 53-60.

Loomis, Carol, "The New J. P. Morgans", Fortune International, vol. 117, no. 5, 29. Februar 1988, S. 24-29.

Lorie, James H.; Dodd, Peter und Mary Hamilton Kimpton, The Stock Market: Theories and Evidence, Homewood, 1985.

Lowenstein, Louis, "Management Buyouts", Columbia Law Review, vol. 85, no. 4, 1985, S. 730-783.

Lowenstein, Louis, "No more cozy management buyouts", Harvard Business Review, vol. 64, no. 1, 1986, S. 147-156.

Lowenstein, Louis, "Pruning Deadwood in Hostile Takeovers: A Proposal for Legislation", Columbia Law Review, vol. 83, no. 2, 1983, S. 249-334.

Lowenstein, Mark J., "Toward an Auction Market for Corporate Control and the Demise of the Business Judgment Rule", Southern California Law Review, vol. 63, no. 1, 1989, S. 65-105.

Lyons, John B., "Leveraged buyouts: some do's and don'ts", ABA Banking Journal, vol. 76, no. 3, 1984, S. 86-88.

McComas, Maggie, "After the Buyout, Life Isn't Easy", Fortune International, vol. 112, no. 13, 9. Dezember 1985, S. 48-53.

McConnell, John J. und Chris J. Muscarella, "Corporate Capital Expenditure Decisions and the Market Value of the Firm", Journal of Financial Economics, vol. 14, no. 3, 1985, S. 399-422.

McDowell, Banks, Deregulation and Competition in the Insurance Industry, New York, 1989.

McDowell, Larry T., "Don't Lose M&A benefits to tax surprises", ABA Banking Journal, vol. 84, no. 3, 1992, S. 48-51.

McGinley, Laurie, "Northwest Air's Acquisition of Republic is Approved by Transportation Agency", The Wall Street Journal, 1. August 1986, S. 4.

Madrick, Jeff, Taking America, Toronto, 1987.

Magenheim, Ellen B. und Dennis C. Mueller, "Are Acquiring-Firm Shareholders Better Off after an Acquisition", in: Coffee, John C.; Lowenstein, Louis und Susan Rose-Ackerman, Knights, Raiders and Targets, New York, 1988, S. 171-193.

Malatesta, Paul H. und Rex Thompson, "Partially Anticipated Events", Journal of Financial Economics, vol. 14, no. 2, 1985, S. 237-250.

Mandelker, Gershon, "Risk and Return: The Case of Merging Firms", Journal of Financial Economics, vol. 1, 1974, S. 303-335.

Mann, H. Michael, "Seller Concentration, Barriers to Entry, And Rates of Return in Thirty Industries, 1950-1960", The Review of Economics and Statistics, vol. 48, no. 3, 1966, S. 296-307.

Manne, Henry G., "Mergers and the Market for Corporate Control", The Journal of Political Economy, vol. 73, no. 2, 1965, S. 110-120.

Marais, Laurentius; Schipper, Katherine und Abbie Smith, "Wealth Effects of Going Private for Senior Securities", Journal of Financial Economics, vol. 23, no. 1, 1989, S. 155-191.

Markham, Jesse, "Survey of the Evidence and Findings on Mergers", in: National Bureau of Economic Research, Business Concentration and Price Policy, Princeton, 1955, S. 141-182.

Marris, Robin, "A Model of 'Managerial' Enterprise", The Quarterly Journal of Economics, vol. 77, no. 2, 1963, S. 185-209.

Marshall, John F. und Vipul Bansal, Financial Engineering, New York, 1992.

Martin, David Dale, "The Brown Shoe Case and the New Antimerger Policy", American Economic Review, vol. 53, no. 3, 1963, S. 340-358.

Massel, Mark S., Competition and Monopoly, Washington, D.C., 1962.

Mathewson, William, "Shop Talk", The Wall Street Journal, 21. April, 1988, S. 33.

Maurer, Virginia, Business Law, San Diego, 1987.

Mayer, Caroline E., "IBM Reportedly Urged Baxter for Panel", Washington Post, 29. April 1982, S. D17.

Mayer, Caroline E., "Judge Hits Baxter's Failure To Disclose Early IBM-Work", Washington Post, 3. März 1982, S. C8 und S. C9.

Meadows, Edward, "Deals of the Year", Fortune, vol. 105, no. 2, 25. Januar 1982, S. 36-40.

Melloan, George, "The Backlash Against Corporate Raiders", The Wall Street Journal, 12. November 1986, S. 32.

Merrill Lynch, Business Brokerage and Valuation, Hrsg., MergerStat Review 1991, Schaumburg, ohne Jahr.

Metz, Tim, "Another Wave of Takeovers Seems Likely, Prompted by Bendix Deal, Declining Rates", The Wall Street Journal, 5. Oktober 1982, S. 37.

Metz, Tim, "Merger Expected to Stay Plentiful in 1983 but Will Be Less Exciting", The Wall Street Journal, 3. Januar 1983, S. 5 und S. 15.

Metz, Tim, "Merger Mania Slows With the Economy As Buyers Seek a Toehold and then Wait", The Wall Street Journal, 7. Mai 1982, S. 29.

Metz, Tim, "To Forestall Takeovers, Many Concerns Move to Shore Up Defenses", The Wall Street Journal, 18. März 1983, S. 1 und S. 7.

Metz, Tim und Ann Hughey, "Marietta, Bendix and Allied Corp. Appear Near Accord to End their Takeover Battle", The Wall Street Journal, 24. September 1982, S. 3 und S. 8.

Metz, Tim und Bill Paul, "High Borrowing Cost Fail to Stem Interest in Takeover Activity", The Wall Street Journal, 8. Juli 1981, S. 1.

Metz, Tim und Cotten Timberlake, "DuPont Apparently Wins the Fight For Conoco as Mobil Appeal Denied", The Wall Street Journal, 5. August 1981, S. 3.

Metz, Tim und John D. Williams, "Debate Over Mergers Intensifies Amid Record Surge of Transactions", The Wall Street Journal, 2. Januar 1985, S. 6B.

Meyerson, Adam, "Merger Mania and High Takeover Premiums", The Wall Street Journal, 20. Juli 1981, S. 16.

Meyerson, Adam, "Shareholders Often Say No To Takeovers", The Wall Street Journal, 16. November 1981, S. 26.

Mikkelson, Wayne H. und Richard S. Ruback, "An Empirical Analysis of the Interfirm Equity Investment Process", Journal of Financial Economics, vol. 14, no. 4, 1985, S. 523-553.

Milde, Hellmuth, "Übernahmefinanzierung und LBO-Transaktionen", Zeitschrift für Betriebswirtschaft, Jg. 60, Nr. 7, 1990, S. 647-664.

Miles, Gregory L., "If We Knew Everything We Know Now ... ", International Business Week, 15. Januar 1990, S. 42.

Miller, Richard B., American Banking in Crisis, Homewood, 1990.

Mirvis, Theodore N., "Two-Tier Pricing: Some Appraisal and Entire Fairness Valuation Issues", Business Lawyer, vol. 38, no. 2, 1983, S. 485-501.

Mitchell, Constance, "Junk Bond Market Bracing For Loss of Its S&L Clients", The Wall Street Journal, 27. Juli 1989, S. C1 und C21.

Mitchell, Constance, "Junk-Bonds Defaults Expected to Multiply", The Wall Street Journal, 2. Januar 1991, S. R6.

Mitchell, Constance, "Junk Bonds Fail to Recover From Recession Scare", The Wall Street Journal, 11. September 1989, S. C1 und S. C17.

Mitchell, Constance, "Junk's Long Slide Seems Over at Last", The Wall Street Journal, 13. November 1989, S. C1.

Mitchell, Constance und Anita Raghavan, "Junk Bond Prices Hold Steady Despite Report that Defaults Hit a Record in Latest Period", The Wall Street Journal, 9. April 1991, S. C19.

Mitchell, Constance und Anita Raghavan, "Stone Container Corp. Plans Sale of Debt in Sign That the Junk Bond Market Is Slowly Reviving", The Wall Street Journal, 17. September 1991, S. C19.

Mitchell, Mark L. und Kenneth Lehn, "Do Bad Bidders Become Good Targets?", Journal of Political Economy, vol. 98, no. 2, 1990, S. 372-398.

Mitchell, Mark L. und Jeffry M. Netter, "Triggering the 1987 stock market crash: antitakeover provisions in the proposed House Ways and Means tax bill", Journal of Financial Economics, vol. 24, no. 1, 1989, S. 37-68.

Monsen, R. Joseph und Anthony Downs, "A Theory of Large Managerial Firms", The Journal of Political Economy, vol. 73, no. 3, 1965, S. 221-236.

Montgomery, Jim, "Multimedia Inc. Rejects Second Takeover Bid", The Wall Street Journal, 12. April 1985, S. 4.

Moody, John, The Truth about the Trusts, New York, 1968.

Morck, Randall; Shleifer, Andrei und Robert W. Vishny, "Characteristics of Targets of Hostile and Friendly Takeovers", in: Auerbach, Alan, Hrsg., Corporate Takeovers: Causes and Consequences, Chicago, 1988, S. 101-129.

Morris, Betsy und Robert Johnson, "Case of Indigestion", The Wall Street Journal, 5. Dezember 1985, S. 5 und S. 24.

Moses, Jonathan M. und Amy Stevens, "Milken Is Released to Halfway House In Los Angeles Area", The Wall Street Journal, 5. Januar 1993, S. B6.

Mossberg, Walter S., "Most Americans Favor Law to Limit Foreign Investment in U. S., Poll Finds", The Wall Street Journal, 8. Mai 1988, S. 60.

Mueller, Dennis, Hrsg., The Determinants and Effects of Mergers, Cambridge, 1980.

Mueller, Dennis C., "The Effects of Conglomerate Mergers", Journal of Banking and Finance, vol. 1, 1977, S. 315-347.

Mueller, Dennis C., "Mergers and Market Share", The Review of Economics and Statistics, vol. 67, no. 2, 1985, S. 259-267.

Murdoch, David A.; Sartin, Linda D. und Robert A. Zadek, "Fraudulent Conveyances and Leveraged Buyouts", Business Lawyer, vol. 43, no. 1, 1987, S. 1-26.

Nash, Nathaniel C., "Wall Street Bemoans a New 'Greenmail' Season", New York Times, 28. Dezember 1986, S. E4.

Nathans, Leah J. und William Glasgal, "Japan's Waiting Game on Wall Street", International Business Week, 19. Februar 1990, S. 80.

National Industrial Conference Board, Hrsg., Mergers and the Law, New York, 1929.

National Science Foundation, Science and Technology Data Book 1990, Washington, D.C., 1990.

National Science Foundation, Science Resources Studies Highlights, Washington, D.C., 11. März 1988.

National Science Foundation, Science Resources Studies Highlights, Washington, D.C., 30. Juni 1989.

Neale, A. D., The Antitrust Laws of the United States of America, Cambridge, 1970.

Nelson, Philip B., "Reading their lips: changes in antitrust policy under the Bush administration", Antitrust Bulletin, vol. 36, no. 3, 1991, S. 681-697.

Neuber, Friedel, "Die Macht der Banken", Zeitschrift für das gesamte Kreditwesen, Jg. 43, Nr. 1, 1990, S. 18-23.

Neuhauser, Lenz und Nick Cowley, "Why Japanese Firms Have Pulled Back On Overseas Buying", Mergers & Acquisitions, vol. 27, no. 3, 1992, S. 13-17.

Newport, John Paul, "A New Era of Rapid Rise and Ruin", Fortune International, vol. 119, no. 9, 24. April 1989, S. 55-57.

Newport, John Paul, "Junk Bonds Face The Big Unknown", Fortune International, vol. 119, no. 11, 22. Mai 1989, S. 95-96.

Newport, John Paul, "LBOs: Greed, Good Business - or Both?", Fortune International, vol. 119, no. 1, 2. Januar 1989, S. 46-48.

Norman, James R., "At Unocal, A Victory Without the Champagne", International Business Week, 3. Juni 1985, S. 21.

Norman, James R., "Is Unocal's 'Boone Bomb' More than a Bluff", International Business Week, 29. April 1985, S. 21-22.

Norman, James R., "Unocal 1, Pickens 1 - But Guess Who Looks Like the Winner", International Business Week, 27. Mai 1985, S. 25.

Norris, Floyd, "Market Place: Del Monte Sells Pay-In-Kind Issue", New York Times, 16. September 1991, S. D6.

Northern Securities Company v. United States, United States Reports, vol. 193, Oct. Term 1903, S. 197-411.

Norton, Rob, "Who Owns this Company Anyhow?", Fortune International, vol. 124, no. 3, 29. Juli 1991, S. 139-144.

Note, "Golden Parachutes: Common Sense from the Common Law", Ohio State Law Journal, vol. 51, no. 1, 1990, S. 279-305.

Note, "Greenmail: Targeted Stock Repurchases And The Management-Entrenchment Hypothesis", Harvard Law Review, vol. 98, no. 5, 1984, S. 1045-1065.

Note, "The Propriety of Judicial Deference to Corporate Boards of Directors", Harvard Law Review, vol 96, no. 8, 1983, S. 1894-1914.

Note, "Protecting Shareholders Against Partial and Two-Tiered Takeovers: The 'Poison Pill' Preferred", Harvard Law Review, vol. 97, no. 12, 1984, S. 1964-1983.

Nowak, Laura S., Monetary Policy and Investment Opportunities, Westport, 1993.

Nussbaum, Bruce und Judith H. Dobrzynski, "The Battle for Corporate Control", International Business Week, 18. März 1987, S. 70-77.

O'Boyle, Thomas F. und Robert E. Taylor, "U. S. Steel Corp., National Cancel Plan to Merge", The Wall Street Journal, 12. März 1984, S. 2.

O'Boyle, Thomas F. und Ralph E. Winter, "LTV, Republic Still Face Hurdles Despite U. S. Approval Of Merger", The Wall Street Journal, 22. März 1984, S. 33 und S. 53.

Office of the Federal Register, National Archives and Records Administration, The United States Government Manual 1994/1995, Washington, D.C., 1994.

Oneal, Michael; Bremner, Brian; Levine, Jonathan B.; Vogel, Todd; Schiller, Zachary und David Woodruff, "The Best and Worst Deals of the 1980s", International Business Week, 15. Januar 1990, S. 40-45.

Oneal, Michael; Foust, Dean und Robert D. Hof, "For these Companies, Debt was just what the Doctor ordered", International Business Week, 11. September 1989, S. 42-43.

Opler, Tim und Sheridan Titman, "The Determinants of Leveraged Buyout Activity: Free Cash Flow vs. Financial Distress Costs", The Journal of Finance, vol. 48, no. 5, 1993, S. 1985-1999.

O'Reilly, Brian, "Mike's Midas Touch", Fortune International, vol. 118, no. 8, 10. Oktober 1988, S. 53-54.

Organization for Economic Co-Operation and Development, International Mergers and Competition Policy, Paris, 1988.

Organization for Economic Co-Operation and Development, Directorate for Financial, Fiscal and Enterprise Affairs, Committee on Competition Law and Policy, Annual Report on Developments in the United States 1991, Paris, 1992.

O. V., "100 Largest foreign investments in the U. S.", Forbes, vol. 136, no. 3, 29. Juli 1985, S. 180-185.

O. V., "The 100 Largest Foreign Investments in the U.S.", Forbes, vol. 142, no. 2, 25. Juli 1988, S. 240-246.

O. V., "Abuses, Real and Imagined", The Wall Street Journal, 10. Juni 1985, S. 22.

O. V., "Acquisitions Declined 58% In 2nd Period, Grimm Says", The Wall Street Journal, 14. Juli 1987, S. 36.

O. V., "Allied, Bendix and Marietta Formally Untangle Holdings", The Wall Street Journal, 24. Dezember 1982, S. 17.

O. V., "Announced Mergers and Acquisitions Fell 11% in '80, Report Says", The Wall Street Journal, 14. Januar 1981, S. 33.

O. V., "Announced Mergers Jumped 46% to 599 During First Period", The Wall Street Journal, 15. April 1981, S. 22.

O. V., "Are Leveraged Deals Ready to Rebound From the Doldrums?", Mergers & Acquisitions, vol. 27, no. 1, 1992, S. 19-27.

O. V., "An Assault on Golden Parachutes and 'Greenmail'", International Business Week, 13. August 1984, S. 48.

O. V., "Banken-Macht wirkt negativ", Handelsblatt, 25. August 1994, S. 9.

O. V., "Baxter Yields Role in IBM Case; U. S. Asks Longer Probe", The Wall Street Journal, 6. April 1982, S. 3.

O. V., "Black & Decker Buys a Place on the Kitchen Counter", Business Week, 9. Januar 1984, S. 19-20.

O. V., "Boston Seminar Features Debate on Role of Economics in Antitrust", Antitrust & Trade Regulation Report, vol. 57, no. 1437, 19. Oktober 1989, S. 528-530.

O. V., "Business Briefs", The Wall Street Journal, 29. Oktober 1985, S. 43.

O. V., "Business Briefs", The Wall Street Journal, 13. November 1985, S. 43.

O. V., "Business Briefs", The Wall Street Journal, 29. November 1985, S. 10.

O. V., "Business Briefs", The Wall Street Journal, 16. Januar 1986, S. 12.

O. V., "Business Briefs", The Wall Street Journal, 17. März 1986, S. 27.

O. V., "Business Bulletin", The Wall Street Journal, 6. August 1981, S. 1.

O. V., "Business Bulletin", The Wall Street Journal, 14. März 1985, S. 1.

O. V., "Business Bulletin", The Wall Street Journal, 25. September 1986, S. 1.

O. V., "Business Bulletin", The Wall Street Journal, 6. November 1986, S. 1.

O. V., "Business Bulletin", The Wall Street Journal, 29. Januar 1987, S. 1.

O. V., "Business Bulletin", The Wall Street Journal, 8. Oktober 1987, S. 1.

O. V., "Business Bulletin", The Wall Street Journal, 4. August 1988, S. 1.

O. V., "Business Bulletin", The Wall Street Journal, 19. März 1992, S. 1.

O. V., "Centennial Journal: 100 Years in Business", The Wall Street Journal, 13. November 1989, S. Bl.

O. V., "Centennial Journal: 100 Years in Business", The Wall Street Journal, 6. Dezember 1989, S. Bl.

O. V., "Centennial Journal: 100 Years in Business", The Wall Street Journal, 8. Dezember 1989, S. Bl.

O. V., "Centennial Journal: 100 Years in Business: RJR: A Lesson in Greed", The Wall Street Journal, 26. Dezember 1989, S. B1.

O. V., "Change in Mood: Wave of Mergers Stirs Only Mild Opposition, But Benefits Are Hazy", The Wall Street Journal, 23. Juli 1981, S. 1 und S. 21.

O. V., "Computer 2000 expandiert in Osteuropa", Handelsblatt, 2. Juni 1993, S. 17.

O. V., "Conglomerate Managers Fall Into Step, Too", Business Week, 6. Februar 1984, S. 37-40.

O. V., "Corporate Merger Activity Dropped 22% In November", The Wall Street Journal, 3. Dezember 1990, Sec. A, S. 7C.

O. V., "Corporate Mergers Climbed 12% for 1986, Grimm Says", The Wall Street Journal, 12. Februar 1987, S. 15.

O. V., "Corporate Mergers Rose 8% Last Year to 2.533, The Most Since 1974", The Wall Street Journal, 13. Januar 1984, S. 46.

O. V., "Cross Border Deals Decline", The Wall Street Journal, 1. Juli 1991, S. A6.

O. V., "Dirty Tricks Abound in Takeover Business As Well As in Politics", The Wall Street Journal, 22. September 1982, S. 1.

O. V., "Dr. Pepper tries a local cure", International Business Week, 13. Dezember 1982, S. 31.

O. V., "Ein weiteres Engagement in Osteuropa", Handelsblatt, 8./9. Januar 1993, S. 21.

O. V., "Engagement in Osteuropa", Frankfurter Allgemeine Zeitung, 17. November 1992, S. 23.

O. V., "Erwerbung von Kraft Jacobs Suchard in Osteuropa", Neue Züricher Zeitung, 7. Oktober 1993, S. 12.

O. V., "ESB in Switch Decides to Back Inco's Tender Bid", The Wall Street Journal, 30. Juli 1974, S. 3.

O. V., "First Quarter Merger Activity Posted Drops For 3rd Period in Row", The Wall Street Journal, 24. Mai 1983, S. 12.

O. V., "For Steelmakers, No Merger May Mean More Bankruptcies", International Business Week, 5. März 1984, S. 58-59.

O. V., "Foreign Investment in '88 Rose to Record $65 Billion", The Wall Street Journal, 31. Mai 1989, S. B10.

O. V., "From the Hustings", Mergers & Acquisitions, vol. 27, no. 2, 1992, S. 61-62.

O. V., "Golden Parachutes may go the way of the Dodo", International Business Week, 9. Januar 1984, S. 22.

O. V., "Gulf Bid to Buy Cities Service To Be Challenged", The Wall Street Journal, 29. Juli 1982, S. 2 und S. 10.

O. V., "Houdaille Agrees to Be Purchased", The Wall Street Journal, 07. März 1979, S. D4.

O. V., "Houdaille to Get Offer Totaling $347,7 Million", The Wall Street Journal, 26. Oktober 1978, S. 7.

O. V., "Houdaille Industries Elects New Directors, Kohlberg Chairman", The Wall Street Journal, 30. Mai 1979, S. 20.

O. V., "Houdaille Purchase By Group of Investors Approved by Holders", The Wall Street Journal, 4. Mai 1979, S. 38.

O. V., "How the Conglomerate Called KKR Runs its Companies", Fortune International, vol. 118, no. 14, 4. Juli 1988, S. 58.

O. V., "How the new merger boom will benefit the economy", International Business Week, 6. Februar 1984, S. 34-37.

O. V., "How the Saudis are Fueling big Oil Mergers", International Business Week, 26. März 1984, S. 18.

O. V., "IBM-Antitrust-Lawsuit Filed in '69 Is Dropped by U. S.; AT&T Settlement Begins Six-Year Revamping Process", The Wall Street Journal, 11. Januar 1982, S. 3.

O. V., "In den Vereinigten Staaten hat die Zahl der Großtransaktionen weiter abgenommen", Handelsblatt, 4. Januar 1993, S. 14.

O. V., "Inco Will Offer $157 Million Cash For Stock of ESB", The Wall Street Journal, 19. Juli 1974, S. 5.

O. V., "Japanese Merger Activity Slowed During First Half", The Wall Street Journal, 12. Juli 1991, Sec. B, S. 4D.

O. V., "Japanischer Katzenjammer in den USA", Süddeutsche Zeitung, 19./20. November 1994, S. 22.

O. V., "Junk-Bond Defaults Soar", The Wall Street Journal, 9. Januar 1991, S. C17.

O. V., "Justice Agency Says It Wouldn't Object To Any Merger Between Bendix, Marietta", The Wall Street Journal, 15. September 1982, S. 4.

O. V., "Justice Department Report Clears Baxter Of Conflict in His Dismissal of IBM Case", The Wall Street Journal, 18. Juni 1982, S. 6.

O. V., "KMS's Stormy Return to Mergers", Business Week, 14. Juli 1980, S. 84-86.

O. V., "Kohlberg Seeking to Raise $5 Billion to Fund Buyouts", The Wall Street Journal, 10. Juli 1987, S. 8.

O. V., "Die Last der zehn Aufsichtsratsposten", Süddeutsche Zeitung, 26. Januar 1995, S. 30.

O. V., "Labor Letter", The Wall Street Journal, 31. Mai 1983, S. 1.

O. V., "Labor Letter", The Wall Street Journal, 9. September 1986, S. 1.

O. V., "Labor Letter", The Wall Street Journal, 2. August 1988, S. 1.

O. V., "Labor Letter", The Wall Street Journal, 20. Februar 1990, S. 1.

O. V., "The LBO-Binge: Top Executives Ponder Leveraged Buy-Outs, But Many Have Doubts", Wall Street Journal, 27. Oktober 1988, S. 1 und S. 12.

O. V., "Lorimar Cancels Its Offer To Buy Multimedia Inc.", The Wall Street Journal, 30. April 1985, S. 36.

O. V., "Many Firms Asked to Put Poison Pills to a Vote Soon", The Wall Street Journal, 10. März 1987, S. 6.

O. V., "Martin Marietta: After the Bendix fiasco, it races to whittle debt and grow again", International Business Week, 21. März 1983, S. 64-66.

O. V., "Merger Activity Fell 13% In 1st Quarter From 1989", The Wall Street Journal, 24. April 1990, S. A6.

O. V., "Merger Activity Last Year At Lowest Level Since 1963", The Wall Street Journal, 15. Januar 1992, S. C1.

O. V., "Merger, Acquisition Fell 18% In 1st Quarter, Hitting an 11-Year Low", The Wall Street Journal, 16. April 1991, S. A2 und S. A15.

O. V., "Merger Meddling", The Wall Street Journal, 19. März 1984, S. 32.

O. V., "Mergers, Acquisitions Rose In 1987 in Computer Sector", The Wall Street Journal, 22. Januar 1988, S. 38.

O. V., "Mergers and Acquisition Rose 18% in 3rd Quarter", The Wall Street Journal, 25. Oktober 1983, S. 57.

O. V., "Mergers and Acquisitions Rose 13% in Third Period", The Wall Street Journal, 13. Oktober 1989, S. A2.

O. V., "Mergers: Behind the 'Yes' for Oil and the 'No' for Steel", International Business Week, 26. März 1984, S. 8.

O. V., "Mergers Climbed 27%, Price Rose Nearly 20% In 1981, Survey Finds", The Wall Street Journal, 13. Januar 1982, S. 3.

O. V., "Mergers Multiplied in Second Quarter, Two Surveys Find", The Wall Street Journal, 15. Juli 1981, S. 38.

O. V., "Merger Myopia", The Wall Street Journal, 19. Oktober 1987, S. 30.

O. V., "Mergers' Pace Eased In 3rd Quarter, but Fall Being Reversed Now", The Wall Street Journal, 1. November 1988, S. C14.

O. V., "Merger Pace Showed Another Sharp Rise In the Third Quarter", The Wall Street Journal, 21. Oktober 1981, S. 10.

O. V., "Merger Rose 36% but Fell In Value in 3rd Quarter", The Wall Street Journal, 20. Oktober 1992, S. A6.

O. V., "Mergers' Value Grew 47% In 1985 Consultant Says", The Wall Street Journal, 17. März 1986, S. 11.

O. V., "Mines Over Matter", The Wall Street Journal, 17. März 1981, S. 32.

O. V., "Nestle's Schritte nach Osteuropa", Neue Züricher Zeitung, 27. Oktober 1992, S. 12.

O. V., "New England Conference Sets Barometer to Detect Changes in Antitrust Condition", Antitrust & Trade Regulation Report, vol. 57, no. 1440, 9. November 1989, S. 639-644.

O. V., "News Report", Journal of Accountancy, vol. 162, no. 4, 1986, S. 14.

O. V., "Number of Mergers In 2nd Period Returned to '82 Level, Study Says", The Wall Street Journal, 2. August 1983, S. 14.

O. V., "NWA Names Three to New Jobs in Wake of Buying Republic", The Wall Street Journal, 13. August 1986, S. 10.

O. V., "Occidental Is Cleared For Second Phase of Bid For Cities Service C.", The Wall Street Journal, 9. September 1982, S. 4.

O. V., "Odds and Ends", The Wall Street Journal, 22. September 1988, S. BI.

O. V., "Pac-Man Economics", The Wall Street Journal, 27. September 1982, S. 22.

O. V., "Pillsbury to Drop Stokely Bid, Sees Profit From Stake", The Wall Street Journal, 20. Juli 1983, S. 36.

O. V., "Planning Research Says It Agreed To Acquire Sterling Systems Inc.", The Wall Street Journal, 23. Juni 1983, S. 6.

O. V., "A 'Poison Pill' That's Super-Lethal", International Business Week, 1. Oktober 1984, S. 63-64.

O. V., "Quaker Oats Bid For Stokely Tops Pillsbury's Offer", The Wall Street Journal, 18. Juli 1983, S. 3.

O. V., "Raiders Who Get Raided", The Wall Street Journal, 14. Dezember 1988, S. A12.

O. V., "Restructurings, Buyouts Cut R&D, Survey Shows", The Wall Street Journal, 3. Februar 1989, S. A6.

O. V., "Rostenkowski Indicates Takeover-Tax Flexibility", The Wall Street Journal, 29. Oktober 1987, S. 2.

O. V., "Royal/Dutch is set to swallow Shell Oil", International Business Week, 6. Februar 1984, S. 20-21.

O. V., "SEC Commissioner Attacks Antitakeover Provisions", The Wall Street Journal, 11. Dezember 1987, S. 10.

O. V., "Shelf Offerings Worry Wall Street", International Business Week, 5. März 1984, S. 67.

O. V., "Software Mergers and Acquisitions Hit Highs in 1985", The Wall Street Journal, 23. Januar 1986, S. 1.

O. V., "Stock Market's Crash Continues to Jolt Takeovers as More Deals are Cancelled", The Wall Street Journal, 28. Oktober 1987, S. 3 und S. 18.

O. V., "Stokely Chairman, Group Offer Buyout Of $ 136,5 Million", The Wall Street Journal, 24. Dezember 1982, S. 6.

O. V., "Stokely Reports It Got New Offer For $ 62 a Share", The Wall Street Journal, 22. Juni 1983, S. 58.

O. V., "Stokely-Van Camp Investors Raise Bid By $ 5 to $ 55 a Share", Wall Street Journal, 3. Februar 1983, S. 25.

O. V., "Stokely Weights $ 50-a-Share Bid To Go Private", The Wall Street Journal, 22. November 1982, S. 5.

O. V., "Strong dollar doldrums", Forbes, vol. 134, no. 1, 2. Juli 1984, S. 117.

O. V., "A Stunning Blow to Steel's Restructuring", International Business Week, 27. Februar 1984, S. 27.

O. V., "Takeovers, Divestitures Fell in 3rd Quarter, 1,9% for the 9 Month", The Wall Street Journal, 26. Oktober 1982, S. 18.

O. V., "The 4 Horsemen: Did Main Characters In Big Takeover Saga Let Egos Sway Them", The Wall Street Journal, 24. September 1982, S. 1 und S. 24.

O. V., "There Could Still be Life in Steel Mergers", International Business Week, 26. März 1984, S. 22-23.

O. V., "Tin Parachutes For Little Folk", Time, vol. 129, no. 13, 30. März 1987, S. 42.

O. V., "Total Acquisitions in the Third Quarter Fell 37%, Survey Finds", The Wall Street Journal, 15. Oktober 1987, S. 36.

O. V., "United Aircraft $34 Bid for ESB Tops Inco Offer", The Wall Street Journal, 24. Juli 1974, S. 5.

O. V., "U.S. Agency Clears Delta's Acquisition of Western Airlines", The Wall Street Journal, 12. Dezember 1986, S. 15.

O. V., "U. S. Mergers Drop Sharply In First 10 Month of 1990", The Wall Street Journal, 9. November 1990, S. A4.

O. V., "Value of 1990 Merger Fell, But Foreign Activity Rose", The Wall Street Journal, 25. Januar 1991, S. A2.

O. V., "Value of Mergers Fell 61% In 3rd Period, Grimm Says", The Wall Street Journal, 19. Oktober 1990, S. C11.

O. V., "Value of U. S. Acquisitions, Mergers Continues to Fall", The Wall Street Journal, 4. Oktober 1990, S. B5.

O. V., "Who Rules on Mergers Depends on the Industry", The Wall Street Journal, 17. Februar 1984, S. 4.

O. V., "Why Forstmann Little's Clients have the Yachts", Institutional Investor, vol. 11, no. 11, 1986, S. 154-155.

O. V. "Why Gulf lost its fight for life", International Business Week, 19. März 1984, S. 70-74.

O. V., "Why Junk Bonds Are Suddenly Glittering", International Business Week, 5. September 1983, S. 47-48.

O. V., "Why Texaco values Getty at $10 Billion", International Business Week, 23. Januar 1984, S. 18-20.

O. V., "You're Going to Kill Us Both", Time, vol. 121, no. 17, 25. April 1983, S. 99.

O. V., "Zero-Coupon Treasuries Are Here to Stay", International Business Week, 15. Oktober 1984, S. 92-93.

Paefgen, Thomas Christian, "Alle Macht dem Management", Die Aktiengesellschaft, Jg. 36, Nr. 2, 1991, S. 41ff.

Paefgen, Thomas Christian, "Kein Gift ohne Gegengift: Sortimentserweiterung in der Bereitschaftsapotheke gegen idiosynkratische Unternehmenskontrollwechsel", Die Aktiengesellschaft, Jg. 36, Nr. 6, 1991, S. 189-200.

Palepu, Krishna G., "Consequences of leveraged buyouts", Journal of Financial Economics, vol. 27, no. 1, 1990, S. 247-262.

Pasztor, Andy, "Justice Department Control of Mergers of Airlines Sought", The Wall Street Journal, 26. März 1987, S. 12.

Pasztor, Andy, "U.S. Move Signals More Airline Mergers", The Wall Street Journal, 21. Mai 1986, S. 6.

Pearl, Daniel, "Georgia-Pacific's Nekoosa Purchase Posing a Logjam", The Wall Street Journal, 26. März 1991, S. A4.

Pechman, Joseph A., Federal Tax Policy, Washington, D.C., 1987.

Peltzer, Martin, "Takeovers in den Vereinigten Staaten - Können ihre Spielregeln übertragen werden", in: Wirtschaft und Wissenschaft im Wandel, Festschrift für Carl Zimmerer, Frankfurt am Main, 1986, S. 271-286.

Peltzer, Martin, "Von Räubern, weißen Rittern und Jungfrauen - die Taktiken der amerikanischen takeovers", Zeitschrift für das gesamte Kreditwesen, Jg. 39, Nr. 7, 1986, S. 291-298.

Perry, Nancy J., "Edelman's art of reward", Fortune International, vol. 116, no. 11, 9. November 1987, S. 102.

Petre, Peter, "Merger Fees that Bend the Mind", Fortune International, vol. 113, no. 2, 20. Januar 1986, S. 14-19.

Phillips, Stephen, "Revco: Anatomy of a LBO that failed", International Business Week, 3. Oktober 1988, S. 82-86.

Phillips, Stephen und Christopher Farrell, "Revco's LBO ends with a whimper", International Business Week, 15. August 1988, S. 26.

Pine, Art, "Baldrige Formally Proposes Relaxing of Antitrust Laws", The Wall Street Journal, 26. Februar 1985, S. 14.

Pitt, Harvey L. und Julie L. Williams, "The Glass-Steagall Act: Key Issues for the Financial Services Industry", Securities Regulation Law Journal, vol. 11, no. 3, 1983, S. 234-264.

Plummer, Elizabeth und John R. Robinson, "Capital Market Evidence of Windfalls from the Acquisition of Tax Carryovers", National Tax Journal, vol. 43, no. 4, 1990, S. 481-489.

Pogue, Michael, "Financing the MBO: A Complex Issue?", Management Decision, vol. 29, no. 2, 1991, S. 58-62.

Polonchek, John A. und Maire E. Sushka, "The Impact of Financial and Economic Conditions on Aggregate Merger Activity", Managerial and Decision Economics, vol. 8, 1987, S. 113-119.

Posner, Richard A., "The Chicago School of Antitrust-Analysis", University of Pennsylvania Law Review, vol. 127, no. 4, 1979, S. 925-948.

Pound, John und Richard Zeckhauser, "Clearly Heard on the Street: The Effect of Takeover Rumors on Stock Prices", Journal of Business, vol. 63, no. 3, S. 291-308.

Pound, John, "Proxy Contests and the Efficiency of Shareholder Oversight", Journal of Financial Economics, vol. 20, no. 1/2, 1988, S. 237-265.

Pugel, Thomas A. und Lawrence J. White, "An Analysis of the Competitive Effects of Allowing Commercial Bank Affiliates to Undermine Corporate Securities", in: Walter, Ingo, Hrsg., Deregulating Wall Street, New York, 1985, S. 93-139.

Ramirez, Anthony, "What LBOs Really Do To R&D Spending", Fortune International, vol. 119, no. 6, 13. März 1989, S. 52.

Rappaport, Alfred, "The Staying Power of the Public Corporation", Harvard Business Review, vol. 68, no. 1, 1990, S. 96-104.

Ratner, David L., Securities Regulation, St. Paul, 1988.

Ravenscraft, David J., "The 1980s Merger Wave: An Industrial Organization Perspective", in: Browne, Lynn E. und Eric Rosengren, Hrsg., The Merger Boom, Proceedings of a Conference Held in October 1987, New Hampshire, 1987, S. 17-37.

Ravenscraft, David J. und F. M. Scherer, "Mergers and Managerial Performance", in: Coffee, John C.; Lowenstein, Louis und Susan Rose-Ackerman, Hrsg., Knights, Raiders, and Targets, New York, 1988, S. 194-210.

Ravenscraft, David J. und F. M. Scherer, "The Profitability of Mergers", International Journal of Industrial Organization, vol. 7, 1989, S. 101-116.

Regan, Arthur C. und Arie Reichel, "'Shark Repellents': How to Avoid Hostile Takeovers", Long Range Planning, vol. 18, no. 6, 1985, S. 60-67.

Reibstein, Larry, "After a Takeover: More Managers Run, or are Pushed, Out The Door", The Wall Street Journal, 15. November 1985, S. 33.

Reid, Samuel Richardson, Mergers, Managers, and the Economy, New York, 1968.

Reid, Samuel Richardson, The New Industrial Order, New York, 1976.

Ricks, Thomas E., "Bridge Loans Aid Major Takeovers, SEC Study Finds", The Wall Street Journal, 2. November 1988, S. C18.

Ripley, William Z., Trusts, Pools and Corporations, Boston, 1916.

Robinson, Richard, United States Business History, 1602-1988, New York, 1990.

Roe, Mark J., "Takeover Politics", in: Blair, Margaret M., Hrsg., The Deal Decade, Washington, D.C., 1993, S. 321-353.

Rohatyn, Felix G., "Needed: Restraints on the Takeover Mania", Challenge, vol. 29, no. 2, 1986, S. 30-34.

Rondeau v. Mosinee Paper Corp., United States Reports, vol. 422, 1974, S. 49-65.

Ropella, Wolfgang, Synergie als strategisches Ziel der Unternehmung, Berlin, 1989.

Rose, Robert L., "Employment Contracts: Difficult To Get, But They're Great To Have", The Wall Street Journal, 2. August 1985, S. 15.

Rosengren, Eric C., "Is the United States for Sale?" Foreign Acquisitions of U. S. Companies", New England Economic Review, November/Dezember 1988, S. 47-56.

Rosengren, Eric S., "State Restrictions of Hostile Takeovers", Publius, vol. 18, no. 3, 1988, S. 67-79.

Rosengren, Eric, "The Case for Junk Bonds", New England Economic Review, Mai-Juni 1990, S. 40-49.

Rosenthal, Douglas E. und William Blumenthal, "Antitrust Guidelines", in: Rock, Milton L., Hrsg., The Mergers and Acquisition Handbook, New York, 1987, S. 401-410.

Rosenzweig, Victor M. und Morris Orens, "Tipping the Scales - the Business Judgment Rule in the Antitakeover Context", Securities Regulation Law Journal, vol. 14, no. 1, 1986, S. 23-42.

Rosett, Joshua G., "Do union wealth concessions explain takeover premium?", Journal of Financial Economics, vol. 27, no. 1, 1990, S. 263-282.

Ross, Irwin, "How the Champs Do Leveraged Buyouts", Fortune International, vol. 109, no. 2, 23. Januar 1984, S. 70-78.

Rowe, Jeff, "Lorimar Offers to Purchase Multimedia Inc", The Wall Street Journal, 11. April 1985, S. 5.

Ruback, Richard S., "The Conoco Takeover and Stockholder Returns", Sloan Management Review, vol. 23, no. 2, 1982, S. 13-33.

Ruback, Richard S., "The Cities Service Takeover: A Case Study", Journal of Finance, vol. 38, no. 2, S. 319-330.

Rubin, Steven M., Junk Bonds, London, 1990.

Rudolph, Barbara, "Adding a dash of risk", Forbes, vol. 130, no. 4, 16. August 1982, S. 52.

Rudolph, Barbara, "Food Fights on Wall Street", Time, vol. 132, no. 44, 31. Oktober 1988, S. 46 und S. 57.

Rustin, Richard E., "Wall Street Mergers May Basically Change U. S. Financial System", The Wall Street Journal, 22. April 1981, S. 1 und S. 27.

Salop, Steven C., "Symposium on Mergers and Antitrust", Journal of Economic Perspectives, vol. 1, no. 2, 1987, S. 3-12.

Salwen, Kevin G., "Investors Fret Over Possible LBO Curbs", The Wall Street Journal, 10. November 1988, S. C1.

Sandler, Linda, "Acquiring Firms Are Finding Various Reasons to Pay Handsomely for Their Targets in 1987", The Wall Street Journal, 17. März 1987, S. 69.

Sandler, Linda, "Big Bids Spark Street, Ignite Price Run-Up", The Wall Street Journal, 8. Juni 1989, S. C1.

Sandler, Linda, "'Pale Green Greenmail' Is Spreading as Firms Buy Out Raiders as Part of Broader Purchases", The Wall Street Journal, 25. November 1986, S. 59.

Sandler, Linda, "Salomon, After Investing Millions of Dollars, Has Little to Show From Foray Into LBOs", The Wall Street Journal, 25. Februar 1991, S. C2.

Saporito, Bill, "How Ross Johnson Blew the Buyout", Fortune International, no. 9, 24. April 1989, S. 134-150.

Saul, Ralf S., "Drexel: Some Lessons for the Future", The Brookings Review, vol. 11, no. 2, 1993, S. 41-45.

Saunders, Laura, "The latest loophole", Forbes, vol. 133, no. 4, S. 76-77.

Saunders, Laura, "The War on Takeovers", Forbes, vol. 140, no. 12, 30. November 1987, S. 116-117.

Sayler, Richard H. und Axel Heck, "Die neuen Richtlinien zur Fusionskontrolle in den USA und ihre praktischen Auswirkungen", Recht der internationalen Wirtschaft, Jg. 29, Heft 2, 1983, S. 77-81.

Schaerr, Gene C., "The Cellophane Fallacy and the Justice Department's Guidelines for Horizontal Mergers", Yale Law Journal, vol. 94, no. 3, 1985, S. 670-693.

Schellhardt; Timothy D., "Merger Fallout: Beware Employee Dishonesty", The Wall Street Journal, 19. Oktober 1989, S. B1.

Scherer, F. M., "Corporate Takeovers: The Efficiency Arguments", Journal of Economic Perspectives, vol. 2, no. 1, 1988, S. 69-82.

Scherer, F. M., "Mergers and Antitrust", in: Libecap, Gary, Hrsg., Corporate Reorganizations through Mergers, Acquisitions, and Leveraged Buyouts, Suppl. 1, Greenwich, 1988, S. 91-111.

Scheuerman, William E., "Joint Ventures in the U. S. Steel Industry", The American Journal of Economics and Sociology, vol. 49, no. 4, 1990, S. 413-429.

Schiessl, Maximilian, "Neue Erfahrungen mit Unternehmenskäufen und Unternehmensübernahmen in den USA", Recht der internationalen Wirtschaft, Jg. 34, Nr. 7, 1988, S. 522-526.

Schifrin, Matthew, "The deal business wakes up", Forbes, vol. 152, no. 3, 2. August 1993, S. 41-42.

Schiller, Zachary, "Kroger's White Knight Puts on a Black Hat", International Business Week, 3. Oktober 1988, S. 31-32.

Schiller, Zachary und Mary Pitzer, "Why Going Private didn't bring Sidney Dworkings Happiness", International Business Week, 12. Oktober 1987, S. 31-34.

Schipper, Katherine und Rex Thompson, "Evidence on the Capitalized Value of Merger Activity for Acquiring Firms", Journal of Financial Economics, vol. 11, nos. 1-4, 1983, S. 85-119.

Schipper, Katherine und Abbie Smith, "The Corporate Spin-Off Phenomenon", in: Stern, Joel M. und Donald H. Chew, Hrsg., The Revolution in Corporate Finance, Oxford, 1986, 437-443.

Schipper, Katherine und Abbie Smith, "Restructuring in the Food Industry", in: Libecap, Gary, Hrsg., Corporate Reorganization through Mergers, Acquisitions, and Leveraged Buyouts, Suppl. 1, Greenwich, 1988, S. 131-168.

Schmalensee, Richard, "Horizontal Merger Policy: Problems and Changes", Journal of Economic Perspectives, vol. 1, no. 2, 1987, S. 41-54.

Schmedel, Scott P., "Tax Report", The Wall Street Journal, 19. Juli 1989, S. A1.

Schmidt, Ingo und Jan B. Rittaler, The Chicago School of Antitrust Analysis, Baden-Baden.

Schneider, Franz, "Arco und Mobil auf Freiersfüssen", Finanz und Wirtschaft, Vol. 57, Nr. 20, 10. März 1984, S. 17.

Schnitzer, Monika, Takeovers and Tacit Collusion, Bonn, 1991.

Scholes, Myron S. und Mark A. Wolfson, "The Effects of Changes in Tax Laws on Corporate Reorganization Activity", Journal of Business, vol. 63, no. 1, 1990, S. 141-164.

Scholes, Myron und Mark A. Wolfson, "The Role of Tax Rules in the Recent Restructuring of U. S. Corporations", in: Bradford, David, Hrsg., Tax Policy and the Economy, Cambridge, 1991, S. 1-24.

Scotese, Peter G., "Fold up those golden parachutes", Harvard Business Review, vol. 63, no. 2, 1985, S. 168-171.

Scott, Carlee, "Merger Activity Fell 38% in 1987, W. T. Grimm Says", The Wall Street Journal, 9. Februar 1988, S. 32.

Securities and Exchange Commission, Office of the Chief Economist, Institutional Ownership, Tender Offers and Long-Term Investments, Washington, D.C., 1985.

Servaes, Henri, "Tobin's Q and the Gains from Takeovers", The Journal of Finance, vol. 46, no. 1, 1991, S. 409-419.

Sesit, Michael P., "Japanese Acquirers in U. S. Look Poised To Pass British, if 1989 Is Indication", The Wall Street Journal, 17. Januar 1990, S. A22.

Sesit, Michael P., "Japanese Acquisitions in U. S. Jumped to $5.9 Billion in '87", The Wall Street Journal, 21. Januar 1988, S. 15.

Sesit, Michael R., "Japan Firms Took Biggest Bite Of a Shrinking U. S. Pie in 1990", The Wall Street Journal, 16. Januar 1991, S. C1 und C10.

Sesit, Michael R., "Value of Japanese Acquisitions in U. S. More than Doubled in '88 to $12,7 Billion", The Wall Street Journal, 17. Januar 1989, S. C12.

Shad, Maria, "Are Takeovers Good for Mining", The Wall Street Journal, 13. Mai 1981, S. 26.

Shaffer, Sherrill, Potential Merger Synergies Among Large Commercial Banks, Federal Reserve Bank of Philadelphia Working Paper No. 91-17, 1991.

Shafner, Ronald G., "Washington Wire", The Wall Street Journal, 1. April 1988, S. 1.

Sheeline, William E. "Deals of the Year", Fortune International, vol. 117, no. 3, 1. Februar 1988, S. 34-38.

Shepherd, William G., The Treatment of Market Power, New York/London, 1975.

Sherman, Stratford P., "How Philip Morris Diversified Right", Fortune International, vol. 120, no. 22, 23. Oktober 1989, S. 82-86.

Sherrill, Robert, "Mergermania Reigns: The Decline and Fall of Antitrust", The Nation, vol. 236, no. 11, 19. März 1983, S. 321-339.

Shepherd, William G., "Trends of Concentration in American Manufacturing Industries, 1947-1958", The Review of Economics and Statistics, vol. 46, no. 2, 1964, S. 200-212.

Shiller, Robert J., "Do Stock Prices Move Too Much to be Justified by Subsequent Changes in Dividends?", American Economic Review, vol. 71, no. 3, 1981, S. 421-436.

Shiller, Robert J., "Fashion, Fads, and Bubbles in Financial Markets", in: Coffee, John C.; Lowenstein, Louis und Susan Rose-Ackerman, Knights, Raiders, and Targets, New York, 1988, S. 56-68.

Shleifer, Andrei und Lawrence H. Summers, "Breach of Trust in Hostile Takeovers", in: Auerbach, Alan J., Hrsg., Corporate Takeovers: Causes and Consequences, Chicago, 1988, S. 33-56.

Shleifer, Andrei und Robert W. Vishny, "Management Entrenchment: The Case of Manager-Specific Investments", Journal of Financial Economics, vol. 25, no. 1, 1989, S. 123-139.

Shleifer, Andrei und Robert W. Vishny, "Value Maximization and the Acquisition Process", Journal of Economic Perspectives, vol. 2, no. 1, 1988, S. 7-20.

Sicherman, Neil W. und Richard H. Pettway, "Acquisition of Divested Assets and Shareholders' Wealth", The Journal of Finance, vol. 42, no. 5, 1987, S. 1261-1273.

Siconolfi, Michael, "Debt Load: Junk-Bond Funds Fall In Investor's Esteem As their Values Skid", The Wall Street Journal, 21. März 1990, S. A1 und A6.

Singer, Eugene M., Antitrust Economics: Selected Legal Cases and Economic Models, Englewood Cliffs, 1968.

Siwolop, Sana, "The Sun May Be Setting on R&D's Glory Days", International Business Week, 19. Januar 1987, S. 63.

Skrzycki, Cindy, "Impact on R& D Is Newest Worry About LBOs", Washington Post, 18. Dezember 1988, S. H1 und H5.

Sloan, Allan, "A chat with Michael Milken", Forbes, vol. 140, no. 1, 13. Juli 1987, S. 248-256.

Sloan, Allan, "From $2.75 - $20 - the new math", Forbes, vol. 133, no. 8, 9. April 1984, S. 42.

Smart, Tim; McGuire, Terese; Smith, Bill und Richard Anderson, "More States are telling raiders: Not here, you don't", International Business Week, 13. Mai 1989, S. 26.

Smiley, Robert, "Tender Offers, Transaction Costs and the Theory of the Firm", The Review of Economics and Statistics, vol. 58, no. 1, 1976, S. 22-32.

Smith v. Van Gorkom, Atlantik Reporter, 2d Series, vol. 488, S. 858ff.

Smith, Abbie J., "Corporate ownership structure and performance", Journal of Financial Economics, vol. 27, no. 1, 1990, S. 143-164.

Smith, Len Young; Roberson, G. Gale; Mann, Richard A. und Barry S. Roberts, Smith and Roberson's Business Law, St. Paul, 1988.

Smith, Randall, "Arbitragers' Bear Market Is Continuing", The Wall Street Journal, 23. November 1992, S. C1 und C3.

Smith, Randall, "Big Tax Advantages Prompt Rise in Leveraged Buyouts", The Wall Street Journal, 12. Oktober 1983, S. 31.

Smith, Randall, "Japanese Purchases of U. S. Firms Plunged in 1991 as Caution Grew", The Wall Street Journal, 22. Januar 1992, S. A2 und S. C5.

Smith, Randall, "LBO-Funds Offer Slices of Healthiest Firms to Public", The Wall Street Journal, 22. März 1991, S. C1.

Smith, Randall, "Leveraged Buy-Out Funds Settle For Minority Stakes These Days", The Wall Street Journal, 11. September 1991, S. C1 und S. C21.

Smith, Randall, "Merger Activity Fell For Third Year in a Row", The Wall Street Journal, 2. Januar 1992, S. R4.

Smith, Randall, "Merger Boom Defies Expectations", The Wall Street Journal, 3. Januar 1989, S. R8.

Smith, Randall, "Planned Offer of Some Beatrice Assets Gives Look at Success of Most Leveraged Buyouts", The Wall Street Journal, 5. Juni 1987, S. 51.

Smith, Randall; "Storming the Barricades With a Proxy", The Wall Street Journal, 10. Mai 1990, S. C1 und C17.

Smith, Randall, "Takeover Explosion of the Mid-1980s Is Being Overtaken bei Junk-Bond Woes", The Wall Street Journal, 1. Dezember 1989, S. A2.

Smith, Randall, "Takeover Fever Cools As Hearings Begin", The Wall Street Journal, 25. Januar 1989, S. C1.

Smith, Randall, "Wall Street Dismantles Much of Its M&A Machinery", The Wall Street Journal, 2. Januar 1991, S. R4.

Smith, Randall, "Wall Street Take Tough Line on Leveraged Companies", The Wall Street Journal, 7. Februar 1990, S. C1 und S. C15.

Smith Randall und David B. Hilder, "Raiders, Shorn of 'Junk', Gird for Proxy Fights", The Wall Street Journal, 7. März 1990, S. C1 und S. C2.

Smith, Randall und Linda Sandler, "Slowdown in Merger Accords Puzzles Some But Increase in Interest Rates Is One Factor", The Wall Street Journal, 12. September 1988, S. 41.

Smith, Randall; Swartz, Steve und George Anders, "Black Monday: What Really Ignited the Market's Collaps after its Long Climb", The Wall Street Journal, 16. Dezember 1987, S. 1 und S. 20.

Smith, Roy C., "After the Ball", The Wilson Quarterly, vol. 16, no. 4, 1992, S. 31-43.

Smith, Roy C., Comeback, Boston, 1993.

Smith, Roy C., The Money Wars: The Rise and Fall of the Great Buyout Boom of the 1980s, New York, 1990.

Smith, Timothy K. und Robert Johnson, "Coca-Cola to Buy Bottling Operations From Beatrice Cos. for About $1 Billion", The Wall Street Journal, 17. Juni 1986, S. 3.

Sobel, Robert, The Age of the Giant Corporation, Westport, 1984.

Sobel, Robert, The Great Bull Market, New York, 1968.

Sobel, Robert, Inside Wall Street, New York, 1977.

Sobel, Robert, The Money Manias, New York, 1973.

Sobel, Robert, The New Game on Wall Street, New York, 1987.

Sobel, Robert, Panic on Wall Street, New York, 1968.

Solomon, Caleb, "Poison Pills", The Wall Street Journal, 2. April 1992, S. 1 und S. A4.

Spragins, Ellyn E., "Forstmann Little: Going Fast by Going Slow", International Business Week, 26. Januar 1987, S. 42-44.

Spragins, Ellyn E., "Leveraged Buyouts Aren't Just For Daredevils Anymore", International Business Week, 11. August 1986, S. 46-47.

Spragins, Ellen; Oneal, Michael; Phillips, Steven und Wendy Zellner, "When Power Investors Call the Shots", International Business Week, 20. Juni 1988, S. 48-52.

Staff, Marcia J.; Davidson, Wallace N. und James R. McDonald, "Increases In Bank Merger Activity: Causes and Effects", American Business Law Journal, vol. 24, no. 1, 1986, S. 67-86.

Stahl, Markus, "'High-Yield' or 'Junk'? Der US-Markt für hochverzinsliche und risikoreiche Unternehmensanleihen" Bank-Archiv, Jg. 36, Nr. 10, 1988, S. 1067-1078.

Standard Oil Company of New Jersey et. al. v. United States, United States Reports, vol. 221, Oct. Term 1910, S. 1-106.

Stein, Jeremy, "What Went Wrong With the LBO Boom", The Wall Street Journal, 19. Juni 1991, S. A12.

Steiner, Peter O., Mergers, Ann Arbor, 1975.

Steinbreder, H. John, "Deals of the Year", Fortune International, vol. 111, no. 2, 21. Januar 1985, S. 96-100.

Stelzer, Irwin M., Selected Antitrust Cases: Landmark Decisions, Homewood, Ill., 1966.

Steuerle, C. Eugene, The Tax Decade, Waschington, D.C., 1991.

Stevenson, Gelvin, "A Poison Pill that's Causing A Rush of Lawsuits", International Business Week, 1. April 1985, S. 45-46.

Stevenson, Galvin, "Small Leveraged Buyouts Are Big Business Now", International Business Week, 10. Dezember 1984, S. 66-67.

Stevenson, Gelvin und Aaron Bernstein, "A New Hurdle for Corporate Raiders", International Business Week, 11. Februar 1985, S. 19.

Steyer, Robert, "U. S. Deals of the Year", Fortune International, vol. 107, no. 2, 24. Januar 1983, S. 48-52.

Stigler, George, "Monopoly and Oligopoly by Merger", American Economic Review, vol. 40, no. 2, 1950, S. 23-34.

Stillman, Robert, "Examining Antitrust Policy Towards Horizontal Mergers", Journal of Financial Economics, vol. 11, nos. 1-4, 1983, S. 225-240.

Strassels, Paul, The 1986 Tax Reform Act, Homewood, 1987.

Strauss, Robert P., "Federal Tax Policy and the Market for Corporate Control: Relationship and Consequences", in: McKee, David L., Hrsg., Hostile Takeovers: Issues in Public and Corporate Policy, New York, 1989, S. 116-139.

Strichhartchuk, Gregory, "KKR Ends Bid to Buy Kroger, Avoiding Fight", The Wall Street Journal, 12. Oktober 1988, S. A3.

Stulz, Rene M.; Walkling, Ralph A. und Moon H. Song, "The Distribution of Target Ownership and the Division of Gains in Successful Takeovers", The Journal of Finance, vol. 45, no. 3, 1990, S. 817-833.

Sussman, Edward, "White House Opposes Takeover Bills, Sprinkel Tells Senate Banking Panel", The Wall Street Journal, 24. Juni 1987, S. 12.

Swasy, Alecia und Jeremy Mark, "Japan Brings Its Packaged Goods to U. S.", The Wall Street Journal, 17. Januar 1989, S. B1.

Swartz, Steve and Bryan Burrough, "The Aftermath: Crash Could Weaken Wall Streets Grip on Corporate America", The Wall Street Journal, 29. Dezember 1987, S. 1 und S. 12.

Taggart, Robert A., "The Growth of the 'Junk' Bond Market and Its Role in Financing Takeovers", in: Auerbach, Alan J., Hrsg., Mergers and Acquisitions, Chicago, 1988, S. 5-24.

Tax Reform Act of 1986, Public Law 99-514, in: United States, Office of the Federal Register, National Archives and Records Administration, United States Statutes at Large, vol. 100, Washington, D.C, 1989, S. 2087-2963.

Taylor, Robert E., "Gulf's Offer for Cities Service Sets First Big Test of New Merger Rules", The Wall Street Journal, 8. Juli 1982, S. 21.

Taylor, Robert E., "Justice Agency Opposes Republic Steel - LTV Merger; Industry Consolidation Strategy Is Dealt Major Blow", The Wall Street Journal, 16. Februar 1984, S. 3.

Taylor, Robert E., "Picking Targets: Antitrust Enforcement Will Be More Selective, Two Big Cases Indicate", The Wall Street Journal, 11. Januar 1982, S. 1 und S. 6.

Taylor, Robert E., "Trust Chief Drops Opposition", The Wall Street Journal, 22. März 1984, S. 33 und S. 53.

Taylor, Robert E., "U. S. Aide Estimates Odds Favored IBM In Antitrust Actions", The Wall Street Journal, 22. Januar 1982, S. 22.

Taylor, Robert E., "U. S. Eases Merger Guidelines, Allowing Somewhat More Concentrated Markets", The Wall Street Journal, 15. Juni 1982, S. 3 und S. 22.

Taylor, Robert E. und Andy Pasztor, "Antitrust Officials Unlikely to Challenge Pending Mergers During Reagan's Term", The Wall Street Journal, 28. Juni 1985, S. 2.

Terr, Leonard B. und Richard J. Safranek, "Section 367 and the General Utilities Repeal", Journal of Corporate Taxation, vol. 14, no. 4, 1988, S. 358-367.

Thaler, Richard H., "Anomalies: The January Effect", Journal of Economic Perspectives, vol. 1, no. 1, 1987, S. 197-201.

Thaler, Richard, "Seasonal Movements in Security Prices II: Weekend, Holiday, Turn of the Month, and Intraday Effects", Journal of Economic Perspectives, vol. 1, no. 2, 1987, S. 169-177.

Therrien, Louis, "How sweet it is to be out from under Beatrice thumb", International Business Week, 9. Mai 1988, S. 52-53.

Thomas, Paulette, "Panel Adopts Step to Limit Thrifts Risky Investments", The Wall Street Journal, 27. Juli 1989, S. A2.

Thorp, Williard L., "The Persistence of the Merger Movement", The American Economic Review, vol. 21, no. 1, Supplement, März 1931, S. 77-89.

Toepke, Utz P., "100 Jahre Antitrustrecht in den USA", in: FIW-Schriftenreihe, Heft 140, Schwerpunkte des Kartellrechts 1989/1990, Köln, 1991, S. 1-27.

Torres, Craig, "Junk Bond Prices Sag on Campeau Troubles", The Wall Street Journal, 14. September 1989, S. C1 und S. C21.

Torres, Craig und Andrew Bary, "Sell-Offs Continue in Junk Bond Market as Panic Hits Issues of Campeau Unites Federated Allied", The Wall Street Journal, 15. September 1989, S. C17.

Tracy, Eleanor, "Parachutes A-Popping", Fortune International, vol. 113, no. 7, 31. März 1986, S. 46.

Travlos, Nickolaos G., "Corporate Takeover Bids, Methods of Payment, and Bidding Firms' Stock Returns", The Journal of Finance, vol. 42, no. 4, 1987, S. 943-963.

Trezevant, Robert, "How Did Firms Adjust Their Tax-Deductible Activities in Response to the Economic Recovery Tax Act of 1981", National Tax Journal, vol. 47, no. 2, 1994, S. 253-271.

Trockels, Friedrich, "'Business Judgment Rule' and 'Corporate Takeovers'", Die Aktiengesellschaft, Jg. 35, Nr. 4, 1. April 1990, S. 139-144.

Trockels, Friedrich, "Verteidigungsmaßnahmen gegen "Corporate Takeovers" in den USA", Zeitschrift für vergleichende Rechtswissenschaft, vol 89, no. 1, 1990, S. 56-96.

Truell, Peter, "European Firms on Buying Spree in U.S.", The Wall Street Journal, 6. September 1984, S. 32.

Tufano, Peter, "Financing Acquisitions in the Late 1980s: Sources and Forms of Capital", in: Blair, Margaret M., Hrsg., The Deal Decade, Washinton, D.C., 1993, S. 289-306.

United States v. American Tobacco Co., United States Reports, vol. 221, Oct. Term 1910, S. 106-193.

United States v. E. C. Knight Co., United States Reports, vol. 156, Oct. Term 1894, S. 1-46.

United States v. General Dynamics, United States Reports, vol. 415, 1974, S. 486-527.

United States v. United Shoe Machinery Company of New Jersey et al., United States Reports, vol. 247, Oct. Term 1917, S. 32-91.

United States v. United States Steel Corporation et. al., United States Reports, vol. 251, Oct. Term 1919, S. 417-501.

United States v. Von's Grocery Co., United States Reports, vol. 384, 1965, S. 270-304.

United States, Congress, House, Hearing before the Committee on Banking, Finance and Urban Affairs, Subcommittee on Economic Stabilization, Mergers and Acquisition - Foreign Investments in the United States, Washington, D.C., 21. Oktober 1987.

United States, Congress, House, Hearing before the Committee on Public Works and Transportation, Subcommittee on Aviation, Leveraged Buyouts and Foreign Ownership of United States Airlines, Washington, D.C., 3., 4. und 16. Oktober 1989.

United States, Congress, House, Hearings before the Committee on Ways and Means, Tax Policy Aspects of Mergers and Acquisitions, Part I, Washington, D.C., 1989.

United States, Congress, House, Hearings before the Committee on Ways and Means, Tax Policy Aspects of Mergers and Acquisitions, Part II, Washington, D.C., 1989.

United States, Congress, Senate, Hearing before the Committee on Commerce, Science, and Transportation, Acquisition By Foreign Companies, Washington, D.C., 20. Juni 1987.

United States, Congress, Senate, Committee on Commerce, Science, and Transportation, Subcommittee on Aviation, Foreign Investments in U. S. Airlines, Washington, D.C., 4. Oktober 1989.

United States, Department of Commerce, Bureau of the Census, Statistical Abstract of the United States: 1981, Washington, D.C., 1981.

United States, Department of Commerce, Bureau of the Census, Statistical Abstracts of the United States: 1987, Washington, D.C., 1986.

United States, Department of Commerce, Bureau of the Census, Statistical Abstracts of the United States, Washington, D.C., 1990.

United States, Department of Commerce, Bureau of the Census, Statistical Abstract of the United States 1992, Washington, D.C., 1992.

United States, Department of Commerce, Bureau of the Census, Statistical Abstract of the United States 1993, Washington, D.C., 1993.

United States, Department of Justice und Federal Trade Commission, Horizontal Merger Guidelines, Washington, D.C., 1992.

United States, Department of Justice, Antitrust Division, Workload Statistics, ohne Jahr.

United States, General Accounting Office, Justice Department: Changes in Antitrust Enforcement Policies and Activities, Report to the Chairman on the Judiciary, House of Representatives, Washington, D.C., 1990.

United States, Office of the Federal Register, National Archives and Records Administration, The United States Government Manual 1994/95, Washington, D.C., 1994.

United States, Office of the Federal Register, National Archives and Records Administration, United States Statutes at Large, vol. 82, Washington, D.C., 1968-1969.

United States, Office of the Federal Register, National Archives and Records Administration, United States Statutes at Large, vol. 84, Washington, D.C., 1970-1971.

United States, President, Economic Report of the President, Washington, D.C., 1982.

United States, President, Economic Report of the President, Washington, D.C., 1985.

United States, President, Economic Report of the President, Washington, D.C., 1987.

United States, President, Economic Report of the President, Washington, D.C., 1989.

Van Horne, James C., Financial Management and Policy, Englewood Cliffs, 1992.

Vietor, Richard H. K., "Regulation-Defined Financial Markets: Fragmentation and Integration in Financial Services", in: Hayes, Samuel L., Hrsg., Wall Street and Regulation, Boston, 1987, S. 7-62.

Waldman, Don E., Antitrust Action and Market Structure, Lexington, 1978.

Walker, Albert H., History of the Sherman Law, Westport, 1980.

Walsh, James P. und James K. Seward, "On the Efficiency of Internal and External Corporate Control Mechanisms", Academy of Management Review, vol. 15, no. 3, 1990, S. 421-458.

Wander, Herbert S. und Alain G. LeCoque, "Boardroom Jitters: Corporate Control Transactions and Today's Business Judgment Rule", The Business Lawyer, vol. 42, no. 1, 1986, S. 29-64.

Wansley, Lane Yang, "Abnormal Returns to Acquired Firms by Type of Acquisition and Method of Payment", Financial Management, vol. 12, 1983, S. 123ff.

Wartzman, Rick und Frederick Rose, "Lockheed's Management Claims Victory, Simmons Insist Battle 'Too Close to Call'", The Wall Street Journal, 30. März 1990, S. A2.

Waterloo, Claudia, "Investor Group Withdraws Bid for Stokely", The Wall Street Journal, 5. Juli 1983, S. 6.

Wayne, Leslie, "Reverse LBO's Bring Riches", New York Times, 23. April 1987, S. D7.

Weston, J. Fred; Chung, Kwang S. und Susan E. Hoag, Mergers, Restructuring and Corporate Control, Englewood Cliffs, 1990.

Weimar, Robert und Jürgen H. Breuer, "International verwendete Strategien der Abwehr feindlicher Übernahmeversuche im Spiegel des deutschen Aktienrechts", Betriebs-Berater, Jg. 46, Nr. 33, 30. November 1991, S. 2309-2321.

Weiss, Leonard W., "The Structure-Conduct-Performance Paradigma and Antitrust", University of Pennsylvania Law Review, vol. 127, no. 4, 1979, S. 1104-1140.

Weiss, Stuart und Christopher Farrell, "Junk Bonds Aren't About to Go Away", International Business Week, 8. Dezember 1986, S. 31-32.

Welles, Chris und Christopher Farrell, "Now Drexel is Fighting On Two Fronts", International Business Week, 16. Februar 1987, S. 44-48.

Werden, Gregory I., "Challenges to Horizontal Mergers by Competitors under Section 7 of the Clayton Act", American Business Law Journal, vol. 24, no. 2, 1986, S. 213-242.

Wermiel, Stephen, "Justices Void Illinois Law on Takeovers, Hurting States' Regulation of Tender Bids", The Wall Street Journal, 24. Juni 1982, S. 3.

Wermiel, Stephen und Laurie P. Cohen, "Proposal on Corporate Sentencing Softended", The Wall Street Journal, 30. März 1990, S. B2.

White, James A., "Shareholder-Rights Movement Sways a Number of Big Companies", The Wall Street Journal, 4. April 1991, S. C1 und S. C16.

White, James A. und Jonathan Clements, "Drexel Halts All Pricing of Junk Bonds", The Wall Street Journal, 16. März 1990, S. C1 und S. C19.

White, Lawrence, "Antitrust and Merger Policy: A Review and Critique", Journal of Economic Perspectives, vol. 1, no. 2, 1987, S. 13-22.

White, William L., "Pulling the Golden Parachute Ripcord", in: Rock, Milton L., Hrsg., The Mergers and Acquisition Handbook, New York, 1987, S. 335-344.

Wiener, Daniel P., "U.S. Deals of the Year", Fortune International, vol. 109, no. 2, 23. Januar 1984, S. 54-58.

Wiener, Daniel P., "Deals of the Year", Fortune International, vol. 115, no. 3, 2. Februar 1987, S. 56-61.

Wiley, John Shephard, "A Capture Theory of Antitrust Federalism", Harvard Law Review, vol. 99, no. 4, 1986, S. 713-789.

Willens, Robert, "General Utilities Is Dead: The TRA of '86 Ends an Era", Journal of Accountancy, vol. 162, no. 5, 1986, S. 102-113.

Willens, Robert, "Taxes and Takeovers", Journal of Accountancy, vol. 162, no. 1, 1986, S. 86-95.

Williams, David, "Sony's Hollywood Gambit", Tokyo Business Today, vol. 57, no. 2, 1989, S. 14-19.

Williams, John D., "'Companies' Stock Buybacks Soared in 1984 but Might Slow This Year", The Wall Street Journal, 2. Januar 1985, S. 6B.

Williams, John D., "Kohlberg Kravis to Get $45 Million in Fee if its Purchase of Beatrice is Completed", The Wall Street Journal, 19. März 1986, S. 5.

Williams, John D., "Merger and Acquisition Frenzy to Subside After Record Activity in 1985, Experts Say", The Wall Street Journal, 2. Januar 1986, S. 68.

Williams, Winston, "Business Say 'Stop' to the Raiders", New York Times, 14. April 1985, Sec. 3, S. 1 und S. 9.

Williamson, Oliver, Antitrust Economics: Mergers, Contracting, and Strategic Behavior, Oxford, 1987.

Winkler, Matthew, "Debate on Junk-Bond Defaults Escalates As Wharton Challenges Harvard Study", The Wall Street Journal, 11. September 1989, S. C17.

Winkler, Mathew, "Junk Bond Market Is Seen Showing 38% Default Rate", The Wall Street Journal, 25. Januar 1990, S. C10.

Winkler, Matthew, "Junk Market's Worst - Ever Shakeout Continues With More Price Drops, Issue Liquidity Problems", The Wall Street Journal, 15. September 1989, S. C1 und S. C19.

Winkler, Matthew, "Poor Results in '89 May Slow Profit, Erosion For Junk Bonds", The Wall Street Journal, 2. Januar 1990, S. R26.

Winkeljohann, Norbert und Peter Brock, "Den besten Schutz vor ungebetenen Interessenten bietet nach wie vor die langfristige Loyalität der Aktionäre", Handelsblatt, 7. Dezember 1992, S. 18.

Winter, Ralph E. und Gregory Strichhartchuk, "Kroger Rejects KKR Bid Sticks to a Revamping", The Wall Street Journal, 10. Oktober 1988, S. A5.

Worthy, Ford S., "What's Next For the Raiders", Fortune International, vol. 112, no. 11, 11. November 1985, S. 20-24.

Wright, Mike; Thompson, Steve; Chiplin, Brian und Ken Robbie, Buy-Ins and Buy-Outs: New Strategies in Corporate Management, Boston, 1991.

Yago, Glenn, Junk Bonds, New York, 1991.

Yago, Glenn, "LBOs, UFOs and Corporate Perestroika", The Wall Street Journal, 19. Juli 1989, S. A14.

Yang, Catherine und David Zigas, "The New Tax Angle in the Merger Game", International Business Week, 21. März 1988, S. 59.

Yantek, Thom und Kenneth D. Gartrell, "The Political Climate and Corporate Mergers: When Politics Affects Economics", Western Political Quarterly, vol. 41, no. 2, 1988, S. 309-322.

Yardeni, Edward, "That M&A Tax Scare Rattling the Markets", The Wall Street Journal, 28. Oktober 1987, S. 32.

Yoder, Lois J., "The Corporate Takeover Regulatory Arena", in: McKee, David L., Hrsg., Hostile Takeovers: Issues in Public and Corporate Policy, New York, 1989, S. 85-99.

Zaslow, Jeffrey, "Beatrice to Sell Americold Unit For $480 Million", The Wall Street Journal, 18. November 1986, S. 16.

Zerbe, Richard O., "Antitrust Cases as a Guide to Directors in Antitrust Research and Policy", in: Dalton, James A. und Stanford L. Levin, The Antitrust Dilemma, Lexington, 1973, S. 63-77.

Zinn, Laura; Wadekar-Bhargawa, Sunita und Maria Mallory, "The RJR Nabisco He's Leaving Behind", International Business Week, 5. April 1993, S. 34.

Zweig, Jason, "Socialism, Pennsylvania style", Forbes, vol. 145, no. 10, 14. Mai 1990, S. 42-43.

DUV Deutscher Universitäts Verlag
GABLER · VIEWEG · WESTDEUTSCHER VERLAG

Aus unserem Programm

Martin Beck
Werkzeugmaschinenbau in Deutschland, Japan und den USA
1997. XXXIV, 311 Seiten, Broschur DM 118,-/ ÖS 861,-/ SFr 105,-
GABLER EDITION WISSENSCHAFT
ISBN 3-8244-6470-5
Der Autor demonstriert für das relativ homogene Segment „horizontale Bearbeitungszentren", wie Kosten- und Leistungsvorteile in Wertkettenprozessen zu Wettbewerbs- und Gewinnvorteilen führen.

Christian Femerling
Strategische Auslagerungsplanung
Ein entscheidungstheoretischer Ansatz zur Optimierung der Wertschöpfungstiefe
1997. XIV, 307 Seiten, Broschur DM 98,-/ ÖS 715,-/ SFr 89,-
GABLER EDITION WISSENSCHAFT
ISBN 3-8244-6460-8
Der Autor entwirft ein Planungssystem, auf dessen Grundlage Wettbewerbs- und Wertsteigerungswirkungen von Auslagerungen beurteilt werden können. Die Finalentscheidung erfolgt mit Hilfe einer Auslagerungsrechnung.

Mathias Fontin
Das Management von Dilemmata
Erschließung neuer strategischer und organisationaler Potentiale
1997. XVIII, 421 Seiten, 72 Abb.,
Broschur DM 118,-/ ÖS 861,-/ SFr 105,-
DUV Wirtschaftswissenschaft
ISBN 3-8244-0335-8
Es wird zunächst ein Verständnis von scheinbar gegensätzlichen Handlungsmustern in Organisationen vermittelt, das in einer Fallstudie vertieft wird. Anschließend werden geeignete Umgangsstrategien und vier Bausteine eines Managements von Dilemmata entwickelt.

Die Bücher erhalten Sie in Ihrer Buchhandlung!
Unser Verlagsverzeichnis können Sie anfordern bei:

Deutscher Universitäts-Verlag
Postfach 30 09 44
51338 Leverkusen

If you have any concerns about our products,
you can contact us on
ProductSafety@springernature.com

In case Publisher is established outside the EU,
the EU authorized representative is:
**Springer Nature Customer Service Center GmbH
Europaplatz 3, 69115 Heidelberg, Germany**

Printed by Libri Plureos GmbH
in Hamburg, Germany